핵심역량 구축을 위한 이론과 실무

인적자원관리 프론티어

이순묵 탁진국
한인수 황규대

博 英 社

편집서를 출간하며

지난 2005년 1년간 편집자 중 성균관대 이순묵 교수가 주식회사 인크루트의 경력개발연구소장을 겸직하면서 「인재경영」이란 인적자원 전문잡지를 편집한 적이 있다. 당시 인적자원관리의 주요 이슈들을 이론에 근거를 두면서도 보다 실용성 있게 풀이하고 활용방안을 덧붙여 인사실무에 기여하자는 의도하에 주제별로 학계 및 실무계의 폭넓은 전문가들로부터 글을 구하였다. 작성된 원고는 학계와 실무계 각 1명으로부터 리뷰를 받아 수정 · 보완의 과정을 거쳐 게재하였다. 이러한 세심한 과정을 거쳐 출간된 글들 중에는, 실무계에 기여하고자 하는 의도로 작성되었던 것들이었음에도 학술적으로도 값진 글들이 적지 않았다. 편집자들은 이러한 값진 글들을 하나의 체계하에서 정리하면 이론적으로나 실무적으로 훌륭한 인적자원관리의 길잡이가 될 수 있다고 판단되어 한데 묶어 단행본으로 출간하기로 하였다. 편집자들은 이러한 작업이 인적자원 분야의 이론과 실무에 관심 있는 대학생, 대학원생, 실무자들에게 큰 도움이 되리라고 믿는다. 인적자원관리에 대한 하나의 체계를 가진 단행본으로 글들을 정리하다 보니 불가피하게 성격상 다른 분야의 글들은 제외될 수밖에 없었다. 또 전 체계상 미흡한 분야는 새로이 필자들에게 부탁하여 보충하였다. 여기 실린 글들의 필자들을 소개한다.

강혜련(이화여대 경영학부 교수)/여성리더가 기업경쟁력 키운다
김동원(고려대 경영학과 교수)/참여협력적 노사관계: 사용자의 전략적 선택을 중심으로
김민수(이화여대 경영학부 교수)/기업에 의한 조직개발 개입(intervention)과 변화전략의 효과성
김상욱(성균관대 사회과학부 교수)/국제비교를 통해 본 한국인의 일과 노동의식
김영록(하나은행)/상황판단검사의 현황과 전망, 노사관계체계의 이해, 대안적 노사분쟁 해결 방안으로서 조정이 갖는 의의와 전망
김효선(중앙대 경영학부 교수)/Dual Agenda: 일과 삶의 조화, 그리고 기업의 성과향상
김흥국(대진대 경영학과 교수)/경력개발 시스템의 성공적 운영방안
문철우(성균관대 경영학부 교수)/떠오르는 인도시장: 진출전략과 인사관리를 위한 수행지침
민병모(다산 E & E)/역량평가를 위한 평가위원회(Assessment center) 기법의 이해
박경환(한국디지털대 디지털경영학과 교수)/리더십의 실패와 관리자의 상담접근
박준성(성신여대 경영학과 교수)/인사평가가 잘 안 되는 이유 10가지
배종석(고려대 경영학과 교수)/인적자원관리 시스템의 브랜드화: 모방과 창조

백기복(국민대 경영대학 교수)/이슈리더십의 실무적용, 어떻게 할 것인가
송영학((주)클라이엔텔)/리더십 개발과 코칭
송찬후(한국정보통신대 경영학부 교수)/평가위원회(Assessment center)의 과거와 현재
신강현(아주대 사회과학부 교수)/변화하는 일의 세계에서 정서관리의 중요성
오동근 · 이영석(ORP 연구소)/조직활성화의 핵심: 업무가치 증진
오인수(아이오와대 인사/조직 박사과정)/역량 기반 인사제도의 효과성 제고방안: 역량모형의 진전에 관한 조망, 관행과 개선, 그리고 인사담당자를 향한 조언, 채용면접 시스템의 업그레이드를 위한 착안점과 기법
유규창(한양대 경영학부 교수)/전략적 성과관리와 평가제도
유태용(광운대 산업심리학과 교수)/일의 변화에 따른 핵심역량과 측정, 고객만족시대의 채용시스템
이경묵(서울대 경영학과 교수)/사회적 자본의 형성과 활용
이덕로(서원대 경영학부 교수)/핵심인재의 육성전략: 경력개발계획
이선희(충남대 심리학과 교수)/인터넷을 이용한 인력모집과 선발
이순묵(성균관대 사회과학부 교수)/면접에서 무엇을 보고자 하는가, 그에 따른 기법은
이순묵(성균관대 사회과학부 교수) · 이주희(성균관대 석사과정)/일에 대한 분석의 방법: 직무분석과 역량모형
이순묵(성균관대 사회과학부 교수) · 이주희 · 이지영 · 임연규 · 조수연(성균관대 석사과정) · 정광희(성균관대 박사과정)/모집단계에서의 부당차별요소: 모집요강과 입사지원서를 중심으로
이영면(동국대 경영학부 교수)/기업의 사회적 책임에 대한 글로벌 기준과 노사관계
이주일(한림대 사회과학부 교수)/조직의 숨겨진 자산: 신뢰
이철기(한국기술교육대 산업경영학부 교수)/인재의 확보 및 유지전략으로서의 종업원 가치 제안(EVP), 효과적인 성과평가제도 구축 및 운영을 위한 원칙과 개선방안
이춘우(서울시립대 경영학부 교수)/전략적 인적자원관리의 마인드 셋
이　홍(광운대 경영학과 교수)/성공적인 혁신을 위해 알아야 할 사항
임대열(다산 E & E)/평가위원회(Assessment center) 설계 및 운영에 대한 개괄적 소개
임희정(한국여성개발원)/팀 분산기억(transactive memory system)의 이해와 팀 효과성
장재윤(성신여대 심리학과 교수)/기업에서의 창의성
정범구(충남대 경영학부 교수)/신뢰에 바탕을 둔 조직을 어떻게 구축할 것인가
정연앙(중앙대 경영학부 교수)/임금관리의 이해와 성과주의 보상전략
조은상(한국직업능력개발원)/기업체의 인적자원개발 동향 및 전략
최훈석(성균관대 사회과학부 교수)/팀 효과성: 혼돈과 로맨스를 넘어서, 팀 창의성
탁진국(광운대 산업심리학과 교수)/신입사원 오리엔테이션의 의미와 효율적 실행방안

한인수(충남대 경영학부 교수)/일본의 인사관리, 국내인사평가의 실태와 다면평가
한인수(충남대 경영학부 교수) · 심춘화(충남대 박사과정)/중국기업의 인적자원관리
한준(연세대 사회학과 교수)/조직에서의 사회적 연결망과 사회자본
한태영(광운대 산업심리학과 교수)/평가운용의 성패를 결정하는 조직요소
황규대(성균관대 경영학부 교수)/경쟁우위 달성에 있어서 인적자원의 전략적 역할, 효과적 온라인 모집의 설계

이 편집서가 완성되기까지 전재를 허락해 주신 필자들, 새로운 글을 흔쾌히 보내주신 필자들, 편집 초기작업을 담당한 오인수 선생과 편집의 세부적 일을 맡아 준 이지영 선생, 조수연 선생에게 감사드린다. 그러나 무엇보다도 2005년도에 수십 개의 값진 글들이 실리는 터전을 「인재경영」에 마련해 준 주식회사 인크루트에 감사드린다.

2007년 2월
편집자 일동

편집서 출간을 축하하며

오늘날 고성과 조직들은 과거와 달리 단순히 최상의 인재영입만을 목표로 하지 않고, 조직의 인재상에 맞는 인재의 선발 및 유지를 통해 핵심경쟁력을 키워가고 있습니다. 즉, 조직 내 인적자본의 전략적 중요성이 커짐에 따라 인재전쟁 나아가 인재경영에 대한 관심이 그 어느 때보다 드높아져 이에 대한 논의의 장으로서 마련된 것이「인재경영」입니다.「인재경영」은 한 기업이 주도하여 진행하는 출판매체가 아니라 기업, 학계, 컨설팅기관이 함께 참여하고 고민할 수 있는 고유의 시공(時空)으로 자리잡아가고 있습니다.

어느 책에서 본 글이 생각이 납니다. "오늘날 대부분의 산업에서 선도적인 다국적기업들이 취급하는 기계와 장비에 필적할 만한 것들을 국제시장에서 구매하는 것은 가능하다. 기계와 장비에 접근하는 것은 더 이상의 차별화 요소가 아니다. 진정한 차별화 요소는 그것을 효과적으로 쓰는 능력이다. 장비를 분실했지만 노동력의 노하우와 기술을 유지하고 있는 회사는 상대적으로 빨리 사업에 복귀할 수 있다. 그러나 장비를 보유하고 있지만 노동력을 전부 잃어버린 회사는 결코 일어설 수 없다."

어느 누구도 지금의 이 세상이 인재에 의한 경영의 시대라는 사실에 대해 반대하지 않을 것이라 생각합니다. 하지만 경영일선에 계신 많은 분들은 아직도 인재가 가지고 있는 경쟁적 우위나 경영전략에 미치는 영향력에 대해 판단하기 어렵다는 부정적인 견해를 가지고 있습니다. 그러나 거꾸로 보는 인재경영의 관점은 '인재가 회사의 경영에 미치는 영향력을 측정하고 파악하기 어렵다는 문제점은, 문제점인 동시에 인재가 곧 지속적인 경쟁우위의 원천이 될 수밖에 없다는 점'을 역설적으로 얘기하고 있기도 합니다. 기술의 진보와 정보의 진화는 더 이상 남의 나라 이야기가 아니라면서도 인재의 개발과 핵심인재의 확보 그리고 그 인재들에 의한 경영역량의 진화에는 아직도 둔감한 것이 현실입니다. 마치 지식과 무형자산의 중요성을 강조하면서도 전통적인 회계시스템을 사용함으로써 초래할 수 있는 정보의 왜곡처럼 인재경영 역시도 아날로그 마인드와 기능적 인재관을 고집한다면 결국 인재왜곡현상을 초래하게 될 것입니다.

그러한 의미에서 그 동안 「인재경영」을 통해 발표된 학계 및 인사전문가들의 글들이 이순묵 전임 경력개발연구소장 등 편집인들의 깊은 통찰력을 통해 새롭게 재탄생된 점은 인재경영의 이해와 실천에 중요한 한 걸음이 될 것이라 믿습니다. 이 편집서가 지금까지 '인재경영'을 주목해 주신 많은 분들의 관심과 더불어 이 시대 인재경영 실천의 중요성에 대한 새로운 논의의 시발점이 되었으면 하는 바램입니다.

2007년 2월

인크루트(주) 대표이사 이광석

인적자원관리의 새로운 지평을 위하여: 이론과 실무의 유기적 결합

본서는 우리나라 조직의 인적자원관리를 위해 이론과 실무를 전략적으로 통합할 수 있는 지침서를 지향하며 꾸며졌다.

사실상 경영학이나 산업심리학 또는 산업교육학과 같은 응용학문들은 현실문제의 해결이라는 중요과제를 지니고 있음에도 불구하고, 조직의 인적자원관리를 다루는 이러한 분야들에서는 오랫동안 실무와 이론의 괴리가 존재하였다. 대학에서 가르치는 인적자원관리의 내용은 현실문제 해결에 별 도움이 못 되는 경우가 많았고 인적자원관리에 적용되는 실무는 허약한 이론적 기반으로 인해 시행착오를 거듭하는 사례가 많았다. 따라서 학계나 실무계나 공히 이론과 실무를 통합한 지침서 발간의 필요성은 오래 전부터 제기되어 왔다. 그러나 그러한 작업을 주도하기에는 학계는 실무에 어두웠고 실무계는 이론적 기초가 깊지 못했다.

다행히 「인재경영」의 발간은 그러한 이론과 실무의 가교를 놓는 단초를 제공하여 주었다. 매호에서 다루어야 할 주제는 철저히 실무계에서 이슈가 되는 것들을 선정하였고 원고청탁을 받은 학자들은 그들의 글에서 실무의 관점을 확보하려고 애썼다. 또한 실무자들의 글도 이론적 기초를 보강하였다. 그리고 모든 글들은 학자와 실무가들 양쪽의 관점으로부터 조언을 받으면서 다듬어졌다.

따라서 여기 실린 많은 글들은 한국의 인적자원관리를 다룬 여러 이론이나 학문적 작업들 중에서 드물게 이론과 실무의 통합을 위한 노력의 결과들이라고 할 수 있다. 그래서 인적자원관리 분야의 학자뿐만 아니라 여러 조직의 실무가들이 폭넓게 참여하고 있다. 또한 학문분야로는 경영학의 인적자원관리 분야 전공자뿐만 아니라 조직을 다루는 산업심리학, 산업교육학의 여러 배경을 지닌 전공자들이 참여해 다양한 관점과 지식을 보태주고 있다. 본서는 우리나라 인적자원관리와 관련된 이론과 실무 그리고 다양한 학문분야의 관점을 포괄하는 최초의 종합적 · 포괄적인 지침서라 할 수 있다.

본서는 그 체계를 구성함에 있어 인적자원관리의 주요한 기능을 따르는 방식을 택하였다.

I 장은 전략적 인적자원관리의 실현으로서 현대 인적자원관리가 지향해야 할 목표를

제시하였다. 구체적으로는 기업의 경쟁우위의 요소로서의 인적자원의 중요성을 강조함과 아울러 현대 인적자원관리가 지향해야 할 전략적 인적자원관리의 당위성과 실현방안을 제시하는 글들을 수록하였다. 그리고 인재의 확보 및 유지전략으로서의 종업원 가치 제안(EVP)도 거론하였다.

Ⅱ장은 문화에 따른 인적자원관리의 전개로서 인적자원관리가 문화에 따라 다양하게 전개되고 있는 양상을 강조한 부분이다. 이를 다룬 취지는 이론적으로는 인적자원관리가 상황적합적으로 이루어진다는 점을 강조하기 위함이다. 아울러 글로벌 시대를 맞이하여 인적자원관리가 국제적으로 많이 전개되는 점에서도 필요한 내용이라고 볼 수 있다. 구체적으로는 한국, 일본, 중국 그리고 인도에서의 다양한 인적자원관리의 생성과 변용의 문제들이 다루어졌다.

Ⅲ장은 인적자원관리의 기초로서의 일에 대한 분석을 다루었다. 일에 대한 분석은 모든 합리적인 인적자원관리의 기초이며 출발점을 형성한다. 여기서는 인적자원관리의 기초를 형성하는 직무분석과 함께 최근 중요성이 강조되는 역량 기반 인사제도에 대하여도 살펴보았다.

Ⅳ장은 모집 및 선발로서 인적자원의 확보에 해당하는 부분이다. 여기서는 최근 중요하게 부각되는 인터넷을 이용한 온라인 모집선발체계를 집중적으로 조명하였다. 그리고 각종 검사의 효과성 증진, 면접의 효과성 제고방안 등에 대해 살펴보았다. 그 외에 모집과정에서 발생할 수 있는 부당차별요소에 대해서도 향후 그 중요성이 늘어날 것이라는 판단하에 함께 다루었다.

Ⅴ장은 경력관리 및 개발로서 우리나라의 최근 인재개발의 방향을 짚어 보고 문제점과 개선방안도 살펴보았다. 그리고 핵심 인재개발을 위해 필수적인 제도이나 좀처럼 우리 상황에서 정착이 어려운 경력개발제도(CDP)의 효과적 구축과 운용방안도 함께 제시하였다.

Ⅵ장은 평가 및 보상으로서 인적자원관리의 핵심이자 우리 상황에서 그 필요성이 점증하는 분야이므로 본서의 가장 많은 부분을 할애하여 다루었다. 특히 인적자원관리에서의 공정성 강화의 추세를 반영하여 인적자원의 평가부분에 초점을 맞추었다. 우선 국내 인사평가의 전체적인 운영실태를 살펴보고 개선방안에 대해 알아보았다. 그 외에 최근 논란을 빚고 있는 다면평가(360도 피드백)의 우리 기업실정에 맞는 효과적 운영방안을 제시하였고 평가위원회의 운영도 다양한 각도에서 다루었다. 그리고 요즈음 관심이 크게 늘고 있는 BSC에 기초한 성과관리에 대해 다룬 논문도 실었다. 보상관리와 관련하여서는 최근 사용이 늘고 있는 성과주의 보상전략을 집중적으로 다루는 데 지면을 배

정하였다.

Ⅶ장은 노사관계의 관리로서 인적자원관리의 유지부분이라고 할 수 있다. 주로 경영의 관점에서 노사관계를 다룬 수 편의 논문을 게재하였다. 구체적으로 참여협력적 노사관계의 구축방안과 함께 노사분쟁 해결방안으로서 조정이 갖는 의의와 전망도 살펴보고 노사관계를 기업의 사회적 책임에 대한 글로벌 기준과 관련하여서도 조망해 보았다.

Ⅷ장은 조직 속의 인간역동으로서 인적자원을 조직의 관점에서 좀더 거시적으로 살펴본 부분이다. 조직의 숨겨진 자산인 신뢰에 바탕을 둔 조직을 어떻게 구축할 것인가를 논의해 보고 조직에서의 사회자본의 중요성과 아울러 사회적 자본의 형성과 활용에 대해서도 생각해 볼 기회를 가졌다. 나아가 변화하는 일의 세계에서 정서관리의 중요성이나 일과 삶의 조화방안, 그리고 그것이 기업의 성과향상과 연계되는 방안 등 인적자원관리의 시야를 한층 넓힐 수 있는 내용들에 대해서도 지면을 할애하였다.

Ⅸ장은 리더십으로 인적자원관리와 연계되는 리더십을 다룬 부분이다. 구체적으로는 리더십 개발과 코칭, 이슈리더십의 실무적용, 여성 리더십, 리더십과 관련된 상담 등 리더십의 포괄적인 내용보다는 인적자원관리의 유효성 증대와 관련된 리더십 역할을 강조하였다.

Ⅹ장은 팀 및 조직개발로서 인적자원관리와 조직관리의 연계부분들에 대해 살펴보았다. 구체적으로는 팀의 효과성 및 창의성, 팀 및 기업의 혁신, 조직개발과 조직활성화의 방안 등을 다루었다.

2007년 2월

편집자 일동

목 차

Ⅰ. 전략적 인적자원관리의 실현

Ⅱ. 문화에 따른 인적자원관리의 전개

Ⅲ. 인적자원관리의 기초로서의 일에 대한 분석

Ⅳ. 모집 및 선발

Ⅴ. 경력관리 및 개발

Ⅵ. 평가 및 보상

Ⅶ. 노사관계의 관리

Ⅷ. 조직 속의 인간역동

Ⅸ. 리 더 십

Ⅹ. 팀 및 조직개발

I 전략적 인적자원관리의 실현

01

경쟁우위 달성에 있어서 인적자원의 전략적 역할[1)]

황규대
hwangkd@skku.edu

많은 경영학자들과 실무 종사자들은 경영관리에 있어서 인적자원관리가 점점 더 중요해지고 있다고 인식하고 있다. 1988, 1992, 1997년 세 차례에 걸쳐 총 20,000명 이상이 참가한 미시건대학의 '인적자원역량연구(Human Resource Competency Study)'에 의하면(Brockbank, Ulrich & James, 1997), 1988년 조사에서는 높은 성과를 나타내는 기업은 인적자원기능의 전략적 측면과 운용적 측면을 동시에 강조하고 있었다. 그러나 1992년과 1997년의 조사에서는 인적자원관리의 운용적 측면보다는 전략적 측면을 강조한 기업들이 성과가 더 높은 것으로 나타났다. 높은 성과를 나타내는 기업들은 운용적 인적자원기능에 시간과 노력을 적게 사용하며 높은 가치를 창출할 수 있는 전략적 인적자원 이슈들에 더 집중하고 있었다.

또한 재무적 성과와 인적자원관리와의 관계를 연구한 베커와 휴셀리드(Becker & Houselid, 1998)에 의하면, 인적자원기능을 강조하는 기업들이 그렇지 않은 기업들에 비해서 종업원 일인당 기업의 시장가치가 더 높음을 발견하였다. 구체적으로 말하면, 기

1) 출처: 인크루트 경력개발연구소(2004), "경쟁우위 달성에 있어서 인적자원의 전략적 역할,"「인재경영」, 창간호, pp.88-95에서 전재함.

업의 인적자원기능에 대한 강조가 평균으로부터 한 표준편차 증가함에 따라 종업원당 시장가치는 45,000달러 증가하였다. 만약 종업원 일만 명 규모의 기업이 이러한 개선을 한다면, 기업의 시장가치는 약 5억달러 정도 증가할 것이다.

인적자원의 중요성에 대한 직·간접적 실증연구 외에도 실무분야에 있어서는 다음과 같은 일화들이 자주 풍자되고 있다.

1. 인적자원책임자가 직접 CEO에게 보고하는 회사들이 점차 증가하고 있다.
2. 우수한 성과를 나타내고 있는 기업들의 CEO들은 인적자원이슈들에 더 많은 관심을 지니고 있다(예: GE, Disney, Hewlett Packard, Sears, Intel, Texas Instruments, Ford 등).
3. 기업성과의 증진에 인적자원이 크게 기여했다고 말하는 기업들이 증가하고 있다(예: Sears, Ford, Unilever, Anco 등).

이러한 인적자원에 대한 중요성의 인식은 우연하게 발생된 것은 아니다. 오히려 이런 추세는 기업환경의 변화에 부응한 것이다. 국제무역의 비중이 증가함에 따라 국제화된 환경에서 경쟁할 수 있는 기업의 역량은 국제무역을 이해할 수 있는 사람들의 보유, 개인과 기업의 효율성을 측정하고 보상할 수 있는 시스템 유지, 그리고 조직학습을 촉진할 수 있는 문화 등에 크게 의존하게 되었다. 국제화가 진전됨에 따라 우리나라 기업들도 다양한 인종과 종교를 지닌 사람들을 고객 또는 종업원으로 다루게 되었다. 경쟁자, 주주 그리고 고객들은 조직구성원들이 경쟁자에 앞서 새로운 제품, 서비스 그리고 과정을 창출하도록 하는 압력이 되었다. 초고속시대에 있어서 마이크로칩, 컴퓨터, 프린터 그리고 심지어 식료품에 있어서도 변화가 발생하였다. 외환위기 이후 인수 · 합병의 증가는 인적자원부서로 하여금 전략적 과정에 더욱 깊숙이 관여하게 하였다. 피인수 · 합병 후보자의 식별, 피인수 · 합병회사의 인적자원 및 노사측면의 평가, 인수 · 합병 후 조직문화의 변화 및 동질성 확보가능성 등이 인적자원부서에 있어서 중요한 임무가 되었다. 또한 서비스직의 폭발적 증가는 사업의 인간적 측면의 중요성을 부각하게 되었다.

인적자원기능은 고부가가치를 창출할 수 있는 인적자원이슈들을 개념화하고 실행함으로써 이런 환경변화에 대응하여 왔다. 이런 대응 중 하나는 전략적 이슈에 초점을 맞추는 것이다. 인적자원활동의 전략적 이슈들은 다음과 같은 특징을 지니고 있다.

- 장기성(long-term): 단기적 가치보다는 장기적 가치증진에 기여하기 위하여 인적자원활동이 개념화되고 있는가?

- **포괄성**(comprehensive): 전체 조직 또는 독립된 조직단위를 대상으로 하는가?
- **계획성**(planned): 사전에 계획되고 문서화되어 있는가? 그렇지 않으면 필요에 따라 실행되는가?
- **통합성**(integrated): 다양한 활동을 통합하는 기반을 제공하고 있는가?
- **고부가가치**(high added-value): 사업성공에 중요한 이슈들에 초점을 맞추고 있는가 그렇지 않으면 사업성공에 핵심적이지는 않지만 반드시 수행하여야 할 일에 초점을 맞추고 있는가?

인적자원에 있어서는 선행적(proactive) 관리가 매우 중요하다(Brockbank, 1999). 그 이유는 첫째, 인적자원분야에 있어서 문제가 이미 발생한 이후에 치유 또는 교정하는 데는 상당한 시간과 비용이 든다. 더욱 나쁜 것은, 치유 및 교정을 행하더라도 원래의 상태를 만들 수 없다는 것이다. 둘째는, 인적자원을 선행적으로 사고하고 행동하는 것이 조직의 경쟁우위를 창출하는 데 크게 기여한다는 것이다. 최근 기업들간의 인수 · 합병이 크게 늘어나고 있다. 인수 · 합병을 결정할 때 통상 재무적 · 기술적 · 법적 측면을 고려하는 것이 보통이다. 그러나 재무적 · 기술적 · 법적 타당성에 근거하여 인수 · 합병을 결정하였더라도 노사분규나 조직문화의 차이에 의해 경영층의 의도대로 성과를 내지 못하는 경우가 비일비재하다. 만약 인수 · 합병시 재무적 · 기술적 · 법적 측면뿐만 아니라 피인수 · 합병기업에서 핵심인재 파악, 노동조합의 태도, 그리고 조직문화 등을 파악하여 인수 · 합병 후에의 경영에 어떠한 영향을 미칠 것인가를 고려하는 것이 중요할 것이다.

사업전략실행을 위한 인적자원 역할

인적자원은 다음과 같은 두 가지 방법으로 사업전략의 실행을 도울 수 있다: (1) 장기전략에서 도출된 전술의 실행을 도우며 그리고 (2) 장기적 성공에 필요한 문화적 · 기술적 역량을 개발한다. 인적자원은 또한 사업전략실행에 필요한 변화관리에 대한 지원을 통하여 기여할 수 있다.

- **기술적 지원**: 사업전략과 이에 따른 전술이 존재할 경우에는 인적자원의 전략적 역할은 비교적 명확하다. 즉, 사업전략을 실행하기 위하여 필요한 기술적 지식과 스킬을 지닌 인적자원을 제공하는 것이다. 구체적으로, 사업전략을 실행하기 위하여

몇 명이 필요한가? 어디서 충원을 할 것인가? 어떤 훈련이 필요한가? 그리고 바람직한 행위나 결과를 어떻게 측정하고 보상할 것인가? 등과 같은 이슈들을 다루어야 한다.

- **전략에 부합된 문화창조:** 인적자원을 사업전략과 연결시키는 두 번째 경로는 전략과 부합된 조직문화의 창출을 지원하는 것이다.

인적자원과 사업전략은 [그림 I-1]과 같은 8단계를 통하여 연계될 수 있다(Brockbank, 1999).

- **단계 1:** 인적자원기능을 설계하여야 할 사업단위의 명확화. 공장 사업부문 또는 회사 전반에 대해서 인적자원전략을 설계하여야 하는가?
- **단계 2:** 외부환경에 있어서 주요 추세를 명확히 한다. 주요 위협 또는 기회를 예시하는 주된 흐름은 무엇인가? 생산 및 과정 기술뿐만 아니라 고객, 경쟁자, 정보기술, 정부규제 같은 분야에 있어서 추세가 고려되어야 한다. 이렇게 다양한 분야에 있어서 추세를 인적자원전략에 반영하기 위해서는 서로 상충되고 경쟁적인 추세들간 분명한 우선순위가 설정되어야 한다. 이렇게 사업전략이 아니라 환경분석을 기초로 인적자원전략을 수립하여야 하는 이유로는 다음 세 가지를 들 수 있다. 첫째, 사업전략은 환경분석에 기초하고 있어야 한다. 둘째, 명확하고 초점 있는 방식으로 시장의 현실을 검토하는 것은 사업에 근거한 인적자원전략(business-based human resource strategy)를 수립하고자 하는 사람에게는 유용한 연습이 될 수 있다. 셋째, 많은 사업전략은 인적자원을 염두에 두지 않고 개발되었다. 즉, 사업전략은 전략을 실행하는 사람들의 심리상태나 기술적 요건을 고려하지 못하고 수립될 수도 있다.
- **단계 3:** 기업의 경쟁우위 원천을 식별하고 우선순위화한다. 여기서 핵심적 이슈는 기업이 어떻게 경쟁을 할 것인가를 식별하는 것이다. 비용, 품질, 혁신, 서비스, 편리성, 상표 또는 유통채널 등 어떤 근거에 의해서 경쟁을 할 것인가? 기업문화는 이러한 기본적인 전략적 요소와 일관되도록 정의되어야 하므로 경쟁요소들에 대한 명확한 우선순위를 이해하는 것이 중요하다. 예를 들어, 품질과 비용은 자동차 산업에 있어서 둘 다 중요하다. 그러나 기업의 경쟁초점이 비용이 90% 그리고 품질이 10%일 경우는 비용과 품질이 동등한 초점이 될 경우와는 다른 조직문화를 가져야 할 것이다.
- **단계 4:** 단계 3에서 식별된 경쟁우위의 원천을 창출하고 지원하는 데 필요한 조직문화(구체적인 행동 포함하여)와 기술적 지식 및 스킬을 정의한다. 최근에는 기업들이 피

[그림 I-1] 사업전략을 수행하기 위한 인적자원의 역할 단계

단계 1: 사업영역의 명확화

단계 2: 외부 주요 추세 식별 및 분석

단계 3: 경쟁우위 원천의 식별 및 우선순위화

단계 4: 바람직한 조직문화와 필요한 기술적 지식 정의

단계 5: 조직문화의 부정적 측면 식별

단계 6: 바람직한 문화의 창출을 위한 인적자원시스템 설계

단계 7: 인적자원시스템 설계를 위한 실천계획 수립

단계 8: 효율성 평가기준 및 수단

상적으로 조직문화를 정의하는 것에서 벗어나 직접적으로 시장요건과 조화된 문화와 행동을 규정하고자 하는 추세를 보이고 있다. 이러한 추세의 예로서는 '쉼 없는 창조(Unilever)', '간결하고 방해 없는 팀워크(Cathay Pacific Airways)', 그리고 '집중화된 민첩성(Enron Corp)' 등을 들 수 있다. 이러한 개념들의 의미는 국외자에게는 쉽게 이해할 수 없을지 몰라도 이들은 사업전략의 핵심요소를 지원하는 방식으로 조직문화를 정의한 것이다. 이러한 문화적 역량(cultural competency)은 기술적 역량(technical competency)에 의해서 보완되어야 한다. 기술적 지식과 스킬의 수명주기가 지속적으로 짧아짐에 따라 문화적 역량이 점점 중요해짐에도 불구하고 거의 모든 산업에서 아직 기술적 지식과 스킬은 성공적 사업수행을 위해 필수불가결한 것이다.

■ 단계 5: 경쟁우위를 극대화하기 위하여 제거 또는 감소시켜야 할 문화적 특성을 식별한다. 바람직하지 못한 문화적 특성으로서는 내부지향성, 자기만족주의적, 거만함, 경쟁현실에 대한 태만 또는 위험회피 등을 들 수 있다.

■ 단계 6: 바람직한 문화를 창출하기 위한 인적자원시스템을 설계한다. 이런 작업은

개별 인적자원기능과 바람직한 조직문화가 부합되는 정도를 평가함으로써 이루어질 수 있다. 만약 어떤 인적자원기능이 바람직한 결과와 잘 부합되지 않는다면, 만약 부합되도록 인적자원기능을 개선한다면 바람직한 문화를 창출하는 데 어느 정도 영향을 미칠 수 있는가를 평가하여야 한다. 여기서 전통적 인적자원기능과 비전통적 인적자원기능을 구분하는 것이 유용하다. 전통적 인적자원기능들은 통상 인적자원부분의 직접 통제하에서 실시된다. 전통적 인적자원기능들로서는 충원, 성과관리, 보상, 그리고 훈련/개발 등이 있다. 반면에, 비전통적 인적자원기능들로서는 인적자원부문의 직접적인 영향하에 있지는 않지만, 기업구성원의 정신상태나 기술적 역량에 상당한 영향을 미친다. 이러한 기능들로서는 조직설계, 리엔지니어링, 공장 또는 사무실 배치 및 설계, 정보시스템 설계 그리고 고객접촉 프로그램 등이 있다. 기업의 인적자원에 일관성 있게 영향을 미치도록 전통적 기능과 비전통적 기능을 적합(matching)시키는 것도 인적자원부문의 책임이다.

기술적 지식과 스킬을 강화하기 위한 실천계획(action plan)을 식별하는 것은 비교적 간단하다. 먼저 두 가지 이슈를 명확히 하여야 한다. 많은 사람이 특정 기술적 지식이나 숙련을 필요로 하는가? 그렇지 않으면 소수만 필요로 하는가? 이런 기술적 역량은 훈련, 외부충원, 그렇지 않으면 컨설턴트나 외부 하청업체 등의 활용, 혹은 차입(borrowing) 중 어떤 방식으로 가장 효율적으로 획득될 수 있는가?

■ **단계 7**: 이상에 대한 의사결정이 이루어지면, 기업은 구체적 인적자원기능에 대한 실천계획을 수립하여야 한다. 누가 무엇을 언제까지 누구와 함께 수행할 것인가? 라인경영자에게는 어떻게 보고할 것인가?

■ **단계 8**: 마지막 단계에서 전 과정의 효율성을 측정하기 위한 수단을 구체화하여야 한다. 즉 인적자원기능들이 전략적으로 선택된 문화적 그리고 기술적 역량을 어느 정도 성공적으로 창출하는가를 평가하기 위한 기준과 방법을 실행하여야 한다.

지금까지 논의한 과정은 인적자원기능과 이미 수립된 사업전략 사이의 연계를 위하여 Texas Instrument, Alkoa, General Motors, Coca Cola, ITT, Dow Cornings, Unilever 같은 다양한 회사에서 채택되고 있다.

변화관리

인적자원관리를 사업전략에 연계시키기 위한 세 번째 활동은 '변화관리(change management)' 이다. 조직개발과 변화관리 활동들은 사업전략 또는 전술을 효과적으로 실행하는 데 도움을 줄 수 있다. 변화관리에 관한 다양한 모델과 과정은 많은 문헌에서 찾을 수 있다. 변화에 대한 중요 성공요소로서 울리치(Ulrich, 1997)는 다음과 같이 들고 있다.

- 주요 경영자들로부터 지원획득
- 변화와 같이 생활하는 경영자와 종업원들 사이에 변화필요성에 대한 공감대 형성
- 변화의 최종 지향점에 대한 명확한 비전수립
- 변화에 대한 비전과 과정에 대한 주요 이해관계자들의 몰입 제고
- 변화를 추진하고 지원하는 경영층과 인적자원시스템에 권한 부여
- 변화의 진전을 모니터링할 수 있는 측정수단 구축
- 변화에 대한 노력이 지속적인 개선과정이 될 수 있도록 학습환(learning loop) 구축

위에 기술한 각 단계는 변화관리에 대한 과거의 경험을 포함하고 있지만, 이 모형의 주된 효용은 변화관리의 다양한 측면을 일단의 행동으로 구조화한 것이다. 따라서 이 모형은 인적자원담당자들이 사업전략에 맞추어 변화를 추진할 때 고려하여야 할 행동지침을 제시하고 있다고 볼 수 있다.

한발 더 나아가서: 전략창출에의 기여

지금까지 이미 수립된 사업전략을 잘 수행하기 위하여 인적자원이 어떤 역할을 수행하여야 하는지를 살펴보았다. 이것은 인적자원이 사업전략수립에 있어서 인적자원기능의 수동적 역할을 가정하고 있다. 그렇다면 인적자원이 사업전략에 있어서 능동적 참여 또는 새로운 사업전략의 구축에 기여할 수는 없는가? 인적자원은 다음과 같은 세 가지 방법으로 능동적으로 전략창출에 기여할 수 있다(Brockbank, 1999). 첫째는, 창조성과 혁신을 강조하는 문화를 창출하는 것이다. 둘째는, 인수 · 합병과정에 있어서 전반적으로 참여하는 것이며, 마지막으로, 미래에 예상되는 환경변화에 대응하여 내부능력을 강화하는 것이다.

인적자원은 기업의 혁신능력을 강화함으로써 기업가치를 증진시킬 수 있다. 기업의 혁신능력을 강화시킴으로써 경쟁자에 앞서 새로운 제품이나 기술을 시장에 도입함으로써 단기간 동안 독점적 지위에 의한 이득을 볼 가능성을 높일 수 있다. 기업의 혁신능력은 새롭거나 개선된 제품과 서비스 제공, 비용절감, 품질향상, 신규사업진출, 그리고

기존제품의 새로운 사용처 발견 등으로 구체화될 수 있다. 이런 활동에 있어서 인적자원이 중심적 역할을 수행함으로써, 시장에서 변화를 주도할 수 있는 기업역량을 강화할 수 있을 것이다.

혁신을 위해서는 일반적으로 두 개의 전제조건이 충족되어야 한다. 첫째, 혁신이 회사의 중요한 활동이라는 것이 주요한 의사결정자들 사이에서 합의가 있어야 한다. 주요 의사결정자들 사이에 혁신의 내용이나 방향에 대해서 강한 합의가 부족하였기 때문에 많은 기업들이 '창조적 돌파(creative breakthrough)'가 부족하다고 느끼고 있음에도 불구하고 실제로 혁신이 일어나고 있지 않는 것이다(Robinson, 1997). 둘째, 창조성(creativity) 발휘에 대한 장애물이 제거되어야 한다. 이러한 장애물로는 과도하게 관료적인 조직구조, 너무 많은 승인단계, 그리고 부하의 적극성에 대해서 위협을 느끼는 상급자 등이 있다(Ashkenas, et al., 1995).

이러한 시스템적 장애물을 제거한 이후에 인적자원부서는 기업의 '혁신풍토'를 강화하기 위하여 다양한 활동을 설계할 수 있다. 첫째, 경영층이 지속적으로 혁신의 중요성에 관심을 갖게 하고 조직구성원에게 설파하도록 한다. 둘째, 혁신의 역할모델이 다양한 방법으로 조직구성원에게 홍보되도록 한다. 셋째, 혁신적 아이디어가 중간단계를 거치지 않고 직접 중요 경영자에게 전달될 수 있도록 한다. 넷째, 기존 팀에서 자연스럽게 혁신에 관한 주제가 논의될 수 있도록 한다. 다섯째, 사업단위 또는 부서의 경계를 넘어서 혁신의 필요성이나 아이디어가 자유롭게 의사소통될 수 있도록 한다. 여섯째, 팀(조직계층)간 또는 팀(조직계층) 내부에서 의사소통을 촉진할 수 있도록 사무실을 배치한다. 마지막으로, 이러한 활동을 지원하기 위하여 충원, 훈련 및 개발, 인사고과, 보상 등과 같은 전통적 인적자원기능에서도 '창의성' 또는 '혁신'이 중요한 기준의 하나로 채택되어야 한다.

인수 · 합병과정은 기업의 포트폴리오 분석으로부터 시작된다. 기업의 포트폴리오를 정의하는 것은 기업이 자신의 미래를 전략적으로 창출하는 기본수단이다. 기업은 자신의 핵심역량을 강화하는 방식으로 포트폴리오를 설계한 후, 이를 보완하기 위한 피인수 · 합병 대상자를 식별 · 선택하여 거래를 진행시킨다. 만약, 거래가 성공적으로 수행된다면 두 조직을 통합하는 과정을 밟게 되는 것이다. 인적자원은 이런 인수 · 합병과정의 각 단계에서 적극적 역할을 수행할 수 있다.

피인수 · 합병 대상자를 식별하고 선정하는 과정에서 인적자원은 조직문화와 경영능력에 대한 평가를 실시하여야 한다. 인수 · 합병이 재무나 기술적 문제가 아니라 사람 또는 문화적 요소 때문에 번번이 실패하므로 인적자원에 대한 평가는 필수적이다. 상대방의 조직문화는 어떠한가? 우리 조직문화와 추후에 잘 적합될 수 있는가? 노사관계는 어떠한가? 협력적인가 갈등적인가? 또는 해당 노동조합은 우리 조직에 대해서 어떠한 태도를 취하고 있는가? 상대방 조직의 성별, 근속연수, 연령차원에서 본 인력구조는 어떠한가? 핵심기술을 담당하고 있는 종업원은 누구인가? 등에 대한 평가는 피인수 · 합병 대상기업의 가치에 크게 영향을 미칠 것이다(Mirvis & Marks, 1992).

인수 · 합병의 대부분의 실패가 통합단계에서 발생한다는 사실에서 알 수 있듯이(Clemente & Greenspan, 1998), 두 이질적 조직의 통합은 매우 어렵다. 두 조직의 통합이 얼마나 잘 이루어지느냐에 따라 인수 · 합병의 가치가 실현되며, 피인수 · 합병기업에 만연된 냉소주의의 극복, 리더십의 합법성 증진, 서로 다른 조직문화의 인적자원시스템의 융화 등을 통하여 인적자원부서가 가장 적극적으로 기여할 수 있는 단계이다.

미래 시장환경 변화에 대응할 수 있는 조직내부역량을 강화하는 것이 인적자원의 가장 중요한 임무이다. 만약 변화가 피할 수 없는 현상이라면, 조직은 미래의 변화에 대응할 수 있는 유연한 조직역량을 갖추고 있어야 한다. 미래의 변화에 대응할 수 있는 조직역량을 키우는 한 방법은 고객의 입장에서 마케팅, 생산, 그리고 재무 등 다양한 기능을 통합할 수 있는 조직문화나 구조를 창출하는 것이다. 이를 위해서는 인적자원담당자는 외부 환경 · 추세에 대한 지속적인 모니터링은 물론 경쟁자, 고객, 마케팅에 대한 전반적인 이해를 필요로 한다.

개인수행과 사업전략을 어떻게 연계시킬 것인가

지금까지 기업이 경쟁우위를 달성하기 위해서는 인적자원기능이 사업전략을 반영하거나 더 나아가서는 능동적으로 전략적 대안창출에 기여하여야 한다는 것을 논의하였다. 그러면 기존의 사업전략 나아가서는 미래의 전략적 필요성을 조직 내의 인적자원관리에 어떻게 반영하여 조직구성원 개개인의 태도나 행동을 강화시킬 것인가가 자연스런 다음 단계일 것이다.

사업전략과 조직 내 개개인의 수행 사이의 연계는 세 가지 관점에서 이루어진다. 수직적 연계(vertical linkage)는 사업목표를 개인목표 설정에 반영하는 것이다. 수평적 연계(horizontal linkage)는 인적자원과 관계된 기능들간에 적합을 의미한다. 그러나 이들 연계는 기본적으로 정태적이어서 현재를 나타낸다. 수직적 및 수평적 연계는 연계의 동태성을 포착하기에는 충분하지 않다. 시간과 변화의 개념을 포착하기 위해서는 시간적 연계(temporal linkage)가 필요하다(Gratton et al., 1999). 시간적 연계는 현재의 능력과 미래의 기대 사이의 연계를 의미한다.

기업이 장기적 경쟁우위를 달성하기 위해서는 미래에 대한 비전이 있어야 하며 현재의 당면 문제보다는 보다 장기적이고 광범위한 이슈에 초점을 맞출 필요가 있다. 인적자원관리에 있어서 장기적 관점은 특히 중요하다. 인적자원에 대한 사이클은 재무 또는 기술적 자원보다 특히 길다. 예를 들어, 새로운 역량에 초점을 맞춘 보상시스템을 설계하는 데 최소한 3년은 걸리며, 조직구성원의 기술적 역량을 재형성하는 데 5년 이상이 걸린다. 따라서 인적자원에 대한 계획은 많은 사업전략에서 선호하는 1년보다 긴 기간을 설정할 필요가 있다. 따라서 인적자원부서는 단기적 사업목표를 달성하는 것과 장기적으로 조직역량을 개발하는 것을 구분할 필요가 있다.

[그림 I-2] **인적자원에 있어서 장기적 계획과 단기적 프로그램**

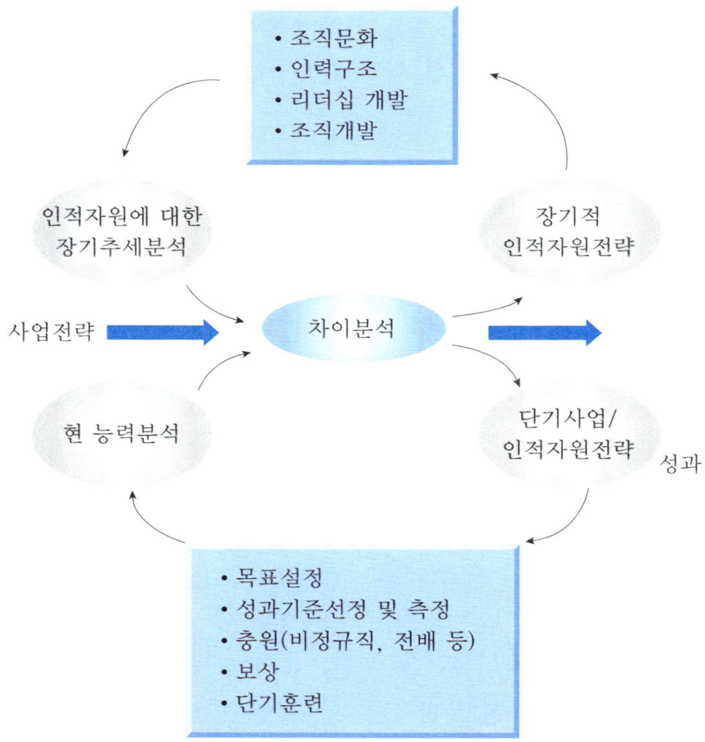

자료원: Gratton, et. al., "Linking individual performance to business strategy: The people process model," In Schuler, R. S. & Jackson, S. E.(Eds.), *Strategic Human Resource Management*, 1999. Blackwell에서 수정.

단기적 사업목표를 달성하기 위해서 인적자원기능은 다음과 같은 기능을 수행하여야 한다.

- 사업목표와 일관되게 연계된 부문 및 개인목표 설정
- 사업목표를 반영한 행위나 결과를 선정하고 측정방법을 설계한다.
- 사업을 수행하는 데 필요한 인력조정(예 : 전환배치나 비정규직 채용)
- 사업목표와 일관된 성과보상
- 단기적 사업목표를 수행하는 데 필요한 단기훈련

이러한 활동들은 [그림 I-2]에서 단기적 사이클에 제시되어 있다. 또한 장기적 차원의 인적자원기능은 변혁적(transformational)이며 다년간에 걸쳐서 수행된다. 이러한 인적자원기능의 예로는, 장기적인 국제전략을 수행할 수 있는 리더집단의 개발, 장기적 경쟁에 대응할 수 있는 조직구성원의 스킬과 동기개발, 그리고 장기적 성공에 근간이 되는 조직구조와 문화의 형성 등을 들 수 있다.

이상 논의한 바와 같이 인적자원기능을 단기적 성과달성뿐만 아니라, 장기적 변혁(long-term transformation)을 준비할 수 있는 정책과 시스템을 수행하여야 한다. 이러한 과정은 환경과 사업전략이 변함에 따라 지속적으로 수정되어야 한다. 따라서 인적자원기능 자체도 융통성 있으며 동태적으로 운영되어야 한다. 이를 위해서는 인적자원부문도 다음과 같은 기능을 수행하여야 한다.

1. 인적자원역량을 식별하고 분석한다.
2. 인적자원역량과 사업의 필요조건 사이의 차이를 이해한다.
3. 차이를 줄이기 위한 인적자원전략과 시스템을 구축한다.

이런 활동은 단기적(예를 들면, 6개월 단위로) 그리고 장기적(예를 들면, 2년 이상) 관점에서 수행되어야 한다.

전략적 인적자원관리의 장애물들

전략적 인적자원관리의 개념은 논리적으로 쉽게 받아들여질지는 모르나 많은 기업에서는 다양한 원인에 의해서 인적자원을 전략적으로 관리하는 데 어려움을 겪고 있다

(Mello, 2002). 첫 번째 장애물은, 전략적 인적자원관리의 본질에서 기인한다. 조직핵심역량의 특성에서 알 수 있듯이, 전략적 인적자원관리는 유형적인 것이 아니며, 결과와 수익을 측정하기도 어려우며 조화(alignment)는 깨지기 쉽다. 사업전략과 인적자원관리, 그리고 인적자원기능간의 통합과정을 너무 공식적으로 절차화면 새로운 환경에 적절히 적응하는 것이 어렵다. 그러나 통합절차가 없이 단순히 공유가치(shared value) 등과 같은 추상적인 요소만 강조한다면 시간이 흐를수록 시들어지며 현실감과 실체성을 잃어버리기 쉽다.

두 번째 장애물은, 대부분의 조직이 단기적 관점하에서 현재의 성과에 초점을 맞추고 있다는 것이다. 성과평가와 보상은 현재의 보상에 근거하는 경향이 있다. 사업성과는 월별 또는 분기별로 발표되며 CEO들은 그들의 직책을 유지하기 위해서는 단기적 성과에 관심을 가진다. 단기적이지만 연속적 사업성과의 하락은 CEO의 해임을 초래할 수 있으며 이러한 단기적 성과주의가 조직전반에 퍼져 있을 수 있다. 장기적 경쟁우위(long-term competitive advantage)에 도움이 되는 계획에 대해서는 조직도 보상을 하지 않는다. 결국, 조직은 장기적으로 이득이 되는 방향으로 경영의사결정이 내려지기를 바라지만 보상은 단기적 성과에 의해서 이루어지는 경향이 있다.

세 번째 장애로서는, HR프로그램의 결과와 수익을 계량화하기 어렵다는 것이다. 극심한 경쟁압력하에서는 구체적이고 계량적인 결과를 내지 못하는 프로그램들은 자원배분의 우선순위에서 떨어질 것이다. 기존 인적자원관리와는 달리 전략적 인적자원관리가 기업의 경쟁우위 달성에 기여하는 것을 목표로 하고 있지만 인과관계가 구체적이고 계량적이지는 못하다.

마지막 장애는, HR담당자의 사업전반에 대한 이해부족으로부터 기인한다. 인적자원기능은 상당한 기술적 지식을 필요로 하면서도 지속적으로 변화하는 분야이므로 HR담당자는 전문가로서 재무, 영업 등과 같은 분야에 경험이 부족할 수 있다. 따라서 HR담당자들이 전략적 관심이 부족할 수 있으며 전략적 방향에서 다른 분야의 경영자로부터 지지를 획득하는 데 한계를 지닐 수 있다.

인적자원관리가 실질적으로 기업의 경쟁우위 달성에 기여하기 위해서는 이러한 장애를 극복하여야 한다. 인적자원관리에 관심을 갖고 있는 학자나 실무 담당자들에게는 앞으로 이런 장애를 어떻게 극복하고 전략적 변화를 추진할 것인가가 당면과제가 될 것이다.

참고문헌

Ashkenas, R., Ulrich, D., Jick, T., & Kerr, S.(1995), 「GE사례 중심의 벽없는 조직: 조직구조의 사슬을 제거한다」(*The Boundaryless Organization: Breaking the chains of corporate structure*), (이태복 역), 서울: 창현출판사.

Becker, E., & Houselid, M.(1998). "High performance work systems and firm performance," *Research in Personnel and Human Resource Management*, 16, 53-101.

Brockbank, W., Ulrich, W., & James, C.(1997), "Trends in human resource competencies," *Third Conference on Human Resource* Competencies, University of Michigan School of Business, Ann Arbor, Michigan.

Brockbank, W.(1999), "If HR were strategically proactive: present and future directions in HR's contribution to competitive advantage," *Human Resource Management*, 38, 337-352.

Clemente, M. N., & Greenspan, D. S.(1998). *Winning at mergers and acquisitions*, New York: John Wiley & Sons, Inc.

Gratton, L., Hope-Hailey, V., Stiles, P., & Truss, C.(1999), Linking individual performance to business strategy: The people process model. In Schuler, R. S. & Jackson, S. E.(Eds.), *Strategic Human Resource Management*, Blackwell.

Mello, J. A.(2002), *Strategic Human Resource Management*, South-Western.

Mirvis, P. H., & Marks, M. I.(1992), *Managing the merger*, Paramus, NJ: Prentice-Hall.

Robinson, A., & Stern, S.(1997), *Corporate Creativity*. San Fransisco: Berett-Roehler.

Ulrich, D.(1997), *Human Resource Champions*, Harvard Business School Press.

02 전략적 인적자원관리의 마인드 셋[1)]

이춘우
choonwoo@uos.ac.kr

전략적 인적자원관리: 과연 어떤 것인가

전략적 인적자원관리는 이제 학술적으로 뿐 아니라 실무적으로도 매우 보편화된 용어로서 기업이 인사관리를 한다면 응당 전략적 인적자원관리를 해야만 하는 것으로 인식할 만큼 확고하게 자리잡아가고 있는 듯하다. 종래 전략적 인적자원관리를 소개하고 전파하는 과정에서 많은 경우 인적자원관리는 종래의 인사관리와 전혀 다른 것처럼 이야기되곤 하였다. 그러나 정작 실무자들과 접촉을 해 보면, 여전히 무엇이 근본적인 차이인가를 명확하게 인식하지 못하고 있다는 느낌을 받곤 한다. 그렇다면 과연 전략적 인적자원관리는 어떤 것이며, 어떤 마인드를 가져야 기업경쟁력을 제고시키는 데 공헌할 수 있는가?

다음 신문기사 사례는 전략적 인적자원관리를 이해하도록 해 주는 데 도움이 될 수 있을 것이다.

1) 출처: 인크루트 경력개발연구소(2005), "전략적 인적자원관리의 Mind Set은 무엇인가?," 「인재경영」, 4월호, pp.16-21에서 전재함.

『대기업인 A사는 구조조정을 위해 식품사업부를 정리하기로 결정했다. 사업부 정리 프로젝트를 위해 김○○ 팀장을 식품사업부 공장에 파견했다. 현장에 내려갔던 김 팀장은 식품사업부의 '숨겨진' 수익성을 발견하고 노력을 기울인 끝에 폐쇄 직전의 식품사업부를 회생시키는 데 성공했다. 골치였던 식품사업부를 수익을 내는 사업부로 만들었으니 당연히 회사로부터 포상을 기대했던 김 팀장. 기업의 최대 목표는 이윤 추구가 아니었던가. 그러나 그를 기다리고 있었던 것은 포상이 아닌 징계였다.』

A사의 인사조치는 옳은 것인가, 옳지 못한 것인가

독자들이 A사의 인사담당자였더라면 김○○ 팀장에 대해 어떤 조치를 취할 것인지 한번 생각해 볼 만하다. 대부분의 독자들은 A사의 인사조치가 너무했다거나 오히려 포상을 했어야 한다거나, 전격적으로 식품사업부 본부장으로 발탁 승진시킨다는 생각을 가질 수 있을 것이다. 또 다른 독자들은 인사부서의 명령을 어겼으니 징계를 받기는 해야겠지만 식품사업부를 살려 놓았으니 적절하게 절충안의 조치를 취할 수도 있었다는 의견이 있을 수 있다. 즉 회사가 단기적이지만 이익을 가져다준 직원에게 가혹한 처사를 한 것이 아닌가 하는 입장이다. 하지만 전략적 인적자원관리의 기본 관점을 생각해 보면, A사의 조치가 이해가 될 수도 있다. 회사측의 설명은 이랬다.

『김 팀장을 공장에 파견한 것은 식품사업부를 살리기 위한 것이 아니고 정리하기 위한 것이었다. 또 사업부를 정리하기로 한 경영진의 결정은 단기적인 수익성 때문이 아니었고, 장기적인 차원에서 그 결정이 회사에 더 이익이 된다고 판단했기 때문이었다." 결국 개인적인 판단으로 식품사업부를 '살렸던' 김 팀장은 이후 사표를 제출했고, 식품사업부는 따로 분사했다.』

이 사례는 개인이 회사에서 일할 때에는 항상 개인이나 팀 차원이 아닌 회사 전체 차원의 목표를 염두에 두고 업무를 해야 한다는 점을 잘 보여주고 있다.

Strategic HRM이란 '전략아 함께 놀자!'

그렇다면 전략적 인적자원관리란 도대체 인적자원관리를 어떻게 행하는 것을 말하는가? 교과서에서는 '조직의 전략목표를 달성하기 위해 필요한 인적자원을 확보하고 개

[그림 I-3] **전략적 인적자원관리의 의미**

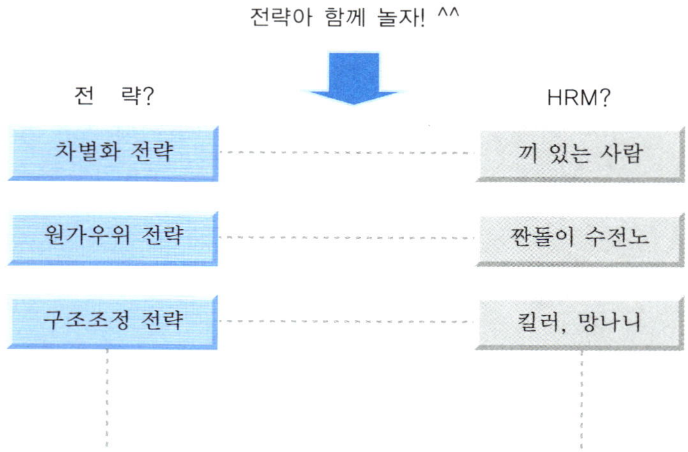

발하며 활용하는 조직적인 관리활동의 체계', '경쟁전략의 형성 및 집행과정에 인적자원관리 활동을 통합시킴으로써 인적자원관리 전략 및 활동의 통일된 방향성을 갖도록 하는 인적자원관리 시스템', '전략적 조직목표 달성에 필요한 가치, 능력, 행동을 갖춘 사람을 선발하고 육성하며, 평가하고 보상하는 활동'으로 정의하고 있다. 교과서는 당연히 이와 같이 일반론적이고 보편적인 용어들로 정의해야 할 것이다.

이를 쉽게 되씹어서 이해해 본다면 전략적 인적자원관리는 한마디로 '전략아 함께 놀자!'라고 할 수 있을 것이다. 즉 기업이 추구하는 전략적 지향 목표와 인사관리의 가치관 및 기능 · 활동들을 전략적 과제나 전략적 지향가치와 일관성을 갖추도록 하는 것이 바로 전략적 인적자원관리이다. 예를 들어, 기업의 경쟁전략이 차별화 전략을 추구하면 인적자원관리가 육성해야 할 인재상은 '끼 있는 사람'이어야 할 것이고 원가우위 전략을 지향하고 있다면 인적자원관리는 '근검 · 절약을 하는 짠돌이 형 수전노형 인재'를 확보 개발육성하고 그러한 사람에 대해 고과를 하고 보상을 해야 하는 것이다.

Strategic HRM의 특징은

전략적 인적자원관리가 종래 인사관리와는 전혀 다른 인사관리방식인 것처럼 소개되어 왔지만, 정작 실무적으로 보면 채용, 오리엔테이션, 배치, 고과, 승진, 인사이동, 보상, 휴가 등에서 두 개념 간에 별반 차이가 없는 것처럼 보인다. 그 이유는 기본적으로

[그림 I-4] 전략적 인적자원관리의 세부 특징

전통적 인사관리			현대 전략적 인적자원관리
경영환경/전략/조직상황무시(내부관리지향)	→		환경/전략/조직 상황과의 연계/적합성 구축
단순 근태관리	→	+	경쟁 우위적 조직행동 관리
급여관리	→	+	전략적 보상관리
포상/징계	→	+	육성과 개발
종업원 만족 동기부여	→	+	인적역량배양
과정/자질 중시	→	+	성과 업적/능력 중시
종업원 동태 감시, 통제(신상필벌지향)	→	+	변화 & 혁신 촉진
개별적/분절적 관리시스템	→	+	전사적 통합 연계관리시스템

전략적 인적자원관리가 종래의 인사관리에서 추구하는 가치나 관리기법 방식을 완전히 폐기하고 전혀 새로운 것을 내세우는 것이 아니라, 종래의 인사관리관행을 기본으로 하고 새롭게 지향하는 추구가치와 관리방식이 더해지는 것이기 때문이다. 다시 말해 전통적인 인사관리의 추구목표와 관리방식에 추가적으로 전략적 인적자원관리의 새로운 추구목표와 관리방식이 접목되는 것이다. [그림 I-4]는 이러한 점을 요약하고 있다.

Strategic HRM의 뿌리는

전략적 인적자원관리는 종래 인사관리를 바탕으로 이에 전략적 접근관점이 접목됨으

[그림 I-5] HRM의 뿌리와 3대 접근법

자료: 신유근(1994), "현대인적자원관리의 이론구축을 위한 연구접근법 고찰," 「노사관계연구」, 5, 217-238.

로써 형성된 인적자원관리 시스템이라고 할 수 있다. 전략적 인적자원관리 외에도 현대 인적자원관리 시스템에는 노사관계론적 접근법과 접목된 인적자원관리 방식이나 조직행동론적 접근법과 접목된 인적자원관리 방식 등 또 다른 형태의 인적자원관리 시스템이 존재하는 것이다. [그림 I-5]는 현대 인적자원관리 시스템에 있어서 전략적 인적자원관리론, 노사관계론적 인적자원관리론 조직행동론적 인적자원관리론의 형성에 대한 이해를 도와준다.

현대 인적자원관리의 3대 연구접근법에 따라 형성된 인적자원관리 시스템은 전통적인 인사관리론과 접목된 분과학의 배경, 관리의 원칙, 인간에 대한 가정 측면에서 비교해 보면 [표 I-1]과 같다.

[표 I-1] HRM의 3대 접근법 및 연구접근법의 비교

	기본 접근법	전략론적 접근	노사관계론적 접근	조직행위론적 접근
접근법				
	분과학 배경	- 경영전략, 정책이론 - 상황이론, 조직이론 - 조직환경이론	- 제도론적 노사관계론 - 단체교섭론 - 노동경제학	- 조직행위론 - 산업, 조직심리학 - 비교 경영하는 인류학

연구배경	관리의 원칙	- 적응성, 유연성 - 기능성 - 적합성, 통합성	- 안정성 - 분배 - 공평성과 효율성 조화	- 유효성 - 생산성과 만족성 조화 - 공정성, 신뢰성
	인간(사람)에 대한 가정	- 경쟁력 우위 원천으로서의 인적자원 - profit의 원천	- 정치적 · 경제적 요구를 하는 근로자 - 경제적 거래행위를 하는 노동자	- 사회인(사회적 · 경제적 · 인간적 욕구) - 자아실현과 만족을 추구하는 개인

자료: 신유근(1994), "현대인적자원관리의 이론구축을 위한 연구접근법 고찰," 「노사관계연구」, 5, 217-238.

Strategic HRM의 흐름은

전략적 인적자원관리 내에서도 세분화된 연구흐름이 존재한다. 전략적 인적자원관리론은 인사관리론 분야에서 새롭게 형성되어 가고 있는 이론분야로서, 초기에는 상황론적 접근법이 주류를 이루어 왔으나 자원기초이론으로부터 핵심역량관점이 출현하기 시작하면서 인적자원관리론에 대한 자원기초이론적 접근법(또는 역량기초접근법) 분야가 급부상하였다.

초기의 전략적 인적자원관리론은 경영전략과 인적자원관리 간의 적합성(fit)이 중요한 연구초점이었다. 양자가 적합성을 가질 때 전략실행을 효과적으로 하게 하고 그것이 조직성과를 결정해 준다는 것이다. 이러한 적합성은 전략적 인적자원관리론이 발전하기 시작한 초기에는 어느 상황에서나 이상적인 적합성을 가져야만 한다는 점을 강조하였다가 곧 상황에 따라서 적합성이 달라질 수 있다는 전통적인 구조적 상황이론의 논리가 주류를 이룬다. 그 후 전략적 인적자원관리론은 환경, 전략, 인적자원관리의 개별적 요소간의 적합성이 아닌 전체적인 구성체적 적합성(configurational fitness)을 갖출 때 조직성과를 높여준다는 이론으로 발전되고 있다.

또 다른 한 흐름으로 인적자원관리론과 자원기초이론이 결합되어 전략적 인적자원관리론의 한 분야를 형성시켰다. 즉 전략적 인적자원관리론에 자원기초이론 관점이 결합되어 자원기초이론의 논리들을 수용하면서 핵심적인 기업자원으로서 인적자원 또는 인적자원역량이 무엇이며 이를 촉진 · 고양할 수 있는 인적자원관리 시스템에 연구의 초점을 둔다(Lado & Wilson, 1994). 많은 자원기초이론 연구자들이 핵심적 기업자원으로서 인적자원 · 인적자본을 논의한다는 점에서 발전한 결과라고 할 수 있다. 예를 들어 할

(Hall, 1992)은 비가시적 자원(Intangible Resource)이 바로 종업원들의 스킬이나 노하우라고 주장한다. 자원기초이론 접근의 전략적 인적자원관리론은 기업자원 중 인적자원을 매우 중핵적인 전략적 자원으로 본다. 인적자원이 자원의 기업특유성을 충족시키며, 상대적으로 중요한 핵심역량의 내용이거나 적어도 중요한 결정요인이라는 주장을 한다. 최근에는 인적자원관리론에 대한 역량기초접근법(competence based approach to HRM)이 발전하여, 구체적인 연구개념으로서 인적자원역량(Human Resource Competence)을 밝혀내는 연구를 행하고 있다. 여기서 인적자원역량은 인적자본(human capital) 관점에서 종업원 개인이 보유한 지식 · 스킬 · 능력의 축적물(Kamoche, 1996)이라고 하거나 행태적 관점(behavioral perspective)에서 종업원들의 경쟁우위적 행동(competitive behavior)(Schuler, 1989; Barney & Zajac, 1994)이라고 제시하기도 한다.

인적자원관리 시스템에 대한 연구는 아직까지 많지는 않다. 라도와 윌슨(Lado & Wilson, 1994)이 조직역량을 제고시키기 위해서는 인적자원역량을 제고시킬 수 있도록 확보, 개발, 평가하는 이른바 역량제고형 인적자원관리 시스템(competence enhancing HR system)을 만들어야 하며, 이것이 조직의 지속적인 경쟁우위를 제고시킨다는 개념적 연구를 수행했다. 이외에도 월튼(Walton, 1985)의 몰입형 작업인력 시스템, 롤러(Lawler, 1994)의 고관여 조직(high involvement organization) 등은 종업원들의 역량을 제고시킬 수 있는 인적자원관리 시스템으로 제시되고 있다. 인적자원관리론에 대한 자원기초이론적 접근법의 연구는 현재까지 개념적 연구논의가 대부분을 차지하고 실증연구는 거의 이루어지고 있지 않다.

Strategic HRM Mind Set은

결국 전략적 인적자원관리는 인적자원 및 인적자원관리 시스템을 기업경쟁력의 원천에 포지셔닝하는 패러다임을 갖고 있으며, 전략적 가치를 받아들이고 있는 것이다. 실무계나 학계 모두에서 대부분의 관심사는 기업이 지속적으로 생존하고 성장할 수 있도록 하는 경쟁우위 요소를 조직 내부적으로 탐색하고 있다. 처음에는 물적 · 가시적 자원도 기업의 경쟁우위를 높일 수 있는 경영자원으로 인식하고 논의하고 있었지만, 핵심역량관점이 제기되면서 비가시적이고 비물적인 요소가 경쟁우위의 원천으로 이해되고 있다.

기업경쟁력의 원천이 되는 여러 가지 경영자원 중에서도 핵심적인 경영자원이 무엇인가를 규명하려는 관점에서 형성된 것이 바로 프라할라드와 하멜(Prahalard & Hamel)이

1990년 핵심역량(core competence)이다. 선행연구들에서 제시된 핵심역량은 내용측면에서는 유형(비물적), 무형(물적)자원을 모두 포괄하지만 상대적으로 비물적 자원, 즉 학습될 수 있는 스킬을 강조하는 것이다.

핵심역량은 기업이 성공하기 위해서는 기업이 보유한 자원 그 자체보다도 자원을 창출하는 조직능력이 중요하다고 본다. 즉 기업이 어떠한 자원을 보유하고 있는가 하는 문제보다도 그러한 자원을 획득하고 축적할 수 있는 능력이 더 중요한 기업자원이라는 것이다.

그러나 핵심역량의 연구는 보다 핵심적이고 구체적인 기업자원을 규명하려는 시도였지만, 이들의 개념과 실체를 밝히는 문제가 또 하나의 연구과제가 되고 있다. 기업경쟁력을 창출할 수 있는 여러 자원 요소 중에서도 더욱 핵심적인 자원에 초점을 둔다는 아이디어는 특히 조직이 보유하고 있는 수많은 다양한 자원들 중에서 중심적인 기능을 하는 자원들만이 경영자원이 될 수 있다는 시사점을 준다.

핵심역량이 될 수 있기 위한 조건으로는 고객효익제공성, 다시장 범용성, 모방곤란성과 같은 속성을 지녀야 한다고 논의되고 있다. 이러한 요건이 갖추고 있는 조직내부의 경영자원들이 무엇인가에 대한 논의가 여전히 지속되고 있는 가운데, 다른 어떤 요소들보다 틀림 없는 것은 바로 조직문화, 즉 구성원들이 공유하고 있는 신념 및 가치관, 마인드 셋이다. 최고경영자를 비롯하여 조직의 임직원들이 공유하는 공통적인 추구가치가 무엇이냐가 바로 기업의 생존과 성장을 좌우하는 핵심요소라는 점이다.

결국 최고경영자의 철학과 가치 그것으로부터 형성된 조직문화적 공유가치가 기업경쟁력의 보이지 않는 근본 원천이며, 전략적 인적자원관리의 성패도 최고경영자를 비롯하여 조직구성원들이 전략적 가치를 조직문화적 가치로서 공유하고 있느냐가 관건이 된다.

그렇다면 어떤 가치를 공유해야만 전략적 인적자원관리가 제대로 작동할 수 있을 것인가? 그것이 바로 전략적 인적자원관리 마인드 셋이다. 전략적 인적자원관리가 제대로 작동하기 위한 마인드 셋은 [그림 I-6]과 같은 한국어를 영어로 번역하는 연습을 통해 가능하다.

전략적 인적자원관리의 마인드 셋을 갖추고 있는 조직구성원들은 인간을 Human being이나 people이라고 번역하지 않는다. 또한 일을 work 나 Job으로 번역하지 않으며, 목표를 goal이나 target, objective로 번역하지 않는다. 과연 인간, 일, 목표를 어떻게 이해하는 것이 전략적 마인드 셋일까? 전략적 인적자원관리가 '전략아 함께 놀자'라는 의미라는 것을 잊지 않았다면 그 해답은 우리 회사가 설정한 전략적 목표가 무엇

[그림 I-6] **전략적 인적자원관리의 마인드 셋 연습**

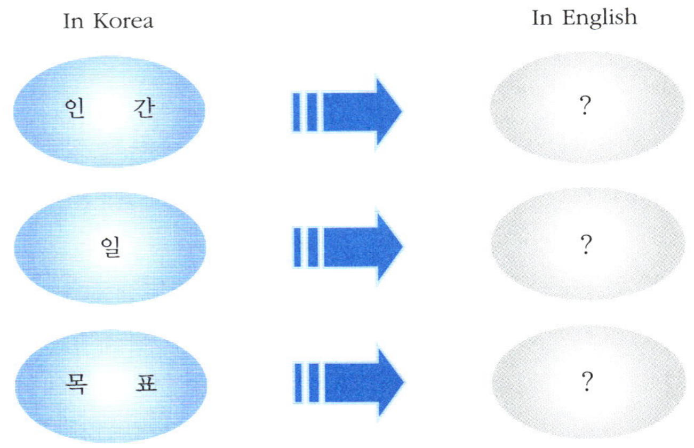

인지를 명확하게 하고 있느냐에 따라 좌우된다. 특히 조직구성원들이 공유하고 있는 행동문화적 가치는 회사마다 다를 수 있기 때문에 회사 구성원들이 공유된 문화적 가치 속에 전략적 목표가 연결되어 있는지를 살펴보면서 함께 만들어 내야 한다. 전략적 가치를 전제로 할 때, 인간, 일, 목표를 어떻게 번역해야 할지 회사 동료들과 함께 곰곰이 생각해 볼 일이다.

참고문헌

신유근(1994), "대인적자원관리의 이론구축을 위한 연구접근법 고찰," 「노사관계연구」, 5, 217-238.

Kamoche, K.(1996), Strategic Human Resource Management within a Resource Capability View of the Firm, *Journal of Management Studies*, 33(2), 213-233.

Lawler Ⅲ, E. E.(1994), "From Job-based Approach to Competency-based Approach," *Journal of Organizational Behavior*, 15, 3-15.

Lado, A. A., & Wilosn, M. C.(1994), "Human Resource Systems and Sustained Competitive Advantage: A Competency-Based Perspective," *Academy of Management of Review*, 19(4),

699-727.

Schuler, R. D.(1989), "Strategic Human Resource Management and Industrial Relations," *Human Relations*, 42(2), 157-184.

Walton, R. E.(1985), "From Control to Commitment in the Workplace," *Harvard Business Review*, March-April, 77-84.

03 인적자원관리 시스템의 브랜드화: 모방과 창조[1)]

배종석
johngbae@korea.ac.kr

노동시장에서 인적자원관리의 브랜드는 무엇인가

노동시장에서도 브랜드가 필요하다. 제품시장에서 제품의 브랜드는 매우 중요한 역할을 한다. 소비자들은 브랜드만 보고 구매하기도 하고, 또한 특정 브랜드와 그 제품의 품질 및 서비스의 수준을 연계시키기도 한다. 잘 알려지지 않은 브랜드를 가지고 시장에서 경쟁하는 것은 쉽지 않다. 또한 잘못 인식된 브랜드의 가치를 전환시켜 새로운 이미지로 수준을 높이는 작업도 쉽지 않다. 그러면 노동시장에서는 무슨 브랜드를 가지고 핵심인재를 확보할 수 있을까? 인재확보전(war for talent)에서 무슨 브랜드를 내세우고 핵심인재를 유인하고 조직에 유지시킬 수 있을까? 노동시장에서는 인적자원관리 시스템이 브랜드 역할을 할 수가 있다. 특정 기업의 인적자원관리 시스템의 모습이 무엇인지를 분명하게 전달할 수 있을 때, 그리고 개인이 조직에 대해 혹은 조직이 개인에 대

1) 본 글은 배종석의 「인적자원론」(홍문사, 2006)의 내용을 발췌 정리한 것임.
출처: 인크루트 경력개발연구소(2005), "인적자원관리 시스템의 브랜드화," 「인재경영」, 7월호, pp. 58-64에서 전재함.

해 어떤 기대를 할 수 있는지가 분명할 때 비로소 노동시장에서 그 역할을 제대로 할 수가 있을 것이다.

최근 기업경영에 있어서의 화두는 단연 변화와 관련되어 있다. 변화만이 살길이며 '변화는 좋은 것이라는 의식(change-is-good mindset)'이 대부분의 경영자의 마음 속에 자리잡고 있다. 그런데 인적자원관리의 변화와 관련해서는 사실 몇 가지 이슈가 있는데, 그것은 현재 우리 기업이 가지고 있는 인적자원관리의 유형은 무엇이고, 어떤 방향으로 가고 싶으며, 또한 최종모습은 무엇인가 등에 대한 것이다. 문제는 우리 기업이 가진 인적자원관리 시스템이 어떤 특징을 가지고 있는지 담당자도 잘 모르는 데 있으며, 또한 어떤 특징을 가진 방향으로 가고자 하는지에 대한 경영진과 인사임원들의 합의가 잘 이루어지지 않았다는 데 있다. 따라서 변화가 필요할 때는 왜 변화해야 하며, 무엇이 변화해야 하고, 어떻게 변화해야 하는지 등에 대한 방향감각을 가지고 있는 것이 중요하다.

인적자원관리 시스템은 어떻게 구성되는가

인적자원관리 시스템을 제대로 이해하기 위해서는 추상화 수준(level of abstraction)을 이해할 필요가 있다. 이것은 경영시스템이 아주 추상적인 것에서부터 아주 구체적인 것까지를 포함하는 것으로 이해되어야 함을 의미한다. 즉 경영 시스템과 인적자원관리 시스템은 세 가지 추상화 수준으로 구성되어 있다고 볼 수 있는데, 추상화 수준이 높은 것부터 정리하면 지침원리(principles), 경영정책(policies) 및 경영제도(practices)이다(Colbert, 2004; Wright, 1998). 구체적인 예를 들면, '경영의 모든 측면에서 종업원의 참여가 기업의 성공에 결정적'이라는 지침원리를 정할 수 있다. 이런 '종업원 참여의 중요성' 원리가 이정표(guidepost) 역할을 하여 낮은 추상화 수준인 정책과 제도를 결정한다. 이제 정책수준에서 의사결정 참여(팀제, 문제해결 기구), 정보/지식에의 참여(제안제도, 광범위한 의사소통 절차도입) 및 재무적 참여(인센티브 제도) 등의 정책방향을 설정할 수가 있다. 이제 아주 구체적인 제도수준에서는 정책방향을 이루기 위한 제도의 도입이 필요한데, 예를 들면 의사결정 참여를 위해서는 QC(quality circle: 품질향상을 위한 작업팀) 등의 도입을, 정보/지식의 참여를 위해서는 뉴스레터의 제작과 홈페이지 공시 활용 등의 도입을, 그리고 재무적 참여를 위해 이익분배제(profit sharing) 등의 도입을 고려할 수가 있다.

이런 세 가지 추상화 수준 중에서 가장 중요한 것은 물론 가장 추상화 수준이 높은 지침원리일 것이다. 보통 기업에서는 핵심가치, 경영이념, 인사원칙 등의 용어로 사용될 수 있는 부분이다. 이것은 비가시적이라서 잘 파악되지 않으며 비록 알고 있다고 하더라도 그것을 구체적인 제도와 연계하는 것은 쉽지 않을 수 있다.

인적자원관리를 통한 경쟁우위 확보를 위한 조건은 무엇인가

이들 수준을 잘 고려하여 기업의 목적을 이루는 효과적인 경영을 해야 하는데, 그 조건은 바로 최소한 네 가지 방향에서 정합성(alignment)을 이루어 가야 한다는 것이다. 이들 정합성 중 첫 번째 정합성은 규범원리와 세 가지 수준으로 이루어진 경영시스템 간의 정합성이다. 규범원리가 최고경영자나 창업자에게서 도출되었건 혹은 보편적인 가치에서 도출되었건 간에 그 영향의 정도는 높은 추상화 정도인 지침원리에 가장 직접적이고 강하며, 반대로 낮은 추상화 정도인 경영제도 수준에서는 간접적이고 약하다. 인간존중, 혁신, 고객만족, 공정성, 신뢰와 윤리성 등의 가치는 보편적인 성격이 강하다. 그래서 많은 기업에서 경영의 지침원리나 핵심가치를 정하는 것을 보면, 이런 보편적인 가치들에서 선택하는 경향이 있는 것이다. 단지 그것을 해석해 내고 실행해 가는 과정에서 독특한 내용으로 체화해 가는 가운데 차별적인 모습이 되는 것이다.

두 번째의 정합성은 환경 및 전략적 방향성과 경영시스템 간의 정합성이다. 외부환경으로는 노동시장, 기술적 변화, 법률적 제도, 경제환경 등이 있을 것이고, 내부조직의 변수로는 조직전략, 구조, 문화 및 인력구성 등이 있을 것이다. 이들 정합성에서의 영향 정도는 규범원리와 반대로 작용할 가능성이 있다. 즉, 이 수준들 중에서 가장 추상화 정도가 높은 지침원리 수준에서는 환경과 전략에 따라서 지침원리의 효과성(effectiveness)이 달라진다고 생각할 이유가 별로 없다. 따라서 이 수준에서는 보편적 접근이 가능할 것이다. 반면 추상화 수준이 낮아질수록 환경과 전략적 방향성의 변화에 민감하게 영향을 받고 적합성을 이루어가야 한다고 주장된다(Wright, 1998). 즉 상황적합적 접근이 필요하다는 것이다. 이상의 두 가지 정합성을 생각하면 핵심이념(핵심가치와 존재이유)은 유지하고 경영제도와 전략은 환경에 따라 민감하게 적응해 가야 한다는 콜린스와 포라스(Collins & Porras, 1994)의 주장과 일치한다.

세 번째 정합성은 세 가지 추상화 수준간의 정합성이다. 경영정책은 지침원리와 내적 일관성이 있어야 하며, 나아가 경영제도들은 지침원리 및 경영정책과 일관성이 있어야 한다. 물론 같은 지침원리하에서도 다양한 경영정책이나 경영제도의 도입이 가능하다. 따라서 앞서 설명한 환경과 전략적 방향이 추상화 수준이 낮은 경영제도 수준에 영향을 강하게 주는 것도 이런 내적 일관성을 잃지 않으면서 변화에 적응해 갈 수 있다는 전제하에 가능한 것이다. 기업경영시스템이 유연성을 가지고 환경에 빠르게 적응해 감과 동시에 기업이 추구하는 본질적인 규범과 가치를 지켜나갈 수 있는 가능성은 이런 수준간의 정합성을 통해 이뤄질 수 있다. 물론 추상화 수준 간 내적 일관성이 강할수록 경직되어 환경이나 규범원리에 덜 민감할 가능성이 있기 때문에 이에 대한 지속적인 대책이 요구된다.

마지막 네 번째 정합성은 추상화의 개별 수준 내에서의 정합성이다. 즉 지침원리들간의 정합성, 경영정책간의 정합성, 그리고 경영제도간의 정합성 등이다. 이 중에서 가장 가시적으로 정합성을 중시해야 하는 것은 경영제도간의 정합성이다. 인적자원관리에서는 이를 내적 적합성(internal fit)이라고 한다(배종석, 1999). 즉 사람의 채용, 훈련, 평가와 보상 등이 서로 일치해야 한다는 것이다. 예를 들면, 팀제를 도입한 기업이 개인성과에 따른 성과급을 강조하게 되면 개인간 경쟁과 갈등이 발생하고 신뢰와 지식공유가 이뤄지지 않아 팀의 시너지가 나타나지 않을 것이다.

이런 정합성을 잘 이루어 가는 과정은 경영을 잘 한다는 것과 밀접한 관계가 있다. 그럼 이런 정합성을 잘 이루어 가는 것이 왜 경쟁력 확보에 도움이 되는가? 그것은 사람기반 경쟁우위(people-based competitive advantage)가 가능하기 때문이다. 이것이 가능한 첫 번째 이유는 자원기반 이론에서 논의하듯이 사람을 관리하는 것은 다른 조직적인 요소와 결합되어 사회적 복잡성(social complexity), 인과적 애매성(causal ambiguity) 및 자원특유성(asset specificity)의 속성을 지니게 되어 모방이 쉽지 않은 기업의 차별화된 핵심역량화가 가능하기 때문이다(Barney, 1991). 두 번째는 사람을 통해 핵심적인 생산요소인 지식을 창출하고 공유할 수 있기 때문이다. 경쟁환경이 요구하는 대로 필요한 지식을 창출하기 위한 민감한 인적자원관리 시스템의 대응이 가능한 것이다. 마지막으로 불확실성이 높은 환경 가운데서 새로운 사업기회의 발굴과 같은 옵션을 창출할 수 있는 가능성이 역시 사람에게서 나오기 때문이다(김희천, 배종석, 2002). 기존의 지식과 기술을 잘 활용할 수 있는 시스템과 해로운 지식과 기술을 찾아가는 탐색을 잘할 수 있는 시스템을 동시에 가져갈 수 있는 가능성도 정합성을 제대로 가져가는 것에서 성취해 갈 수 있다. 결론적으로 보편적 규범원리와 가치라는 한 축과 환경적 영향변수라는 또 다른 축이 경영시스템의 여러 수준과 정합성을 이루어야 경영효과성이 제대로 나타날 수 있을 것이다.

인적자원관리 시스템의 결정요인은 무엇인가

인적자원관리 시스템을 도입하는 데 영향을 주는 중요한 두 가지 요인은 전략적 방향성과 제도적인 힘이라고 할 수 있다. 조직의 전략적 선택은 대개 합리적 의사결정 과정을 거친다.

최근 전략적 인적자원관리 연구에서는 조직의 전략과 인적자원관리를 연결하는 작업을 활발히 진행하고 있다. 가령 전략적 방향으로 운영 탁월성(operational excellence), 제품 리더십(product leadership) 및 고객 친밀성(customer intimacy) 중 어느 한 가지를 선택한다고 하면, 이들 전략적 입장에 따라서 요구되는 역량과 행동이 달라지게 되고, 그런 역량과 행동을 도출하기 위해 인적자원관리 제도가 달라질 필요가 있을 것이다. 델(Dell)이나 월마트(Wal-Mart) 등에서 사용하는 운영 탁월성의 전략은 효율적인 사업과정이 중요하고, 단기적이며, 위험을 수용하기를 꺼려하며 팀웍을 강조한다. 따라서 이런 기업에서의 사람관리는 주어진 규칙대로 맡겨진 일을 잘 처리하는 방향으로 진행될 것이다. 소니나 3M 등에서 취하고 있는 제품 리더십 전략에서는 새로운 아이디어를 통한 지속적인 혁신이 중요하고, 장기적인 관점에서 경영을 하며, 학습을 강조함과 동시에 위험을 감수하려고 할 것이다. 따라서 이런 기업에서는 창의적 역량과 행동을 보여주는 사람이 필요하므로 그런 사람의 선발과 훈련 및 평가가 필요해진다. 마지막으로 고객 친밀성을 강조하는 노드스트롬(Nordstrom)이나 포 시즌스(Four Seasons) 등에서는 고객만족과 서비스의 질을 높이기 위해 노력하며, 따라서 사람과의 관계를 형성하고 유지하는 역량과 행동이 중요해진다.

이상의 설명에서 보듯이 합리적인 전략적 선택이 인적자원관리 시스템을 결정해 주는 중요한 요인으로 작용한다. 그러나 조직이 항상 이런 방법으로 인적자원관리 시스템을 결정하는 것은 아니다. 이제 인적자원관리에 영향을 미치는 다른 중요한 변수로 제도적인 힘을 제시하고 설명하려고 한다. 제도화 관점에서의 설명은 합리적 의사결정에 기초한 선행적인 전략적 접근과는 달리 반응적 입장에서 접근하는 것이다. 즉 경제적인 효익이 있든지 없든지 상관없이 제도적인 정당성이 있다면 특정 인적자원관리 제도를 수동적으로 수용하고 따른다는 입장이다. 제도학파(institutional theory)의 주장(DiMaggio & Powell, 1983)에 의하면, 어떤 조직의 제도도입이나 관행 실천의 원인을 다른 기업의 모방에서 찾는다. 이런 모방을 하다가 보면 인적자원관리 시스템이 비슷해지는 경향이 나타난다. 주로 세 가지 방법으로 형태가 비슷해지는 동형화가 일어나는데, 첫 번째는 강제적 동형화이다. 이는 힘 있는 다른 기관의 영향으로 제도를 도입할 수밖에 없는 것을 의미한다. 정부, 법률, 지주회사, 본사 등의 영향이 계열사나 해외지사와 같은 특정 조직의 제도도입에 영향을 미칠 때 나타나는 현상이다. 자원배분을 하는 힘을 가지고 있을 때 주로 나타난다. 두 번째 형태는 모방 동형화이다. 이는 경쟁력 있는 선도기업이 어떤 제도를 도입하면 경쟁사나 중소기업들이 모방하여서 제도를 도입하는 경우이다. 팀제, 연봉제, 6σ, 다운사이징(downsizing) 등의 제도들이 빠르게 확산되는 이유는 합리적으로 전략적 선택을 해서이기도 하지만, 많은 경우는 모방의 결과인 것이다. 이렇게 하므로 미래의 불확실성을 줄여간다고 간주하는 것이다. 마지막 형태는 전문 동형화이다. 이는 전문기관의 활동으로 인한 확산을 의미한다. 대학의 프로그램, 전문가 협회 등의 모임에서 언급되는 것들이 기업의 제도도입으로 이어지는 경우가 여기에 속할 것이다. 예를 들면, 사전 창업교육을 받은 창업자의 경우 최근에 벤처기업에 유행하는 여러 가지 혁신적 제도들을 도입할 가능성이 높게 될 가능성이 있다. 창업자가 습득하게 되는 창업교육은 창업자의 교육수준과 유사한 논리로 다양한 경영기법을 습득하게 될 것이며 따라서 창업교육을 받지 않은 기업보다 다양한 인적자원관리 기법을 도입할 것이다.

한국 벤처기업의 인사제도 도입의 경우를 예로 들어보면, 합리적 전략적 선택보다는 제도화이론에 의해 더 잘 설명될 수 있다고 판단된다. 벤처기업은 그 조직수명 주기로 볼 때 연륜이 짧고 자원이 희소할 시기에 속한 기업이 많아서 인적자원관리를 합리적으로 판단할 만한 전문인력이 없을 가능성이 있다. 또한 인적자원관리는 다른 활동에 비해 우선순위가 떨어지기 때문에 이런 이유로 인해 주위 다른 기업을 모방할 가능성이 더욱 높다. 두 번째 이유는 희소한 자원을 획득하기 위해 외부의 힘(벤처 캐피탈리스트 등)에 의존할 수밖에 없는 경우도 생기기 때문일 것이다. 제도화이론이 잘 적용되는 마지막 이유는 한국기업의 제도도입 역사에서 나타난다. 예를 들면, 한국기업의 팀제도입 요인에 대한 연구에서 이규용(1999)은 합리성 가설보다는 제도화이론에 기반한 정당성 가설이 더 강하게 지지되고 있음을 발견하였다. 정당성 가설에 속하는 내용은 강제동형화를 측정하기 위해서 재벌소속 여부를, 모방동형화를 위해서는 도입기업 모방 등을, 그리고 전문화 동형화를 위해서는 경총회원이나 교육적 연결망 등을 사용하였다. 다른 한편 한정화 · 배종석(2001)은 한국 벤처기업의 투명성 수준의 결정요인에 대한 연구에서 역시 투명성의 효과에 대한 인식보다는 업계의 관행이나 다른 벤처기업의 투명성 실천 여부가 매우 중요한 결정요인으로 작용하는 것을 발견하였다. 다른 많은 경영혁신 프로그램의 확산에도 이런 설명이 잘 적용된다는 점은 잘 알려져 있다.

그러면 규범적인 통념(conventional wisdom)을 따르는 것이 옳은가

이제 다음 질문은 이렇게 제도적인 힘에 의해 모방하여 동형화되는 현상을 어떻게 평가할 것인가에 대한 것이다. 어떤 인적자원관리 제도를 한 기업에 도입하는 경우는 크게 두 가지 방법이 있는데, 하나는 창조(innovation)이고 다른 하나는 모방(imitation)이다. 창조라는 것은 어떤 기업에서 그 제도를 독창적으로 만들어서 시작을 하는 것을 말한다. 주로 선진기업 혹은 소위 탁월한(excellent) 기업에서 많이 시행할 것이다. 다른 하나는 모방인데 이것은 요즘 조금 전문적인 표현으로 벤치마킹(benchmarking)이라는 것으로 통한다. 주로 탁월한 기업의 소위 최상의 제도(best practices)들을 보고 배우는 것으로 출발한다. 그런데 인적자원관리의 벤치마킹은 인적자원관리 시스템 전체보다는 개별제도 하나하나를 모방 대상으로 한다. 여기에 한 가지 이슈가 내재되어 있다. 개별제도 하나하나의 모방이 우리 기업의 경쟁우위에 도움이 되는가의 문제이다. 다른 탁월한 기업에서의 "best" practices들이 우리 기업에 와서도 "best"가 되는가의 문제이다. 탁월한 기업에서 어떤 제도가 가치가 있는 것은 그 기업만의 독특한 조직환경하에서 그런 것이지 다른 기업에 도입되어도 자동적으로 그렇다는 의미는 아니다. 벤치마킹은 출발이요 끝은 아니며, 씨앗이지 열매는 아닌 것이다. 벤치마킹도 없다면 평균 이하로 떨어질 가능성이 있어서 그것을 하긴 하지만 벤치마킹한다고 평균 이상이 자동으로 되는 것은 아니라는 것이다. 왜냐하면 그 "best" 제도들은 우리만 벤치마킹하는 것이 아니라 다른 많은 기업에서 하기 때문에 희소성도 없고 모방이 힘든 장벽이 있는 것도 아니기 때문이다.

페퍼(Pfeffer, 1998)는 이런 통념을 따르는 것에 대해 주의를 기울일 것을 지적하고 있다. 그는 경영자들이 소위 말하는 좋은 경영제도("good" management)에 대한 규범적인 정의에 따라야 한다는 유혹을 뿌리치기 어렵다는 점을 지적한다. 즉 사람들이 일반적으로 어떤 제도가 좋다고 인정하고 또 많은 기업에서 그렇다고 인정하여 제도를 도입하기 시작하면 그것을 모방하지 않고 자기 신념대로 지켜나가는 것은 어렵다는 것이다. 미국에서 한창 다운사이징(downsizing)이 유행할 때 또 그것만이 살 길이다라고 회자되고 있을 때 그것을 시행하지 않고 나가는 것은 용기가 필요하다는 것이다. 그러면 페퍼가 주장하는 반-제도화이론(counter-institutional theory)을 시행하는 기업은 어떤 기업인가? 콜린스와 포라스(Collins & Porras, 1994)가 제시하는 비전기업들이 여기에 속할 것이다. 이들 기업은 지킬 것은 지키는 기업들이다. 핵심이념, 즉 환경이나 사업 영역이 바뀌어도 존재이유와 핵심가치들이 지속되었던 기업은 장수하며 장기적인 성과를 낸다는 발견은 시사하는 바가 큰 것이다. 이런 기업이 되기 위해서는 물론 경영자의 생명력과 용기가 필요하다. 살아있는 물고기가 물을 거슬러 올라갈 수 있을 것이고, 남들이 다하는 데 하지 않으려면 용기가 필요하다. 잘못하면 '변화에 둔한 경영자', '시대에 뒤떨어진 경영자', '고집 센 경영자' 등의 비난을 받을 가능성도 충분히 있다. 그러나 여기서 주장하는 것은 변하지 말라는 것이 아니고, 변하지 말아야 하는 것을 알고 바꾸지 않아야 하는 것을 말하는 것이다.

이것을 앞서 지적한 인적자원관리의 시스템 수준에서 본다면 지침원리 수준에서는 지켜나가는 것이 필요하고 제도수준에서는 환경에 대응해 가야 할 필요가 있음을 의미하는 것이다.

시사점은 무엇인가

본 논고에서 주장한 내용을 정리하면 다음과 같다.

- 노동시장에서 인적자원관리 시스템을 브랜드화하면 좋은 사람을 확보하고 유지하는 데 도움이 될 수 있을 것이다.
- 인적자원관리 시스템은 세 가지 추상화 수준으로 개념화할 수 있는데, 그것은 지침원리(principles), 인사정책(policies) 및 인사제도(practices)이다.
- 인적자원관리를 통해 조직의 경쟁우위를 가져오려면 최소한 네 가지의 정합성을 갖추어야 하는데, 그것은 세 가지 추상화 수준간의 정합성, 개별수준 내에서의 정합성, 내외부 환경과 인적자원관리 시스템과의 정합성, 그리고 보편적 규범원리와 인적자원관리 시스템의 정합성 등이다.
- 환경이 바뀌고 경쟁사의 인적자원관리가 변화해 간다고 해도 중요한 것은 의미 없이 모방하여 따라가는 것보다는 제도적인 힘에 반하여 본질을 지킬 수 있는 용기가 필요하다.

이상의 내용을 실천하는 것은 어려운 일이지만 실천하는 기업의 성과는 매우 달라질 것이다. 이를 실천하려고 하면 최고경영자가 분명한 경영철학을 가지는 것이 필요하다. 그렇지 않다면 인사전문가의 역량이 강화되어야 하며, 최고경영자를 설득시킬 수 있는 논리가 정리되어 있어야 할 것이다. 본인도 확신할 수 없는 일은 결코 다른 사람을 설득시키지 못할 것이다.

마지막으로 한 가지 유념해야 할 사항은 개별기업은 독특한 인적자원관리 시스템을 갖추어야 한다. 만약 남들이 하는 대로 한다면 평균은 하겠지만 어떻게 차별화된 성과가 나오겠는가? 벤치마킹으로 포장된 모방이 때로는 필요하지만 그것은 출발에 불과하고, 독특한 인적자원관리 시스템의 구축과 유지는 결국은 개별기업의 몫이다. 차별화가 성과우위의 조건이라면 제품의 차별화와 시장 및 고객의 차별화만 가지고는 불가능하다. 사람관리의 차별화가 선행되지 않는다면 다른 차별화의 지속성이 가능하겠는가? 여기에 인사전문가의 기회가 있다. 물론 이것은 어떤 조직의 인사전문가에게는 또 다른 위기가 될 수도 있을 것이다. 당신 기업의 인적자원관리 시스템의 브랜드는 무엇인가? 노동시장에서 다른 사람들이 그것을 인식하고 있는가?

참고문헌

김희천 · 배종석(2002), "인적자원을 통한 경쟁우위 창출: 옵션관점을 통한 전략적 조망,"「인사조직연구」, 10(1), 235-273.

배종석(1999), "경쟁우위와 인적자원관리: 전략적 인적자원관리 연구의 비판적 고찰과 연구방향 모색,"「인사조직연구」, 7(2), 1-45.

이규용(1999), "팀제 도입요인에 관한 연구: 합리성과 정당성 요인을 중심으로," 박사학위논문, 고려대학교 대학원 경영학과.

한정화 · 배종석(2001), "벤처기업 경영투명성 수준의 영향요인에 관한 실증연구,"「경영학연구」, 30(4), 1291-1316.

Barney, J.(1991), "Firm resources and sustained competitive advantage," *Journal of Management*, 17, 99-120.

Colbert, B. A.(2004), "The complex resource-based view: Implications for theory and practice in strategic human resource management," *Academy of Management Review*, 29(3), 341-358.

Collins, J. C., & Porras, J. I.(1994), *Built to last: Successful habits of visionary companies*, New York: Curtis Brown.

DiMaggio, P. J., & Powell, W. W.(1983), "The iron cage revisited: Institutional isomorphism and collective rationality in organizational fields," *American Sociological Review*, 48, 147-160.

Pfeffer, J.(1998), *The human equation: Building profits by putting people first*, Boston, MA: Harvard Business School Press.

Wright, P. M.(1998), "Strategy-HR fit: Does it really matter?," *Human Resource Planning*, 21(4), 56-57.

04 인재의 확보 및 유지전략으로서의 종업원 가치 제안(EVP)[1)]

이철기
nomadlck@kut.ac.kr

우리는 회사를 다니면서 '왜 이 회사에서 일을 해야만 하는가?' 라는 질문을 때때로 하곤 한다. 이에 대한 답을 즉각적으로 얻을 수 있는 경우도 있지만, 대부분 답을 찾는 데 상당히 많은 생각을 하게 된다. 회사를 다니면서도 정작 그 회사를 다니는 이유나 근거를 찾기가 어려운 역설적인 상황이다. 단순하게 보면 여기에는 크게 두 가지 요인이 있을 수 있다. 하나는 회사를 다니는 이유를 본인이 명확하게 정의하지 않은 이유, 다른 하나는 현재 다니는 회사로부터 이에 대한 답을 찾기가 어려운 이유이다. 적어도 합리적인 의사결정자라면 후자가 그 이유에 해당될 것이다.

'왜 피앤지(P & G)에서 일을 해야만 하는가?' 라는 질문에 대해 '인재사관학교' 로 유명한 피앤지는 '우리는 개인의 능력을 개발시켜 시장가치를 높일 수 있는 회사' 라고 대답한다. 노키아는 '일과 개인적 삶의 조화(work and life balance)를 이루는 회사', 시스코(Cisco)는 '성과에 상응하는 확실한 보상을 해 주는 회사' 라고 대답한다. 각각의 내용은 다르지만 이들 기업들의 공통점은 구성원에게 회사가 제공할 수 있는 가치를 명확하

1) 출처: 인크루트 경력개발연구소(2005), "EVP에 인재의 확보 및 유지전략이 있다," 「인재경영」, 11월호, pp. 66-73에서 전재함.

게 하고, 이를 효과적으로 전달하고 있다는 점이다. 마치 제품브랜드와 같이 독특한 고용브랜드를 만들어, 다른 기업들과 차별화된 가치를 구성원들에게 제공함으로써 인재의 확보 및 유지에 활용하고 있는 것이다.

우수 인재의 확보 및 유지가 경쟁력의 핵심요소로 강조되면서 국내 기업들의 경우에도 독특한 고용브랜드의 구축 필요성도 점점 커지고 있다. 이에 따라 차별화된 고용브랜드로써 '종업원 가치 제안(EVP: Employee Value Proposition, 이하 EVP로 칭함)'에 대한 관심이 커지고 있다. 외국에 비해 아직 국내 기업의 EVP 도입 및 활용 예는 많지 않으나, 국내의 몇몇 우량기업에서 우수 인재의 확보 및 유지 수단으로 EVP를 개발·활용을 시도하고 있는 단계이다. 본 글에서는 EVP의 확산이 필요하다는 취지에서 그 의미 및 효과, 그리고 효과적으로 도입, 활용하기 위한 방안을 제시하고자 한다.

EVP란 무엇인가

EVP는 종업원들을 위해 어떠한 가치를 제공할 것인지, 소구점을 명확하게 하여, 이를 체계적으로 전달하는 일련의 활동을 의미한다. 달리 표현하면 EVP는 "내가 왜 이 회사에 다녀야 하는지에 대한 명확한 답변"을 제공하는 것이다.

정의에서 알 수 있듯이 EVP는 마케팅 용어 가운데 '고객 가치 제안(CVP: Customer Value Proposition)'을 인적자원관리에서 활용한 것이다. '고객 가치 제안'이란 회사가 제품을 통해 고객에게 제공해 줄 수 있는 가치를 의미한다. 고객은 제품이나 서비스에 대해, 지불하려는 것보다 얻을 수 있는 것이 클 때 이를 구매하게 된다. 이는 회사가 시장에서 이기기 위해서는 경쟁자가 고객에게 제공하는 가치보다 많은 가치를 고객에게 제공해야 한다는 것을 의미한다. 이러한 관점은 회사와 종업원의 관계에도 그대로 적용될 수 있다. 종업원들은 회사를 위해 노력, 헌신하는 것보다 회사에 근무하면서 얻을 수 있는 가치가 클 때, 회사에 근무할 것을 선택하고, 회사를 위해 노력하게 된다. 이는 회사가 종업원을 효과적으로 확보, 유지하기 위해서는 종업원들이 중요하게 여기는 가치를 파악하고, 이를 충족시키기 위한 보상이나 종업원 지원서비스를 제공해야 한다는 것을 의미한다. 결국 CVP가 고객 확보 및 유지의 필수적 요소인 것과 마찬가지로 EVP는 종업원의 확보 및 유지에 필수적이다. [그림 I-7]은 EVP에 대한 이해를 돕기 위해서 해외의 우량기업들의 EVP의 예를 요약하여 제시한 것이다.

[그림 I-7] 우량기업들의 EVP 사례

회 사 명	EVP
Cisco	• 열심히 일해서 성과를 내면, 그에 상응하는 대가로 보상을 확실히 해 주는 기업
Microsoft	• 'Great Hires' : 최고의 인재 집단 • 'Great Jobs' : 도전적 역할 부여를 통한 잠재 능력 극대화 • 'Great Managers/Leaders' : 기업 안팎으로 인정받는 최고의 Managers와 Leaders 그룹
McKinsey	• 일은 매우 힘들지만, 그 대가로 미국 경제의 최첨단 기업들과 일하는 경험을 쌓을 수 있는 회사
PepsiCo	• 최적의 교육을 통한 빠른 경력개발 기회제공 • 높은 수준의 보상제공
HP	• 성취감, 안정감, 우수한 동료들과의 관계 형성 환경 • HP Value와 HP 문화(HP Way)

• 회사의 역사, 문화, 업종 등과 연계

• 모든 것을 다 잘해 준다고 하기보다는 일부 핵심가치를 직원들과 커뮤니케이션 하는 개념

위의 예에서 보듯이 EVP는 회사마다 다르다는 점을 알 수 있다. 회사의 여건이나 상황이 다르고, 구성원의 요구사항이 다르기 때문에 회사마다 독특한 내용을 담고 있다. 예컨대 시스코의 경우에는 보상을, 마이크로소프트와 맥킨지 컨설팅의 경우에는 '일을 통한 성장'을, 그리고 HP의 경우에는 인간관계와 성장을 동시에 강조하고 있다. 이와 같이 EVP의 구체적인 요소는 다르지만 모든 회사의 EVP에는 구성원들을 사로잡을 수 있는 매력적인 요소를 포함하고 있다는 점에서는 공통적이다. EVP는 이와 같이 구성원들이 매력적으로 여기고 있는 요소, 즉 인재들의 마음을 사로잡을 수 있는 요소를 구성원에 대한 가치제공의 차원에서 명확하게 정리하여 제시한 것으로 볼 수 있다.

EVP는 기존의 회사가 구성원에게 제공하는 '다양한 고용관련 서비스의 단순한 집합'이라고 이해할 수도 있다. 그러나 EVP는 구성원들에 대한 고용관련 서비스를 보다 계획적이고 체계적으로 제공하기 위한 인적자원관리의 틀(frame)이다. 즉, 회사의 고용관련 전략과 원칙 및 여건, 그리고 구성원의 회사에 대한 요구사항들을 통합하여 분석하고, 이를 기초로 회사가 종업원에게 제공하려는 고용관련 제반 서비스를 핵심가치 중심

으로 재설계하고, 핵심가치 중심으로 관련된 종업원 서비스를 일관되게 제공하려는 일련의 과정으로 이해해야 한다. 이러한 관점에서 보면 EVP는 인적자원관리의 제반 활동을 규정짓는 인적자원관리 철학 및 원칙의 일부로써 이해될 수 있다.

EVP는 왜 필요한 것인가

최근 EVP가 인적자원관리에서 부각되는 데에는 기업 외부 및 내부 노동시장의 변화가 특히 중요한 영향을 미친다. 우선 외부 노동시장 측면에서 보면 노동시장의 유연화와 함께 과거 바이어 중심에서 셀러 중심으로 노동시장이 변화하고, 노동자들의 고용에 대한 선택권이 확대되고 있다. 그 만큼 회사가 필요로 하는 인재의 유지 및 확보가 어려워지고 있는 것이다. 기업 내부 측면에서 보면 인적자원의 중요성이 커짐에 따라, 고용 관계에 있어서 피고용자(특히 인재)의 협상력 증대, 조직구성원 가치의 다양화 등이 나타나고 있다. 이러한 상황에서 인재의 유지 및 확보를 위해서는 구성원들이 중요하게 여기는 고용가치를 제공하고, 나아가 회사가 갖는 독특한 고용관련 서비스에 대한 뚜렷한 이미지를 형상화하여, 조직 외부 및 내부에 의사소통을 해야 할 필요성이 커지게 된다. 즉 '내가 왜 이 회사에 다녀야만 하는가' 라는 질문에 대해 조직 내부 및 외부에 명확한 답변을 해야 할 필요성이 커지게 된다.

EVP는 인적자원관리에 있어서 중요한 역할을 한다. 첫째, 조직 내부 측면에서 보면 EVP는 구성원의 몰입과 헌신을 유도하는 데 중요한 역할을 한다. 구성원이 중요하게 여기는 가치를 식별하고, 이를 충족시킬 수 있는 방안을 구체화하도록 함으로써 구성원의 조직 및 직무에 대한 만족을 촉진할 수 있게 한다. 또한 구성원들을 위한 활동, 특히 종업원 유지와 관련된 제반 서비스 활동을 핵심가치 중심으로 일관되게 제공되게 함으로써 그 효과성을 제고시킬 수 있다. 기존의 많은 기업들이 구성원들을 위한 다양한 고용관련 서비스를 제공해 왔지만, 이러한 서비스가 구성원의 요구를 수렴하고, 원칙에 입각하여 일관되게 수행되지 못한 측면이 있다. 많은 비용과 인력을 투입하고도 그에 따른 효과는 기대한 정도에 미흡한 경우가 많다. EVP는 이러한 문제를 해결하는 데 있어서 출발점이 된다.

둘째, EVP는 조직 내부 및 외부에 회사의 고용 이미지를 형상화하고, 이를 효과적으로 전달하는 커뮤니케이션 도구로 기능한다. 다른 관점에서 보면, EVP는 제품 브랜드와 같이 회사가 구성원에게 제공하는 다양한 고용관련 서비스를 형상화한 고용브랜드(employment brand)이기도 하다. 따라서 EVP를 통해서 회사만의 독특한 고용브랜드를 정립하여 고용관리의 차별성을 부각시키고, 이러한 가치에 부합되는 인재를 확보, 유지할 수 있게 된다. [그림 I-7]에서 예를 살펴보자. 마이크로소프트(Micorsoft)는 EVP에서 '도전적인 업무', '최고의 리더로서의 성장'을 강조하고 있는 데 반해 시스코(Cisco)의 경우에는 '성과에 따른 보상'을 강조한다. 이론적인 관점에서 보면 양 회사의 EVP의 차이는 외부 및 내부 노동시장에 각사의 고용관리에 대한 각기 다른 신호(signal)를 보내게 된다. 마이크로소프트에는 보상보다는 자신의 내재적 성취감에 가치를 부여하는 인재, 시스코에는 성과 보상에 대해 가치를 부여하는 인재가 확보되고, 유지될 가능성이 높다. 이는 올바른 인재(the right people)의 확보 및 유지에도 EVP가 매우 중요한 역할을 한다는 것을 의미한다. 이와 같이 EVP는 회사의 고용관리에 대한 효과적인 커뮤니케이션 도구로 기능하게 되고, 인재의 유지 및 확보에도 기여한다.

셋째, EVP는 인적자원관리전략 수립의 근간이 되며, 인적자원관리부서의 중요한 역할 및 책임(Role & Responsibility)을 규정한다. [그림 I-8]은 인적자원전략과 EVP의 관계

[그림 I-8] 인적자원전략과 EVP

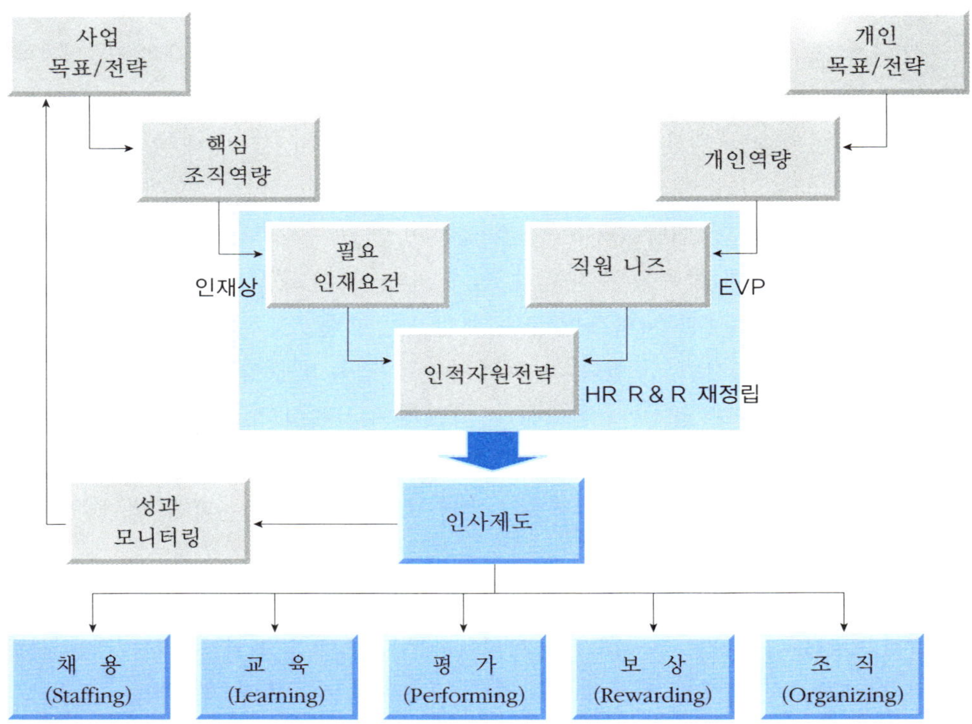

를 설명한 것이다. 인적자원전략은 사업의 목표와 전략뿐만 아니라 구성원의 목표를 반영하여 수립되어야 한다. 즉, 인재의 필요 요건을 정리한 '인재상'과 구성원의 가치 제안을 명시한 EVP가 반드시 반영되어야 한다. 이러한 인적자원전략에 근거하여, 채용에서 보상에 이르는 제반 관리적 활동이 일관되게 수행되어야 한다. 그러나 기존의 인적자원전략은 사업전략의 지원을 주요한 초점으로 다루는 데 반해, 구성원의 목표와 니즈는 거의 중요하게 고려하지 않는 경향이 강했다. 그 결과 채용, 개발, 보상 등 주요한 인적자원관리활동에 구성원을 위한 관점이 일관되게 반영되지 못하고, 그 결과 구성원의 만족을 이끌어내는 데 많은 어려움을 야기했다. 따라서 인적자원관리의 성과를 제고시키기 위해서는 EVP를 인적자원전략의 핵심요소로 반영하고, EVP의 실현을 위해 인적자원관리활동을 상호 연계시키는 것이 필요하다.

EVP를 어떻게 개발할 것인가

인적자원관리에서 EVP가 갖는 중요성에 대해 인식하고 있는 정도에 비해 효과나 방법론에 대해서는 아직 명확한 이론적 근거가 제시되고 있지 못한 실정이다. 이론적 타당성이 입증되지 않은 EVP의 다양한 방법론이 실무에서 논의되고 있는 수준이다. 이하에서는 국내 기업들의 개발 사례를 중심으로 효과적인 개발방안 및 고려 사항을 제시한다.

EVP를 개발하기 위한 절차는 [그림 I-9]에서 보듯이 관련 데이터의 수집 및 분석단계, 그리고 EVP 도출 및 개발단계로 구분할 수 있다. 우선 데이터 수집 및 분석단계는 EVP 설계를 위해 사전에 검토되어야 할 데이터를 수집하고, 분석하는 단계이다. 이를 통해 EVP에 반영해야 할 관점 혹은 요소를 도출 · 정리해야 한다. 이 단계에서는 크게 ① 전략 및 문화, ② 벤치마킹, ③ 구성원 니즈 등에 관한 데이터가 수집 · 분석되어야 한다. 전략 및 문화에는 사업전략, 조직문화, 인적자원전략, 최고경영자를 비롯한 경영진의 의견 등이 포함된다. 사업전략 측면에서는 사업의 경쟁우위 확보를 위한 성공요인이 무엇인지를 파악하고, 이를 달성하는 데 기여할 수 있는 EVP 요소가 무엇인지를 검토해야 한다. 예를 들어, 기술 및 제품차별화가 전략의 주요한 성공요인인 경우, 기술 및 제품 개발력 강화를 위해 제공해야 할 가치를 분석해야 한다. 이 경우 연구개발 인력의 성취감 제고, 창의력 발휘를 위한 업무 여건 제공 등이 EVP에 고려될 수 있을 것이다. 조직문화 측면에서도 회사의 조직문화와 핵심가치가 검토되고, 이를 공유 혹은 강화하는 데 필요한 EVP 요소가 무엇인지를 파악해야 한다. 휴렛팩커드의 경우에는 HP Way

[그림 I-9] EVP의 개발과정

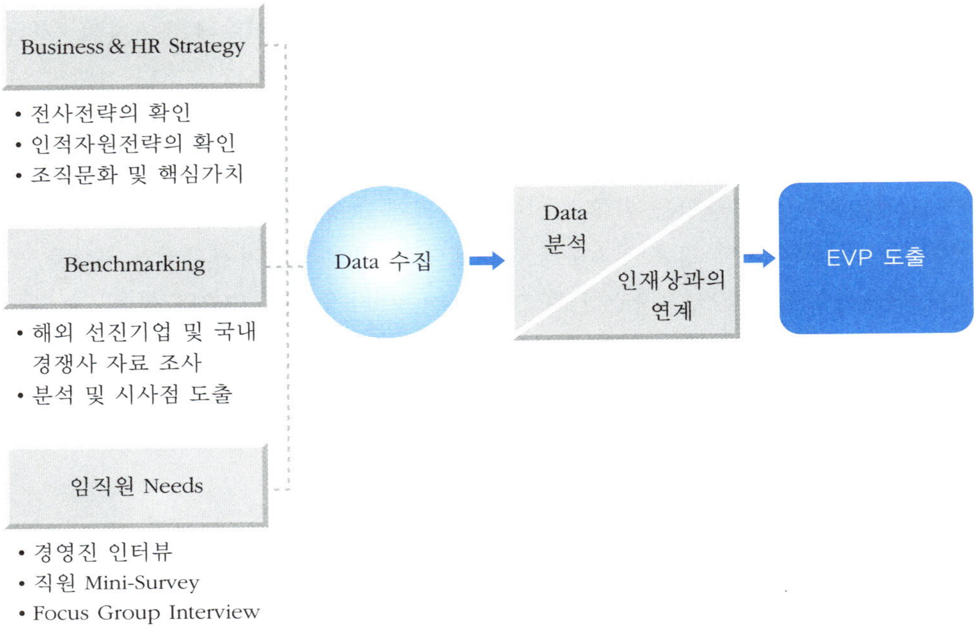

를 반영한 '우수한 동료들과의 인간관계 형성', 사우스웨스트항공의 경우에는 '재미있는 일(funny work)' 등이 실제로 회사의 EVP에 반영되어 있다. 우량기업들은 이와 같이 회사의 조직문화와 부합되는 EVP를 개발 · 적용하고 있다.

경쟁자와 선진기업에 대한 벤치마킹 결과도 EVP에 반영해야 한다. 경쟁자는 제품과 시장뿐만 아니라 인재의 확보 및 유지를 위해 경쟁하기 때문에 회사가 경쟁자에 비해 차별적으로 제공할 수 있는 가치를 EVP에 반영해야 한다. 이를 위해 경쟁자의 EVP에 대한 검토 및 분석이 반드시 필요하다. 경쟁자의 인사철학 및 전략, 그리고 EVP 등에 대한 검토를 통해 EVP의 도출배경 혹은 근거가 분석되고, 차별적인 요소를 찾아내야 한다. 또한 EVP에 대한 다양한 정보의 수집과 활용을 위해서 우량기업들의 EVP 사례에 대한 벤치마킹도 필요하다. 이는 EVP의 변화나 추이를 파악하는 데 필요하다.

임직원의 니즈도 EVP 설계시 중요하게 검토되어야 할 요소이다. 우선 최고경영자와 경영진의 의견을 조사하여, 이를 EVP에 반영해야 한다. 경영진과의 인터뷰 혹은 설문조사를 통해, 우수 인재의 확보 및 유지를 위해 필요한 요소 등에 대한 의견을 조사하여 반영한다. 구성원의 의견이나 니즈도 EVP의 중요한 고려요소이다. 이때 구성원의 의식조사와 포커스 그룹의 인터뷰, 새로운 신입사원이나 잠재 구성원들의 설문조사 등이 주로 활용된다. 구성원 의식조사에서는 구성원들이 중요하게 여기는 요소, 회사에 근무하는 이유, 이에 대한 현재의 만족도 등을 조사 · 비교하는 것이 필요하다. 특히 중요도에 비해 만족도가 낮은 요소들을 파악하여 EVP에 반영하는 경우, EVP의 기대효과를 높일 수 있다. 주요한 전략사업의 담당자나 우수한 성과자 등을 포커스 그룹(focus group)으로 형성하여, 이들이 회사로부터 기대하고 바라는 가치를 설문조사나 워크샵(workshop) 등을 통해 조사하여, EVP에 반영하는 것이 필요하다. 나아가 미래 잠재 구성원이나 신입사원들의 니즈도 조사하여 EVP에 반영할 필요가 있다. 그러나 EVP에는 구성원의 니즈가 그대로 반영되는 것은 아니다. 구성원의 니즈를 조직의 필요성과 조화시켜서 EVP에 반영하는 것이 중요하다.

둘째 단계는, EVP에 대한 사전 검토가 이루어진 후 EVP를 도출 · 설계하는 단계이다. EVP를 설계할 때에는 단순히 구성원에게 제공해야 할 가치만을 도출하여 나열하는 것

[그림 I-10] 마이크로소프트의 EVP 모델

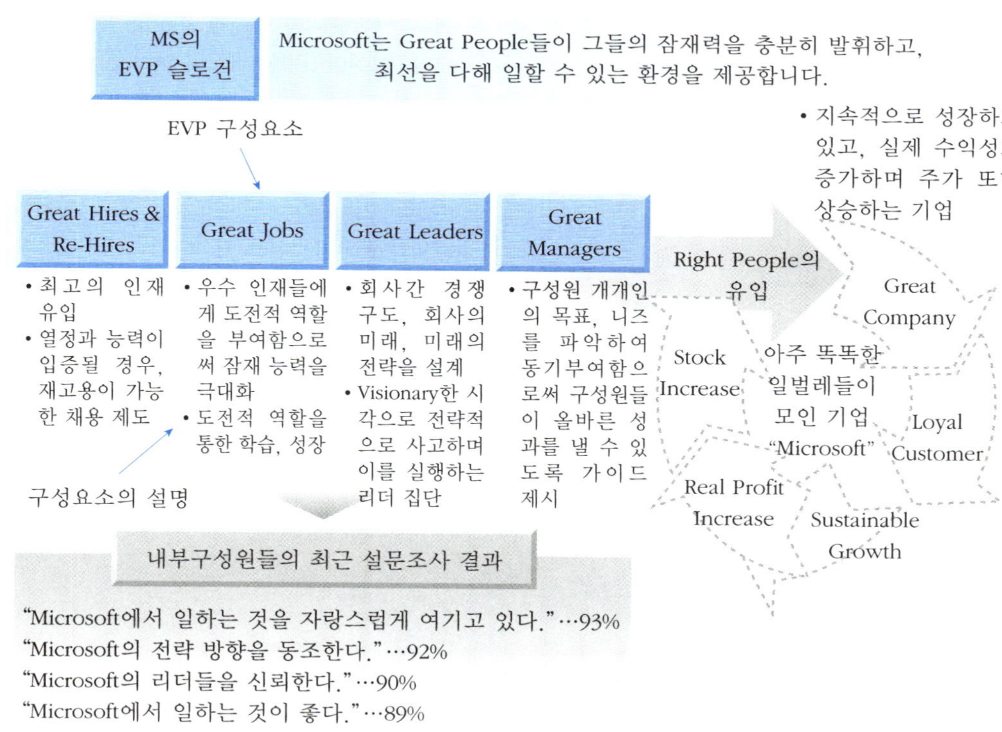

이 아니라, 일련의 EVP 요소를 구조화한 모델로 만들 필요가 있다. 이는 EVP를 구성원들의 이해와 커뮤니케이션을 촉진할 수 있는 효과적인 도구로 활용하기 위한 것이다.

[그림 I-10]에 마이크로소프트의 EVP 모델, [그림 I-11]에는 국내 K사의 EVP 모델을 각각 제시하였다. 그림에서 보듯이 EVP 모델에는 유인 가치(valence), EVP 구성요소, 그리고 EVP슬로건 등이 포함된다. 유인가치는 첫째 단계에서 다양한 데이터를 분석하여 추출한 EVP의 기초적인 인자들로써, 구성원들에게 제공해야만 하는 가치들을 의미한다. 그리고 EVP의 구성요소는 이와 같은 유인가치들을 통합한 것이다. 이때 EVP의 구성요소는 각 유인가치들을 가장 잘 설명할 수 있는 개념으로 정의해야 한다. 마지막으로 EVP의 전체 내용을 간명하게 통합한 문장인 EVP 슬로건을 만든다. 이와 같은 EVP의 모델화 과정은 구성원의 참여와 이해를 돕는 차원에서 포커스 그룹의 워크샵 등을 활용하는 것이 바람직하다.

EVP 모델을 설계할 때에는 다음과 같은 원칙을 준수할 필요가 있다. 우선 회사 내에서 회사 내 모든 구성원보다는 확보 및 유지의 필요성이 있는 핵심인재(target people)를 중심으로 이들의 니즈를 반영하는 것이 바람직하다. 핵심인재는 기업마다 다르게 정의할 수 있으나, 기업 전체의 가치제안(corporate value proposition)을 제공하는 데 있어서 매우 중요한 역할을 하는 종업원 집단(strategic talent pool)을 활용하는 기업들이 많다.

[그림 I-11] 국내 K사의 EVP 모델

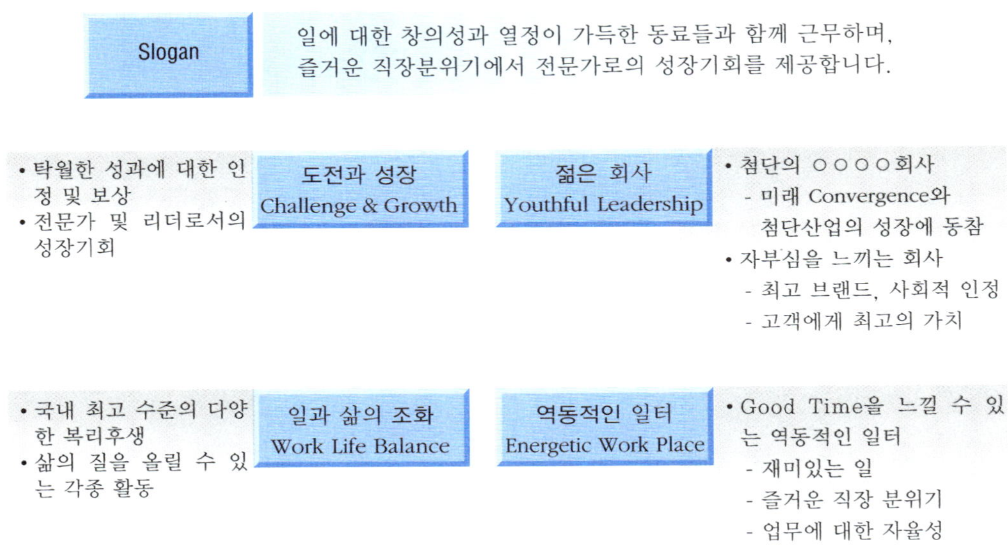

둘째, 회사의 능력을 고려하여 진실로 제공할 수 있는 가치를 제시하여야 한다. 많은 기업들이 마치 EVP를 조직 외부에 대한 선전도구로 착각하여, 미사여구를 동원하여 자신들의 능력 범위 밖에 있는 요소를 포함시키려는 경향이 있다. 실제로 회사가 제공할 수 없는 요소를 포함시키는 경우, EVP는 물론 회사의 인적자원관리 전반에 대한 구성원의 신뢰를 무너뜨리는 위험한 결과를 초래할 수 있다. EVP는 회사가 모든 것을 다 잘해 주겠다는 것이 아니라 '정말 잘할 수 있는 것'을 구성원에게 제시하는 것임을 분명히 해야 한다. 셋째, 정확하게 소구하려는 것이 무엇인지, 그리고 어떤 수준에서 제시할 것인지를 명확하게 해야 한다. 마이크로소프트나 국내 K사의 사례에서 보듯이 '열정을 가질 수 있는 흥미로운 일', '전문가 및 리더로서의 성장기회 제공' 등과 같이 구성원들이 가치를 즉각적이고, 구체적으로 느낄 수 있도록 제시해야 의미전달을 잘할 수 있다. 넷째, '선택과 집중의 원칙'을 적용해야 한다. '모든 것을 다 건드린 것은 아닌가?' 라는 의문을 가져야 한다. 선진기업의 경우에는 보통 EVP 구성요소를 4개에서 6개 정도로 제시하는 경우가 대부분이다. 너무 많은 것을 제시하는 것은 초점을 흐릴 수 있다. 다섯째, 회사가 갖고 있는 고유한 강점을 충분히 활용해야 한다. 우량기업들은 예외 없이 자신들이 강한 분야를 부각하여 EVP를 설계한다. 마이크로소프트는 자신들이 가지고 있는 '우수한 관리자와 리더들'을, 맥킨지 컨설팅은 '미국을 비롯한 전 세계 초우량기업에서 컨설팅 경험 축적'을, 휴렛팩커드는 'HP Way 속에서 우수한 동료관계 형성'을 각각 EVP로 부각시켜 활용하고 있다.

지금까지 EVP의 개념 및 필요성, 그리고 설계방법 등을 간략하게 살펴보았다. EVP는 조직 외부에 대해서는 고용브랜드를 효과적으로 전달하면서 우수인재의 확보에 기여하고, 내부적으로는 구성원의 헌신과 몰입을 유도하는 도구로 작용한다. 기업간 인재 확보를 위한 전쟁이 날로 치열해지고 있는 현실에서 비록 가장 강력한 유일한 대안은 아닐지라도 EVP는 분명히 우수한 인재를 확보하고 유지하는 데 효과적인 도구로 활용될 수 있다. 본문에서 강조한 바와 같이 EVP는 인적자원관리의 인프라이면서 동시에 인적자원관리활동의 방향을 제시하는 역할을 수행한다는 점에 유의해야 한다. 따라서 선발, 보상, 그리고 경력개발제도(CDP)와 같은 구체적인 제도가 뒷받침되어질 때, EVP는 그 효과를 더욱 배가할 수 있을 것이다. 지금은 EVP에 대한 올바른 이해를 기초로 하여, EVP의 개발과 활용이 절실한 시점으로 보여진다.

참고문헌

김현기(2005), "종업원 가치 제안(EVP), 포인트를 분명히 하라," 「LG경제연구원 주간경제」, 814호.

박지원(2005), "고용브랜드 구축을 위한 커뮤니케이션 전략," 「LG경제연구원 주간경제」, 816호.

한국인사관리협회(2003), 초우량기업의 인사관리, 한국인사관리협회.

피터 드럭커(2005), 미래의 기업 어디로 갈 것인가, 한국경제신문.

Michaels. E., Helen, H. J., & Axelrod. B.(2001), *The War for Talent*, HBS Press.

Cohen, A.(2004), "Keep your eye on EVP: Communicating the employee value proposition," *Journal of Compensation and Benefits*, 20(4). 25-28.

II

문화에 따른 인적자원관리의 전개

01

국제비교를 통해 본 한국인의 일과 노동의식[1)]

김상욱
swkim@skku.ac.kr

우리나라 사람들은 일에 대해 어떠한 의식을 지니고 있을까? 자신이 수행하는 직무와 소속 직장에 대한 생각(직무만족, 직장헌신, 이직의향)은 어떻고, 근로의식은 어떠하며, 소득과 여가 가운데 무엇을 얼마나 더 중요하게 생각하나? 그리고 이러한 여러 질문 혹은 사안들에 있어서 한국 사람들은 외국의 여러 나라 사람들과 비교할 때 유사점 혹은 차이점은 무엇일까?

일에 대한 국민들의 의식은 한 국가의 사회경제적 발전 상태는 물론이고 미래의 발전까지도 가늠케 하는 매우 중요한 지표 가운데 하나이다. 건전하고 생동감 넘치는 의식은 국가발전의 촉매로 작용하지만, 나태하고 소비적인 의식은 국가발전의 걸림돌로 작용하게 마련이다. 일에 대한 국민의식의 중요성은 독일의 저명한 사회학자 막스 베버(Max Weber, 1864-1920)의 고전적 저술 「개신교의 윤리와 자본주의 정신」(*The Protestant Ethic and the Spirit of Capitalism*)(1905) 이래로 동서양을 막론하고 지속적으로 강조되어 온 주요 테마 가운데 하나이다. 이러한 역설(力說)의 이면에는 일에 대한 의식이 개인마

1) 출처: 인크루트 경력개발연구소(2005), "국제비교를 통해 본 한국인의 일과 노동의식," 「인재경영」, 8월호, pp. 88-95에서 전재함.

다, 조직마다, 국가마다 상당한 변이를 나타낸다는 사실이 자리하고 있음은 물론이다.

성균관대학교 서베이리서치센터(SRC: Survey Research Center)가 한국학술진흥재단의 연구지원을 받아 지난 2년 동안(2003, 2004) 연속적으로 실시한 〈한국종합사회조사〉(KGSS: Korean General Social Survey)는 일에 대한 우리나라 사람들의 의식과 실태의 현주소를 여실히 보여주는 다양하고 깊이 있는 자료들을 수록하고 있다. 이 조사는 국제사회조사기구인 ISSP(International Social Survey Program)의 연차적 주제 모듈조사(annual topical module surveys)를 통합하는 형태로 시행되기 때문에 한국의 현주소를 전 세계 수십 개 주요국들의 그것과 직접 비교할 수 있는 장점을 가지고 있다. 2005년 현재 한국을 포함해서 전 세계 39개국이 공동으로 참여하고 있는 ISSP의 모듈 조사는 해당 국가의 전국민 가운데 정교한 확률표집의 원칙을 적용해서 일정 수의 표본을 추출한 후 조사원이 이들을 직접 방문하여 표준화된 설문지(standardized questionnaires)를 가지고 대인면접(face-to-face interviews)을 시행하는 방식으로 이루어진다. ISSP 및 KGSS 조사는 일단 선정된 표본을 여하한 경우에도 대체하지 않을 뿐만 아니라 조사방법론의 여러 원칙들을 엄정히 준수하는 방식으로 실시되기 때문에 자료의 신뢰성 및 공신력에 있어서 타의 추종을 불허하는 것으로 익히 알려져 있다.[2)]

이 글에서는 한국인의 일과 노동에 대한 두 가지 주제—노동지향 및 근로의식—에 대한 심도 있는 해부를 시도하고자 한다.

노동지향 및 근로의식: 개념적 설명

이른바 '노동지향(Work Orientations)'이란 직무와 직장에 대한 근로자들의 정감적 태도(Mowday, Porter, & Steers, 1982)를 가리키는데, 그 구체적 내용으로는 (1) 자신이 하는 직무를 좋아하는 정도(직무만족), (2) 자신이 속한 직장과 자기 자신을 동일시하는 정도(직장헌신), (3) 직장을 떠나려는 의도(이직의향) 등이 포함된다. 노동지향은 오랜 기간 경제학, 사회학, 심리학, 경영학 등에서 집중적인 연구관심을 받아왔는데, 이러한 관심은 무엇보다도 노동지향이 개별 근로자와 고용조직(employing organization)을 연계시키는 강력한 끈으로 작용함으로써 근로자의 안위는 물론이고 조직 전체의 생산성 및 효과성에 크게 기여한다는 사실 때문이다.

노동지향과 달리 근로의식(Work Involvement)은 직무(job), 직장(organization), 직업

2) KGSS 및 ISSP에 대한 보다 상세한 소개를 위해서는 Kim(2004), 차종천 외(2005), 석현호 외 (2005a, 2005b), http://www.kssl.or.kr/frame/frame04_01.asp 등을 참조하기 바람.

(occupation) 등을 모두 통괄하는 개념으로의 일(work) 그 자체에 대해 어떠한 태도를 지니고 있는가를 가리킨다(Smither, 1988). 이는 사회심리학(예: McClelland, 1961)에서 '근로동기(work motivation)'라고 불리는 것과 흡사한 개념이다. 직무만족, 직장헌신, 이직의향 등의 노동지향이 근로자가 현재 수행하고 있는 직무나 소속된 직장 또는 소유 직업에 대한 명시적인 태도에 해당한다면, 근로의식은 근로자가 일 그 자체를 얼마나 중요하다고 생각하는지를 나타내는 보다 근원적이고 잠재적인 태도에 해당한다. 예를 들어, 일하는 것을 단지 돈을 벌기 위한 수단쯤으로만 생각하는 사람이 있는가 하면, 일이란 인생의 가장 중요하고도 숭고한 활동으로서 비록 돈을 벌지 않더라도 일을 반드시 해야만 한다고 생각하는 사람 또한 있게 마련인데, 근로의식은 후자의 태도를 지칭한다. 노동지향은 일반적으로 근로자와 고용주 사이의 관계를 배경으로 하기 때문에 임금근로자에게 주로 해당될 뿐 여타 부류의 근로자(자영업자, 무급가족종사자) 혹은 무직자(실업자, 학생, 주부 등)에게는 해당되지 않음에 비해서, 근로의식은 근로자의 현재 고용상태와 관계없이 모든 부류의 사람들(임금근로자, 자영업자, 무급가족종사자, 무직자 등)에게 공통적으로 적용되는 개념이다.

이제, 한국인의 노동지향과 근로의식을 국제비교의 시각에서 바라본 결과를 각 세부항목별로 자세히 살펴보기로 하자.

직무만족

먼저 직무만족(job satisfaction)에 대한 조사결과를 살펴보면, 조사 대상에 포함된 전체 임금근로자(459명)의 64.0%가 만족, 15.9%가 불만족, 20.0%가 만족도 불만족도 아닌 것으로 나타난다. 이러한 응답내용을 100점 만점으로 환산해 보면, 평균 66.1점으로 자신이 수행하는 직무에 만족하는 근로자가 불만족하는 근로자보다 상대적으로 더 많음을 알 수 있다. 그런데 한국의 이러한 수치는 ISSP 모듈조사에 참여한 전 세계 26개국 가운데 가장 낮은 수치에 해당한다. [그림 II-1]에서 볼 수 있듯이, 한국(66.1)의 직무만족도는 구미의 선진국들(덴마크 81.4; 스위스 77.7; 미국 76.0; 스웨덴 74.2; 독일 73.1; 캐나다 72.8; 영국 72.5; 프랑스 71.5)에 비해 현저히 낮을 뿐만 아니라 동구권 국가들(체코 72.1; 폴란드 71.9; 러시아 69.2)이나 심지어는 동남아시아 국가들(필리핀 79.0; 방글라데시 73.7)에 비해서도 낮다. 동아시아를 대표하는 국가 중 하나인 일본(67.4)의 경우는 한국과 엇비슷한 수준을 보인다.

[그림 II-1] 직무만족

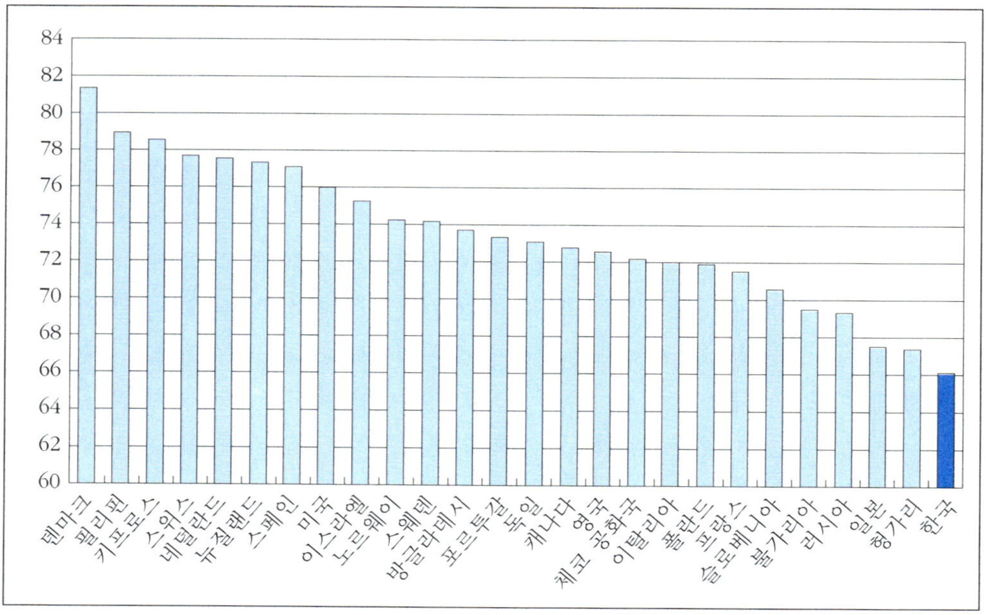

한국의 임금근로자 가운데서도 공공부문보다는 민간부문의 근로자들이, 전문직이나 관리직 등 화이트칼라 근로자보다는 생산·기능·노무직 등 블루칼라 근로자들이, 그리고 임금이 낮은 근로자일수록 직무불만족의 정도가 심하다.

직장헌신

고용주 혹은 고용조직에 대한 충성도(loyalty)를 보여주는 직장헌신(organizational commitment)에 있어서는 100점을 만점으로 했을 때 한국 근로자들(463명)의 평균은 70.3이다([그림 II-2]). 이는 전 세계 26개국의 평균(71.3) 및 조사에 참여한 19개 경제협력개발기구(OECD) 국가의 평균(71.8)보다 다소 낮은 수치이다. 직장헌신이 한국보다 월등히 높은 나라로는 미국(78.0), 포르투갈(78.0), 뉴질랜드(76.2), 덴마크(74.6), 캐나다(74.4) 등을 꼽을 수 있고, 한국보다 월등히 낮은 나라로는 불가리아(66.6), 폴란드(64.8), 프랑스(63.6), 이태리(62.7), 러시아(59.6) 등이 있으며, 한국과 유사한 나라로는 스위스(72.7), 네덜란드(72.4), 노르웨이(72.2), 스페인(71.5), 영국(71.4), 일본(71.1), 독일(69.1),

[그림 II-2] 직장헌신

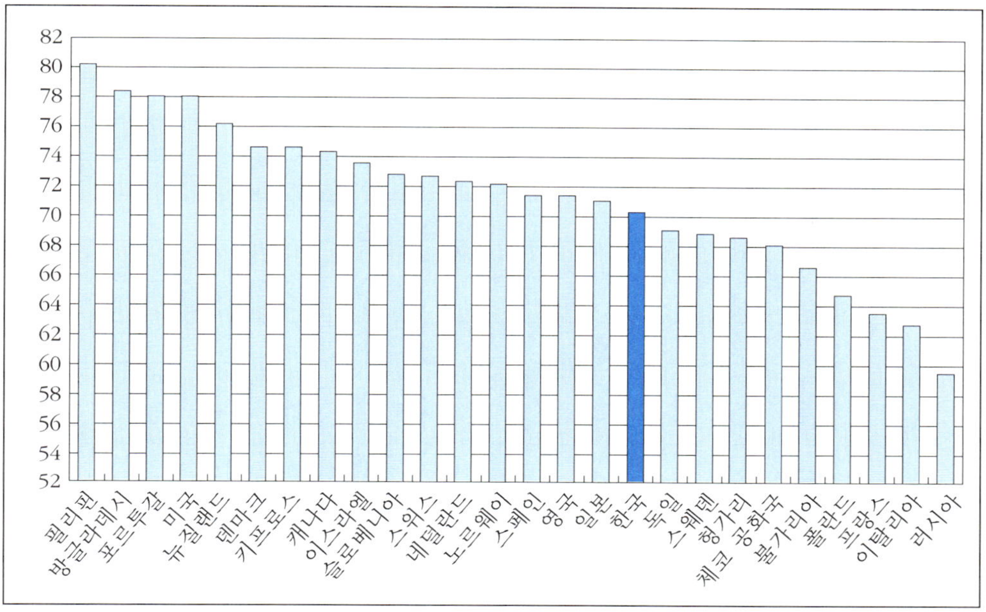

스웨덴(68.8), 헝가리(68.7), 체코(68.2) 등이 있다. 한국 근로자들의 직장헌신도는 세계 26개국 가운데 17위, 19개 OECD 국가 가운데 12위에 해당한다.

한국 근로자 가운데서도 직장헌신도가 유난히 낮은 사람들은 대체로 비정규직 근로자, 시간제 근로자, 민간부문 근로자, 노조에 가입되지 않은 근로자, 직업지위가 낮은 근로자, 저임금 근로자 등이다. 연령별로 보았을 때에는 20대(64.5)가 다른 연령층(30대 72.3; 40대 72.1; 50대 이상 70.8)에 비해 현저히 낮은 헌신도를 나타내는데, 이는 불안정한 직업생활(예: 비정규직, 시간제 근로, 저임금 등)을 20대가 다른 연령층보다 더 많이 하기 때문인 것으로 풀이된다.

이직의향

한국 근로자들(434명)의 이직의향(turnover intention)은 평균 54.3점으로서, 일본(53.5)과 더불어 전 세계 26개국 가운데 가장 낮다([그림 II-3]). 이직의향이 높은 국가들로는 동구권(불가리아 68.5; 러시아 68.0; 폴란드 66.4; 헝가리 64.8), 북구권(스웨덴 64.7; 노르웨이

[그림 II-3] **이직의향**

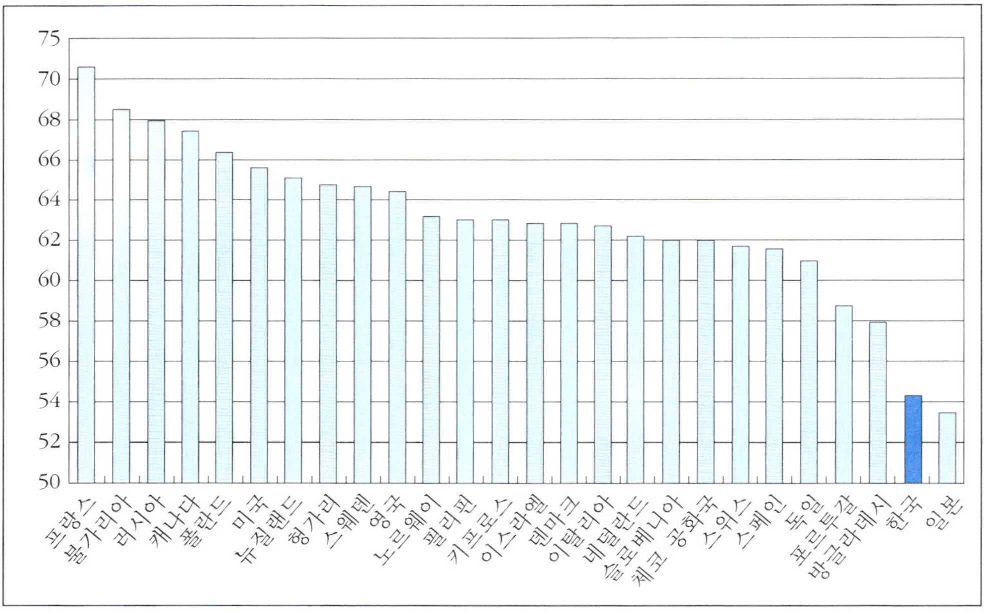

63.2), 영미권(미국 65.7; 영국 64.5; 캐나다 67.5; 프랑스 70.6) 등을 꼽을 수 있다. 한국의 이직의향이 비교 대상국들 가운데 가장 낮다는 것은 최근 우리나라 근로자들이 극심한 고용불안에 시달리고 있음을 간접적으로 나타내주는 전형적인 징표이다.

우리나라에서 이직의향이 현저히 높은 사람들로는 비정규직, 시간제 근로자, 민간부문 근로자, 비노조원, 직업지위가 낮은 근로자, 저임금 근로자, 20대 연령층 등을 꼽을 수 있다.

근로의식

근로의식에 대한 조사결과 한국을 포함한 전 세계 26개국의 평균은 67.0점이며 OECD 19개국의 평균은 67.7점이었다. 그런데 한국인(1,286명)의 근로의식은 73.3점으로서 조사 대상국들 가운데 가장 높다([그림 II-4]). 한국의 근로의식(73.3)은 일본(72.7)보다 높을 뿐만 아니라 구미 주요국들(노르웨이 72.2; 스웨덴 70.4; 스위스 69.8; 독일 66.8; 프랑스 64.7; 스페인 64.0; 미국 63.7; 캐나다 63.1; 영국 61.2; 러시아 61.1)에 비해서도 월등히

[그림 II-4] 근로의식

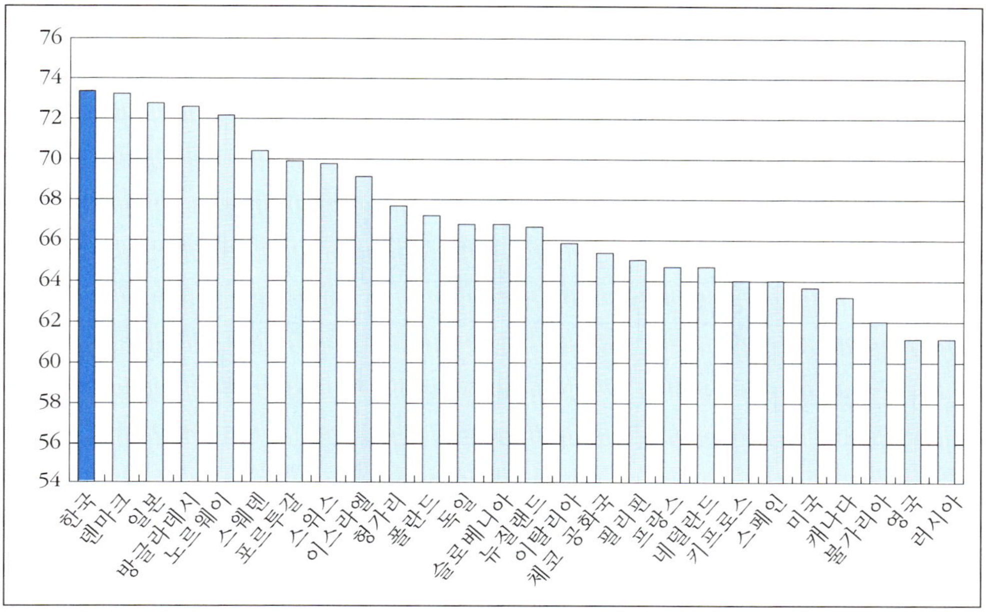

높은 수준이다.

우리나라 사람들 가운데서도 근로의식이 상대적으로 높은 사람들은 고학력자(고졸 71.6; 대졸 75.4), 젊은 연령층(20대 75.1; 30대 73.5; 40대 72.7; 50대 이상 72.0), 노조 미가입자(비노조원 73.6; 노조원 68.9), 직업지위가 높은 사람들(생산 · 기능 · 노무직 70.4; 판매 · 서비스직 72.8; 사무 · 준전문직 74.8; 관리 · 전문직 76.4), 고소득자(월평균 소득 100만원 미만 72.4; 100만원대 71.6; 200만원대 74.4; 300만원대 75.9; 400만원 이상 76.9) 등이다.

KGSS에는 근로의식을 파악할 수 있는 또 다른 자료로 '현재 일하는 시간과 수입' 사이의 상대적 비중이 어떻게 조정되었으면 좋겠다고 생각하는지를 묻는 문항이 들어 있다. 이는 근로자들이 소득과 여가 사이의 상대적 중요성을 어떻게 판단하고 있는지를 가늠케 함으로써 근로의식을 간접적으로 엿볼 수 있게 하는 지표이다.

한국의 직장인들(447명)을 대상으로 이 질문을 한 결과 "일하는 시간을 늘리고 돈을 더 벌겠다"는 대답이 전체의 31.3%이었으며, "현재 시간만큼만 일하고 현재만큼만 돈을 벌겠다"는 응답은 54.1%이고, "일하는 시간을 줄이고 돈을 덜 벌겠다"는 응답은 14.5%로 나타났다. 결국, 우리나라에는 일하는 시간이 늘어나지 않았으면 좋겠다고 생

[그림 II-5] 여가 선호도

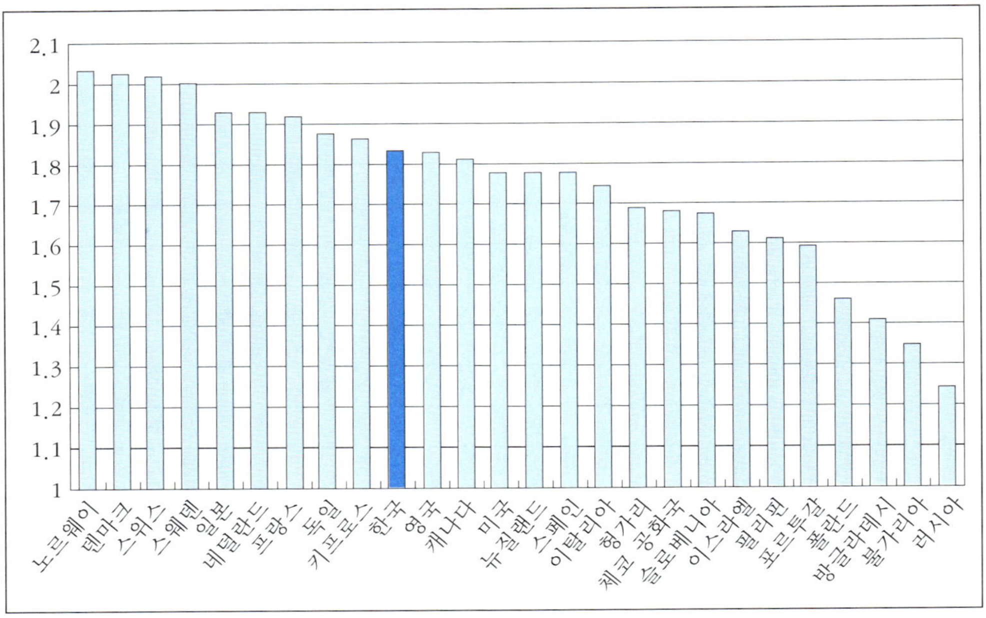

각하는 사람들이 상대적으로 더 많음을 알 수 있다.

소득 대비 여가의 상대적 중요성에 대한 국제비교를 위해 각 응답범주를 계량화해서 '소득을 늘리겠다'는 대답에 1점을, '현재만큼의 소득과 여가를'이라는 대답에 2점을, 그리고 '여가를 늘리겠다'는 대답에 3점을 주었을 때, 한국의 평균 점수는 1.83이었다([그림 II-5]). 이러한 수치는 조사에 참여한 전체 26개국의 평균(1.75)이나 OECD 19개국의 평균(1.77)보다 약간 더 높은 것이다. 즉, 소득 대비 여가를 중시하는 정도가 한국인들은 다른 나라 사람들에 비해 상대적으로 강함을 알 수 있다. 등위로 환산했을 때, 여가를 중시하는 정도에 있어서 한국은 26개국 가운데 10위, 19개국 가운데 9위를 차지한다.

소득 대비 여가를 중시하는 태도는 선진국일수록 강해진다는 일반적 경향을 감안할 때, 한국에서는 경제발전을 상회하는 수준의 여가 선호도가 나타난다고 볼 수 있다. 물론, 소득과 여가의 상대적 중요성 평가는 각 나라의 소득수준 및 평균 근로시간 등에 따라 달라짐을 감안할 때 섣부른 국제비교는 경계해야만 한다. 그럼에도 불구하고, 우리나라 직장인들의 여가 선호도(1.83)가 영국(1.82)이나 캐나다(1.81), 미국(1.78) 등 발전된 선진국의 여가 선호도를 근소하나마 뛰어넘고 있다는 사실은 예의 주시할 현상이라고 말할 수 있다.

한국의 직장인들 가운데 소득 대비 여가의 중요성이 현저한 집단으로는 고학력자, 고소득자, 화이트칼라, 20-30대 젊은 세대, 전일제 근로자, 정규직, 공공부문 근로자, 노조가입자 등 사회경제적으로 비교적 안정된 위치에 있는 사람들을 들 수 있다.

조사결과 종합: "양면감정 병립적 태도: 현실과 이상의 괴리"

먼저 노동지향에 대한 분석결과를 종합해 보면, 다른 나라 근로자들에 비해서 우리나라 근로자들은 자신이 하는 일에 만족하거나 자신이 소속된 직장에 충성도를 보이는 정도가 상대적으로 낮으면서도 정작 직장을 떠나려는 의도는 거의 없음을 알 수 있다. 일반적으로 노동지향은 근로자 개개인의 사회인구학적 특성, 직장의 근무여건, 노동시장의 상황 등 수많은 요인들의 영향을 받을 뿐만 아니라 이러한 요인들은 나라마다 실로 천차만별이기 때문에 한국 근로자들의 노동지향에 대해 뚜렷이 이렇다 할 일반화를 시도하기는 쉽지가 않다. 그럼에도 불구하고, 직무만족과 직장헌신은 이직의향과 대체로 반비례 관계를 보인다는 것이 학계의 통설이자 실제의 사실이기도 하다는 점에 비추어 볼 때(Mobley, 1982; Price & Mueller, 1986; Kim et al., 1996), 한국 근로자들의 경우 직무만족 · 직장헌신 · 이직의향 모두에 있어서 일관되게 낮은 수치를 보이는 것은 특이할 만한 현상이다. 이는 우리나라 근로자들이 자신의 일에 만족하지도 소속 직장에 동질감을 느끼지도 못하면서도 고용불안이 극심하고 재취업기회도 막막하기 때문에 이직을 고려할 생각을 부득불 거의 못하고 있음을 시사하는 결과이다.

그리고 이와 같은 경향이 비정규직, 시간제 근로자, 민간부문 근로자, 비노조원, 지위가 낮은 직업, 저임근로자, 20대 연령층 등 사회경제적으로 상대적으로 열악한 처우에 놓여진 근로자들을 중심으로 매우 뚜렷하고도 일관성 있게 관찰된다는 점은 이들이 겪는 어려움을 개선해 주고 적절한 해결책을 마련해 주는 등 사회적 노력이 절실히 요구됨을 시사하는 것이기도 하다.

한편, 한국인의 노동지향과 근로의식에 대한 이상의 결과들은 언뜻 보면 상충되는 내용처럼 보일 수도 있다. 왜냐하면, 우리나라 사람들은 상대적으로 부정적인 노동지향과 긍정적인 근로의식을 동시에 보유하는 것으로 나타나기 때문이다([그림 II-6]은 한국을 포함하여 미국, 일본, 스웨덴 4개국만을 대상으로 노동지향과 근로의식의 각 차원들을 도표화해 본 것임). 더구나, 세계 최고의 근로의식을 보유하면서도 여가선호도 또한 구미 선진국에 비해 상대적으로 높게 유지한다는 점까지 고려할 경우 혼란스럽게 느껴지기에 충분하

[그림 II-6] **노동지향 및 근로의식**

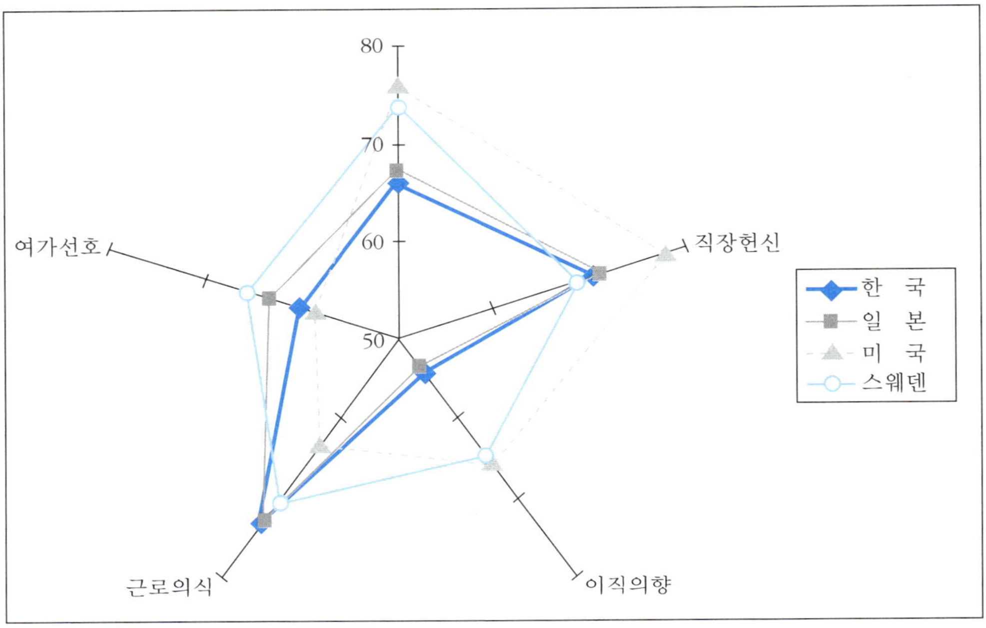

다. 그러나 이는 단지 표면적으로만 유사할 뿐 실질적으로는 상당히 이질적인 두 가지 개념(노동지향, 근로의식)이 동시에 비교됨으로 인해 발생하는 혼란이며, 사실상 의미심장한 시사점을 제시하는 결과로 여겨진다.

부언컨대, 이미 지적하였다시피, 한국인의 경우 잠재적 차원의 근로의식은 높으나 명시적 차원의 노동지향은 상대적으로 낮다. 이는 한국인들이 일하는 것 그 자체를 대단히 중요하게 생각하지만 막상 부딪히는 현실적 상황(불안한 고용, 열악한 처우, 제한된 재취업 기회 등)이 상당히 비관적이기 때문에 부정적인 노동지향을 나타냄을 강력히 시사하는 것이다. 이러한 양면감정 병립적(ambivalent) 반응행태는 이상과 현실 사이의 괴리를 여실히 보여주는 것으로서, 해당 근로자들에게 심한 스트레스와 좌절감을 안겨주는 것은 물론이고 고용주와 기업 그리고 국가경제에도 크나큰 부담으로 작용할 수밖에 없다.

26개 비교대상국 가운데 근로의식에 있어서 한국이 수위를 점한다는 사실은 일단 대단히 고무적인 신호임에 틀림이 없다. 그럼에도 불구하고, 현실적 여건이 뒷받침되지 않기 때문에 노동지향이 상대적으로 부정적이라는 점은 자칫 근로의식 그 자체도 부정적인 방향으로 선회할 가능성을 시사하기에 충분하다. 실제로, 이러한 가능성은 최근 한국인의 여가선호도가 구미 선진국의 그것을 이미 근소하게나마 추월하고 있다는 사실을 통해서도 간접적으로 확인해 볼 수 있다. 결국 근로자들의 고용불안을 해소하고 처우를 개선하며 경기를 활성화시키는 등 근로자들의 현실적 고민을 해결해 주는 것만이 '긍정적인 노동지향'과 '긍정적인 근로의식'이라는 두 마리 토끼를 한꺼번에 잡을 수 있는 가장 근본적이면서도 확실한 해결책이 아닌가 여겨진다.

참고문헌

석현호 · 문용갑 · 구혜란 · 김상욱 · 김재온 · 은기수 · 이명진 · 이윤석 · 임영규 · 정기선 · 최문경 공저(2005a), 한국종합사회조사(KGSS) 2003, 서울: 성균관대 출판부.

석현호 · 김상욱 · 박찬욱 · 방하남 · 이재혁 · 구혜란 · 문용갑 · 손경미 · 이경미 · 정기선 · 최문경 · 최 현 공저(2005b), 한국종합사회조사(KGSS) 2004. 서울: 성균관대 출판부.

차종천 · 김상욱 · 남춘호 · 문용갑 · 박경숙 · 이정환 · 이혜경 · 정기선 공저(2005), 사회조사의 업그레이드: 한국종합사회조사(KGSS)의 출발. 서울: 성균관대 출판부.

Kim, S. W., Price, J. L., Mueller, C. W., & Watson, T. W.(1996), "The Determinants of Career Intent among Physicians at a U.S. Air Force Hospital," *Human Relations*, 49, 947-976.

Kim, S. W.(2004), "A Comparison of the Characteristics of General Social Surveys in East Asia," *Sungkyun Journal of East Asian Studies*, 4(2), 137-154.

McClelland, D. C.(1961), *The Achieving Society*, NY: D. Van Nostrand.

Mobley, W. H.(1982), *Employee Turnover: Causes, Consequences, and Control*, MA: Addison-Wesley.

Mowday, R. T., Porter, L. W., & Steers, R. M.(1982), *Employee-Organization Linkages*, NY: Academic Press.

Price, J. L., & C. W. Mueller(1986), *Absenteeism and Turnover of Hospital Employees*, CT: JAI.

Smither, R.(1988), *The Psychology of Work and Human Performance*, NY: Harper and Row.

Weber, M.(1905), *The Protestant Ethic and the Spirit of Capitalism*, NY: Scribners.

02 일본의 인사관리

한인수
ishan@cnu.ac.kr

서 론

일본의 인사관리는 우리에게 특별한 의미를 가진다. 근대화와 식민지 시대가 겹치면서 일본의 전통적인 인사관리의 모습은 우리나라 인사관리의 뿌리를 형성하였고 그 이후에도 문화적 유사성으로 인해 일본의 인사관리의 진화과정은 다소의 시차를 겪으면서 우리에게도 많은 영향을 주었기 때문이다. 여전히 우리의 인사관리의 중심을 이루고 있는 연공서열제도라는 것도 따지고 보면 우리 것이 아니라 일제(日帝)의 잔재이다.

그런 이유로 경영의 다른 분야가 주로 미국이 선진국이었던 데 반해 인사관리분야만큼은 늘 일본이 우리 기업의 벤치마킹의 대상이었다. 인사관리는 사람을 다루는 것이므로 경영의 다른 어떤 분야보다도 문화의 영향에서 자유로울 수 없는데, 구미의 선진 인사관리의 기법은 우리 풍토에 적합성이 떨어졌던 데 비해 일본의 그것은 무리없이 우리 풍토에 도입되는 경향이 있었다. 그래서 최근에는 상황이 많이 바뀌었지만 얼마전까지만 해도 우리나라 기업의 인사담당자들에게 일본어는 필수항목이었으며 일본기업의 인사관행과 그 변화는 그대로 우리기업의 교과서가 되기도 하였다. 그런 점에서 우리나라

기업의 인사관리를 이해함에 있어서도 일본의 인사관리에 대한 이해는 필수적이라 할 수 있다.

일본의 전통적 인사관리의 특징

연공서열제도

일본의 전통적 인사관리의 가장 큰 특징은 연공서열제도(年功序列制度)이다. 연공서열제도란 연공, 즉 근속년수에 의해 조직 내 인사관리의 서열이 결정되고 이에 근거하여 보상과 승진이 이루어지는 제도이다. 우리에게 너무 익숙한 이 제도의 발원지는 일본이다. 이 연공서열제도는 종신고용, 기업 내 노동조합이라는 다른 두 제도와 함께 일본 인사관리 내지는 일본적 경영의 근간을 형성하는 것이다. 이 세 제도는 조직구성원들의 조직과의 일체감과 귀속의식을 유발하여 전후의 유례없는 일본의 경제성장의 기적의 원동력을 구성한 것으로 높이 평가되었었다. 그래서 일본인들은 자주 이 제도를 그들의 건국신화와 결부하여 '삼종(三種)의 신기(神器)'라 부르기도 한다.

이러한 연공서열제도, 종신고용, 기업별 노동조합이라는 세 가지 특징이 발전된 배경을 알아보려면 일본인들이 독특하게 발전시킨 기업이데올로기인 '경영가족주의(經營家族主義)'를 이해할 필요가 있다. 경영가족주의란 기업을 가족의 연장선으로 파악하는 이데올로기이다. 즉 기업을 '또 다른 하나의 가족'으로 보는 개념이다.

공동체는 흔히 혈연공동체와 이익공동체로 구분된다. 혈연공동체는 혈연에 기초한 공동체이고 이익공동체는 구성원들이 이익을 도모하기 위해 결성된 공동체이다. 이런 구분에 의한다면 기업은 엄연히 이익공동체여야만 한다. 그럼에도 불구하고 일본인(한국인을 포함한 많은 동양인)들에게는 기업은 이익공동체이면서 동시에 가족과 같은 혈연공동체의 성격도 갖는다. 이는 기업주에 의해 조작된 측면도 있지만 구성원들의 기대를 반영한 측면도 있다. 즉 많은 동양인들에게는 기업은 일하고 노동을 사고 파는 장소에 그치지 않고 가족처럼 정을 나눌 수 있는 장소이기를 기대하는 것이다.

이러한 이데올로기에 의하면 기업은 가족의 연장선 내지 또 하나의 가족이기 때문에 기여한 바에 의해 공이 있으며(연공서열제도), 일단 고용되면 그만 둘 때까지 기업이 책임을 지며(종신고용), 노동조합활동도 남들과 연대하지 않고 기업 내에서만 활동(기업별 노동조합)하게 되는 것이다.

사람중심의 인사관리

우리가 보통 인사관리를 '일' 중심의 인사관리와 '사람' 중심의 인사관리로 구분할 때 일본의 인사관리는 사람 중심 인사관리의 전형이다.

구미형 인사관리의 주요 특징은 '일' 중심의 인사관리에 있다. 즉 구미에서는 조직의 구성원은 일을 하기 위해 조직에 들어온 사람이기 때문에 일이 있고 사람이 있는 것이다. 즉 구성원은 일이 없으면 또는 일에 부적당하면 조직에서 떠나야 하는 것이고 일의 내용과 등급에 따라 그리고 일에서 요구하는 바를 달성한 정도에 따라 보상받는다.

그리고 기본적으로 고용관계는 계약관계이기 때문에 사용자, 종업원 어느 한 쪽의 결정에 의해 더 낫게 노동의 거래를 이룰 수 있는 곳으로 자유롭게 이동할 수 있다. 이렇듯 구미형 인적자원에서는 일에 따라 사람이 필요하고 또 일에 따라 처우가 이루어지기 때문에 인사관리에서는 무엇보다도 조직에서 필요한 일의 내용과 성격을 결정하는 직무분석이 근간을 이루게 된다.

반면 일본으로 대표되는 동양형 인사관리에는 '사람' 중심의 속성이 강하다. 넓은 의미에서 입사는 가족의 일원이 되는 것이므로 개인의 능력 외에 태도나 자질도 중요하며 또 입사한 후에는 조직의 필요에 따라 조직이 요구하는 일을 맡게 된다. 보상은 일에 대해 주어지는 것이 아니라 생활급의 성격을 강하게 갖는다. 즉 가족도 적고 생활비가 적게 드는 신입사원 시절에는 적게 받고 나중에 나이가 들면 수입이 자연스럽게 많아지게 된다. 그리고 경영자는 시혜적 관점에서 기업 내의 여러 가지 복지시설을 마련하기도 하고 종업원이 큰 잘못이 없는 한 장기고용을 보장한다. 또 인재의 육성은 조직에 맞게 길러서 쓴다는 입장을 취한다. 즉 동양형 인사관리는 사람을 보고 뽑고 사람에 대해 보상을 하는 시스템이다.

사람 중심의 동양형 인사관리와 일 중심의 구미형 인사관리의 차이를 알기 쉽게 설명하면 [그림 II-7]과 같다. 구미형 인적자원관리가 조직을 바꾸어가며 일의 전문가가 되는 반면 동양형 인적자원관리에서는 여러 가지 일을 거쳐가면서 정년까지 조직의 사람으로서 일한다. 그런 점에서 우리가 흔히 취직이라고 하지만 구미형은 진정한 의미에서 취직(就職)이라 할 수 있으나 동양형에서는 취사(就社)라고 하는 편이 정확할 것이다.

'일' 중심의 인사관리와 '사람' 중심의 인사관리를 인사관리의 여러 측면에서 비교하면 [표 II-1]과 같다. 표에서 보는 바와 같이 '일' 중심의 인사관리에서는 일의 성격에 따라 그에 맞는 요건을 갖춘 사람이 뽑힌다. 반면 '사람' 중심의 인사관리에서는 필요인원이 결정되어 사람이 채용된 후에 여러 가지를 고려하여 배치가 이루어진다. 따라서

[그림 II-7] 동양형과 구미형 인사관리 모형

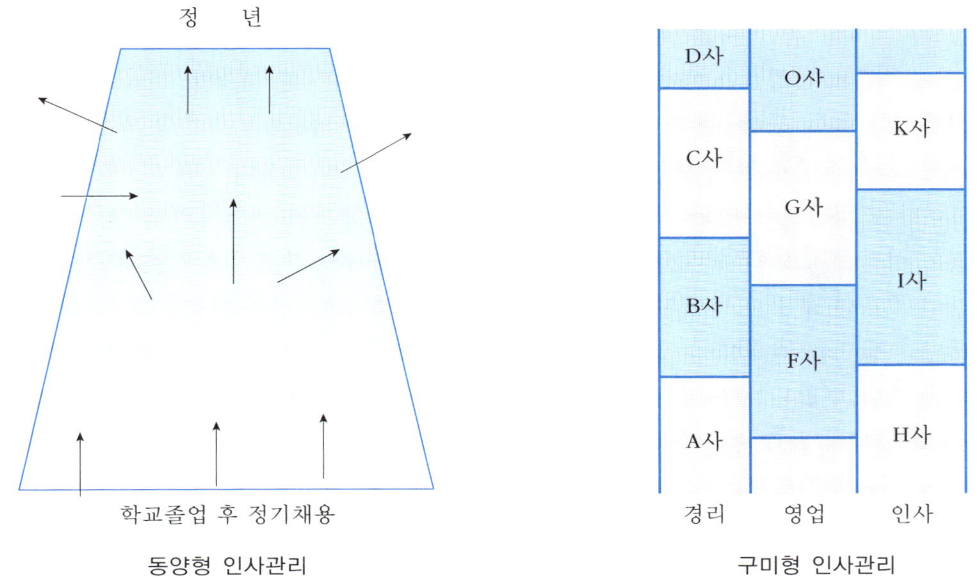

[표 II-1] '일' 중심의 인사관리와 '사람' 중심의 인사관리의 차이

구 분	'일' 중심의 인사관리	'사람' 중심의 인사관리
채용, 배치	일 결정 후 사람채용	채용 후 일에 배속
육 성	개인책임의 부분이 많음	원칙적으로 조직이 담당
경력발전	조직의 변경을 통한 숙련 발전	조직 내에서의 숙련발전
보 상	일에 대한 급여(직무급)	속인적(屬人的) 급여(연공급)
고용의 성격	일에 대한 계약(단기고용)	조직에 대한 계약(장기고용)

'사람' 중심의 인사관리에서는 그러한 일을 전담하는 인사부서의 권한이 구미형 인적자원관리에서 보다 상대적으로 강력하게 되는 것이다.

일본형 능력주의로서의 직능자격제도의 성립

직능자격제도의 성립배경

일본 인사관리의 근간을 이루는 연공서열제도는 많은 장점을 지니고 있다. 우선 인사관리의 기준으로 연공이라는 매우 객관적인 기준을 가진다는 장점이 있다. 즉 처우와 승진에 있어 연공이라는 매우 객관적인 기준이 있어 인사관리와 관련된 구성원의 불만의 소지가 적고 집단 내 화(和)를 이룰 수 있게 해 준다. 그리고 구성원들은 기업에 대한 귀속의식과 안정감을 얻을 수 있으며 미래에 대한 기대를 예측할 수 있게 해 준다. 이러한 장점들이 구성원들의 담합과 회사에 대한 충성심을 확보하여 일본기업과 경제성장에 크게 기여한 것이 사실이다.

그러나 기업환경이 변화되고 경쟁이 심화될수록 전통적인 연공서열제도만 가지고는 기업의 성장을 도모할 수 없는 상황이 조성되게 된다. 전통적인 연공서열제도에 의하면 시간이 흐르면 보수가 많아지고 승진이 보장되는 제도인데 이는 구성원의 자발적인 능력개발과 발휘를 기대할 수 없다는 문제점을 지니고 있다. 그리고 결국 이는 기업의 경쟁력 약화와 연결되는 것이다. 즉 기업의 성장과 발전을 이해서는 단순한 연공에 의하는 것이 아니라 구성원들의 능력을 키우고 능력을 많이 발휘한 사람을 대접해야 하는, 능력에 기초한 인사관리의 필요성이 생기게 된 것이다.

이렇듯 일본에서는 경제와 기업의 발전에 따라 필연적으로 단순 연공이 아닌 능력주의의 필요성이 생겼지만 연공의 대안으로서 구미의 일을 중심으로 한 능력주의나 성과주의를 그대로 도입하는 것은 무리가 있었다. 그러기에는 일본의 기업풍토는 구미의 그것과는 너무도 다른 측면이 컸기 때문이다. 결국 일본의 기업풍토나 질서를 크게 벗어나지 않는 범위 내에서의 능력주의를 고려할 수밖에 없었는데, 이러한 고민 속에 탄생된 것이 직능자격제도라고 하는 것이다.

직능자격제도(職能資格制度)란 종업원의 사내서열을 일정한 직무수행능력을 기준으로 정하고 이에 입각해 인사 및 임금 등을 결정하는 인사관리 시스템이다. 이는 단순한 승급제도만을 의미하는 것이 아니라 육성, 평가, 처우가 기초가 되는 포괄적(total) 처우 시스템으로서의 성격을 갖는다. 직능자격제도에서는 근무연수가 길어짐에 따라 올라가는 경향이 있기는 하지만 원칙적으로 상위자격이 요구하는 능력의 요건을 충족해야만 자격의 상승이 이루어지고 이 직능자격에 따라 처우와 승진이 이루어지게 된다. 그러므로 이는 일종의 연공과 능력의 조화방안이라 할 수 있다.

직능자격제도의 설계와 운용

• 직무조사의 실시와 직능자격등급의 수립

직능자격제도에서는 우선 직무를 수행하는 능력의 자격등급을 정해야 한다. 이러한 자격등급이 인사관리의 기준이 되기 때문이다. 이러한 자격등급의 상승을 승격(昇格)이

[그림 II-8] 직무조사와 직능자격(등급)제도

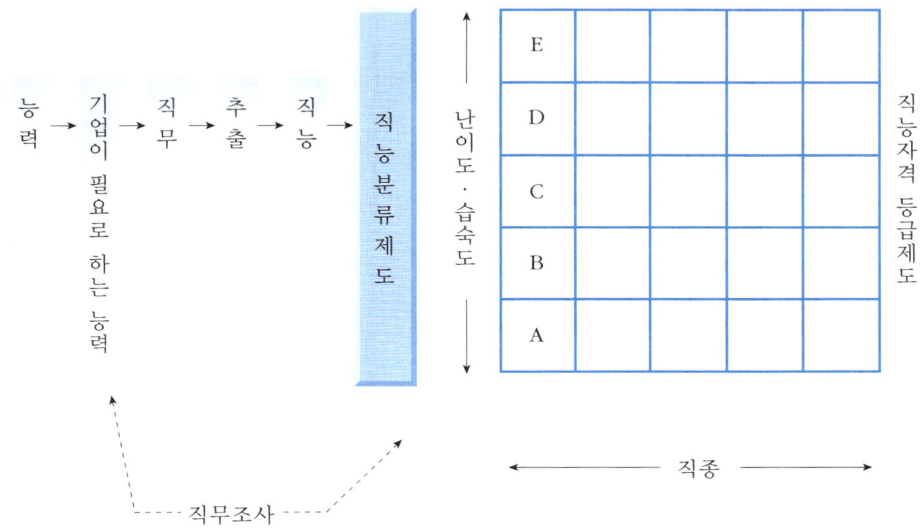

자료: 清水 勤(1993), 「會社人事入門」, 日本經濟新聞社.

라 한다.

조직이 기대하는 능력은 직무나 직종의 난이도에 따라 다르므로 직능자격등급을 정하기 위해서는 직무조사(職務調査)를 실시해야 한다.

직무조사는 직무수행능력(직능)을 직종별 · 난이도별로 분류 · 정리하는 작업이다. 이렇게 하면 예컨대 영업(직종)의 A클래스의 직무에는 어떤 일이 있는가? 어떤 능력이나 지식을 익혀야 할 필요가 있는가 하는 것이 명확하게 되어 조직이 요구하는 기대상이 드러나게 된다.

이처럼 조직이 요구하는 요건을 직종별 · 난이도별로 분류 · 정리해서 구체적인 능력요건을 일람표로 만든 것이 『직능분류제도』이고 난이도를 몇 개의 그룹으로 분류해서 직능등급에 명칭을 부여한 것이 『직능자격제도』이다.

[그림 II-8]은 직무조사로부터 직능자격제도를 도입하는 과정을 보여주고 있다.

• **자격등급별 직능요건의 확정**

직능자격제도의 경우 각 자격에는 직능요건(職能要件)이 있다. 직능요건은 상위자격으로 승격하기 위해 갖춰야 하는 구체적 자격요건이다. 직능자격제도는 이 직능요건을 채워야 상위자격으로 승격이 이루어지므로 종업원의 능력개발을 유도하는 제도라고 할

[표 II-2] **직종별 직능기준표(점포-관리부문)**

자격등급	주요 과업	습숙요건	습득요건		
			지식: 기본지식	지식: 관련지식	기능(자격면허)
8	종업원의 근무에 관한 지도체크	부하의 근태·게으름 등을 체크하고 지도를 해 부랑자가 나오지 않는 환경조성, 부하와의 의사소통을 행해, 직장의 인간관계 개선에 노력, 사기를 높일 수 있다.	취업규칙의 완전한 이해·노동기준법에 관한 꽤 높은 지식, 노동안전위생법의 파악	인간관계론·커뮤니케이션·리더십에 관한 꽤 높은 지식	『판매사 1급』 레벨의 습득
8	요원계획과 작업할당	부문별 필요인원과 개인별 직무수행능력을 파악해서 요원계획과 작업할당을 하여 노동위생의 향상을 꾀할 수 있다.	노동위생 예산 내지 인건비 예산의 파악. 요원산출의 기초지식	개인별 인사원가의 파악. 인시(人時)원가 산출방식의 이해	
7	일별 매상계획의 작성 내지 그 실적파악과 그 대책	월차예산과 함께 일별 매상계획을 세워 매일의 매상을 파악해서 부진부문에 있어서 원인분석과 그 대책을 입안, 실시할 수 있다.	전년도 매상실적과 금기의 매상 추이의 파악	지역행사와 그 관련상품의 파악	『판매사 1급』 레벨의 습득
7	각 부문의 중점작업의 관리	점포 내의 작업 내지 설비의 있어야만 될 상태를 파악해서 유지하기 위한 점검과 지시가 가능할 수 있다.	부문별 중점작업내용의 파악. 점포 내 작업 내지 상품, 설비의 있어야만 될 상태의 숙지		
7	부하에 대한 지도, 훈련	개인별 직무내용과 수행능력을 파악해서 부족한 지식·기능을 채우기 위한 현장훈련(OJT)계획을 입안, 실시할 수 있다.	개인별 직무내용과 수행레벨의 파악. 과업별 체크리스트의 파악	현장훈련(OJT)에 관한 꽤 높은 지식. 리더십에 관한 꽤 높은 지식	점포 내 작업 전반을 습득하고 있다.

자료: 清水 勤(1993), 「會社人事入門」, 日本經濟新聞社.

수 있다. 이런 점에서 직능자격제도를 능력주의 인사제도의 하나로 간주하는 것이다.

[표 II-2]에는 직종별 직능요건을 규정한 직능기준표가 나와 있다.

표에서 보듯이 각 직능계급별로 그에 따른 『습숙요건』과 『습득요건』의 2가지를 명확히 한다. 습숙요건(習熟要件)은 직무조사에서 추출된 그 등급에 해당하는 과업을 수행하는 데 필요한 기능요건을 기술한 것이다. 반면에 습득요건(習得要件)은 이들 과업을 하는 데 어떤 지식, 기능, 기술을 필요로 하는가를 구체적으로 기술한 것이다. 예컨대 『읽어야 할 책』이나 『받아야만 하는 연수 또는 통신강좌』 같은 것을 말한다.

• 승격기준의 설정

직능자격제도의 『등급기준』은 위에서 설명한 것처럼 직무조사를 거쳐 직종별 · 등급별의 직능요건으로서 표시된다. 자격의 부여의 의미는 5 자격자란 5급의 직능요건을 채웠다는 것이 아니라 그 밑의 4급의 직능요건을 졸업(卒業)했다는 것이다. 5급의 직능요건을 채우는 것은 5급 자격부여 이후부터의 일이다. 즉 승격기준이라는 것은 하위 직능등급의 충족을 인정하는 기준인 셈이다. 이러한 직능자격제도의 승격방식을 '졸업방식(卒業方式)' 이라고 한다.

원칙적으로 직능자격제도하에서 승격의 방식은 이러한 졸업방식에 기초한다. 그러나 어떤 중요한 단계에서는 급의 성격이 바뀌는 단계가 있다. 이러한 경우에는 필기시험 등을 치를 수도 있다. 이때에는 시험이라는 '입학방식(入學方式)' 이 혼용되는 것이라 할 수 있다.

직능자격제도를 중심으로 한 토탈시스템의 구축

일본은 이러한 직능자격제도를 축으로 해서 처우, 육성, 능력개발이 맞물리는 토탈 인사시스템을 구축하여 나름대로의 능력주의를 구축하게 된다.

이 토탈시스템이 [그림 II-9]에 나와 있다.

그림에서 보듯이 토탈시스템에서는 처우는 직능자격등급에 따른 직능급을 채택하게 된다. 이 경우 직능급에만 의존하는 것이 아니고 연령급을 병행하는 병존급의 형태를 취한다.

능력개발은 직능자격등급의 향상을 통한 자연스러운 능력개발을 꾀한다.

승진은 처우의 면에서는 승격의 방식에 의한다. 반면에 포스트(長)로의 승진은 직책승진이라는 별도의 체계에 의한다.

평가는 신인사고과의 형태에 의하는데, 그 중에서 능력고과는 직능자격제도에 명시

[그림 II-9] 직능자격제도를 중심으로 한 토탈시스템

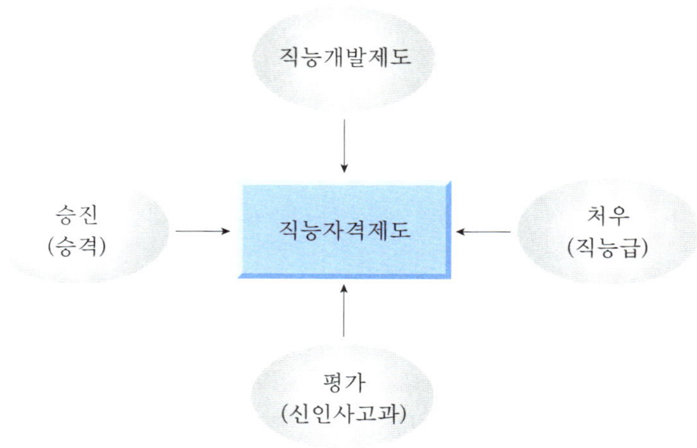

된 직능요건을 기초로 해서 이루어지게 된다.

직급(처우)과 직책의 분리

일본에서 직능자격제도가 성립되게 된 배경에는 능력을 유도하고 능력에 기초한 처우를 한다는 의도 외에도 승진의 문제를 해결하기 위한 방안으로서의 의미도 있었다. 연공서열제도하에서는 필연적으로 시간이 지남에 따라 승진적체의 문제가 심각하게 된다. 즉 비슷한 시기에 입사한 사람들이 시간이 지남에 따라 승진을 못하는 사례가 늘게 된다. 다행히 경제와 기업이 성장기에는 조직확대를 통해 승진자리를 마련하는 것이 용이해지지만 저성장기에 돌입할수록 승진의 문제는 심각성을 더한다.

통상적으로 연공서열제도하에서는 2급-대리, 3급-과장, 4급-부장식으로 직급과 직책이 함께 가는 경우가 많다. 이 경우 직급이 연공서열에 의하면 직책을 의미하는 장자리를 주어야 한다는 문제가 발생한다. 이 경우 승진은 자리와 함께 봉급인상이 보장되는 이중의 보상인 셈이다.

직능자격제도는 이러한 문제점을 해결하는 하나의 방안이 되기도 한다. 즉 직능자격제도에서는 처우는 직능자격이 올라가는 것, 즉 승격에 의하게 된다. 이는 T/O의 개념이 아니기 때문에 승격은 인사관리의 입장에서는 큰 부담이 없다. 대신 직책의 부여는 별도의 운영체계에 의하는 것이다. 즉 [그림 II-10]에서 보듯이 과장은 2-5자격, 부장은 3-6자격식으로 유연성을 부여하는 것이다. 이 경우 5자격 과장과 4자격 부장이 공존하

[그림 II-10] 직책과 직급의 분리

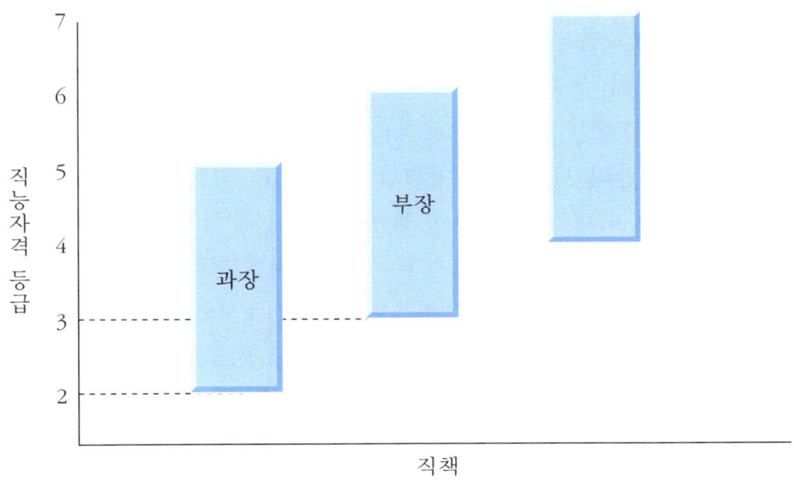

게 된다. 과장은 부장에 비해 직책은 낮지만 5자격이라는 처우를 보상받게 되고 또 이러한 자격은 승진으로 볼 수도 있는 것이다. 이를 '직급(처우)과 직책의 분리'라 한다. 이는 결국 승진에 따른 혜택인 처우와 자리를 분리하는 것이며 어떤 면에서는 승진적체의 문제를 의사적(疑似的) 공급확대를 통해 해결한 것이라 할 수 있다.

일본적 인사관리의 변용

직능자격제도에 대한 비판

일본의 인사관리의 근간을 이루어왔던 직능자격제도란 이러한 연공과 능력의 조화 내지 타협의 산물이다. 여기서는 임금은 거의 연공에 접근하여 지불하면서 직책승진은 능력에 의해 이루어지고 있다. 연공의 장점을 살리면서 능력을 가미해 가려고 하는 고민을 엿볼 수 있는 제도이다.

그러나 이러한 일본 나름대로의 직능자격등급에 기초한 일본의 인사관리는 최근 거센 도전에 직면하고 있다. 그것은 일본기업 내지 일본경제를 둘러싼 환경변화에 기인한 것이다. 일본경제는 1990년대 초반부터 시작하여 '잃어버린 10년'이라고 불리울 정도의 깊은 불황을 경험하게 된다. 기업은 저성장과 감량경영에 시달리게 되고 일본적 경영 내지 일본적 인사관리를 가능하게 했던 토대는 급속히 와해되게 된다.

구조조정과 고용조정의 와중에서 점진적인 능력주의의 이행에 불만이 고조되었고 급진적인 능력주의의 채택에 대한 요구가 거세게 제기되고 있다. 파격적인 능력주의의 도입만이 기업의 체질강화를 이룩하고 경쟁력을 제공할 수 있다는 논리가 세를 얻고 있다. 이러한 배경 속에서 '3종의 신기'로 칭송되던 연공서열제도, 종신고용, 기업별 노동조합의 대부분이 '악평등'의 전형으로 타기의 대상이 되기도 하였다.

직능자격제도도 비판의 대상에서 예외가 아니었다. 직능자격제도란 앞서도 언급한 바 있듯이 T/O개념이 아니기 때문에 이를 올려주는 데 상대적으로 부담이 적다. 따라서 승격기준을 엄격히 적용하지 않는다면 시간이 되면 올려주게 되어 연공서열제도나 마찬가지가 되는 것이다. 즉 직능자격제도가 표방하는 능력주의가 유명무실하게 되는 것이다. 그리고 현실적으로 이렇게 운영되는 사례도 적지 않았다. 그래서 최근 직능자격제도는 '능력의 탈을 쓴 연공제도'라는 비판을 받고 있다. 변화하는 기업환경으로 인하여 본격적인 능력주의의 시행을 강하게 요구하는 것이 오늘의 일본 인사관리의 현실인 것이다.

근로자 그룹별 차별적 인사관리의 도입

전통적인 일본적 인사관리는 근로자 집단에 획일적인 인사관리를 적용하는 것이 보통이었다. 즉 모든 근로자 그룹에 대해 연공과 종신고용에 기초한 인사제도를 적용하였다. 그러나 1990년대 중반부터 근로자들을 그룹으로 나누고 그룹별로 차별적인 인사관

[그림 II-11] 기업·종업원의 고용·근속에 대한 관계

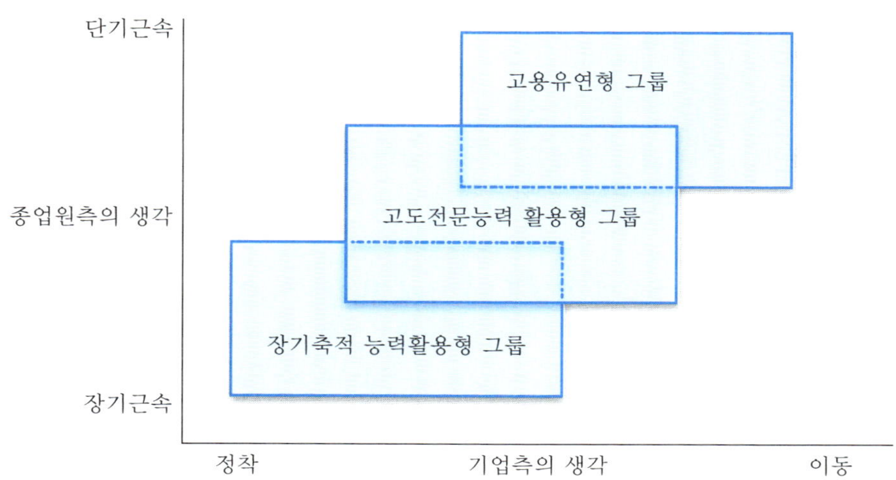

[표 II-3] 그룹별 처우의 주된 내용

	장기축적능력 활용형 그룹	고도전문능력 활용형 그룹	고용유연형 그룹
고용형태	시간이 정해지지 않은 계약	유기(有期)고용계약	유기(有期)고용계약
대 상	관리직 기능부문의 기간직	전문부문(기획, 영업, 연구개발)	일반직 기능부문 판매부문
임 금	월급제나 연봉제 직능급 승급제도	연봉제 업적급 승급 없음	시간급제 직무급 승급 없음
상 여	정률+업적 포인트	성과배분	정 률
퇴직금 · 연금	포인트제	없 음	없 음
승진 · 승격	승 진 승 격	업적평가	상위직무에의 전환
복지시책	생애종합 복지	생활원호 시책	생활원호 시책

자료: 日經聯(1995), 「新時代の日本的經營」, 日經聯.

행을 적용하려는 움직임이 생겼다(日經聯 ,1995). [그림 II-11]과 [표 II-3]에 제시된 바와 같이, 근로자 그룹을 세 가지 형태로 구분하고 그에 따라 고용형태와 처우를 달리하는 정책을 채택하게 된 것이다. 이를 복선형(複線型) 인사관리라 이름한다. 이러한 정책은 감량경영과 인건비의 절감이 강조되는 상황에서 핵심인재와 비핵심 인재를 구분하여 처우하려는 기업의 의도를 반영하고 있다고 볼 수 있는 것이다.

성과주의의 확산

최근의 일본의 인사관리의 주요 특징 중의 하나는 성과주의(成果主義)의 바람이다. 성과주의는 개인의 성과를 중시하는 인사관리, 그 중에서도 임금과 관련된 기본정책을 말하는 것이다. 즉 획일적인 임금의 부여가 아니라 개인의 성과를 기초로 개인간 차등을 주는 임금정책이다.

성과란 기존의 일본의 인사관리에서 종래 언급해 오던 능력과는 다소 다른 개념이다. 직능자격제도 등에서 보이는 능력이란 보유능력 내지 잠재능력이란 개념인 데 비해 성과란 발휘된 능력으로써 업적과 유사한 개념이다. 기존의 능력주의 대신에 성과주의란 용어가 생기는 것은 그만큼 드러나고 가시적인 성과가 강조되는 환경을 시사하고 있는 것으로 볼 수 있다. 성과와 업적을 굳이 구분한다면 성과는 업적보다는 드러난 결과와 동시에 과정을 고려한다는 점에서 차이가 있다.

1990년대 후반부터 일본과 우리나라에서 붐을 이루고 있는 연봉제(年俸制)는 이러한 성과주의 임금의 대표적인 지불형태이다. 일본의 경우 연봉제의 도입은 실적우수자에게 많은 급여를 준다는 정책을 표방하고 있지만 연봉제 도입 이후 전체적인 인건비가 축소되었다는 점에서 인건비 억제책의 하나로 많이 사용되었다는 지적을 받고 있다.

성과주의에서는 연봉제의 경우에 그런 것처럼 목표관리(目標管理)가 핵심을 이룬다. 관리직이나 화이트칼라의 경우 성과를 객관적으로 평가하는 수단은 목표관리 외에는 방법이 없기 때문이다. 목표관리란 반기 초반에 상하급자가 면접을 통해 목표를 정하고 반기 말에 그 달성도를 평가하는 관리기법이다. 그리고 그 달성도에 기초하여 성과를 평가하고 처우와 연결시키는 것이다. 일본의 경우 목표관리는 1960년대 유행을 했으나 별 성과를 거두지 못하다가 연봉제가 확산되는 1990년대 후반부터 다시 붐을 이루고 있다.

성과주의를 도입하는 경우는 다음의 두 가지 방법들이 많이 사용되고 있다.

첫째는, 직능자격제도를 본래의 능력주의로 만들기 위해 연령급과 정기승급을 축소 폐지해서 성과임금으로 전환하는 방법이다. 이 경우는 과거의 직능급 + 연공임금의 체계로부터 직능급 + 성과임금의 임금체계로 이행하는 것이다.

둘째는, 능력주의가 아닌 별도의 성과주의 또는 업적주의의 임금체계를 새롭게 구축하는 방법이다. 이때는 직무급이 새로 주목을 받게 되는데, 과거의 단일 임률의 직무급 대신에 동일직무 내 능력승급이 행해지는 '범위가 있는(range rate)' 직무급의 형태가 많이 채택되게 된다.

결 론

1990년대 중반까지만 해도 일본으로 대표되는 동양적 인사관리도 그 정체성을 인정받는 분위기였다. 때로는 몇 가지 일본적 인사관리의 특징들은 일본경제의 기적의 원동력으로 존경받기도 하였다. 이는 하나의 반(反)으로서 서구의 인사관리의 부족한 점을 메꾸어주고 상호 학습을 통해 이상적인 인사관리의 원칙이라는 합(合)을 지향할 수 있는 독자성을 인정받기도 하였다.

그러나 1990년대 거품붕괴 후 밀어 닥친 일본경제의 불황, 그리고 글로벌 경제와 신

자유주의의 도래는 상황을 일순 변화시켰다. 기업의 리스트럭쳐링, 경비삭감과 경쟁력 강화의 화두 앞에서 전통적인 일본적 인사관리의 입지는 점점 좁아져 왔다. 기업의 경쟁력 강화를 위해서는 서구의 인사관리, 즉 직무가치와 공헌도에 따른 차별적 인사관리 내지 성과주의가 유일무이한 원리로서 대두되게 되었다. 1990년대 이후에는 경영의 모든 분야에서 아메리칸 스탠더드가, 즉 글로벌 스탠더드가 되는 경향이 강화되고 있는데 인사관리도 예외는 아니었던 것이다. 따라서 일본 내에서조차도 전통적인 인사관행들은 '악평등'을 조장하고 경쟁력 약화의 원흉처럼 지목받고 비판되는 분위기가 생기게 되었다. 따라서 최근에는 어느 나라를 막론하고 서구적 인사관리, 즉 고용의 유연성, 직무가치의 중시, 평가에 기초한 개인별 차별적 처우, 공정성의 강화 등은 인사관리의 글로벌 원칙으로서 자리잡고 있다. 글로벌 경제에 있어 국가별 또는 문화적 인사관리의 특수성이라는 것은 거의 인정되지 아니하는 분위기이다.

그러나 최근 일본 내에서 일사분란한 성과주의의 흐름에 반하는 분위기가 형성되고 있다. 일본 후지츠(富士通)에서 성과주의의 공식철폐를 선언한 이후 성과주의의 문제점을 지적하는 연구보고들이 속속 나오고 있다(齊藤貴男, 2005; 淸水 勤, 1993; 城繁行, 2005; 高橋伸夫, 2004). 성과주의가 정착되지 못하는 데는 여러 가지 문제점이 있지만 그 근간이 되는 목표관리에 문제가 크다는 지적이 있다. 즉 목표관리를 실시하는 경우 구성원들은 가능한 한 목표를 낮게 잡아 달성도를 높이려는 경향이 생기고 이것이 장기적인 기업의 성장을 해치게 된다는 것이다.

성과주의에 대한 이러한 역풍이 없지 않지만, 일본의 경우 이는 국가적 시책처럼 대세를 형성하고 있다. 여러 가지 저항과 마찰에도 불구하고 성과주의의 흐름은 적어도 당분간은 이어질 전망이다. 기업의 경쟁력 강화라는 대명제를 실현하는 유일한 방법은 성과주의라는 인식이 확산되어 있기 때문이다. 인사관리에도 과연 일본의 풍토에서 서구의 성과주의가 어떻게 정착될 것인가는 비슷한 인사관리의 체계를 여전히 유지하고 있는 우리에게도 많은 시사점을 줄 수 있는 과제라고 할 수 있다.

참고문헌

韓仁洙(2003),「人的資源管理」, 信用協同組合中央會.
齊藤貴男(2005),「成果主義神話の崩壞」, 東京: 旬報社.
淸水 勤(1993),「會社人事入門」, 日本經濟新聞社.
城繁行(2005),「日本型 成果主義の可能性」, 東洋經濟新報社.
高橋伸夫(2004),「虛妄の成果主義」, 日經BP社.
日經聯(1995),「新時代の日本的經營」, 日經聯.

03

중국기업의 인적자원관리

한인수 · 심춘화
ishan@cnu.ac.kr, shenxm8080@hanmail.net

서 론

중국은 현재 우리나라의 가장 큰 교역상대국이며 또한 우리나라 기업의 해외진출이 가장 많이 이루어지고 있는 국가이다. 그러므로 중국에서의 기업의 인적자원관리를 이해하는 것은 매우 중요한 일이다. 그러나 중국에서 근대적인 인적자원관리가 이루어지기 시작한 것은 계획경제의 틀에서 벗어나 시장경제로의 이행이 이루어지고부터이다.

외국진출중국기업의 인적자원관리를 이해하기 위해서는 1978년 중국공산당 제11기 3중 전회를 주목할 필요가 있다. 이는 중국 역사의 중요한 전환점을 이루는 계기이지만 인적자원관리의 측면에서도 중요한 변곡점을 형성한다. 이 회의를 통해 개혁개방이 천명되고 소위 시장경제체제의 도입이 본격화되기 시작한다. 물론 중국인 특유의 실용주의에 입각하여 그 변화는 점진적이기는 하였지만 이를 기점으로 자본주의에서의 기업과 같이 사유(私有)에 기초한 기업의 형태가 등장하게 된다.

그 이전까지만 해도 기업은 대부분 국가나 지방단체가 운영하는 국영기업들이 주를 이루어서 기업이라기보다는 관료조직에 가까운 형태라고 할 수 있었다. 따라서 인적자원관리는 주로 법률이나 국가의 정책에 의해 결정되었다. 임금도 정부의 방침에 의해 결정되며 복지 등도 법률에 의해 동일한 시책이 모든 종업원에게 적용되었다.

그러나 개혁개방이 본격화됨에 따라 시장경제가 진행이 되고 외국자본에 의한 외자기업이 증대됨에 따라 상황은 크게 바뀌었다. 국영기업 외에 외자기업과 사영(私營)기업이 크게 늘게 되고 그에 따라 양 기업군 간에 노동시장에서의 경쟁도 이루어지게 되었다. 오늘날은 외자 및 사영기업의 공용규모가 국영기업의 그것을 상회하고 있다.

이렇게 탄생의 역사는 짧지만 중국기업의 다수를 점하게 된 사영기업과 외자기업들은 과거의 중국국유기업의 인적자원관리 방식에 구애받지 않고 근대적인 서구식 인적자원관리 방식을 도입하고 있다. 따라서 오늘날 중국의 외자 및 사영기업의 인적자원관리는 서구적 인적자원관리와 구별되는 특성을 발견하기가 쉽지 않다. 그리고 이러한 서구식 인적자원관리는 기존의 중국 특유의 인적자원관리가 잔존하는 국영기업에 대해서도 압력으로 작용하여 변화를 재촉하고 있다.

따라서 오늘날 중국에서는 기업의 인적자원관리는 크게 두 가지 방향으로 이루어지고 있다고 볼 수 있다. 즉 한편으로는 아직도 상당수 존재하는 국영기업에서의 인적자원관리와 또 다른 한편으로 사영기업 및 외자기업의 그것이다. 후자는 서구의 인적자원관리와 원칙적으로 다른 것이 없기 때문에 여기서는 중국의 인적자원관리의 변천과 그 과정에서의 특징이 어느 정도 남아있는 국영기업의 인적자원관리에 많은 부분을 할애하여 살펴보기로 한다.

국영기업의 인적자원관리의 변천

중국 국영기업의 인적자원관리는 앞서 지적한 1978년의 개혁개방을 기점으로 큰 변화를 겪게 된다. 따라서 이 시점을 기점으로 인적자원관리의 변화를 관찰할 필요가 있다.

1978년 이전의 인적자원관리의 특징

1978년 이전 사회주의 계획경제시대의 중국 국영기업의 인적자원관리에 대한 이해를 위해서는 두 가지 특징에 주목할 필요가 있다(趙曙明, 2005).

그 하나는, 개인과 그가 소속된 국유기업과의 관계가 일종의 "의존"적인 관계였다는 점이다. 직원이 기업에 의해 채용되면, 기업은 직원에게 급여 이외에도 그 직원이 생활할 주택과 의료 등 각종 방면의 대우를 보장해 주는데, 심지어 직원의 배우자와 자녀들의 일자리, 그리고 교육까지도 기업에서 부담해야 했다. 즉 근로자가 고용이 되면 생활의 전부를 책임지는 의존적 관계가 형성되었던 것이다.

둘째는, 인적자원관리의 기초가 기본적으로 마우저뚱(毛澤東)의 사상에 기초하고 있었다는 점이다. 그는 노동을 "인간의 주관적인 능동성 발휘"라고 규정하고 있는데 그 의미는 다음과 같은 두 가지로 해석할 수 있다. 첫째, 일반적으로 노동은 일종의 사회적 "공덕(公德)"이다. 둘째, 어떠한 노동성과를 막론하고 그것은 모두 집단합작의 결과라는 것이다.

이 시기의 인적자원관리를 시기별로 세분하면 [표 II-4]와 같다(趙曙明, 1999). 표에서 보듯이 1957년 이후, 중국은 직공대표대회제도(職工代表大會制度)를 실시하였으며 직원이 기업의 관리에 참여하는 방식을 도입했다. 그리고 70년대에는 "안강헌법(鞍鋼憲法)"(안산철강공사의 기술혁신경험)을 실시하였다. 일련의 이러한 시책에서 보듯이 마우저뚱이 표명한 사상은 인적자원관리를 비롯한 기업관리 영역에서 상당히 구체적으로 반영되고 있음을 알 수 있다.

1978년 이전의 중국 국영기업의 인적자원관리는 다음과 같은 몇 가지 특징으로 대표된다(趙曙明, 2005).

첫째, 기업에서 근무할 직원은 전부 국가의 통일적인 배치에 따르며, 그들은 종신고용제를 실시한다.

둘째, 기업의 고위관리자는 모두 선발을 통해 파견하며, 기업은 실제로 국가행정부문의 일부분이다.

셋째, 기업의 직원임금표준은 국가의 통일규정에 따르며, 그 특징은 "적지만 평등한" 원칙을 취하는 것으로써, 공장의 생산성과와는 무관한 것이다.

넷째, 기업의 직원에 대한 복지 및 의료 등 사회보장제도는 기업이 전적으로 책임진다.

[표 II-4] 1978년 이전 중국기업의 인사관리제도의 변화

연 대	단 계	특 징
1949~1952	맹아기	통일분배제도(統包統配), 고정공(固定工)제도
1952~1957	성장기	전 소련의 관리방식: "일장제(一長制)," 안로분배(按勞分配), 성과급(計件工資), 장려제도"
1957~1966	성숙기	공장장책임제, 직공대표대회제, 직공참여민주관리
1966~1978	정체기	삼철(三鐵), 즉 "철밥통, 철제의자, 안정적인 임금"

자료: 趙曙明(1999),「企業人力資源管理與開發 國際比較硏究」, 北京: 人民出版社.

1978년 이후 국영기업의 인적자원관리

국영기업의 인적자원관리에 큰 변화가 일기 시작한 것은 1984년경부터이다. 중국경제의 시장경제화가 가속화됨에 따라 향진(鄕鎭)기업을 위주로 한 비국유기업들이 왕성하게 출현하게 되었다. 또한 1979년과 1980년에 선전(深圳), 주하이(珠海), 산터우(汕頭) 및 샤먼(厦門) 등지를 경제특구로 설정하였고 이어서 1984년에는 14개 연해도시를 특구로 개방함으로써 수많은 외국기업이 중국에 유치되기 시작하였다(趙曙明, 2005).

80년대 중반에 이르면서 이러한 자본주의 기업의 시장진출로 인해 국영기업들은 시장에서 크게 경쟁력을 상실하게 된다. 새로운 기업에 비하여 국영기업의 비효율성이 두드러지게 나타났기 때문이다. 따라서 사회적으로 국유기업의 경영전반에 대한 강력한 개혁의 필요성이 대두되기 시작하였다.

국영기업에 대한 개혁의 필요성에 따라 1984년 국가는 국유공업기업의 자주권을 확대하는 데 대한 임시규정을 발표하였다. 이 규정에 의하면, 기업은 배정된 계획 생산량을 초과하여 가격결정과 제품판매 및 구매 등 방면에서 더 많은 자주권을 행사할 수 있게 되었다. 1984년과 1985년에 걸쳐서는 국유기업을 상대로 이개세(利改稅, 이윤상납을 세금으로 전환하는 제도)정책을 실시하였다. 1986년에는 기업책임제(承包制)를 대규모 및 중규모 국유기업을 상대로 전면적으로 실시하기 시작하였으며, 1988년에는 중국 역사상 처음으로 기업법(企業法)이 발효되었다. 이는 국유기업이 자체 생산경영의 책임제로의 전환을 의미하는 것이었다. 1992년 중국은 정식으로 상하이와 선전 두 곳에 증권거래소를 오픈하였다. 이로써 국유기업의 개혁은 더욱 본격화되는 계기를 맞이하였다.

국유기업의 일련의 개혁과정은 당연히 인적자원관리 부분에도 영향을 미쳤다. 우선 1985년에는 국유기업에 대한 임금개혁이 천명된다. 중국국무원은 1985년 1월 국영기업 임금제도개혁에 관한 통지를 발표하여 직원배치나 개별기업의 임금관리에 더 이상 국가가 개입하지 않을 것이며 기업성과에 비례하여 기업의 전체임금이 주어질 수 있음을 공표하였다. 나아가 1987년 중국정부는 각 지역 및 부문에서 모든 기업들이 "기업성과에 따른 임금제도"를 시범적으로 실시할 것을 촉구하였다. 그리고 1993년에 이르게 되면 전국의 대형이나 중형 국유기업들에서 기본적으로 이 제도를 모두 실시하게 되었다.

1988년에는 중국 역사상 처음으로 기업법(企業法)을 실행하였다. 이는 국유기업이 자체 생산경영의 책임제로의 전환을 의미하는 것이었다. 정부는 공장장에 대한 임명권 및 상벌권(賞罰權)을 행사하지만 기타 직원들에 대해서는 기업이 자체적으로 관리하도록 규정하였다. 따라서 기업은 자체적으로 기구를 설치하고 인원을 배치할 권리를 가지며,

인재 채용권을 행사할 수 있었다. 또한 직원에 대해 상벌권을 행사할 수 있으며, 관련 규정에 따라 관리직원에 대한 임용 및 그 관리방식을 결정할 수 있게 되었다.

1994년에는 중국의 국유기업들이 기존의 계획경제의 틀을 벗어나 일층 시장경제에 편입되는 계기가 마련된다. 1993년 1월 제14기 중국공산당 중앙위원회 제3차 전체회의(中共中央第14屆三中全會)에서 사회주의 시장경제체제에 관한 약간의 문제에 대한 결정을 발표하였다. 그 내용은 국유경제체제를 한 걸음 더 시장경제의 요구에 맞게 전환해야 할 필요성을 제기하고 재산소유권을 분명히 하며, 권리와 책임을 명확히 구분해서, 정부와 기업의 분리 및 과학적 기업관리 시스템을 도입할 것을 제기하였다. 그리고 1994년 초에는 전국인민대표대회에서 중화인민공화국회사법(中華人民共和國公司法)을 통과시켰다.

1995년에는 국유기업을 포함한 모든 기업의 노동력 고용의 시장화를 촉진시키기 위한 시책의 일환으로 중국 최초의 노동법이 탄생되게 된다. 이 법은 중국의 노동력 고용 기본제도로서 노동계약제를 명확히 규정하였는데 이로써 과거의 고정공 제도(固定工制度)의 폐지 및 노동계약제 등 다양한 고용제도가 병존하는 상황이 형성되게 되었다. 동

[표 II-5] 중국인사제도의 주요한 변화

분류 \ 시기	1979년 이전(개혁개방 이전)	1979년 이후(개혁개방 이후)
공직분류	당의 간부관리, 계급제적 운영, 정권의 안정을 위해 간부 일괄 관리.	공직, 직무를 분류하여 직위분류제적 요소 도입
시험 및 임용	폐쇄적 임용, 종신제, 당성 중심의 임용	공개경쟁방식, 일부 민간채용
교육훈련	사상교육	실무교육 및 관리기술 능력교육학위과정 부활
보 수	평등분배원칙에 입각한 균등 임금제	인사고과에 따라 급료차등지급
승진 및 인사교류	간부에 대한 정상적인 임용 · 상벌 · 퇴직 · 해고의 방법 없었음.	능력위주, 퇴직 · 휴직제 도입, 근무기관 내부에서 정기적 순환근무하는 교류제도 실시
인사관리 방향	내부통지나 조례에 의한 인치(人治)	1993년 국가공무원잠행조례라는 인사관리 총괄법 규정을 공포하여 법에 의한 행정을 가능토록 함.

자료: 한국지방정부국제화협회(2003), 「중국의 인사제도」, 한국지방정부국제화협회.

시에 이 법은 근로자의 합법적 권익을 보호하고 침해당하지 않도록 법적인 보장기반을 마련해 주었다. 뿐만 아니라 근로자의 복지를 국가가 책임지는 체제로부터 노동계약과 시장으로 전환되는 시스템을 뒷받침하기 위해서는 사회보장제도의 구축이 필수적이라는 점에 착안하여 연금보험, 의료보험, 실업보험 및 산재보험 등 다양한 사회보장제도를 구축하는 근거를 마련하였다.

이러한 과정으로 전개되는 중국의 인적자원관리제도의 변화를 개혁개방 이전과 비교하면 [표 II-5]와 같다(한국지방정부국제화협회, 2003). 표는 국유기업뿐만 아니라 공무원까지를 포괄하는 전체 인적자원관리의 변화모습을 보여주는데, 표에서 보듯이 전체적으로 중국에서의 인적자원관리는 계획경제 시대의 성격에서 벗어나 서구의 그것에 근접하는 모습을 보여주고 있다.

중국기업의 보상관리

다음은 중국기업에서의 인적자원관리 중에서도 중요한 위치를 차지하는 임금과 복지에 대한 관리에 대해 살펴보기로 하겠다.

국유기업에서의 임금관리의 개혁과정

사영기업이 등장하기 전 사회주의 계획경제 시기에 중국 국영기업의 임금관리는 전통적인 직무등급에 따른 임금제도와 근로자의 등급에 따른 임금제도에 기초하고 있었다. 그리고 임금의 액수는 정부와 행정지도에 의해 결정되어 해당 근로자 모두에게 평등하게 적용되었다.

그러나 개혁개방이 진행됨에 따라 중국의 국영기업 및 기업들의 임금관리에 많은 변화가 생기게 되었다(趙曙明, 2005). 1978년 이전까지는 중국은 안로분배(按勞分配)라는 사회주의 분배원칙을 실시해 왔다. 안로분배란 노동의 양(量)에 따른 분배제도를 의미한다. 하지만 1983년에서부터 1985년에 걸쳐 이개세(利改稅)의 실시에 따라 기업이 행정적으로 보상수준이 고정되는 것으로부터 탈피하여 회사의 경영성과에 따라 상여금이 차등 지급될 수 있는 길이 트이게 되었다. 이에 따라 기업 간 임금수준의 격차가 생기게 되었고 적지 않은 기업들에서는 기업내부의 임금제도를 개혁하여 이러한 "유동임금제"를 실시하게 되었다.

중국기업의 임금제도개혁은 1980년대 중반 더욱 가속화된다. 상여금뿐만 아니라 경영성과에 따라 임금자체에도 차이가 나타나게 된다. 1985년 1월 국무원이 발표한 『국영기업임금개혁에 관한 통지』에는 국영 대형 기업에서 직원임금 총액수를 기업의 경제적 실적에 근거하여 비율에 따라 능동적으로 조정하는 방식을 취한다고 함으로써 경영성과제의 도입을 공표하고 있다. 이는 "연동임금제"라고도 불리는데 기업에 있어 근로자의 임금과 경영성과를 서로 연결시킨 방식을 말한다. 즉 기업의 실적이 올라가면 임금총액도 따라서 올라가게 되는 것이다. 이로써 합리적으로 임금이 늘어나는 새로운 임금체계가 확립되게 되었다. 이 개혁조치에는 또 계급에 따른 관리체계를 실시할 것과 근로자의 임금표준을 통일하고 간소화하며 기업내부의 임금분배에 대한 기업의 자주권을 확대한다는 내용도 들어 있다.

이처럼 중국의 국유기업들의 임금개혁과정은 지속적으로 임금과 경영성과를 연결시키는 방식을 취하는 특징을 지니고 있다. 동시에 기업에는 자율적인 임금과 상여금의 분배권이 주어졌다. 그러나 그와 동시에 중국정부는 이러한 기업의 자주권에 대해서 일정한 제한도 병행하는 방식을 취하였다. 그 내용을 살펴보면 근로자의 임금총액은 정부의 규정과 기업경영성과에 따라 결정되며 증가폭은 기업의 경영수익의 증가폭을 초과할 수 없도록 규정하였다. 또 근로자의 실제 평균임금의 증가율도 역시 기업의 노동생산 증가율을 초과해서는 안 되도록 하였다. 또한 기업은 근로자의 임금, 상여금, 각종 수당 등을 모두 임금총액에 포함시키며 임금총액 이외의 일체 지출을 억제하였다. 결국 중국 국유기업의 임금관리는 "시장이 임금을 결정하고, 기업이 자주적으로 분배를 책임지며, 국가가 감독하고 조절하는" 임금체제를 지향하고 있다.

국가의 임금정책

다음은 국유기업 및 사영기업, 외자기업에 포괄적으로 적용될 수 있는 국가의 임금과 관련된 정책에 대해 살펴보기로 한다.

중국기업의 임금관리에서 주목할 만한 것은 최근 임금이 급격하게 상승하고 있다는 점이다(이태희, 2006a). [그림 II-12]에서 보는 것처럼 임금인상률이 1999년도 이후 계속 10%대를 상회하고 있다. 2004년의 경우 전국 도시지역 근로자의 평균임금은 16,024위안으로 2003년의 14,040위안 대비 14.1%가 증가하였다.

이와 함께 산업별 · 지역별 · 직종 간 임금수준 격차도 계속 확대되고 있다. 이에 중국정부는 임금수준 격차 심화로 인한 사회 불안정 초래 가능성을 사전에 차단하기 위해 기업에서의 체불임금 조기 청산, 최저생계비 보장 등의 조치를 강화해 오고 있다.

특히 중국 정부는 2004년 3월 "최저임금제도"를 전면 보완하였다. 개정된 최저임금 규정에 따르면 최저임금 수준을 수시로 조정토록 하고, 최저임금 미지급에 대한 제재를

[그림 II-12] 중국 도시지역의 근로자 임금상승의 추이

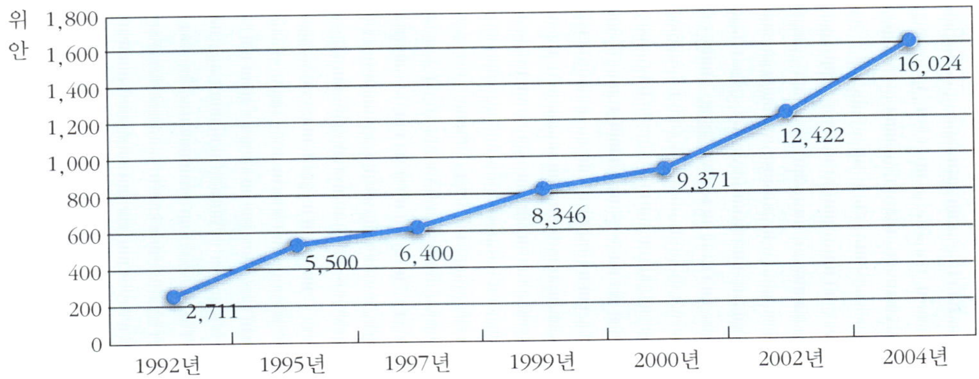

자료: 이태희(2006a), "중국의 노동시장 및 노사관계전망," 「국제노동브리프」, 한국노동연구원.

대폭 강화하였다. 종전에 체불금액의 20%~100%까지의 배상금을 지급했던 규정을 개정하여 체불임금의 100%~500%의 배상금을 지급하도록 강화하고 있다. 이에 따라 최저임금의 인상 빈도가 잦아지고 상승폭도 더욱 커지고 있다.

경영자에 대한 연봉제의 실시

최근에는 경영자를 중심으로 연봉제도가 확산되는 분위기이다(趙曙明, 2005). 중국에서의 경영자의 연봉제란 연도를 단위로 기업경영자의 기본임금을 정하고, 그 경영실적에 따라 임금을 결정하는 제도를 말한다. 따라서 연봉제는 기본급과 성과급으로 구성된다. 이 연봉제는 중국정부가 국유기업의 개혁의 일환으로 권장한 것이지만 역시 외자기업의 활동이 활발한 연안지역으로부터 확산되었다. 1992년, 상하이시 영웅금필공장(上海英雄金筆廠) 등 네 개의 기업에서 우선적으로 시행이 이루어졌고 뒤이어 1994년 선전시는 『이사장, 사장연봉제도입시행방법』을 발표하여 선전특구업체의 경영자들에게 연봉제를 실시하였다. 같은 해 중국 노동부는 또 『기업경영인연봉제시행방법』을 발표하고 베이징, 저장(浙江), 스촨(四川) 등지에서 전면적으로 시행하기 시작하였다. 1997년까지 이미 만여 개의 국유기업들에서 경영자 연봉제를 도입한 것으로 알려지고 있다.

현재 중국의 기업에서는 국유기업의 경영자를 여전히 정부가 선발하고 그 급여를 정부가 정하는 등의 국유기업이 안고 있는 본질적인 문제로 인해 연봉제 본래의 의미를 충분히 살리고 있다고는 볼 수 없다. 그리고 국유기업은 민영기업에 비해 그 적용비율

이 아직은 미치지 못하고 있다. 예컨대 한 조사에 따르면 조사대상 중 48%의 기업에서 연봉제를 실시하고 있었는데, 그 중 민영기업은 연봉제를 실시하는 기업이 54.17%에 달하고 있는 반면, 국유기업은 겨우 14.29%에 불과한 실정이다. 그러나 중국의 임금개혁이 시종일관 경영성과와 임금의 연동이라는 방향을 추구하고 있다는 점에서 연봉제는 국유기업에서도 향후 확산될 가능성이 크다고 볼 수 있다.

복리후생관리

계획경제 시대의 국민의 복지는 대부분 국가가 책임졌다. 특히 기업의 종사자에 대해서는 그 부담을 기업에게 떠 맡겼다. 때문에 기업 취업자의 경우는 농민이나 비취업자에 비해 조금 더 나은 복지혜택을 누릴 수 있었다. 그러나 이것은 근로자편에서는 유리하나 기업의 편에서는 경영의 압박으로 작용할 수밖에 없었다. 그러므로 계획경제 시대의 국유기업 종사자는 임금면에서는 저임금이었지만 각종 풍부한 복지의 혜택을 누렸다고 볼 수 있다. 때문에 임금은 저임금인 근로자가 많았지만 그들의 생활이 곤궁한 것은 아니었다.

그러나 시장경제가 확산되면서 이는 국유기업의 큰 걸림돌로 작용하고 있다. 과도한 근로자 복지의 부담이 경영의 비효율성으로 작용하고 있기 때문에 이를 축소해야 하지만 근로자의 오랜 타성과 복지에 대한 기대가 그것을 더디게 하는 측면이 있다. 민영기업이나 외자기업에는 이러한 과도한 복지의 문제로부터 다소 자유롭지만 그러나 근로자들의 오랜 복지에 대한 경험과 기대는 여전히 부담이 될 수밖에 없다. 게다가 중국정부는 근로자의 복지에 대한 관심은 여전하지만 그것이 재정압박으로 연결되기 때문에 상당 부분을 기업에 부담시키려는 정책적 성향을 지니고 있다.

중국은 현재 양로보험(=국민연금), 실업보험, 공상보험(=산재보험), 의료보험, 생육보험(=출산보험) 등 5대 사회보험제도를 실시하고 있으며, 근로자의 주택 마련을 위한 기금제도도 운영하고 있다. 그와 관련된 비용은 근로자들이 일부를 부담하지만 대부분 기업의 부담이다. 이들 비용을 합치면 지역별로 다소 차이는 있으나 대체로 근로자 임금의 40% 정도에 이르는 것으로 평가되고 있다. 이는 기업이 지불하는 직접 보수 외에 추가적으로 부담해야 하는 간접 보수라고 할 수 있다. 기업이 부담해야 하는 각종 사회보험의 종류는 [표 II-6]에 나와 있다(이태희, 2006b).

[표 II-6] 기업부담의 사회보험의 종류

항 목	부 담 률	납부 방식	납부 책임
양로보험	20%+8%	- 개인구좌와 사회통합기금 - 개인임금의 11%까지 기업부담	기업+개인
실업보험	2%+1%	- 사회통합기금에 납부	기업+개인
공상보험	1%	- 사회통합기금에 납부	기업
의료보험	6%+2%	- 사회통합기금에 기업부담금의 70% 납부 - 개인구좌에 개인납부금 전액 및 기업부담금의 30% 납부	기업+개인
생육보험	1%	- 사회통합기금에 납부	기업
주택공적금	5%+5%	- 주택공적금관리센터에 납부	기업+개인

자료: 이태희(2006b), 최근 중국 노사관계 동향과 중국진출기업의 대응전략, 대한상공회의소 간담회 자료.

중국기업에서의 노사관계

노사관계의 현황

중국기업의 노사관계의 상황은 우리나라의 노동운동이 활성화되기 시작한 80년대 후반까지와 크게 다르지 않다고 보아야 할 것이다. 노동 법률이나 근로자 조직 등 인프라는 그런대로 갖추어져 있지만 합리적인 노사관계 시스템이 작동하고 있지는 못하다. 그 결과 최근에 중국에서는 노동쟁의의 증가 등 노사관계가 점차 악화되고 있는 추세이다.

중국기업에서의 노사관계를 이해하기 위해서는 중국기업이 처한 거시적인 노동환경부터 살펴볼 필요가 있다. 중국은 개혁개방을 천명한 이래 외국자본을 적극적으로 유치하려고 노력하여 왔다. 그 결과 폭발적인 외자기업이 출현하게 되었고 민영기업도 증대되었다. 외자기업의 중국투자의 가장 큰 매력은 넓은 시장과 함께 한편으로는 저가의 노동력이 풍부하였다는 점이다. 중국에는 농촌지역에 수많은 잉여인력이 축적되어 있었고 이들은 도시지역의 기업진출과 함께 노동력으로 변신하였다. 따라서 노동의 수요보다 공급이 절대적으로 우월한 상황에서 근로자가 사용자와 대등한 입장에서의 노사관계를 형성하기는 힘들었다. 이러한 노사관계의 상황은 투자를 결정하는 외자기업의 입장에서는 경영의 한 매력이 될 수도 있었다. 뿐만 아니라 우리나라의 산업화과정 초기에 그러했듯이 국가경제발전에 필요한 외국자본의 유입을 용이하게 하기 위해서 국가가 노동법의 적용을 느슨하게 한 측면도 있고 근로자의 권리보호에 소극적이었던 측면도 존재한다. 더구나 중국은 여전히 사회주의에 기초한 국가의 통제력이 강력하게 발휘되는 나라이므로 전체적인 국가시책의 틀 안에서 노사관계가 규제된다는 특성을 여전히 지니고 있다.

중국에는 근로자 조직으로 우리나라의 노조와 같은 조직인 공회(工會)가 있다. 이들이 근로자의 이익을 대변하며 법적으로 단체교섭권도 주어지고 있다. 2004년 말 현재 중국 내 외자기업은 총 48만 개이고, 이들 중 공회 설립률은 약 30% 정도로 추정된다. 공회법상으로는 공회 설립이 기업의 의무사항은 아니다. 근로자들이 자발적으로 공회를 설립코자 할 때 이를 방해해서는 안 된다는 것뿐이다. 그러나 이러한 공회가 여타의 나라들처럼 노동조합의 기능을 충분히 하고 있지는 못하다. 전통적으로 중국에서의 공회는 준 정부조직으로의 성격을 지니고 있어 기업의 대표가 공회의 주석을 겸하는 경우가 있는 등 아직 공회의 독립성에는 개선될 점이 많이 존재한다.

노사관계를 규정하는 법률에 관련하여서는 노동법이 존재하나 현재 법적 제도는 경제의 발전 속도에 훨씬 미치지 못하고 있는 것으로 평가된다. 중국은 단체교섭(集體談判)에 관련한 법률적 근거로 중화인민공화국노동법을 비롯한 법률규정들을 마련하고 있다. 이러한 법적 제도는 공회에 근로자들의 임금, 근로시간, 휴가, 복지와 보험, 노동위생 및 안전, 계약기간, 계약이행과 책임 및 쟁의에 관한 처리절차, 계약위반책임 등 기업과 공동으로 협상을 통해 이행할 권리와 의무를 부여해 주고 있다. 그러나 앞서 언급한 것처럼 공회의 간부가 경영자와 근로자의 이익을 동시 대변하는 모순으로 인해 공회의 단체교섭활동은 형식적인 경우가 적지 않은 실정이다.

중국의 노사관계나 공회의 성격을 이해하는 데 있어 중요한 하나는 아직 법률적으로 근로자들의 파업권을 인정하고 있지 않다는 점이다. 중국은 1975년과 1978년에 두 차례 헌법을 제정하였는데, 1978년 헌법에서 근로자의 노동3권 중 단체행동권을 삭제하였다. 이러한 조치는 사회주의 계획경제하에서 노동자가 기업의 주인이므로 파업행위가 논리적으로 모순이라고 하는 명분하에서 이루어진 것이지만 실질적으로는 노사관계의 안정을 토대로 외국자본의 유치를 촉진하는 한편, 파업으로 인한 사회 경제적 불안요인을 사전에 차단하려는 의도가 있었던 것으로 분석된다.

이러한 일련의 정부정책과 노사관계제도의 미비, 노동현장에서의 문제 등은 서로 맞물리면서 최근에는 중국기업에서 노사관계가 악화되는 상황이 나타나고 있다. 영세한 사영기업이 늘고 근로자에 대한 법률적 보호가 취약한 틈을 이용하여 임금의 체불, 사회보험료의 미납, 아동공 노동, 산업재해 등이 빈번히 발생하여 노동분쟁을 야기하고

[그림 II-13] 중국기업에서의 노동쟁의의 증가추세

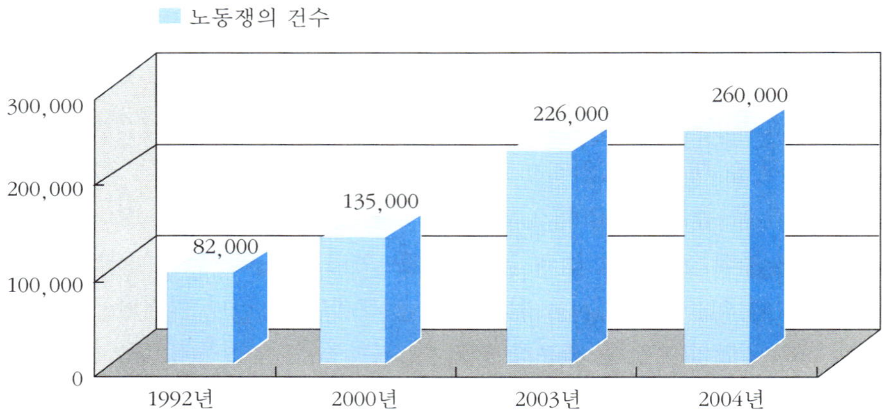

자료: 이태희(2006a), "중국의 노동시장 및 노사관계전망," 「국제노동브리프」, 한국노동연구원.

소송으로 비화하기도 하고 있다. [그림 II-13]은 중국기업에서의 이러한 노동쟁의의 증가추세를 보여주고 있다(이태희, 2006a).

노사관계와 노동정책과의 전망

외국자본의 적극적 유치를 위한 국가시책과 사회적 안정을 도모하기 위한 중국 정부의 일련의 방침으로 인해 중국의 노사관계는 비교적 안정적인 길을 걸어왔다. 그러나 시장경제가 가속화됨에 따라 기업의 노동현장에서의 모순은 정부의 정책에도 불구하고 표출되기 시작하고 있다. 향후 중국기업에서의 노사관계를 가늠할 수 있는 몇 가지 주요한 사회적 · 정책적 변화를 살펴보기로 한다.

우선 첫째로, 근로자의 의식변화를 들 수 있다. 더디기는 하나 근로자들도 그들의 노동과 관련한 권리에 눈뜨기 시작하고 인터넷 등의 정보공유를 통해 권리의식을 강화하고 있다. 그리고 사회단체 등의 운동차원에서의 압력도 증대하고 있다.

둘째로, 중국정부도 보다 적극적인 노사관계 정책을 펴기 시작하고 있다. 근로자의 보호라는 사회적 압력과 노동쟁의의 급격한 증가는 중국정부로 하여금 기존의 소극적인 자세로부터 적극적으로 각종 법규의 강화 및 감찰활동을 강화하는 방향으로 노동정책을 펴나가도록 작용하고 있다.

그러한 변화 중의 하나가 우선 공회의 설립증대의 움직임이다. 공회의 전국조직인 중화전국총공회는 "모든 기업에 공회 조직을 설립"하는 것을 목표로 하고 있다. 특히, 외자기업, 사영기업 및 신규 설립기업 등을 주요 대상으로 삼고 2008년까지 신규 공회 회원을 3,000만 명 이상 확대할 목표를 설정해 두고 있는 것으로 알려지고 있다. 이와 함께 공회 미설립기업 명단을 언론에 공개하는 한편, 공회 미설립 사업장을 지역별 우수기업 선정시 배제시키는 것으로 알려지고 있다. 2004년에는 미국기업 월마트에게 강한 공회인정의 요구가 제기되기도 하였다.

또한 단체협상의 활성화도 정책적으로 유도되고 있다(이태희, 2006a). 중국정부는 2004년 5월 『단체협약규정(集體合同規定)』을 개정한 바 있다. 동 규정은 개별 기업의 임금결정 등에 있어서 단체협상 시스템을 적극 활용토록 유도하면서 노사관계 주체의 단체협상 참여의무를 부과하고 있다. 또한 단체협상의 대상을 노무관리 전반사항을 포괄토록 함으로써 기업 내부의 자율적인 노사관계의 규범 정착을 유도하고 있으며 단체협상 절차, 단체협약 체결 · 변경 · 해제 · 종지 등을 상세히 규정함으로써 규정의 실행력을 제고하고 있다. 이에 따라 앞으로 외자기업, 사영기업 등을 중심으로 단체협약제도

[표 II-7] 중국정부의 노동정책의 변화방향

구 분	기존 정책	새로운 방향
노사관계	안정 중시(갈등봉쇄) - 파업권 불인정 - 공회의 소극적 역할	안정과 갈등관리 - 단체협약제도 실시 - 노동계약법 입법 추진 - 노동에 대한 감독 강화 - 공회의 적극적 역할
임 금	소극적 임금정책 - 인건비 메리트를 통한 외자기업 유치 - 비교적 낮은 수준의 최저임금	적극적 임금인상 유도 - 최저임금제도 개편 - 단체협상을 통한 임금 결정
고 용	고용의 양(量)중시 - 노동집약적 업종 육성 등을 통한 일자리 창출에 주력 - 시용제도, 단기 노동계약제도 등을 통한 노동시장의 탄력성 제고에 중점	고용의 질(質)을 중시 - 퇴직금제도 도입 등을 통한 장기고용 유도 - 장기적인 노동력 공급 부족에 대한 대응 노력 강화
사회보장	탄력적 제도 시행 - 지역적 · 개별 기업 등의 특성 인정	전면적 제도 시행 - 예외 없는 제도 적용

자료: 이태희(2006b), 최근 중국 노사관계 동향과 중국진출기업의 대응전략, 대한상공회의소 간담회 자료.

가 노사관계의 중요 변수가 될 것으로 보인다.

노동법 집행에 대한 중국 노동행정 당국의 지도 · 감독활동도 강화되고 있다. 2004년 12월에 『노동보장감찰조례(勞動保障監察條例)』를 새로이 제정하여 시행중인데, 동 조례에 따르면 노동행정 당국 등이 근로계약 체결 상황, 근무시간 및 휴가규정 등 준수 여부, 최저임금 표준 준수 여부, 사회보험료 납부 상황 등 노무관리 전반을 감찰하도록 하고 있다. 특히 각급 공회에도 노동관계법규의 준수 상황을 감독할 권한을 부여하고 있으며, 노동법 위반에 대한 처벌도 대폭 강화되고 있다.

최근에는 일부에서 공회의 파업권 인정에 대한 논의도 이루어지고 있다. 그러나 이것이 가져올 사회경제적인 영향력 때문에 아직은 논의의 차원에만 머무르고 있고 가까운 시일 내에 이것이 입법화할 가능성은 적은 것으로 보인다.

중국정부 당국의 전체적인 노동정책의 방향을 정리하면 [표 II-7]과 같다(이태희, 2006b).

이상에서 살펴 본 것처럼 중국기업에서의 노사관계는 불안한 요소도 없지는 않다. 그리고 기업의 입장에서는 경영에 부담이 되는 측면도 증대되고 있다. 그러나 중국정부의 정책적 기조가 크게 바뀌지 않는 한 급격한 노사관계의 악화는 당분간 없으리라고 판단된다.

참고문헌

이태희(2006a), "중국의 노동시장 및 노사관계전망,"「국제노동브리프」, 한국노동연구원.

이태희(2006b), 최근 중국 노사관계 동향과 중국진출기업의 대응전략, 대한상공회의소 간담회 자료.

한국지방정부국제화협회(2003).「중국의 인사제도」, 한국지방정부국제화협회.

趙曙明(1999),「企業人力資源管理與開發 國際比較研究」, 北京: 人民出版社.

趙曙明(2005),「人力資源管理」, 北京: 機械工業出版社.

04

떠오르는 인도시장: 진출전략과 인사관리를 위한 수행지침[1)]

문철우
cwmoon@skku.edu

세계경제를 이끌어가는 동력원은 1980-90년대의 동아시아 국가들이 주축이 된 Emerging Markets에서 2000년대 이후 BRICs, 즉 브라질, 러시아, 인도 및 중국의 신흥 4대 경제로 변화하고 있다. 현재의 추세대로라면 2025년 BRICs 국가들의 GDP는 G6 국가들의 절반수준으로 성장할 것으로 경제전문가들은 예측하고 있다.

BRICs 국가 중 인도는 2004년 기준 10.4%의 괄목할 만한 GDP성장률을 보이고 있으며 수 십억 달러에 이르는 해외직접투자가 지속적으로 유입되는 등 급속한 경제성장을 이루고 있다. 세계 유명 투자컨설팅 회사인 골드만삭스(Goldman Sachs)는 2004년 보고서에서 현재 인도 경제 붐은 일시적인 현상이 아니라 향후 45년간에 걸쳐 연평균 5% 이상의 성장이 지속될 것이며, 2030년에는 인도가 미국과 중국 다음의 제 3 의 경제대국으로 성장할 것이라는 밝은 전망을 내놓았다.

이를 반영하듯 최근 세계 유명기업들 및 유수 국내기업들의 인도진출이 활발히 이루어지고 있다. 국내기업의 경우 삼성, 엘지(LG), 현대 등 총 94개 업체가 2004년 현재 인

1) 출처: 인크루트 경력개발연구소(2005), "떠오르는 인도시장 - 진출전략과 인사관리를 위한 수행지침"(상,하), 「인재경영」, 6월호, pp. 80-87, 7월호, pp. 82-87에서 전재함.

도에 진출해 있으며 향후 더 많은 기업들이 인도진출을 할 것으로 예상되고 있다.

하지만 인도시장의 높은 잠재성 및 밝은 전망에도 불구하고 아직까지 인도시장에 대한 우리나라 기업들의 이해는 매우 부족한 실정이다. 인도시장은 우리나라와 같은 동양권에 속해 있으면서도 우리와는 다른 문화적 특성 및 경영환경적 특징을 가지고 있어 성공적으로 인도에 진출하기 위해서는 인도에 대한 정확한 이해 및 철저한 준비가 무엇보다 필요하다.

본 글에서는 인도 현지에 진출해 있는 한국기업들을 대상으로 설문조사한 결과들을 토대로 인도진출전략과 인사관리를 위한 Best Practice와 실행지침을 제시하고자 한다.

방 법 론

본 연구는 인도에 진출해 있는 모든 한국기업들을 모집단으로 한 설문조사를 통해 이루어졌다. 코트라(KOTRA) 집계 총 94개 한국업체 중 중복제거 및 적합성 분석을 통합하여 67개 업체가 본 연구 설문조사에 참여하였다. 설문대상에 포함된 업체들은 제조업, 건설업, 물류/운송, 서비스, 무역 등의 업종들을 포괄하고 있으며, 설문에 응한 응답자들은 직급별로 지사장, 부장, 차장, 과장 이하 직원들을 포함하였다.

인도 일반경영환경의 이해

■ **수행지침 1.** 인도가 단일 거대시장이라는 환상에서 깨어나라. 지역시장에 초점을 맞춰 공략하여야 한다.

우선 [그림 II-14]에서 보듯이 인도시장은 여러 개의 지역시장으로 구분되며 각각의 시장들은 나름대로의 독특한 특성을 띠고 있어, 개별적으로 접근하는 것이 중요하다고 인도에 진출한 한국경영자들은 강조하고 있다.

인도의 주요 지역시장은 뉴델리를 중심으로 한 북부상권과, 뭄바이를 기반으로 하는 서부상권, 콜카타 중심의 동부상권 그리고 첸나이/방갈로권를 주축으로 하는 남부상권으로 구성된다. 이러한 인도의 주요 지역시장들은 실제 소비문화와 경영환경 등에서 많은 차이를 보이고 있어 인도시장에 진출함에 있어서 개별 지역시장들에 초점을 두고 차별적으로 공략하는 것이 보다 효과적인 것으로 분석된다.

[그림 II-14] 인도시장의 지역별 차이 및 차별화된 접근필요성에 대한 동의도

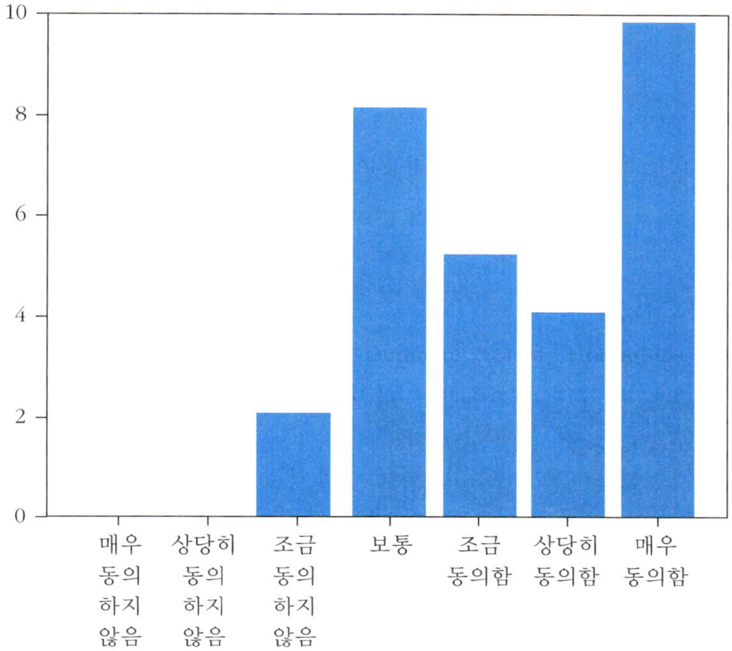

■ 수행지침 2. 인도는 한국보다 기업하기 더 힘든 곳이다. 한국과 비교하지 말고 현지식으로 빨리 적응하는 수밖에 없다.

정부주도적이고 정부규제가 많은 인도시장은 인도현지에서 기업활동을 하는 기업인들에게는 매우 까다롭게 느껴진다. [그림 II-15]와 [그림 II-16]에서와 같이 인도에 진출해 있는 한국경영자들은 인도정부의 규제는 한국보다 훨씬 까다로우며 실제 경영성과에도 많은 악영향을 끼친다고 느끼고 있다.

한편, 인프라 구축이 잘 되어 있는 한국기업들로서는 인도진출시 부닥치게 되는 중요한 난관 중 하나로서 인도의 열악한 인프라를 들 수 있다. 첨단 IT기술이 발달하였다고는 하지만 아직까지 인도의 경영인프라는 통신, IT, 상하수도, 광고제반시설, 전력, 물류/유통, 사무실 임대, PC보급과 같은 경영지원 서비스 등 모든 면에서 한국보다 상당히 열악한 것으로 평가되었다([그림 II-17]). 이러한 상황들을 고려할 때, 현지화 전략 수립단계에서부터 열악한 인도의 인프라가 현지생산에 미칠 영향과 해결책에 대한 뚜렷한 이해와 확신을 갖는 것은 성공적인 인도시장 진출에 있어서 중요하다.

[그림 II-15] 한국대비 인도정부의 규제수준

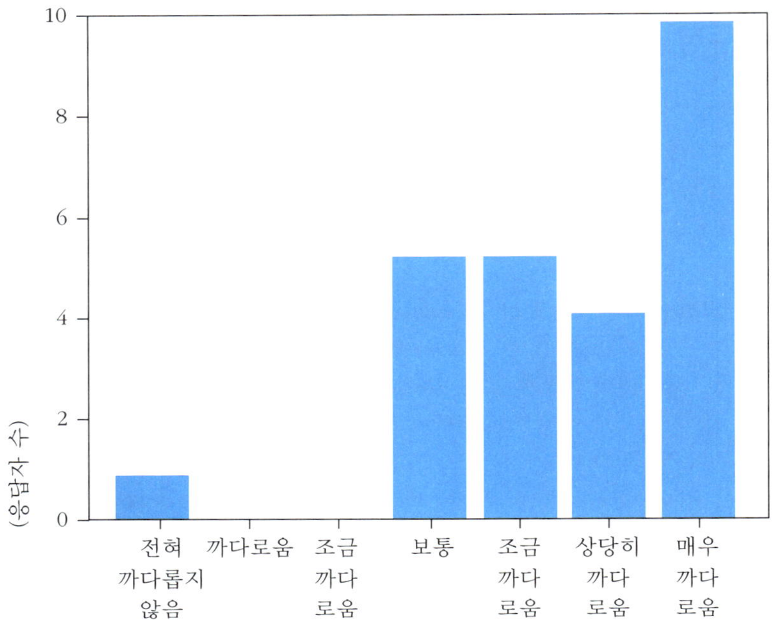

[그림 II-16] 인도정부규제의 인도진출 한국기업 성과에 미치는 영향

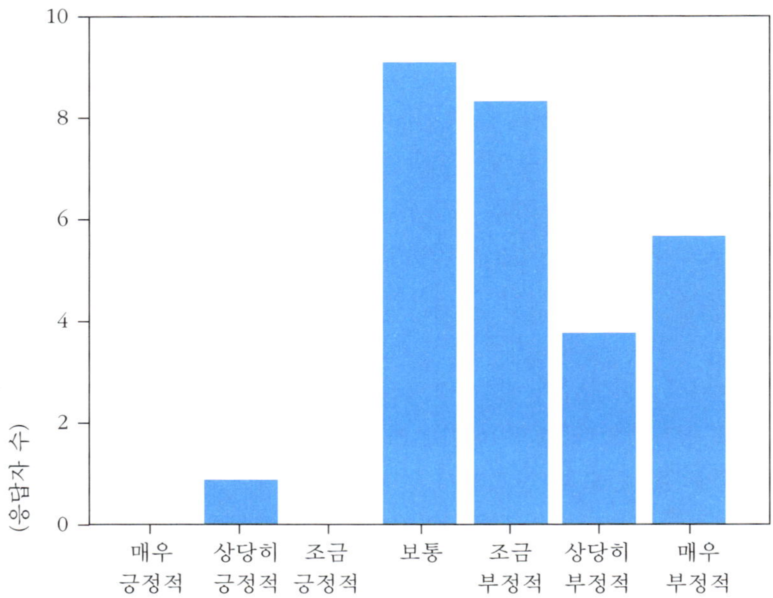

[그림 II-17] 인도주재 한국경영자들의 인도 인프라 평가

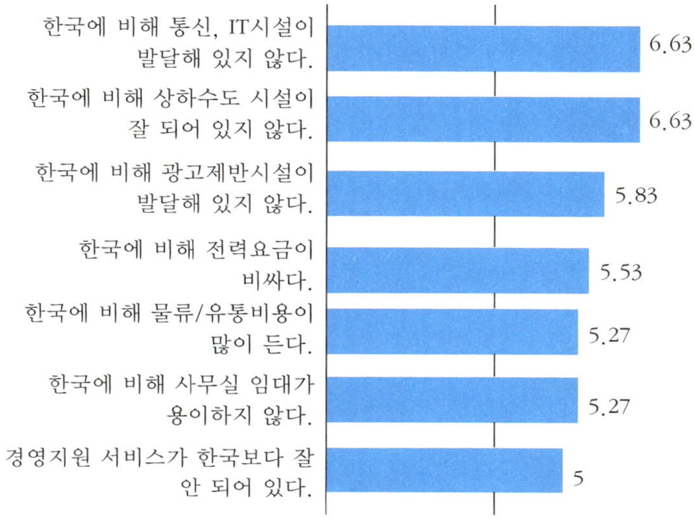

■ 수행지침 3. 인도정부의 외국기업 지원정책은 겉 다르고 속 다른 경우가 많다. 정확한 현지조사를 한 후 투자 결정하라.

인도정부는 외국기업들의 투자를 활성하기 위하여 산업통제해제, 투자절차 간소화, 통상정책 자유화, 외국기술도입 자유화확대, 지적재산권 보호, 수출가공구(EPZ) 설치, 경제특구지역(SEZ) 지정 등 여러 가지 외국기업 지원정책을 내놓고 있다. 하지만 실제 인도현지에 진출해 있는 인도주재 한국경영자들은 인도정부가 발표한 외국기업 지원정책은 실제 지원과 차이가 크다고 지적하고 있다([그림 II-18]).

이와 같은 조사결과들은 인도정부의 발표내용을 그대로 받아들이기 보다는 사전에 정확한 조사를 하고, 현실적으로 지원을 받을 수 있는 부분들을 확인한 후 인도 투자에 대해 결정을 내리는 것이 더욱 현명함을 보여주고 있다.

[그림 II-18] **인도정부 지원정책과 현실적 지원 수준의 괴리**

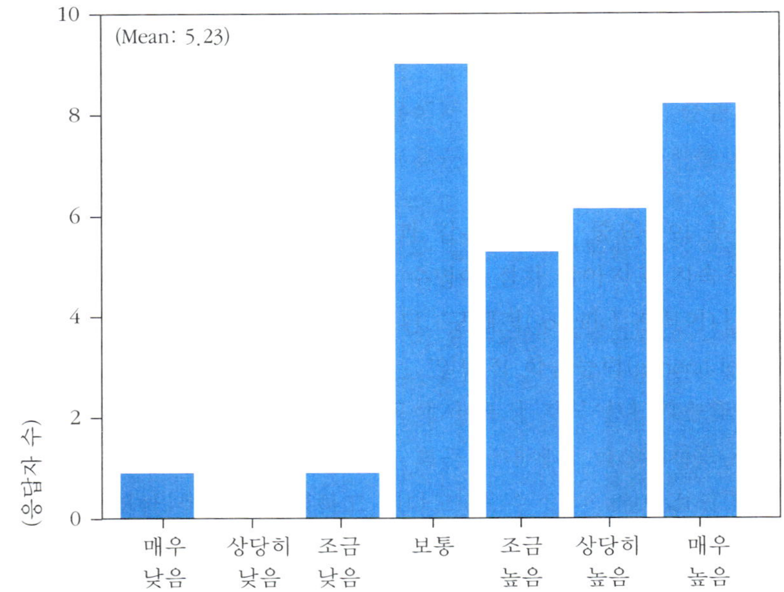

인도시장 진출전략

■ 수행지침 4. 호랑이를 잡으려면 호랑이굴로 들어가야 한다. 인도시장의 가능성을 선점하려면 과감하게 현지 직접투자하라.

아직까지 한국기업의 인도진출은 활발한 수준은 아니다. 2004년 코트라(KOTRA)의 통계에 의하면 94개 업체가 현지에서 지사 또는 투자법인의 형태로 활동하고 있는 상황이다. 최근 인도경제의 급성장과 거대한 잠재력을 보고 인도에 진출하려는 한국기업의 수가 증대하고 있는 추세이며, 대부분의 인도에 관심이 있는 기업들은 현지화를 할지, 한다면 언제가 적기인지를 고민하고 있다.

[그림 II-19]를 보면 현지에서 경영을 해 온 업체들은 인도에서 성공하려면 수출이나 지사형태의 소극적 자세보다는 궁극적으로 현지화를 추진하는 것을 추천하고 있다. 이러한 조사결과는 인도진출전략은 중장기적으로 현지화할 것을 고려하여 진입시점서부터의 체계적 계획이 필요함을 보여준다.

또한 인도시장에서는 현지화의 중요성도 크지만, 현지화가 계획대로 실현되지 않는 위험성도 큰 것으로 현지 한국경영자들은 보고 있다. 현지 직접투자과정뿐만 아니라 투

[그림 II-19] 인도 현지직접투자의 궁극적 필요성

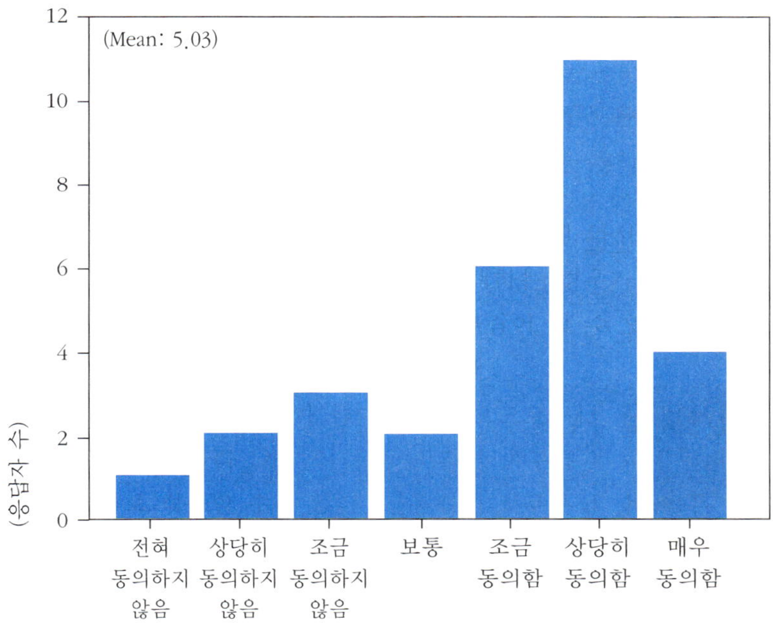

자 이후 수행과정에서 인도특유의 사정을 정확히 이해하지 못하는 데 많은 시행착오가 발생하고 있는 만큼 인도현지화시에는 이러한 장벽들을 극복하기 위한 철저한 사전준비가 필요하다.

■ 수행지침 5. 인도에서는 가급적 JV를 피하라.

인도시장 성공을 위해서 현지화 전략이 궁극적으로 요구된다면, 과연 인도에서 현지화 전략의 성공적인 수행을 위한 공식은 무엇인지에 대한 이해가 무엇보다 중요하다. [그림 II-20]에서 보듯이 인도 현지화 과정에서는 (1) 현지화를 위한 진입방식과 진입시점이 현지관리능력이나 인도 내 진입지역의 선택보다 훨씬 더 중요하고, (2) 인도에서 좋은 성과를 내고 있는 기업일수록 진입방식, 진입시점의 적합성 외에도 현지관리능력이 필요한 것으로 나타나고 있다.

현지화를 위한 진입방식으로는 JV(Joint Venture)를 통한 합작투자, 현지 기존 기업의 M&A, 그리고 독자적 투자방식(Greenfield Investment) 세 가지 대안이 존재한다. 인도시장의 효과적 진출을 위한 전략수립 과정에서 위 대안 중 어떤 방식을 선택하는가는 향

[그림 II-20] **인도 현지화 과정의 핵심성공요인**

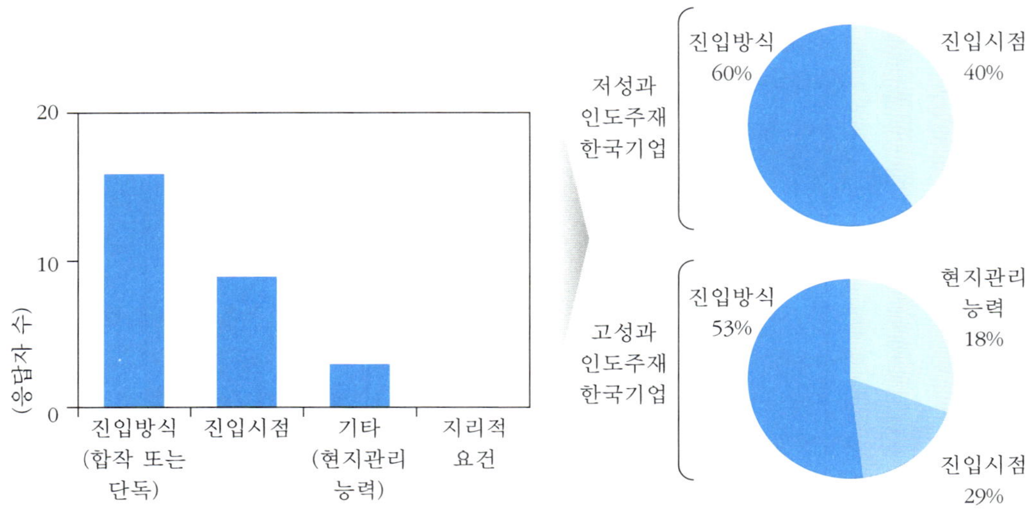

후 성과를 가름하는 매우 중요한 의사결정 사항이 되고 있다.

우선 JV방식의 경우, 해당 한국기업들은 인도 파트너에게 기대할 수 있는 생산 및 영업 측면에서의 전략적 수요(Strategic Needs)는 어느 정도 있는 반면, 인도 파트너의 기존 생산 설비보유, 시장 및 구매자의 중복으로 인한 해당기업과의 잠재적 경쟁 가능성, 생산설비 및 일정의 공유 등의 이유로 근본적인 파트너간 "전략적 목표의 불일치"가 발생할 가능성이 있어 JV 관리위험 또한 매우 높은 것으로 분석되고 있다.

M&A방식은 인도파트너와의 "전략적 목표 불일치" 문제를 근본적으로 해결할 수 있고, 생산 및 영업의 독자적 통제가 가능하며, 진입속도가 빠르고 재투자 및 향후 인도 내 성장전략을 제약 없이 추진할 수 있다는 장점이 있다. 반면 적합한 M&A 후보기업 선정에 있어서의 위험성, 인수 회사 가치평가의 불확실성, 인수협상과 관련한 높은 경영자원의 투입, 인수 후 인도 현지생산 및 영업인력을 통합하는 데서 오는 관리상의 위험 등의 단점들도 매우 많을 것으로 평가된다.

독자적 투자방식의 경우 영업망 확보 및 부품조달/납기의 용이성에서는 기존 영업 루트를 보유한 JV 또는 M&A에 비해 불리하나, 인도 현지에서 "Low Cost/Quick Response Position 확보 및 주변국으로의 수출 거점화" 추진에 매우 중요한 결정요소로서 작용하는 생산원가 절감, 품질력 확보 및 질 높은 A/S 제공, 브랜드 인지도면에서는 월등하게 유리하다. 영업망 확보 및 부품조달/납기 용이성면에서는 JV 또는 M&A 방식이 기존의 로컬 업체가 보유한 영업망을 활용할 수 있기 때문에 단독투자 방식에 비해 단기적으로는 용이하나, 장기적으로 한국기업이 자체적으로 인도 전 지역을 커버하는 영업력을 확보하기 위해서는 단독투자 방식이 보다 유리하다고 판단된다.

JV의 경우 일반적으로 파트너가 제품의 시장 Position 구축보다는 단기적 수익에 관심이 높을 가능성이 있으며 수익창출 후 재투자에 있어서의 위협도 많다. 또한 법정분쟁시 해결이 지연되고 높은 비용이 발생할 수 있으며 근본적인 전략목표의 차이로 수익성 악화시 Hold up 상황의 가능성 역시 배제할 수 없다는 단점도 가지고 있다. 실제로 LG전자는 1992년 금성사(Gold Star) 브랜드로 인도기업과 JV를 통해 인도진출을 하였는데 인도파트너와 의사결정과 투자방식 등에서 마찰이 심하여 결국 인도시장에서 철수하였다.

인도시장에서 현지화시점이 중요한 것은 인도시장의 특성과 관계가 높다. 우선 인도가 저개발국에서 개발이 빠른 속도로 진행되고 있기 때문에 산업분야마다 성장속도가 전반적으로 빠른 반면에, 정부 경제개발 방향 및 인도시장 상황의 특수성으로 성장률이 산업별 조건차가 심하게 나타나고 있다. 예컨대 플라스틱 소비 구조를 보았을 때, 낮은 수준의 기술을 요구하는 플라스틱 제품류(예, 식기류) 성장은 최근 매우 빠른 편이나 고도의 기술을 요하는 플라스틱 제품에 대한 수요(예, 의료기구, IT)는 아직 기초적인 수준이다.

한국기업의 경우 저기술 수준의 제품을 현지에서 생산하는 경우 인도 로컬업체와의 가격경쟁 및 유통네트워크 중에서 경쟁력이 떨어질 가능성이 있는 반면, 한국기업의 기술성을 기초로 한 고가품 세그먼트를 공략하기에는 시장이 미성숙하여 시기상조인 경우가 많다. 결론적으로 향후 시장 추이에 대한 정밀한 분석과 이에 따른 정확한 현지화 시점의 선택이 매우 중요하다고 할 수 있다.

인도시장 내 경쟁전략

■ **수행지침 6.** 인도시장에서는 가격보다는 차별화로 승부하라.

인도시장으로의 진출전략도 중요하지만, 진출 이후 어떤 식으로 경쟁하여야 하는가 이슈도 인도진출을 꿈꾸는 많은 경영자들의 고민중의 하나이다. [그림 II-21]을 보면, 인도시장에서 한국기업이 원가경쟁력을 갖추어 가격중심으로 경쟁한다는 것은 매우 어려우며, 인도시장에서 성공한 한국기업들의 대부분은 기술이나 마케팅/유통부문에서 확실히 차별화하여 경쟁력을 갖추고 있음을 알 수 있다.

이러한 조사결과는 저가(Low end) 시장에서는 인도 로컬업체들과의 가격경쟁에서 한

[그림 II-21] 인도주재 한국기업의 경쟁력 원천

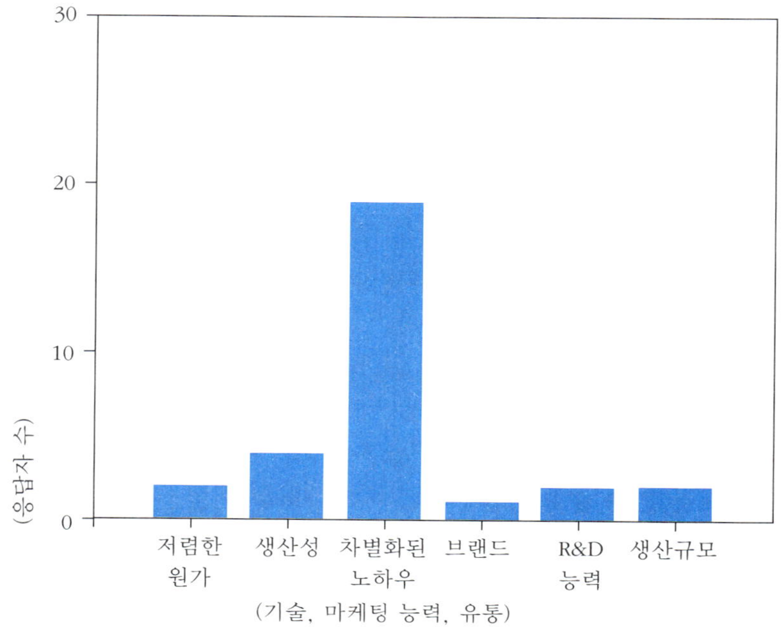

국업체들이 원가경쟁력을 갖추기가 힘들다는 사실을 전해 주고 있다. 특히 핵심부품 및 공정이 한국이나 제3국에서 이루어지는 경우, 관세 등의 부담 이외에도 조립, 유통, 로컬 부품소싱(Local Sourcing) 등 여러 분야에서 현지업체와 같은 수준으로 원가를 낮추는 것이 쉽지 않다는 지적을 한국경영자들은 하고 있다.

따라서 진출 초기 단계에서의 성공은 기술, 품질 등 차별화를 통해서 이루어내는 것이 가장 바람직하다. 고가/고품질(High end)의 시장의 경우는 산업마다 경우가 틀리겠지만 대체로 기존의 글로벌 업체들이 이미 인도에 진출해 있어 한국기업들과 경쟁하는 상황이 많다는 것을 반드시 고려하여야 한다.

■ **수행지침 7.** 인도인은 한국기업 및 제품에 좋은 인상을 갖고 있다. 한국의 브랜드 이미지를 십분 활용하라.

인도인들은 우리의 기대 이상으로 한국과 한국제품에 대하여 우호적인 이미지를 갖고 있다([그림 II-22]). 국산 가전제품은 고가, 고품질로 인식되고 있으며 혼수품목으로서 가장 인기 있다. 또한 한국에 대한 이해는 아직까지는 중/상층 이상 계층에 국한되나

[그림 II-22] **인도인의 대한국 호감도**

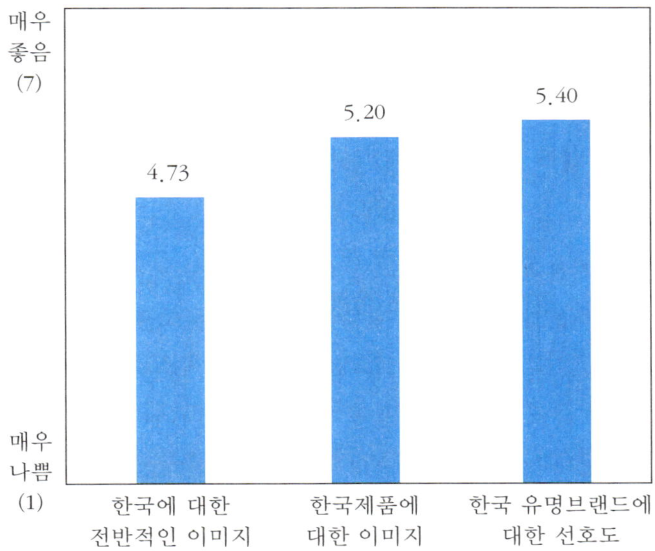

한국을 알고 있는 인도인들은 급속한 경제성장, 식민지배 및 분리독립을 겪은 역사적 유사성, 불교적 가치의 공유 등의 이유로 높은 호감을 갖고 있다.

인도인이 한국에 대해 호감을 갖게 되는 데에는 엘지, 삼성의 가전제품과 현대자동차 등의 스타마케팅을 통한 공격적 영업전략의 성공 및 인도의 국민스포츠인 크리켓월드컵을 삼성과 엘지가 공식 후원하는 등의 사회공헌 노력도 중요한 몫을 하였다. 특히 2002년 한일월드컵은 한국과 인도가 같은 아시아 국가라는 인식을 인도인들에게 강하게 심어준 계기가 되었는데 한국과 독일 간의 준결승전을 보면서 인도국민들이 한국을 열렬히 응원한 것이 대표적인 예가 된다.

이러한 우호적인 Made in Korea 이미지는 인도진출을 추진하는 업체들에게 좋은 기회요소로 작용할 것이나, 지속적으로 좋은 이미지를 구축하기 위해서는 업체마다의 노력 또한 요구된다.

결론적으로 한국기업들이 인도시장에 진출할 때는 한국의 좋은 이미지를 바탕으로 차별화된 전략을 구사하는 것이 보다 바람직하다. 이 경우 인도에서 활동중인 글로벌 기업에 대비하여 어떤 식으로 포지셔닝할 수 있는가가 가장 근본적인 전략적 질문일 것이다. 이를 위해서 인도진출을 고려하는 초기단계에서부터 관심 있는 세그먼트(고가/고품질)의 외국계 경쟁업체 현황을 면밀히 조사하는 작업이 선행되어야 한다.

현지화시 수행전략

■ **수행지침 8.** 인도시장 성공을 위해서는 진출전략의 수립보다 진출 후 현지적응력이 더 중요하다.

인도에서 성공적인 한국기업일수록 그렇지 않은 기업보다 현지 적응능력에서 뛰어난 것으로 조사되었다([그림 II-23]). 정교한 진출전략의 수립도 중요하지만 현지 적응력을 높이는 데 적극적인 투자가 절실히 필요하다. 한국기업들이 인도 현지 적응과정을 어렵게 느끼고 있는 것은 기본적으로 비즈니스 환경과 문화면에서 한국과 인도 간의 차이가 크다는 이유에 기인하지만, 이외에도 대부분의 업체들과 경영자들이 인도 현지경험이 없이 진출하고 있고, 미국, 유럽, 일본 등에 진출시와 비교할 때 현지화 교육 및 연수의 기회가 매우 제한적이다는 점도 이유가 된다. 또한 한국 내 관심도에 있어서도 인도가 최근 주목을 받고 있지만 아직까지 인도시장과 관련한 체계적인 지식과 노하우가 일반화된 수준까지 발전하고 있지는 않다는 점 등도 중요한 원인으로 보여진다.

인도 현지 적응과정이 중요하다는 것의 또 하나의 시사점은 전략적 유연성이 필요하다는 점이다. 현지에서 적응하는 과정에서 진출전략 수립과정에서 가졌던 기본적인 인도시장, 소비자, 경쟁자에 대한 가정들이 들어맞지 않는 경우가 충분히 있을 수 있으며, 이런 상황에서 신속하게 전략을 수정해 나갈 수 있는 유연성이 인도에서의 궁극적 성공을 위해서 매우 중요한 것으로 판단된다.

[그림 II-23] **인도진출전략 대비 진출 후 현지적응력의 상대적 중요도**

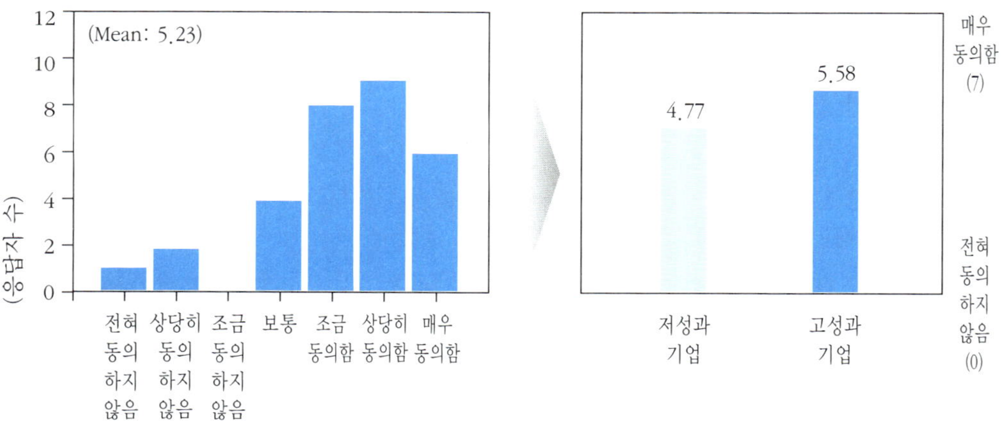

[그림 II-24] 주요 의사결정 본사의존도

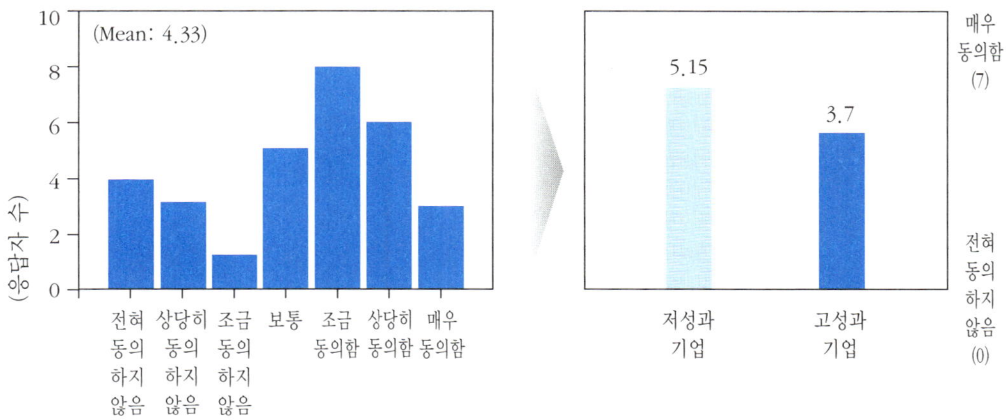

■ 수행지침 9. 인도시장에서는 가능하면 현지경영진의 의사결정을 따르고 힘을 실어 주라.

인도시장 성공을 위해서는 현지 적응능력이 중요한 만큼, 현지적응을 가능케 하는 의사결정체계가 필요하다. [그림 II-24]의 인도에서 성공한 기업일수록 인도 현지 의사결정이 많고 본사 의사결정 의존도가 낮다는 조사결과는 현지적응능력의 중요성과 일맥상통한다 할 수 있다. 인도 현지상황의 특수성과 한국과 차이점이 많다는 점, 인도관련 지식이 많이 부족한 현실 등을 감안할 때, 특히 진출 초기에는 현지경영팀이 적응해 나가면서 의사결정을 하고 본사는 재무적 · 전략적인 지원을 해 주는 형태가 바람직하다고 판단된다. 물론 산업적 특수성으로 인한 예외는 있을 수 있다.

다만, 인도전략을 수행하는 주요 의사결정이 인도 현지에서 이루어질 경우, 본사와의 시장지식과 운영 노하우의 공유가 원활하지 않을 가능성이 있다는 점에서 전략적 리스크가 있다. 인도현지와 본사와의 정보와 지식의 쌍방향적 교류(Knowledge Flow)는 장기적 측면에서 본사의 다른 사업부들에게 인도진출기회가 있거나 다른 시장에서 경쟁자와 오버랩되는 경우 등 여러 상황에서 매우 중요한 전략적 관점과 방향성을 제시하는 기초가 될 수 있으므로 등한시해서는 안 될 것이다.

■ 수행지침 10. 인도업체들의 의사결정 스타일은 한국보다 관료주의적이고 비효율적이다. 참을성을 가지고 접근하라.

인도 현지적응과정에서 가장 큰 위험 중의 하나는, 공급업체(Vender), 유통업체, 에이

[그림 II-25] 인도업체들의 의사결정체계

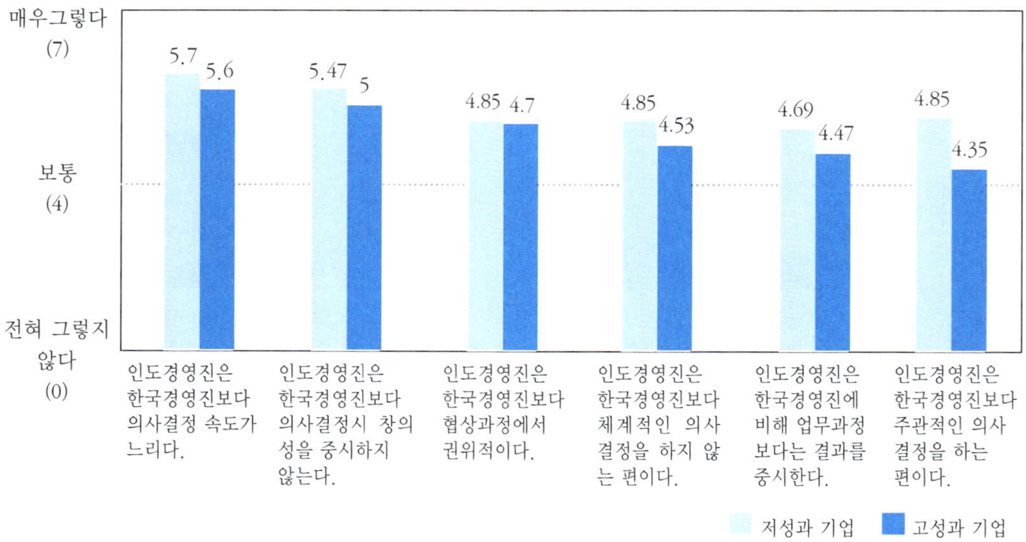

전트, 외주업체 또는 JV파트너 및 협력업체들을 구성하는 인도 로컬업체들의 경영방식이 한국보다 훨씬 관료주의적이고 비효율적이어서 업무상 장애요인이 되고 있다는 점이다([그림 II-25]).

이러한 인도업체들의 관료주의적이고 비효율적인 의사결정 스타일은 공기 및 납기지연, 제품질 저하, 서비스질 저하 등 구체적인 형태로 한국업체들에게 부담으로 돌아오고 있는 실정이다. 이에 대한 근본적인 해결책은 존재하지 않으나 한국업체로서는(특히 진입초반에는) 가능한 한 인도 로컬업체에 대한 의존도를 줄이는 것이 중요한 전략적 방향이 될 수 있다. 원가가 더 들더라도 국내에서 부품을 수입하거나, 부품 및 자재 구매선을 다변화하여 한 업체에 대한 의존도를 줄이거나, 유통루트를 다변화하고, 에이전트도 한 업체에 의존하지 않으며 가능하면 JV 등의 구축을 피하는 등의 방식이 포함된다. 또한 충분한 시간적 여유를 가지고 계획을 수립하고 인도업체에 대해 참을성을 갖는 자세도 중요한 것으로 지적되고 있다.

■ **수행지침 11.** 인도업체들은 약속을 잘 지키지 않는다. 계약서를 자세히 쓰고 확인 또 확인하라.

[그림 II-26]에서 보듯이 인도에 진출한 한국기업들이 토로하는 가장 큰 불만 중의 하

[그림 II-26] **인도업체와의 거래시 위험사항**

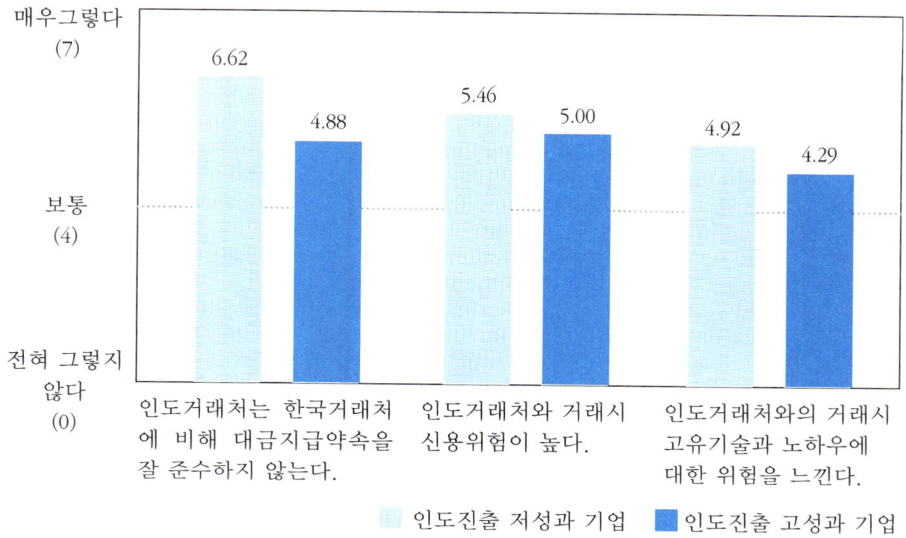

나는 인도업체들이 약속을 제대로 지키지 않는다는 것이다. 외상거래시 대금회수가 안 되는 경우도 많고 납기지연, 품질 및 서비스질의 저하 등 여러 경우에 있어서 좋지 않은 경험이 많은 것으로 알려진다.

기본적으로 한국식으로 업체와의 신용관계를 장기적으로 구축하는 발상은 인도에서는 금물이다. 구두 동의가 아닌 철저한 계약을 통해서 법적 근거를 만들어 놓는 것이 우선적으로 중요하다.

인도에서 성과가 좋은 한국기업일수록 그렇지 못한 기업보다 인도업체와의 신용 위험도를 낮게 평가하는 것은 시사점이 크다. 거래관계를 잘 관리할수록 그만큼 인도시장에서 성공가능성도 높아질 수 있는 것이며, 성공한 기업일수록 그러한 신용위험관리의 노하우를 축적하고 있다고도 볼 수 있는 것이다.

■ **수행지침 12.** 인도에서 계약체결은 한국보다 많이 더 신경 써야 한다.

인도업체들은 계약과정의 협상이 어렵고 비효율적인 것으로 많은 한국업체들이 불만을 표출하고 있다([그림 II-27], [그림 II-28]). 이러한 협상과정의 어려움에도 불구하고 제대로 계약이 체결되지 않았을 때 겪게 될 한국기업의 고충은 매우 크다고 보면 된다. 따라서 시간이 들고 노력투자가 많더라도 가능하면 모든 경우의 수를 고려하여 계약시

[그림 II-27] 한국대비 인도의 계약체결 이전 협상과정의 어려움

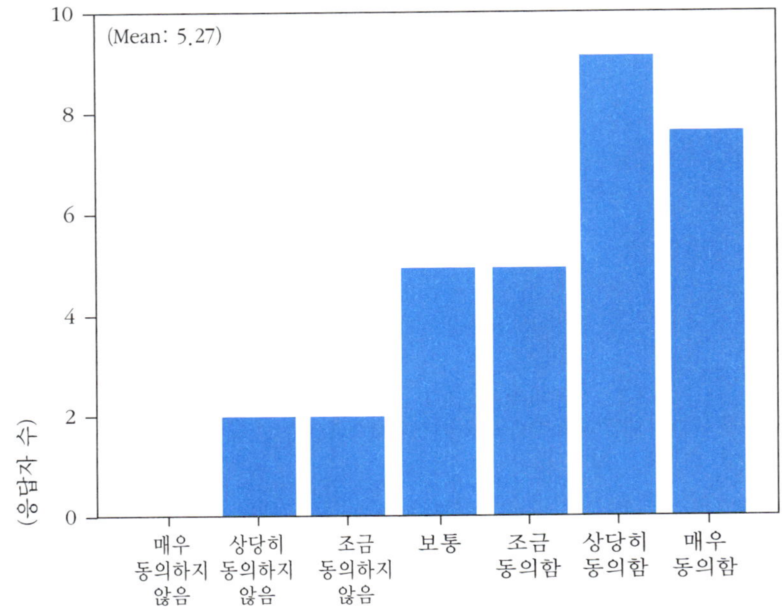

[그림 II-28] 한국대비 인도의 계약 이후 이행과정의 어려움

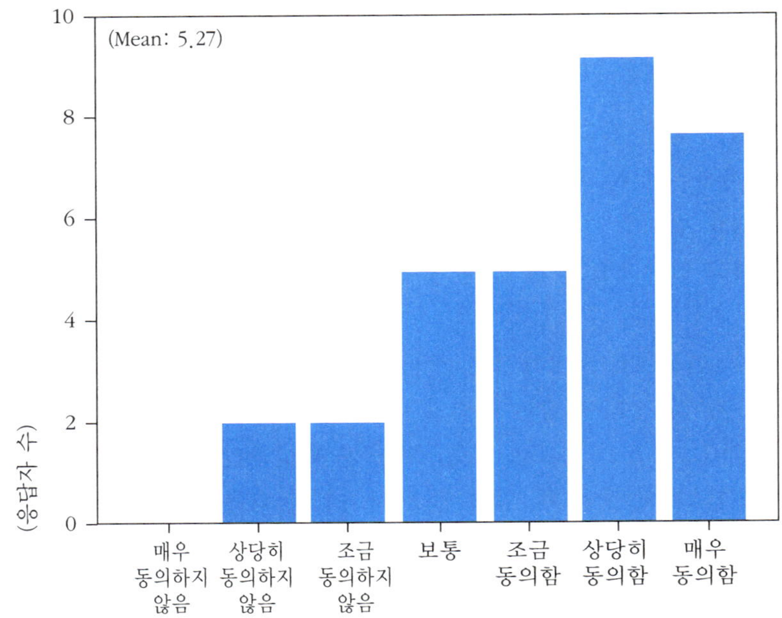

에 문서화하는 접근방식이 안전하다.

문제는 아무리 계약이 완벽하더라도 인도업체들이 계약체결 이후 제대로 준수하지 않는 데 있다. 인도업체들의 단기적 관점의 비즈니즈관행, 법적 해결과정의 비효율성 등으로 계약이행시의 모럴해저드 문제는 악명이 높다.

물론 완벽한 계약서를 작성하여 계약이행과정에서 허점을 남기지 않는 것도 필수적으로 이루어져야 하겠지만, 계약이행과정 모든 단계마다 예방적으로 거래업체의 계약 준수 여부를 모니터링하고 확인하는 작업을 습관화하는 것도 매우 중요하다. 이 과정에서 인도업체들에게 무례하게 보이거나 미안하다는 정서 때문에 조심스러워 할 필요는 전혀 없다.

■ **수행지침 13.** 인도에서 분규시 법적 해결에 기대하지 마라.

인도에 진출한 한국기업의 착오 중 하나는 인도업체와의 분규시 이를 인도법정에서 해결하면 된다고 생각하는 것이다. [그림 II-29]와 [그림 II-30]을 보면 인도법정은 상당히 편파적이고 시간소요가 크기 때문에 일정기간 내로 제대로 보상을 받을 수 있을 가능성은 매우 낮다. 따라서 법정까지 분규를 가져가기 이전의 예방적 노력이 매우 중요

[그림 II-29] **한국대비 인도법정의 불공평성**

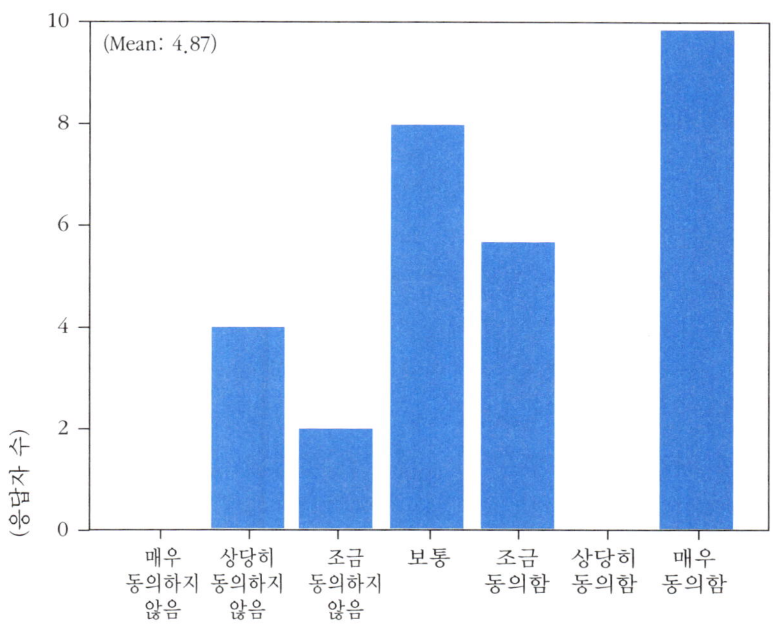

[그림 II-30] 한국대비 인도법정의 비효율성

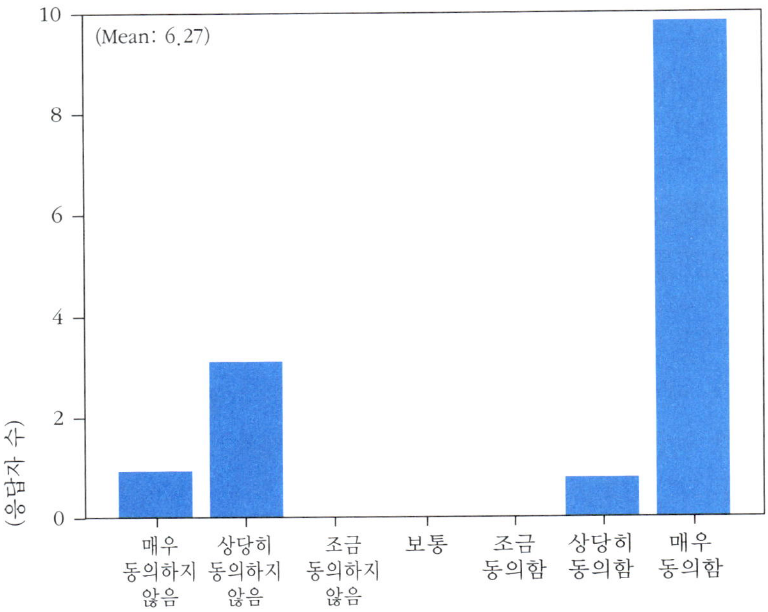

하다고 판단된다.

인도 현지 인사관리전략

■ 수행지침 14. 인도근로자의 낮은 생산성은 관리하면 향상될 수 있다.

인도 현지 인력관리시 한국경영자들이 느끼는 가장 큰 불만사항 중 하나는 인도근로자들의 낮은 생산성과 책임의식 결여이다. 실제적으로 인도근로자들이 근면성, 생산성, 학습능력, 비용절감노력 측면에서 한국근로자에 비해 뒤쳐지는 것으로 조사되고 있다. 하지만 인도에서 성공적인 기업일수록 인도근로자들의 생산성 향상이 가능하였다는 것을 보여주고 있어 시사하는 바가 크다([그림 II-31]).

따라서 인도로 진출하려는 경영자의 근본적인 문제는 인도에서는 어떻게 생산성 향상이 가능하고 책임의식이 고취될 수 있는지에 대한 이해가 필요하다는 점이며, 이를 기초로 하여 어떻게 조직/인사관리 시스템을 구축/수행하여야 하는가에 있다.

[그림 II-31] 인도근로자들과 한국근로자들의 주요 성향 비교

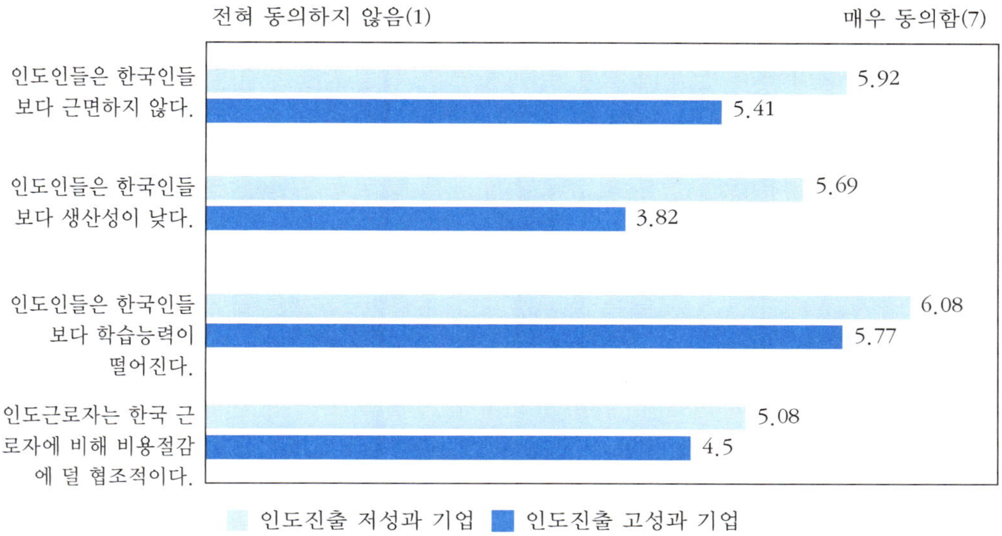

■ **수행지침** 15. 인도에서는 팀보다는 개인위주의 조직체계를 구축하라.

조직체계상 한국업체들이 겪는 애로점 중 하나는 팀제가 한국보다 효과적이지 못한 데 있다. 인도인의 문화적 성향이 한국인보다는 상당히 개인주의적이고([그림 II-32]), 인도 기업조직상 팀제가 우리보다 활성화되지 않고 경험이 적다는 점 등이 팀제가 소기의 효과를 거두지 못하는 주요 원인으로 파악되고 있다. 따라서 모티베이션 전략, 평가제도, 인센티브 할당 등의 운용에 있어 팀단위보다는 개인단위에서 수행되는 것이 인도근로자의 생산성을 향상시키는 데 도움이 될 수 있다고 판단된다.

■ **수행지침** 16. 체계적이고 합리적인 평가/보상체계로 인도근로자의 생산성을 높여라.

역사적/사회적 배경 탓인지는 몰라도 인도근로자들은 한국근로자보다 대체로 불평/불만이 많고 변명에 매우 능하다고 많은 한국경영자들이 토로하고 있다([그림 II-33]). 이러한 인도근로자들의 속성을 한국식 문화대로 말로 타이르거나 동료의식을 기대하거나 하는 조직문화적 접근보다는 평가 및 보상체계를 정밀하게 구축하고 이에 따른 구속력을 발휘하는 시스템적 접근이 훨씬 유효한 것으로 나타났다.

한편, [그림 II-33]에서 보듯이 인도근로자들은 평가 및 보상문화에 친숙하고 공정한

[그림 II-32] 인도근로자와 한국근로자의 개인주의 성향 비교

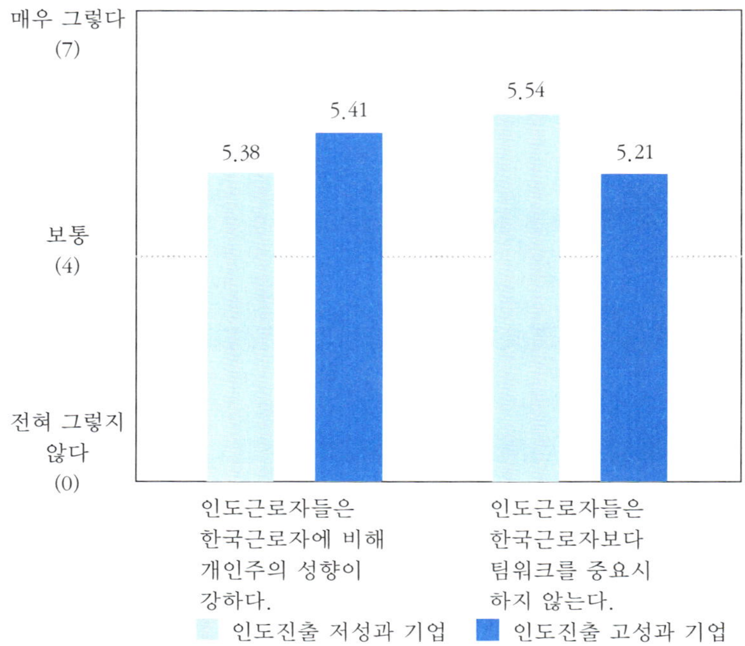

[그림 II-33] 평가 및 고과에 대한 친숙도, 공정한 인사관리절차(Due Process)에 대한 중요성 인식정도

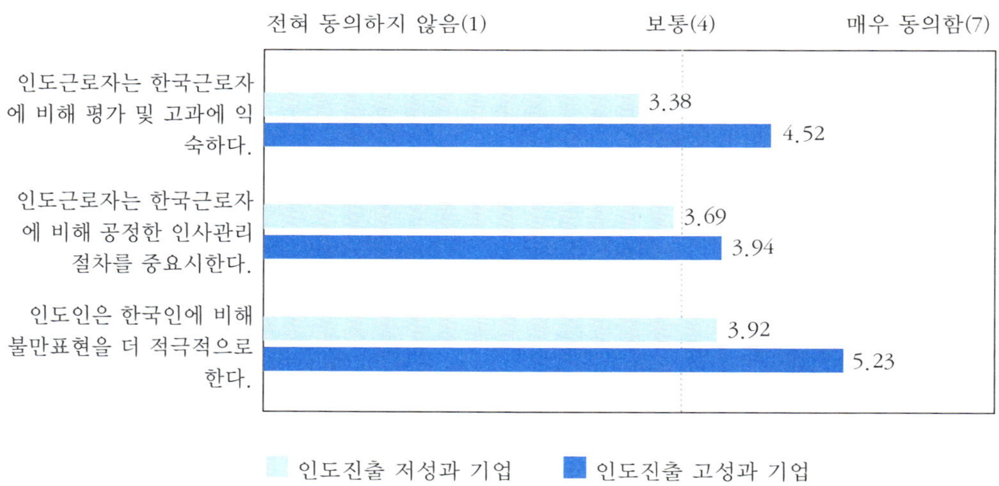

인사시스템 운영의 중요성에 가치를 높이 두는 경향이 있으므로 한국경영자의 과제는 어떻게 하면 효과적인 시스템을 구축하고 잘 운영하는가에 있다.

하지만 평가를 통한 인센티브 제도에 대해 모든 인도근로자가 민감한 것은 아니다. 젊고 교육수준이 높으며 유능한 인도근로자일수록, 인센티브제도에 더욱 민감한 것으로 나타나므로 한국경영자들은 근로자 특성에 맞는 인사시스템의 개발에 주안점을 두어야 할 것이다.

결　론

본 글에서는 인도시장에 대한 정확한 이해를 돕고 진출시에 필요한 정보를 제공하기 위해 진출전략과 인사관리를 위한 구체적인 수행지침들을 제시하였다. 제시된 수행지침들은 인도시장 내 모든 사업 및 상황에 대하여 일률적으로 적용되지는 않겠지만 다양한 산업군에 속한 기 진출 한국기업들을 대상으로 조사한 실증자료인 만큼, 현재의 일반적인 인도상황들을 잘 반영해 주고 있으며 한국기업들에게 필요한 유용한 정보 및 시사점들을 제공해 주고 있다.

따라서 향후 인도시장에 진출할 경우, 앞에서 언급되었던 세부적인 수행지침들을 명심하고 체계적으로 준비를 한다면 성공적인 인도진출을 이루어낼 수 있을 것이다.

III

인적자원관리의 기초로서의 일에 대한 분석

01

일에 대한 분석의 방법: 직무분석과 역량모형[1)]

이순묵 · 이주희
smlyhl@chol.com

현재 기업에서의 업무가 분화하고 새로운 업무가 계속 생겨나고 사라지기를 반복하면서, 그리고 평생직장이 사라지고 종업원들의 이직이 잦아지게 되면서, 꾸준히 변화하는 업무의 성격을 파악할 것이 요구된다. 종업원의 업무가, 안정과 일관성으로 대변되는 직무개념을 벗어나 가변성을 지닌 여러 업무를 통괄적으로 담당하는 개념으로 변해가고 있다. 일에 대한 관리 역시 작은 단위로 쪼개는 분업에서, 포괄적으로 정의하고 수행하는 통업(統業)의 시대로 가고 있다. 인사를 담당하는 실무자들 역시 변화하는 업무의 성격을 파악하여 조직의 전략에 정합하는 보상, 평가, 경력개발을 시행할 필요가 있다. 그러한 추세에서, 일 또는 업무를 분석하는 방법도 작은 과업 단위로 나누어 세분화하고 분석하는 방법, 즉 전통적인 직무분석을 벗어나고 있다. 오히려 현실에서 여러 가지 업무를 수행하는 직원들의 지식/태도/능력을 파악함으로써 일에 필요한 인적요건을 넓은 범주에서 파악해 보고자 하는 역량모형이 점점 채택되고 있다.

업무정보 수집을 위해서 지난 몇 십 년 동안에 정착된 방식이 직무분석이라면, 최근

1) 출처: 인크루트 경력개발연구소(2005), “일에 대한 분석의 방법: 직무분석과 역량모형,” 「인재경영」, 10월호, pp. 36-43에서 전재함.

10년 동안에 새로운 자리를 잡아가고 있는 방식이 역량모형이다. 대부분의 신제품이나 새로운 방식이 유행처럼 채택될 때에는 비판없이, 그것만이 해답인 양 수용되는 문제를 수반한다. 역량모형도 예외는 아니므로, 그 방식의 발상, 직무분석과 차이, 활용도 등을 점검할 필요가 있다. 기존에 정착한 직무분석도 나름대로의 장점이 있어 광범위하게 수용된 것이고 새로이 제시되는 역량모형이 직무분석의 모든 것을 대체하거나 부정하는 것도 아니기 때문이다.

분석되는 일의 규모 및 분석방식의 차원에서 볼 때 직무분석(job analysis)의 방식에서는 "직무"라고 하는 상대적으로 작은 크기를 다루고 있고 역량모형에서는 종업원이 감당해야 하는 보다 넓은 범주의 일을 하는 데 필요한 인적 특성들을 분석하고 있다. 종업원이 하는 일에 대한 정보수집의 체계적 접근이라는 점에서 둘은 비슷할 수 있지만, 분석범위의 차이 및 활용도에 있어서는 많은 차이가 있다. 이 글은 현재 기업에서 사용하고 있는 직무분석과 역량모형의 정의 및 둘의 차이점에 대해서 알아보고 인사담당자들이 이 두 가지 접근을 선별적으로 또는 적절한 정도로 혼합하여 활용할 수 있도록 하고자 한다.

직무분석과 역량모형의 정의

기업에서는 점차적으로 여러 직무들이 빠르게 생겨나고 또한 기존 직무들의 세분화가 일어나면서 직무간의 구별이 상대적으로 명확하지 않게 되고, 팀제의 활성화로 인해 개인업무 개념이 팀업무 개념으로 확대되면서 전통적인 직무분석으로는 업무성격의 파악에 한계를 경험하고 있다. 이로 인해 종업원이 담당하는 여러 가지 일들을 포괄적으로 설명할 수 있는 적절한 범주를 대상으로 업무정보를 분석하는 역량모형이 등장하였고 기존의 전통적인 직무분석에서는 다루지 못했던 조직 수준의 변수들(즉, 비전, 기업가치, 전략)과 환경적인 요소들(장소, 경쟁력)을 고려하게 되었다. 분석의 수준에서 살펴보면 직무분석에서는 상대적으로 좁은 범위의 KSA(knowledge, skill, attitude)를 다루고 있고 역량모형에서는 범위를 넓게 잡으며 많은 경우 조직수준의 KSA를 다루게 되므로, 직무분석과는 달리 과업수준에 직접적으로 연결되지는 않을 수도 있다(Sanchez & Levine, 1999).

전통적인 직무분석이 과업 중심적이라면, 역량모형은 보다 넓은 범주를 다루므로 종업원 중심적이 되며, 한편 역량모형으로 갈수록 행동적/기술적 구체성이 점점 낮아지게 된다(Harvey, 1991; Sanchez & Levine, 2001). 업무의 내용/방법/환경 등에 대한 정보를 분

[그림 III-1] **행동적/기술적 구체화로 본 업무분석**

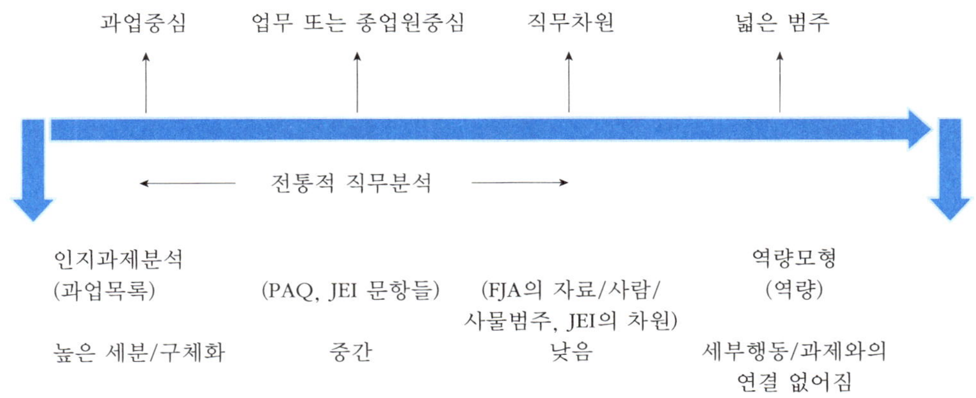

석/종합하는 방식들을 보면, 행동적/기술적 세분화의 정도가 높은데서 낮은 곳으로의 연속선상에 여러 형태를 제시할 수 있다. [그림 III-1]에서 볼 때, 맨 왼쪽으로 가면 가장 높은 세분화인 인지과제 분석이 되고 맨 오른쪽에는 역량이 분석단위가 되어 세부적 행동이나 과제와의 연결이 없어지는 역량모형이 있다. 이 연속선상의 모든 방식은 업무에 대한 정보를 제공하므로, 포괄해서 업무분석(work analysis)으로 부르고 있다. 이 용어는 전통적 직무분석과 새로이 정착하는 역량모형 및 그 중간 형태의 방식들을 아우르고 있다.

[그림 III-1]에서 과업중심에서 직무차원까지를 정보수집의 초점으로 하는 방식이 전통적 직무분석이고, 이것은 1960년대 미국에서 업무정보의 세부화 및 정착을 목표로 발생하였다. 즉, 과학적 업무관리의 관점에서 출발한 것이다. 그 전통적 직무분석에서도 중간부분인 "업무/종업원 중심"의 업무분석은 전통적인 PAQ(position analysis questionnaire), JEI(job element inventory) 등의 문항들에 의해서 제공되며 행동/과제의 구체화가 중간정도라고 할 수 있다. 이에 비해 좀더 넓은 범주의 업무정보를 다루는 "직무차원"은 미국 노동부의 FJA(functional job analysis)에서 다루는 자료/사람/사물이라는 범주, JEI에서의 차원 등이 되며 행동/과제의 구체화가 낮은 편이다. 전통적인 직무분석은 서구에서 많은 고용관련 절차의 과학화에 가장 기본이 되는 방식으로 자리잡았고, 직무분석에 근거하지 않은 절차나 제도는 법률소송에 견디지 못한다는 인식을 정착시켰다.

이러한 과학화가 직무단위를 작게 보고 정교하게 분석하는 미시적 경향을 가져온데 대한 반동으로서, 업무단위를 보다 크게 보고 조직수준의 비전, 전략 등에 연계하여 환경변화에 따라 유연성 있는 업무활동을 유도하는 움직임이 1980년대부터 시작되었다. 이러한 움직임은, 20세기 후반의 빠른 기술변화, 환경변화 속에서 과거의 안정된 직무 정의가 더 이상 종업원의 업무를 포괄해 주지 못하는데서 더욱 힘을 얻게 되었다. 따라서 무엇을 하는가 보다는 어떻게 하는가, 나아가서 많은 유동적 업무에 필요한 역량이 무엇인가에 관심이 옮겨가게 되었다. 이러한 거시적 관심이 경영전략 분야의 핵심역량이란 용어와 궁합이 맞아 경영의 핵심역량을 확보해 주는 인적 요소를 "인사조직" 분야에서도 역량모형이란 방식으로 도출하기에 이르렀다.

직무분석과 역량모형의 차이—학술적 기준

시프만 등(Schippmann et al., 2000)은 "전형적인" 역량모형 개발과 "전통적인" 직무분석 설계를 비교하는 10가지 기준을 설정하고 정의하였다. 즉, 다음에 제시되는 10가지 학술적 기준에 기초하여 역량모형개발과 직무분석설계에 대한 방법론을 비교 대조하려고 하였다. 아래의 설명에서 "정보"는 '업무분석'에서 목적으로 하는 사람과 일에 대한 정보를 의미한다.

- **조사방법 다양성:** 조사방법에는 인터뷰, 관찰, 중요사건기법, 질문지, 업무일기, 문헌분석 또는 조직의 훈련 매뉴얼 등이 있을 수 있음
- **수집한 내용 또는 정보의 유형:** 적용목적에 따라 다양한 유형의 정보가 수집된다. 업무활동, KSAO(knowledge, skill, ability, others), 역량, 업무맥락, 수행기준은 물론 특별히 몇 가지를 복합적으로 서술하는 유형들이 있음
- **정보유형의 선택 및 개발:** 정보유형을 선택하고 개발하는 데 있어서 주제전문가(SME: subject matter expert)가 어느 정도로 관여하는가의 정도
- **정보유형의 세부내용:** 정보유형의 정의나 범주가 모호하지 않고 정확하게 제시되고 있는지, 항목수준에서의 서술에 오해의 여지가 없는 정도
- **연구결과가 사업목표 및 전략에 긴밀한 관계를 가지는가:** 연구결과가 폭넓은 조직목표 및 전략에 어떤 의미나 시사점을 가지는 정도
- **정보유형 및 범주 그리고 항목수준의 내용에 대한 검토에서 직무내용 전문가의 관련 정도:** 정보유형에 대한 논리적인 분류 후에, 실제 직무내용 전문가 중 누가, 얼마나 많은 전문가들이 최종 내용의 결정에 관여했는지의 정도
- **업무정보 내용의 순위를 설정하는 데에서의 합리성:** 직무상 성공을 위한 중요성 또

는 다른 관점에서 볼 때, 필요한 정보유형의 범주나 항목을 우선순위로 하는 데 논리적이거나 경험적인 절차가 사용된 정도

- **업무분석 결과의 일관성 확보를 위한 노력:** 항목 및 행동을 범주화하거나 차원으로 분류하는 데 있어서, 또는 어떤 기준에 따라 차원이나 항목의 순위를 매김에 있어서 신뢰도를 확보하려는 노력의 정도
- **최종적 업무기술단계에서 범주나 항목을 포함/배제하는 기준에 대한 명료한 논리:** 어떤 행동의 항목이나 범주가 업무수행에 관련된 정도, 어떤 기준에서의 중요성과 빈도, 그리고 경영전략 또는 그에 대한 연관성 등과 관련하여 직무전문가들 사이에 최소한의 합의가 있는지의 정도
- **연구방식, 사용된 정보수집 방법, 관련 전문가, 그리고 결과에 대한 문서화의 정도:** 비록 시간이 지남에 따라 내용이 크게 바뀌지 않는다고 하더라도, 이러한 문서화는 자료 및 분석에 대한 신뢰를 쌓는 데 중요하므로 직무분석과 역량모형을 비교하는 기준의 하나로 설정되었다.

미국에서 직무분석 및 역량모형전문가 11명이 위의 10가지 기준 또는 차원을 중심으로 1년간 검토하여 제시한 결과가 [표 III-1]에 정리되어 있다(자세한 것은 Schippmann et al., 2000 참조).

학습적 기준에서 보면 직무분석이 전반적으로 역량모형보다 우세하다. 평균차이가 가장 큰 것은 차원 2(정보유형의 다양성), 5(비즈니스와의 연관성), 8(신뢰도 확보노력)에서

[표 III-1] 직무분석과 역량모형의 비교

비교 수준	직무분석	역량모형	평균차이
	평 균	평 균	
1. 조사방법 다양성	3.73	2.00	1.73
2. 정보유형의 다양성	3.82	1.73	2.09
3. 개발절차의 진지함	4.09	2.64	1.45
4. 정보유형의 세부성	4.00	2.09	1.91
5. 비즈니스와의 연관성	2.27	4.45	−2.18
6. 내용검토의 철저함	3.70	2.90	0.80
7. 정보내용 순위화의 합리성	3.55	2.27	1.28
8. 신뢰도 확보를 위한 노력	3.55	1.73	1.82
9. 포함/배제의 논리 명료성	4.10	2.40	1.70
10 문 서 화	4.64	3.36	1.28

나타난다. 차원 2(정보유형의 다양성)와 관련하여, 역량모형은 회사나 장면에 따른 구분없이 역량이란 제목의 정보유형이 제시되는 반면, 직무분석은 적용에 따라 두세 가지의 상이한 정보유형들(즉, 과업, KSA, 역량, 수행기준)을 제공하고 있다. 차원 5(비즈니스와의 연관성)와 관련하여, 종업원 요구와 조직목표와의 연계에 있어서 역량모형이 직무분석보다 더 강력한 관계를 가진다. 차원 8(신뢰도 확보노력)과 관련하여, 결과의 일관성 및 반복 생산 가능성이 역량모형 개발에서는 그렇게 크게 중요시되고 있지 않다. 즉, 주어진 절차를 따른다면 누가 해도 또는 언제 해도 동일한 모형이 나올 수 있어야 하는데, 그러한 신뢰도를 확보하기 위한 노력이 역량모형에서는 상대적으로 부족하다.

그런데 차원 10(문서화)의 관점에서 두 방법을 비교하는 것은 약간 주의할 사항이 있다. 전형적인 역량모형에서는 몇 년 전만 해도 최소한의 문서화만을 하였던 반면, 오늘날에는 보다 많은 전문가들이 역량모형에 참여함에 따라 보다 충실하게 문서를 준비하는 추세에 있다. 차원 3(개발절차의 진지함)과 관련해서도, 두 방식에 대한 견해가 일치하지 않는 면이 있다. 소위 역량모형에 관한 전문가들은 몇 년 전만 해도 역량모형 개발을 "하루 또는 이틀 동안 조직에 대해 조사하고 이미 존재하는 역량사전으로부터 역량차원을 선택하는 것"으로 일을 마무리하곤 하였다(Schippmann et al,, 2000, p.726). 그러나 오늘날 역량모형 개발업무에 참여하는 많은 사람들이 조직의 내용전문가와 보다 많은 접촉을 하고 진지함을 보이는 추세에 있기 때문에 역량모형 개발이 진지한 절차를 거치지 않는다고 일방적으로 이야기하기는 어려운 면이 있다.

[표 III-1]을 검토함으로써 알 수 있듯이 비록 예전보다 많은 전문가들이 역량모형 개발에 참여하기 때문에 역량모형 개발에 대한 질적인 향상이 있음에도 불구하고, 엄격한 의미에서 보면 많은 결함을 가지고 있다. 그렇다면 기업에서 역량을 폭넓게 정의하거나 인적 요건에 대하여 넓은 범주의 정보를 수집하는 경우 어떻게 하면 보다 수준 높은 역량모형이 될 것인가? 한 가지 제안은, 정보분석 및 수집과정에서 직무전문가나 분석자들 간에 충실한 검토과정을 거치거나, 역량분류와 행동의 일치도를 기술적으로 평가하는 충실한 노력이 있다면 보다 높은 신뢰도를 확보할 수 있을 것이다. 또한 그 결과로 얻은 역량모형은 종업원에 대한 조직개발, 조직의 능력개발, 종업원 훈련을 위한 방향을 제공할 것이다. 이때 문서화가 좀더 엄격하게 이루어진다면, 역량모형은 보다 진지한 절차의 산물로 인식될 것이다.

역량모형 개발의 결과로 도출된 역량은 위의 10가지 평가 차원 각각에 대해 최소한의 수준을 충족할 때 어느 정도 타당화될 수 있다. 특히 법적 지침, 타당화 원칙 또는 평가원리에 따라 문서화가 이루어지면 더욱 바람직할 것이다. 그러나 위의 10개 차원에서 요구되는 최소한의 수준은 모든 상황에서 동일하지는 않다. 상황에 따라 그 최소수준을 높이거나 낮출 것을 요구하게 된다(Schippmann, 1999). 예로써, 아래와 같은 상황적 변수들에 따라서 각 차원에서 요구되는 수준은 달라질 것이다.

- 적용의 목적(즉, 선발, 직무분류 등)
- 적용이 법적 문제에 저촉되지 않는 정도
- 제시된 적용 범위에 관련된 직무나 근무자의 수준
- 작업 과정 또는 인적요구에 영향을 미치는 조직의 변화
- 프로젝트의 결과가 가시적이고 역동적인 정도

한편 역량모형의 개발이 추세이기는 하나, 그것이 만병통치가 아님을 명심할 필요가 있다. 서구에서는 직무분석이 잘 이루어지고, 이제는 좀더 큰 범주의 역량이 주장되고 있으나, 우리의 실정에서는 잘 된 직무분석조차 흔하지 않다. 많은 역량모형 개발 프로젝트에서 조직 및 비전과 관련된 일반적인 역량의 도출에 중점을 두고 있는 반면에, 수준을 구체화하여 업무수행에 관련된 업무역량의 제시는 제대로 이루어지지 않고 있다. 그렇기 때문에 역량모형을 조직차원에서의 종업원 개발에 중점을 두고 사용하는데는 무리가 없다. 그러나 개인에 대한 평가의 목적으로 쓰기에는 부족하다. 왜냐하면 개인은 개인 업무관련의 역량에 기초해서 평가받을 때만이 불평 없이 수용하기 때문이다.

직무분석과 역량모형의 차이: 시장성의 기준

역량모형이 학술적/이론적 관점에 비추어 결함이 있음에도 불구하고, 기업에서는 매우 인기가 있으며 이 인기는 당분간 식지 않을 것 같다. 그렇다면, 우리의 관심을 끄는 것은 인적자원관리 시장에서 역량모형이 어느 면에서 유리한지를 알아보는 것이다. 역량모형과 직무분석을 비교하기 위한 시장성 관점에서의 7가지 차원을 보기로 한다(Schippmann, et al., 2000).

- **인적요구로서 핵심역량 도출** : 이 차원은 직무, 사업부, 부서, 직급수준 등에 있어 유사한 정도를 확인하고 그에 따른 범주화를 하는 정도
- 직무와 관련 있는 KS(knowledge, skill)의 문서화

- 단기적 직무중심을 벗어나, 장기적인 조직의 방향 및 비전에 초점을 맞추기
- 직무, 업무역할 및 직무군에 대한 규정에서 개인적 가치와 성향을 고려하려는 관점
- 명칭과 내용에 대한 높은 안면타당도
- 훈련과 개발에의 적용
- 선발, 수행평가 등 기타 다른 인적자원에서의 의사결정을 위해 사용할 수 있는 가능성

11명의 전문가들이 위의 7가지 시장성 차원을 중심으로 역량모형과 직무분석을 검토하여 제시한 결과는 [표 III-2]와 같다.

[표 III-2]에서 볼 수 있듯이 시장성에서는 일반적으로 역량모형이 직무분석보다 높은 점수를 보이고 있다. 역량모형은 조직의 각 수준에서 필요한 역량의 정보를 제공한다는 데서 시장성을 높이고 있다. 역량모형이 직무분석보다 시장성이 큰 점 중 하나는 직무분석보다 안면타당도가 높기 때문이다. 역량모형 개발은 "다양한 검토모임과 초점집단을 사용하여 조직에서 중요한 가치와 정신을 포함시키게 된다"(Schippmann et al, 2000, p.730). 따라서 실제 모형 개발시 조직과의 연계가 고려되고 있다. 마찬가지로 역량모형 개발시 가치와 성향을 고려하여 모형에 포함하려고 한다. 역량이라고 하면 대체로 두뇌 활동이나 기능과 같은 것을 떠올릴 수 있으나, 넓은 의미에서는 가치관, 성격, 성장배경까지도 포함되고 있는 것이다.

그런데 이러한 연계 및 고려는 역량모형이 등장하기 전부터 개인-환경간 또 개인-조직간 합치(fit)에 대한 연구에서 이미 연구되어 왔다. 또한 역량모형을 좀더 면밀히 살펴보면 서로 다른 직무, 직업, 조직임에도 불구하고 매우 유사한 형태를 보이고 있다. 만

[표 III-2] 역량모형과 직무분석의 시장성 비교

평가차원	역량모형	직무분석	평균차이
	평 균	평 균	
1. 핵심역량 도출	4.00	2.45	1.55
2. 직무관련 KS문서화	2.00	4.55	−2.55
3. 직무에의 합치를 넘어 조직에의 합치	3.82	2.55	1.27
4. 가치, 성향 고려	3.91	2.45	1.46
5. 명칭/내용의 안면타당도	4.64	3.18	1.46
6. 훈련 및 개발에의 적용	4.55	3.55	1.00
7. 선발 및 의사결정에의 적용	3.09	4.36	−1.27

일 역량모형 개발과정에서 상세한 문서화를 하지 않는다면 모든 것이 판화를 찍어내듯이 거의 비슷하게 개발되는 듯한 인상을 줄 수 있다(Schippmann, Hughes & Prien, 1987). 또한 개발과정에서 직무별로 KS(knowledge and skill)를 자세하게 문서화하지 않고 선발, 수행평가 등의 의사결정 분야에 적용하게 되면 법률분쟁을 불러일으킬 소지가 있기도 하다. 그렇기 때문에 역량모형은 선발보다는 훈련이나 개발영역에서 좀더 선호된다. 선발이나 평가의 경우, 개인이 수행하는 과업이나 작업환경에 대한 고려 없이는 역량모형을 사용하는 근거를 확보하기 어렵다.

따라서 역량모형의 개발에서 전통적인 직무분석적 접근을 접목시키는 것이, 역량모형을 보다 과업 및 작업의 맥락에 근거하도록 할 것이다. 예를 들어, 직무분석적 접근은, 역량모형에서 핵심역량을 개념화하는 과정에서 과대 일반화 경향을 방지할 수 있다. 많은 경우, 역량모형에서 제시되는 항목과 차원은 일반적일 수 있어서 반드시 모든 직무(군), 직급수준, 사업부에 걸쳐 동일한 정도로 중요하거나 유용하지는 않다. 조직 내 서로 다른 단위 및 분야로부터의 요구를 반영하는 의미 있는 모형이 되려면, 업무정보의 유형 및 중요도를 조사하는 절차들이 어떻게 직무분석에서 이루어지는지에 주목하여 좀더 정교한 역량모형이 되도록 해야 할 것이다.

마무리: 직무분석과 역량모형의 활용범주

전통적인 직무분석이 조직가치와의 연계 부분에서 미흡해 보이며, 미시적인 접근으로 세분화에 중점을 둔다는 점에서 역량모형에 비해 경제적/시간적으로 불리할 수 있어서 시장성에서는 열세에 있는 것으로 보인다. 하지만 학술적/이론적 기준으로 보면 전통적 직무분석이 역량모형에 비해 방어 가능성이 높다. 따라서 개인에게 심각한 영향을 주는 의사결정, 이해관계자간 갈등, 법률소송과 같은 민감한 사안이 발생하는 업무수준에서는 직무분석적 접근이 역량모형보다 더 필요할 수가 있다. 그러므로 두 가지 방식을 업무분석이라는 큰 틀 속에서 적절하게 고려해 보는 것이 필요하며, 이는 [그림 III-2]와 같이 HR시스템 관점에서 정리할 수 있다.

[그림 III-2]에서 포괄적 분야는 의사결정이 종업원 개인에게 직접적인 영향을 가지고 있지 않아서 법적 논쟁이 상대적으로 거의 없는 분야이다. 한편 의사결정 분야는 의사결정에 의해 영향받는 사람들뿐 아니라, 법적 소송까지도 대처해야 하는 HR시스템을 언급하고 있다. 홍보, 인적자원계획, 훈련과 개발 등은 전통적으로 포괄적 분야이기 때문에 역량모형 접근이 적절할 수 있다. 반면에 모집과 선발, 업적평가, 보상 등의 의사

[그림 III-2] 업무분석과 HR시스템 간의 연결

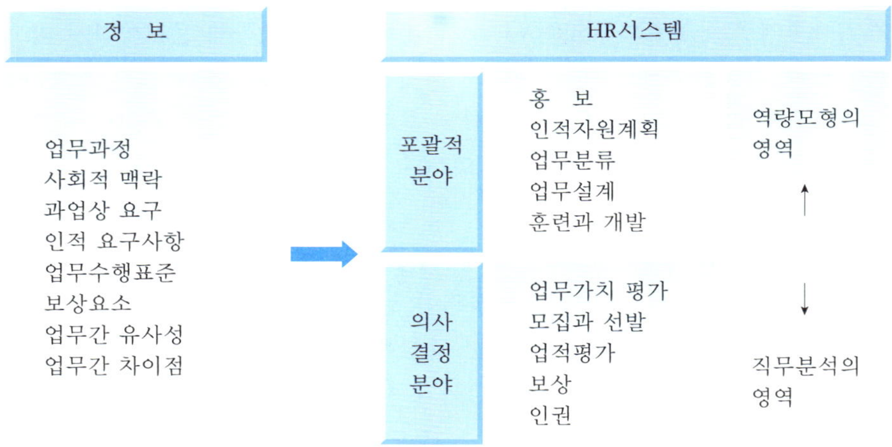

결정 분야에서는 직무분석 접근이 더 적절한 것으로 보인다.

요약컨대 개인에 대한 의사결정이 필요하고 법적으로 논쟁이 있을 수 있는 부분에 대해서는 직무분석을 활용하고, 상대적으로 포괄적 대상을 중심으로 하는 교육 및 개발의 분야에서는 역량모형을 활용할 수 있을 것이다. 그러나 목적이 복잡한 경우, 직무분석과 역량모형을 서로 적절히 혼합하여 적용할 수 있다. 세 가지 예로 보기로 한다. 우선 신입사원 선발에 있어서, 특정 직무 또는 직무군의 핵심역량과 개인수준의 KSA의 혼합은 유용할 수 있다. 또한 직무평가 목적에 대해서는, 구체적인 KSA와 역량 목록이 추천된다. 끝으로 경력 관리자를 선발할 경우 구체화된 역량 파악도구와 수행기준이 사용될 수 있을 것이다. 역량파악 도구는 역량모형에서 제공되고 수행기준은 직무분석에서 제공될 것이다.

참고문헌

Harvey, R. J.(1991), "Job Analysis," In M.D. Dunnette & L.M. Houhg(Eds.), *Handbook of Industrial and Organizational Psychology*(2nd Ed.), Palo Alto, CA: Consulting Psychologists Pren. Inc.

Sanchez, J. I., & Levine, E. L.(1999), "Is job analysis dead, misunderstood, or both?: New forms of work analysis and design," In *Evolving practices in human resource management*, by Allen I. Kraut & Abraham, R. Korman, San-Francisco: Jossey-Bass.

Sanchez, J. I., & Levine, E. L.(2001), "The analysis of work in the 20th and 21st cnturies," In Anderson, N., Ones, D. S., Sinangil, H. K., & Viswesvaran, C.(Eds.), *International handbook of work and organizational psychology*(pp. 71-89), Sage: Thousand Oaks, CA.

Schippmann, J. S.(1999), *Strategic job modeling: Working at the core of integrated human resources*, Mahwah, NJ: Erlbaum.

Schippmann, J. S., Hughes, G. L., & Prien, E. P.(1987), "The use of structured multidomain job analysis for the construction of assessment center methods and procedures," *Journal of Business and Psychology*, 1, 353-366.

Schippmann, J. S., Ash, R. A., Battista, M., Carr, L., Eyde, L. D., Hesketh, B., Kehoe, J., Pearlman, K., & Prien, E. P.(2000), "The practice of competency modeling," *Personnel Psychology*, 53, 703-740.

02 일의 변화에 따른 핵심역량과 측정[1)]

유태용
tyyoo@kw.ac.kr

최근에 기업이 처한 외부환경이 급속하게 변화하고 새로운 테크놀로지가 개발됨에 따라 일의 세계에서 많은 변화가 이루어지고 있다. 일을 수행하는 방식에 많은 변화가 일어나고 있고 기업이 종업원들에게 요구하는 능력이나 기술 등도 과거와는 많이 달라지고 있다. 예를 들어, 직무와 직무 간에 분명한 경계가 없어지고, 팀으로 수행하는 일이 많아지고 있으며, 변화하는 일의 세계에 효과적으로 적응하기 위하여 종업원 각자의 학습능력이나 적응력이 강조되고 있다. 이러한 추세에 따라 기업이 구성원들에게 요구하는 핵심역량이 달라지고 있고, 역량평가에 사용되는 도구와 방식에서도 많은 변화가 이루어지고 있다. 이 글에서는 일의 세계에서의 변화에 따라 새롭게 요구되는 핵심역량이 무엇인지를 기술하고, 실무적으로 이러한 역량을 측정하기 위해 어떤 도구나 기법들이 가장 적절한지를 제시하고자 한다.

---

1) 출처: 인크루트 경력개발연구소(2004), "경쟁우위 달성에 있어서 인적자원의 전략적 역할,"「인재경영」, 창간호, pp.88-95에서 전재함.

일의 변화에 따라 어떤 역량들이 중요한가

슈미트와 챈(Schmitt & Chan, 1998)은 일의 세계에서의 변화요인으로 테크놀로지의 발달, 팀제의 증가, 의사소통 기술의 발달, 세계화, 고객만족에 대한 관심의 부각과 같은 다섯 가지 요인을 들었다. 이 글에서는 먼저 일의 세계에서의 다섯 가지 변화에 따라 기업조직에서 구성원들에게 요구되는 핵심역량이 무엇인지를 기술하고자 한다.

테크놀로지의 발달과 필요역량

급속한 기술의 발달과 컴퓨터 사용의 증가는 다양한 분야의 조직에서 일을 수행하는 방식에 중요한 변화를 가져왔다. 새로운 기술과 장비의 사용으로 인하여 종업원들은 새로운 지식이나 기술을 배울 필요성이 증가하였고 조직의 입장에서는 종업원의 연령과 관계없이 이들을 지속적으로 재교육시킬 필요성도 증가하였다. 전통적인 관점에서는 대학까지의 공식적인 교육과 직무에서 이루어지는 비교적 짧은 기간의 교육에 의해 종업원들이 자신의 일을 성공적으로 수행할 수 있다고 여겼다. 하지만 이러한 관점은 개인의 평생학습을 강조하는 관점으로 대체되고 있다. 개인이 직장에서 지속적으로 학습하지 않는다면 직업을 잃어버릴 가능성이 있고 재취업의 기회를 갖기도 매우 어려워질 가능성이 크다. 고용주가 종업원을 평생 동안 고용하기보다는 정해진 계약기간 동안 고용하는 경우가 증가하고 있기 때문에 종업원 스스로 자신의 능력을 향상시키고 학습해야 하는 부담감도 증가하였다. 오늘날 조직들은 종업원들에게 경력향상의 기회를 주겠다고 약속할 가능성이 과거보다 훨씬 더 적다. 조직들은 종업원이 전문인으로서 성장하는 것을 도와주는 보육자의 역할을 하기보다는 이미 전문적인 능력과 지식을 갖춘 인재를 고용하는 구매자의 역할을 하는 경향이 있다.

이러한 종류의 변화에 적응하지 못하는 사람들은 직장생활에 있어서 위기를 맞거나 조직에서 쫓겨날 가능성이 크다. 일의 세계에서 이러한 테크놀로지의 변화는 새로운 상황에 적응하기 위한 학습의 중요성을 강조한다. 조직에서 개인이 다양한 전문적 지식을 연마하고 새로운 기술을 습득하는 것이 점점 더 중요해지고 있다. 직무와 관련된 특정 지식이나 기술보다는 어떤 지식이나 기술이라도 쉽게 배울 수 있는 학습능력이 중요하다. 왜냐하면 지식이나 기술의 수명이 점점 짧아지고 지속적으로 새로운 지식이나 기술이 나오기 때문이다. 새로운 테크놀로지는 일을 수행하는 방식에서 변화의 주요한 원동력이 되고 있고, 개인과 조직은 이러한 변화에 효과적으로 적응해야 한다.

이러한 테크놀로지의 변화에 따라 다음과 같은 역량의 중요성이 부각되고 있다. 첫째, 직무수행에 요구되는 지식이나 기술의 수명이 점차 짧아지고 지속적으로 새로운 지식이나 기술이 출현하기 때문에 이미 습득된 '구체적(specific) 지식이나 기술' 보다는 새로운 지식이나 기술을 빨리 습득할 수 있는 '일반적 학습능력(general learning ability)' 이 더 중요하다. 따라서 새로운 종업원의 채용에서 특정 지식이나 기술을 측정하기보다는 일반적인 학습능력을 측정할 필요가 있다. 최근 국내에서 적성검사를 실시하는 기업이 증가하는 것도 이러한 추세를 반영하고 있다고 볼 수 있다. 일반적인 학습능력을 측정하기 위해서는 언어이해력, 논리력, 수리력과 같은 인지능력을 측정하는 검사를 사용할 수 있다.

둘째, 새로운 지식이나 기술을 학습하는 데 요구되는 능력뿐만 아니라 기꺼이 학습하고자 하는 동기 및 의욕이 중요하다. 왜냐하면 아무리 인지적인 능력이 있다 하더라도 배우고자 하는 의욕이나 동기가 없으면 최종적인 학습이 이루어지지 않기 때문이다. 능력에 의해 주로 결정되는 최대수행(maximum performance)보다는 능력과 동기의 상호작용에 의해 결정되는 평소수행(typical performance)이 중요하다. 동기 및 의욕을 측정하기 위해서는 성격의 5요인(Big 5) 중 하나인 새로운 경험에 대한 개방성이나 성취욕구를 측정하는 검사를 사용할 수 있다. 능력검사는 "할 수 있는(can do)" 요소를 측정하는 반면에 성격검사는 행동을 "기꺼이 하고자 하는(will do)" 요소를 예측할 수 있기 때문에 성격측정에 대한 관심이 증대되고 있다(유태용 역, 2003).

셋째, 테크놀로지의 발전으로 인하여 직무환경이 급속하게 변하므로 새로운 환경에 신속하게 적응할 수 있고 급변하는 환경으로부터 야기되는 스트레스를 덜 받는 종업원들이 요구된다. 적응성은 새로운 상황에 얼마나 잘 적응할 수 있는지를 나타내는 성격의 구성요인들 중의 하나이기 때문에 채용과정에서 성격검사를 통해 측정이 가능하다. 또한 스트레스에 대한 인내력이 강하고 쉽게 좌절하지 않는 성격의 종업원을 선발할 수 있는 검사도구를 사용할 필요가 있다. 이를 위해서 기존의 성격검사가 활용될 수도 있지만 선발장면에서 스트레스를 받는 상황에 처하게 한 후 이러한 상황에서 지원자가 어떤 반응을 나타내고 어떻게 대처하는지를 측정하는 모의상황 검사를 개발하여 사용할 수도 있다.

팀제에서 요구되는 역량

일의 세계에서 두 번째 변화는 팀제의 증가이다. 조직에서 집단의 중요성이 1970년대부터 산업 및 조직심리학에서 인식되기는 했지만, 최근에 와서야 팀에 대한 연구가 활발히 진행되고 있고 실제 기업에서도 팀제를 채택하는 경우가 늘어나고 있다. 오늘날 조직에서 수행하는 일들은 복잡하고 대부분 한 사람이 할 수 있는 능력을 초과하기 때문에 여러 명이 팀을 이루어 하는 것이 효과적이다.

조직에서 팀제를 채택하는 경우가 늘어나고 있으므로 새로운 종업원을 선발할 때 몇 가지 요인들을 고려해야 한다. 개인의 선발에 관한 연구를 통하여 얻어진 지식을 팀 구성원의 선발에 그대로 적용할 수는 없다. 전통적인 직무분석 방법들은 개인의 직무수행에 요구되는 지식, 기술, 능력들을 밝혔지만, 이러한 방법들은 팀을 이루어 일을 수행하는 작업환경으로부터 나온 것이 아니다. 클라이모스키와 존스(Klimoski & Jones, 1995)는 개인적 과업에 요구되는 지식, 기술, 능력에만 기초하여 팀 구성원들을 뽑는 것은 최적의 팀 효과성을 달성하기에 불충분하다고 주장한다. 팀의 구성원으로서 효과적인 수행을 나타낼 사람을 선발하기 위해서는 팀제에 적합한 개인의 능력, 성격, 태도 등을 고려할 필요가 있다. 팀 구성원으로서 적합한 사람을 선발할 때 팀이 수행하는 업무의 특성도 함께 고려할 필요가 있다. 예를 들어, 문제해결과 창의성을 강조하는 팀에서는 구성원들의 생각이나 성격의 이질성이 일반적으로 수행을 촉진시키지만, 전술적 팀과 같이 전문화된 지식이나 기술을 사용하는 경우에는 그렇지 않다.

팀 구성원을 성공적으로 선발하려면 효과적인 팀 수행을 위하여 최적의 팀 구성이 어떤 것인지를 먼저 밝혀야 한다. 따라서 팀에서 어떤 특정한 사람을 선발할 때는 팀에 들어오는 다른 사람들이 일반적으로 가지고 있지 않은 능력을 가지고 있는지를 알아볼 필요가 있다. 즉, 최적의 팀을 구성하기 위해서는 팀원 선발 때 대인간 조화를 이룰 수 있는 요인들을 고려할 필요가 있다. 팀원을 선발할 때 구성원들 간에 성격과 가치에서의 일치도를 알아보고 측정하는 것이 필요하다.

개인의 성격은 팀 효과성에 영향을 미친다. 따라서 팀 구성원을 선발할 때 성격을 고려할 필요가 있다. 베리와 스튜어트(Barry & Stewart, 1997)는 내향적인 사람들보다 외향적인 사람들이 집단의 성과에 더 큰 영향을 미친다는 결과를 보고했다. 내향적인 성격을 가지고 있는 사람들은 그들의 아이디어와 제안을 적극적으로 개진하지 못할 수 있기 때문이다. 베릭 등(Barrick, Stewart, Neubert, & Mount, 1998)은 외향성과 정서적 안정성이 팀 수행과 팀의 생존력(팀이 오랫동안 그 자체를 유지할 수 있는 능력)을 예측한다고 보고했다. 일반적으로 이러한 결과들은 외향적이고 어느 정도는 지배적인 성격의 소유자들이 팀의 기능에 강한 영향을 미친다는 것을 시사한다. 하지만 이러한 성격의 소유자들로만 팀을 구성하면 팀 내부의 조화가 깨져서 오히려 팀 기능을 방해할 수도 있다. 따라서 팀제를 운용하는 조직의 채용담당자들은 팀 구성원을 선발하기 전에 먼저 팀의 특성이 무엇인지를 밝힐 필요가 있다.

팀제의 증가추세에 따라 효과적인 대인관계 기술을 가지고 있는 종업원들을 조직에 채용하는 것도 매우 중요하다. 대인관계 기술은 의사소통, 타인과의 교류, 갈등해결, 타인에 대한 영향력 발휘 능력들을 포함한다. 팀으로 운영되는 조직에서는 자신의 의견을 타인에게 정확하게 전달하고, 타인을 설득할 수 있고, 동료들과 좋은 관계를 유지할 수 있는 사람을 선발하는 것이 바람직하다. 이를 위해서는 전통적인 지필검사보다는 평가센터나 모의상황과 같은 도구가 팀제에 적합한 사람을 선발하는 데 더 효과적이다.

의사소통 기술의 발달과 필요역량

의사소통 기술의 발달은 조직에서 사람들이 일하는 방식을 변화시켰다. 오늘날 인터넷을 통해 세상 어디에서든지 수많은 정보에 쉽게 접근할 수 있고 전자메일이나 인터넷을 이용한 화상회의 등을 통해 물리적으로 떨어져 있어도 서로 간에 의사소통하는 것이 매우 수월해졌다. 이러한 의사소통 기술의 발달로 인하여 물리적으로 서로 떨어져서 근무하는 종업원들 간의 상호의존성이 증가되었고 사무실에서 일하지 않고 자신의 집에서 근무하는 재택근무자가 증가하였다. 또한 컴퓨터 네트워크를 사용하는 직무의 경우에는 물리적으로 떨어져서 근무하는 사람들의 수행을 전자적으로 감독할 수 있는 기술도 개발되었다. 예를 들어, 개인이 작업한 시간, 키보드의 조작내용, 작업한 과정이나 결과, 전자메일을 통해 누구와 언제 접속하였는지 등이 상세하게 기록된다.

이처럼 의사소통에서의 기술적 발전은 개인이 작업하는 시간이나 장소에 있어서 상당한 유연성을 제공해 주었지만 부정적인 측면도 지니고 있다. 다양한 전자 커뮤니케이션 매체를 이용하여 작업하는 사람들은 물리적으로 동료들과 직접 만나 상호작용하는 기회가 줄어듦으로써 신체적으로나 정신적으로 고립감을 느낄 가능성이 크다. 또한 조직에 대한 소속감이나 조직구성원으로서의 책임감 등이 약화될 수 있다. 재택근무자들은 정체성에 있어 문제를 느끼고, 조직과의 연계가 끊어졌다고 느끼고, 분명치 않은 경력 경로를 밟고 있다고 느끼고, 일과 가정 간의 관계에서 모호함을 느낀다. 이러한 모호함에서 비롯되는 정체성(identity) 문제는 일과 가정 모두에서 효과적이지 못한 수행을 초래할 가능성이 있다. 또한 종업원들의 수행을 전자적으로 감독하는 경우에는 종업원들의 사생활 침해라는 윤리적 문제를 고려해야 한다. 뿐만 아니라 수행을 전자적으로 감독당하는 종업원들은 많은 스트레스를 받고 직무에 대한 만족이 낮아질 가능성이 있다.

의사소통 기술의 발전으로 인하여 변화된 직무환경에 잘 적응할 수 있는 사람을 선발하기 위해서 다음과 같은 역량을 고려할 필요가 있다. 첫째, 통신기술이나 장비의 발전으로 말미암아 실제 사무실에서 일하지 않고 집이나 자동차와 같이 사무실과 떨어진 공간에서 종업원 스스로 의사결정을 내리고 독자적인 수행이 요구되는 일이 증가하고 있다. 따라서 이러한 직무에서는 독자적으로 일을 수행해 낼 수 있는 자율성이 높은 종업원을 선발할 필요가 있다. 이러한 사람을 가려내기 위해서는 성격검사가 활용될 수 있다.

둘째, 동료와의 물리적인 접촉이 없이 온라인에서만 작업하는 데서 오는 정신적 고립감이나 스트레스를 효과적으로 이겨낼 수 있는 역량이 요구된다. 이러한 스트레스에 대한 인내력을 측정하기 위해서는 성격검사가 사용될 수도 있지만 보다 바람직한 방법은 모의상황을 통해 평가하는 것이다. 잘 꾸며진 모의상황 속에서 지원자들의 반응과 대처방식을 평가하여 새로운 작업방식에 적합한 지원자를 가려낼 수 있다.

셋째, 상사의 직접적인 감독이 없이 독자적으로 수행하는 직무의 경우에는 작업자의 성실성과 정직성이 중요하다. 자기 스스로를 통제하고 규율을 지키고 정직하게 일할 수 있는 사람들을 선발하기 위해서는 5요인 성격검사나 정직성(integrity) 검사를 사용할 수 있다.

세계화와 필요역량

일의 세계에서 또 다른 중요한 변화는 대부분의 기업들이 세계화되고 있다는 것이다. 예를 들면, 미국의 포드 자동차 회사의 직원들의 절반은 미국 이외의 지역에서 근무하고 있으며 네덜란드의 필립스사 직원들 중 4분의 3은 네덜란드 밖에서 근무하고 있다. 다른 나라에 공장을 세워 현지인들을 고용하고 그들을 관리해야 할 필요성도 증가하였다. 이러한 기업의 세계화 추세에 따라 종업원들은 자신과는 다른 문화, 관습, 언어 등을 이해할 수 있어야 하고 다른 문화나 관습에 대해 개방적인 태도를 지녀야 한다. 종업원뿐만 아니라 외국에서 생활해야 하는 종업원의 가족들도 파견지역의 생활과 문화에 적응해야 한다. 아서와 베네트(Arthur & Bennett, 1995)는 해외로 파견된 많은 나라의 관리자들을 대상으로 연구하여 가족 구성원들의 지원이 해외 파견근무를 성공적으로 수행하는 데 중요한 요인이라는 것을 보여주었다. 파견된 종업원이 그 나라 문화나 생활에 효과적으로 적응하지 못한다면 당사자나 조직 모두가 그에 따른 비용을 치러야 한다.

이러한 기업의 세계화 추세에 따라 다른 문화나 관습에 잘 적응할 수 있는 사람들을 선발할 필요가 있다. 외국을 여행해 본 경험이나 외국에서 살아본 경험이 있는 사람들이 해외근무를 보다 효과적으로 수행하고 현지에서 더 쉽게 적응한다. 따라서 선발시에 지원자의 생활사(bio-data)로부터 이러한 정보를 얻어 채용결정에 반영할 필요가 있다. 일반적으로 해외근무를 위한 사람을 선발할 때 지원자의 직무에 대한 전문적 지식이나 기술을 중시하는 경우가 많다. 그러나 해외근무에서 실패하는 이유가 단지 그들이 전문적 지식이나 기술을 가지고 있지 못해서가 아니다. 따라서 파견될 나라의 지리, 정치체계, 역사, 종교, 언어, 일반적인 관습과 생활습관에 관한 지식도 동시에 측정할 필요가 있다.

또한 국외근무에 적합한 개인의 능력이나 특성을 고려할 필요가 있다. 멘덴홀과 오도우(Mendenhall & Oddou, 1985)는 여러 연구들을 종합하여 국외근무를 성공적으로 할 수 있는 사람들이 지니고 있는 세 가지 능력을 제시하였다. 첫 번째는 자기(self) 차원으로서, 자신의 정신건강, 심리적 행복감, 자기효능감을 유지할 수 있는 능력이다. 두 번째는 관계(relationship) 차원으로서, 자신이 파견된 나라와 자기 나라에 있는 조직의 본부와의 관계를 긴밀하게 할 수 있는 능력이다. 세 번째는 지각(perception) 차원으로서, 파견된 나라에서 일하는 그 나라 직원들의 행동을 정확하게 지각하고 평가할 수 있는 능력이다. 로넨(Ronen, 1989)은 해외근무의 성공을 좌우하는 네 가지 능력이 모호성에 대한 인내, 행동의 유연성, 시비를 가리고자 하지 않음, 문화적 감정이입이라는 사실을 발견하였다.

헤스케스와 보흐너(Hesketh & Bochner, 1994)는 다른 문화에 대한 적응능력이 타인들과 조화롭게 상호작용하기 위해 필요한 기본적인 사회적 능력의 특수한 경우라고 주장하였다. 사회적 능력은 사회적 상황에서 타인에게 바람직한 효과를 산출하는 능력이다. 사회적 능력이 부족한 사람들은 사회적 행동에 관한 지배적인 규칙들을 모르고 있거나 그러한 규칙들을 준수하고자 하는 의지가 없기 때문에 그들이 살고 있는 사회의 관습에 숙달되어 있지 않다. 그러므로 해외파견 직무에서의 성공은 새로운 사회적 기술을 배우고자 하는 의지와 능력에 좌우된다고 가정할 수 있다.

세계화에 따라 외국어 능력이 과거 어느 때보다도 중요하게 여겨진다. 현지에서 종업원들을 채용할 때도 기본적인 언어소통을 위하여 국제적으로 가장 많이 사용되고 있는 언어인 영어를 읽고 쓸 수 있는 능력을 측정할 필요가 있다. 상대적으로 단순한 생산이나 서비스 관련 직무에 종사하는 현지인들은 일상적인 작업 맥락에서 사용되는 정도의 영어를 말하고 쓰는 것만으로도 충분하지만 그들이 보다 높은 위치로 승진하기 위해서는 높은 수준의 영어 실력을 갖추어야 한다. 작업자가 기본적인 영어 실력을 갖추고 있지 않으면 관리자의 지시를 이해하지 못할 것이고 작업과 관련된 메모, 매뉴얼, 기타 다른 문서화된 재료를 읽는 데 어려움을 겪을 것이다. 이러한 의사소통의 실패는 작업자의 직무수행에 부정적 영향을 미치고, 작업자들이 안전수칙을 이해하지 못하는 경우에는 그들에게 심각한 재해가 초래될 수 있다.

고객의 중요성과 필요역량

일의 세계에서 또 다른 변화는 서비스 제공을 주 목적으로 하는 조직의 숫자가 늘어났을 뿐만 아니라 제품을 생산하는 조직에서도 고객만족에 대한 관심이 높아지고 있다는 것이다. 이러한 추세는 고객에 대한 서비스의 질을 강조하게 되었고 종업원의 행동이나 태도가 소비자 만족과 어떤 관계를 나타내는지에 대한 관심을 불러일으켰다. 종업원의 서비스 행동에 대해 조직이 보상을 주면 종업원들이 고객에게 보다 훌륭한 서비스를 제공한다. 조직의 서비스 풍토와 관련된 가설을 검증하기 위하여 존슨(Johnson, 1996)은 한 은행의 57개 지점에서 근무하는 538명의 종업원과 7,944명의 고객으로부터 자료를 얻어서 조직의 서비스 풍토와 고객만족 사이에 유의미한 관계가 있다는 것을 발견하였다. 특히, 고객의 욕구와 기대에 대한 정보, 양질의 서비스를 제공하기 위한 교육, 훌륭한 서비스에 대한 보상은 고객들의 은행에 대한 전반적 만족과 관련되어 있었다. 또한 조직에 대하여 만족도가 높은 종업원들이 고객들을 만족시킬 수 있는 서비스 행동을 나타낼 가능성이 크다.

호간 등(Hogan, Hogan, & Busch, 1984)은 성격검사의 하위검사로서 서비스 지향성을 측정하기 위한 문항들을 개발하였다. 이러한 서비스 지향성 지수는 종업원들의 다양한 서비스 준거와 .20부터 .42 사이의 타당도를 나타냈다. 이 연구의 결과는 서비스 지향성이나 고객만족에 있어서 개인차의 중요성을 시사한다. 사교성과 호감성과 같은 성격요인이 종업원의 서비스 지향성을 예측하는 데 효과적이다. 종업원들이 고객에게 더 좋은 서비스를 제공하기 위해서는 고객의 욕구에 대하여 끊임없이 정보를 획득해야 하고 고객에게 좋은 서비스를 제공할 수 있는 방법에 대하여 관심을 가져야 한다. 따라서 선발에 있어서 서비스 지향적인 사람들을 알아낼 수 있는 성격검사를 사용할 필요가 있다. 또한 고객과 빈번한 접촉을 하는 직무에서는 고객들의 무리한 요구로부터 야기될 수 있는 정서적 스트레스를 효과적으로 이겨낼 수 있는 인내력이 요구되므로 선발에서 모의상황 기법을 활용할 수 있다.

일의 변화에 따른 필요역량을 어떻게 측정할 것인가

지금까지 일의 세계에서의 다섯 가지 변화를 기술하고 이러한 변화에 따라 구성원들에게 요구되는 역량들을 제시하였다. 앞으로 조직에서 새로운 종업원들을 선발할 때는 이러한 역량들을 측정할 필요가 있다. 지금까지 제시한 일의 변화에 따라 요구되는 역량과 이러한 역량을 측정하기 위해 가장 적절한 방법을 [표 III-3]에 제시하였다. 조직에서 채용을 담당하는 실무자들은 새로운 구성원들에게 요구되는 역량을 가장 잘 측정할 수 있는 방법을 선택해야 한다. 특정 질병을 치료하는 데 가장 효과적인 약이 있듯이, 각각의 역량을 측정하는 데 가장 효과적인 방법도 다르다. 예를 들어, 성격검사를 사용하여 가장 잘 측정할 수 있는 역량을 인지능력검사로 측정하고자 해서는 안 될 것이다.

[표 III-3] 일의 변화에 따라 요구되는 역량과 측정방법

일의 세계에서의 다섯 가지 변화	요구되는 역량	역량 측정방법
1. 테크놀로지의 발달	- 일반적 학습능력 (논리력, 추론력, 이해력, 수리력) - 새로운 환경에 대한 적응력 - 학습동기 및 의욕 - 성취욕구 - 경험에 대한 개방성 - 스트레스 인내력 - 컴퓨터 사용능력 및 지식	- 인지능력검사 - 성격검사 - 성격검사 - 성격검사 - 성격검사 - 모의상황 - 직무지식검사
2. 팀제 사용의 증가	- 의사소통 능력 - 대인관계 기술 - 협조성 - 호감성 - 감정이입능력	- 면접 - 모의상황 - 성격검사 - 성격검사 - 정서지능검사
3. 의사소통 기술의 발달	- 판단력 - 의사결정력 - 스트레스 인내력 - 자율성 - 성실성 - 정직성	- 모의상황 - 모의상황 - 모의상황 - 성격검사 - 성격검사 - 정직성검사

일의 세계에서의 다섯 가지 변화	요구되는 역량	역량 측정방법
4. 세 계 화	- 다른 나라 및 문화에 대한 체험 - 외국어 능력 - 다른 문화에 대한 지식 - 적응력 - 문화에 대한 개방성 - 자기효능성 - 심리적 민감성(감정이입능력) - 스트레스 인내력 - 대인관계 기술	- 생활사 검사 - 외국어 능력검사 - 지식검사 - 성격검사 - 성격검사 - 성격검사 - 정서지능검사 - 모의상황 - 모의상황
5. 고객의 중요성 부각	- 서비스 지향성 - 호감성 - 사교성 - 정서노동에 대한 인내력	- 성격검사 - 성격검사 - 성격검사 - 모의상황

참고문헌

유태용 역(2003), 「산업 및 조직심리학」, 시그마프레스.

Arthur, W., & Bennett, W.(1995), "The international assignee: The relative importance of factors perceived to contribute to success," *Personnel Psychology*, 48, 99-114.

Barrick, M. R., Stewart, G. L., Neubert, M. J., & Mount, M. K.(1998), "Relating member ability and personality to work-team processes and team effectiveness," *Journal of Applied Psychology*, 83, 377-391.

Barry, B., & Stewart, G. L.(1997), "Composition, process, and performance in self-managed groups: The role of personality," *Journal of Applied Psychology*, 82, 62-78.

Hesketh, B., & Bochner, S.(1994), "Technological change in a multicultural context: Implications for training and career planning," In H. C. Triandis, M. D. Dunnette, & L. M. Hough(Eds.), *Handbook of industrial and organizational psychology*(Vol. 4, pp. 191-240), Palo Alto, CA: Consulting Psychologists Press.

Hogan, J. C., Hogan, R., & Busch, C. M.(1984), "How to measure service orientation," *Journal of Applied Psychology*, 69, 167-173.

Johnson, J. W.(1996), "Linking employee perceptions of service climate to customer satisfaction," *Personnel Psychology*, 49, 831-852.

Klimoski, R. J., & Jones, R. G.(1995), "Staffing for effective group decision making: Key issues in marketing people and teams," In R. A. Guzzo & E. Salas(Eds.), *Team effectiveness and decision making in organizations*, 291-332, San Francisco, CA: Jossey-Bass.

Mendenhall, M., & Oddou, G.(1985), "The dimensions of expatriate acculturation," *Academy of Management Review*, 10, 39-48.

Ronen, S.(1989), "Training the international assignee," In I. L. Goldstein(Ed.), *Training and development in organizations*, 417-454, San Francisco, CA: Jossey-Bass.

Schmitt, N., & Chan, D.(1998), *Personnel selection: A theoretical approach*, Sage Publications.

03

역량 기반 인사제도의 효과성 제고방안: 역량모형의 진전에 관한 조망, 관행과 개선, 그리고 인사담당자를 향한 조언[1)]

오인수[2)]
in-sue-oh@uiowa.edu

국내에서도 많은 기업이 제반 인사제도의 기반으로 역량(competency)이라는 개념을 도입하여 사용한지 대략 십 년 즈음 지난 것 같다. 인사제도의 혁신에 민감한 기업이 아니라도 최근에는 대부분 역량 기반 인사제도, 혹은 역량 기반 하위 인사제도(교육, 채용, 경력관리, 보상제도 등)를 거반 갖추고 있는 듯하다. 이러한 추세는 다이어트 약처럼 잠시 반짝했다 곧 사라지는 시류처럼 보였지만, 이번에는 꽤나 지속될 추세처럼 보인다. 하지만, 충분히 효과를 발휘하고 있는 역량 기반 인사제도를 찾아보기란 힘든 것 같다. 무슨 근거로 이런 주장을 하는 것인가? 먼저 현행 역량 기반 인사제도 수립 관행에 대해 살펴보고, 역량 기반 인사제도가 효과성을 발휘하는 데 도움이 되는 한 대목을 소개하고자 한다.

---

1) 출처: 인크루트 경력개발연구소(2005), "역량 기반 인사제도의 효과성 제고방안, 「인재경영」, 6월호, pp. 60-67에서 전재함.

2) 조악한 초고를 읽고 세심하고 날카로운 피드백을 통해 본고의 질적 향상에 도움을 주신 성균관대 이순묵 교수님과 오하이오주립대 인사/노무관리 석사과정(GS-Caltex 교육파견) 원유태 차장님께 진심으로 감사드립니다.

역량모형의 진전에 관한 조망

직무 특수성에 대한 잘못된 신념

내부노동시장 이론(internal labor market theory)에 따르면 직무는 속한 회사의 여러 시스템과 오랜 시간에 걸쳐 상호작용한 결과 그 회사의 고유한 특성을 흡수하여 매우 특수하게 된다. 결국 이러한 이론에 풍미했던 과거에는 직무분석의 결과가 같은 직무 명을 갖고 있더라도 속한 회사에 따라 매우 다른 내용을 포함해야 했고, 실제로도 그랬다. 더욱이 이러한 생각은 직무관련 훈련방법으로 과거 도제식 교육과 비슷한 현장훈련(on-the-job training)의 당위성과 중요성을 부각시켰다. 하지만, 이 경우 선배 사원들은 직무와 관련된 자신의 노하우를 온전히 전수함에 따라 발생할 수 있는 전문성 상실과 이에 따른 노동가치 하락을 우려했고, 본연의 현장훈련의 효과성은 발현되지 못했다. 이러한 직무 특수성(job specificity)에 대한 생각은 더 나아가 같은 이름의 직무라 할지라도 속한 회사에 내재된 특수한 속성 때문에, 동일한 직무에 대한 선발도구의 타당도도 회사마다 다를 수밖에 없다는 잘못된 신념(상황 특수성)에 또 하나의 잘못된 논리를 더하는 지경에까지 이르렀다(Doeringer & Piore, 1971).

직무 특수성의 쇠락과 표준화된 직무분석의 진전

결국 어떤 직무에 대한 선발도구도 여러 회사에 걸쳐 그 타당도가 일반화될 수 없고 실제 자료도 그러했기 때문에, 각 회사마다 자체적으로 타당화 작업(validation)을 수행해야 한다는 논리가 만들어졌다. 하지만, 메타분석과 같이 각 회사의 동일한 직무에 대한 여러 타당도를 통합하여 분석하는 타당도 일반화(validity generalization) 기법이 진전되면서 속한 조직과 같은 상황 특수성을 동반한 직무 특수성 때문에 선발검사의 예측타당도가 달라지는 것이 아니라, 오히려 표집오차 등과 같은 통계적 오류 때문에 직무 특수성이나 상황 특수성과 같은 잘못된 신념이 생기게 되었다는 점이 실증적으로 증명되었다(Schmidt, Hunter, & Caplan, 1981). 이에 따라 직무란 것이 속한 회사의 특수성을 반영한다는 생각은 힘을 잃게 되었다. 이렇듯 같은 내용과 이름의 직무라면 회사마다 그 직무 속성이나 요건이 상당히 유사하다는 점이 부각되면서, 객관화되고 표준화된 직무분석방법(예를 들어, Position Analysis Questionnaire)이 각광을 받게 되었다.

표준화된 직무분석의 보완으로 역량 방법론의 대두

하지만, 이러한 표준화된 직무분석 방법도 오랜 시간이 지나지 않아 문제점을 노출하기 시작했다. 우선, 직무분석은 그 분석의 대상을 매우 차별적이고 협의적인 직무(한 사람의 몫은 구별되는 일 단위)로 한정했기 때문에 시간이나 비용면에서 경제적이지 못했다. 또한, 직무분석이 가진 분절적인 지식, 스킬, 능력 혹은 태도와 같은 세부적인 정보가—급속한 정보통신 기술의 발전, 팀제의 진전과 리엔지니어링으로 촉발된 다운사이징, 팀간 협력업무(cross-functional) 등의 증가로—실제적인 운영상의 효용성이 약화되었다. 이에 따라 직무분석을 보완하기 위해서 역량이 도입되었다. 다시 말해, 한 사람 몫의 구별되는 일 단위로서 직무의 특수성과 효용성이 사라지자, 오히려 협의의 직무를 넘어 광의의 역할이라고도 부를 수 있는 일 단위(work)의 수행에 필요한 요건을 작업자 중심으로 규명하기 시작한 것이 바로 역량모형이다. 따라서 역량은 직무분석의 결과처럼 어떤 특정 과업 혹은 업무 단위에 결부된 낱개의 상세 정보가 아니라, 보다 큰 단위인 일을 중심으로 의미를 갖도록 뭉뚱그려진 한 덩어리의 통합된 정보인 것이다(유태용, 2001).

역량모형 관행

일 단위의 구획화

불행인지 다행인지는 모르지만, 국내 대부분의 기업에서 사용하는 역량 도출방법과 해석수준은 마치 제도화 이론(institutional theory)의 명확한 증거인 듯 매우 유사하다. 이에 따르면 역량을 도출하기 위해서는 우선 현행 조직단위를 가급적 유지하면서 적절히 일의 단위(직무라고 불러도 좋다)를 구획화하고 그 단위 안에 사람들을 할당해야 한다. 그런데 이러한 구획화는 생각보다 쉽지 않다. 물론, 현장영업(예를 들어, 자동차 영업)처럼 다른 일과 명확히 구분되고 동일한 업무를 매우 많은 사람들이 하는 경우처럼 명확할 수도 있다. 하지만, 많은 부서의 경우 혼란이 발생한다. 영업기획과 마케팅을 하나로 묶어야 할지, 채용과 교육을 개별적으로 분리해야 할지, 기술교육과 영업교육을 직무교육이라는 큰 덩어리로 통합해야 할지, 혹은 영업교육은 광의의 영업으로 묶어야 할지 매우 혼란스럽다. 결국, 현장의 의견과 조직 내 정치적 역학 등이 고려되어 구획화가 논의되고 결정되어야 한다. 인사담당자로서 유념할 점은 이러한 구획화는 조직설계의 변경, 팀원수의 배분이나 관리자의 수효와 같이 실제 현업 조직에 큰 영향을 미칠 수 있기 때문에, 현장의 의견을 충분히 반영하고 이를 경영층에 보고하여 결정해야 한다. 사실, 이러한 일 단위의 구획화가 역량모형의 가장 난점이라는 데 많은 학자들과 실무자들이 동의한다. 왜냐하면 이러한 일 단위와 여기서 도출된 역량은 아직까지 직무기술서와 직무명세서로 대표되는 직무분석 결과와의 유사성을 통해서만(특히, 법정에서) 그 타당도를 인정받을 수 있으므로, 결국 직무분석 결과를 무시할 수 없고, 또한 이것이 제대로 결정이 되지 않으면 그 이후의 작업은 적당히 도마질된 일 토막별로 필요요건 목록을 만드는 요식행위와 별반 다르지 않기 때문이다(이순묵, 2004).

역량의 도출

일 단위가 결정되면, 그렇게 구획화된 일 단위(다시 이것을 직무라고 불러도 좋다)별로 우수 수행자, 즉 그 일을 잘하는 사람(들)을 추천받는다. 그 사람(들)은 대부분 외부 인사 전문가를 동행한 인사담당자와 현재 수행하고 있는 일을 하는 데 핵심적인 요건(역량)에 대해 인터뷰를 하게 된다. 어떤 경우에는 이러한 인터뷰를 하기보다 그들이 요청하는 여러 장표나 설문지에 이런저런 응답을 작성해서 보낸다. 그러면 외부 인사전문가와 인사담당자는 경쟁사 혹은 타사의 역량 목록이나 이미 책 등에 출간된 일반적인 역량(generic competency) 목록과 같은 기존 자료를 참고하여, 기한 내에 자사의 역량 목록을 만들어 낸다. 여력이 있는 경우에는 일을 못하는 사람(들)과도 만나고, 그저 평균적으로 일하는 사람(들)과도 만나서 그들이 생각하는 핵심 직무요건을 들어본다. 하지만, 실제적으로 이러한 점들은 실제 역량 목록에는 별로 반영되지 않고, 일종의 변화관리 전략이나 새로운 역량 기반 제도에 대한 홍보목적으로 사용된다. 인사담당자들은 이러한 변화관리 및 홍보목적에 대해서 과소평가를 해서는 안 된다. 이것은 선택사항이 아니라 분명히 필수사항이다. 이후에 논의되겠지만, 이것은 또한 단순히 변화관리 및 홍보목적에 국한되어서도 안 된다.

평가를 위한 역량별 수준(행동 지표) 작성

때로 많은 기업들은 역량 목록만으로는 만족하지 못하고, 개발목적이든 승진 혹은 임금과 같은 행정목적이든 평가를 위한 역량별 수준(행동 지표)이 필요하다고 한다. 때로는 직급(위)별로 수준이 정해지기도 하고, 다른 경우에는 이와 상관없이 '미흡'에서 '우수'까지 3에서 5단계 정도가 정해진다. 인사담당자들은 이러한 수준이 너무 자세해서 실제적으로는 읽히지 않는 주석이 되도록 해서도 안 되겠지만, 그렇다고 개인간의 실제적 역량 차이를 반영하지 못할 정도로 단순화해서도 안 된다. 이런 점에서 설문조사의 척도처럼 5단계 정도가 적당하다고 하겠다. 즉, 이건 단기기억의 용량과 같은 7±2이다.

역량모형에 대한 관리자의 회의적 시각

최종 역량모형 결과를 가지고 인사담당자는 관리자들을 모아 놓고, 자신의 부하가 어느 수준에 해당하는지를 이러한 역량(별 수준)을 참고하여 평가해야 한다고 강조한다. 그리고 채용, 교육, 경력개발 등도 이러한 역량을 중심—예를 들어, 역량 목록의 내용을 반영한 면접문항, 경력관리제도의 개발 등—으로 진행될 것이고, 이러한 역량 기반 인사제도가 정착이 되면 회사에 성장과 발전에 직접적으로 기여할 것이라고 강조한다. 그런데 시간이 지나고 대부분의 인사제도가 역량 기반으로 바뀌고 정착도 된 듯한데, 기대한 변화는 없다. 여전히 현장의 관리자는 그게 정말 '역량'이 맞는지 의아스러울 뿐이다. 그들에게 역량은 과거 직무분석과 별반 다름이 없는 각종 스킬 관련 목록으로서 존재하는 것 같다. 결국 그들은 역량 기반 교육 프로그램에 부하를 보내기가 꺼려지고, 역량 기반 면접문항은 무시한 채 그냥 옛날에 하던 대로 지원자에게 하고 싶은 질문을 하며, 역량 기반 평가 시스템에 탑재된 역량별 정의나 수준을 꼼꼼히 참고하지 않은 채 과거처럼 전반적인 인상에 의존한 평가 관행을 그대로 답습하고 있는 자신을 발견한다.

현행 역량모형의 개선을 위한 한 대목

왜 그럴까? 이전에 필자는, 전략 등을 고려하지 않은 과거 지향적 역량 도출방법의 제한점, 역량의 더딘 갱신 속도, 현장과 괴리된 역량관련 정의와 수준별 진술문 등이 역량 기반 인사제도의 효과성을 저하시킨다고 인용한 적이 있다. 그런데 최근 새로운 사실을 하나 더 발견하였다. 다름 아닌, 지금까지의 역량모형 방법은 우수 수행자가 다른 사람보다 일을 잘 하는 데 필요한 요건만을 단편적으로 규명했지, 그들이 그러한 일을 바라보는 독특한 시각은 충분히 담아내지 못했다는 사실이다. 즉, 일을 잘 하는 사람이 다른 사람과 달리 자신이 하는 일을 어떻게 지각하고 이해하고 있는지를 충분히 파악해서 이를 역량모형 결과에 충분히 담아내지 못했던 것이다. 이 점은 사실 우수 수행자들이 자신의 역할과 이의 성공적 수행에 필요한 요건을 이해하고 내재화하는 데 있어서 얼마나 회사의 비즈니스 전략과 연계하는지와 관련된다. 마지막으로 전통적 역량모형 방법은 우수 수행자만을 분석의 대상으로 간주하는 경향이 강해서, 평균 수행자의 특성은 분석에서 제외되거나 형식적으로 분석되었다. 따라서 이러한 방법을 통해 도출한 역량은 평균적 수행자와 철저히 비교하여 규명된 진정한 의미의 차별적 역량이기보다는 단지 우수 수행자가 보유한 역량이었다. 이와 관련하여 다음에서는 현행 역량모형이 지닌 이러한 약점을 보완해 주는 한 방법으로서 샌드버그(Sandberg, 2001)라는 호주의 경영학자가 하버드 비즈니스 리뷰에 게재한 보다 정교화된 역량모형 방법론을 실제 사례와 함께 소개하고자 한다.

종업원간에 일과 역량에 대한 시각은 같지 않다

샌드버그는 스웨덴 볼보자동차 공장에서 근무하는 50명의 차량 검사 엔지니어(test engineer)의 역량을 도출하면서 몇 가지 흥미로운 사실을 발견했다. 참고로, 이 회사에서 차량 검사 엔지니어는 제품생산과 판매의 중간에서 경쟁우위의 원천이 되는 전략적 역할을 담당하고 있었다. 즉, 승용차 시장의 치열한 글로벌 경쟁을 고려할 때, 제대로 검사가 안 된 차가 판매되어 고객이 갑작스런 고장을 경험하거나 그것이 사고로 이어질 경우 회사가 입게 되는 유·무형의 손실은 가히 우리의 상상을 초월하는 것이다. 따라서 회사는 전략적으로 차량검사 분야를 일종의 핵심 역량 영역으로 간주하여 전폭적으로 관심과 자원을 투자했으며, 본 역량모형도 그러한 선상의 노력이라고 하겠다.

본격적인 논의에 앞서 서두에 밝혀야 할 내용이 있다. 샌드버그는 이러한 역량모형을 수행함에 있어 단순히 해당 엔지니어만을 만난 것이 아니라, 이들이 속한 차량검사 분야가 회사의 비즈니즈 전략과 어떤 연계 고리를 가지고 있는지를 확인하기 위하여 전략부서의 최고 책임자 및 경영위원들(임원진)과도 심도 있는 면접을 진행하였다. 또한 직무분석 결과물, 직무수행 기록과 같은 광범위한 기존 자료에 대한 검토도 동시에 수행하였다. 또한 그는 자신이 가진 편견과 선입견을 극복하기 위하여 모든 면접 자료를 녹음하거나 녹화하였으며, 이를 또 다른 공동 연구자가 요약하게 하여 자신의 기록과 비교하고 중대한 차이가 발생할 경우에는 토의를 통해 조정하였다. 때로는 이러한 토의에 현업 전문가를 참여시켜서 그들의 의견을 경청하기도 하였다. 이러한 노력은 역량모형의 질적 향상과 아울러 변화관리 및 홍보차원에서도 바람직한 것이었다. 다시 말해, 이러한 노력을 통해서 샌드버그는 보다 적극적인 현업과 경영층의 지원하에서 역량모형 작업을 수행할 수 있었던 것이다.

예상한 대로 일을 잘 하는 우수 엔지니어(고성과자)와 평범한 엔지니어(저성과자)의 차이는 그러한 차량검사 일을 잘 하는 데 필요한 요건(역량 목록)에 있었다. 다시 말해, 그들이 각각 제시한 역량 목록에는 일치되는 부분이 상당히 많았다. 하지만, 무시하지 못할 차이도 상당히 발견되었다. 그것은 동일한 이름을 가진 역량이라 할지라도 고성과자와 저성과자가 자신이 수행하는 일과 이에 필요한 역량을 어떻게 달리 지각하고 이해하고 있는지에 있었다.

일에 대한 이해와 초점의 차이

평범한 엔지니어들은 자신들이 하고 있는 일(직무)이 사전에 정해진 명세서(specification)에 따라 자신들이 검사하는 엔진이 아무 이상 없이 잘 돌아가도록 하는 것이라고 기술했다. 따라서 그들의 업무는 엔진을 구성하는 개별 요소들의 이상 유무에 중점을 두었다. 하지만, 우수한 엔지니어들은 자신이 하는 일을 고객에게 보다 향상된 운전경험을 제공하도록 엔진을 돌보는 일이라고 정의했으며, 엔진을 구성하는 개별 부품보다는 실제 운전을 할 때의 느낌에 초점을 맞추어 일을 했다. 샌드버그는 이러한 일에 대한 이해와 초점(혹은 수준)의 차이에 기초하여 평범한 엔지니어들은 "단순 최적화를 한다"고 하였고, 우수한 엔지니어들은 "고객중심 최적화를 한다"고 명명하였다. 그리고

[표 III-4] **볼보 자동차 검사 엔지니어**(testing engineer)**의 역량모형**(Sandberg, 2004)

	단순 최적화	상호작용적 최적화	고객중심 최적화
직무정의	엔진의 개별 부품에 대한 점검	엔진의 부품들의 총체적 수행 점검	고객에게 보다 향상된 운전경험을 제공
직무수행의 초점	명세서에 따른 개별 부품 확인	전체적 엔진 수행	운전경험
역량 1. 자료해석능력	외적 요소의 변화가 개별 부품에 미치는 영향 이해	언급 안 됨	언급 안 됨
역량 2. 검사 정확성	검사를 제대로 수행할 줄 앎	어떤 부품을 언제 검사하는 것이 최적인지 앎	언급 안 됨
역량 3. 엔진에 대한 지식	개별 부품의 성능에 따라 엔진이 어떻게 반응하는지 앎	개별 부품의 성능이 다른 부품의 성능에 어떤 영향을 미치는지 앎	엔진이 전체적으로 어떻게 작동하는지 실제적 감각을 가지고 있음
역량 4. 작업수행지식	외적 요소를 변화시키는 시뮬레이션을 통해 개별 엔진부품의 수행 변화를 파악	외적 요소를 변화시키는 시뮬레이션을 통해 전체 엔진부품의 수행 변화를 파악	외적 요소를 변화시키는 시뮬레이션이 실제 조건을 얼마나 반영하는지를 앎

	단순 최적화	상호작용적 최적화	고객중심 최적화
역량 5. 고객 지향적 학습 능력	언급 안 됨	개별 부품들이 어떻게 상호작용하는지에 관심이 높음	고객의 요구사항에 대해서 파악하고자 노력함
역량 6. 개인간 협력 능력	언급 안 됨	언급 안 됨	운전경험의 향상에 관심이 있는 모든 동료들과 협력

그 사이의 평균적 엔지니어들은 "상호작용적 최적화를 한다"고 통칭하였다([표 III-4] 참조).

세 수준의 최적화에서 역량의 양적 · 질적 차이

평범한 엔지니어들은 현재 수행하고 있는 일을 잘 하기 위해서는 자동차의 성능과 관련한 다양한 측면을 고려한 기술적인 부분이 중요하고, 우수 수행자들이 이러한 점에서 자신보다 우수하기 때문에 그런 평판을 받는 거라 생각하고 있었다. 평범한 엔지니어들은 자신의 현재 역할을 회사의 비즈니스 전략과 연계지어 보다 거시적으로 이해하기보다는 자신이 지금까지 수행해 왔던 직무상에 한정하여 폭 좁게 이해하고 있었고, 따라서 그들이 보유하고 개발하고 있었던 역량들도 대부분 매우 전통적인 직무요건들이었다. 이에 반해, 우수한 엔지니어들은 현재 하고 있는 일을 잘 하기 위해서는 기술적인 측면도 필요하지만, 자신들의 하는 일이 가지는 비즈니스 전략상의 중요성에 비추어 고객 지향의 마음가짐과 팀워크가 더 중요하다고 생각하고 있었고, 또한 이것이 자신들이 높은 평판을 받는 이유라고 생각하고 있었다. 우수한 엔지니어들은 자신의 역할을 회사의 비즈니스 전략과 연계하여 생각하고 있었으며, 그러한 비즈니스 전략을 견인하는 데 필요한 요건들을 내재화하여 핵심역량으로 보유하고 있었던 것이다.

보다 구체적으로 말하면, 저성과자들은 그들의 핵심역량으로서 자료해석능력(ability to interpret data), 검사 정확성(accuracy), 엔진에 대한 지식(knowledge of engine), 작업 수행지식(knowledge of how performance parameters work)을 거론하였다. 반면에 고성과자들은 엔진에 대한 지식, 작업수행지식, 고객 지향적 학습능력(ability to learn), 개인간 협력능력(ability to work with others)에 주목하였다. 즉, [표 III-4]에서와 같이 평범한 엔지니어는 단순 최적화에 중점을 두는 가운데 역량 1에서 4까지를, 고성과의 엔지니어는 고객중심 최적화에 중점을 두므로 역량 3에서 6까지를, 그 가운데 입장의 평균적 엔지니어는 역량 2에서 5까지를 언급하고 있다는 양적 차이가 발견되었다. 하지만, 샌드버그는 이러한 역량 목록에 만족하지 않았다. 그는 엔지니어들의 실제적 행동을 구체적으로 관찰하기 시작했고, 곧 같은 이름의 역량이라도 고성과자와 저성과자 사이에 존재하는 역량에 대한 지각과 이해가 다르고, 그에 따라 동일한 역량에 대해서 질적으로 다른 행동이 표출되고 있음을 발견했다(표 III-4 참조).

일과 역량에 대한 지각 차이에 따른 차별적 행동(수행)

위에서 논의된 대로 일에 대한 전반적 지각과 역량에서의 양적 · 질적인 차이가 구체적으로 어떻게 핵심적인 행동으로 발현되어 성과에 영향을 미치는지 종합해 보자. 먼저, 평범한 엔지니어들은 우수 수행자가 되기 위해서 더욱 열심히 차량검사 관련 숙지사항을 준수했고, 혹시라도 발생할지 모르는 문제점을 파악하려고 노력했고, 기술적인 측면에서 발생할 수 있는 에러 방지에 더욱 집중했다. 즉, 이들은 결함으로 인한 사고 방지에 초점을 맞추었다. 즉, 이들의 행동은 매우 전통적인 직무수행(직무기술서에 정리된 내용)에 한정되었고, 자신의 직무수행이 최종 고객의 기대사항 혹은 회사의 비즈니스 전략과 같은 상위체계에 어떻게 연결될 수 있는지에 대한 전략적 고려는 담아내지 못하고 있었다.

하지만, 갈수록 경쟁이 심화되는 자동차 시장에서 차체의 내구성만 가지고는 경쟁우위를 점할 수가 없다는 점을 기억해야 한다. 더욱이 고객들은 자동차가 운송수단으로서 가진 실제적 내구성을 넘어 총체적으로 지각된 가치(perceived value)를 중심으로 소비를 하고 있음을 주지해야 한다. 이런 점에 비추어 볼 때 내구성 확보는 경쟁우위의 필수조건이기는 하지만, 충분조건은 되지 못한다. 하지만, 우수한 엔지니어들은 오히려 정해진 검사가 끝나면 직접 차를 몰아보고 고객의 입장에서 어디가 문제가 있는지 살폈고, 때로는 직접 고객에게 의견을 물었고, 이를 디자인 혹은 설계 엔지니어들과 논의하여 향후 품질개선에 반영하고자 노력했다. 다시 말해, 그들은 기본적 내구성의 확보를 넘어 고객이 지각하는 차량품질과 가치의 극대화가 경쟁우위의 확보와 회사 비즈니스 전략의 달성으로 이어진다는 미래지향적, 거시적인 시각과 이에 필요한 역량을 보유하고 이를 실천하고 있었던 것이다. 많은 경우 역량에 대한 파악이 미래지향적이고 거시적인 조건(우수한 수행자와 평범한 수행자를 변별해 주는 역량)까지 담아내지 못하고, 그 일을 아무 탈 없이 수행하는 데 필요한 조건(평균적 수행자와 평범한 수행자를 변별해 주는 역량)만을 담아내는 경우가 많다. 하지만 한 조직이 속한 산업(industry)에서 지속적 경쟁우위를 점하기 위해서는 회사의 비즈니즈 전략과 보다 밀접히 연계된 역량이 선발과 교육측면에서 강조되어야 하고 또한 적절히 평가되고 보상되어, 지속적으로 발현될 수 있어야 한다.

마무리 및 제언

요약하자면, 우수한 엔지니어가 평범한 엔지니어에 비해서 두 가지 차별적인 역량(고객 지향적 학습능력과 개인간 협력능력)을 보유했지만, 그들 모두 기술적인 측면과 작업 수행지식이 일을 잘 하는 데 필요한 역량이라는 점에서는 동의를 했다. 하지만, 그들이 자신이 맡은 일과 그러한 일을 수행하는 데 필요한 역량을 회사의 비즈니스 전략과 관련하여 어떻게 이해하는가에 따라 구체적 행동은 사뭇 다른 모습이었다. 결국 인사담당자에게 전해질 메시지는 다음과 같다. 기본적으로 고성과자와 저성과자를 변별해 주는 역량을 효율적(경제적, 기한 내)으로 규명하는 것도 중요하지만, 고성과자와 저성과자가 일과 역량에 대해서 가지고 있는 차별적인 시각과 이해를 역량모형에 담아내지 못한다면 절대로 역량 기반의 인사제도가 충분히 효과를 발휘할 수 없다는 점이다. 하지만, 이러한 논의가 가진 함정은 인사담당자의 현실을 고려하지 못한 순진한 원론적 주장일 수 있다는 것이다. 다시 말해, 인사담당자로서 경험하는 현실인 경영층의 무관심과 때로는 무지, 제한된 자원, 촉박한 기한, 인사 전문가의 부재, 현업 부서의 무관심 등 여러 제약 속에서 일하고 있는 인사담당자들을 위하여 본 논의와 관련한 몇 가지 제한점을 밝히는 것이 필요할 것 같다.

첫째, 하루가 다르게 급변하는 현재의 경영환경과 이에 대응하여 변화해야 하는 직무의 가변성을 고려할 때, 모든 직무에 걸쳐서 이렇듯 꼼꼼하고 세심한 역량모형을 적용하기는 힘들다. 논의된 예시처럼 회사의 비즈니스 전략과 보다 밀접히 연결된 일(직무 혹은 직무군)이라면 위에서 논의한 점들을 보다 철저히 고려해야 할 것이다. 특히 역량모형을 초기에 도입한 회사들과 달리 후발 도입 회사들은 역량모형의 도입에 따른 장점보다는 이를 도입하지 않음으로써 발생할 수 있는 여러 잠재적 위험(예를 들어, 인사제도 혁신에 대한 경영층의 질타에 대한 모면책), 즉 제도화 압력 때문에 역량모형을 도입한 경우가 많다. 따라서 형식적이고 겉만 그럴듯한 역량모형을 보유하는 것으로 만족하기 쉽다. 하지만, 역량모형은 그 보유가 아니라 그것이 실제 제반 인사제도의 근간으로 작동할 때 효과를 발휘하는 것이다. 따라서 최소한 선발 및 교육에 활용할 수 있는 수준의 정교한 역량모형을 회사 비즈니스 전략과 밀접히 연계된 핵심 일(분야)을 중심으로 개발하여야 할 것이다.

둘째, 간접적인 지원/행정 직무(군)의 경우에는 모든 직무에 걸쳐 이러한 역량모형 작업을 하기보다는 이미 시장에 나와 있는 일반적인 역량을 활용한 역량 사전(competency dictionary) 방식이 보다 효율적일 수 있다. 하지만 그렇다 하더라도 회사의 비즈니스 전략 및 기존 직무에 대한 문헌조사, 면접 등을 통해서 맞춤형 역량이 도출될 수 있도록 최대한 노력해야 할 것이다. 차별적인 역량모형이 아니라면 이른바 복제판이라는 비난을 면치 못할 것이다.

셋째, 역량모형이 직무분석을 완전 대체할 수 있는 것은 절대로 아니라는 점이다. 특히 일의 구획과 세부활동을 정의한 일(직무) 기술서는 채용공고나 조직개편 등의 행정적인 목적을 위해서라도 조직활동에 없어서는 안 될 필수요소이다. 특히 미국의 경우에는 채용 장면에서 사용한 선발기준에 대해 지원자로부터의 소송이 있을 때, 그러한 기준의 직무 관련성을 증명하는 직무분석의 결과를 아직까지 가장 선호하고 있기 때문에 더욱 그렇다. 물론 국내에는 이러한 법적 문제가 그리 주목을 받지는 못하는 것 같다. 다만, 역량모형은 기존의 행동중심의 직무분석에서 제공했던 지식, 스킬, 능력과 같은 KSA 중심의 인사 행정용 직무명세서에 비해서 좀더 넓은 개념의 KSA, 예를 들면, 변혁적 리더십, 고객감동의 서비스 정신, 위기 대처능력과 같은 성과향상과 연결된 조직개발(organizational development)의 소재가 되는 방향을 제시해 주기 때문에, 기존의 직무분석을 대체하는 것이 아니라 이를 기반으로 한 거시적 영역의 개척이라고 할 수 있다.

이에 추가하여, 헤네만과 저즈(2003)는 역량모형과 직무분석의 실제적 차이는 역량이 팀이나 전체 조직, 혹은 리더(후보)군과 같은 넓은 범위에 대해서도 적용이 가능하고, 직무수행에 초점을 맞추는 직무분석보다는 회사의 비즈니스 전략에 좀더 직접적으로 연계될 가능성이 높다는 것을 밝히고 있다(Heneman & Judge, 2003; 이순묵, 2004).

마지막으로 체계적인 역량모형은 장점이 있는 만큼 위에 언급된 제한점도 있기 때문에 전사적 도입에 앞서 특정 부문이나 본부를 대상으로 예비(pilot) 시행을 해 보고 그 도입 여부와 범위(전사적 혹은 특정 직무군 한정 도입) 등을 결정해야 할 것이다. 바로 이러한 제한점들과 앞서 언급한 대목이 고려되어 역량 기반의 제도가 수립되고 보완될 때 회사 비즈니스 전략의 든든한 견인차로서의 역량 기반 인사제도는 극대화된 효과성을 발휘할 수 있을 것이라고 조심스럽게 기대하며 이 모든 결론은 아직도 검증이 끝나지 않은 필자의 잠정적 결론임을 밝히며 갈음하고자 한다.

참고문헌

이순묵(2004), "Upside and downside of competency modeling," 한국 산업 및 조직심리학회 추계학술대회 발표논문집.

유태용(2001), "인사선발에서의 새로운 변화추세와 연구과제," 「디지털경영연구」, 1(1), 103-127, 광운대학교 디지털경영연구소.

Doeringer, P. B., & Piore, M. J.(1971), *Internal labor markets and manpower analysis*, 1-40.

Heneman, H. G., & Judge, T. A.(2003), *Staffing organizations*(4th ed.), McGraw-Hill and Mendota House publishers, 74-176.

Sandberg, J.(2001), "Understanding competence at work," *Harvard Business Review*, 79(3), 24-28.

Schmidt, F. L., Hunter, J. E., & Caplan, J. R.(1981), "Validity generalization results for two job groups in the petroleum industry," *Journal of Applied Psychology*, 66, 261-273.

모집 및 선발

IV

고객만족시대의 채용시스템[1]

01

유태용
tyyoo@kw.ac.kr

최근에 기업이 처한 외부환경이 급속하게 변화하고 새로운 테크놀로지가 개발됨에 따라 일의 세계에도 많은 변화가 이루어지고 있다. 일을 수행하는 방식에도 많은 변화가 일어나고 있고 기업이 종업원들에게 요구하는 능력이나 기술 등도 과거와는 많이 달라지고 있다. 이러한 추세에 따라 기업이 새로운 종업원을 채용할 때 중요하게 여기는 역량이나 채용할 때 사용하는 도구와 방식도 달라지고 있다(유태용, 2001). 기업의 성패는 훌륭한 인재에 달려있기 때문에 최근에 국내 기업들은 핵심인재를 확보하기 위해 어느 때보다도 더 많은 노력을 기울이고 있다. 서비스업계에서는 고객의 중요성이 오래전부터 회자되어 왔지만, 우수한 인재를 확보하기 위해서는 채용장면에서도 고객만족의 개념을 도입할 필요가 있다. 이 글에서는 채용장면의 다양한 고객들에게 만족을 제공할 수 있는 채용시스템을 설계하기 위한 구체적인 실천방안을 다루고자 한다.

1) 출처: 인크루트 경력개발연구소(2005), "고객만족시대의 채용시스템," 「인재경영」, 2월호, pp. 100-105에서 전재함.

채용장면에서 고객은 누구인가

기업의 인사 또는 채용담당자들에게 과연 "고객"은 누구일까? 산업 및 조직심리학자인 길리랜드와 체리(Gilliland & Cherry, 2000)는 채용담당자들이 염두에 두어야 할 잠재적 고객의 세 부류로서 지원자(applicant), 일선 관리자(line manager), 지원자들이 입사할 경우에 함께 일하게 될 동료 종업원(coworker)을 언급하였다.

첫 번째 유형의 고객인 지원자는, 채용담당자들에게 가장 중요한 고객이다. 지원자는 응시한 기업의 채용시스템을 직접 경험하는 사람들로서 기업의 채용과정이 투명하고 공정한지에 대한 평가를 내린다. 이러한 평가는 기업에 대한 이미지를 형성하게 되고, 합격한 사람의 경우에는 이러한 평가가 입사 후 조직에 대한 만족 또는 몰입에 영향을 미칠 수 있다. 불합격한 사람의 경우에도 채용과정이 투명하고 공정하다고 느낄 경우에는 기업에 대하여 좋은 이미지를 계속 유지할 수 있다. 하지만 채용과정이 불공정하다고 느끼는 불합격자는 기업에 대하여 다른 사람들에게 부정적인 입소문을 전파시킬 수 있고, 기업의 제품과 서비스까지 부정적으로 평가하는 파급효과를 일으킬 수 있다. 우리나라에서는 아직까지 흔치 않지만 미국에서는 채용과정이 불공정하다고 지각하는 지원자들이 해당 기업을 상대로 법적 소송을 제기하는 경우도 자주 발생하고 있다.

길리랜드(Gilliland, 1993)는 채용시스템의 공정성 확보를 위해 기업이 다음의 세 가지 규칙을 준수할 것을 제안하였다: 공식적일 것, 설명제공, 인간적인 대우. 첫째, 공식적이라 함은 채용절차가 직무와 관련되어 있고, 지원자들에게 실력을 보여줄 기회를 주고, 잘못된 채용결정에 대해서 이의를 제기할 수 있는 기회를 주고, 모든 지원자들에게 동일한 절차를 적용함을 의미한다. 둘째는, 설명제공으로 지원자들에게 채용결정에 대한 피드백을 주고, 채용절차에 대한 정보를 제공하고, 제공하는 정보는 정직하고 신뢰성을 지녀야 한다. 셋째는, 인간적인 대우로서 지원자를 존중하고 인간적으로 따뜻하게 대우해 주고, 지원자에게 채용절차에 대한 의견을 제시할 수 있는 기회를 주고, 지원자의 사생활을 침해하지 않기 위하여 직무와는 관련 없는 사적인 질문을 하지 말 것을 의미한다.

두 번째 유형의 고객은, 채용시스템을 실제로 실행하는 일선 관리자이다. 일선 관리자는 기업의 실무과장이나 부장과 같이 지원자들의 채용과정에 참여하면서 지원자들을 면접하고 채용결정을 내리는 사람들이다. 이들은 채용에 참여하는 것이 자신의 본업이 아니라고 여길 수 있기 때문에 채용절차가 복잡하지 않고 시간이 덜 걸리는 것을 원한다. 기업이 아무리 객관적이고 타당한 채용시스템을 마련했다 하더라도 이러한 채용시스템을 실제로 집행하는 일선 관리자들이 채용절차가 너무 번거롭다고 여기는 경우에는 실효를 거두기 어렵다. 따라서 내부 고객인 일선 관리자가 만족할 만한 채용시스템을 마련해야 한다.

세 번째 유형의 고객은, 지원자들이 입사할 경우에 함께 일하게 될 동료 종업원들이다. 이들은 기업의 채용시스템을 통해 입사한 신입사원들과 함께 일하면서 채용결과의 성공 여부를 직접 경험한다. 즉 현재 채용시스템을 통해 들어오는 인력들이 우수한지 아닌지를 직접 경험함으로써 현재 채용시스템의 질을 판단한다. 동료 종업원들이 현재 채용시스템을 통해 우수한 인재들이 들어오고 있다고 생각하는 경우에는 채용시스템에 대해 만족하겠지만, 부적절한 사람들이 들어오거나 채용절차가 불공정하다고 지각할 경우에는 신입사원에 대한 수용도가 낮아질 것이다.

최근에 국외에서는 채용절차에 대한 지원자들의 반응에 대하여 많은 연구가 이루어지고 있다. 이러한 연구결과에 따르면, 채용과정에서 측정하는 역량이 직무와 관련되어 있고, 모든 지원자들에게 동일한 절차를 적용하고, 지원자들을 정중하게 대우해 주고, 채용결정에 대하여 적시에 적절한 정보를 제공해 줄 때, 지원자들이 채용절차가 공정하다고 판단하였다. 지원자들의 반응에 대한 연구와 비교해 볼 때, 일선 관리자나 동료 종업원들을 채용장면에서의 고객으로 간주하고 이들의 반응을 연구하는 경우는 상대적으로 드물었다. 하지만 일선 관리자들은 채용시스템을 직접 적용하는 당사자들이기 때문에 적용이 간편하고 단순한 채용절차를 선호하고, 동료 종업원들은 자신들과 잘 어울리고 함께 일하는 데 적합한 신입사원들을 채용해 주기를 바란다. 따라서 일선 관리자와 동료 종업원들도 채용시스템의 중요한 고객으로 간주해야 한다. 이러한 세 가지 유형의 고객들에게 만족을 줄 수 있는 채용시스템을 완성하기 위해서는 시스템 개발단계, 지원자 평가단계, 피드백단계로 나누어 각 단계별로 다음과 같은 실천 방안을 수립해야 한다.

시스템 개발단계에서는 무엇을 할 것인가

채용시스템의 개발단계에서는 첫째, 내부 고객(일선 관리자와 동료 종업원)에게 새로운 채용시스템이 왜 필요하고 어떻게 개발될 것인지를 공식적으로 알려준다. 이를 위해 공청회나 공문, 이메일 등을 통해 정보를 제공하고 구성원들의 관심을 불러일으킨다.

둘째, 일선 관리자나 종업원들과 같은 내부 고객들의 참여를 유도하기 위하여 설문조사나 면담을 실시하여 채용시스템에 대한 그들의 의견이나 제안을 수렴한다. 채용과정이나 방식에 대하여 자신들의 의견을 낼 기회가 있다고 느낄 때 공정성에 대한 지각이 증가한다. 설문조사나 면담을 실시할 때는 현재의 채용방식에 대한 내부 구성원들의 만족도를 알아보고, 향후 개발될 새로운 채용시스템에 대한 의견을 수집한다. 보다 심층적인 정보를 수집하기 위해서는 다양한 부서의 종업원들로 태스크포스 팀(task force team)을 구성하거나 초점집단(focus group) 면접을 실시할 수도 있다.

셋째, 채용시스템이 개발된 후에 일선 관리자들은 실무자 면접에 참여하는 것과 같이 실제로 채용시스템을 운용하기 때문에, 새로운 채용절차나 방식을 사용할 일선 관리자들에 대한 교육을 실시한다. 마지막으로, 기업 외부의 잠재적인 지원자들에게 새로운 채용시스템에 관하여 정보를 제공한다. 채용절차에 관한 안내를 제공함으로써 채용시스템에 대한 지원자들의 공정성 지각을 향상시킬 수 있다. 채용절차에 대한 정보는 회사의 홈페이지나 회사 설명회를 통해 잠재적인 지원자들에게 전달할 수 있다.

지원자 평가단계에서는 무엇을 할 것인가

고객들에게 만족을 줄 수 있는 채용시스템을 만들기 위하여 지원자 평가단계에서는 첫째, 시스템 개발단계에서와 마찬가지로 내부 구성원들의 참여를 유도해야 한다. 그러기 위해서는 채용담당자들만이 아니라 일선 관리자나 동료 종업원들과 같은 내부 구성원들 중 일부를 포함시킨다. 초기 서류전형에서 지원자들의 이력서와 자기소개서를 검토할 때 내부 구성원들을 참여시킴으로써 내부 구성원들의 관심을 불러일으키고 초기 선발과정에 대한 이해를 증진시킬 수 있다. 절차의 효율성을 확보하고 법적 문제의 가능성을 배제하기 위해서는, HR부서에서만 채용업무를 담당하는 중앙집중식 전형절차가 바람직하지만, 이는 신입사원이 충원될 실무 부서의 견해나 요구사항이 배제되는 단점을 지닌다.

둘째, 채용면접에 일선 관리자들을 면접위원으로 포함시킨다. 최근에 국내 기업에서 임원 면접과 별도로 과장이나 부장급의 실무자가 면접위원으로 참여하는 경우가 늘고 있다. 이처럼 실무자들의 면접 참여는 채용시스템에 대한 공정성을 향상시킬 수 있는 바람직한 방법이다. 하지만 일선 관리자들은 면접기법이나 면접진행과 관련된 지식이 상대적으로 부족하므로 이들에게 면접에 관한 전반적 교육을 제공해야 하고, 면접에서 흔히 발생하는 판단오류의 종류와 이에 대한 방지책에 대해서도 교육해야 한다.

셋째, 지원자 평가절차를 단순화한다. HR부서 소속이 아닌 일선 관리자들의 본래 업무는 채용이 아니기 때문에 각자 맡은 일이 바쁜 경우에는 앞서 언급한 서류전형 과정이나 면접업무에 참여하는 것을 부담스럽게 생각할 수 있다. 평가과정을 가급적 단순화하고 짧게 하고 면접에서 지원자들을 평가할 때 사용하는 평가양식도 이해하기 쉽게 만들 필요가 있다. 평가양식이 매우 정교하게 개발되었다 하더라도 이를 사용하는 사람들이 번거롭게 여긴다면 기대한 효과를 거두기 힘들다. 따라서 평가도구의 심리측정적 양호도와 사용의 간편성 간에 적절한 균형을 유지할 필요가 있다. 아무리 좋은 도구라 하더라도 사용자가 제대로 쓰지 못한다면 소용이 없기 때문이다.

넷째, 채용검사 문항이나 면접에서 묻는 질문을 충원하고자 하는 직무와 관련성이 높게 만든다. 직무관련성에 관한 정보는 철저한 직무분석을 통해 얻을 수 있다. 지원자들은 채용과정에서 진행되는 평가가 자신이 지원하는 직무와 관련되어 있다고 지각할 때 채용절차가 공정하다고 판단한다. 채용절차에 대하여 지원자들이 판단하는 타당도를 안면타당도(face validity)라고 부른다. 크라비츠 등(Kravitz, Stinson, & Chavez, 1996)의 연구에 따르면, 지원자들은 일반적으로 실제 입사 후에 담당하게 될 직무에 대한 능력이나 지식을 검사하는 작업표본(work sample)은 안면타당도가 높다고 지각하는 반면, 인성검사에 대해서는 안면타당도를 낮게 지각하는 경향이 있다.

다섯째, 지원자들의 사생활을 침해할 가능성이 있는 검사문항이나 면접 질문들에 유의해야 한다. 국내에서는 아직까지 이러한 사생활 침해 문제가 심각하지는 않지만 미국의 경우에는 지원자들이 채용과정에서 부당하게 사생활을 침해당했다고 소송을 제기하는 경우가 있다. 채용과정에서 지원자들에 대한 사적인 정보를 알아야 할 경우에는 그러한 정보가 정말 채용하고자 하는 직무와 관련성이 있는지에 대한 실증적 자료를 확보하고 있어야 할 것이다.

여섯째, 채용과정에서 지원자들에게 자신의 지식, 기술, 능력을 충분히 보일 수 있는 기회를 모든 지원자들에게 동등하게 제공해야 한다. 지나치게 구조화된 면접은 지원자들로 하여금 자신의 역량을 충분히 발휘할 기회가 없었기 때문에 채용절차가 공정하지 못했다고 지각할 가능성이 있다. 따라서 구조화된 면접을 실시하는 경우에 너무 기계적이고 틀에 박힌 진행보다는 면접위원에게 약간의 융통성을 부여하는 것이 바람직하다.

일곱째, 채용과정에서 모든 지원자들을 일관되고 동일하게 대우해 주어야 한다. 일부 조직은 공식적 또는 비공식적으로 회사 내 종업원들과 관계가 있는 사람들에게 특혜를 주는 경우도 있지만, 이러한 정책은 많은 지원자들로부터 불만을 야기할 수 있고 채용절차가 공정하지 않다고 느끼게 한다. 한 가지 예로, 집단면접에서 어떤 지원자에게는 많은 질문을 하고, 다른 지원자에게는 질문을 덜 해서 지원자가 말할 수 있는 시간이 달랐다면 지원자들이 면접의 공정성 문제를 제기할 수 있다.

여덟째, 채용과정에서 모든 지원자들을 정중하고 인간적으로 대우해 주어야 한다. 지원자들에게 거짓 정보를 주거나 반말을 하는 것은 채용절차에 대한 지원자들의 공정성 지각을 떨어뜨릴 수 있다. 또한 면접위원들의 사무적이고 행정적인 태도와 행동은 지원자들로 하여금 비인간적인 조직이라는 인상을 심어줄 수 있기 때문에 인간적인 대우에 신경을 써야 한다. 또한 채용과정에서 회사가 지원자에게 일방적으로 의사소통하지 않고 회사와 지원자가 양방향으로 의사소통할 수 있도록 한다.

피드백단계에서는 어떻게 할 것인가

마지막으로 지원자들에게 채용결정에 대한 정보를 제공하고, 채용시스템에 대하여 지원자들과 내부 고객들로부터 반응을 수집하는 피드백단계를 적절하게 설계하는 것이 매우 중요하다. 지원자들에게 채용결정에 대한 정보를 알려주는 방식은 지원자의 조직에 대한 이미지에 영향을 미칠 수 있다. 또한 지원자들과 내부 고객들로부터의 피드백은 채용시스템을 평가하고 개선하는 데 유용한 정보를 제공해 준다.

지원자들에게 피드백을 어떻게 줄 것인가

채용결정에 대해 지원자들에게 피드백을 주는 과정은 매우 중요하다. 지원자들에게 피드백을 효과적으로 주기 위해서 첫째, 지원자들에게 채용결정 과정을 설명하고 정당화한다. 지원자에게 최종적으로 합격통보를 주는 경우에는 피드백의 내용에 대해 상대적으로 크게 신경을 쓰지 않아도 되지만, 불합격 통보를 할 경우에는 채용결정에 대한 정당성이나 설명을 포함하여야 한다. 지원자에게 불합격 통보를 하는 경우에 문장의 내용에 신경을 써야 한다. 막연하게 "귀하와 같은 우수한 인재를 채용할 수 없게 되어서 안타깝다"는 식의 문장은 오히려 지원자의 분노를 유발할 수 있다. 이러한 문장보다는 "이번에 우수한 많은 사람들이 지원하였고, 회사에서 채용할 수 있는 인원이 제한되어 있어서 안타깝게도 귀하를 채용하지 못했다"는 내용처럼 보다 구체적인 설명을 포함함으로써 불합격으로 인한 지원자들의 분노를 감소시킬 수 있다.

비스와 샤피로(Bies & Shapiro, 1988)의 연구에 따르면, 지원자가 불합격 통보를 받은 경우에도 합당한 설명이 포함되어 있으면 채용결정에 대한 불공정성 지각이 낮아진다. 실제 직무지원자들을 대상으로 실시한 연구에서, 길리랜드(Gilliland, 1998)는 지원자들이 정중하지만 상투적인 불합격 통보편지를 받을 때보다 불합격 결정에 대한 상세한 설명을 담고 있는 편지를 받을 때 불합격 결정에 대해 분노를 상대적으로 덜 느낀다는 것을 밝혔다. 설문조사 결과, 상세한 설명이 담긴 편지를 받은 지원자들은 일상적인 편지를 받은 지원자들보다 나중에 기회가 되면 그 조직에 다시 지원할 의사가 2.5배 더 많았다.

둘째, 지원자들에게 채용결정에 대한 통보를 사전에 공지한 날짜에 해 주어야 한다. 라인스 등(Rynes, Bretz, & Gerhart, 1991)은 채용결정에 관한 결과 통보의 지연이 회사에 대한 호감도를 떨어뜨리는 중요한 요인임을 발견하였다. 특히 불합격자의 경우에는 약속된 시기에 피드백을 받지 못하면 채용과정에 부정이 있었다고 믿거나 채용절차가 공정하지 못하다고 믿는 경향이 있다. 채용결정을 통보해 주기까지의 실제 기간이 길고 짧은지 보다는 약속된 통보시기를 정확하게 지켰는지가 채용절차에 대한 지원자의 공정성 지각에 더 큰 영향을 미친다.

고객들로부터 피드백을 어떻게 받을 것인가

채용시스템에 대한 고객들의 피드백은 채용시스템을 평가하고 개선하는 데 있어서 필수적이다. 먼저 채용시스템을 실제로 경험한 지원자들로부터 체계적으로 피드백을 수집해야 한다. 채용과정에 대하여 지원자들의 의견을 물어보는 것은 그 자체로도 지원자들을 배려한다는 긍정적인 감정을 불러일으킬 수 있다. 우편이나 이메일을 통해 지원자들에게 채용시스템에 대한 설문조사를 실시한다. 구체적으로 다음과 같은 문항을 사용하여 지원자들의 반응을 알아볼 수 있다.

- 이 회사의 채용절차에 대해 만족한다.
- 이 회사의 채용절차는 나의 능력을 발휘할 수 있는 기회를 제공하였다.
- 채용과정에서 이 회사는 나를 인간적으로 정중하게 대우해 주었다.
- 채용결정에 대하여 상세한 피드백을 받았다.
- 예고한 날짜를 지켜서 채용결정에 관한 피드백을 주었다.

내부 고객(일선 관리자와 동료 종업원)으로부터도 채용시스템에 대한 피드백을 받는다. 일선 관리자들에게는 채용시스템을 사용하면서 불편함은 없었는지를 물어보고, 동료 종업원들에게는 새로운 채용시스템을 통해 입사한 신입사원들이 만족스러운 수행을 보이는지를 물어본다. 구체적으로 다음과 같은 문항을 포함하여 설문조사를 실시한다.

- 채용시스템의 개발과정에서 내부 구성원들의 의견을 수렴하였다.

- 채용과정에서 나의 의견을 반영할 기회가 있었다.
- 채용절차가 우수한 지원자들을 선발하는 데 효과적이었다.
- 채용절차가 지나치게 복잡하고 번거로웠다.

설문조사를 통해 피드백을 받는 방법 이외에 초점집단 면접을 실시할 수도 있다. 이를 위해서는 일선 관리자와 동료 종업원들을 회의실로 불러 모아서 집단토론 형태로 내부 고객들의 반응을 알아볼 수 있다. 개별적으로 의견을 구하는 것에 비해 이러한 집단면접이 지니는 장점은 다른 사람들과의 상호작용을 통해 다양한 의견이 표출될 수 있고 의견을 수렴하는 데 걸리는 시간을 줄일 수 있다는 것이다.

맺 음 말

어느 분야에서나 고객만족이 매우 중요하기 때문에 채용장면에서도 고객의 개념을 도입할 필요가 있다. 이제는 기업의 채용담당자들도 "고객"을 항상 염두에 두어야 하고, 보다 우수한 인재를 확보하기 위하여 채용시스템에 대한 외부 고객인 지원자들과 내부 고객인 일선 관리자 및 동료 종업원들이 만족할 만한 채용시스템을 개발하고 운영하는 데 많은 노력을 기울여야 한다. 이 글에서는 채용장면에서의 고객으로서 지원자, 일선 관리자, 동료 종업원을 염두에 두고 이들에게 만족을 줄 수 있는 채용시스템을 만들기 위한 구체적인 실천 방안들을 제시하였다. 이러한 실천 방안에 기초하여 개발된 채용시스템은 지원자뿐만 아니라 내부 고객인 종업원들에게도 만족을 가져다 줄 것이고, 궁극적으로는 경쟁적인 환경 속에서 우수인재를 성공적으로 확보할 수 있을 것이다. 끝으로, 다양한 고객에게 만족을 주는 채용시스템을 마련하기 위한 실천 방안을 요약하면 다음과 같다.

- 채용시스템이 왜, 어떻게 개발되고 있는지에 대해 조직구성원들과 의사소통하라.
- 채용시스템의 개발과 실시에 일선 관리자를 참여시켜라.
- 채용시스템의 효과적인 실시를 위하여 일선 관리자들에게 교육을 제공하라.
- 지원자에 대한 평가절차를 간편하고 단순하게 하라.
- 채용시스템에 대한 만족과 효과를 알아보기 위하여 피드백을 받아라.
- 채용시스템을 개발할 때 지원자들을 염두에 두라.
- 지원자들에게 채용절차가 어떻게 진행되는지, 그리고 어떻게 개발되었는지에 대한

정보를 제공하라.

- 지원자들에게 채용절차가 직무와 관련되어 있고, 편파적이지 않고, 능력을 발휘할 공정한 기회를 제공한다는 확신을 주라.
- 채용절차가 지원자 누구에게나 일관성 있게 동일하게 적용된다는 확신을 주라.
- 정직하고 정중하게 지원자들을 대우하고 지원자들과 양방향 의사소통을 하라.
- 채용결정에 대하여 지원자들에게 상세한 정보를 제공하고 약속한 시간을 지켜서 피드백을 제공하라.
- 채용절차에 대하여 지원자들로부터 반응(피드백)을 얻어라.

참고문헌

유태용(2001), "인사선발에서의 새로운 변화추세와 연구과제," 「디지털경영연구」, 1(1), 103-127, 광운대학교 디지털경영연구소.

Bies, R. J., & Shapiro, D. L.(1988), "Voice and justification: Their influence on procedural fairness judgments." *Academy of Management Journal*, 31, 676-685.

Gilliland, S. W.(1993), "The perceived fairness of selection system: An organizational justice perspective," *Academy of Management Review*, 18, 694-734.

Gilliland, S. W.(1998), "Applicant reactions to rejection letters: A field experiment," *Paper presented at the 13th annual meeting of the Society for Industrial and Organizational Psychology, Dallas.*

Gilliand, S. W., & Cherry, B.(2000), "Managing 'customers' of selection processes," In J. K. Kehoe(Ed.), *Managing selection in changing organizations*, 158-196, San Francisco: Jossey-Bass.

Kravitz, D. A., Stinson, V., & Chavez, T. L.(1996), "Evaluations of tests used for making selection and promotion decisions," *International Journal of Selection and Assessment*, 4, 24-34.

Rynes, S. L., Bretz, R. D., & Gerhart, B.(1991), "The importance of recruitment in job choice: A different way of looking," *Personnel Psychology*, 44, 487-521.

02 인터넷을 이용한 인력모집과 선발[1)]

이선희
sunhee_lee@cnu.ac.kr

인터넷 혁명이라는 말이 진부하게 느껴질 만큼 인터넷은 이 시대의 개인과 조직의 일상에 큰 자리를 차지하고 있다. 인사관리 영역도 물론 예외가 아니다. 그 중에서도 인사관리의 첫 걸음이라고 할 수 있는 인사모집 분야에서 인터넷은 이제 없어서는 안 될 중요한 도구로 자리잡고 있다. 또한 많은 기업들은 인터넷을 초기 선발자료를 수집하는 도구로 사용하고 있으며, 더 나아가 인터넷을 직접 채용검사의 도구로 사용하려는 시도도 나타나고 있다. 본 글에서는 인터넷이 인사모집과 선발에 사용되는 다양한 단계를 4개의 단계, 즉 1) 채용공고, 2) 원서접수, 3) 초기선발, 4) 최종선발로 나누고 각 단계에서 사용되는 인터넷의 쓰임과 그 특징, 그리고 외국 및 우리나라 대기업들의 이용실태와 이 분야에 대한 산업조직 심리학자들의 최근 연구결과를 살펴볼 것이다. 마지막으로 채용사이트를 개발하는 실무자들에게 도움이 될 수 있는 몇 가지 실제적인 제안을 제시할 것이다.

1) 출처: 인크루트 경력개발연구소(2005), "인재선발의 경쟁력, 인터넷 활용에 있다," 「인재경영」, 9월호, pp. 32-37을 수정 보완하였음.

인터넷 채용공고: 무엇이 다른가

신문이나 잡지에 광고를 내거나 특정집단에 대한 개별 공고문서를 보내는 것이 기존의 주요 채용공고의 방법이었다면, 요즘 많은 기업들은 인터넷 채용사이트와 기존의 방식을 병행하거나 혹은 아예 인터넷으로 기존 방식을 대체하는 경향이 뚜렷하다. 한 조사에 따르면 세계 500대 기업의 90% 이상이 웹사이트를 인사모집에 이용한다고 한다(Snell, 2002). 우리나라의 매출규모 30대 기업(http://finance.naver.com/coinfo)의 웹사이트들을 조사한 결과 한 기업을 제외한 모든 기업이 인터넷 채용 사이트를 운영하고 있었다. 최소한 우리나라의 대기업이 직원을 모집하는 데에 있어서 인터넷은 선택사항이라기보다는 필수요건인 셈이다.

그렇다면 인터넷으로 채용공고를 하는 것이 기존 방식에 비교하여 어떤 특징이 있을까? 첫째, 인터넷 채용공고는 이전의 방식과 비교할 때 보다 많은 정보를 보다 많은 사람들에게 동일한 방식으로 전달할 수 있다. 기존의 방식에서는 모집정보 자체가 특정지역이나 집단에 한정될 수 있었던 것과는 달리 인터넷 정보는 거의 모든 사람들에게 열려 있다. 예를 들어, 이전에는 대기업에서 대졸 신입사원을 채용하고자 할 때, 특정지역의 특정 대학에 공문을 보내는 방법이 통상적으로 사용되어 왔다. 그 특정 대학의 재학생/졸업생이 아니라면 채용정보 자체를 알 수 있는 확률이 적었던 셈이다. 그러나 인터넷에 채용공고를 게시함으로써 관심이 있기만 하면 누구나 적은 노력만으로도 그 정보를 얻을 수 있게 되었다. 특히 채용정보를 수집 광고하는 전문 인터넷 취업사이트들을 이용하면 정보수집에 드는 노력이 더 감소될 수 있다. 인터넷의 이용이 채용정보의 형평성이라는 사회적 이익을 창조한 것이다.

고용주의 입장에서도 다양한 배경의 인재들에게 적은 비용으로 정보를 쉽게 전달할 수 있다는 장점이 있다. 그러나 고용주들의 입장, 특히 인사관리자의 입장에서는 이러한 특징이 반드시 장점으로만 작용하는 것은 아니다. 채용정보의 수용대상이 넓어짐에 따라 지원자의 수와 수준의 차가 커질 수 있고 이러한 경향은 선발단계에서 비용증가로 연결될 수 있기 때문이다. 이 문제에 대해서는 다음 초기선발 단계에서 더 자세히 살펴보도록 하겠다.

인터넷 채용공고의 또 다른 특징은 기존방식에 비해 더 많은 정보를 다양한 방법으로 제공할 수 있다는 것이다. 신문이나 잡지 혹은 공고문 등의 지면을 이용할 때는 비용상 간단한 기본 정보만을 나열할 수밖에 없지만, 인터넷 채용공고는 정보의 양에 대한 제약이 상대적으로 적다. 따라서 많은 기업에서는 단순한 채용공고 정보와 채용절차 안내뿐만 아니라 회사에 대한 자세한 소개, 조직에서 원하는 인재상, 전반적인 인사관리/후생복지 제도 등을 자세히 소개한다. 기업의 채용사이트는 단순한 채용정보를 알리는 기능을 넘어 기업 마케팅의 도구로 이용될 수 있는 것이다. 기업 채용사이트를 방문하는 사람들은 미래의 잠재적인 조직의 일원일 뿐만 아니라 그 기업에 채용되지 않더라도 향후 경쟁사의 직원 또는 구매자/소비자가 될 수도 있다. 따라서 인사관리의 입장에서가 아닌 마케팅적인 시각에서 과연 채용사이트의 어떤 특징이 그 조직에 대한 매력도를 높이는지에 대해 관심이 요구된다. 한 연구결과에 의하면, 인터넷 채용 웹사이트의 내용적인 측면(예: 보수, 조직문화, 능력개발 기회 정보)뿐만 아니라, '웹사이트 디자인이 얼마나 멋진가', 또 '웹사이트를 이용하기가 얼마나 편리한가' 등의 스타일적인 요소도 조직매력도에 중요한 영향을 미치는 것으로 나타났다(Cober, Brown, Levy, & Cober, 2003).

한 걸음 더 나아가 채용사이트는 '현실적인 직무소개'(realistic job previews)의 장으로도 이용될 수도 있다. '현실적인 직무소개'란 채용하기 전에 그 기업의 조직문화, 하게 될 일, 근무조건, 일할 환경 등에 대한 장단점을 자세하고 솔직하게 제공함으로써 지원자들이 그 직장과 직업에 대한 현실적인 기대를 바탕으로 지원결정을 하게 하는 것이다. 연구결과들은 지원자들의 직장/직업에 대한 이러한 현실적인 이해가 채용 후의 직무만족과 조직몰입의 증가, 그리고 조기 이직의 감소로 연결된다고 보고하고 있다(Wanous, 1989). 각 기업의 채용사이트는 그 기업과 직무에 대한 다양한 정보를 글이나 사진, 더 나아가 동영상과 같은 다양한 미디어를 통해 제공할 수 있고 이러한 정보들은 큰 비용을 들이지 않고도 현실적인 직무소개의 도구로 이용될 수 있다. 국내의 일부 기업에서도 현직 사원의 취업담을 소개함으로써 현실적이고 친근한 정보를 제공하기도 하고, 게시판을 만들어 예비 응시자들이 원하는 정보를 보다 손쉽게 공유할 수 있는 장소를 제공하기도 한다.

지원접수 창구로서의 인터넷

인사모집 및 선발의 두 번째 단계는, 지원자들이 지원서를 접수하는 단계이다. 2001년 미국 인사관리협회(Society for Human Resource Management: SHRM) 회원 125명에 대한 조사결과에 따르면 입사원서의 30% 정도를 웹이나 이메일을 통해 받은 것으로 나타났고, 향후 이러한 경향이 더 두드러질 것으로 예상했다(Chapman & Webster, 2003). 우리나라의 30대 기업들의 웹사이트를 조사한 결과, 전용 채용사이트가 있는 경우, 100%가

지원원서를 온라인으로 접수하게 되어 있었다. 온라인 지원양식의 내용으로는 대부분 공통적으로 인적사항, 학력사항, 어학능력, 자격증 내역 등을 요구하고 있으며, 회사에 따라서 경력, 자기소개서, 가족정보, 입사 동기, 동호회/봉사활동 등의 항목이 있기도 하였다.

지원접수 창구로서의 인터넷 이용의 가장 큰 특징 중의 하나는 지원자가 제공한 정보가 자동적으로 저장된다는 것이다. 각 지원자들이 온라인으로 작성한 지원서는 인터넷을 통해 이동되고 다양한 데이터베이스에 저장되며, 이 저장된 정보는 여러 사용자들에 의해 인출될 수 있다. 이러한 일련의 과정들이 자동적으로 처리되기 때문에, 초기 개발 단계에 필요한 비용을 제외하면 정보의 관리와 이용에 드는 비용과 시간이 기존 서면으로 제출하던 방식에 비해 대폭 감소되었으며, 사용자간의 정보공유가 매우 용이해졌다.

그러나 이런 정보의 데이터베이스화는 동시에 사생활정보의 누출 위험성 증가로 이어지기도 한다. 외국의 연구를 보면 인터넷 지원에 대한 지원자들의 가장 큰 우려 중의 하나가 사생활정보의 노출이고 사생활정보를 더 많이 요구한다고 지각할수록 그 회사에 대한 지원매력도가 감소한다는 결과가 있다. 이러한 우려는 인터넷 이용경험이 적을수록 더 심하게 나타났다. 개인정보의 보호를 매우 중시하는 외국의 경우는 우선 사생활자료에 대한 보안정책을 세우고 이를 명시하는 것이 관례인데, 우리나라의 채용사이트들에서는 개인의 정보는 외국에 비해 더 많이 요구하는 반면 개인정보 보호에 대한 관심이 상대적으로 적은 것으로 나타나 이에 대한 관심이 요구된다. 우선적으로 개인정보 보안에 관한 충분한 설명과 잠재적인 위험을 웹사이트에 명시화하여야 할 것이다. 보다 근본적인 해결방식은 지원서에 선발에 꼭 필요한 정보만을 요구함으로써 지켜야 할 정보의 양을 줄이는 것이다. 특히 지원서에는 1차 선발시 꼭 필요한 정보만을 요구하고 단계별로 합격하는 사람들에게 그때 그때 필요한 정보를 수집하는 방법도 고려해야 할 것이다.

꼭 필요한 정보만을 요구하는 관행은 채용절차에 대한 '안면타당도(face validity)'를 높이는 길이기도 하다. 안면타당도란 겉으로 볼 때 그 검사나 항목이 재고자 하는 것을 재고 있는 것처럼 보이는 정도를 말한다. 지원자들이 지원서에서 묻는 항목들이 왜 채용에 필요한지 납득하지 못하면 전체 채용시스템과 그 조직에 대한 신뢰감이 떨어지게 된다. 예를 들어, 지원서에 몇 남매 중에 몇 째라는 가족사항을 입력하도록 되어 있을 때 지원자가 이 정보가 자기가 지원하고자 하는 직업의 향후 직무수행 정도를 예측하는데 불필요하다고 지각한다면 이 질문은 그 기업의 전체 채용시스템의 안면타당도를 낮추는 역할을 할 것이다. 더욱이 실제로 이 정보가 1차 선발결정에 이용되지 않는다면 이러한 정보를 수집하는 정당성이 더욱 떨어지게 된다. 다른 비슷한 예로 우리나라의 채용사이트들은 지원서 작성시 지원자의 사진 파일을 요구하는 경우가 종종 있는데, 지원자의 외모가 직무수행도와 직접적인 관계가 있지 않을 경우 모회사는 얼굴 보고 사람 뽑는다는 괜한 오해를 살 수도 있다. 물론 이러한 관행적인 정보 요구의 문제점은 기존의 서면 지원서 방식에서나 온라인 방식 모두에 해당되지만, 온라인 방식에서는 정보의 유출 가능성의 문제가 있기 때문에 더욱 많은 주의가 요구된다.

지원접수 창구로서 인터넷 이용의 또 다른 특징은 기존의 방식에 비해 응시비용이 절감된다는 것이다. 온라인으로 지원서를 작성하고 이를 접수할 수 있는 경우 상대적으로 손쉽게 많은 기업에 지원할 수 있다. 더욱이 최근 특정한 채용공고 없이 수시로 지원서를 받아 이 정보로 데이터베이스를 구축하고 인력이 필요할 때마다 지원자의 관심과 자질에 따라 지원자를 선별하는 상시지원 제도를 이용하는 기업들이 늘어나고 있어 채용공고가 있을 때마다 지원할 필요 없이 한번만 지원서를 등록하고 나면 특정 기간 동안(대체로 1년) 지속적으로 이용되고 있기도 하다. 이러한 지원의 용이성은 지원자들에게 뿐만 아니라 고용주들에게도 장점으로 작용할 수 있다. 그만큼 많은 인재들을 모집할 수 있기 때문이다. 그러나 이러한 지원의 용이성의 단점은 그야말로 아무나 다 지원할 수 있기 때문에 고용주가 원하는 기준을 충족시키지 못하는 지원자들의 수도 함께 증가할 수 있다는 데 있다. 즉, 지원자측의 지원비용이 감소되면 지원자의 수가 증가하고 따라서 고용주측의 처리비용은 오히려 기존의 방식보다 증가할 수도 있다. 위에서 언급한 2001년 미국 인사관리협회(SHRM) 회원을 대상으로 한 조사결과에 따르면, 한 기업은 매주 5,000명의 온라인 지원서를 받는 것으로 응답하였다. 이러한 상황은 취업난이 심각한 우리나라의 최근 현실을 감안하면 더욱 큰 문제로 대두될 수 있다.

초기선발

인사모집 및 선발의 세 번째 단계는 서류전형을 통한 초기선발 단계로 일반적으로 셀렉션 아웃(selection-out)에 그 목적이 있다. 즉, 이 단계의 주 목적은 누가 최적의 지원자인가를 뽑는 것에 있지 않고, 명백하게 그 직무에 적합지 않은 사람이 누구인지를 가려내서 이후의 처리비용을 최소화하는 것이다. 이 단계는 인터넷을 직접적으로 이용하지는 않지만 이전의 지원단계에서 수집된 정보를 이용하기 때문에 인터넷 모집방식과 밀접한 관계가 있다. 우선 앞에서 지적한 바와 같이 인터넷을 이용하여 지원자를 모집한 경우 채용하고자 하는 사람보다 지원한 사람들이 월등히 많을 수 있기 때문에 초기 선발단계의 부담이 더 커지게 될 수 있다. 따라서 기업의 인사담당 실무자들은 간편하게 많은 사람들을 추려낼 수 있는 기준을 선호하게 된다. 그러나 이 단계도 중요한 선발의 한 단계이기 때문에 아무리 간편하다고 해서 향후 직무 수행도와 연관이 없는, 즉 타당하지 않은 기준을 이용하게 되면 전체 채용시스템의 타당도와 형평성이 손상받게 된다. 따라서 초기 선발단계에서부터 직무와 관련된 객관적 기준을 이용해야 한다. 이때 주의할 점은 특정한 대학의 졸업자만을 선별한다든지 특정한 시험에서 임의로 선정한 점수 이상을 맞은 사람만 뽑는 것과 같은, 아무리 객관적이라도 직무와 관련되어 있지 않은 기준을 사용한다면 타당한 선발이라고 하기 어렵다는 것이다.

초기 선발의 부담을 줄이고 효율성을 높이기 위해 쓸 수 있는 방법으로는 우선 직무와 관련된 최소한의 기준을 미리 정해 이를 명시하는 것이다. 예를 들어, 어떤 직무를 적절히 수행하기 위해서는 최소한 어떤 자격증이 필요하다고 하면 이를 처음부터 명시하여 그 조건을 만족시키지 못하는 사람들의 지원을 처음부터 막는 것이다. 또 한 방법은 지원서의 내용을 스크린해서 선발하고자 하는 사원의 특성을 나타내는 키워드(key word)와 대조하는 과정을 자동화하는 것이다. 예를 들어, 미국 국방부의 일자리에 지원하고자 하는 사람들은 레주믹스(Resumix)라는 상용 소프트웨어를 기반으로 하는 인사선발 시스템에 지원서와 이력서를 제출하고 자신이 관심 있는 직무분야와 직급을 명시하게 되어 있다. 인사담당자는 채용요구가 있을 때마다 채용하려는 직무에 요구되는 사항을 레주믹스 시스템이 입력하면, 그 시스템이 입력된 정보와 일치하는 지원자들을 자동적으로 선별해서 1차 지원자 목록을 작성해 준다.

본 선발도구로서의 인터넷 검사

인사모집 및 선발의 마지막 단계는, 본 검사를 통해 최종 선발을 하는 단계이다. 여기서 본 검사라 하면 인지능력검사, 지식검사, 인성검사는 물론이고 면접이나 평가센터(assessment center)와 같은 다양한 형식의 검사들을 통틀어 지칭한다. 실제적으로 본 선발과정은 대체로 몇 개의 하위단계로 이루어진다. 예를 들어, 인지능력검사와 인성검사를 실시하고 이를 통과하는 지원자에 한해 집단토론을 하게 한 후 마지막으로 면접을 통해 최종 결정을 할 수 있다. 본 선발과정에 쓰이는 다양한 검사들의 대부분은 인터넷을 이용하여 실시될 수 있다. 즉 주로 지필식으로 실행되던 인지능력검사, 지식검사, 성격/적성검사, 상황판단검사를 인터넷을 이용해 실시할 수 있을 뿐 아니라, 인터넷을 이용한 화상통화를 통한 면접도 가능하다. 그러나 아직까지 인터넷을 통해 본 선발검사를 실시하는 경우는 일반화되어 있지 않다. 특히 우리나라의 30대 대기업 중에서는 인터넷을 이용해 본 선발검사를 시행하는 예를 거의 찾아 볼 수 없었다. 그러나 인사모집 선발 대행업체들을 중심으로 인터넷을 본 선발도구의 한 부분으로 이용하려는 시도들은 이미 시작되었으며, 산업조직 심리학 내에서도 이에 대한 논의가 활발하다.

컴퓨터화된 검사(computerized tests)의 경우와 같이 인터넷 검사의 가장 큰 이점은 검사시행 방법을 표준화할 수 있고, 검사의 채점과 점수기록 과정을 자동화시킬 수 있으므로 검사의 효율성이 증가한다는 것이다. 또한 응시자의 능력이나 성향에 따라 제시되는 항목을 다르게 조절하는 맞춤형시험(computer adaptive test: CAT)을 이용하면 상대적으로 적은 수의 항목으로도 검사가 가능하기 때문에 검사의 효율성을 더 증대시킬 수 있다.

또 다른 장점은 소리나 동영상을 쓸 수 있기 때문에 검사의 현실성(fidelity)을 증가시켜 실제 직무수행과 유사한 상황을 연출하거나 실제 수행에 필요한 능력을 평가하는 데 이용될 수 있다는 것이다. 예를 들어, 아직 현실화되지는 않았지만, 가상현실기술 (virtual reality technology)을 선발시험에 이용하려는 움직임이 있다. 기존의 문답식 검사나 면접만으로는 측정할 수 없는 능력이나 기술을 가상현실기술을 이용하여 현실감 있게 측정함으로써 검사의 타당도를 높이자는 것이다. 그러나 가상현실기술을 이용한 검사는 개발비용의 부담이 높기 때문에 현재로서는 위험성이 크고 한번의 실수가 중대한 결과를 일으킬 수 있는 직무 등에 한정적으로 이용될 가능성이 크다. 실제로 유럽에서는 파워플랜트 기술자, 경찰, 고속열차 운전자 등의 직종에 가상현실기술을 이용한 검사를 개발하려는 노력이 시도되었다(Aguinis, Henle, & Beaty, 2001). 그러나 현실성을 높인 선발검사들이 항상 엄청난 비용과 기술을 요구하는 것은 아니다. 좋은 예로, 멀티미디어를 이용한 컴퓨터 직무 시뮬레이션이나 상황판단검사(Situational Judgment Tests)를 보험회사 직원이나 콜센터 직원 선발에 이용한 경우가 있다(Konradt, Hertel, & Joder, 2003). 동영상이나 음향 등의 멀티미디어를 이용한 검사는 개발비용도 상대적으로 큰 부담이 되지 않고, 특히 많은 인원을 지속적으로 선발하는 조직에서는 선발의 효율성과 타당성을 증가시킬 수 있는 좋은 도구가 될 수 있다.

위에서 살펴본 특징들은 인터넷 검사만의 특징이라기보다는 컴퓨터화된 검사들의 공통된 특징이라고 볼 수 있는데, 이와는 달리 인터넷 검사만의 가장 큰 특징은 인터넷 사용이 가능한 한 어디에서나 검사의 실시가 가능하다는 점이다. 인터넷은 전화선이 연결된 곳이라면 어디서든지 접속이 가능하다. 따라서 인터넷을 사용하면 이론적으로는 응시자가 언제 어디서나 검사에 응할 수 있다. 이러한 실행 장소와 시간의 유연성은 지리적으로 떨어져 있는 응시자들이 많이 있을 때 유용한 특징이다. 그러나 이러한 특징은 동시에 시험관이 없이 검사를 실시할 때 과연 어떻게 부정행위를 방지할 수 있는가의 문제를 제기한다. 성격이나 적성검사처럼 명확한 정답이 없는 경우보다는 인지능력이나 지식을 측정하는 검사의 경우 이러한 우려가 더 심각하다. 따라서 현재 선발장면에서는 주로 성격이나 적성검사만을 인터넷을 통해 실시하려는 경향이 있고, 인터넷으로 시행되는 능력이나 지식검사들은 주로 자기진단용으로 이용되는 실태이다. 인터넷 검사를 자기진단용으로 이용할 경우 실시간 채점 및 보고가 가능하기 때문에 기존의 검사방식에 비해 이용자들의 선호도가 훨씬 높을 수 있다.

현재까지는 인터넷을 이용한 인지능력검사가 선발현장에서 일반화되지는 않았지만, 부정행위를 방지하기 위한 대책은 다양하게 논의되고 있다. 예를 들어, 인터넷을 이용한 한 인지능력 검사의 개발자들은 이 시험을 두 단계로 나누어 설계해서, 1차 시험은 응시자들이 시험관 없이 검사에 응할 수 있게 한 후, 검사점수가 높은 사람들에 한 해서 일정한 장소에 모아 2차 시험을 실시하고 그 두 시험의 점수를 비교하여 인사선발에 이용하도록 하였다(Baron & Austin, 2000). 보다 일반적으로 제안되는 방법으로는 인터넷으로 시험을 보되 여러 지역에 시험장을 개설하고 응시자들이 지정된 장소에서 인터넷을 통해 시험을 보게 하는 것이다.

한편 현재까지의 인터넷 검사에 대한 연구들은 크게 응시자들의 반응에 대한 연구와 기존 양식의 검사와의 측정 동등성(measurement equivalence)에 대한 연구로 나누어 볼 수 있다. 결론적으로 대부분의 응시자들은 인터넷 검사를 호의적으로 평가하는 것으로 나타났고, 한 걸음 더 나아가 인터넷 검사는 그를 실시하는 기업에 대한 이미지에도 긍정적인 효과를 보인다고 보고되었다. 반면, 인터넷 검사에 부정적인 반응을 보인 응시자들은 주로 속도와 기술적인 결함을 문제점으로 지적하였다.

연구자들이 인터넷을 이용한 검사와 기존 지필식 검사 측정 동등성에 관심을 가지는 이유는, 측정 동등성이 확립되지 않고는 이전에 지필식 검사시 이용하던 규준점수나 기준점수(cut score)를 사용할 수 없기 때문이다. 현재까지의 측정 동등성 연구결과를 살펴보면, 컴퓨터화된 검사와 기존 지필식 검사는 대체적으로 비슷한 신뢰도와 점수분포 그리고 요인구조를 보이는 것으로 보고되고 있으나, 아직 인터넷을 이용한 검사들에 대한 동등성 평가를 보고한 연구가 많지 않다. 특히, 인터넷 검사와 기존의 지필식 검사가 같은 정도의 타당도를 가지는지, 남녀 혹은 연령별 집단간 형평성의 차이는 없는지에 대한 연구는 향후 연구과제로 남아 있다.

마치는 말

지금까지 인터넷을 이용한 인사모집과 선발의 특징과 현 실태를 살펴보았다. 인터넷이 인사모집과 선발에 이용된지는 채 몇 년 되지 않았지만, 이제 거의 모든 국내의 대기업들이 이를 채용정보를 제공하고 지원서를 받는 곳으로 이용하고 있고 이러한 경향은 중소기업으로도 확산될 전망이다. 인터넷의 이용은 구직자들과 고용주들에게 많은 도움을 주는 동시에 새로운 도전을 제기하고 있다. 마지막으로 우리나라 30개 기업의 채용 사이트를 검토한 결과와 산업조직 심리학 내에서의 연구결과들을 바탕으로 실무자들에게 몇 가지 제안하는 것으로써 이 글을 마치려고 한다.

- 인터넷 지원서도 선발의 한 부분이라는 것을 명심하라. 각 문항마다 직무와 관련되어 꼭 필요한 내용인지를 다시 한번 점검하고 직무관련성이 입증되지 않은 항목은 과감하게 빼라.
- 인터넷을 통한 개인정보에 대한 보안을 철저히 하라. 개인정보의 이용용도를 명시하고, 지원서 작성자들에게 이용동의서를 받아 만약의 경우 법적인 문제를 예방하라.
- 인터넷 채용사이트를 방문하는 사람, 특히 지원서를 작성한 사람은, 잠재적으로 우리 회사에 중요한 사람이다. 당장 채용할 자리의 기준에 맞지 않더라도 사후관리에 만전을 다하라. 즉, 지원서 작성 후의 처리과정을 명시하고, 명시한 약속을 꼭 지켜라.
- 세부적인 내용에 항상 신경 써라. 채용공고는 항상 up-to-date하고 게시판에 질문은 빠른 시간 안에 응답하는 등의 작은 노력이 회사에 대한 신뢰도를 높일 수 있다.
- 자원이 허락하면 부가적인 서비스를 제공하라. 즉, 자기소개서 쓰는 방법을 알려준다든지 자기진단 검사를 올린다든지 해서 더 많은 사람들이 이용하도록 하여 채용사이트를 마케팅 도구로 이용하라.
- 멀티미디어와 같은 인터넷 특유의 장점을 충분히 활용하여 현실적인 직무소개의 도구로 이용하고, 보다 현실적이고 타당성 있는 선발도구를 개발하는 방안을 강구하라.
- 지필식 검사를 인터넷 검사로 전환하는 작업은 단지 웹질문지를 만들어 온라인화하는 것으로 끝나지 않는다는 것을 명심하고 시간과 자원을 확보한 후 시작하라. 인터넷 검사와 지필식 검사의 측정동등성 분석을 실시하기 위해서는 꽤 많은 노력이 필요하다.

참고문헌

Aguinis, H., Henle, C. A., & Beaty, J. C. Jr.(2001), "Virtual reality technology: A new tool for personnel selection," *International Journal of Selection and Assessment*, 9, 70-83.

Baron, H., & Austin, J.(2000), "Measuring ability via the internet: Opportunities and issues," *Paper presented at the Annual Conference of the Society for Industrial and Organizational Psychology*, New Orleans, LA.

Chapman, D. S., & Webster, J.(2003), "The use of technologies in the recruiting, screening, and selection processes for job candidates," *International Journal of Selection and Assessment*, 11, 113-120.

Cober, R. T., Brown D. J., Levy, P. E., & Cober, A. B.(2003), "Organizational Web Sites: Web Site Content and Style as Determinants of Organizational Attraction," *International Journal of Selection and Assessment*, 11, 158-169.

Konradt, U., Hertel, G., & Joder, K.(2003), "Web-based Assessment of Call Center Agents: Development and Validation of a Computerized Instrument," *International Journal of Selection and Assessment*, 11, 184-193.

Snell, A.(2002), *Global 500 internet site recruiting: 2002 survey*, San Francisco, CA: iLogos Research/Recruitsoft.com

Wanous, J. P.(1989), "Installing a realistic job preview: Ten tough choices," *Personnel Psychology*, 42, 117-134.

03 효과적 온라인 모집의 설계[1)]

황규대
hwangkd@skku.edu

온라인 모집(internet recruiting)은 편리함 이외에도 자격 있는 지원자를 모집할 수 있는 비용효과적인 채용방법이며 실제에 있어서 점점 많은 기업들이 온라인 모집을 활용하고 있다. 미국 대학 및 사용자 연합(The National Association of Colleges and Employers)의 설문조사에 의하면, 대다수 사용자들은 서류보다는 전자메일을 통하여 이력서를 받기를 원하고 있다. 온라인 모집은 노동시장에 처음으로 진입하는 (전문)대학이나 고등학교의 졸업자들을 모집하는데 특히 유용하다. 우리나라에서 거의 모든 대기업들이 인터넷을 통해 대학 졸업자들을 모집하고 있다.

온라인 모집은 앞으로 점점 널리 이용될 것으로 예상된다. 우리나라 국민 중 16세 이상이 되는 성인 중에서 인터넷을 이용하는 비율이 점점 증가하고 있다. 인터넷을 사용하는 기업들도 증가하고 있으며, 특히 인사담당자들이 인터넷을 이용하여 구인하는 사례는 점점 늘고 있다. 이러한 추세를 감안하여 보면 온라인 모집은 앞으로 가장 중요한 모집방법 중의 하나가 될 것이다.

---

1) 출처: 인크루트 경력개발연구소(2005), "효과적 온라인 모집의 설계 어떻게 할 것인가?," 「인재경영」, 11월호, pp.74-79에서 전재함.

다른 인사기능들도 마찬가지지만 온라인 모집도 기업의 가치증진에 기여하여야 한다. 채용담당자들도 지원자의 요구와 관심을 반영하여 지원자들에게 친근(user friendly)하게 온라인 모집 과정과 채용사이트를 디자인할 필요가 있다.

온라인 모집의 이점

iLogos연구는 자신의 웹사이트를 통하여 지원자를 모집하는 것이 조직가치를 증대시킨다고 주장하고 있다. 온라인 모집의 주요 이점으로 다음과 같이 들고 있다: 신속성과 비용절감, 회사이미지 강화, 지원자의 질적 수준 향상

신속성 및 비용절감

웹사이트에 의한 모집에서 컴퓨터에 의한 지원자 정보의 저장과 자동추적시스템(tracking system)은 기존 충원과정에 있어서 인력이 많이 들면서도 부가가치가 적은 업무를 제거함으로써 시간과 비용을 절약할 수 있다. 또한 인터넷을 통한 사전선별(pre-screening) 과정을 통하여 부적절한 지원자를 사전에 제외할 수 있어 채용에 걸리는 시간을 단축할 수 있다. 포춘 500대 기업 중 50개 기업을 조사한 Recruitsoft/iLogos의 조사에 의하면 전통적 모집방법(예를 들면, 신문광고 등)과 비교할 때, 온라인 모집은 채용비용을 거의 90%까지 줄일 수 있다. 또한 신문광고 대신 인터넷에 직무를 공고함으로써 약 6일, 서류 대신에 온라인 지원서를 받음으로써 약 4일, 그리고 컴퓨터에 의해 지원서를 스크린하고 처리함으로써 일 주일 이상 시간을 단축할 수 있다.

회사이미지 강화

웹사이트에 조직문화에 대한 정보를 포함함으로써 회사의 브랜드 이미지(brand image)를 강화할 수 있다.

지원자의 질적 수준 향상

인사부서는 회사의 웹사이트를 통하여 높은 수준의 지원자를 식별할 수 있는 목표모집(target recruiting)을 행할 수 있어 신규채용자의 질적 수준을 향상시킬 수 있다. 또한 기업들도 인터넷을 통하여 범세계적으로 유능한 지원자를 모집할 수 있다.

채용담당자의 역할변화

채용담당자는 신속하고 저렴한 비용으로 높은 수준의 지원자를 조직에 공급하기 위하여 항상 새로운 유인전략과 선발방법을 추구하여야 한다. 온라인 모집과정의 이점을 얻기 위해서 조직은 온라인 모집과정과 웹사이트 설계에 대한 상세한 사전준비가 필요하다. 온라인 모집을 계획할 때에는 지원자의 요구나 특성을 고려하여 모집과정이나 웹사이트를 설계하여야 한다. 그러나 대부분의 조직은 조직의 입장만을 고려하여 아무런 특징 없이 일률적으로 온라인 모집을 계획하고 실시하는 경향이 있다. 인터넷을 이용한 모집은 광범위한 지원자에게 다가갈 수 있는 기회를 제공하지만, 다른 경쟁자들도 온라인 모집을 활용하고 있다는 사실을 채용담당자는 명심하여야 할 것이다. 따라서 특색 없는 온라인 모집은 상당수의 허수 지원자를 유발하여 산출률(yield ratios)[2)]을 저하시킬 뿐만 아니라 웹사이트의 예기치 않은 정지현상 등으로 불필요하게 지원자의 불만족을 초래할 수도 있다. 이런 현상을 회피할 수 있는 유일한 방법은 신중하게 모집전략을 세우고 지원자를 고려하여 웹사이트를 설계하는 것이다.

온라인 모집과정

온라인 채용은 지원자 유인, 지원자 스크리닝, 선발과정 그리고 의사결정 4단계로 구성되어 있다. 이 중 처음 두 단계, 즉 지원자 유인과 스크리닝 단계는 온라인상에서 이루어지며 선발과정은 오프라인으로 이루어지는 것이 보통이다. 채용과정의 효율성을

[표 IV-1] 온라인 모집과정

1. 지원자 유인	2. 지원자 스크리닝	3. 선발과정	4. 의사결정
회사의 웹사이트에 가능한 많은 유능한 지원자를 유인하기 위하여 회사의 명성, 제품 이미지, 온라인 기술 그리고 기타 다른 마	쇄도하는 지원서를 관리 가능한 숫자로 줄이기 위하여 정교하고 표준화된 온라인 테스트를 통한 지원자를 스크리닝한다.	선발과정은 지원자 입장에서 설계되어야 하며 타당성 있는 선발도구를 사용하여야 한다.	다른 회사에게 빼앗기지 않도록 가장 우수한 지원자를 공정하고 신속하게 의사결정할 필요가 있다.

2) 산출률(yield ratio)이란 선발단계별 투입자 대비 단계를 통과한 인원의 비율을 의미하여 전반적 산출률(overall yield ratio)은 총지원자 대 신규채용자의 비율을 나타낸다.

1. 지원자 유인	2. 지원자 스크리닝	3. 선발과정	4. 의사결정
케팅 기능과 연계하여 회사의 인적자원 브랜드를 강화할 필요가 있다. 또는 직무와 작업 조건에 대한 상세한 정보를 제공하여 지원자에게 충분한 정보를 제공할 필요가 있다.			

높이고자 하는 기업들은 각 과정을 면밀하게 검토할 필요가 있다([표 IV-1 참조]).

지원자 유인

개방적이고 경쟁적인 시장에서는 브랜드 이미지나 명성이 중요하다. 이런 논리는 상품시장에서 뿐만 아니라 노동시장에도 적용된다. 프로모션, 광고 등과 같은 마케팅 활동이 소비자뿐만 아니라 잠재적 지원자에게도 상당한 영향을 끼치므로 마케팅 캠페인과 모집활동을 통합하는 것이 온라인 모집을 성공적으로 수행하는 데 아주 중요하다. 앞선 기업들은 회사의 로고, 동일한 포맷과 색상을 사용하여 상표광고와 채용광고를 결합함으로써 독특한 인적자원 브랜드를 창출하고자 노력하고 있다.

지원자 스크리닝(screening)

사람들이 지원서를 쉽게 제출하게 만듦으로써 회사에 다량의 지원서가 쇄도할 수 있다. 그 중에는 허수이거나 자격이 미달하는 지원자가 상당수 포함될 수 있다. 따라서 자격 있는 지원자와 그렇지 않은 지원자를 신속히 식별하는 것이 중요하다. 가장 쉬운 방법은 "OO지방에서 근무할 수 있는가?" 또는 "언제부터 근무할 수 있는가?" 같은 질문을 이용하는 것이다. 그러나 대다수의 기업들에게는 이런 질문만으로는 충분하지 않으며 지원자의 자격요건을 구체적으로 정하거나 자기 테스트를 실시함으로써 부적격 지원자를 스크리닝하는 것이 중요하다.

얼스테이트 보험회사(Allstate Insurance)의 경우는 단계별 스크리닝 프로그램을 개발하여 적용하고 있다. 회사에 보험대리인 직무를 지원하는 사람은 먼저 지원서를 작성하여야 하며 지원서는 회사의 기준에 따라 점수화된다. 지원자는 온라인상에서 지원서를 접수한 즉시 자신의 점수를 알 수 있으며 점수가 일정한 수준 이상인 사람만이 다음 단계의 보다 자세한 설문을 작성할 수 있다. 또다시 지원자는 설문서 작성 즉시 자신의 점수를 알 수 있으며 일정 수준 이상인 사람만 개별 면대면 면접(individual face-to-face interview)이 계획된다.

지원자를 스크리닝할 때 기업은 고용평등법을 위반하지 않도록 각별히 주의하여야 한다. 고용평등법 위반은 경제적 손실뿐만 아니라 회사의 명성에 상당한 타격을 줄 수 있다.

선발과정

일단 회사에 관심 있는 유능한 지원자가 식별되면, 다음 단계는 우수한 인재를 가려내기 위한 선발과정이 필요하다. 선발에 있어서 회사마다 차이가 조금 있겠지만 우리나라에서는 면접과 적성시험이 주로 사용된다.

온라인 모집의 커다란 단점은 지원자와 관계를 수립하기가 어렵고 위 지원자가 여러 직장을 놓고 망설일 경우 우리 회사를 선택하도록 설득하기가 어렵다는 것이다. 따라서 회사는 온라인 접촉 외에도 채용담당자와 지원자가 직접 접촉할 수 있는 기회를 제공하여야 한다. 직장 선택의 기회가 많을수록 지원자의 한 회사에 대한 몰입은 줄어들 수 있다. 많은 기업들이 온라인으로 모집을 실시하고 있으므로 지원자들은 다수의 기업에 지원할 수 있다. 따라서 회사는 지원자들이 자신의 기업에 계속 호감을 가질 수 있도록 다양한 방법을 강구하여야 할 것이다. 기업들은 지원자의 입장과 시각을 고려하여 선발과정을 설계할 필요가 있다. 좋은 지원자는 기회가 많으므로 다른 경쟁자에게 빼앗기지 않기 위해서는 인간적 접근이 필요하다. 지원자들이 앞으로 같이 일할 사람들이 자신을 원한다고 느낄 수 있도록 하는 것이 중요하다.

의사결정

채용 의사결정은 신속하고 투명해야 한다. 채용 의사결정이 지연되면 좋은 지원자를 경쟁사에게 빼앗기기 쉽다. 또한 떨어진 지원자에게도 정중한 편지를 보낼 필요가 있다. 회사가 채용하지 않은 사람들과도 좋은 관계를 유지할 수 있다면 회사는 나중에 그들에게도 회사의 제품이나 서비스를 판매할 수 있을 것이다.

개선방향

온라인 모집의 비용절감효과와 효율(efficiency)을 인식하여 많은 조직들은 온라인 모집을 위한 웹사이트를 운용하고 있거나 설계하고 있다. 그러나 어떤 웹사이트는 목표에 미치지 못하여 결과적으로 인사부서는 온라인 모집으로부터 달성 가능한 최상의 결과(채용주기의 단축, 비용절감 그리고 상시접근 등)를 얻지 못하고 있다. 웹사이트가 잘못 설계되면 웹사이트는 지원자가 이력서나 지원서를 보내는 우편함 같은 역할밖에 수행하지 못할 것이다. 온라인 모집이 소기의 성과를 얻기 위해서는 다음과 같은 특징을 갖추어야 한다.

- 채용사이트는 지원자 또는 목표지원자(target applicant)의 관심을 반영하도록 설계되어야 한다. 즉, 채용담당자는 지원자들이 회사에 대하여 어떠한 정보(예를 들면, 임금수준, 근로조건, 조직문화 등)를 알고 싶어하는지를 파악하여 채용사이트에서 적절히 이들 정보를 제공할 수 있어야 한다.
- 채용사이트 내에서 항해(navigation)가 용이하도록 설계되어야 한다. 지원자가 쉽게 경력사이트나 기타 회사 웹사이트로 이동할 수 있어 필요한 정보를 쉽게 얻을 수 있어야 한다. 우리나라 기업들의 채용 사이트는 네비게이션 기능이 상당히 취약하여 지원자들이 원하는 회사 정보를 얻기 힘들며 단지 지원서나 이력서를 제출하는 '우편함' 정도의 역할만 수행하고 있는 실정이다.
- 채용사이트를 사용자에게 친근하도록(user friendly) 설계하여 지원자가 채용사이트를 방문하는 동안 지속적으로 흥미와 재미를 느낄 수 있어야 한다. 이를 위해서는 채용 사이트에 그래픽을 많이 활용하고 지원자가 읽기 쉽게 디자인에 신경을 써야 한다. 채용사이트는 회사의 얼굴로서 지원자의 첫 인상(first impression) 형성에 크게 영향을 미칠 수 있다. 회사에 대한 첫 인상은 지속적으로 종업원의 태도와 행위에 영향을 미치므로 회사는 지원자들에게 좋은 첫 인상을 남기도록 유의하여야 할 것이다.
- 충원되어야 할 직무나 경력기회에 대해서 신문이나 잡지를 통해 제공하는 것보다 자세히 기술하여야 한다. 자세하고 성실한 직무기술은 지원자의 기대(expectation)를 낮추는 효과가 있으며 또 자기선발(self-selection)을 통하여 허수를 줄이는 효과가 있다.
- 지원자의 질을 높이고 허수를 줄이기 위해서는 지원자에게 지원서를 제출하기 전

에 회사가 원하는 기준이나 조직문화에 맞는지를 자기테스트를 할 수 있는 기회를 부여하는 것이 바람직하다.

- 지원서 항목이나 채용사이트의 내용을 면밀히 검토하여 지원자의 사생활침범이나 차별(discrimination)을 방지할 수 있어야 한다.
- 일단 지원을 하면 지원자 개개인에 대한 자료파일을 설치하여 개인이 수시로 자기 파일에 접근하여 자료를 수정할 수 있도록 한다. 회사는 주기적으로 개인자료파일을 방문하여 채용 가능한 직무의 자격요건과 비교할 수 있다.
- 인터넷의 비인간적(impersonal) 측면을 보완하기 위하여 보조적으로 채용담당자와 직접 접촉할 수 있는 방법을 제시하여야 한다. 미국의 경우 포춘500에 속하는 대기업들 대부분이 회사의 채용담당자들과 직접 접촉할 수 있는 경로를 마련하고 있다. 인터넷에 쉽게 접촉할 수 없는 사람들을 위하여 대인적 모집방법도 열어두어야 한다.

온라인 모집의 미래

모집에 있어서 혁명은 단지 시작일 뿐이다. 기술의 발전은 새로운 사람을 찾고 지원자를 선별(screen)하는 것을 더 효율적으로 만듦으로써 채용주기를 더욱 단축시킬 것이다. 지원자의 특성과 직무요건에 대한 표준화 작업은 기업이 더 효율적으로 지원자와 직무를 적합(match)시킬 수 있도록 할 것이다. 인터넷이 점점 더 광범위하게 보급됨으로써 지원자들이 인터넷을 이용하여 직장을 찾는 경향은 더 커질 것으로 예상된다. 온라인 모집이 확장됨에 따라 부수적으로 제3자가 운용하는 채용중계사이트도 더욱 활발해지고 영향력이 커질 것이다. 효율적 온라인 모집을 위해서는 기업들이 이런 채용중계 사이트를 지속적으로 모니터하고 관리하는 것이 필요하다.

지금은 온라인 모집이 신규 노동시장 진입자(즉, 고등학교나 대학교 졸업자)를 중심으로 이루어지고 있으나 경력자나 고위 경영자들에게도 확대되는 경향이 있다. 이런 추세에 부응하여 회사들은 끊임없이 다양한 지원자들을 효과적으로 유인할 수 있도록 부단히 노력하여야 할 것이다.

참고문헌

iLogos Rearch, Value Creation Through Corporate Careers Website, http://www.ilogos.com에서 인출.

Feldman, D. C., & Klass, B. S.(2002), "Internet Job Hunting : A Field Study of Applicant Experiences with On-line Recruiting," *Human Resource Management*, 41, 175-192.

HRFOCUS(2003, April), Research Demonstrates the Success of Internet Recruiting.

Ryan, A. M., & Tippins, N. T.(2004), "Attracting and Selecting : What Psychological Research Tells Us," *Human Resource Management*, 43(4), 305-318.

Cappelli, P.(2001, March), "Making the Most of One-Line Recruiting," *Harvard Business Review*, 139-146.

04 상황판단검사의 현황과 전망[1)]

김영록
roca100@empal.com

최근 인적자원관리, 특히 인사선발분야에서 개최되는 여러 학회 및 심포지움에서 주로 다루어지는 선발기법 가운데 하나로서 '상황판단검사(situational judgment test)'를 들 수 있을 것이다. 이 상황판단검사의 목적은, 아는 능력(ability to know)보다는 하는 능력(ability to do)을 평가하는 것으로서 관리자 또는 전문직과 같은 직무에서의 복잡한 본질을 보다 잘 대표할 수 있는 측정치로 부각되고 있다(Cascio, 1998).

본 고에서는 지난 2005년 5월 28일 성신여자대학교에서 개최되었던 한국산업 및 조직심리학회 춘계학술대회 및 "인재선발의 실태와 발전방향" 심포지움에서 맥다니엘(McDaniel, 2005)이 발표하였던 상황판단검사 관련 내용을 토대로 이와 같은 상황판단검사의 내용을 소개함으로써 현대 인적자원관리의 핵심영역으로 부각된 인사선발의 현주소를 확인해 보고자 한다.

1) 출처: 인크루트 경력개발연구소(2005), "상황판단검사 현황과 전망," 「인재경영」, 8월호, pp. 56-61을 수정 보완함.

상황판단검사란 무엇인가

맥다니엘(McDaniel, 2005)에 따르면, 상황판단검사에서는 지원자가 특정한 상황을 제시받고 그 상황에서 어떻게 할 것인지를 요구받게 되는데, 이때 제시되는 문항들은 통상적으로 상황면접에서의 질문과 유사한 유형을 보인다고 한다. 또한, 중다선택형(multiple choice format) 문항들이 주로 제시되는 것도 하나의 특징으로 볼 수 있다고 한다. 예를 들면, "당신을 제외한 당신팀의 모든 사람들이 새 컴퓨터를 받았다면 당신은 어떤 행동을 할 것입니까?"와 같은 질문에 대하여 다음과 같은 5가지의 선택지들이 제시되는 형식이 그 전형이라고 할 것이다: a. 착오가 있었다고 가정하고 상사에게 말한다. b. 왜 내가 불공정하게 대우받았는지에 대해 상사에게 물어본다. c. 동료의 책상에 있는 새 컴퓨터를 가져 온다. d. 인사팀에 불만을 이야기한다. e. 회사를 그만둔다.

상황판단검사의 역사

상황판단검사의 발전사는 대략 다음에 제시되는 [표 IV-2](이상철 · 이순묵 · 조영일, 2003)와 같이 요약될 수 있다. 맥다니엘(McDaniel, 2005)에 따르면, 조지워싱턴대학의 '사회지능검사' 내 판단척도를 역사상 최초의 상황판단검사로 볼 수 있다고 한다. 이후에 제 2 차 세계대전 당시 미군부대에서 근무하던 심리학자들에 의하여 다양한 상황판

[표 IV-2] **지필형 상황판단검사의 발달**(이상철 · 이순묵 · 조영일(2003)에서 수정인용)

지필형 상황 판단검사의 명칭	연 구 자	목적 및 형태	영 역	관련 구성개념
George Washington Social Intelligence Test	Moss(1926)	- 작업상황에 대한 판단능력 측정 - 단일문장형	작업 영역	일반정신능력
Judgment Test of Soldiers	U.S. Army(2차 세계대전, Northrop, 1989 재인용)	- 군인의 판단능력 측정 - 시나리오형	군대 영역	일반정신능력
Practical Judgment Test	Candall(1942)	- 일상적 비즈니스와 사회적 상황에 대한 판단능력 측정 - 단일문장형	작업 영역	일반정신능력

지필형 상황 판단검사의 명칭	연 구 자	목적 및 형태	영 역	관련 구성개념
How Supervise?	File(1945)	- 작업관련 부분에서 판단능력 측정 - 단일문장형	기업 관리자 영역	일반정신능력
LEADS	Mowry(1957)	- 대인관계 기술문에 대한판단능력 측정 - 단일문장형	생산 관리자 영역	대인관계능력 의사소통능력
Supervisory Practice Test	Bruce & Learner (1958)	- 관리자가 접할 수 있는 작업관련 상황판단 또는 대처능력에 대하여 측정 - 단일문장형	관리자 영역	일반정신능력
Early Identification of Management Potential	Campbell et el. (1970)	- 관리자의 성공잠재력에 대한 확인 - 단일문장형	기업 관리자 영역	일반정신능력
Test 905	Corts(1980)	- 작업자들과 상호작용하는 상황에 대한 중다선택문항 중 최선의 해결책 모색 - 단일문장형	인사 관리자 영역	대인관계능력 의사소통능력
Low-Fidelity Simulation	Motowidlo et al. (1990)	- 관리자 선발용 - 시나리오형	일선 관리자 영역	대인관계능력 문제해결능력
TKIM	Wagner & Sternberg (1993)	- 관리자의 기초실용지식 측정 - 시나리오형	기업 관리자 영역	실용지능

단검사가 개발되었다고 한다.

1940년대부터는 관리자의 잠재력을 측정하기 위하여 다양한 형태의 지필형 상황검사들이 나타나게 되었는데, 대표적으로 '실용적 판단검사(practical judgment test)'를 들 수 있다고 한다. 뒤이어 개발된 '어떻게 감독하는가(How Supervise)?'라는 검사에서는 특정한 상황보다 의견에 대한 반응을 요구하는 문항들이 포함되었다.

1960년대의 상황판단검사들은 미국 정부의 대민서비스기관에서 주로 사용되었으며, 1990대들어 모토위들로(Motowidlo)가 저충실도(low fidelity) 시뮬레이션을 개발하면서 상황판단검사에 대한 관심이 다시금 고조되었다고 할 수 있다. 스턴버그(Sternberg)의 묵시지검사(Tacit Knowledge Inventory for Managers: TKIM) 역시 형태상으로는 지필형 상황판단검사에 속한다고 볼 수 있으며, 이전에 개발된 검사들에 비하여 보다 길고 자세한 시나리오를 사용한다는 점에서 그 특색을 찾을 수 있다고 한다.

이후 현재까지 여러 기업조직에서 상황판단검사가 사용되고 있으며, 다양한 컨설팅회사에서도 실용적인 접근을 시도하고 있고, 학계에서도 많은 연구가 이루어지고 있다고 한다.

상황판단검사의 현주소

맥다니엘(McDaniel, 2005)은 현재 사용되고 있는 상황판단검사들의 문항들이 갖고 있는 특징에 대하여도 구체적인 설명을 제공하였다. 그에 따르면, 상황판단검사는 단순히 하나의 이론적 흐름에서 진화한 것이 아니며, 문항형식에 있어서도 상당히 다양하다고 한다. 상황판단검사가 분류되는 8가지의 구체적인 차원들은 다음과 같이 요약될 수 있다: 1. 검사의 충실도(test fidelity), 2. 상황지문의 길이(stem length), 3. 상황지문의 복잡성(stem complexity), 4. 지문의 이해가능성(stem comprehensibility), 5. 위계적 지문(nested stems), 6. 반응의 성격(nature of responses), 7. 반응지시문(response instructions), 8. 문항의 이질성 정도(degree of item heterogeneity).

이 각각의 차원들에 대하여 조금 더 구체적으로 살펴보자.

검사의 충실도

이때의 충실도란, 지문의 양식이 업무에서 실제로 겪는 상황과 일치하는 정도를 뜻하며, 대표적으로 충실도가 높은 검사의 경우 비디오를 통해서 시청각적으로 상황이 전달되고, 반면에 충실도가 낮은 검사의 경우 지필형 검사를 통해서 상황이 제시된다고 할 수 있다. 그러나 이러한 제시방식은 충실도에 대한 간략한 구분이며, 보다 정교한 정의를 하다 보면, 하나의 제시방식 내에서도 충실도의 수준을 여러 가지로 구분할 수 있게 된다고 한다.

또한, 검사의 충실도와 관련하여 '측정의 맥락화(contextualization of measurement)', '참된 평가(authentic assessment)' 및 '안면타당도(face validity)'와 같은 개념들이 연관되

어진다고 볼 수 있고, 특히 맥락(context)의 경우 상황판단검사가 직무에서 직면하는 공통적 문제상황을 반영함으로써 갖게 되는 본질적 속성이라고 할 것이다.

상황지문의 길이

예를 들어, "당신을 제외한 모든 사람들이 새 컴퓨터를 받았다"와 같이 짧은 지문이 있는 반면, 상황에 대하여 매우 구체적으로 제시하는 긴 지문도 있다.

상황지문의 복잡성

지문의 복잡성은 제시되는 상황에 따라 매우 다양한데, 예를 들어, "새로운 과제에 어려움을 느껴 지시가 필요한 사람이 있다"와 같이 낮은 복잡성이 있는 반면, "상사들간에 서로 협조가 잘 이루어지지 않고, 그들이 내리는 지시가 상충될 경우, 당신의 과제 중 어느 것이 가장 중요한지에 대해 파악해야 한다"와 같이 높은 복잡성이 있을 수 있다.

지문의 이해가능성

상황에 따라서는 의미와 중요성을 이해하는 것이 다른 상황에 비해 상대적으로 더욱 어려운 경우가 있을 수 있다. 지금까지 열거한 차원 중 지문의 길이, 상황의 복잡성 및 이해가능성은 서로 연관이 있고, 문항에 대한 응답에 인지적 요소를 필요로 할 수 있다. 그런데 만일 문항이 가진 특성이 상황판단검사의 인지 관련 부문에 영향을 준다면, 그것은 구성개념에도 영향을 주며 더불어, 준거관련 타당도 검사점수와 고용상황에서의 수행준거 등 외적 변수와의 관계를 분석하여 검증되는 당해 검사의 타당성 정도(성태제, 2002)에도 영향을 미치게 된다.

위계적 지문

상황판단검사에 따라서는 사건을 기술하는 도입문단을 제시하는 경우가 있는데, 예를 들어, 소프트웨어 구현을 지원하는 대규모 훈련프로그램의 필요성을 기술하는 긴 문단이 제시되고, 이러한 도입문단에 이어 다음과 같이 사건과 관련있는 문제로 제시되는 다양한 질문이 뒤따르게 된다: 1. 훈련자가 없음, 2. 훈련지역을 옮길 필요가 있음, 3. 훈련날짜를 바꿀 필요가 있음.

반응의 성격

비디오나 지필 등 다양한 양식으로 제시되는 지문과 달리 반응의 대안들은 보통 지필형으로 제시되고 상대적으로도 짧다. 즉, 상황을 제시하기 위해 비디오를 사용하는 상황판단검사도 반응대안의 제시는 지필형 또는 오디오 방식으로 제시하기도 한다.

반응지시문

지원자의 반응을 지시하는 방법들은 매우 다양하다. 대표적인 예를 들면, "당신이 가장 할 것 같은 행동은 무엇입니까?," "당신이 가장 하지 않을 것 같은 행동은 무엇입니까?," "최선의 반응을 고르시오," "최선의 반응과 최악의 반응을 고르시오," "각 반응대안의 효과성에 대해 평정하시오," "각 반응대안에 대해서 당신이 취해야 할 것 같은 가능성에 대해 평정하시오" 등이다.

여기서 어떤 반응지시는 "가장 그럴듯한…," "가장 최상의 답을 고르시오"와 같이 하나의 이분적인 응답을 요구하는 반면, "가장 그럴듯한/가장 그렇지 않을 듯한…," "최상의/최악의 답을 고르시오"와 같이 두개의 이분적인 응답을 요구하는 반응지시도 있음을 알 수 있다.

또한, 각 문항에 대한 효과성(또는 그 행동을 취할 가능성)에 대한 평정은 각 반응대안의 서열자료가 되기도 한다. 예를 들면, "각 반응대안에 대해 '매우 효과 있음' 에서 '매우 효과 없음' 사이에 있는 리커트(Likert)척도에 평정하시오" 또는 "'가장 할 것 같은' 에서 '가장 하지 않을 것 같은' 사이에서 평정하시오"가 대표적이다.

이와 같이 다양한 반응지시문들은 크게 '지식형(knowledge)' 과 '행동경향(behavioral tendency)' 의 두 가지 범주로 구분될 수 있다. 지식형 지시문의 경우 지원자로 하여금 반응행동의 효과성에 대한 지식을 보일 것을 요구한다. 예를 들면, '최상의 행동', '최상의 행동/최악의 행동', '효과성에 대한 평정' 등이 이에 해당한다. 반면, 행동경향 지시문의 경우 지원자가 일반적으로 어떤 반응을 하는지를 보고하도록 하며, '가장 할 것 같은 행동', '가장 할 것 같은 행동/가장 하지 않을 것 같은 행동', '그런 반응을 할 것 같은 가능성(likelihood)을 평정' 등이 여기에 포함된다.

문항의 이질성 정도

상황판단검사의 문항들은 구성개념이 이질적으로 되는 경향이 있다. 따라서 각 문항들은 통상적으로 인지능력(cognitive ability), 원만성(agreeableness), 성실성(conscientiousness), 정서안정성(emotional stability) 중 하나 이상과 상관이 된다.

다음에 제시되는 [표 IV-3]과 [표 IV-4]는 상황판단검사의 실제 문항을 예시하고 있다.

[표 IV-3] 상황판단검사의 실제 문항 a

시나리오 A(Stem, 지문)
당신은 프로젝트 매니저 중 한 명에게 높은 수준의 프로젝트 담당을 맡게 하였다. 그 프로젝트는 매우 복잡하고 서로 다른 프로젝트 매니저들간의 조정을 요구하고 있다. 프로젝트 진행회의 때마다 당신의 프로젝트 매니저는 모든 것이 계획대로 진행되고 있다고 보고하고 있다. 그런데 그는 지금 프로젝트 만기일 일 주일밖에 남지 않았는데, 프로젝트 진행률이 50%밖에 되지 않았다는 보고를 하고 있다.

	반응대안	g와 상관	성실성과 상관	원만성과 상관
1	당신이 프로젝트를 받아서 고객을 만나 중대한 요구사항이 무엇인지 파악한다.	.10*	.01	−.13*
2	고객을 만나 만기일 연장을 요청한다. 프로젝트 매니저에게 커뮤니케이션 부재가 회사의 대고객관계를 얼마나 어렵게 만드는가를 이야기한다.	.11*	−.03	−.05
3	프로젝트 매니저를 해고하고 당신 자신이 프로젝트를 맡는다.	.08	.00	−.16*
4	프로젝트 매니저에게 프로젝트를 어떻게 효율적으로 할 수 있는지를 가르친다.	−.17*	.01	.09
5	다음부터 높은 수준의 프로젝트를 그 프로젝트 매니저에게 맡기지 않는다.	.13*	.07	−.08

[표 IV-4] 상황판단검사의 실제 문항 b

시나리오 B(Stem, 지문)
당신은 비즈니스 의사결정을 위한 구체적이고 정확한 데이터를 요구하는 프로젝트를 이끌고 있다. 현재 사용하고 있는 데이터 수집방법은 당신이 원하는 정보를 제시하지 못하고 있다. 다른 부서에서 당신에게 데이터를 제공한다고 약속하였지만 최종 순간에 그 약속을 어겼다. 이런 일들 때문에 당신의 프로젝트가 계획보다 지연되지만 당신은 여전히 프로젝트를 정확하게 완결하기 위해서는 그 정보가 필요하다고 확신하고 있다.

	반응대안	g와 상관	성실성과 상관	원만성과 상관
1	비록 기술적으로 당신의 책임이 아니더라도 시간소모적인 자료수집을 당신 자신이 한다.	.07	.11*	−.08

	반응대안	g와 상관	성실성과 상관	원만성과 상관
2	일시적으로 멤버 중 일부를 자료수집 작업에 할당한다.	−.01	.11*	.00
3	고객에게 만기일을 연장해 줄 것을 요청하고, 다른 부서에서 필요한 데이터를 보내오지 못 했기 때문이라고 설명한다.	.12*	.06	−.02
4	당신의 상사에게 부탁해서 다른 부서에서 우리에게 정보를 보내오도록 압력을 넣어달라고 한다.	.17	.02	−.10*

여기서 문항의 이질성이 의미하는 바는 해석이 가능한 요인분석(factor analysis) 다수 또는 대량의 자료를 처리해서 이론적으로 또는 내용적으로 의미 있는 소수의 변수를 추출하는 통계방법(이순묵, 2000)으로 결과를 얻기가 어려우며, 변별타당도를 보여줄 하위척도 개발이 어렵다는 것이다. 예를 들어, 성실성을 측정하기 위한 문항들은 물론 성실성과 관련이 있지만, 한편으로 인지능력, 원만성, 정서안정성과도 관련이 있게 된다.

문항이질성이 갖는 또 다른 의미로, 검사에 의해 측정되는 구성개념을 구체화하기 어렵고, 신뢰도 추정치로서 내적 일관성 방식을 사용하기가 어렵다는 것을 들 수 있다. 이는 결국, 상황판단검사가 복수의 구성개념을 측정하는 방법이라고 생각하는 것이 무리가 없음을 시사한다.

상황판단검사의 미래

맥다니엘(McDaniel, 2005)은 상황판단검사가 향후에 나아가야 할 길로서 상황판단검사를 만들 때 구성개념에 대한 통제의 필요성, 응답자 표본에서 반응지시문이 가지는 효과에 대한 연구의 필요성, 문화적 차이에 대한 고려, 그리고 충실도가 가지는 효과에 대한 이론의 개발필요성 등 4가지를 제시하고 있다.

먼저 검사제작시 구성개념에 대한 통제의 필요성과 관련하여 언급하자면, 상황판단검사간에 연구자가 측정하고자 하는 구성개념을 측정하게 하는 기술이 필요하다는 점을 들 수 있을 것이다. 물론, 단일한 구성개념을 나타내는 문항을 개발하고자 하는 경우 문항이 보다 단순하게 되고, 그럼으로써 구성개념의 이질성이 감소될 수가 있다. 그러나 단순문항에는 위장반응을 하기가 더 쉽다는 단점이 있으며, 상황판단검사의 타당도 중 일부가, 측정되는 다양한 구성개념들에 기인한다고 하면, 문항이 단순화됨으로써 타당도가 줄어들 개연성도 있다. 결국, 검사양식의 개선을 통해서만이 결과적으로 동질성 있는 척도들을 개발할 수 있을 것이다.

다음으로 응답자 표본에서 상황판단검사와 인지/비인지적 변수간 상관의 측면에서, 상황판단검사의 예측타당도의 측면에서, 그리고 상황판단검사 점수의 인종간 차이측면에서 반응지시문의 효과크기가 어떻게 도출될 것인지에 대해서 후속적인 연구가 요망되는 바이다.

또한, 미국인의 경우 상사의 판단에 공개적으로 의문을 제기하는 반면, 다른 문화에서는 통상적으로 그러한 의문을 제기하지 않는 것과 같이 문화적 차이가 정답설정을 통해 발생할 수 있음도 충분히 연구되어져야 할 것이다.

끝으로 충실도의 개념을 정의하고, 이해하기 위한 이론의 개발이 필요하다. "충실도가 예측 타당도에 효과를 주는가?", "충실도는 단순히 상황판단검사에 인지적인 요소가 들어가게 하기 위한 조작인가?"와 같이 물음이 그 예이다.

마 치 며

글을 마치면서 오늘날 우리나라의 인사선발 관행에 대하여 생각해 보게 된다. 대기업을 중심으로 직무적합성 검사 등 보다 체계적인 screening tool을 도입하고 있기는 하지만, 기계적으로 점수가 매겨지는 전기자료 및 면접에 의하여 선발의사결정이 내려지고 있는 현실에서 현업에서의 업무성과를 과학적으로 예측하고자 하는 노력에 기초한 선진 인사선발전략의 시도는 아직까지도 요원해 보이기만 하다.

물론, 세부적인 구성개념의 도출 등 이론적인 성숙이 필요한 것은 사실이지만, 지금까지 요약한 상황판단검사가 그 동안 우리나라 기업들 사이에서 관행적으로 답습된 선발체계에 준거지향적 관점을 도입하며 확산될 여지는 충분히 있다는 것이 필자의 생각이다.

참고문헌

성태제(2002), 「타당도와 신뢰도」, 서울: 학지사.

이순묵(2000), 「요인분석의 기초」, 서울: 교육과학사.

Bruce, M. M., & Learner, D. B.(1958), "A Supervisory Practices Test," *Personnel Psychology*, 11, 207-216.

Campbell, J. P., Dunnette, M. D., Lawler, E. E., & Weick, K. E.(1970), *Managerial Behavior, Performance and Effectiveness*, NY: McGraw-Hill.

Candall, A. J.(1942), *Preliminary Manual for the Test of Practical Judgment*, Chicago: Science Research.

Cascio, W. F.(1998), *Applied Psychology in Human Resource Management*, NJ: Prentice-Hall.

Corts, D. B.(1980), *Development and Validation of a Test for the Ranking of Applicants for Promotion to First-line Federal Trades and Labor Supervisory Positions*(Report No. PRR-80-30), Washington, DC: U.S. Office of Personnel Management, Personnel Research and Development Center.

File, Q. W.(1945), "The Measurement of Supervisory Quality in Industry," *Journal of Applied Psychology*, 29, 381-387.

McDaniel, M. A.(2005), "Situational Judgment Test(SJT): Past, Present, and Future," 한국산업 및 조직심리학회 춘계학술대회 발표논문, 5월 28일, 서울: 성신여자대학교, 미간행.

Moss, F. A.(1926), "Do You Know to Get Along with People? Why Some People Get Ahead in the World While Others Do Not," *Scientific American*, 135, 26-27.

Motowidlo, S. J., Dunnette, M. D., & Carter, G. W.(1990), "An Alternative Selection Procedure: the Low-Fidelity Simulation," *Journal of Applied Psychology*, 75, 640-647.

Mowry, H. W.(1957), "A Measure of Supervisory Quality," *Journal of Applied Psychology*, 41, 405-408.

Northrop, L. C.(1989), *The Psychometric History of Selected Ability Construct*, Washington, DC: U.S. Office of Personnel Management.

Wagner, R. K., Sternberg, R. J.(1993), *Tacit Knowledge Inventory for Manager: User Manual*, San Antonio, TX: Psychological Corporation.

05 면접에서 무엇을 보고자 하는가, 그에 따른 기법은[1)]

이순묵
smlyhl@chol.com

면접에서 무엇을 보고자 하는가에 따라서 면접의 방법은 달라진다. 면접에서 보고자 하는 것은 다양하다. 즉, 얼마나 훤하게 생겼는지, 신체능력이 좋은지, 사람이 좋은지, 발표를 잘 하는지, 글을 잘 쓰는지, 머리가 좋은지, 성장배경이 좋은지, 주위에 좋은 인적/경제적 연결이 있는지, 조직과 가치관/신념/문화가 맞는가 등이다. 이 중 어느 것에 중점을 두느냐 하는 것은 조직의 필요에 따라 다르다. 모든 조직에서 이 모든 측면을 상당한 절대수준으로 요구하는 것은 결코 아니다. 요즘같은 개성시대에 어떤 개인이 이 모든 측면을 고르게 상당수준으로 갖추고 있는지는 별로 관심의 대상이 아니다. 유명한 운동선수에게 자기분야의 신체능력(예: 공던지기, 공받기, 공차기, 공굴리기, 리본돌리기, 스케이트타기 등) 이외에 우리가 무엇을 더 요구하는가? 유명한 연구자(예: 인간성에서 좋은 점수를 못받는 뉴톤)에게 대인관계가 좋아야 한다고 요구해야 하는가? 평범한 회사원에게 학자와 같은 학문수준이나 성향을 요구해야 하는가? 조직마다 경쟁우위를 지켜주는 핵심역량이 있고, 그것을 지원하는 데 필요한 인적자원으로서의 속성이 개인에게 또는

1) 출처: 인크루트 경력개발연구소(2004), "면접에서 무엇을 평가하는가, 그에 따른 기법은?," 「인재경영」, 창간호, pp. 24-37에서 전재함.

팀에게 요구될 뿐이다. 그 인적 속성을 크게 나누어 업무에 직접 관련된 역량과 회사 적응에 관련된 개인의 문화로 보기로 한다.

역량을 요구하는 것은 업무수행을 할 수 있느냐의 관점이지만, 조직의 가치, 비전, 문화가 개인의 그것과 맞지 않는다면 개인은 조직에 오래 머물기가 어렵고 조직은 그런 사람을 모집하고 선발하는 데 작게는 수백만원에서 크게는 수천만원의 헛돈을 버리게 된다. 따라서 면접은 크게 역량면접과 문화면접으로 나뉠 수 있다. 난이도를 이야기하자면 역량면접보다 문화면접이 훨씬 어렵다. 역량은 일정한 과제를 제시하고 주어진 조건하에서 그것을 처리하는 능률과 효과성을 보면 되지만, 개인의 가치, 신념 및 문화를 짧은 면접시간에 좁은 공간 속에서 파악하기는 어렵다. 이러한 개인의 가치 문화적 측면은 어느 순간에 개인이 보여주고자 해서 보여줄 수 있는 것이 아니라 살아가면서 평소생활에서 드러나는 것이기 때문이다.

이런 점에서 채용시에 면접을 보완하는 다른 자료가 필요한 것이다. 예로써, 피면접자를 잘 아는 추천자가 있어서 정직하게 피면접자의 평소 생활에 근거한 묘사를 제공한다면 이상적일 것이다. 또는 조직 내에서 어느 정도의 신뢰와 평판을 가지고 있는 사람이 외부인을 소개할 경우 가치문화적인 면에 어느 정도 예비적 검토가 이루어졌다고 볼 수가 있다. 조직으로서는 문화면접의 기능을 최대한 분산시켜서 조직원들이 또는 제3자가 어느 정도 담당하도록 맡기는 것도 하나의 방식이다. 그러나 여기에 모두 맡길 수는 없으므로 조직은 조직대로, 요구되는 속성에 대한 면접방법을 강구해야 할 것이다. 면접도 인적자원의 수요와 공급이 설정되는 시장이라고 할 때, 과거에는 조직만이 개인을 선택하는 시장이었으나 지금은 개인도 조직을 선택하는 쌍방적 시장의 형태로 가고 있다. 개인의 선택에는 단순히 직장을 선택한다는 의미만이 아니라 그 회사의 이미지를 타인에게 알리고 제품을 소비하고자 하는 잠재고객으로서의 선택이라는 의미도 포함된다. 따라서 면접의 부산물로서 잠재고객들에게 어떤 이미지를 주느냐 하는 것은, 당면과제인 채용에는 물론 조직의 잠재고객 확보에도 영향을 미친다.

면접의 품질

일반적으로는 측정에 대해서 타당도를 검토하게 된다. 측정이란 행동에 대해서 일관성 있게 숫자를 부여하는 것이고(이순묵, 2002), 면접 역시 개인역량 및 가치문화에 대한 측정이므로 타당도를 이야기할 수 있다. 면접의 타당도에는 면접이 얼마나 잘 만들어졌느냐와 얼마나 잘 기능하느냐의 두 차원으로 나뉜다. 전자는 내용면에서의 타당도, 즉 내용타당도이고 후자는 입사 후 업무수행이라는 준거에 대한 예보를 해 주는 측면에서의 타당도, 즉 예측타당도이다. 서구는 더욱 그러하지만, 우리나라에서도 선발에 낙방한 사람들이 선발절차의 타당도에 대한 소송을 제기하여 오랜 기간의 법정공방을 하는 경우가 종종 있다. 미국의 경우 입사시험에서 탈락한 사람이 선발절차에 대해서 고발할 경우 회사는 우선 직무분석 결과에 근거한 내용타당도를 내세워서 방어하고자 한다. 만일에 선발절차가 직무분석에 기초했어도, 중요업무의 상당부분이 반영되지 않은 선발절차라면 내용타당도만으로는 부족하고 준거타당도를 함께 보여야 한다(Goldstein, Zedeck, & Schneider, 1993).

면접의 품질을 이야기한다면 아마도 신뢰도와 타당도에 대한 이야기가 될 것이다. 특히 타당도를 이야기하는 것이 더 어렵다. 따라서 우선은 면접절차가 잘 만들어졌는가의 내용측면에서의 검토가 필요하고 다음은, 면접결과가 입사 후 업무성과를 예측할 만큼 기능하는가를 보아야 하는데, 이 글에서는 회사가 준비하기 쉬운 내용측면을 중심으로 보기로 한다.

면접에서 보고자 하는 내용

면접에서 보고자 하는 속성을 분류해 보면 [표 IV-5]와 같다(Muchinsky & Monahan, 1987 참조).

보완속성은 조직에서 필요로 하는 역량이다. 즉, 조직에서 부족한 부분을 지원자가 채워주기를 바라는 관점에서 보완적 속성이라고 하고 흔히 역량(competency)이라고도 부른다. 지원자가 이러한 속성을 가지고 있을 때 보완성의 합치(complementarity fit)가 높다고 한다. 한편 유사속성은 개인이 조직의 가치나 문화에 맞는 직업흥미, 가치관, 신념, 스타일 등을 가지고 있을 때 유사속성을 가지고 있다고 한다. 개인이 어떤 조직에 대한 유사속성을 많이 가지고 있을 때, 조직과 개인 간에 문화가 유사하다고 하고 유사성의 합치(similarity fit)가 높다고 한다.

조직은 보완성의 합치를 보고 개인에게 끌리지만 개인은 유사성의 합치가 있을 때 조직에 끌린다. 보완성의 합치가 있어야 개인에 대한 채용이 되겠으나, 유사성의 합치가

[표 IV-5] **면접에서 측정되는 속성**

보완속성	신체능력, 기본인지능력, 업무능력, 동기, 성격(예: 성실성, 외향성)
유사속성	가치, 신념, 문화
기타속성	성장배경, 인맥

없으면 조직을 위해 오래도록 있을 수가 없다. 기타속성은 특별한 업종에서 요구되는 속성들이다. 예로써 국가보안조직이나 방위산업에 취업하려면 성장배경에 대한 신분적인 검토가 있을 것이고 보험이나 판매업종에서 성과를 보일 수 있으려면 개인이 가지고 있는 인맥의 폭과 깊이도 중요한 속성이 될 것이다.

그런데 면접에서는 이러한 속성들을 파악하고자 기본적인 방법과 속성별 방법을 사용하게 된다. 기본적 방법은 공정성, 신뢰도 및 내용타당도를 확보하기 위한 것이고, 속성별 방법은 준거타당도를 높이기 위한 방법이다. 기본적 방법은 면접에서 검증하고자 하는 문제의 작성에 얼마나 내용타당도가 있는지, 그 문제의 실시 및 채점이 얼마나 일관성 있게 표준화되어서 공정하고 객관성이 있는가를 중심으로 한다. 즉, 면접방식이 지원자가 입사 후 실제 수행하게 될 중요업무를 반영하며 그 업무수행에 관련된 개인적 · 대인적 속성을 발휘할 기회가 주어지는 방식인가 하는 것이 내용타당도의 문제이다. 실시에서의 표준화는 공정성의 시비에 대비할 수 있으며 채점에서의 표준화는 객관성의 시비를 막을 수 있다. 이 글에서는 지면관계상 기본적 방법을 중심으로 실무적 절차를 제시하기로 한다.

기본적 방법

공 정 성

공정성을 확보하기 위해서 피면접자에 대한 친절하고 충분한 안내는 물론 절차의 사전계획 및 전문적 진행이 우선되겠지만, 실제로 면접이 이루어지는 장소, 즉 면접실에서는 다음과 같은 노력이 필요하다: 구조화, 질의응답의 쌍방성, 면접위원에게 제한된 자료제공, 면접위원의 전문성 제고.

• 구 조 화

면접시 면접위원들이 어떤 순서로 질문을 하며, 어떤 질문을 어떻게 하는가 하는 것이 사전에 계획되고, 계획대로 진행될 때 구조화되었다고 한다. 조직의 경영자들이 면접위원이 될 경우 본인들의 직관이나 관상에 가까운 감(感)을 내세우며, 피면접자가 입실 후 20-30초 내의 느낌으로 피면접자에 대한 속성을 파악할 수 있다는 이야기를 하는 경우가 있다. 맞는 경우도 있고 틀리는 경우도 있을 것이다. 그러나 정확하게 말하자면, 위험하다고 해야 할 것이다. 짧은 동안에 받는 인상에, 면접자 자신이 마음 속에 가지고 있는 성격이론을 덧씌워서 나름대로의 결론을 내리는 것의 무모함을 우리의 속담에서 이렇게 지적하고 있다. 즉, "열길 물속은 알아도 한길 사람 속은 모른다."

실제로 피면접자가 노력만 하면 몇 시간 정도는 완전히 다른 사람처럼 행동하고 원래의 자신과 다른 인상을 줄 수가 있다. 또 면접자는 생애에 깊은 인상을 받은 사건에 기초해서 자신만의, 객관화되지 않은 틀을 가지고 있어서 경우에 따라 그 틀이 적용되는 피면접자에게는 민감한 반응을 보인다. 즉, 면접시 주어진 지침에 따라서 진행하다가도, 그 틀이 적용되는 피면접자가 면접실에 나타나면 '이런 사람은 내가 알지' 하면서 동료 면접위원들보다 상대적으로 높거나 낮은 점수를 주게 되는데, 이것을 '개인 내 신뢰도가 낮다' 고 한다.

개인 간 신뢰도가 면접의 객관성을 좌우한다면, 면접자 개인 내 신뢰도는 면접의 공정성을 떨어뜨린다. 공정하지 않으면 객관성을 확립하기도 어려워진다. 따라서 면접위원들이 생각나는 대로 질문하고 채점하는 것이 아니라 사전에 주어진 문제를 녹음기로 틀어 준다든가, 문제별로 동일한 면접위원이 읽거나 질문을 하는 것이 구조화의 일부가 된다. 물론 면접위원들이 구조화된 틀을 이해하고 수용할 수 있도록 사전교육이 반드시 요구된다.

• 질의응답의 쌍방성

시민의식의 제고 및 개방화의 추세 속에서 질의응답의 방향도 점점 일방적에서 쌍방적으로 가고 있는 추세이다. 쌍방적이 되면 면접위원뿐 아니라 피면접자도 질문을 하게 되고 회사에 대해 많은 정보를 수집하게 되면서 절차가 공정하다는 지각을 하게 되므로 면접의 공정성 확보에 큰 도움이 된다. 또한 부산물로서 피면접자는 회사에 대한 다양한 정보를 직접 수집하면서 본인이 가지고 있던 회사에 대한 평소 생각을 보다 현실적으로 수정할 기회가 생기므로, 입사 후 조직에 대한 이질감을 느낄 가능성이 감소되고 쉽게 조직인으로 적응할 수 있게 된다(realistic 면접정보). 물론 이러한 쌍방성이 도움이 되는 면만 있는 것은 아니다. 지나치게 허용할 경우 구조화가 이완되고 채점에 어려움이 생기며, 면접진행상 피면접자별로 주어지는 시간이 달라지면 공정성 상실이라는 역풍을 맞을 수도 있다.

• 면접위원에게 제한된 자료제공

면접위원들에게 참고자료를 제공하는가 여부에 따라서 유자료면접과 무자료면접으로 나뉜다. 면접현장에서는 피면접자의 과거자료로서, 출신학교, 학과, 학교성적, 인턴을 할 때의 성적, 인턴할 때 상사의 평가 등을 모두 면접위원에게 보내서 면접에서 참고하게 하는 경우가 있다. 그러나 이것은 기존에 확보된 정보가 주된 역할을 하게 함으로써 면접정보의 독립성을 감소시키고 면접에서 얻어지는 정보가 부가가치 없는 정보가 되도록 한다. 구조화가 되지 않을수록 면접위원들은 많은 재량을 가지게 되고, 면접에 전문적 훈련이 안 된 위원일수록 그 재량을 잘못 사용하게 된다. 즉, 기존정보에 포함되지 않은 정말로 새로운 정보를 얻기 위한 질문을 하는 것이 아니라, 기존정보에 있는 것을 확인하는 질문을 하게 되는 것이다.

입사지원자에 대한 정보는 가급적 다양하고 독립된 원천으로부터 수집되어야 한다. 따라서 면접에서는 면접이 아니고서는 얻을 수 없는 정보수집에 주의를 기울여야 한다. 그렇다면, 기존자료의 확인에 그치는 면접으로 갈 수 있는 참고자료 제공은 제한해야 한다. 참고자료가 주어져야 한다면, 기존정보에 대한 신뢰도를 높이기 위한 목적으로, 동일한 내용을 방식을 달리해서 묻는 범위에서 허용되어야 한다. 예로써 피면접자의 고객만족에 대한 개념이 인턴과정에서 분명하게 드러나지 않았으면 면접에서 물어볼 수가 있다. 예로써, 고객이 방문했을 때 '대체로의 직원들은 이렇게 반응하는데 이 사람은 저렇게 반응하였다' 하는 정보가 주어질 경우 면접시에 과거에 그런 상황에서 이 사람이 어떻게 했는지 앞으로 어떻게 할 것인지를 물음으로서 동일한 질문(고객만족의 개념)을 다른 방식(인턴십이 아닌 면접)으로 제시하여 피면접자의 태도에 대한 측정의 신뢰도를 높일 수가 있다. 그러나 이런 경우에도 사전에 어떤 질문을 할 것인지를 구조화해 주는 것이 공정성을 높일 것이다.

• **피면접자 집단의 구성 및 운용**

피면접자를 한 사람씩 면접하는 것이 공정성의 문제를 예방하는 데는 도움이 되겠으나 대인적응이나, 리더십, 서비스 적성을 보고자 할 때는 집단상황에서 면접을 하는 것이 필요하다. 그러나 피면접자들간에 상호작용을 해야 하는 집단토론이나 집단활동을 과제로 제시하는 경우는 물론, 단순히 여러 명(예: 3-5명)의 피면접자가 면접실에 나타나서 각종 질문에 차례대로 응답하는 경우 피면접자는 두 가지 이유로 공정성이 훼손되었다는 항의를 하게 된다. 첫째는, 개인이 자신보다 자질이 우수한 사람들과 한 조가 되었을 경우, 대비효과로 인하여 크게 손해를 본다는 것이다. 그 반대의 경우 불공정하게 이익을 볼 수도 있다. 따라서 피면접자 조의 구성은 가급적 동질성 있는 사람들이 한 조가 되도록 선정되고 그 선정방식(예: 난수표의 사용, 피면접자들이 납득할 수 있는 공정한 방식)이 공지되어야 할 것이다. 이것도 넓게 보면, 면접의 구조화의 한 부분이다.

둘째는, 면접실에 들어온 피면접자들간에도 같은 질문에 대해 누가 먼저 응답을 하느냐에 따라서 나중에 응답하는 사람들은 응답할 것이 없어지거나 또는 주제에 따라서는 나중에 응답하는 사람은 앞서의 응답들을 종합해서 가장 포괄적인 응답을 함으로써 이익을 보게 되는 순서효과가 발생한다. 순서효과의 문제를 예방하기 위해서도 사전에 많은 것이 구조화되어야 한다. 예로써 피면접자들이 면접실에 들어와서 일자(一字)로 서느냐, 앉느냐, 또는 원탁을 준비해서 그 둘레에 자유선택으로 앉게 하느냐, 명찰을 다느냐, 번호표를 다느냐, 그것을 가슴에 다는가 등에 다는가, 응답은 자유로 하는가, 아니면 피면접자들이 문제마다 순서를 바꿔가면서 하는가 등의 여러 가지가 사전에 계획되고 면접당일에는 계획대로 진행이 되도록 함으로써 순서효과를 최대한 통제할 수 있게 될 것이다.

이렇게 대비효과와 순서효과가 통제되는 피면접조의 구성 및 운영은 공정성의 시비를 대폭 줄여준다. 피면접자들이 생각할 때 면접절차의 안내, 면접시 질문들이 그 회사의 업무와 관련성, 다른 회사에 지원한 친구가 경험한 면접절차와의 비교에서 오는 형평성, 자신이 경험한 면접절차가 과연 공정하고 변별력 있는 것인가 하는 것은 모두 그가 가지는 공정성 지각을 구성한다. 한편 조직은 투명한 절차를 실시한다는 이미지를 전달함으로써 조직의 홍보라는 일석이조의 효과를 얻을 수가 있다. 면접에는 단순히 지원자를 평가하는 기능만 있는 것이 아니고 조직에 대한 좋은 이미지를 제공함으로써, 면접을 통해서 넓은 의미의 잠재고객 관리를 하는 것이다.

• **면접위원의 전문성 제고**

공정성 확보에서 가장 중요하면서도 가장 어려운 것은 면접위원의 전문성을 확보하는 것이다. 공정성의 확보차원을 넘어 면접을 상식수준이 아닌 정교한 기술적 수준으로 시행하기 위해서는 면접위원들의 전문성을 높이는 것이 가장 중요하다. 그러나 면접위원들은 자신들의 면접능력 부족을 인식하는 대신에 자신의 면접능력을 자신하고 있다(이도형, 1997). 그러다보니 구조화된 면접에서, 면접위원에게 재량권이 제한되는 것을 불편해 한다. 그러나 구조화된 면접과 비구조화된 면접을 비교할 때 타당도의 차이는 상당하다(Schmidt & Hunter, 1998).

면접위원들에게 요구되는 전문성은, 면접실에 들어선 피면접자에 대한 편견 없는 태도를 보이고 피면접자의 어떠한 특성에도 냉정을 유지함으로써 피면접자의 여러 가지 속성을 정확하게 척도상의 숫자로 옮긴다는 자세이다. 많은 경우 면접위원은 정서를 가진 인간이기에 피면접자의 외모나 옷차림을 포함한 개인적 매력도, 면접자와의 유사성 및 피면접자의 性등 측정되는 요소와 무관한 요인들에 의해서 영향을 받고 점수는 오염이 된다(이순묵, 1999). 기술적인 전문성이 없는 면접위원일수록 피면접자가 필사의 노력으로 꾸며내는 언변과 행동에 의해 휘둘리고, 오히려 꾸미지 않는 진실한 피면접자에게 상대적 불이익을 주는 불공정한 면접을 하게 될 수가 있다. 이러한 문제를 극복하기 위해서는 평소에 조직 내 간부훈련의 일부로서 면접기술 또는 면접자 훈련을 포함시켜서 유자격한 간부만을 필요시 면접위원으로 활용하거나 아예 외부 전문업체에 면접을 외주할 수도 있는 것이다.

객 관 성

이것은 면접위원간에 채점의 일치도가 있는가의 문제를 의미한다. 객관성의 확보를 위해서는 면접위원을 다수로 하고, 면접위원의 구성, 면접과 사정의 분리, 채점요소의 명확화 및 세분화, 및 사후적 조정이 필요하다.

- **다수의 면접위원**

피면접자의 수효를 불문하고 객관성을 높이기 위해서는 다수의 면접자를 사용하는 것이 바람직하다. 그런데 피면접자에 따라서는 많은 면접위원 앞에서는 상황으로부터 당황해서 스트레스를 받을 수가 있다. 스트레스에 대한 인내가 면접에서 채점의 요소라면 적절한 상황이라고 하겠으나, 다른 속성을 보고자 하는 데 그것이 개인의 스트레스 때문에 위축될 경우 면접의 정확성 상실, 나아가서 피면접자로서는 불공정한 면접이었다는 이의를 제기할 수가 있다.

따라서 어느 정도의 면접위원 수효가 적절한 다수인가에 대해서 알아볼 필요가 있다. 만일에 하나 또는 몇 개의 채점요소별로 1인의 면접위원이 채점하도록 한다면 피면접자(1인 또는 다수)는 여러 개의 면접실을 차례로 지나면서 면접을 받게 될 것이다. 캐나다 의사시험에서 실기시험은 지원자가 20개의 방을 지나면서 평가받도록 되어 있다(이순묵 · 안덕선 · 이동희, 1999). 각 방에는 일정한 문제를 제시하도록 표준화된 환자와 채점관(의사)이 있어서 입실한 지원자가 환자를 다루는 기술을 채점하도록 한다. 이런 경우 채점요소들을 크게 몇 단위로 나누느냐에 따라 면접위원의 수효가 정해질 것이다.

그러나 현재 국내기업에서는 대부분의 경우 면접위원들이 하나의 패널이 되어 한 장소에서 피면접자를 평가하게 된다. 이때는 객관성을 위해서 3명 이상은 되어야 하고 바람직하게는 가장 점수가 높은 점수와 낮은 점수를 제거하고(올림픽 체조 점수방식), 나머지 점수를 평균해서 면접점수로 할 수 있도록 충분한 수효의 면접위원을 확보하는 것이 좋다.

• **면접위원의 구성**

면접위원은 전문성이 있어야 한다. 면접도 일종의 측정이므로 객관성을 위해서는 전문적으로 훈련받은 사람이 위원으로 들어가야 한다. 그러면 누가 훈련을 받기에 적절한 사람인가? 채용대상 업무분야의 현직자, 상사, 또는 그 업무를 떠난지 얼마되지 않은 사람이 될 것이다. 면접훈련을 받는 것 자체가 조직 내에서 인정받았음을 의미한다는 문화가 있을 경우 이들을 훈련시켜서 전문성을 확보하기는 어려운 일이 아니다. 문제는 그러한 문화가 없는 조직일 경우 차라리 외부전문가를 활용하면서, 책임성을 분명히 하는 것도 한 방법이다. 예로써 인사분야에서 면접에 대해 학술적 또는 실무적으로 인정받는 전문가를 찾아야 할 것이다. 또한 객관성의 문제가 생길 경우 용역을 받은 전문가가 함께 책임을 질 것을 요구해야 한다. 그러나 전문성을 검토하지 않고, 사회적 명망이나 회사 내 위치 때문에 면접위원에 포함시킨다면 적절한 훈련 및 전문성의 확보가 매우 어려운 상황임을 감안해야 할 것이다.

• **면접과 사정의 분리**

면접을 측정이라고 한다면 사정은 의사결정이다. 면접이 기술적인(technical) 작업이라면 사정은 방침과 정책을 가지고 여러 가지 원천에서 수집된 정보를 종합하고 지원자들에 대한 의사결정을 하는 작업이다. 면접이 피면접자의 여러 가지 측면을 척도상에서 숫자로 옮기는 작업이라면, 사정은 인적자원 공급측면에서의 전략적 · 정책적 이해를 필요로 하는 질적인 판단이다. 면접을 하면서 사정까지 동시에 하는 경우가 있는데, 그것은 면접위원들에게 불필요하게 많은 자료를 주고 다중적 역할을 요구하는 것이다. 측정으로서의 전문성과 질적 판단의 전문성은 한 사람이 동시에 발휘하기에는 과도한 부담이 된다. 이때 어떻게든 경제적으로 일처리를 하고자 하는 과정에서 면접과정에 주관적 판단이 개입되고 궁극적으로는 면접의 공정성과 객관성을 훼손시킬 수가 있다.

따라서 면접위원 역할은 측정의 전문성을 가진 사람들의 몫이고, 사정은 질적 판단의 전문성을 가진 사람들의 몫이므로 두 과정이 동시에 한 장소에서 이루어질 필요도 없고 그래서도 안 되는 것이다. 채용사정을 할 때 면접은 많은 정보 중 매우 중요한 하나가 되지만 전체는 아닌 것이다. 따라서 외부전문가를 활용한다면 사정보다는 면접과정에서 상대적으로 용도가 높다. 채용사정에는 면접위원이 참여할 수도 안 할 수도 있지만 조직 내 관리자, 인사담당자, 경영자 등이 중심적인 역할을 해야 하는 의사결정과정이다.

물론 이 의사결정마저 외주를 주는 경우가 종종 있는 것도 현실이긴 하다. 그것은 업무의 성격 및 조직 내 기술의 양상에 따라서 다양할 것이다. 예로써, 담당자들간에 업무수행 및 책임소재가 비교적 분리가능해서 독립적 수행 및 평가가 되는 업무이고, 조직 내 기술 성격상 시스템 일정에 따라 생산이 좌우되거나, 조직 내 공개된 정보나 자원을 각자가 활용하는 스킬이나 기술에 의해서 업무성과가 결정되는 경우에는 채용사정까지도 외부전문가에게 의뢰할 수 있을 것이다. 그러나 업무나 기술의 고도화, 작업이 개인작업에서 팀작업으로의 변화, 그리고 보다 많은 전문성이 집약된 업무나 기술이라면(예: 병원, 기술개발연구소와 같은 기술집약산업, 다중업무를 수행하는 경영자) 채용의사결정이 단순하지도 않고 전적으로 외부전문가에게만 의존하기도 어려울 것이다.

- **채점요소의 명확화 및 세분화**

면접시 채점요소를 얼마나 큰 단위로 하느냐도 객관성을 좌우한다. 예로써 성실성을 본다고 할 때 단지 성실성에 대해서 1점에서(아주 불성실) 5점(아주 성실) 사이에 점수를 주라고 하면 전반적 채점이 된다. 실제로는 성실성이라는 큰 개념을 수십 개의 작은 요소로 쪼갤 수 있으므로, 전반적 채점에 1점을 실수로 더 주거나 덜 줄 경우, 그 수십 개 요소에서 동시에 실수가 발생하는 셈이다. 이러한 전반적 오류를 방지하기 위해서는 가급적 전반적 요소를 누구나 동일하게 해석할 수 있도록 자세히 풀어서 정의하고 숙지시키거나, 또는 가능한 한 작은 요소로 많이 쪼개서 한 곳에 실수가 발생해도 다른 곳으로까지 번지지 않도록 해야 한다.

인간의 측정능력의 한계로 볼 때 전반적 채점보다는 세분된 요소나 문항에 대한 채점이 더 현실적이고 유용하다. 작은 요소일수록 누구나 동일하게 해석할 수 있는 요소를 정의하는 것이 가능하고, 면접위원도 채점시에 그 요소에 대한 판단을 쉽게 내릴 수 있기 때문이다. 그러면 얼마나 작은 요소로 쪼갤 것인가? 면접위원들에게 수용되는 정도와 시간의 경제가 고려되어야 할 것이다. 예로써 성실성에 대해서 지필형 검사를 가지고 점검한다면 48개 요소까지도 쪼갤 수 있다(예: Costa & McCrae, 1992). 그러나 이럴 경우 면접위원들이 수용하기 어려울 것이고 면접시간이 그렇게 할 수 있을 만큼 많은 시간이 주어지는 것도 아니다. 그러나 적어도 성실성과 같은 큰 요소에 대해서는 적어도 5개 이상의 작은 요소(예: 자신감, 질서존중, 성취지향, 자율성, 숙고성향)로 나누어서 채점을 한 후 총점을 내어 성실성의 점수로 하는 것이 바람직하다.

- **사후적 조정**

아무리 면접과정의 관리에 최선을 다했어도 일단 면접이 끝난 후에 채점결과를 볼 때 여전히 면접위원 간에 점수의 일치도가 낮을 수가 있다. 객관성이 낮은 채점이 이루어진 것이다. 그러나 아직은 객관성이 낮다고 말하기에는 이르다. 면접위원마다 상이한 잣대를 가지고 채점을 했기 때문에 점수간에 일치도가 낮을 수 있다.

점수를 동일한 잣대에서 표현한다는 것은 두 가지 작업만으로 가능하다. 첫째로, 위원마다 점수의 평균이 다르면 모두가 전형적인 평균점수(예: 전체위원이 준 점수의 평균점수)를 갖도록 각 위원의 점수에서 일정한 점수를 더하거나(인색하게 준 사람) 빼준다(후하게 준 사람). 이것은 각 위원마다 채점의 기준점이 같도록 인위적으로 조정하는 효과를 가진다. 둘째로, 각 위원별로 점수의 표준편차를 구해 보면 같지는 않을 것이다. 이것은 각 위원들이 점수를 사용하는 단위가 서로 다른 것을 의미한다. 이 단위를 통일하기 위해서는 각 위원이 매긴 점수의 표준편차를 전형적인 표준편차(예: 전체 위원이 준 점수의 표준편차)로 바꾸어 준다. 위의 두 가지 작업은 각 위원의 점수를 표준점수(평균 0, 표준편차 1)로 바꾼 후에 전형적인 표준편차를 곱하고 전형적인 평균점수를 더함으로써 동시에 이루어진다.

잣대를 통일해서 얻은 점수간에 일치도를 다시 계산했을 때, 그래도 낮으면(예: 0.8 미만), 특정의 면접위원이 특정의 피면접자에 대해서 과도하게 민감한 반응을 했거나, 동일한 채점요소에 대한 해석을 달리 함으로써 면접위원 간에 실질적으로는 상이한 내용을 염두에 두고 채점을 하게 된 경우이다. 우선은 면접위원 중에 특정의 피면접자에게 과도하게 민감한 반응을 보인 경우가 있는지(개인 내 신뢰도라고 함)를 검토한다(이순묵, 1999 참조).

그런 문제는 언제나 가능하고 그런 이유로 올림픽 체조 채점에서도 최고점과 최하점은 삭제하고 나머지 점수들만으로 평균해서 선수에 대한 점수를 산출한다. 이 문제가 해결된 후에도 일치도가 낮다면 위원들 간에 요소를 달리 해석함으로써 상이한 내용을 염두에 두고 채점한 것으로 보아야 할 것이다. 이것은 면접위원 훈련시에 불충분했거나 채점요소에서 충분한 '명확화와 세분화'가 이루어지지 않아서 그런 것으로서 돌이키기 어려운 결과인 것이다. 이런 일을 예방하는 것은 채점요소를 충분히 쪼개고 면접 전 훈련을 통해서 채점요소의 명확화 및 예비채점을 통한 일치도의 점검이 필요할 것이다.

내용타당도

이것은 면접에서 물어볼 질문이나 문제제작에 관련된 개념이다. 피면접자가 입사 후 어떤 일을 할 것으로 기대될 때, 그 일에서 필요로 하는 속성이 면접에서 시험되어야 한다. 또한 그 속성을 시험하는 과제가, 입사 후에 맡게 될 일의 본질을 반영하는 것일 때 그 면접은 내용타당도가 있다고 한다. 이러한 면접과제의 제작은 두 가지 절차를 필요로 한다. 첫째는 지원자가 입사 후 할 일에서 중요 인적속성(예: 역량, 가치, 신념)을 도출해야 하고, 둘째는 그러한 속성이 실제 업무에서와 유사한 방식으로 요구되는 면접과제를 제작해야 한다.

• 인적 속성의 도출

인적 속성이라고 할 때 과거에는 직무분석을 통해서 도출되는 입사 후 담당할 업무에서의 지식(knowledge), 스킬(skill), 능력(ability)을 주로 언급했으나 직무의 변화가 빠르고 기술의 고도화 및 팀제 업무의 증가로, 시대가 요구하는 업무역량이나 유사속성이 선발시의 속성에 추가되고 있다. 이때 인적 속성에는 업무상 역량, 조직인으로서의 역량, 조직과의 가치문화적 합치 등 다양하다. 업무역량으로서는 지적능력과 특정의 자격이나 스킬이 요구되겠지만 조직인으로서의 역량에는 팀에서 적응할 수 있는 사회적 역량은 물론 마음으로부터의 조직참여를 가져오는 친조직적 성향이 필요하다. 또한 조직의 가치비전 전략문화에 잘 맞는 개인가치와 문화를 조직에 필요한 속성으로 볼 수가 있다. 이러한 인적 속성들은 처음부터 도출되는 것이 아니고 많은 가능한 인적 속성들에 대해서 두 가지 측면에서 현직자, 상사, 인사담당자, 또는 관련 고객으로부터의 검증을 받아야 한다. 첫째는 과연 특정의 속성이 업무수행에 본질적으로 필요한지를 평정하게 하여 적어도 필수적 내용이라는 응답이 다수로부터 나와야 하며, 둘째는 그 속성이 과연, 입사 후 개발을 통해서 육성되기보다는, 개인이 출근 첫 날부터 필요한 속성인지를 확인해야 한다. 아무리 필수적인 속성이지만 입사 후 훈련 및 개발을 통해 육성될 수 있는 것을 굳이 선발면접에서 핵심적인 채점요소로 할 필요는 없다. 즉, 있으면 좋은 것과 있어야 할 것은 다르기 때문이다. 학습능력만 있으면 입사 후 적절한 개발과정에 따라 육성되는 역량을 선발면접에서 채점요소로 한다면, 학습능력이 있으나 현재는 그런 역량을 안 가진 사람을 불공정하게 차별하는 것이다.

그런데 도출되는 속성의 규격(grain size)이 문제이다. 신입사원에게 요구되는 규격과 신임경영자에게 요구되는 규격은 다를 것이기 때문이다. 서구에서, 종래의 직무분석에서 KSA를 도출할 때에는 입사 후 수습기간을 지나서 하게 되는 초급사원 수준에서의 일(예로써 3년 이내에 할 일)을 기준으로 하였다. 그 이후의 업무능력은 입사 후 훈련개발의 몫으로 간주한 것이다. 그러나 요즈음은 업무의 범위가 광역화 · 고급화되면서 업무단위도 직무라는 용어보다는 하나의 과정(process) 또는 역할(role)이라는 폭넓은 용어로 바뀌어가고 있다. 그렇다면 신임자에게 요구되는 속성의 규격 역시 직무담당자 아닌 과정담당자 또는 역할담당자로서의 속성으로 넓게 정의되면서 구체적이고 행동적인 명칭보다는 어느 정도 추상화된 개념이 될 것이다. 예로써, 고객으로부터의 정보수집, 상사와의 업무계획 선정, 동료와의 업무공유라는 KSA는 '주변 이해관계자와의 의사소통력' 이라는 넓은 개념의 역량으로 정의될 수 있다. 그리고 이러한 역량을 시험하기 위한 과제 역시 단순히 정보수집만이 아니라, 상사와의 업무계획 설정, 동료와의 업무공유의 본질적인 면이 들어 있어서 '이해관계자와의 의사소통력' 의 발휘를 필요로 하도록 제작해야 할 것이다.

• **과제의 제작**

과제의 제작은 도출된 속성이 업무수행에서 요구되는 방식에 유사한 상황이 되도록 제작되어야 한다. 물론 구두발표(presentation), 상황적 과제(situational test), 과거행동, 배경실적, 실제 작업표본 또는 시뮬레이션, 지필형 점검표나 설문, 생활면접 등 여러가지로 제작될 수가 있다. 각 과제별로 어떤 속성에 적절한지를 본다면 다음과 같다.

■ **구두발표**: 일정한 주제를 주고서 준비시간을 주거나 준비시간 없이 발표하게 한다. 이 방식을 통해서 지적능력이나 언어 의사소통력을 파악할 수 있다.

■ **상황적 과제**: 여기에는 조직 내 또는 업무상 관련의 본질적인 상황을 구두로 제시하고 어떻게 할 것인지를 응답하게 한다. 이 방식에 의해서 태도나 실제 문제해결력을 파악할 수 있다. 나아가서 리더십도 어느 정도 관찰이 가능하다.

■ **과거행동질문**: 경험 많은 지원자들(예: 경력사원이나 경영자 채용시)의 경우 매우 유용한 방식이다. 앞으로의 행동은 과거 행동의 방식에 일관성을 갖는다는 논리에서 개발된 것이다. 절차를 보면 우선 면접위원이 조직에서 필요한 속성을 제시하고, 피면접자는 자신이 그런 속성을 지니고 있음을 나타내는 과거의 행동이나 삶의 부분을 구체적으로 서술하는 것을 보고 채점한다. 경험이 별로 없는 신입사원 지원자들에게는 적절치 않을 수가 있다. 이 방식에 의해서 리더십, 위기관리능력, 가치관, 소신 등을 파악할 수가 있다.

■ **배경실적**: 과거의 행동이 아니라 어떤 수상실적, 성취증거, 명시적 기록 등을 가져오도록 해서 그에 대한 질의응답을 통해서 피면접자를 파악한다. 이 방식에 의해서 피면접자의 리더십, 사회봉사정신, 자기계발능력 등 짧은 면접기간 동안에는 노출되거나 파악하기 힘든 속성을 파악한다.

■ **작업표본 및 시뮬레이션**: 업무처리나 대인적인 갈등을, 모의적으로 제작된 상황에

서 또는 실제 업무의 일부를 사용해서 피면접자가 도전받도록 하고 면접위원들이 관찰하는 방식이다. 개인적인 상황대처 또는 집단상황에서의 대처, 적응, 또는 리더십 등을 파악하기 위해서 아주 유용한 과제이다. 시뮬레이션의 구체적 예로는 프로젝트 해결, 역할연기, 집단토론 등이 있다.

■ **지필형 점검표나 설문**: 이것은 면접위원이, 피면접자가 면접실에 입장해서 퇴장 후까지 관찰한 바에 기초해서 점검표나 설문지에 표시하는 방식이다. 태도나 언어의사소통력과 같이 어느 특정 면접기법에서만 관찰할 수 있는 것이 아니라 면접실에 있는 동안 내내 관찰가능한 속성들에 대한 판단 및 기록에 유용하다.

■ **생활면접**: 함께 식사, 운동, 등산 등 생활을 같이 하면서 피면접자를 관찰하는 열린 면접, 또는 생활면접은 90년대 후반에 나타난 쌍방적 면접의 한 방식이다. 충분한 시간을 가지고 관찰하므로 짧은 시간과 제한된 공간이라는 면접실 조건에서 볼 수 없는 많은 것을 볼 수가 있다. 준비와 비용의 문제가 크지 않으면 해 볼 수 있는 방식이다. 그러나 한편은 업무상 꼭 필요한 속성도 관찰되지만, 있으면 좋은 속성까지도 관찰하게 되고 그것이 꼭 필요한 속성의 평가에 영향을 미치는 측면도 있다.

끝으로 과제 제작 후, 제작에 관여치 않은 업무관련자들을 통해서 그 과제의 풀이에 과연 업무수행에 필요한 속성의 상당부분이 요구되는지, 그 속성이 요구되는 수준이 과연 신임자가 처음부터 가지고 있어야 하는 수준에 적합한지, 그리고 과제수행방식이 실제로 업무가 수행되는 방식을 본질적으로 반영하고 있는지를 검토해야 한다.

참고문헌

이도형(1997), "면접 및 토론평가: 기업채용면접, 수행평가의 이론과 실제," 학술세미나 발표논문집, 한국교육평가연구회, 163-188.

이순묵(1999), "대학생 선발용 면접의 기능과 방법에 대한 통합적 고찰," 한국심리학회지: 「산업 및 조직」, 12(1), 55-75.

이순묵 (2002), 「사회과학을 위한 측정의 원리」, 서울: 학지사.

이순묵 · 안덕선 · 이동희(1999), "절대평가에 대한 탐색적 연구: 적성과 능력 중심," 「인사관리연구」, 23(2), 1-42.

Costa, P. T. Jr., & McCrae, R. R.(1992), *Revised NEO personality inventory and five-factor inventory professional manual*, Odessa, FL: Psychological Assessment Resources.

Goldstein, I. L., Zedeck, S., & Schneider, B.(1993), "An Exploration of the Job Analysis-Content Vlaidity Process," In *Personnel Selection in Organizations* by Neal, Schmitt, Walter C. Borman, and Associates(Eds.), San Francisco: Jossey-Bass.

Muchinsky, P. M., & Monahan, C. J.(1987), "What is person-environment congruence? Supplementary versus Complementary models of fit," *Journal of Vocational Behavior*, 31, 268-277.

Schmidt, F. L., & Hunter, J. E.(1998), "The validity and utility of selection methods in personnel psychology: practical and theoretical implications of 85 years of research findings," *Psychological Bulletin*, 124(2), 262-274.

06

채용면접 시스템의 업그레이드를 위한 착안점과 기법[1)]

오인수
in-sue-oh@uiowa.edu

일련의 채용과정에서 우리의 관심은 입사와 관련된 최종 의사결정 과정인 선발의 정확성에 집중한다. 이는 우선 기업의 다양한 인적자원관리 시스템 중에서 선발이 시간적으로 가장 먼저 이루어지므로 회사에 필요한 우수한 능력을 가진 사람을 채용하게 되면 채용 이후에 전개될 교육과 각종 인사관리의 다른 부분에서 그만큼의 부담이 적어지기 때문이다. 따라서 보다 신뢰롭고 타당한 선발도구의 개발과 활용은 이러한 의사결정의 효과성에 기여하고 나아가 조직의 효과성을 증진시킨다는 점에서 그 중요성을 가진다. 이와 관련하여 미국의 경영자들은 "Hire Easy, Manage Hard"보다도 "Hire Hard, Manage Easy"가 훨씬 낫다는 말을 한다고 한다. 하지만, 막상 채용담당자 혹은 인사담당자의 입장에서 보면 채용과 선발업무는 그 중요성에 비해서 노력과 비용이 덜 투자되는 행정업무이기 십상이다. 이는 많은 국내 기업이 교육과 훈련 혹은 평가와 보상제도의 개선을 위해서는 막대한 컨설팅 비용을 기꺼이 쓰고 있지만, 상대적으로 채용과 선발제도의 개선을 위해서는 인색한 현실에서도 잘 나타난다.

1) 출처: 인크루트 경력개발연구소(2005), "채용면접 시스템, 어떻게 업그레이드할 것인가?,"「인재경영」, 9월호, pp.38-45에서 전재함.

그렇다면 미국의 채용 및 인사담당자들은 어떻게 인재를 채용하고 있는가? 다음에서는 미국의 선진기업들이 많이 사용하고 있는 채용시스템을 면접을 중심으로 살펴보고 그 의미와 시사점을 분석해 보고자 한다. 왜 면접인가? 기업에서 가장 널리 사용되는 선발도구는 면접으로서, 거의 모든 기업이 면접을 선발도구로 사용하고 있으며, 또한 약 90%의 인사실무자들은 면접이 가장 타당한 선발도구라고 믿고 있다(유태용, 1995). 채용과 성과에 관한 메타연구 자료(Schmidt, 1996; Schmidt & Hunter, 1998)에 따르면 구조화된 면접의 타당도는 .51로 매우 높다. 그럼에도 불구하고 면접의 기법과 활용에 대한 국내 자료는 매우 부족한 실정이다. 특히 국내 많은 기업들이 이미 역량 기반의 구조화된 면접을 도입하고 있지만, 역량 기반의 구조화된 면접의 핵심요소인 탐침질문과 관련한 체계적인 이해와 노력은 부족한 실정이다. 이에 따라, 어떤 경우에는 탐침질문이 본래의 취지를 잃고 오용되는 경우도 발생하고 있다. 본고에서는 역량 기반의 구조화된 면접 및 이의 효과적 활용과 관련하여 탐침질문의 개념과 이의 효과적 활용에 관한 몇 가지 주의사항을 소개하고자 한다.

역량 기반의 구조화된 면접

역량 기반의 구조화된 면접이란

역량 기반의 구조화된 면접[2]은 다음과 같은 특징을 갖는다. 먼저, 면접에서 다루어질 역량(직무 요건)은 사전에 직무분석이나 역량 모델링 등의 작업분석(work analysis)을 통해서 결정된다. 그런 다음, 각 역량별로 패널토의, 현업 전문가의 브레인스토밍, 중요사건의 검토 등을 통해서 면접문항이 개발되고 가능한 응답이 사전에 도출되기 때문에 직무관련성이 높다. 둘째, 평가가 기존의 정해진 척도에 의거해야 하기 때문에 비구조적 면접에 비해서 체계적이다. 셋째, 면접관에 대한 사전교육이 실시되고 면접 진행방식과 물리적 환경이 표준화되어 있어, 모든 지원자에게 공정하게 지각된다. 하지만, 본고에서는 개괄적인 절차보다는 그 문항개발 자체에 보다 초점을 두고 있음을 주지하기 바란다.

이와 관련하여 우선 구조화된 면접문항의 형태를 7가지로 정리한 Bell(1992)의 연구를

2) 구조화된 면접이 항상 비구조화된 면접에 비해서 절대우위를 가지는 것은 아니다. 최근의 연구결과(Schmidt & Zimmerman, 2004)에 따르면, 구조화된 면접도 4명 이상의 면접위원을 통해 운영이 되면 구조화된 면접과 비근한 타당도를 가진다.

참고할 필요가 있다. (1) 정의적 문항(definitional question)은 "~은 무엇입니까?," "~은 무엇을 의미합니까?"와 같이 어떤 대상에 대한 기술력을 측정한다. (2) 인과적 문항(causal question)은 "~할 때 무슨 일이 생깁니까?," "~의 결과는 무엇입니까?"라는 식으로 문항이 구성된다. (3) 가설적 문항(hypothetical question)은 "만약 ~라면, 당신은 어떻게 하시겠습니까?," "만약 ~라면, 무슨 일이 일어날 수 있습니까?"와 같은 형태로, (4) 상황적 문항의 "~한 상황에서 어떻게 행동하실 것입니까?"와 유사한 형태의 행동의도 질문방식과 유사하다. 그 밖에 (5) 시뮬레이션 문항(simulation question)은 "~한 상황에서는 어떻게 대응하시겠습니까?," "~한 상황에 있다면 어떠한 절차대로 행동하실 겁니까?" 형태로 표현되며, (6) 대인관계 문항(relational question)은 "~한 타인과의 상황에서 어떻게 행동하셨습니까?"의 형태로 표현된다. 마지막으로, (7) 설명적 문항(explanatory question)은 "당신은 왜 ~하려고 합니까?," "~을 어떻게 설명하시겠습니까?"의 형태를 가지며, 정의적 문항에 비해 보다 논리적 문제에 대해 질문할 수 있다.

위에서 자세히 논의된 Bell(1992)의 7가지 구조화된 면접문항 양식, 이외에도 Taylor와 O' Driscoll(1995)의 행동기술질문(behavior description question), 행동의도질문(behavior intention question), 직무지식질문(job knowledge question) 및 추가적으로 동기적 의도에 관한 질문(willingness question) 등의 네 가지 형태의 면접문항 양식을 제안했고, Latham과 Finnegan(1993)도 상황적 면접기법을 행동관련 질문의 보완으로 제안했다. Campion, Pursell 및 Brown(1988)은 직무지식(job knowledge), 직무표본(job sample) 및 작업자 요구조건(worker requirement) 질문 등으로 구성된 세 가지 직무관련 질문방식을 개발했다. 이렇듯 면접문항 개발과 관련한 다양한 서적에 의하면 역량은 다양한 종류의 질문문항을 통해서 다양한 측면으로 측정될 수 있으며, 그러한 문항의 목표는 한 영역 혹은 여러 영역의 역량을 측정하는 것이다. 특히 이들의 연구를 개관한 Berman(1997)은 역량을 측정할 수 있는 대표적 질문형태를 행동기술질문과 행동의도질문의 두 가지라고 논의하고 있다. 또한 이러한 질문형태는 다른 질문의 형태에 비해서 사무직 직원의 선발결정에 보다 유용하다고 밝혀졌다(Berman, 1997). 본고에서는 이상의 논의를 종합하여, 역량 기반의 면접에 포함되어야 할 문항의 유형을 아래 3가지로 요약하고자 한다.

- **의견(Opinion) 면접문항**

일과 관련된 주제에 대한 의견 혹은 태도로 면접 분위기(rapport) 형성시 사용된다. 하지만, 상황에 따라서는 개인의 가치를 파악하기 위한 방법으로 활용될 수 있다. 다만, 이 경우에는 성격검사 자료 등과 병행되어 활용되는 것이 바람직하다.

예 당신은 다른 동료들과 잘 지내는 가장 좋은 방법이 무엇이라고 생각하십니까?
여러 일들을 일목요연하게 정리하는 가장 좋은 방법은 무엇이라고 생각하십니까?

• **직무지식(Job Knowledge) 면접문항**

다양한 분야에서의 과거 경험 정도, 학력 및 교육관련 학위 및 자격사항, 이는 직무 수행에 필요한 기술적(technical) 지식과 밀접한 관련을 갖는다. 따라서 이러한 유형의 문항은 기술직 채용에 더욱 빈번히 사용된다.

예 자격: 화학공학에 관련하여 어떤 과목을 들었습니까?
교육업무와 관련하여 어떤 경험을 가지고 있습니까?
지식: 출하 장비를 잘 다루기 위해 취해야 할 단계는 무엇입니까?
동력제어장치를 작동하는 데 가장 중요한 안전수칙은 무엇입니까?

• **행동(경험)적 · 상황적(Behavioral & Situational) 면접문항**

"~ 했을 때, 어떻게 하셨습니까?"와 같이 과거 어떤 상황하에서의 경험을 묻는 행동적 질문이 미래 수행의 예측변수로서 매우 타당하다. 하지만, 신설 직무 등 중요사건기법 및 직무분석을 통한 역량 모델링이 실제적이지 않은 분야에 대해서는 어떤 상황에 대한 가상적 응답을 요구하는 "만약 ~ 라면, 어떻게 하시겠습니까?"와 같은 형태의 당위성/의도에 대해서 질문하는 상황적 질문도 가능하다.

예 행동적: 당신과 당신의 동료가 함께 어떤 과제를 부여받았다. 당신의 동료가 갑자기 사고를 당하여, 자신의 할당량을 달성하지 못했다. 당신은 이러한 상황에 처한 적이 있습니까? 그 당시 어떻게 행동했습니까?

예 상황적: 당신과 당신의 동료가 함께 어떤 과제를 부여받았다고 하자. 당신의 동료가 갑자기 사고를 당하여, 자신의 할당량을 못하게 된다. 당신은 이러한 상황에서 어떻게 행동하시겠습니까?

행동적 질문의 예를 보자. 지원자가 이러한 상황을 경험한 적이 없다면 이 문제에 대답하는 것은 상당히 어려울 것이다. 따라서 이 경우에 우리는 위의 예처럼 상황적 질문을 사용할 수 있다. 이 경우 지원자는 실제 자신의 행동을 말하지 않고 거짓말을 할 수도 있다. 따라서 이를 최소화하기 위한 탐침질문의 개발도 병행되어야 한다.

우리가 여기서 특별히 주목해야 할 것은 바로 행동적 문항이다. 행동적 문항은 크게 세 가지 요소를 가지고 있다. 구체적으로 살펴보면, 지원자가 (1) 과거 어떤 상황에 대한 경험(빈도)이 있는지, (2) 그러한 상황에서의 실제적 행동은 어떠했는지, (3) 그러한 상황에서 그 행동의 결과가 어떠했는지를 구분해서 파악하게 해 준다. 이러한 행동적 문항의 이론적 토대는 전기 자료(bio-data)[3]와 관련한 연구이다. 전기자료를 이용한 수행과 관련한 연구는 한 개인이 과거에 어떤 환경에서 무엇을 했느냐가 그 사람의 미래 행동을 가장 잘 예측한다고 가정한다(Owens, 1976; 이종구 · 윤창영 · 임대열, 1999에서 재인용). 이와 관련하여 김성국(2001)도 역량 기반 인사선발의 기본 전제는 "미래행동의 가장 우수한 예측치는 유사한 상황에서의 과거 행동"이라고 논의하였다. 그는 이 전제가 성립하는 한 역량중심의 인사선발 도구는 여타 도구에 비해서 선발의 타당도를 제고하는 우수한 도구가 될 것이라고 하였다. 물론 이러한 과거 행동은 전기자료 연구의 보편적 경우처럼 설문을 통해서 측정될 수 있지만, 면접은 설문지가 측정하지 못하는 개별적인 특수 사안에 대해서 보다 심층적이고 정확한 정보를 추출할 수 있다는 장점을 가지고 있다.

• 문항내용적 측면의 주의점

Taylor와 O' Driscoll(1995)은 문항의 내용적 측면과 관련하여 다음과 같은 주의사항을 언급하였다. 먼저, 재무직이 감독직의 경우에는 부정적인 내용도 질문에 포함시키는 것이 필요하다. 특히 어떤 특정 직무의 경우 면접관이 절도, 약물복용, 범죄 등 다소 민감한 부분에 대해서 질문할 필요가 있을 수 있다. 이러한 질문에 대해서는 이와 유사한 사례가 회사 내에 발생했었고, 그것이 큰 손실을 야기했다고 이야기하면서 간접적으로 질문을 시작한다. 이 경우에 지원자로 하여금 적은 금액이거나 적은 양의 약물 복용은 상대적으로 그리 큰 문제는 아니라고 믿도록 유도하여, 진실을 알아낼 수 있다. 부정적인 문항에 대한 응답은 구두적 반응뿐만 아니라 표정, 동작 등을 통해 지원자의 내면적인 반응에 대한 단서를 얻을 수 있다는 장점이 있다. 하지만, 부정적 상황에 대한 너무 많은 문항은 지원자를 위축시키고 신경질적으로 몰아갈 수 있어 바람직하지 못하며, 따라서 긍정적 상황 및 부정적 상황의 적절한 혼합이 필요하다. 둘째, 특수한 역량과 관련된 문항의 경우, 해당 전문가의 검토를 받아서 그 내용측면의 타당도를 높여야 한다. 셋째, 면접시 측정하는 역량이 무엇인지에 대한 직접적 표현을 삼가여야 한다. 또한, 상황적 문항이 꼭 필요하지 않은 경우에는 "다시 그런 상황에 놓이면 어떻게 달리 행동

3) 전기자료란 biographical data, bio-data, 혹은 background data의 번역명이며, 각 개인의 생활사와 관련된 사항들에 대한 표준화된 형태의 문항 목록이다.

하시겠습니까?"와 같이 질문하는 것은 의미가 없고, 실제 그런 상황에서 어떻게 했는지를 먼저 질문하여야 한다.

이외에도 추가적으로 Taylor와 O' Driscoll(1995)에 따르면 "Can do(능력)"식의 질문과 아울러 "Willingness to do(동기)" 문항도 개발이 필요하다. 장기간의 출장근무 필요, 잦은 교대근무, 야간근무 등의 특별한 작업요건이 요구되는 직무에 대해서는 행동의지와 관련된 질문을 할 필요가 있다. 즉 이 경우 작업수행은 능력만이 아니라 평소 동기수준과도 관련되기 때문이다.

그렇다면, 행동적 문항을 개발할 때 우리는 어떠한 점에 주의를 기울여야 하는가? 구체적으로 Berman(1997)이 논의한 역량개발 지침을 살펴보면, 한 역량별로 최소한 3~4개의 문항을 개발하는 것이 필요하며, 또한 준비된 질문으로 지원자의 역량수준을 파악하기 힘든 경우에는 탐침질문 등을 적절히 사용하여야 한다. 더욱이 구조화된 면접체계에서는 이러한 탐침문항도 면접 전에 개발하여 표준화하여야 한다.

탐침질문

탐침질문이란

채용면접시 어떤 측면에 대한 하나의 개방형 질문으로는 얻고자 하는 정보를 지원자로부터 충분히 끌어내지 못하는 경우가 많은데, 이러한 경우에 사용하는 추가적 질문이 탐침질문(probing question)이다. 혹자들은 이러한 질문이 보다 자세한 정보를 이끌어내는 것이기 때문에 추수질문(follow-up question)이라는 용어를 사용하기도 한다. 탐침질문은 적절한 개방형 질문을 한 후, 평가초점에 맞추어 특정 부분에 대하여 좀더 심도있는 정보를 얻어내기 위하여 단계적으로 추가적 심층질문을 하는 소위 '깔때기 기법(funneling)'에 기초한다. 사실, 이러한 탐침질문의 개념이 도입된 이면에는 두 가지 논리가 있다. 우선, 아무리 구조화된 면접이라도 지원자가 해당 질문의 평가초점과 다른 방향으로 엉뚱한 응답을 하게 되는 경우가 있다. 이 경우에 면접관은 탐침질문을 통해 보다 평가초점에 맞는 정보를 확보해야 한다. 다른 하나는, 지원자가 사회적으로 바람직한 방향으로 거짓 응답(faking good)을 하는 경우이다. 이 경우에 면접관은 응답과 관련된 여러 측면에 대해서 소위 '캐묻는' 형태의 탐침질문을 하여 보다 정확한 정보를 얻어내야 한다(Berman, 1997; 오인수 · 서용원, 2001).

예를 들어, 행동적 문항이 "대부분의 사람들은 동료들과 심각한 논쟁을 하곤 합니다.

당신의 동료와 심하게 다투었던 경우에 대해서 말씀해 주시죠?"와 같다면, 아래와 같은 탐침질문을 추가하여 보다 정확한 정보를 얻을 수 있다.

예 그런 일이 언제/어디서 있었습니까? (발생시기/장소)
왜 그런 논쟁이 생기게 되었습니까? (발생이유)
그러한 논쟁을 해결하기 위해서 당신은 어떤 노력을 했습니까? (본인 반응)
당신의 동료는 그러한 당신의 노력에 어떻게 반응했습니까? (상대방 반응)
그 논쟁의 결과는 어떠했습니까? 해결이 됐나요? (결과)

탐침질문 사용전략(BACK)

구체적으로 탐침질문의 사용전략을 알아보자. 우선 개방형 질문을 통하여 지원자가 과거에 했던(혹은 미래에 일어날) 행동이나 사건에 대해 적절하게 질문을 한다(예시: 행동적 및 상황적 문항 참조)[4]. 이때, 두 가지 주의사항이 있다. 이러한 처음 질문은 너무 자세히 길게 하지 않도록 한다. 긴장한 지원자가 질문의 의도를 명확하게 파악하지 못할 수 있으며, 또한 질문의 의도가 다 드러날 수도 있다. 물론, 이러한 질문에서 묻는 사건이나 행동도 면접에서 측정하려고자 하는 역량과 관련된 것이어야 함은 두말할 나위도 없다.

지원자의 응답을 들은 후에, 추가적 정보가 필요할 때 깔때기의 밑부분에 해당하는 탐침질문(예시 참조)을 하나씩 단계적으로 하여 지원자가 좀더 구체적인 대답을 할 수 있도록 이끌어 간다. 하지만 어떤 면접관들은 시간이 없다고 탐침질문을 한꺼번에 하는 경우가 있다. 그런 경우에는 지원자가 면접관의 질문 의도(채점 포인트)에 대해서 쉽사리 파악하여, 아귀를 맞춘 조작된 응답을 하는 것이 용이해진다. 결국 이 경우에는 탐침질문이 가진 '각 단면에 대한 캐묻기를 통한 진실한 응답의 확보' 라는 원래의 취지는 없어지고 만다.

이와 관련한 유용한 탐침질문 지침이 하나 있다. 먼저 질문에 대해서 지원자가 막연한 원론적 이야기가 아니라 구체적 행동으로 기술하도록 유도한다. 이때는 성공 행동과 실패 행동을 균형 있게 질문하는 것이 매우 중요하다(Behavioral description). 둘째, 지원자의 응답에 대해서 평가적 정보가 가용한지를 파악한다. 즉, 지원자의 행동에 대해서 지원자 자신 혹은 그러한 응답 속에 관련된 이해 관계자들은 어떻게 평가했는지를 파악

4) 참고로, 예시용으로 제시된 두 장표는 국내 L기업에서 조직가치를 기반으로 면접문항을 개발한 프로젝트를 통해 나온 결과물 중 일부이다.

하도록 한다. 단순히 이러한 정보의 긍정성 혹은 부정성이 중요한 것은 아니다. 지원자가 왜 그러한 평가를 왜 받게(주게) 되었고, 이를 어떻게 해석하고 있는지를 파악하여야 한다(Appraisal of ability and attitude). 셋째, 지원자가 응답한 행동이 다른 친구들이나 동료들과 비교되었을 때 어떤 수준인지를 파악한다. 이는 지원자가 응답한 행동이 동 시점의 참조집단에 비해서 우위였는지를 파악하기 위한 것이다. 이것은 위에서 언급한 평가정보와 마찬가지로 "제 친구보다 제가 잘 했습니다"와 같은 단순한 비교정보에 의존하지 말고, 어떤 점에서 더 잘 했다고 생각하는지, 그리고 지원자의 논리가 얼마나 우수한지를 파악해야 한다(Comparison/Contrast with other). 마지막으로, 지원자가 응답한 내용에 대해서 얼마나 지식을 가지고 있는지 확인할 필요도 종종 있다. 예를 들어, 지원자가 "~ 이론에 따르면" 혹은 "~ 교수(학자) 등에 따르면" 등을 언급하면서 자신의 주장을 합리화할 때, 간혹 그 지식 보유의 여부가 의심스럽다면 그러한 이론에 대해서 간략한 설명을 부탁할 수 있다. 또한 추가적으로 자신의 실패나 성공 행동에 대해서 어떤 교훈을 학습했는지를 확인할 때도 가능하다(Knowledge from learning or experience). 혹자는 이러한 네 가지 지침의 알파벳 맨 처음 글자만 따서 BACK라고 하고 추가로 Up를 붙여서, 모든 질문에 BACK Up 정보를 구하라고 당부하기도 한다(SHL, 2002; 예시 장표 참고).

S ITUATIONAL P ROBING Q UESTION <예시용>

? 지금까지 살아오면서 위험을 감수하고 수행한 일이 있습니까? 즉, 남들이 모두 무모하다고 말리는 행동을 한 적이 있습니까?

탐침질문
- Risk-taking
- 소신 및 추진력

- 언제 있었던 일입니까?
- 왜 사람들이 그 행동을 무모하다고 했습니까?
- 그런데도 왜 그런 행동을 했습니까? 원하는 결과를 얻었나요?
- 성공(또는 실패)했다면 그 이유는 무엇입니까?
- 그런 상황이 다시 생겨도 똑같은 결정을 내리시겠습니까?
- **채점 포인트**
  - 남들이 옳지 않다고 해서가 아니라 자신의 소신과 원칙을 가지고 그러한 결정을 했느지를 판단함.
  - 다소 위험한(risky) 일이라도 본인이 의미를 두는 일이라면 묵묵히 소신껏 추진하는 정도

탐침질문 사용과 관련한 주의사항

또한 탐침질문은 최종 확정된 면접문항에 대한 파일럿 시행을 통해서 사전에 정립되어 있어야 하며, 예의 경우와 같은 면접관의 실수 방지와 즉흥적으로 탐침질문을 해야 할 경우를 대비하여 충분한 사전 면접관 교육이 필요하다고 하겠다. 물론, 시간적 제약(역량별로 최대 15분 정도)으로 인하여 모든 질문에 대하여 이러한 탐침질문들을 할 수는 없을 것이다. 다시 말해, 처음 질문에 대한 지원자의 응답이 충분한 정보를 제공할 경우에는 탐침질문을 할 필요가 없으며, 평가역량 중 비중이 높은 항목에 대해서 탐침질문을 더욱 많이 사용할 필요가 있다.

결론을 내리기 전에 채용면접과 관련한 최근 채용담당자가 겪는 신종 고민을 한 가지 소개하고자 한다. 몇 년 전 미국 유학에 필요한 GRE 시험의 후기가 인터넷 게시판 등을 통해 무차별 공개되는 바람에 해당 시험기관이 한국, 중국, 대만 등 몇몇 아시아 국가에 제재를 가한 것은 주지의 사실이다. 최근에는 채용면접과 관련하여 면접을 끝마친 지원자들이 면접 후기를 인터넷 취업정보 게시판 등에 올리는 통에 면접문항이 순식간에 노출되어 버린다는 점이다. 더욱이 우려되는 것은 면접문항 자체만이 아니라 면접방식에 대한 정보와 나름대로의 대처 방안까지 순식간에 공개된다는 점이다. 이러한 문제점은 대규모 채용을 실시하는 대기업의 경우 더욱 심각하다. 하지만 이와 관련한 구체

B EHAVIORAL P ROBING Q UESTION <예시용>

? 부친의 첫 번째 기일에 회사에서 저녁에 중요한 미팅이 있다면 어떤 자리에 참석하시겠습니까?

탐침질문
- 적극성, 조직헌신

- 어떤 이유로 그런 결정을 내렸습니까?
- 그렇게 했을 때, 가족(또는 회사)은 그 결정을 어떻게 생각할 것 같습니까?
- 그렇다면 가족(또는 회사)을 어떻게 설득하시겠습니까?
- 미래에 비슷한 상황이 생긴다면 어떻게 하시겠습니까?
- **채점 포인트**
  - 쉽게 어떤 것 한 가지를 포기하는 것이 아니라, 두 가지를 모두 win-win하려는 적극성을 보유하고 있는지를 판단함.
  - 개인과 조직의 욕구가 상충되는 경우 먼저 조직을 생각하는 조직헌신적 태도가 중요함.
  - A or B가 아닌 A and B의 성향을 보유하고 있는지를 판단함.

적 해결방안은 아직 없다. 다만, 면접관들이 탐침질문에 대한 충분한 이해와 훈련을 바탕으로 각 지원자에게 최적화된 질문을 하는 것과 동등화된 면접문항 풀(pool)을 극대화하는 것이 아마도 유일한 잠정적 해결책이 될 수 있을 것이다.

마지막으로, 이러한 탐침질문을 할 때, 편안한 분위기(rapport)를 형성하는 것이 매우 중요하다. 면접의 목적이 지원자로부터 중요 관련 정보를 얻어내는 것이므로, 지원자가 더 많은 정보를 솔직하게 이야기할 수 있도록 편안한 분위기를 형성하는 것이 면접의 목적을 달성하는 데 중요한 역할을 한다. 지원자에게 심도 있는 탐침질문을 한다는 것이 항상 경직되고 불편한 분위기를 만드는 것은 아니다. 오히려 탐침질문을 한다고 해서 '지원자를 압박하는 면접'을 해서는 안 된다. 물론, 직무 자체가 매우 스트레스적인 요소를 많이 가지고 있기 때문에 지원자가 스트레스 상황을 어떻게 극복하는지를 보기 위하여 면접 동안에 지원자를 압박(으박지르거나 위협적으로 보이는)하는 경우는 있을 수 있다. 실제로 이러한 스트레스 면접은 세계 2차대전 당시 소위 '스파이'라고 일컬어지는 정보수집요원을 선발하는 데 사용된 것이 그 기원이라고 할 수 있다(박경규, 2001). 하지만, 그렇지 않은 경우에 지원자를 압박하면서 면접을 하게 되면, 지원자가 가지고 있는 경험이나 유용한 정보를 얻어낼 가능성이 낮아져, 결국 평가의 정확성은 감소될 것이다(오인수 · 임대열, 2003). 결국 탐침질문은 단순한 캐묻기식의 추가 질문이 아니라 보다 체계적인 접근과 노력이 필요한 부드러운 선발도구라는 점을 채용담당자과 인사관리자들은 인식해야 할 것이다.

마지막 제언

우리는 이상의 논의를 통해서 역량 기반 면접체계 전반에 걸쳐서 이론적 자료를 고찰하고, 또한 실제적 개발 예시를 제안하였다. 하지만, 대부분의 기업이 노동시장에 우수인재가 몰리는 대학졸업 시기에 대규모 공개채용의 방법을 통해서 적은 노력으로 직무별 특수성을 무시한 채 단순히 일반적 인재(generalist)만을 채용하려 한다면, 이상의 방법론은 그 의미나 효과성이 별로 없다. 이상의 방법론은 최소한 직군별 채용 혹은 직무별 수시 채용이 이루어지고, 직무(군)별로 필요한 역량이 충분히 규명된 상태에서, 훈련된 면접관을 통해 채용이 이루어질 때 그 효과성을 발휘할 수 있는 방법론이다(오인수 · 서용원, 2001). 최근에는 충분한 입사 지원자가 몰리는 몇몇 대기업을 중심으로, 조직가치 등의 태도적인 요소를 면접에서의 측정요소에 추가하는 경향도 있다. 이것은 직무역량으로 입사자를 변별하는 데 한계를 지각했기 때문이다. 이 경우에도 이상에서 논의된 내용을 참고하면 무리 없이 면접문항과 탐침질문을 개발할 수 있을 것이다. 왜냐하면 조직가치도 측정 단계로 넘어가기 위해서는 역량 모델링과 같은 구체적 행동지표 개발이 필요할 수밖에 없기 때문이다. 그런 의미에서 채용면접 문항 개발시 조직가치와 역량은 상호간에 대안적이라기보다 오히려 보완적이라고 할 수 있다(오인수 · 임대열, 2003). 보다 실제적으로 말하자면, 신입사원 채용의 경우에는 조직가치 기반의 면접문항이 상대적으로 더 중요할 것이고, 경력사원 채용의 경우에는 직무를 중심으로 한 역량 기반의 면접문항이 상대적으로 더 중요할 수 있다. 하지만, 조직가치와 역량은 조직의 비전이나 목적의 달성이라는 한 방향을 가지고 있음을 상기할 때, 구분보다는 병용이 더욱 적절할 것이다.[5]

마지막으로 한 조직의 흥망성쇠를 좌우하는 선발과 채용의 중요성을 강조한 아래의 글을 인용하면서 본고를 갈음하고 한다.

> GE의 전 회장인 Jack Welch는 20년간의 최고경영자 재임 기간 중 약 3분의 1에 해당하는 6년 반 동안을 자신의 뒤를 이을 후계자를 선발하는 데 보냈는데, 그는 먼저 이 작업을 위해 GE 전 계열사 임원진에 대한 방대한 인력 데이터베이스를 구축했다. 또한, 그는 후계자 선정 작업을 위해 소집된 이사회와 함께 후계자 후보자들을 직접 검증하는 작업에 들어갔다. 이런 노력의 일환으로 Jack Welch는 후보자들과 함께 어울려 골프를 치거나, 한 테이블에서 같이 만찬을 하면서, 그들에 대한 기록을 작성해 나갔다. 이런 조심스런 절차를 거쳐 그는 퇴임 전 현재의 GE 회장인 Jeffrey R. Immelt를 새로운 후계자로 선정하였다. 왜 살아있는 경영학 교과서인 Jack Welch가 이토록 신중히 자신의 후계자를 선발했을까? 잘못 선발된 최고재무책임자가 회계 부정을 묵인하여 Enron이나 Worldcom 등과 같은 거대 기업이 하루아침에 망하고, 세계적 회계법인이었던 Arthur Anderson이 결국 파산했다는 뉴스는 윤리경영의 중요성뿐만 아니라 잘못된 선발이 얼마나 위험한 것인지를 보여주는 극명한 예이다. 이렇듯 선발과 채용은 사람 사이(人間)의 신뢰와 나아가 한 조직의 흥망성쇠를 좌우할 수 있는 중대사이기에, 그 중요성을 아무리 강조해도 지나치지 않을 것 이다(오인수 · 임대열, 2003, p. 283).

5) 이 점을 부각시켜 주신 동반읽기 위원님께 감사드립니다.

참고문헌

오인수 · 서용원(2001), "구조화된 역량기반 채용면접 체계: 이론적 고찰과 개발 사례,"「인적자원개발연구」, 4(1), 48-74.

오인수 · 임대열(2003),「채용과 선발의 심리학: 성공적인 역량 기반 채용과 선발을 위한 가이드북」(역서), 서울: 시그마프레스.

유태용(1995), "한국기업의 신입사원 선발방법에 관한 실태조사: 1992년-1994년을 중심으로," 광운대학교 논문집, 24, 133-153.

박경규(2001),「인사관리」(제 6장 모집과 선발), 서울: 홍문사.

이종구 · 윤창영 · 임대열(1999), "영업수행의 예측에서 전기자료의 이용," 한국심리학회지:「산업 및 조직」, 12(1), 141-153.

Bell, A.(1992), *Extraviewing*(pp. 72-96), Homewood, IL: Business One.

Campion, M., Pursell, E., & Brown, B.(1988), "Structured interviewing: Raising the psychometric properties of the employment interview," *Personnel Psychology*, 41, 25-42.

Latham, G., & Finnegan, B. J.(1993), "Perceived practicality of instructional, patterned, and situational interviews," In H. Schuler, J. L. Farr, & M. Smith (Eds.), *Personnel selection and assessment*(pp. 41-56), Hillsdale, NJ: Erlbaum.

Taylor, P., & O'Driscoll, M.(1995), *Structured employment interviews*, Hampshire, UK: Gower.

Berman, J.(1997), *Competency-based employment interviewing*, London, UK: Quorum Books.

Schmidt, F. L.(1996), 채용과 생산성 세미나. 매일경제신문 1996년 6월 13일자 14면.

Schmidt, F. L., & Hunter, J. E.(1998), "The validity and utility of selection methods in personnel psychology: Practical and theoretical implications of 85 years of research findings," *Psychological Bulletin*, 124, 262-274

Schmidt, F. L., & Zimmerman, R.(2004), "A counter-intuitive hypothesis about the employment interview and some supporting evidence," *Journal of Applied Psychology*, 89, 553-561.

SHL(2002), *Competency Based Interviewing*, 면접 교육용 교재.

07

모집단계에서의 부당차별요소[1]: 모집요강과 입사지원서를 중심으로

이순묵 외[2]
smlyhl@chol.com

최근 남녀고용평등법, 국가인권위원회법 및 여성부고시 등을 보면 고용과 관련한 여러 절차에서 업무수행에 관련 없는 차별은 금지되도록 법제화가 되어가고 있다. 이에 공기업과 대기업들도 나이와 학력 제한을 폐지하거나, 입사지원서에서 개인능력이나 수행업무와 연관성이 적은 차별적 항목의 삭제방침을 밝히는 등 우리 사회도 이러한 차별적 요소들에 대한 인식이 높아져 가고 있는 것으로 보인다. 본 글에서는 개인 간 차이를 공정하게 인식하는 것이 인사관리 및 조직 내 관리자의 기본 업무라는 점에서 우선 합리적 차별과 부당한 차별이 어떻게 구별되는지 살펴보고, 다음으로 채용에 관련한 몇 가지 중요한 법률자료의 소개와 국내에서 채용관련의 모집요강/입사지원서에서 발견되는 차별요소에 대해 제시를 함으로써 인사담당자들이 모집단계에서의 차별요소에 관련한 법적 문제를 미리 방지할 수 있도록 안내하고자 한다.

1) 출처: 인크루트 경력개발연구소(2005), "모집요강과 입사지원서를 통해서 본 채용과정에서의 차별요소, 「인재경영」, 7월호, pp. 12-18을 수정 보완하였음.

2) 당시 연구자들은 이순묵 · 이주희 · 이지영 · 임연규 · 조수연 · 정푸름(이상 2005년 연구), 정광희(수정 보완에 참여).

합리적 차별과 부당한 차별

부당한 차별이란 합리적 이유 없이 성이나 연령, 신체조건, 성적(性的) 지향 등 개인의 태생적 또는 후천적 속성을 기준으로 그 개인에게 부당한 대우를 하는 것을 의미한다. 그러나 개인이나 집단의 속성에 기초한 모든 차등 대우가 위법한 차별로 간주되는 것은 아니다(국가인권위원회, 2002). 유능한 사람과 그렇지 않은 사람 간에 차별을 하지 않는다면 기업은 유능한 사람들의 업무동기를 유발시킬 수 없다. 또한 기업문화에 적절한 자와 부적절한 자를 차별하지 않는다면 기업은 단지 다양한 인간의 집합에 지나지 않으며, 전략적 목표를 공유하고 추구하는 집단이 될 수 없을 것이다. 따라서 차등대우를 하는 합리적인 사유가 있을 때는 위법적인 차별로 보지 않는다.

채용장면에서 차별을 위한 합리적 사유에 포함되는 것으로는 세 가지가 있다. 첫째, 진정직업자격(Bona Fide Occupational Qualification: BFOQ)에 기초한 경우로, 특정한 직무나 사업을 수행하는 데 있어서 그 개인이 가진 속성이 그것들을 수행하는 데에 반드시 필요하다는 것을 고용주가 입증하는 경우[3] 둘째, 특정의 소수자 집단에게 과거로부터 축적된 차별을 수정하기 위해 잠정적으로 그러한 집단을 우대하는 적극적 조치(affirmative action) 셋째, 모성 보호를 위해 차등 대우를 하는 경우 등으로 이때의 차별행위는 위법적 차별로 간주되지 않는다(국가인권위원회, 2002).

만일에 기업이 제시한 고용상의 관행이나 기준이 특정 집단에게 불리한 영향을 미치는 것이 입증되어 차별혐의가 있다고 인정될 경우, 그 혐의를 벗기 위해서 기업은 문제가 된 고용상의 관행이나 기준이 '사업상 반드시 필요하다'는 것을 객관적 근거를 통해 입증해야 한다.

국내의 부당차별 관련 법규

국가인권위원회법 30조에서는 고용관련 차별행위를, 고용[4]에 있어서 특정한 사람을 합리적 이유 없이 성별, 종교, 장애, 나이, 사회적 신분, 출신지역, 출신국가, 출신민족, 용모 등 신체조건, 혼인 여부, 임신 또는 출산, 가족상황, 인종, 피부색, 사상 또는 정치

3) 예를 들어, 남성복 패션쇼에서 남성모델만을 활용하는 것은 순수한 직업적 자격요건이라고 주장할 수 있다.

4) 모집, 채용, 교육, 배치, 승진, 임금 및 임금 외의 금품지급, 자금의 융자, 정년, 퇴직, 해고 등을 포함.

적 의견, 형의 효력이 실효된 전과, 성적(性的) 지향, 병력(病歷)을 이유로 우대, 배제, 구별하거나 불리하게 대우하는 행위라고 규정한다.

이러한 부당한 차별행위와 관련한 국내의 고용관련 법규를 성별, 장애, 나이, 국적, 인종, 신체조건, 혼인 여부 등으로 아래와 같이 정리해 볼 수 있다.

남녀차별의 범위 및 예시

남녀차별에 관해서는 남녀고용평등법과 여성부 고시를 참조할 수 있다.

[남녀고용평등법 제 7조] 사업주는 여성 근로자를 모집, 채용함에 있어서 모집, 채용하고자 하는 직무의 수행에 필요로 하지 않는 용모, 키, 체중 등의 신체적 조건, 미혼조건, 그 밖에 노동부령이 정하는 조건[5]을 제시하거나 요구하여서는 안 된다.

[여성부 고시 제2002-2호: 제6조(모집과 채용)[6]]

1. 모집 · 채용에 있어서 성별에 따라 고용기회를 주지 아니하거나 연령, 혼인 여부, 용모 등의 제한적인 조건을 부과하는 경우
2. 성별로 채용예정인원 또는 비율을 명시하여 모집하는 경우
3. 특정 성을 지칭하는 직종의 명칭을 사용하거나 특정 성에 대하여 특별히 우대한다는 표시를 하는 경우
6. 응모자 개인의 능력에 기초한 선발이 아닌, 그 개인이 속한 성별 집단에 대한 일반적인 속성에 근거하여 채용기회 · 조건 · 방법 등을 달리하는 경우
7. 사용자, 같은 사업장에 근무하는 근로자집단, 모집의뢰인 또는 고객의 선호를 이유로 성별에 따라 채용을 거부하는 경우
10. 채용기회를 제한할 목적으로 직무수행상 반드시 필요하지 아니함에도 특정 성이 충족하기 어려운 조건을 채용조건으로 부과하는 경우

남녀차별 이외에 다양한 차별에 관련하여 국가인권위원회(2002)에서 나온 “국가인권위원회법의 차별판단을 위한 지침”(이하 “지침”으로 약함)을 참조할 수 있다.

5) 남녀고용평등법 제 7 조에 대한 노동부령은 2006년 8월 11일 현재 미비된 상태임.
6) 여성부 고시 제 6 조는 1항에서 12항으로 구성되어 있는데, 본 글에서는 선별적으로 제시하였음.

장애에 의한 차별

[지침 3장]

(가) 모집요강에서 "신체건강한자, 용모단정한자"와 같이 신체 또는 외모에 대한 조건을 명시하여 장애인의 응시자격을 제한하거나 기회를 주지 않는 행위

(나) 모집요강에서 "남자의 경우 군복무를 마친 자"와 같이 장애인이 참여할 수 없는 자격조건을 제시하여 장애인의 응시자격을 제한하거나 기회를 주지 않는 행위

(다) 채용면접시에 모집하는 직무와 무관한 신체적 능력을 요구하거나 질문하는 행위

(라) 채용면접시에 면접자에게 합리적인 편의를 제공할 수 없다고 거절하는 행위

(마) 채용면접시에 면접자에게 작업 현장에 편의시설 등의 환경이 갖추어지지 않았으므로 채용할 수 없다고 거절하는 행위

나이에 의한 차별

[지침 4장]

(가) 모집, 채용의 광고에서 "**세에서 @@세까지" 또는 "##세 미만," "○○년 이후 출생자," "고졸 이상, 전문대졸 이상, 4년제 대학졸업(예정)자" 등 특정 나이제한을 두거나 특정 나이대의 선호도를 밝히는 것은 나이에 기초하여 특정인의 능력을 발휘할 기회를 제한하는 것이기 때문에 위법한 차별행위로 판단한다.

(나) 모집, 채용에서 생년월일과 나이를 지원자에게 물을 경우, 그러한 정보를 알아야 할 분명한 이유가 있어야 한다.

(다) 동일 자격조건임에도 불구하고 나이에 따라 다른 고용형태로 채용하거나 채용방법, 경로를 달리하는 경우

출신민족, 국가, 인종에 관한 차별

[지침 5장]

(가) 인종, 피부색, 출신민족, 출신국가와 관련된 어떤 제한이나 특정요건, 선호를 표시하거나 함축하는 채용모집 광고를 하는 행위

용모 등 신체조건에 의한 차별

[지침 6장]

(가) 합리적인 이유 없이 지원자의 키, 몸무게, 신체조건을 채용의 판단기준으로 삼을

경우

(나) 모집, 채용 중에 '용모 단정한 자' 등의 용모 등 신체조건을 이유로 한 어떠한 제한을 표현하거나 암시하는 채용광고를 게재하는 경우

(마) 채용시 지원자의 키나 몸무게와 같은 신체적 능력에 대한 최소 기준을 정함으로써 특정한 집단에게 불평등한 효과를 가지고 오는 경우

(바) 채용시 직무수행에 필수적이지 않은 신체능력 테스트를 통과하는 규정이 있는 경우

혼인 여부를 이유로 한 차별

[지침 7장]

(가) 현행법상의 혼인관계에 있는 혹은 장래 혼인할 가능성이 있는 사람에게 모집, 채용의 기회를 전적으로 주지 아니하는 행위

(나) 모집, 채용 광고에서 혼인 여부를 이유로 한 어떠한 제한을 표현하거나 암시하는 행위

(다) 혼인 여부를 기입하도록 되어 있는 입사지원서 양식을 사용, 배포하거나 혼인 상태를 기입할 것을 요구하는 행위

국내기업의 모집요강과 입사지원서 분석

2005년 5월, 6월중에 60개 회사[7]의 190개 직무에 대한 모집요강 및 지원서를 수집하여 비교 · 분석하였다. 이 조사에서 회사는 60개 회사였지만 모집요강에는 1개 이상의 직무가 제시되므로 총 190개 직무가 분석에 포함되었다.

[표 IV-6]에 제시된 모집요강과 지원서 비교의 내용을 전반적으로 살펴보면, 모집요강에서는 직무 특성과 관련되는 몇 가지 요인만을 주로 공시하였으나, 지원서를 보면 대부분의 회사에서 모집요강에 공시하지 않은(성별, 신체조건, 가족사항 등), 직무수행과 관련이 적다고 생각되는 사항들에 대한 기재를 요구하고 있었다. 이런 점에서 미루어 볼 때 과연 국내 기업들이 모집요강에서 공시한 내용만을 기초로 선발이 행해지는가에 대한 의구심을 갖게 하기에 충분했다. 기업측으로서는 직무수행과 관련이 적은 이러한 사항들이 선발에 사용되지 않는다고 주장할 수 있다. 그러나 그것을 분명히 하려면, 그

7) 공기업 7개사, 대기업 26개사, 중소기업 27개사 포함.

[표 IV-6] **모집요강과 지원서 비교**

항 목	모집요강(190개 직무)			지원서(60개 회사)		
	내 용	사 례 수	%	기재요청	사 례 수	%
성 별	남성 구함	4	2.1	남/녀 직접 기재	11	18.3
	여성 구함	1	0.5	주민등록번호 기재	47	78.3
	언급 없음	185	97.4	언급 없음	2	3.3
나 이	나이 명시	53	27.9	생년월일 직접 기재	22	36.7
	언급 없음	137	72.1	주민등록번호 기재	38	63.3
				언급 없음	0	0.0
장 애	대상/비대상 기재	0	0	대상/비대상 기재	11	18.3
	언급 없음	190	100	언급 없음	49	81.7
출신지역	지역우대	2	1.1	본 적	13	21.7
	주민등록등본 요구	11	5.8	출 생 지	3	5.0
	언급 없음	177	93.2	주민등록지 표시	4	6.7
				주민등록등본 요구	2	3.3
				언급 없음	38	63.3
신체조건	조건명시	1	0.5	신장/체중/시력 기재	33	55.0
	언급 없음	189	99.5	언급 없음	27	45.0
가족사항	가족사항 기재	0	0	가족사항 기재	52	86.7
	언급 없음	190	100	언급 없음	8	13.3
혼인 여부	미혼/기혼에 대한 선호 명시	0	0	혼인여부 기재	20	33.3
	언급 없음	190	100	언급 없음	40	66.7
종교 여부	특정종교 선호 명시	0	0	종교사항 기재	23	38.3
	언급 없음	190	100	언급 없음	37	61.7
추 천 인	추천인 필요 명시	0	0	추천인 이름 기재	9	15.0
	언급 없음	190	100	언급 없음	51	85.0

런 사항들을 지원서에서 묻지 말고 입사 후에 조사를 통해 수집해야 할 것이다.

다음으로 [표 IV-6]에 나타난 모집요강과 지원서에 관한 비교 내용을 성별, 나이, 장애, 출신지역, 신체조건, 가족사항, 혼인 여부, 종교 여부, 추천인 기재, 학력 등의 범주로 구분하여 보다 자세히 살펴보기로 한다. 우선, 각 범주별로 모집요강에서 기재 요구된 %와 지원서에서 기재 요구된 %를 대비하면서 설명하기로 한다.

• **성별: 모집요강 2.6% vs. 지원서 96.7%**

모집요강에서 특정 성별을 요구하는 직무는 5곳으로 전체 직무 중 2.6%(남성 2.1%, 여성 0.5%)가 이에 해당되었다. 그리고 97.4%(185곳)에 해당하는 직무에서는 성별을 표기하지 않거나 무관하다고 표기하였다. 그러나 수집한 지원서를 분석한 결과, 총 60개 회사 중 성별을 직접적으로 기재하도록 한 회사가 18.3%(11곳), 주민등록번호를 기재하도록 하여 간접적으로 성별을 추정할 수 있는 회사가 78.3%(47곳), 성별을 추정할 수 있는 항목을 포함하지 않은 회사가 3.3%(2곳)에 불과했다. 즉, 모집요강에서 특정 성별이 직무상 자격임을 명시하지 않았음에도 불구하고 거의 모든 회사에서, 지원서에 성별에 대한 정보를 요구하고 있으며, 이는 비합리적인 차별 발생의 가능성을 시사한다.

• **나이: 모집요강 27.9% vs. 지원서 100%**

나이조건을 모집요강에서 직접적으로 명시한 직무는 27.9%였다. 즉, 25세 이상/미만, 1977년생 출생자 이후로 구체적으로 명시하고 있다. 그러나 지원서에 생년월일을 직접 기재하도록 한 회사는 36.7%(22곳), 주민등록번호를 기재하여 나이를 추정할 수 있도록 한 회사는 63.3%(38곳)로 모든 회사가 나이에 대한 정보를 수집하고 있다. 즉, 모든 회사가 지원자에게 나이에 대한 정보를 요구하고 있다는 것을 알 수 있다. 그러나 과연 그 직무에서 나이가 업무수행과 직접적으로 관련이 있는지에 대해서는 알 수가 없다. 정부기관(노동부)에서 공지하고 있는 직무관련 정보망인 WORKNET에도 나이를 어떤 직무에 대한 자격으로 제시한 경우는 없다.

• **장애: 모집요강 0% vs. 지원서 18.3%**

모집요강에서 지원자의 장애 정도를 명시적으로 제시한 직무는 없었다. 즉, 장애등급이 어느 정도 이하이면 그 직무를 수행할 수 있다는 등의 언급이 없다. 현재, 지원서에 지원자가 장애인 대상자인지 비대상자인지를 기재하도록 한 회사는 18.3%(11곳)이었으며, 장애사항에 대한 기재란이 없는 회사는 81.7%(49곳)이었다. 한편 실제 선발시에 장애인을 차별하는지 여부는 지원서만으로는 알 수 없다. 직무명세서에 장애인이 담당할 수 없는 직무임을 명시하지 않았는데, 선발에서 낙방되었을 경우 낙방된 당사자가 이의를 제기할 때 비로소 문제시되는 것이 국내의 현실이다.

• **출신지역: 모집요강 6.9% vs. 지원서 36.7%**

모집요강에서 출신지역이 요구된 직무는 6.9%였다. 이 중에서 지역사회와의 연대를 위해 특정지역 지원자들을 우대한다고 공시한 직무는 1.1%(2개)이었다. 그러나 그러한 내용 없이 출신지역을 요구하는 지원서는 좀 있었다. 지원서에서 출신지역을 직접 기재하도록 하는 회사와 주민등록등본 등의 서류를 요구하는 회사로 나뉘어졌다. 출신지역 정보가 노출되도록 지원서에 직접 기재를 요청하는 경우 가운데, 본적을 요구하는 회사는 13개사, 주민등록지를 요구하는 회사는 4개사, 출생지를 요구하는 회사는 3개사였으며, 주민등록등본 등 서류제출을 요구한 회사는 2개사였다. 전체적으로 보아 출신지역에 대한 정보를 요구한 회사는 36.7%에 달했다. 이들 거의가 모집요강에서, 왜 특정지역이 요구되는지에 대한 정보 제시가 없음에도 불구하고 지원서에서 요구하고 있었다.

- **신체조건: 모집요강 0.5% vs. 지원서 55%**

직무에서 특정 신체조건이 필요한 직무에 대해 신체조건을 모집요강에 명시하였다면 이는 차별적 요건이 될 수 없다. 가령 비행기 파일럿에게 요구하는 시력 등의 신체조건 제한은 합리적인 차별로 간주될 것이다. 그러나 190개 직무에 대한 모집요강에서 신체조건을 명시한 직무는 1개(물류관리직)였으며, 구체적인 신체조건을 명시하기보다는 '신체건강한 자'로 기술되고 있다. 그러나 노동부의 직업관련정보망 워크넷(WORKNET)에는 물류관리직에 '신체건강'이라는 말이 필수사항으로 기재되어 있지 않기 때문에 합리적인 차별로 간주될 것인지에 대해서는 의문이 든다. 이 외의 직무에서는 어떠한 신체조건도 명시되지 않았다. 그러나 지원서에서는 지원자의 신장, 체중, 시력 등 신체조건을 기재하도록 한 회사가 55%(33곳)로서 지원자가 수행하게 될 직무에 직접적으로 관계가 없는 불필요한 신체조건을 기재하도록 하는 회사가 반 이상으로 나타났다. 그러므로 직무 필요요건과는 관계없이 지원서의 신체조건으로 지원자에게 차별적 행위를 할 수 있는 가능성이 있다.

- **가족사항: 모집요강 0% vs. 지원서 86.7%**

모집요강에서 가족사항에 대한 언급을 하고 있는 직무는 단 한 가지도 없었다. 그에 따라 가족사항과 직무수행은 어떠한 관련성도 가지고 있지 않다는 의미로 해석할 수 있다. 그러나 지원서에서 지원자의 친인척 가운데 그 회사에 근무하는 사람이 있는지 등 가족사항을 기재하도록 한 회사는 86.7%(52곳)로서 대부분의 회사가 가족관계와 가족들의 직업 등에 대한 정보를 요구하고 있었다. 특히, 가족사항을 지원서에 기재하도록 한 회사 중 12개 회사에서는 소유재산과 가족의 월 소득 등 금전적인 부분에 대한 구체적인 내용을 기재하도록 하고 있었다. 이러한 정보를 선발시에 요구하려면, 그 이유를 모집요강을 통해 명확히 밝힐 수 있어야 할 것이다.

• **혼인 여부: 모집요강 0% vs. 지원서 33.3%**

모집요강에서 미혼/기혼에 대한 선호를 명시한 직무는 하나도 없었으나, 지원서에 직접 표기하도록 한 회사는 33.3%(20곳)이었다. 그러나 86.7%(52곳)의 회사가 지원서에 가족사항을 표기하도록 하고 있어 이를 통해 지원자의 혼인 여부를 간접적으로 알 수 있게 되어 있다. 이는 직무수행의 필수적인 부분과 관련이 없으므로, 이 정보가 선발의 목적으로 사용된다면, 차별발생의 가능성을 나타낸다고 볼 수 있다.

• **종교: 모집요강 0% vs. 지원서 38.3%**

특정 종교에 대해 언급하고 있는 모집요강은 없었다. 그러나 지원자의 종교를 지원서에 기재하도록 하고 있는 회사는 38.3%(23곳)로 나타났다. 모집요강에서 특정 종교가 필요하다고 기재하지 않았을 뿐 아니라, 종교는 직무수행에 있어 필요조건이 아니므로 이러한 정보는 선발의 목적에 있어서 불필요한 것으로 간주된다.

• **추천인: 모집요강 0% vs. 지원서 15.0%**

지원회사에 재직중인 사원을 대상으로 공석에 적합한 사람을 추천하게 하는 사내 추천제를 제외하고, 사외에 모집공고를 낸 경우 모집요강에서 추천인을 요구하는 경우는 없었다. 그러나 지원서 중 15%(9곳)의 회사에서는 지원회사에 근무중인 친지나 지인 등의 추천인을 기재하는 란이 있었다. 이는 개인에 대한 정보를 제공하는 원천으로서의 추천인 제도가 아닌 단지 지인의 재직 여부만을 확인하는 것으로 본래의 추천인 제도의 목적과는 상이한 것으로서 입사 후 수집할 수도 있는 정보인데 지원서에서 기재요청하는 것은 오해의 소지를 만들 수가 있다.

• **학　　력**

노동부의 직업관련정보망인 WORKNET을 보면 직무를 기술한 부분에 고졸 이상, 전문대졸 이상, 대졸 이상, 대학원졸 이상 등으로 학력 요구부분이 제시되어 있다. 그러므로 모집요강에서 그에 준한 학력요구가 있을 때, 이는 차별적인 요소로 보기 어렵다. 그러나 모집요강에서 제시한 것 이상으로, 지원서에서 세부사항의 기재를 요구하면 이는 지원시 차별적인 요소로 사용될 가능성이 있음을 시사한다. 일례로 학교의 주/야간, 본교/분교, 1~4년 성적 기재를 요청한 회사도 있었다. 이런 경우 학벌 등이 지원자들의 기회를 박탈할 수 있는 선입견으로 작용될 수 있으리라 본다.

토 론

국내기업에서의 모집관행을 보면, 부당차별의 소지를 많이 내포하고 있어, 선발결과에 불복하는 지원자가 '부당차별'을 내세워 법적 문제를 제기할 경우 회사측이 불리해질 수 있다. 특히 성별을 진정 직업자격으로 입증할 수 없는 경우에 모집요강이나 지원서에서 표시하거나 기재를 요청하는 것은 성차별을 없애자는 사회적 추세에 반하는 인사 관행이 되어 많은 공식적 · 비공식적 비평과 논란에 휘말릴 수 있다. 서구에서는 입사지원서에 사진조차 요구하지 않는데 이러한 관행이 왜 정착되었는지를 우리 인사담당자들도 생각해 볼 만하다.

나이(연령)는 다소 민감한 부분이다. 현재 모집요강에서 직무상 요건으로 명시하는 경우는 30%에도 미치지 않는데, 모든 회사의 지원서에서 연령기재를 요구하는 것은 우리나라 기업사회의 연령에 대한 암묵적인 합의가 있는 것으로 볼 수 있다. 기업에 따라서는, 나이는 물론 지원횟수의 제한까지 방침으로 정해 놓고 있는 실정이다. 미국의 경우 나이차별금지법(Age Discrimination in Employment Act, 1967)까지 있어 나이가 들었다고 퇴임을 강요할 수 없고, 단지 나이가 많다고 입사시험에서 불이익을 줄 수도 없다. 그러나 국내의 직업문화에서 볼 때 연령은 관리나 통제를 위해 사용되는 큰 도구가 되고 있는 것이 현실이다. 신입사원을 뽑는데 40-50대의 연령층이 지원하는 것을 반기는 기업은 드물 것이다. 그만큼 한국의 문화에서는 관리가 어려워지기 때문이다. 연령이 관리체계의 한 부분이 될 수 있다는 사회적 공감대가 있는 한, 입사지원에서의 나이제한은 어느 정도 합리성을 가진다. 법이 현실을 외면하고 마냥 앞서 갈 수는 없음을 감안할 때, 어떤 개인이 지원하는 직군에서의 평균연령대 또는 어떤 범위의 연령대를 모집요강에서 밝힐 경우, 특정 개인에게 부당한 대우라기보다는, 해당 직군이 나이에 따라 적응의 문제를 가져 올 수 있음을 안내하는 역할을 하는 것으로 이해될 수 있다.

장애의 경우, 어떤 정도로 심각하면 업무를 수행할 수 없다는 기준에 대한 명시가 모집요강에 전혀 없는 가운데 일부 기업에서는 지원서에서 장애인 대상/비대상 여부의 기재를 요구한다든가 실제 선발시에 낮은 선호도를 보인다면 문제가 될 수 있다. 미국의 경우 장애인차별금지법(Americans With Disabilities Act, 1990)이 있어 가급적 장애인을 수용하는 시설 및 회사정책을 촉구하고 있으나, 국내사정은 벌금을 내더라도 장애인을 고용하지 않으려는 기업들이 많이 있다. 이 문제는 경제적 여유가 있는 대기업에서부터 기업의 사회적 책임이라는 개념을 수용해서, 장애인과 함께 사회를 건설한다는 철학을 가질 때만이 해결될 수 있는 문제로 보인다. 기업하는 사람들이 장애인을 어떻게 보는

가의 관점이 바뀌지 않는데, 법으로 강제하는 데는 한계가 있기 때문이다.

출신지역의 경우, 우리나라 지역사회 특성 또는 지역정서를 마케팅의 한 요소로 본다면 합리성이 있을 수 있다. 정치에서도 극명하게 드러나는 것이 지역성인데 기업으로서도 성공을 위해 지역성을 감안해야만 하는 것이 현실이므로 그러한 지역이해 역량이 기업의 업종에 따라서는 중요한 진정직업자격이 될 수 있다. 예로서, 지역에서의 판매목표에 따라 그 지역출신 사원이 몇 명 필요하다는 계산이 나오는데 그러한 자료에 기초해서 모집요강에 업무에 필수적인 부분으로 출신지역을 명시할 수 있다. 그러나 그러한 근거 자료도 없고, 모집요강에 명시도 안 되었는데 지원서에서 기재를 요구한다면 부당차별의 요소가 되고 기업의 이미지를 오히려 악화시키는 요인이 될 수 있다(박균석 · 한덕웅, 2002).

신체조건의 경우, 우리나라에서 예부터 신언서판(身言書判)이라 하여 외모, 자세, 태도 등을 선호해 온 전통이 있다. 그런데 선발시에 어떤 특성에 대한 판단은 "선호"를 기준으로 해서는 안 되고, "필수"를 기준으로 해야 한다. 즉, 많은 직무에서 큰 키, 훤한 용모, 세련된 매너 등이 선호되는 것은 사실이지만 그것이 진정한 의미의 직업자격인지는 생각해 보아야 한다. 즉, 있으면 좋은 요소보다는 업무수행에 필수적 요소인가 하는 것을 기준으로 지원자를 구분할 때만이 합리적 차별이 될 수 있다. 제품생산회사에 지원자들 가운데 큰 키와 훤한 용모의 지원자가 있다면 당연히 눈에 띌 것이다. 그러나 필수적 역량이 부품에 대한 이해, 손놀림의 정확성, 작은 부품도 분별하는 날카로운 시력이라고 한다면 큰 키와 용모는 모집요강에서 제시될 수도 없고, 지원서에서 키를 묻거나, 사진을 붙이라고 해서도 안 된다. 그런데도 이번에 조사된 회사 중 반 정도가 지원서에서 신체조건을 기재하도록 요구하는 것으로 나타나 불필요하게 사적 정보를 기업들이 요구하고 있다고 볼 수가 있다.

가족사항, 혼인 여부, 그리고 종교는 웬만해서는 진정직업자격이 되기 어렵다. 따라서 조사된 어떤 직무에서도 모집요강에 이러한 사항을 업무수행의 요건으로 명시한 경우가 없는 것은 자명한 일이다. 그럼에도 지원서에서 지원자의 가족, 결혼 여부, 종교생활까지 묻게 되는 것은 왜 그런 것인지? 이 질문에 대한 답 역시 우리 문화에 대한 이해를 필요로 한다. 우리는 일을 통해 사람을 알지 않고, 상대를 알아야 일이 진척되는 문화이다. 즉, 특정의 직무 때문에 그에 대한 사람을 뽑는 것이 아니라, 사람을 먼저 보고서 일을 맡긴다. 그만큼 업무가 전문화되어 있지 않으며, 사람만 성실하고 믿을 만하면 할 수 있는 업무라는 의미이기도 하다. 물론 점점 업무가 전문화되어가고, 전문성을 보고 사람을 뽑는 경우도 증가하고 있지만 과거의 패러다임이라 할 수 있는 '사람부터

보기' 는 우리의 과거를 일구어 온 공신이기 때문에 하루아침에 사라지지는 않을 것이다. 그럼에도 현대화된 시각으로 보면 가족사항, 혼인 여부, 종교에 대한 기재요구는 그 의도가 무엇이든 간에 사생활 침해이고 그 정보가 선발에 사용된다면 변명의 여지가 없는 부당차별이 될 것이다.

추천인에 대한 기재 역시 모집요강에는 전혀 필요성을 밝히지 않으면서 일부 회사에서 지원서에 기재를 요구하고 있다. 즉, 공식적으로 추천서를 받는 것도 아니면서, 단지 지원자가 회사 내 누구를 지인으로 가지고 있는지를 파악할 목적으로 요구되고 있다. 그러나 그에 의해 차별적 선발을 한다면 부당차별이 될 것이다. 국내기업에서 회사 내 높은 사람의 자녀들에게 공식/비공식으로 가산점을 주기 위해 추천인 정보를 사용하고 있는데, 흔히 말하는 구시대의 정실인사라는 비평은 물론 선발에서 낙방한 사람이 정실인사 때문에 떨어졌다고 법적 문제를 제기할 소지를 안고 있다.

마지막으로 지원서에 학력 및 세부사항 기재의 문제는 간단해 보이지 않는다. 2004년 5월 6일자 연합뉴스에 의하면 코리아리크루트에서 187개 업체 인사담당자들에 대한 설문을 한 결과 입사지원서의 학력 및 출신학교 항목의 폐지에 응답자의 40.6%가 반대한 것으로 나타났다. 폐지에 반대한 사람 중 67.1%가 '객관적인 평가자료 부족' 을 이유로 들었다고 보고되었는데, 그만큼 국내에는 지원자를 객관적으로 평가하기 위한 적성검사, 인성검사 등의 검사체계 또는 신뢰도와 타당도 있는 면접체계가 충분치 않음을 의미하는 것이다. 따라서 지원서에서 학력/출신교 정보를 자세히 얻고자 한다면 과연 차별이라고 해야 할지에 대해서는 사회적인 논의와 법률검토가 더 필요하리라 본다.

요약 · 정리하면, 모집요강에서 공고된 회사의 업종 및 직무에 기초한 입사지원서를 사용하지 않는 경우가 많았다. 즉, 모집요강에서 업무수행의 필요요건으로 제시되지 않은 성별, 나이, 가족사항 등 지원자의 개인적인 정보를 요구하는 지원서 양식을 사용하고 있음을 알 수 있었다. 이것은 회사에서 특정 직무를 수행할 종업원을 선발하고자 할 때, 필수적으로 알고자 하는 정보가 무엇인지에 대한 고려가 사전에 충실하지 않음을 의미한다. 대신 남녀, 연령, 신체조건 등 공고된 직무와 상관이 적은 개인 신상자료의 기재를 요청하고 있어 입사지원 절차에서 진정직업자격이나 직무상 필수요건이 아닌, 있으면 좋은 요소에 의해서 차별이 발생할 가능성이 있음을 시사한다.

참고문헌

국가인권위원회(2002), 국가인권위원회법의 차별판단을 위한 지침, 차별연구모임.

남녀고용평등법(2001), 제06508호, 개정 2001. 8. 14.

박군석 · 한덕웅(2002), "영 · 호남인의 상대박탈에서 사회구조요인과 사회정체성의 영향," 한국심리학회 연차대회 학술발표논문집, 248-253.

여성부고시(2002), 제2002-2호, 개정 2002. 11. 4.

Americans With Disabilities Act(1990), P. L. 101-336.

Age Discrimination in Employment Act(1967), P. L. 90-202.

V 경력관리 및 개발

01

기업체의 인적자원개발 동향 및 전략[1)]

조은상
escho@krivet.re.kr

21세기는 지식정보화, 세계화 및 디지털 경제로 특징지워지는 사회로 탈바꿈하면서 전 세계는 경제, 사회, 정치 및 문화적인 모든 면에서 급속도로 변화하고 있다. 특히, 기업을 둘러싼 환경은 20세기와 비교할 때 매우 큰 대조를 이룬다고 할 수 있다. 첫째, 기업 내 재구조화(restructuring)와 다운사이징(downsizing)이 활발하게 일어나고 있어 사용자와 종업원간의 종신고용으로 대표되는 전통적인 계약이 파기되고 있는 반면, 전문기술 또는 프로젝트팀에 대한 더 강한 몰입이 요구된다. 둘째, 재구조화(restructuring)와 다운사이징(downsizing)의 연장선에서 발생한 아웃소싱 또는 스핀오프(spin-off)의 증가는 종업원들에게 외부활동을 증가시켜 기업가적 역할, 시장 지향적인 역할과 더불어 지속적인 인적자원개발을 요구한다. 셋째, 수직적 조직으로부터 수평적 조직으로 조직의 형태가 변화함으로써 지위와 명령에서 전문성과 네트워크 관계로 권력의 원천이 변화하고 있다. 특히, 팀제 도입으로 조직 내 계층이 유연해지고 있으며 고도의 자율 작업팀들은 지휘감독 없이 조정, 스케줄, 작업배치를 스스로 하고 있다. 넷째, 네트워크 조

1) 출처: 인크루트 경력개발연구소(2005), "기업체의 인적자원개발 전략,"「인재경영」, 8월호, pp. 30-39에서 전재함.

직이 증가하면서 조직의 핵심분야에 전문성을 갖춘 영구 핵심 종업원들이 소집단으로 자리잡게 되었다. 과거의 전통적 조직에서는 상하 관계가 상의 하달식이며 노동조합에 의한 대표성이 있었으나 네트워크 조직의 관계는 계약적이며 개개인들이 협상의 대상이 되었다. 마지막으로, 조직의 역할이 과거에는 정보의 처리자에 머물렀으나 오늘날 지식정보사회로의 이행과정에서 지식창출자로 변모하게 되었고 이러한 과정에서 개인의 역할이 과거에 비하여 더욱 중요하게 되었다.

이러한 변화에 따라 기업관도 변화하여 왔다. 19세기 중반 이후 노벨 경제학자 밀톤 프리드만은 기업의 사회적 책임은 이윤을 극대화하는 것이다(The social responsibility of a corporation is to maximize profit)라고 한 반면, 19세기 후반에 접어들면서 경영학자인 피터 드럭커는 기업의 역할은 고객을 창출하는 것(The role of a corporation is to create customers)이라고 주장하였으며, 한국의 경영학자인 조동성은 21세기 기업의 사명은 인간능력개발이다(The mission of a corporation is to develop human capacity)라고 주창하였다. 이처럼 기업의 사명이 인적자원개발이라고 주장하는 배경을 보면 인적자원개발이 기업경쟁력의 핵심요소로 자리잡고 있기 때문이라고 여겨진다. 이러한 점에서 인적자원개발을 기업의 사명으로 자리잡기 위한 기초과제로서 기업의 인적자원개발 정의, 동향, 현황 및 쟁점에 대해 살펴본 후 이를 토대로 성공적인 인적자원개발 전략개발시 고려할 사항으로서 효율성, 효과성, 문화적 정체성 및 도덕성의 관점을 살펴봄으로써 인적자원개발 전략개발에 도움을 주고자 한다.

기업체의 인적자원개발이란

인적자원개발의 정의는 미국의 성인학 연구자인 내들러(Nadler, 1970)에 의하여 처음 이루어졌고 미국에서 먼저 발달되어 왔다. 인적자원개발(HRD)의 정의를 살펴보면 기업의 인적자원개발을 중심으로 하여 발전하여 개인의 지식, 기술습득을 위한 교육훈련, 개인의 평생 직업능력 고양을 위한 경력개발, 조직의 변화와 혁신을 위한 조직개발로 개념지워지고 있음을 발견하게 된다. 내들러(1970)에 의하면 인적자원개발은 특정 기간의 범위 내 조직화된 행동운영과 구성원 행동의 변화를 설계하는 일련의 활동이라고 정의하였고 20년이 지난 후인 1989년에는 인적자원개발을 둘러싼 외부환경의 변화와 인적자원개발 관행에 영향을 주는 지식기반사회로의 이행에 따라 다시 그 개념을 확장하여 "주어진 시간 범위에서 행동변화의 가능성을 가져오는 조직화된 학습경험"(1989)이라고 재정의하였다. 와트킨슨(Watkinson, 1989)은 인적자원개발을 개인, 그룹, 조직의 장기적인 직무와 관계된 학습역량을 촉진하는 연구와 실행 영역으로 파악하였고 미국의 훈련개발협회(American Society for Training and Development, 1987)는 인적자원개발의 개념을 개인, 그룹, 조직의 효과성을 높이기 위한 훈련 · 개발, 조직개발, 경력개발의 통합적인 활용으로 정의함으로써 인적자원관리 개념과 차별화하였다.

인적자원개발 연구에 대한 선도적인 역할을 한 미네소타 대학의 스완슨(Swanson, 1994)은 인적자원개발의 개념을 "성과를 높이기 위해서 조직개발과 개인 훈련 · 개발을 통해 구성원의 숙련을 활성화시키고 개발하는 일련의 과정"으로 파악하였다. 위의 인적자원개발의 개념적 고찰은 인적자원개발의 초점이 개인이나 집단의 학습과 같은 미시적인 수준에서 개인, 집단 및 조직수준의 성과 향상과 같은 미시적 및 거시적 수준으로 발전해 왔음을 보여 준다. 맥크레인과 맥크레인(McLean & McLean, 2001)에 의하면 인적자원개발이란 그 목적이 개인, 집단, 조직이든 혹은 공동체, 국가, 전 인류의 이익을 위한 것이든 성인의 일과 관련된 지식, 전문성, 생산성 및 만족을 개발할 잠재능력을 가진 어떠한 과정이나 활동이라고 정의하고 있으며 핵심요소로서 훈련 및 개발, 경력개발, 조직개발, 종업원지원, 보상 및 혜택, 전략적 기획, 인적자원연구, 지속적 품질/과정 향상, 국제/타 문화의 인지, 다양성 경영, 공동체 개발, 국가 자격증, 종업원 보유 등을 제시하여 개인 및 기업차원뿐 아니라 국가, 사회 차원에서 범세계적 차원의 인적자원개발의 개념으로 확장하고 있다.

이러한 개념적 확장은 외부환경의 변화로 조직의 경쟁력의 핵심이 점차 인적자원개발에 의존하고 나아가 보다 다양한 분야의 학자들이 인적자원개발의 연구에 참여하며 상호작용을 할 때 계속적으로 이루어질 것으로 기대된다(Cho, 1998). 종합하면 기업의 인적자원개발은 개인과 조직의 발전을 위한 조직 내 의도된 학습활동으로서 개인개발(훈련 · 개발), 조직개발, 경력개발의 통합적인 활용이며, 활용을 실행하는 과정의 행위라 정의할 수 있다.

미국 기업의 인적자원개발 동향

오늘날 범세계적인 인적자원개발 동향을 좌우하는 미국 중심의 인적자원개발 동향을 살펴보는 것이야말로 이론에 영향을 주는 실무에 대한 개괄적인 검토가 될 것으로 사료된다. 이를 위하여 「세계의 인적자원개발 동향」(*HRD Trends Worldwide*)란 책을 최근 발행한 필립스(Phillips, 1999)의 설문내용을 중심으로 분석 · 검토하고자 한다. 이 연구에는 미국 이외의 캐나다, 스위스, 영국, 프랑스 등 몇 개국이 참여하였지만 대다수의 참여자가 미국 기업이기 때문에 아래의 경향은 오늘날 세계 경제, 문화 및 인적자원개발에 있어서 독점적인 영향력을 행사하는 미국이란 거대 기업이 현장에서 실행하고 있는 인적자원개발의 큰 흐름으로 봐도 무난하다고 할 수 있다. 이 책에서는 앞장에서 살펴본 인적자원개발에 대한 3가지 정의의 기둥 중에서 교육훈련만을 지칭하는 것으로 상정하며 논의를 전개하였다. 필립스(Phillips, 1999)의 설문조사는 훈련 및 개발(training and development), 교육훈련, 학습, 성과향상(performance improvement) 및 인적자원개발(human resource development)의 분야에서 리더십 역할을 하는 사람들을 대상으로 하여 1995년 및 1998년 사이에 이루어졌다. 설문결과가 약 3–5년 전의 추세를 반영한다는 사실을 염두에 두고 그 결과를 분석하여 보면 그 당시 미국 기업의 인적자원개발 담당자 및 전문가들이 인적자원개발 분야에서 특별히 중요하다고 생각하고 있는 동향을 파

[표 V-1] **최상위 16개 global HRD trends에 대한 설문결과**

중요성 순위	최상위 16개 global HRD trends	중요성 정도
1	훈련비용이 보다 정확히 감독되며 자원관리 및 책무성을 표시하기 위해 여러 가지 방안으로 사용됨.	4.83
2	교육훈련 투자수익 측정이 점차 증가하고 있음.	4.71
3	시스템적인 평가과정이 교육훈련의 성공을 측정함.	4.69
4	필요성 평가 및 분석이 보다 강조되고 있음.	4.64
5	교육훈련 담당자와 현장관리자가 공동목표 달성을 위하여 파트너십을 형성하고 있음.	4.57
6	교육훈련이 조직의 전략과 연계되어 있음.	4.48
7	학습조직의 개념이 채택되고 있음.	4.47
8	교육훈련이 급속히 변화하고 있음.	4.39
9	교육훈련이 성과향상의 역할로 이동하고 있음.	4.37
10	훈련에 테크노놀지를 적용하는 예가 급속히 신장함.	4.32
11	교육훈련의 책임이 여러 집단에 분산됨.	4.28
12	더 많은 훈련이 계약자들에게 외주되고 있음.	4.21
13	더 많은 훈련이 전 세계적인 용도로 설계됨.	4.14
14	훈련개발 기능이 이윤센터개념으로 변화하고 있음.	4.11
15	훈련개발 예산이 점점 증가하고 있음.	4.07
16	사내대학이 점차 수용됨.	4.01

주: 필립스(Phillips, 1999)에서 재편집.
중요성 정도는 5점 척도상의 점수 5: 매우 중요함, 1: 중요하지 않음.

악할 수 있으며 현재의 한국 기업에서의 교육훈련의 추세를 파악하는 데 도움이 된다고 할 수 있다([표 V-1] 참조).

이 연구의 설문조사 결과를 분석해 보면 우선 먼저 미국 기업의 인적자원개발 담당자들은 인적자원개발의 경제성에 관심을 가지고 있음을 보여 주고 있다. 이러한 동향은 훈련비용의 감독(monitoring) 및 자원관리에의 활용(1위), 훈련투자의 수익성 측정(2위), 교육훈련이 단순한 활동에서 벗어나 "성과향상의 역할로 이동"(9위)하는 항목 및 훈련개발 기능이 이윤센터(profit center) 개념으로 변화한다(14위)는 항목에 중요성을 둔다는 점에서 입증된다.

둘째, 시스템적인 사고가 교육훈련에 자리 잡고 있는 추세를 위의 설문결과가 어느 정도 확인하여 주고 있다. 즉 교육훈련 과정 평가로 훈련의 성공 여부 평가(3위), 시스템적인 사고를 갖고 훈련의 필요성(needs) 평가 및 분석(4위), 더 많은 훈련이 범세계적인 용도(Global use)로 설계됨(13위) 등의 항목이 이를 뒷받침한다.

셋째, 교육훈련에 있어서 경영전략과의 연계 및 인적자원개발 전략의 중요성을 강조하고 있음을 보여 주고 있다. 공동목표 달성을 위한 교육훈련 담당자와 현장 관리자와의 파트너십 형성(5위), 교육훈련과 전략의 연계(6위), 교육훈련의 책임이 여러 집단에 분산됨(11위) 등의 항목이 이러한 동향을 말하여 준다. 하지만 더 많은 훈련이 계약자들에게 외주(outsourcing)되고 있으며(12위), 훈련개발 기능이 이윤센터 개념으로 변화하며(14위), 사내대학이 점차 수용되는(16위) 경향 등은 아직 인적자원개발 중요성의 최상위 그룹 중에서 하위에 처지는 경향을 나타내고 있다.

필립스(Phillips, 1999)의 연구에 의하면 오늘날 매우 중시되고 있는 지적 자본의 측정, 지식경영, 훈련의 역할 및 중요성 증대 등의 항목은 최상위 그룹에 속하지 못하고 오히려 바로 아래의 차상위 집단에 속하고 있음을 나타내고 있으며 이를 분석하면 다음의 [표 V-2]와 같다.

첫째, 오늘날 기업 현장에서 중시되고 있는 지식경영 및 지식경영자(chief knowledge officer)의 출현을 예시하고 있다. 이는 "지식자본 측정"(1위)이 가장 중요한 요소로 부각되고 있으며 "지식경영"이 중시되고 있어 조직경영에 있어 지식경영이 "또 하나의 중요한 책임"(4위)이 되고 있음을 나타낸다는 사실이 이를 반영한다고 할 수 있다.

둘째, "교육훈련의 역할 증대"(5위)로 인하여 전통적인 교육훈련 담당자의 학문적 배경, 기능, 역할 등의 변화를 예시할 수 있는 동향이 파악된다. 즉, 교육훈련이 기업내외의 요구에 단순히 대응하기보다는 "전향적으로 관리"(9위)되며 "핵심 관리자들이 훈련개발 과정에서 더욱 적극적인 역할"을 맡고 있으며(2위), 나아가 "변화과정에 있어서 중

[표 V-2] **차상위 16개 global HRD trends에 대한 설문결과**

중요성 순위	차상위 16개 global HRD trends	중요성 정도
1	지식자본 측정이 중요한 쟁점임.	3.97
2	핵심 관리자들이 훈련개발 과정에서 더욱 적극적인 역할을 맡고 있음.	3.94
3	학습의 전이가 중요한 문제임.	3.92
4	지식경영이 또 하나의 중요한 책임이 되고 있음.	3.83
5	교육훈련의 역할 및 중요성이 증대되고 있음.	3.81
6	훈련개발이 더욱 고객중심이 되고 있음.	3.70
7	훈련이 보다 분산화되고 있음.	3.63
8	현장(OJT) 교육훈련이 더욱 구조화되고 형식화됨.	3.49
9	교육훈련이 전향적으로 관리되고 있음.	3.34
10	교육훈련이 변화과정에 있어서 중요한 요소임.	3.29
11	적시(JIT)교육훈련이 점점 더 많이 사용되고 있음.	3.24
12	훈련개발기능이 다른 조직과의 제휴를 하고 있음.	3.19
13	많은 교육훈련 관리자들이 사업이나 운영관리(OM) 경험을 가지고 있음.	3.15
14	교육훈련 담당자들이 그 분야의 공식적인 교육을 받음.	3.12
15	교육훈련 기능이 인적자원(HR) 기능으로부터 분리되고 있음.	2.93
16	정부가 훈련개발 과정에 이전보다 더 참여하고 있음.	2.81

주: 필립스(Phillips, 1999)에서 재편집.
중요성 정도는 5점 척도상의 점수 5: 매우 중요함, 1: 중요하지 않음.

요한 요소"(10위)로 부각되고 있다는 점, 나아가 교육훈련이 "사업이나 운영관리(Operation Management) 경험"을 가지고 있는 "교육훈련 관리자들의 출현"(13위) 등은 오히려 오늘날 인적자원개발의 추세를 상당부문 반영한다고 할 수 있다.

셋째, 수요자/고객 중심의 사고가 인적자원개발에도 반영되어 학습한 결과가 작업장에서 나타나는 문제를 다루는 "학습의 전이(transfer of learning)가 중요한 쟁점"(3위)으로 나타나게 되었고 그 결과 "훈련개발이 더욱 고객중심"이 되고 있으며(6위) "분산화"(7위)되고 있는 경향을 보여 주고 있다. 현장교육훈련(OJT)이나 적시교육훈련(JIT)에 대한 관심이 이러한 요구를 어느 정도 반영한다고 할 수 있다.

넷째, 국가적인 차원에서도 인적자원개발이 국가의 경쟁력 강화를 위한 핵심 경쟁력으로 부상하고 있어 "정부가 훈련개발과정에 이전보다 더 참여하고 있는"(16위) 추세를 예시하여 주고 있다. 국가차원의 인적자원개발이란 추세는 실제로 유럽 및 아시아의 국가에서 보다 일반화되고 있다고 볼 수 있다.

한국 기업의 인적자원개발 효율성 및 효과성

위에서 살펴본 바와 같이 기업의 인적자원개발은 개인의 지식, 기술습득을 위한 교육훈련, 개인의 평생 직업능력 고양을 위한 경력개발, 조직의 변화와 혁신을 위한 조직개발로 개념지워지고 있으나 이 장에서도 인적자원개발의 범위를 개인의 지식 및 기술습득을 위한 교육훈련이란 협의의 개념에 초점을 맞추어 전개하고자 하며 인적자원개발의 현황에 대하여 효율성 및 효과성의 잣대를 갖고 살펴보고자 한다. 효율성은 산출물/투입물의 비율을 말하므로 인적자원개발의 비용 혹은 지출이 얼마만한 결과를 가져왔는가를 보여 주는 지표라고 할 수 있다. 그 동안 인적자원개발 부서 및 기능은 하나의 활동으로서 실행되었으나 인적자원개발에 대한 투입물과 산출물에 대한 개념 정립이 되어 있지 않아 인적자원개발의 효율성을 측정할 기본 인프라 및 마인드(mind)가 부족했다고 볼 수 있다. 기업의 인적자원개발의 산실이라고 할 수 있는 연수원이 금융위기를 맞아 변모하는 과정은 연수원이 독립기관으로서 경쟁력 강화를 위하여 효율성의 지표에 얼마나 민감한가를 보여 주는 실례라고 볼 수 있다. 즉, 1998년 구조조정 이전에는 연수원의 대부분은 그룹조직에 속하였으나 구조조정이 진행된 후 경제연구소(혹은 경제연구원)로 합병되거나 특정기업 소속의 독립사업장을 유지하게 되는 등 독립법인/독립채산제의 형태가 주류를 이루게 되었다. 이러한 연수원의 변모 흐름을 재정의 효율성의 관점에서 살펴보면 교육비 배분형, 교육수혜자 부담형, 교육세 부과형 및 독립영리법인형으로 나눌 수 있다. 이러한 다양한 유형은 연수원이 효율성의 관점에서 비효율적인 비용전담센터(cost center)에서 보다 효율적인 이윤창출센터(profit center)로 점차로 이행하는 과정을 보여 준다고 할 수 있으며 한국 기업 연수원의 경우 금융위기에 처한 1998년 이후 교육부과형이나 독립 영리법인형으로 이행하려는 초기단계에 접어들었다고 할 수 있으나 실질적인 독립영리법인은 없다고 하여도 과언이 아니다.

효과성은 교육훈련 프로그램의 설계, 실행을 통한 성과향상에 대한 평가를 일컫는다고 할 수 있다. 커크패트릭(Kirkpatrick)은 교육훈련 프로그램의 효과성을 결정하는 것을 평가라 정의하고 4단계로 분류하였다. 첫 번째 단계인 반응(reaction)은 교육 참가자가 특정 프로그램에 대해 얼마나 좋아하는지를 평가하는 것이고, 두 번째 단계는 피교육자의 지식, 기능, 능력(KSA)을 얼마나 학습했는지를 묻는 학습(learning)평가 단계이며, 학습을 통한 행동변화를 평가하는 행동(behavior)단계를 거쳐 마지막 단계에서는 이직률, 원가절감, 효율성의 개선 정도, 생산량과 품질의 증가와 같은 개인 및 조직성과에 대한 결과를 평가하는 결과(results)단계를 통해 전체적인 교육훈련 프로그램을 평가한다. 하지만 기업의 연수교육을 실시한 경우 프로그램이나 강사에 대한 학습자의 반응을 조사하는 반응평가나 학습자의 학습정도를 파악하기 위해 시험성적이나 제출된 보고서를 분석하여 프로그램의 효과성을 주로 평가하는 학습평가가 대부분을 차지함으로써 세 번째 평가단계인 학습내용의 실제 업무적용에 대한 평가는 조금밖에 이루어지지 않으며, 특히 네 번째 평가단계인 조직의 생산성 향상이나 이익증가에의 공헌도를 측정하는 성과평가는 거의 없는 것으로 나타났다.

한국 기업이 직면한 인적자원개발의 쟁점

이상과 같이 세계적 인적자원개발의 동향 및 한국기업의 인적자원개발의 효율성과 효과성을 살펴본 결과 아래와 같이 한국기업이 직면하고 있는 인적자원개발의 쟁점을 제시하고자 한다. 첫째, 교육훈련전략과 경영전략과의 연계의 미약, 둘째, 인적자원개발을 지출로서 인식하는 점, 그리고 인적자원개발 프로그램의 모방성을 쟁점으로 들 수 있다.

- **경영전략 vs. 교육전략**

대기업 연수원의 경우, 매년 11월 익년도 교육훈련계획을 수립할 때 회사의 경영전략이나 목표와는 상관없이 당시에 인기 있는 교육과정과 사업계획을 확정하는 경우가 대다수이고 경영전략과 연계된 교육전략의 설계는 생각할 수도 없다. 그 결과 교육과정 운영이나 인재육성을 위한 제반 노력의 성과는 매번 서류상(On-The-Paper)에서 나타났으나 현장에서(On-The-Field)는 나타나지 않는 결과가 나곤 한다. 물론 아주 효과적인 설계, 분석과 적절한 대응으로 인하여 성과를 거둔 경우의 예외도 있겠지만 대다수의 경우 경영전략과의 연계성 미비로 인하여 일회적인 교육훈련 활동으로 그치는 경우가 비일비재하다고 해도 과언이 아니다.

- **지출계정으로서의 인적자원개발 vs. 투자계정으로서의 인적자원개발**

기업을 경영하는 관리자가 인식하고 있는 인적자원개발은 현재 투자로 여겨지기보다는 지출로 간주되고 있는 비용이다. 이러한 점은 대부분의 기업연수원이 교육비 배분형, 교육 수혜자 부담형의 모습을 취함으로써 기업의 재정상태가 악화될 때 교육재정은 삭감 우선 1순위가 되며, 특히 현업 부서가 교육부서에 신뢰도가 없을 때는 교육재정이 고갈될 위험이 있다는 사실로도 입증된다. 이러한 기업에 대한 지나친 의존성을 탈피하기 위해서는 인적자원기능 및 부서가 이윤창출센터(profit center)로 거듭 태어나는 방안이 제시될 수 있다.

- **모방성 vs. 문화적 정체성**

인적자원개발에는 보편성 및 특수성의 문제가 야기된다. 벡커(Becker, 1962)가 40년 전에 언급하였듯이 일반적인 교육의 경우에는 지식, 정보, 기술 등이 시간과 장소의 구별이 없이 전이가 가능하여 일반적 훈련(general training)이라고 불렸으나, 기업 특유의 기술, 지식, 문화가 필요한 경우는 훈련의 효과가 다른 조직으로 이식되기 어려워 이를 기업특유의 훈련(firm-specific training)이라고 언급하였다. 정보기술, 통신기술 및 교통수단의 발달로 세계가 일일권이 된 지금 교육훈련의 내용 및 방법도 생산제품처럼 똑같은 복제품이 다른 언어로서 제공되고 있다. 각 기업 및 그 기업이 처한 환경, 종업원의 특성에 따라 교육훈련의 내용이 달라져야 하는 것이 원칙이지만, 현재로서는 대부분 모방의 단계를 거치고 있어 기업의 문화나 거시적인 국가 환경과는 무관하게 직수입되어 활용되고 있다고 볼 수 있다. 이러한 시점에서 인적자원개발 프로그램의 효과성 검증을 위해서는 교육훈련 내용(contents)의 특수성을 조직문화에 비추어 검토하며, 교육훈련 기술(techniques)의 경우 그 보편성을 검증한 후 적용하는 지혜를 보일 때 문화적 정체성이 자리잡힐 것이고 나아가 세계로 교육훈련 프로그램을 수출할 수도 있을 것이다.

한국의 인적자원개발 전략의 방향

앞으로 한국의 기업 인적자원개발이 세계적인 경쟁력을 갖고 종업원에 대한 교육투자를 통하여 세계 일류의 인적자원으로 거듭나기 위해서 어떠한 전략을 취해야 할 것인가에 대하여 다음과 같이 7가지를 제시하고자 한다.

- **첫째, 가치와 비전 중심의 인적자원개발 전략을 강화하라**

인적자원개발 전략의 일부로서 가치와 비전 중심의 전략개발을 통하여 인적자원개발 기능 혹은 부서가 기업전략의 중추적인 역할을 담당케 한다. 인적자원개발 부서/기능이 주변부서에서 핵심 센터(core center)로 변신하기 위해서는 변화하는 환경에 적극적으로 대응하는 새로운 가치와 비전을 제시할 수 있어야 한다. 특히, 해당기업에서 설정하고 있는 인재상에 대한 보다 구체적인 계량화 작업을 통하여 현 종업원들은 얼마만큼 그러한 인재상을 충족시키고 있는지를 파악하고 그 격차에 대하여 어떠한 방향으로 교육훈련을 할 것인가에 대한 분석이 필요하다. 동시에 신입사원들을 뽑을 때 인재상의 어떠한 부분에 초점을 기울이는지를 검토함으로써 선발도구와 인재상을 연계하는 동시에 입사 후에 이를 교육훈련 프로그램에도 반영할 필요가 있다.

• 둘째, 기업전략과 인적자원개발(HRD) 전략을 연계하라

인적자원개발 전략의 핵심은 경영전략과 교육훈련 전략의 연계에 있으며 인적자원개발 부서 내 리더십이 전략수립에 기여하여야 함에도 현실적으로 많은 제약이 따르고 있다. 따라서 한국 기업의 경쟁력이 한 단계 상승하기 위해서는 인적자원개발 부서 및 기능이 강화되어 인적자원전략 개발에서의 주도권을 확보하고 관련 핵심역량을 개발하여야 한다. 즉, 과거의 학습 전문가, 훈련 제공자, 훈련 관리인, 변화 대리인을 포함하는 기존의 교육 훈련자에서 공동학습자, 변화 촉진자, 학습 설계자, 학습과정의 조율자, 사내기업가(intrapreneur) 및 전략적 과정의 촉진자로의 변신을 통하여 인적자원과 관련되는 경영전략을 설계하고 실행하는 데 있어서 핵심 리더의 역할을 수행하여야 한다. 이러한 점에서 기업교육 담당자의 역할과 역량에 대한 체계적인 학습의 필요성이 제기된다.

• 셋째, 조직전략과 문화에 맞는 맞춤 프로그램을 개발하라

현재 한국 기업의 경우 인적자원개발 프로그램은 하나의 유행(fashion)처럼 어느 대기업에서 도입하여 실행하면 여타 기업들도 그 효과성을 검증하지 않고 줄줄이 도입하여 프로그램의 주기는 6개월도 채 안 되는 경우도 비일비재하다고 할 수 있다. 이제는 대기업의 인적자원개발센터, 연수원 그리고 국내의 저명한 리더십 센터의 최고경영자부터 각성하여 인적자원개발 프로그램을 단순히 수입 · 모방하는 단계에서 한 단계 발전하여 창조적으로 개발하는 단계로 이행하도록 의식의 전환이 요구된다. 이를 위하여 인적자원개발 전문가는 기존의 교육훈련 프로그램을 비판적 시각에서 독창적으로 개발하여 기업의 전략, 문화 및 종업원의 의식수준에 맞는 맞춤형 프로그램을 개발할 수 있는 역량개발에 초점을 맞추어야 할 것이다.

• 넷째, 기업윤리교육을 강화하라

기업체 교육의 궁극적인 목적은 조직의 성과를 높이는 것이라고 할 수 있다. 최근 기업윤리가 높은 기업의 투자수익률이 그렇지 않은 기업보다 더 높다는 것이 실증적으로 입증되었다. 이에 따라 전경련을 비롯한 대기업들이 기업윤리 전담부서를 설치하는 등 기업윤리 시스템을 강화하고 있으며 기업윤리에 대한 교육도 시행하고 있다. 따라서 경영자, 기술자, 중간 관리자, 종업원 등을 대상으로 한 생산관리, 마케팅, 인사조직, 재무회계, 경영정보 등의 분야별로 기업윤리 교육을 강화함으로써 점차로 세계화되는 기업의 투명성 및 윤리성 강화를 통하여 경쟁력 있는 인적자원을 개발한다면 글로벌 기업으로 진출시에 큰 장애를 피할 수 있을 것이다.

- **다섯째, 인적자원개발에서의 평가를 강화하라**

또한, 인적자원개발 부서의 핵심 구성원에 의하여 설계되어 실행된 인적자원개발 전략 및 프로그램은 그 효과를 측정 · 평가함으로써 인적자원개발 전략 및 프로그램의 조직성과에 대한 영향력을 대내외에 널리 알리고 이를 통하여 인적자원개발부서의 힘을 주체적으로 강화하여야 한다. 평가시에는 통제집단 설계를 통한 효과성 측정 혹은 비용효과분석 등의 성과분석이 고려되어야 할 것이며 인적자원개발 프로그램 평가이론 및 비용효과분석을 포함한 경제적인 안목을 갖추어야 할 것으로 기대된다. 이를 위하여 산출물 지표 개발 및 인적자원회계 지표의 개발 및 활용이 따라야 할 것이다.

- **여섯째, 인적자원관리와 인적자원개발 통합 시스템을 개발하라**

유한 킴벌리의 경우 인적자원개발을 성과급과 연계하는 인적자원관리 및 인적자원개발의 통합 시스템을 도입하여 교육훈련의 효과를 극대화하고 있다. 실제로 오늘날처럼 경쟁이 심화되고 있는 시점에 구조조정으로 작업장에 엄청난 변화와 혁신이 불가피할 때 근로자들이 지속적인 변화에 직면하여 새로운 환경하에 사업정보를 분석하고 이를 활용하여 정확한 의사결정을 내려 복잡한 작업공정을 잘 관리하고 문제를 해결하기 위해서는 관련 분야의 급격한 변화를 따라 잡을 수 있는 교육이 필수적이다. 그러나 교육을 단순히 강조하기보다는 교육을 인사고과 및 성과 등과 연계하는 등 인적자원관리 체계(HRM System) 안에 통합하여 연계할 때 비로소 효과적인 교육훈련이 될 수 있을 것이다.

- **일곱째, 노사공동 인적자원개발 프로젝트를 수행하라**

노동조합이 있는 기업의 경우 노동조합은 과거의 실리적 조합주의에서 벗어나 조합활동을 다양화함으로써 인적자원개발을 위한 노력에 기업과 함께 공조를 맞추어야 할 필요가 점점 증가하고 있다. 미국 AT&T의 경우 사용자와 노동조합과의 단체협약의 결과로 노사공동으로 독립적인 비영리 교육기관을 설립하고 종업원뿐 아니라 자녀들과 그들이 속한 공동체에 대한 교육훈련 프로그램을 개발하고 시행하고 있다. 우리나라의 경우 단체교섭의 주요 항목은 주로 생계문제(bread & butter issues)인 임금 및 근로조건에 머물러 있고 종업원 및 가족 혹은 공동체의 인적자원개발은 아직 관심의 대상이 되지 못하고 있음을 미루어 볼 때 기업 및 노동조합 모두 시야를 넓혀 주어진 파이를 갖고 다투기에 앞서 장기적으로 인력개발을 통하여 파이를 증가시키는 분야에 보다 큰 관심을 가짐으로써 앞으로는 종업원뿐 아니라 가족의 인력개발도 단체협약의 대상으로 포함할 수 있을 것이 기대된다.

참고문헌

조은상 · 이상우(2004), "시대별 환경변화의 추이에 따른 한국기업 인재상의 변화와 21세기 인적자원개발의 과제,"「인력개발연구」, 6(1)

조은상(2003), "한국 기업윤리 핵심가치의 요인별 교육요구에 대한 실증적 연구 -민간기업과 공공기관의 종업원을 중심으로,"「한국인사관리연구」, 27(2).

Cho, E.(1998, March 4-8), "Economics of Human Resource Development," In: R. J. Torraco (Ed.), *Academy of Human Resource Development 1998 conference proceedings*(pp. 732-738), Chicago, IL: Academy of Human Resource Development.

Cho, E., & McLean, G.(2004), "What We Discovered About NHRD and What It Means for HRD," *Advances in Developing Human Resources*, 6(3).

McLean, G., & McLean, L.(2001), "If we can't define HRD in one country, how can we define it in an international context?," *Human resource development international*, 4(3), 313-326.

McLean, G., Osman-Gani, A., & Cho, E.(Eds.)(2004), "Human Resource Development as National Policy," *Advances in Developing Human Resources*, 6(3).

Nadler, L.(1970), *Developing Human Resources*, Reading, MA: Addison-Wesley.

Pfeffer, J(1994), *Competitive advantage through people*, Boston, MA: Harvard Business School Press.

Phillips, J. J.(1997), *Handbook of Training Evaluation and Measurement Methods*, 3rd ed., Houston, TX.: Gulf Publishing.

Phillips, J. J.(1999), *HRD Trends Worldwide: Shared Solutions to Compete in a Global Economy,* Houston, TX: Gulf Publishing Company.

Swanson, R. A. (1994), *Analysis for improving performance, Tools for diagnosing organizations & documenting workplace expertise*, San Francisco: Berrett-Koehler Publishers.

Watkins, K. E. (1991), "Many voices: Defining human resource development from different disciplines," *Adult Education Quarterly*, 41(4), 241-255.

02 신입사원 오리엔테이션의 의미와 효율적 실행방안[1)]

탁진국
tak@kw.ac.kr

누구나 고등학교 또는 대학을 졸업하고 직장에 취업하게 되면 배치받기 전 짧게는 몇 시간에서부터 길게는 몇 주에 이르는 오리엔테이션을 경험하게 된다. 요즘은 직장이 아닌 대학에서도 새터라고 하는 신입생들을 위한 오리엔테이션 프로그램을 보통 2박 3일에 걸쳐 운영하고 있다. 오리엔테이션은 왜 실시하는 것일까? 오리엔테이션을 실시하는 기본 목적은 신입사원들이 새로운 조직에 들어온 후 조직에 쉽게 적응할 수 있도록, 즉 사회화가 쉽게 될 수 있도록 만드는 데 있다. 어떤 조직은 체계적인 프로그램을 운영하기도 하는 데 반해서 어떤 조직은 형식적인 프로그램을 운영하기도 한다. 과연 오리엔테이션은 효과가 있는 것일까? 만약 한다면 어떠한 방법으로, 어떠한 지침에 따라 프로그램을 구성하는 것이 효과적일까? 오리엔테이션 프로그램을 구성하는 데 바탕이 되는 이론적 틀은 무엇일까? 외국 기업들은 어떠한 프로그램을 실시하고 있을까? 오리엔테이션은 모든 조직에서 실시하고 있음에도 불구하고 국내에서 이러한 물음에 대한 제대로 생각해 보거나 평가해 본 적이 매우 드문 것 같다. 본 고에서는 이러한 질문에

1) 출처: 인크루트 경력개발연구소(2004), "신입사원 입문교육의 의미와 효율적 실행방안,"「인재경영」, 창간호, pp. 110-117에서 전재함.

대한 답을 제공함으로써 오리엔테이션 프로그램을 설계하는 데 도움을 주고자 한다.

최근 국내기업들의 신입사원 오리엔테이션 또는 연수 프로그램에 관한 기사를 보면 몇몇 회사들의 특이한 기사내용이 눈에 띈다. 예를 들어, S회사는 신입사원을 대상으로 2박 3일 동안 지리산 종주를 실시하였으며 H회사는 신입사원 교육과정에 컨테이너 승선 체험이라는 코스를 넣어 2박 3일 동안 컨테이너선을 타고 일본에서 부산까지 돌아오는 체험학습을 시키고 있다. 또한 다른 대기업은 신입사원 교육을 현장 중심으로 바꾸어서 그룹 역사와 경영방침에 대한 교육을 받는 이틀간의 강의를 제외하고는 나머지 12일은 강의장 또는 현장에서 토론과 참여, 체험 등을 경험하는 방식으로 진행하고 있다. 이랜드도 현장 연수교육을 강조하며 신입사원들을 23일에 걸쳐 중국의 주요 도시를 방문하는 체험학습을 실시하고 있다.

이러한 현장 위주의 교육이 얼마나 효과가 있는 것일까? 신입사원을 위한 오리엔테이션 프로그램이 과거와 같이 단순히 일방적인 강의만 전달하는 것이 아니라 이와 같이 다양하게 전개되는 현상은 한편으로는 바람직한 측면이라고 볼 수 있다. 그러나 구체적으로 과거 교육과정과 비교하였거나 또는 장·단기적인 효과를 검증한 경우가 거의 없기 때문에 분명한 결론을 내리기는 어렵다.

오리엔테이션의 이론적 틀

과연 어떠한 오리엔테이션이 조직에 처음 들어가는 신입사원에게 도움이 되는 것인지를 알아보기에 앞서 오리엔테이션의 바탕이 되는 이론은 무엇일지에 대해 설명해보기로 하자. 와너스(Wanous, 1992)에 따르면 조직 입사에서 적응에 이르기까지 4단계를 거친다고 한다. 모집부터 시작해서 선발하고, 신입사원을 대상으로 오리엔테이션을 하고, 이를 통해 조직에 사회화하게 된다. 즉 오리엔테이션이 사회화의 전 단계이기 때문에 오리엔테이션의 목적은 신입사원들의 사회화가 잘 일어나도록 돕기 위한 것이다.

와너스(Wanous, 1992)는 특히 이러한 과정에서 신입사원이 새로운 환경에 접하게 됨으로써 역할이 변화하게 되고 이로 인해 이들이 겪게 되는 스트레스가 있음을 주장하면서 오리엔테이션의 기본 목적을 사회 및 정서적 어색함을 줄이고, 스트레스를 감소시키고, 새로운 환경에서 성공해 나가는 데 필요한 대인관계 및 업무스킬을 학습하도록 함으로써 우수한 사원으로 잘 전환해 나갈 수 있도록 도와주는 것으로 정의한 바 있다.

루이스(Louis, 1980)는 개인이 조직에 처음 입사하게 되면 변화(change), 대조(contrast), 놀람(surprise) 과정을 거쳐 상황에 대해 인식하게 되며(sense making) 이에 따라 적합한 행동을 하거나 자신의 기대감을 변화시키면서 적응해 나간다고 주장하였다.

여기서 변화는 과거와 현재 상황 간의 객관적이고 예측가능한 차이를 의미하며 이러한 차이가 클수록 상황에 대처하기가 힘들어진다. 대조는 주관적이고 개인적인 것으로서 일반적으로 예측하기가 쉽지 않다. 주로 과거 경험을 통해서 영향을 받는데, 예를 들면 중소기업에서 대기업으로 회사를 옮겼는데, 가족적인 분위기를 느끼기 어려운 경우가 있을 수 있다. 놀람은 신입사원의 기대감과 실제 경험하는 역할이 차이가 있을 경우 발생하게 된다.

다양한 경우가 발생할 수 있는데, 먼저 직무가 자신이 기대하지 않던 직무인 경우로서 예를 들면, 직무가 재미있을 줄 알았는데 그렇지 못한 경우다. 두 번째는 자신에 대한 기대가 충족되지 않는 경우로서 예를 들면, 내가 하고 싶었던 일이지만 생각했던 것보다 어려운 경우다. 세 번째는 직무의 일부 특성에 대해 기대하지 못한 경우로서 일요일에도 근무할 수 있다는 것을 모른 경우다. 네 번째는 직무에 대해 정확히 기대는 했으나 자신의 감정이 어떨지는 정확하게 예측하지 못한 경우로서 예를 들어, 휴일에 일할 수도 있다는 것을 알았지만 실제 경험해 보니 자신이 감당하기에는 매우 힘든 경우이다. 마지막으로는 과거 경험을 토대로 잘못된 가정을 한 경우로서 예를 들어, 전에 다니던 직장에서는 매주 보고서를 냈는데, 새로운 직장에서는 매일 보고서를 내야 하는 경우가 해당된다.

전통적인 신입사원 오리엔테이션 방법 중의 하나는 사전직무안내(realistic job preview)를 통해 직무에 관한 정확한 정보를 주는 것이다. 이러한 정보를 제공함으로써 조직은 신입사원이 기대했던 바가 충족되지 않는 경우를 감소시킬 수 있다. 그러나 이런 방법을 통해서는 위에서 기술한 다섯 가지 경우 중에 일부만을 해결할 수 있을 뿐이다.

개인은 이러한 경험을 통해 새로운 환경에 대해 인식하게 되는데, 구체적인 방법은 새로운 조직에서의 경험, 동료로부터의 정보, 개인의 성향 그리고 개인의 과거 경험 등의 4가지 방법이 있다(Louis, 1980). 새로운 조직에서의 경험과 동료로부터의 정보는 개인이 조직에 입사하기 전에는 얻을 수 없는 정보이기 때문에 오리엔테이션은 무엇보다 이러한 특성에 초점을 두고 이러한 정보가 제공될 수 있도록 노력해야 한다. 예를 들어, 무엇이든 새로운 지식을 학습하는 것을 권장하고 얼마든지 자신의 의사를 개진할 수 있는 분위기가 허용된 회사라면 이를 강조하는 데 많은 시간을 보낼 필요가 있다.

오리엔테이션의 목적

조직에 새로 들어온 신입사원이 기대하는 것과 조직에서 이들에 대해 보는 시각에는 상당한 차이가 있다(Schein, 1964). 이들은 도전과 책임을 원하는데, 조직은 이들이 너무 경험이 없고, 이론적이고 순수해서 많은 책임을 짊어질 수 없다고 생각한다. 이들은 창의적이고 혁신적이기를 원하지만, 조직은 나름대로의 일처리 방식을 갖고 있기 때문에 이들이 처리하기는 어려운 실정이다. 이들은 자신의 재능을 검증하고 응용하고 싶어 하지만, 조직은 이들이 재능을 발휘하기에 앞서 많은 것을 배워야한다고 생각한다. 많은 종업원들이 새로운 작업환경에 적응하는 데 어려움을 겪고 있는 것은 놀라운 일이 아니다. 또한 나이가 젊거나 조직과 인간적인 접촉을 아직 경험하지 못한 신입 사원들은 자신의 재능을 충분히 발휘하지 못하거나 개인적 욕구가 충족되지 않는다면 조직을 기꺼이 떠날 생각을 갖고 있다

오리엔테이션의 기본 목적은 개인이 조직에 쉽게 적응하도록 하는 데 있으며, 즉 개인과 조직이 서로 부합되도록 만드는 것이다. 특히 개인은 처음 조직에 입사하게 될 때 높은 기대감을 갖게 되며 이러한 기대감이 충족되지 않을 때 실망감과 좌절감을 경험하게 된다. 오리엔테이션은 개인에게 조직생활에 대한 정확하고 현실적인 정보를 제공하여 이들이 조직에 대해 현실적인 기대감을 갖도록 만들어주는 데 도움을 줄 수 있다.

이를 통해 오리엔테이션은 신입사원이 현재 또는 앞으로 가질 수 있는 스트레스에 어떻게 대처할 것인지를 가르쳐주는 데 중요한 목적이 있다. 육군 신병 입대생들을 대상으로 실시한 연구(Bourne, 1967)에 따르면 훈련을 받기 위해 입소한 첫날 이들이 느끼는 스트레스는 매우 높은 것으로 나타났다. 일반 조직에서도 신입사원들이 입사 시점에서 겪는 스트레스가 높은 이유는 대부분의 신입사원들은 학교졸업 후 처음으로 사회생활을 하게 되며 이로 인해 여러 역할에서의 변화가 따르기 때문이다(Latack, 1984). 무엇보다 학생에서 직장인이라는 큰 역할 변화를 겪게 되고, 상사 밑에서 일하게 되고, 수입에서 큰 변화도 발생하게 되고, 새로운 친구를 사귀게 되는 등의 변화가 일어나게 된다.

스트레스를 가져오는 생활 사건에 관한 연구(Cochrane & Rebertson, 1973)에서도 새로운 직장에서 새로운 업무를 시작하는 것이 상당한 스트레스를 가져오는 사건으로 조사된 바 있다. 또한 조직에 들어오기 전, 들어온 시점, 그리고 들어와서 적응이 된 후로 나누어서 조사할 때도 개인이 겪는 스트레스 수준은 들어오긴 전과 비교해서 들어온 시점에서 스트레스가 증가했다가 시간이 지나면서 점차 감소하는 것으로 나타나고 있다(Wanous, 1992).

오리엔테이션과 훈련의 차이

오리엔테이션과 훈련은 얼핏 보면 개념적으로 큰 차이가 없어 보인다. 그러나 훈련은 종업원에게 직무를 수행하는 데 필요한 스킬을 가르치는 것으로서 행동을 변화시키는 데 목표를 두고 있으며 직무를 "어떻게" 할 것인지를 설명하는 데 초점을 둔다. 이에 반해 오리엔테이션은 조직의 목표를 수용하도록 개인의 태도변화에 목표를 두고 있다. 따라서 종업원들에게 직무의 "왜" 적인 측면을(예, 공장에서 왜 헬멧을 써야 하는지) 이해시키는 데 초점을 둔다(Mishra & Strait, 1993).

신입사원이 접하게 되는 모든 상황에 대해 훈련을 시키기는 어려운 일이다. 종업원 누구도 모든 상황에 적용되는 모든 규칙을 다 알지는 못한다. 그러나 규칙의 기본 이유를 설명해 주게 되면 종업원이 경험하지 않은 새로운 상황에 직면하게 될 때 회사의 목표에 기여하는 일련의 행동을 취하는 것이 가능해진다. 오리엔테이션과 훈련을 구분할 필요가 있는 이유는 바로 여기에 있다(Wehrenberg, 1989).

오리엔테이션의 효과

오리엔테이션은 정말로 효과가 있는 것일까? 이 질문에 대해서는 경험적 연구가 충분하지 않기 때문에 명확한 답을 제공하기는 어렵다. 그러나 몇몇 연구에 따르면, 오리엔테이션은 효과가 있는 것으로 나타나고 있다. 2000년 오하이오주립대의 클라인(Klein)의 연구에 따르면 세 시간짜리 짧은 오리엔테이션에 참여한 사람들은 그렇지 않은 사람들보다 회사에 대한 몰입수준이 더 높았다. 즉 이들은 회사의 목표나 가치, 비전, 역사에 대해 더 많이 알게 되었고, 오리엔테이션의 토의시간에 같은 신입사원들과 서로 알게 됨으로써 배치 후 동료들과의 비공식적 접촉도 더 많은 것으로 나타났다(Schettler, 2002에서 인용).

오리엔테이션의 효과에 관한 고전적 연구는 1970년대 텍사스인스트루먼트사에서 2년 여에 걸쳐 진행된 연구이다. 이 연구에서는 두 집단을 비교하였는데, 한 집단은 전통적인 2시간짜리 오리엔테이션이었고 주로 업무시간, 임금지급, 주차, 보험 등에 대해 교육을 받았고, 다른 사회화 집단은 7시간 동안 진행하였으며 경력관리, 사람들과의 관계의 중요성, 올바른 상사 만나기, 적합한 업무 찾기 등의 주제에 대한 교육을 받았다. 2년 후 새로운 업무를 배우는 데 걸리는 학습속도, 생산량, 결근 등에 대해 두 집단을 비교한 결과 사회화 집단이 모든 측정치에서 점수가 높았다. 특히 이직률에 있어서 사회화 집단이 40%나 낮은 것으로 나타났다(Zemke, 1989에서 인용).

미국의 코닝사의 경우도 1980년대 초 9차례에 걸쳐 2시간 세미나를(자기공부, 숙제도 포함) 포함한 새로운 오리엔테이션 프로그램을 마련한 결과 2년 후 프로그램을 거친 사람은 경험하지 않은 사람들보다 이직률이 무려 69%나 낮은 것으로 나타났다(Zemke, 1989에서 인용).

퍼비스와 패니치(Purvis & Panich, 1986)의 신임공인회계사를 대상으로 한 연구에서는 자신들이 기대했던 감사업무가 제대로 실행되지 못한다는 것을 알았을 때 충격으로 이직하는 경우가 높은 것으로 나타났다. 즉 오리엔테이션이 효과적으로 제공되지 않았기 때문에 그로 인한 부정적 결과가 나타난 셈이다.

비효율적 오리엔테이션의 특성

어떤 오리엔테이션이 바람직한지를 설명하기 전에 어떤 오리엔테이션이 비효율적인지에 대해 먼저 설명하기로 하자. 오리엔테이션의 일반적 문제점으로 지적되는 사항은 제공되는 정보가 너무 많고 내용이 배치 후 신입사원이 담당하게 될 업무와 관련이 없는 경우가 많다는 점, 성공가능성이 낮다거나 많은 시간을 일해야 한다는 등의 위협을 가하는 경우가 있다는 점이 있다. 또한 지나치게 회사에 충성할 것만을 강조하고 일방적으로 회사측 입장을 전달하며, 모든 정보를 한 번에 전달하려 한다는 점도 지적되고 있다. 프로그램이 끝난 후에는 프로그램에 대한 진단과 평가가 부족해서 한 번 실시된 프로그램의 내용을 바꾸지 않고 계속하거나 추후 연구가 부족해서 오리엔테이션이 끝나고 배치받은 후 잘하고 있는지에 대한 분석도 부족하다.

브레클린과 로셋(Brechlin & Rossett, 1991)도 이와 유사하게 신입사원이 궁금히 하는 정보들은 일반적으로 어떤 일을 하게 되고, 내 목표와는 맞는 일인지, 어떻게 하면 잘할 수 있는지, 내 목표를 어떻게 달성할 수 있는지, 누구에게 도움을 청할 수 있는지, 등인데, 이러한 정보가 충분히 제공되지 못한다는 문제점을 지적하고 있다. 또한 너무 많은 정보가 제한된 시간에 제공되기 때문에 기억하기가 어려우며, 과장된 정보가 제공되어 오리엔테이션에서 들은 얘기가 배치 후 동료들의 얘기와 다를 수 있다는 점을 지적하고 있다.

미시라와 스트레이트(Mishra & Strait, 1993)는 비효율적 오리엔테이션 프로그램의 특성으로서 전달되는 정보가 너무 많아서 신입사원이 소화하기 힘들거나 너무 적어서 전혀 도움이 안 되는 경우, 경영진은 이야기만 하고 종업원은 듣기만 하는 일방적으로 전달되는 경우, 최고경영진의 몰입이 부족한 경우, 그리고 프로그램을 이끌고 가는 강사진의 의사소통 역량이 부족한 경우를 들고 있다.

효율적 오리엔테이션의 내용

루이스(Louis, 1980)는 사회화 제도를 사전 및 사후 제도로 구분하였는데, 사전 제도는 조직이 신입사원에게 중요하다고 결정한 정보를 주는 것으로서, 회사의 정책, 제도, 복지제도 등에 관한 것이다. 사후 제도는 특정 경력 경로에 대한 정보와 같이 신입사원이 물어보는 내용에 대해 정보를 제공하는 것이다. 이 두 방법을 통해 신입사원에게 가장 포괄적이고 유용한 정보를 제공해야 한다. 따라서 오리엔테이션 프로그램의 일부는 소집단 토의와 일대일 대담이 필요하다. 또한 오리엔테이션 프로그램은 일반적인 문제를 벗어나서 신입사원이 직면하는 특정 문제를 다룰 수도 있다. 예를 들어, 신입사원이 특정 직무나 부서에서 경험할 수 있는 높은 수준의 불안을 벗어날 수 있는 프로그램을 실시할 수 있다. 중요한 점은 신입사원의 욕구와 관심사를 파악해서 적절한 오리엔테이션 프로그램을 개발하는 것이다.

브레클린과 로셋(Brechlin & Rossett, 1991)은 애플사의 자회사인 애플훈련원의 컴퓨터 프로그램을 응용한 2일 동안 지속되는 오리엔테이션 개발 사례를 제시하며, 효과적인 프로그램 설계에 필요한 몇 가지 기본 원리를 제안하였다. 이 중에서도 먼저 조직과 종업원이 필요로 하는 것이 무엇인지를 파악하기 위한 니즈분석을 실시할 필요가 있음을 강조하였다. 관리자에게는 신입사원에게 바라는 것은 무엇인지 물어보고, 현직 종업원들에게는 그들이 입사 후 첫 몇 주 동안 경험했던 내용(즐거웠던 일, 놀라웠던 일 등)에 대해 물어봐서 각자의 니즈를 분석하였다.

한 번의 사건이 아니라 지속적 과정으로 만드는 것도 중요하다. 예를 들어, 일부 조직에서는 멘토(mentor)제도를 운영하여 오리엔테이션이 끝난 후에도 신입사원이 도움을 청할 수 있도록 만들어 주고 있다. 또한 많은 양의 정보만을 일방적으로 전달하는 것이 아니라 학습자가 통제할 수 있는 부분이 있도록 프로그램을 만들 필요가 있다.

미시라와 스트레이트(Mishra & Strait, 1993)는 효율적 오리엔테이션 프로그램의 특성으로서 먼저 신입사원들이 오리엔테이션을 통해 직무, 조직문화, 규칙 및 절차에 대해 파악하게 되는 지속적인 과정의 일부로 생각하는 것이 중요함을 강조하였다. 또한 최고경영진의 인식이 중요하며, 최고경영진이 오리엔테이션이 중요함을 모든 구성원들에게 지속적으로 인식시킬 필요가 있다. 특히 조직의 문화에 대해 충분히 인식시킬 필요가 있다. 즉 조직의 미션, 목표, 고객, 그리고 기대되는 행동 및 태도를 분명하게 신입사원에게 전달할 필요가 있다. 실제 배치된 후 자신이 생각해 왔던 기대감이 직무와 조직으로부터 충족되지 못해 이직하는 경우가 많이 나타나고 있다. 최고경영진 또는 각 부서의 책임자들이 강사로 나서서 얘기하는 것도 좋은 방법이며, 신입사원을 관리하게 될 일선 감독자도 연사로 나서는 것이 필요하다. 이를 통해 자신의 업무, 다른 가능한 업무, 그리고 조직문화 등에 대해 좀더 정확하게 이해할 수 있게 된다.

이들은 오리엔테이션을 한 번에 다 하는 것보다 여러 번에 걸쳐 나누어서 하는 것이 더 좋을 수도 있음을 제안하고 있다. 실제 텍사스인스트루먼트 회사 연구에서 한 달 동안에 걸쳐 6시간의 오리엔테이션과 업무경험을 병행한 집단의 경우 한 번에 걸쳐 2시간의 오리엔테이션만을 받은 집단에 비해 훈련시간에서 50%가 단축되고, 수행이 높았고, 결근도 낮게 나타났다. 공식적인 오리엔테이션 기간이 어느 정도 길어야 하는지에 대해서는 정답은 없으나 효율적인 프로그램이 되기 위해서는 강화기회, 추후검토, 그리고 피드백이 있어야 한다.

케네디와 버거(Kennedy & Berger, 1994)는 6개 호텔을 대상으로 오리엔테이션 프로그램을 담당하는 인사담당자와 심층 면접을 하고 자신들이 직접 프로그램에 참여하는 방법을 통해 이 조직에서 실시하는 오리엔테이션 프로그램을 조사하고 평가하였다. 이들은 오리엔테이션 프로그램을 평가할 때 고려해야 할 점 3가지를 제시하고 이 준거에 의해 6개 호텔의 프로그램을 평가하였다. 첫 번째 준거는 프로그램이 지나치게 많은 정보, 분명하지 않은 방향성, 이에 따른 불안과 스트레스를 감소시키는가? 두 번째는 프로그램이 회피할 수 없는 불안과 스트레스를 대처할 수 있는 전략을 개발하는 데 도움을 주는가? 세 번째 준거는 프로그램이 학습환경을 제공하고 상황을 인식하는 데 도움을 주는지의 여부였다.

조사결과 대부분의 조직이 회사 역사, 철학, 조직이 추구하는 가치를 전달하고 고객서비스 중요성을 전달하는 데 목표를 두고 있었으며, 또는 회사의 제도, 규칙을 설명하고, 팀워크, 자부심, 회사에 대한 충성 등을 향상시키는 데 초점을 두고 있었다.

세부적으로 대부분의 조직에서 발견된 공통요소는 다음과 같았다: 환영사, 진행내용 소개, 회사역사, 철학, 비전, 가치, 문화 소개 및 토의, 회사정책, 절차 소개, 시설 투어, 안전 훈련, 고객 서비스 훈련 그리고 복리후생 소개 등.

일반적으로 6개 조직에서 실시하는 오리엔테이션 프로그램은 앞으로 회사생활하면서 어떤 일이 일어날 것인지에 대한 정보를 제공하는 데 있어서는 문제점이 없었으나, 실제 그런 일이 일어날 때 어떤 느낌을 갖게 되는지 또한 어떻게 대처할 것인지에 대해서는 다루지 못하고 있었다. 케네디와 버거(Kennedy & Berger)는 오리엔테이션 프로그램에서 정보제공은 반드시 포함되어야 하지만 최우선적 과제가 아님을 강조하고 있다.

이를 위해 이들은 첫날 오리엔테이션 프로그램 소개시 단순히 환영사, 회사철학 소개, 종업원에게 무엇을 기대하는지에 대한 소개, 회사의 규칙, 정책, 제도 및 절차 소개, 일하기 좋은 회사임을 강조하는 등의 과정은 바람직하지 못하다고 하였다. 바람직한 진행과정은 신입사원을 환영하고, 여러분의 입사를 기대하고 있었고, 여러분을 좋아하며 이것이 바로 여러분을 합격시킨 이유임을 설명하고, 여러분이 긴장하고 있음을 알고 있으며 이는 당연한 것임을 강조하고, 여러분이 많은 질문을 할 것을 기대하고 있으며 모든 질문에 답할 것이고, 대처 및 스트레스 관리기법을 가르칠 것이고, 네트워크 향상 방법에 대해 설명할 계획이며, 평안함을 느끼고 성공적으로 정착하도록 모든 도움을 기울일 것 등을 포함하는 것이라고 주장하였다. 또한 업무 현장에서의 어려움에 어떻게 대처하는 것이 필요한지를 체험하도록 하기 위해 오리엔테이션 도중 OJT를 받고 다시 오리엔테이션을 계속 받는 것도 가능한 방법 중의 하나로 제안하였다.

케네디와 버거(Kennedy & Berger, 1994)는 종합적으로 효율적인 오리엔테이션 프로그램을 개발하기 위해 모두 다음과 같은 11가지 제안을 하고 있다.

- **프로그램의 목표와 평가준거를 분명히 한다**

즉, 단순히 정보제공뿐만 아니라 새로운 스킬을 학습하고 불안을 감소시키는 것도 목표로 두어야 한다.

- **전체 오리엔테이션, 부서 오리엔테이션, 직위 오리엔테이션을 하나의 포괄적인 프로그램으로 통합하는 것이 바람직하다**

즉, 한 부분보다는 모든 내용을 포괄적으로 다루는 것이 좋다.

- **모든 오리엔테이션 강사는 자신의 역할이 분명히 무엇인지 파악해야 한다**

즉, 사전에 강사에 대한 훈련을 통해서 오리엔테이션의 목적, 중요성, 그리고 자신의 역할을 분명히 할 필요가 있다.

- **신입사원이 정서적으로 경험하게 될 내용을 직접적으로 다룰 수 있는 내용을 포함하도록 설계한다**

즉, 신입사원들이 새로운 조직으로의 전환 기간 중에 보통 무엇을 느끼고 경험하는지 논의하고 이들이 자신의 감정을 인식하고 공유할 수 있는 기회를 제공한다. 또한 자신과 조직에 대해 기대하는 바가 무엇인지 토의토록 하고, 이를 통해 오리엔테이션이 개인들이 조직상황에 대처를 잘 하고 성공하도록 돕는 프로그램임을 재확인시킬 필요가 있다. 자신의 성공이 곧 회사의 성공임을 인식토록 만드는 것도 필요하며 질문을 많이 하도록 격려하는 것도 중요하다.

- **미래에 필요한 대처 스킬에 대해 논의하는 것이 바람직하다**

즉 신입사원들에게 연습기법을 가르칠 필요가 있으며, 경험 있는 현직자가 적절한 업무수행 또는 대인관계 행동을 보여주고 이를 따라서 해 보고 피드백을 받는 역할연기 기법이 효과가 크다. 또한 예상치 못했던 상황에 대처하기 위해 긴장이완 기법을 가르치는 것도 필요하다. 이러한 도움은 누구에게서 받을 수 있는지 지원인력에 대해서 알려줄 필요가 있다.

- **지나치게 많은 정보를 주는 것은 피하는 것이 좋다**

한 번에 너무 많은 정보를 제공하는 것은 오히려 스트레스를 더 가져올 수 있기 때문에 오리엔테이션 시간 이외에 다른 정보를 주는 방법을 모색할 필요가 있다.

- **오리엔테이션을 한 번에 다 하지 말고 여러 과정으로 구분하여 시간간격을 두고 실시하는 것도 고려할 필요가 있다**

한 번에 처음부터 끝까지 다 진행하지 말고 일부 내용에 대해 실시한 뒤 부서로 배치받아 일을 하고 다시 일정기간이 지난 후 남은 오리엔테이션을 실시하는 방법도 생각할 필요가 있다. 이러한 방법을 통해 자신이 담당한 업무가 어떠했는지에 대해 토의해 볼 수 있는 기회를 갖게 된다.

- **신입사원이 필요로 하기 전까지는 정보를 전달하지 않는 것이 좋다**

즉, 어느 정도 이런저런 상황에 대하여 파악할 시간을 준 후 정보를 제공하는 것이 좋다.

- **특별한 경우가 아니면 모두 오리엔테이션을 거치도록 하는 것이 좋다**

일부가 빠질 경우 참가자에게 오리엔테이션이 반드시 필요한 것이 아니라는 인상을 줄 수 있기 때문에 모두가 오리엔테이션에 참가하도록 독려할 필요가 있다.

- **신입사원이 일하게 될 부서의 관리자는 물론 고위직 관리자도 오리엔테이션에 참석시킬 필요가 있다**

이를 통해 신입사원에게 필요한 정보도 제공할 뿐 아니라 무엇보다 신입사원이 회사에 중요한 사람임을 인식토록 하는 데 필요하다.

• **프로그램을 평가할 필요성이 있다**

마지막 날 그리고 일정 시간이 지난 후(예, 한달 후) 신입사원들에게 오리엔테이션 프로그램에 대해 평가하도록 해서 무엇이 문제점이고 향후 개선할 점인지를 파악한다.

결　론

오리엔테이션의 중요성에도 불구하고 많은 조직에서 그 중요성에 대한 인식의 정도가 약한 것 같다. 국내 조직의 경우 프로그램의 효과에 대한 충분한 검증 없이 남들이 다 하기 때문에 비슷한 프로그램을 도입해서 실시하는 사례가 많이 있는 것 같다.

본 고에서도 기술하였듯이 오리엔테이션은 신입사원이 조직과 접하게 되는 첫 관문으로서 신입사원에게 조직에 대한 중요한 첫인상을 제공하는 수단으로서의 역할을 하게 된다. 오리엔테이션의 성공 여부가 신입사원의 사회화 과정에 미치는 영향은 크다고 할 수 있다. 본 고에서 제시한 오리엔테이션의 이론적 틀과 개념, 그리고 효율적 개발 지침을 토대로 국내에서도 좀더 효과적인 오리엔테이션 프로그램이 개발되고 그 효율성에 대한 평가가 이루어지며 평가결과를 공유하는 분위기가 조성되기를 기대해 본다.

참고문헌

Bourne, P. G.(1967), "Some observations on the psychosocial phenomena sen in basic training," *Psychiatry*, 30, 187-197.

Brechlin, J., & Rossett, A.(1991), "Orienting new employees," *Training*, 28, 45-51.

Cochrane, R., & Robertson, A.(1973), "The life events inventory: A measure of the relative severity of psycho-social stressors," *Journal of Psychosomatic Research*, 17, 135-139.

Kennedy, D. J., & Berger, F.(1994), "Newcomer socialization: oriented to facts to feelings?" *Cornell Hotel and Restaurant Administration Quarterly*, 35, 58-71.

Latack, J. L.(1984), "Career transitions within organizations: An exploratory study of work, nonwork, and coping strategies," *Organizational Behavior and Human Performance*, 34, 296-322.

Louis, M. R.(1980), "Surprise and sense making: What newcomers experience in entering unfamiliar organizational settings," *Administrative Science Quarterly*, 11, 207-223.

Mishra, J. M., & Strait, P.(1993), "Employee orientation: The key to lasting and productive results," *The Health Care Supervisor*, 11, 19-29.

Purvis, S. E. C., & Panich.(1986), "Improving upon the first-year retention rate of entry-level professionals," *The CPA Journal*, 56, 101-103.

Schein, E.(1964), "How to break in the college graduate," *Harvard Business Review*, 42, 68-76.

Schettler, J.(2002), "Welcome to Acme Inc," *Training*, 39, 36-43.

Wanous, J. P.(1992), *Recruitment, selection, orientation and socialization of newcomers*, Addison-Wesley Publishing Company. Reading, MA.

Wehrenberg, S.(1989), "Skill and motivation divide training and orientation," *Personnel Journal*, 68, 111-113.

Zemke, R.(1989), "Employee orientation: A process, not a problem," *Training*, 26, 33-38.

03 핵심인재의 육성전략: 경력개발계획[1)]

이덕로
drlee@seowon.ac.kr

오늘날과 같은 지식경영시대에서 기업경쟁력의 요체는 바로 인적자원이다. 특히 우리나라는 지금까지 양질의, 그리고 풍부한 인적자원을 토대로 하여 산업화에 성공해 왔으며, 향후 선진산업화를 이끌어갈 원천 역시 유일한 자원이라 할 수 있는 인적자원일 수밖에 없다. 왜냐하면, 높은 부가가치를 창출하기는 하지만, 막대한 자본과 고도의 과학기술을 필요로 하는 서비스 인프라에서 선진국과 경쟁하여 비교우위를 유지해 나가기는 어렵기 때문이다.

이런 의미에서 볼 때 상대적으로 자원이 부족하고 외환 위기마저 경험한 우리로서는 믿고 바랄 것은 사람뿐이므로 핵심역량을 가진 구성원이 그 어느 때보다도 중요하다. 일찍이 미국의 철강왕 카네기(A. Carnegie)는 "기업은 곧 사람이다"라고 했다. 기업은 사람들로 구성되어 있고, 사람 중의 사람인 핵심인재(core staff)에 의해 움직여진다. 산업화시대를 거쳐 첨단 정보화 사회에 진입하면 컴퓨터가 모든 것을 다 해 줄 것으로 기대하지만 결국 컴퓨터를 이용하여 사업을 하는 것은 인간이고 경영을 책임지는 것도 인간

1) 출처: 인크루트 경력개발연구소(2005), "핵심인재의 육성전략: 경력개발 계획,"「인재경영」, 7월호, pp. 38-43에서 전재함.

이다.

그러면 핵심인재란 과연 어떤 사람인가? 핵심인재란 회사의 핵심사업을 수행하기 위해 필요한 핵심역량을 발휘할 수 있는 인재로서 핵심제품과 핵심부품을 설계 · 생산 · 판매하거나 핵심서비스를 제공하는 데 반드시 필요한 창의성과 전문성을 갖춘 인재를 말한다. 총체적이고 본원적인 기술과 지식, 그리고 능력을 겸비한 핵심인재가 오늘날의 우리 기업에 절대적으로 필요하다.

인재전쟁(talent war) 혹은 인재쟁탈전으로까지 불리는 요즘 이를 증명이라도 하듯이, 일부 기업은 최고경영자의 평가지표에 핵심인재의 확보율을 반영하는 등 우수인재 확보를 위한 적극적인 노력을 기울이고 있다. 따라서 앞으로 우리 기업들은 핵심인재가 기업의 사활을 좌우한다는 인식하에 기업성공의 견인차역할을 담당할 핵심인재를 확보하고 육성하기 위한 노력에 최선을 다해야 할 것이다. 본고에서는 후자인 핵심인재의 육성과 관련하여 경력개발계획에 대해 살펴보기로 하겠다.

경력개발계획이란 무엇인가

일반적으로 경력(career)이란 “한 개인이 일생에 걸쳐 일과 관련하여 얻게 되는 경험”을 말한다. 조직체에서는 이러한 경력과 관련하여 조직체의 인력수요와 개개 구성원들이 바라는 경력과의 조화를 도모할 필요가 있다. 이러한 의미에서 경력개발계획(CDP: Career Development and Planning)이란 조직체에서 요구하는 인적자원과 조직구성원이 희망하는 경력목적을 통합시켜 구성원의 경력경로를 체계적으로 계획 · 조정하는 인사관리활동을 말한다. 이렇게 함으로써 경력개발계획은 조직체의 인력수요를 적시에 충족시키고 소속 구성원에게 앞으로의 경력경로를 미리 알려주며 인력계획과 인력개발 프로그램을 활용하여 조직의 인적자원 개발과 조직구성원의 경력희망욕구를 동시에 만족시켜 줄 수 있다.

경력개발계획은 1955년 미 연방정부조직의 관리인력의 과잉과 인건비부담의 증대와 같은 비효율적인 인력운영을 해결할 목적으로 구성된 제 2 차 후버위원회(Hoover Commission)에서 하나의 제도로써 권고되면서 시작하였는데, 오늘날 경력개발 프로그램, 경력관리, 경력개발제도 등 다양한 표현으로 사용되고 있다. 이 후버위원회의 권고안이 하나의 기본지침이었다고 한다면 기본적인 경력개발 프로그램은 1957년에 설계된 미 육군문관의 경력개발 프로그램이다. 이렇듯 정부차원에서 시행되어 온 경력개발계획은 1960년대 초부터 아이비엠(IBM)을 비롯한 민간 대기업에 도입되기 시작하여 오일

쇼크나 무역경쟁이 본격화되던 60년대 후반과 70년대 전반에 대거 실행되면서 전 세계적으로 보급되게 되었다. 글로벌 컨설팅사인 디비엠(DBM)의 조사에 따르면 최근 포춘 100대 기업의 80% 이상이 경력개발계획을 도입하는 것으로 나타났다.

우리나라에서는 1980년대 초 도입의 필요성을 논의하기 시작하여 1980년대 후반에서 1990년대 초 사이에 도입이 본격화되었다. 한국노동연구원의 2000년 조사에 따르면 전 산업의 23.7%(제조업은 20.8%)에서 경력개발계획을 도입중에 있는 것으로 나타났다. 이는 1987년(한국경영자총협회: 13.5%)과 1996년(안희탁: 18.8%)보다 훨씬 증가한 값으로 지난 15년간에 걸쳐 경력개발계획이 꾸준히 증가해 왔음을 알 수 있다. 특히 1,000명 이상의 대기업에서 도입기업이 39.5%로 매우 높게 나타났다. 고성과 인적자원관리제도의 도입 및 확산과 더불어 앞으로 도입기업이 더욱 늘어날 전망이다.

경력개발계획, 왜 필요한가

21세기 환경변화의 특징은 변화속도의 가속화, 변화의 방향 · 내용의 다양화, 변화의 불연속성, 그리고 변화발생의 연쇄성 등을 들 수 있다. 따라서 기업을 둘러싸고 있는 외부환경, 즉 시장, 기술, 고객 등이 급격하게 변화하고, 이에 따라 직업구조, 노동시장

[그림 V-1] **경력개발의 필요성**

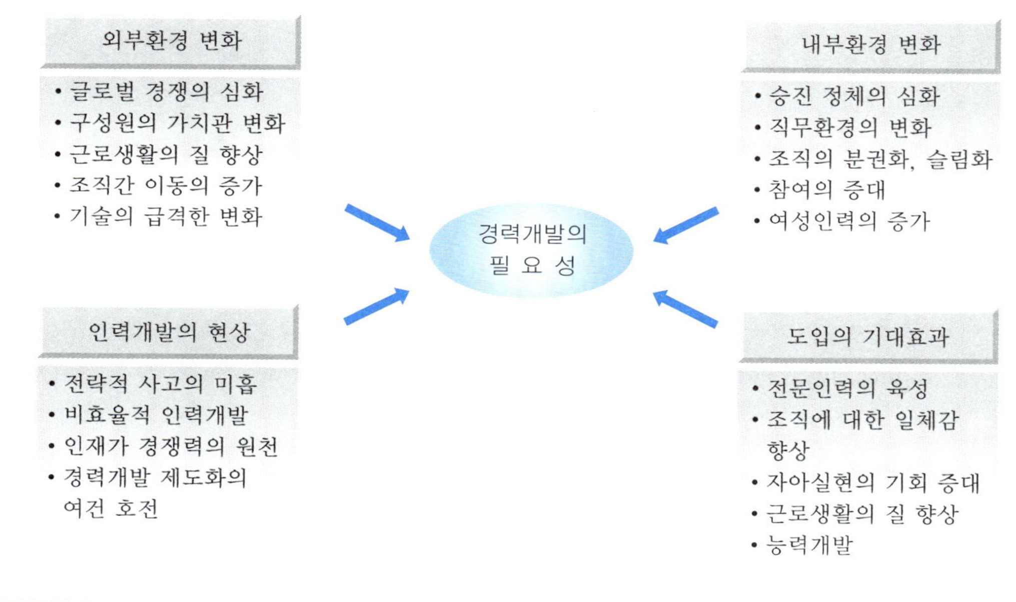

구조, 가치관이 변화하는 등 조직이나 직무에도 적지 않은 영향을 미치고 있다. 이러한 내외적 환경요인이 경력개발의 필요성을 인식시키게 되었다. 김흥국(2000)의 모델을 근간으로 하여 경력개발의 필요성을 살펴보면 [그림 V-1]과 같다.

경력개발계획의 이론

경력개발계획을 제대로 이해하기 위해서는 이것의 이론적 기반에 큰 영향을 미쳤던 경력단계모형을 이해할 필요가 있다. 여기에는 여러 가지 모형이 있는데, 이 중 가장 대표적인 모형은 홀(D. Hall)의 경력단계모형이다. 홀은 레빈슨(D. J. Levinson)의 생애단계이론에 기초하여 종업원의 연령, 욕구, 성과 등을 연관시켜 인생의 주요 단계를 [그림 V-2]와 같이 4단계로 들고 있다. 각 단계별 특징을 살펴보면 다음과 같다.

[그림 V-2] **홀의 경력단계모형**

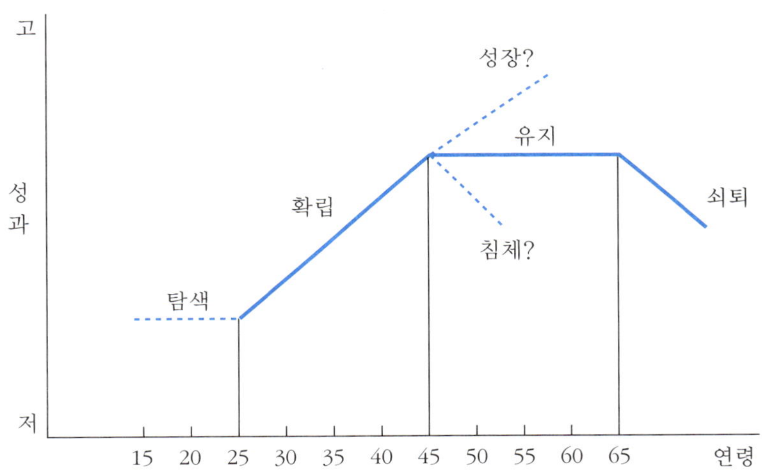

- **탐색단계**

탐색단계로 불리는 15세에서 25세까지의 1단계에서는 자아개념을 정립하고 미래에 자신이 무엇을 해야 할 것인가의 경력지향(career orientation)을 결정한다. 이 단계의 마지막 부분은 시도기(trial period)로서 조직에 새로 들어온 지 1-2년 정도의 시기이며 자신에게 적합한 분야를 탐색하고 이에 따른 시초직무를 찾아내어 그것을 발전시켜 평생의 업으로 삼을 것을 계획하는 시기이다. 따라서 이 시기에 처한 사람들은 그만큼 고민도 많고 방황도 많으며, 그 결과 이직률이 가장 높다.

• **확립단계**

확립단계로 불리어지는 25세에서 45세에 이르는 2단계는 일단 특정의 직무에 정착하는 시기로서, 조직구성원들이 탐색단계에서 선택한 직업에 정착하려고 노력하여 결국에는 한 직업에 정착하게 되는 단계이다. 곧 자신의 능력을 파악하고 또 발전가능성 등의 잠재능력을 평가하여 조직 내 구성원들과 정보를 교환하고 자기성장의 경로를 설정하여 노력하게 된다. 이 시기에는 다른 동료들 또는 라이벌 간에 상당한 정도의 경쟁심이 작용하며 경쟁상황하에서의 갈등 및 실패에 대한 감정적 처리가 대단히 중요하다.

• **유지단계**

유지단계로 불리는 45세에서 65세에 이르는 3단계는 다음 세대에 무엇인가 의미 있는 것을 만들어 내려고 노력하는 시기라고 해서 생산의 시기라고도 한다. 이 단계에서는 레빈슨이 지적한 '중년의 위기' 또는 '중간경력의 위기'가 다가오며, 개인이 이를 얼마나 잘 극복하느냐에 따라 다시 성장할 수도, 침체에 빠질 수도 있다.

이 단계에서 개인은 좀더 조직과 자신을 동일시하게 되고, 일을 긍정적으로 받아들임은 물론 전체 조직의 목표와 관련하여 자신의 직무를 바라볼 수 있게 된다. 또한 자신의 가족, 지역사회 등과의 관계를 재정립하고 미래의 인생계획을 다시 한번 수립하려고 하기도 한다.

• **쇠퇴단계**

쇠퇴단계로 불리는 65세 이후의 4단계는 조직에서 은퇴하거나 은퇴를 준비하는 시기로, 개인이 지금까지의 자신의 조직생활을 통합해 보려는 시기이다. 이 단계에서는 퇴직 후의 계획을 세우게 되며, 조직 내에서의 자신의 역할은 다소 소극적인 것으로 되어버린다. 통상 직무수행을 위해 필요한 육체적 · 정신적 능력이 급격히 약화되며 경력을 통한 동기부여 역시 감퇴된다.

홀은 4단계로 구분되는 경력단계에 따라 각 개인의 경력을 개개 구성원이 주도적으로 계획 · 개발할 수 있도록 조직이 이를 도와주어야 한다고 주장하고 있다.

경력개발계획, 어떤 과정을 거치는가

경력개발계획은 여러 과정을 거쳐 이루어지는데, 기본적인 과정은 [그림 V-3]과 같이

[그림 V-3] 경력개발계획의 과정

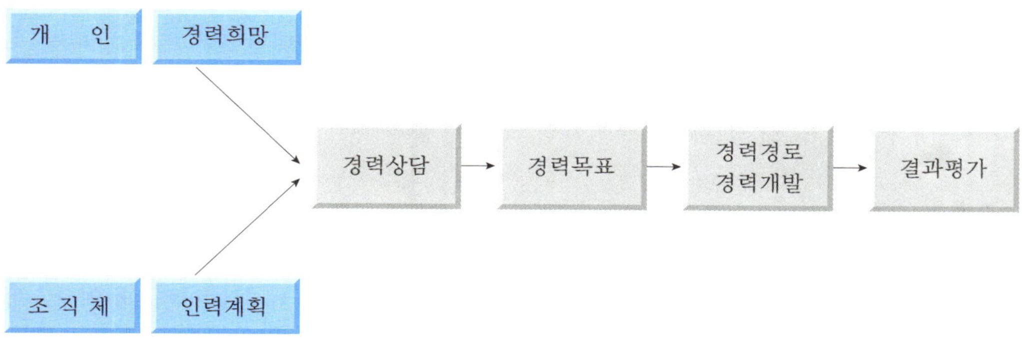

조직구성원들이 희망하는 경력과 조직체의 장·단기 인력수요를 알아내어 구성원과 실무관리자나 경력전문가와의 경력상담을 거쳐 자신의 경력목표를 설정하고, 이 목표달성에 필요한 경력경로를 알려주며, 끝으로 결과평가의 과정과 더불어 피드백시키는 일련의 과정을 거치게 된다. 이것을 보다 구체적으로 살펴보면 [그림 V-3]과 같다.

• **개인관련 자료수집**

경력개발계획은 개인과 관련된 자료수집으로부터 출발하게 된다. 따라서 조직구성원의 학력, 경력, 기술, 자격 등과 같은 기본적인 인적사항과 인사평가자료는 물론이고 개별 종업원의 경력도 평가하여야 한다. 개인평가는 종업원 개인의 직무적성과 강약점에 초점을 두는데, 보통 경력관련 테스트북을 이용하거나 경력계획 워크숍을 통해 평가할 수 있다.

• **직무분석과 인력계획**

다음으로 직무분석을 통해 각 직무의 내용이나 요건, 자격요건, 직무간의 연결 및 승진경로 등을 명백히 하여야 한다. 아울러 조직체계획과 인력계획을 통하여 조직체의 장·단기에 걸쳐 필요로 하는 인력수요를 분석한다.

• **경력상담**

경력목표를 설정하기 전에 상사나 경력전문가로부터 조직체의 인력수요를 중심으로 경력기회와 옵션(option), 새로운 직무나 공석 등을 충분히 듣고 새로운 경력기회에 대해 상담/의논을 토의하여야 한다. 이때 실무관리자나 전문경력상담자가 어떠한 내용의 상담과 지도를 해 주느냐가 부하에게 미치는 영향은 실로 막중하다.

• **경력목표의 설정**

개개 구성원들이 실무관리자나 전문경력상담자와의 상담을 통하여 조직과 개인의 경력욕구가 합치되는 구체적인 경력목표를 설정하게 된다. 이를테면 3년 후에는 대리, 6년 뒤에는 과장, 12년 후에는 부장 등등이다. 이 과정에서는 무엇보다도 구성원과 경력기회에 대하여 잘 알고 있는 실무관리자의 역할이 매우 중요하다.

• **경력경로의 설정**

앞서 설정한 경력목표를 달성하기 위하여 구체적으로 거쳐야 할 직무와 그 직무를 거쳐가는 동안 수행해야 할 주요 교육훈련 프로그램이 바로 경력경로(career path)이다. 개개 구성원들은 객관적 자료를 가지고 자기진단을 정확하게 한 다음 스스로 혹은 상사나 경력전문가와 더불어 본인에게 적합한 경력경로를 계획하여야 한다.

• **결과평가**

경력개발계획이 활성화되기 위해서는 설계된 제도의 운영에 대한 체계적 평가가 매우 중요하다. 따라서 평가영역, 평가기준 및 평가요소의 설정 등을 통한 체계적 평가시스템의 구축을 통해 경력개발계획의 도입과 운영에 따른 문제점을 발견한 뒤 이를 보완하고 개선하는 시스템의 재설계가 지속적으로 이루어져야 한다.

경력개발계획, 무엇이 문제인가

경력개발계획을 효과적으로 실시하는 데에는 여러 가지 문제점이 따를 수 있다. 이 중 가장 많이 언급되고 있는 문제점 다섯 가지를 살펴보면 다음과 같다.

• **비현실적인 경력목표**

조직구성원들이 경력개발을 계획할 때 지나치게 자기중심적인 경력발전만을 희망함으로써 비현실적인 경력목표를 추구하는 경향이 있다. 조직구성원들이 경력개발과 관련하여 높은 수준의 경력목표를 추구하려는 의지는 좋지만, 고도성장을 달리던 과거와 달리 오늘날과 같은 안정 내지 저성장기하에서는 조직구성원들이 조직체의 전반적인 상황을 고려하지 않게 되면 경력개발계획의 순조로운 이행이 어려워지게 된다.

• **빠른 승진경로**

빠른 승진경로에 집중된 선호로 말미암아 조직이 개인의 경력희망을 전원 수용하기 어려워 경력개발계획이 제대로 이루어지지 않게 된다. 조직구성원들 중에는 경력개발을 승진과 동일시함으로써 자신의 적성이나 전공, 능력 혹은 직무경험과는 무관하게 승진이 보장되거나 승진에 유리한 경력을 선호하는 사람들이 많다. 그 결과 빠른 승진경로에만 지나친 관심을 보임으로써 많은 구성원들이 소위 인기직무로 경력목표를 집중시키는 경향이 있다.

• 지나친 의존경향

경력개발계획은 인적자원부서나 몇몇 경력전문가들만의 책임이라는 그릇된 인식으로 경력계획을 전적으로 이들 스탭들에게 맡겨 그들에게 의존하는 경우가 있는데, 이러한 경향으로 경력개발계획이 제대로 이루어지지 않는 경우가 많다. 경력개발계획의 최종적인 책임은 어디까지나 본인에게 있으므로 이들 전문가들의 도움을 받아 구성원들이 주도적으로 이끌어나가는 적극적인 자세가 필요하다.

• 경력정체 현상

조직구성원들은 경력단계를 거쳐 나가는 동안 여러 가지 이유로 더 이상 경력발전만을 지향할 수 없는 경우가 있다. 이를테면 구조조정으로 인한 조직구조의 재편, 신체상의 노화현상이나 능력상의 도태 등으로 인하여 나타나는 경력상의 정체(career plateau) 현상이 바로 그 경우이다. 이러한 경력정체 현상으로 인하여 경력개발계획이 효과적으로 이루어지지 않는다. 이러한 문제는 사전에 예방하기 어렵다는 문제점을 안고 있다.

• 지원인프라 미비와 연계성 부족

경력개발계획이 제대로 운영되기 위해서는 우선 인력예측 정보, 직무관련 정보, 인사평가 정보, 승진 및 인사이동 정보, 교육훈련 정보, 경력상담 정보 등 모든 정보들이 체계적으로 수집·활용될 수 있어야 한다. 아울러 다른 인적자원제도와의 밀접한 상호 연관관계를 맺도록 하여야 한다. 그러나 지원 인프라의 미비와 상호연관성의 부족에서 오는 서로 다른 기준으로 말미암아 종업원들이 혼란에 빠지게 되면 경력개발 프로그램의 실질적인 목적달성이 곤란해지게 된다.

경력개발계획이 성공하려면

성공적인 경력개발계획은 조직, 개인 및 직속상사에 의한 공동노력으로부터 나오게 된다. 곧 경력개발계획의 성공은 종업원 본인과 상사의 적절한 자질과 열의는 물론이고 조직차원의 제도적 뒷받침이 이루어질 때 비로소 가능하다. 여기서 개인과 직속상사의 의지나 관심 및 능력 등이 중요하기는 하지만 무엇보다도 조직차원에서의 노력이나 지원이 없이는 불가능하다. 그런 의미에서 본고에서는 조직차원에서의 성공조건을 중심으로 살펴보도록 하겠다.

• **개인목표와 조직목표의 조화**

디지털혁명과 세계화(globalization)로 특징지워지는 21세기 경영환경의 변화로 현대적 인적자원관리는 개인목표와 조직목표의 통합을 강조하고 있다. 이러한 맥락에서 경력개발계획의 핵심목표는 개인의 성장욕구를 충족시키는 동시에 조직의 인적자원개발을 극대화시켜 개인욕구와 조직욕구의 조화나 균형을 도모하는 데 있다. 조직이 그 구성원들에게 경력개발을 실시하고 지원한다는 것은 미래의 개인 경력목표에 부응하는 것이기 때문에 경력개발은 결국 개인과 조직비전의 상호 실현과정이라고 볼 수도 있다. 하지만 실제로는 조직의 경력욕구와 종업원의 경력욕구가 일치되지 않는 경우가 많으므로 이들을 조화시키기 위한 노력이 경주되어야 한다.

• **인사정보시스템의 구축**

지금까지 우리나라의 많은 경력개발계획은 직무관리, 인사평가, 승진 및 직무이동, 교육훈련, 경력상담 등에 관한 다양한 정보들을 체계적으로 수집, 활용할 수 있는 인사정보시스템 구축이 제대로 되어 있지 않아 하나의 문제점으로 지적되어 왔다. 따라서 경력개발 프로그램이 성공하려면 조직구성원들이 각종 정보를 탐색하고 스스로를 평가해 볼 수 있도록 지원하는 인사정보시스템을 비롯한 다양한 지원프로그램이 뒷받침되어야 한다. 인사정보시스템의 지원은 편리함뿐만 아니라 익명성이라는 측면에서도 경력개발 프로그램의 정착에 크게 도움이 될 수 있다.

• **제반 인사제도와의 연계성 확보**

경력개발계획이 제반 인사시스템과 정합성 있게 연계, 운영될 때 그 효과는 더욱 증가될 수 있을 것이다. 예를 들면, 선발에서부터 교육훈련, 평가, 보상, 퇴직에 이르기까지 구성원이 조직에 입사하여 퇴직하는 순간까지 최적의 경력을 확보할 수 있도록 여러 제도들이 유기적으로 연결될 필요가 있다.

또한 미래 인재상에 의거한 인력채용, 개인의 희망과 조직의 목적을 반영한 이동과 재배치, 경력개발에 대한 개인의 노력과 성취도 평가, 그리고 직무경력 평가 등 경력지원시스템을 구성하는 각종 하위시스템들이 상호 시너지 효과를 내면서 운영되도록 다양한 역할을 보완해 나가는 노력이 필요하다.

• **최고경영자의 관심과 지원**

경력개발 프로그램이 성공하기 위한 조직적 토양 가운데 가장 중요한 것은 최고경영자의 지속적인 관심과 지원이다. 왜냐하면 최고경영자의 관심과 지원은 구성원들로 하여금 지속적인 경력개발의 노력 없이는 앞으로의 경쟁에서 살아남을 수 없다는 믿음을 심어주기 때문이다. 그것은 잭 웰치(J. Welch) 전 회장의 각별한 관심과 전폭적인 지원을 통해 세계 최고의 인재사관학교로 발돋움할 수 있었던 GE의 크로톤빌 연수원에 대한 사례를 통해서도 잘 알 수 있다. 아울러 최고경영자가 관심을 가질 때 비로소 경력개발계획은 기업의 성장전략 및 투자전략과도 밀접한 관련을 갖게 될 뿐만 아니라 기업 내 각종 인적자원제도와도 연계될 수 있다.

참고문헌

김흥국(2000), 「경력개발의 이론과 실제」, 다산출판사.

대한상공회의소(2005), 경력개발제도 운영 사례와 시사점 보고.

이원덕 편(2003), 한국의 노동 1987-2002. 한국노동연구원.

이학종 · 양혁승(2005), 「전략적 인력자원관리」, 박영사.

정종진 · 이덕로(1998), 「인적자원관리」(제 2 판), 법문사.

Byars, L. L., & Rue, L. W.(2004), *Human Resource Management*(7th ed.), New York: McGraw-Hill Book Co.

Hall, D. T.(1976), *Career in Organization*, Pacific Palisades, California; Goodyear.

Ivancevich, J. M.(2004), *Human Resource Management*(9th ed.), New York: McGraw-Hill Book Co.

Jackson, S. E., & R. S. Schuler(2003), *Managing Human Resources Through Strategic Partnership*(9th ed.), Cincinnati, Ohio: South-Western Publishing Co.

Noe, R. A., Hollenbeck, J. R., Gerhart, B., & Wright, P. M.(2004), *Human Resource Management*(9th ed.), New York: McGraw-Hill Book Co.

04 경력개발 시스템의 성공적 운영방안[1)]

김흥국
hgkim@daejin.ac.kr

경력개발 시스템, 이제는 필수다

지이(GE)의 잭 웰치 전 회장은 "한 개인이 직장생활에서 배우는 90%는 일을 통한 학습으로부터 비롯된다"고 말한 바 있다. 이 말은 우리가 조직구성원의 육성을 위해 여러 방법들을 활용하고 있지만, 그 핵심은 평상시 각 개인이 수행하는 일을 체계적으로 관리하는 데 초점이 맞추어져야 함을 시사하고 있다. 따라서 입사로부터 퇴직까지 거쳐가는 길, 즉 경력을 개인과 조직이 함께 설계하고 관리해 나가는 경력개발시스템의 효과적 관리가 조직의 인적자원 경쟁력 확보에 무엇보다 중요하다.

경력개발 시스템(career development system)이란 "한 개인의 입사로부터 퇴직에 이르기까지의 경력경로를 개인과 조직이 함께 계획하고 관리하여 개인욕구와 조직욕구를 장기적 관점에서 조화시켜 나가는 종합적 인적자원개발 시스템"(김흥국, 2000)이라고 정의할 수 있다. 경력개발 시스템을 효과적으로 운영할 경우 개인의 자아실현의 길을 열

1) 출처: 인크루트 경력개발연구소(2005), "경력개발 시스템의 성공적 운영방안," 「인재경영」, 11월호, pp. 42-47에서 전재함.

어주고, 전문인력 육성을 통한 조직경쟁력 강화에 이바지한다(Hall, 1976; Schein, 1978).

경력개발 시스템의 현실적 유용성은 기업의 운영 실태에서도 찾아볼 수 있다. 최근 대기업을 중심으로 전사적 자원관리(E.R.P: enterprise resourse planning)의 일환으로 인적자원 부문에 대해 경력개발 시스템이 도입되고 있다. 또한 최근 주목을 받고 있는 지식경영의 활성화에 경력개발 시스템이 보완적으로 활용될 수 있다. 즉 멘토링(mentoring) 프로그램을 통해 각 분야별로 선후배 간의 지식전수 네트워크를 구축하여 활용함으로써 지식경영의 활성화에 효과적인 프로그램으로 이용할 수 있다.

최근 정부는 '인적자원개발 인증제'를 도입하기로 결정한 바 있다. 이는 기업의 종업원에 대한 육성 노력을 객관적으로 평가하여 옥석을 가리겠다는 것을 의미한다. 그러므로 이미지 관리 차원에서 볼 때 기업들로서는 기존의 품질경영 인증제보다 훨씬 신경쓰이는 제도가 될 수밖에 없다. 특히 취업과 관련하여 개인들이 어느 직장을 선택할 것인가를 고려하는 과정에서 인적자원개발 인증제의 통과 여부는 결정적 지렛대로 작용할 가능성이 높다고 봐야 할 것이다.

이는 결국 경력개발 시스템이 인본주의 경영의 핵심내용의 하나라는 취지에서 권장된 지금까지의 흐름을 반전시킬 것이 분명하다. 다시 말해 종업원의 경력개발은 선택이 아니라 필수사항이 되었다는 것이다. 따라서 지금까지 종업원의 경력개발에 소극적 태도를 보인 많은 기업들도 이제 제도도입은 물론 그 성공적 운영에 보다 적극적으로 임해야 할 때가 되었다.

경력개발 시스템이 제대로 운영되지 못하는 이유

경력개발 시스템은 1957년 미국의 '육군문관 경력개발제도'를 효시로 하여 1960년대 초 IBM을 비롯한 기업조직에 도입되었으며, 일본의 경우 쇼와전공(昭和電工)에서 기술직을 대상으로 1963년에 처음 도입하여 현재에 이르고 있다. 한국의 경우 일본기업의 경력개발제도 운영사례(한국인사관리협회, 1984)가 소개된 이후, 1980년대 후반부터 시스템의 도입이 본격화되었다. 그 후 1995년에 조사한 자료에 따르면 종업원 수 1,000명 이상의 대기업의 경우 27.2%가 본 제도를 도입하고 있는 것으로 집계되었다(안희탁, 1996).

특히 최근 핵심인재의 육성이 조직경쟁력 확보의 핫이슈로 떠오르면서 그 방안으로 경력개발 시스템을 통한 육성으로 가닥을 잡은 기업들이 상당수 나타나고 있다. 기타 많은 대기업의 경우 경력개발 시스템을 공식적으로 도입하지는 않고 있다 하더라도 이와 관계된 상당수 프로그램들을 실제로 운영하고 있다. 예컨대 신입사원 오리엔테이션 및 직급별 교육프로그램에 종업원의 경력개발 욕구와 역할 등의 내용을 포함시켜 운영하고 있다. 또한 사내공모제를 부분적으로 실시하고, 매년 자기신고서를 종업원으로부터 받고 있으나 이를 직무순환에 적절히 반영시키지는 못하고 있는 것이 현실이다.

그런데 경력개발 시스템을 공식적으로 도입하여 시행하고 있는 것으로 알려져 있는 기업들의 경우도 체계적인 준비를 통해 제도를 성공적으로 운영하고 있는 기업은 극히 일부에 지나지 않는 것이 현실이다. 그러면 경력개발 시스템이 한국 기업의 현실에 제대로 뿌리내리지 못하고 있는 이유는 무엇인가? 필자가 지금까지 관찰한 경험에 따르면 그 이유를 다음의 몇 가지로 요약해 볼 수 있다.

첫째, 경력개발 시스템에 대한 과도하고 성급한 기대로 중도에 포기하거나 일관성 있게 추진하지 못하는 경우가 많다. 조직구성원들의 경력욕구를 수렴하면서 인적자원 경쟁력을 강화시킬 수 있다는 도입의 기대효과 때문에 조직구성원들은 물론이고 실무담당자와 최고경영자가 이른 시일 내에 그 효과를 기대하는 경우가 많다. 그러나 경력개발 시스템을 제대로 운영하려면 적어도 5년 이상의 체계적이면서도 일관성 있는 노력이 요구된다. 또한 경력개발 시스템은 단일 프로그램으로 운영하는 것이 아니고 종업원 선발로부터 퇴직에 이르기까지의 인사관리 프로그램의 거의 전반에 걸쳐 혁신과 수정을 요하는 관계로 생각보다 많은 시간과 노력이 요구되는 반면에 종업원들의 경력욕구를 수용하는 데 한계가 있다. 따라서 조직구성원과 조직 모두가 이러한 현실적 문제를 충분히 인식치 못하면 시간이 갈수록 시스템에 대한 실망감이 커지게 된다. 더구나 단기간 내에 가시적 결과를 다그치는 최고경영자의 기대까지 더해지면 실무 추진자의 입장에서 지속적으로 시행하기가 힘들어지는 것이 현실이다.

둘째, 의욕만 앞선 거창한 프로그램으로 시작하는 경우 실패할 확률이 높다. 실제로 경력개발 시스템을 도입하여 운영하고 있는 것으로 외부에 알려진 기업을 방문하여 실무자와 만나보면 많은 경우 제대로 운영이 되지 못하고 있는 경우가 많다. 이는 결국 시스템의 형식에 치중하고 기본에 충실하지 못한 데서 비롯된 결과로 해석된다. "표와 그림으로야 무엇이든 못하겠느냐"는 실무자들의 응답은 제도의 설계와 운영이 기본에 충실치 못한 우리의 현실을 웅변으로 말해 주고 있다. 우리보다 20여 년 앞선 경험을 갖고 있는 일본의 경우 인재평가 시스템 등 기본적 보완제도를 사전에 개발하여 적용대상과 내용을 한정하여 단계적으로 확대해서 지속적으로 운영하는 기업들이 성공하는 것으로 보고되고 있다(조영환, 1993).

셋째, 인적자원관리 시스템의 취약점으로 경력개발 시스템의 효율적 운영이 어렵다.

먼저 신입사원 배치가 개인의 적성과 희망을 적절히 반영하지 못한 채 이루어지고 있어 종업원들의 경력개발이 첫 단추부터 잘못 시작하고 있다. 또한 인재육성에 대한 명확한 육성체계가 없이 직무순환과 교육훈련이 서로 연계되지 못한 채로 제도가 운영되고 있다. 인재육성의 목표가 되는 분야별 인재상이 구체적 역량 중심으로 명확히 설정되지 않아 제도운영의 결과 어떤 인재들을 육성할지에 대한 밑그림이 분명치 않다. 아울러 개인의 경력에 대한 인사정보 시스템이 정비되지 않아 경력에 대한 개인별 관리가 제대로 안 되고 있다. 대부분의 기업의 경우 부서 내 이동자료가 인사정보에 수록되어 있지 않다. 따라서 개인별 직무경력을 한눈에 파악할 수 있는 자료가 정리되지 않은 상태에서 인재육성이 이루어지고 있다.

넷째, 인사관리 스탭의 역량 미흡이 시스템의 지속적 운영에 걸림돌이 될 수 있다. 경력개발 시스템을 도입하여 운영하는 데는 조직의 경력관리 담당자에게 다양한 역량이 요구된다. 경력관리자는 전문가로서 직무조사능력, 인사제도 설계능력, 인사정보 시스템 관리능력, 경력상담능력 및 태도조사능력 등의 전문능력을 보유하는 것이 바람직하다. 이러한 전문능력이 뒷받침되지 않고서 경력개발 시스템을 지속적으로 관리해 나가기는 현실적으로 어렵다. 왜냐하면 시스템의 설계와 운영과정에서 인적자원관리 전반의 프로그램 업그레이드가 요구되는데, 이에 상응하는 역량이 구비되지 않을 경우 매번 외부 컨설턴트에 의존해야 한다. 이에 따른 경비와 시간적 제약들의 문제가 작용하면서 실무담당자 입장에서 계속 최고경영자의 재정적 · 심리적 지원을 받아 내기란 현실적으로 어려울 수밖에 없다.

시스템을 어떻게 설계하고 운영할 것인가

경력개발 시스템을 효과적으로 관리하기 위해서는 앞에서 기술한 한국 기업의 시스템이 제대로 작동되지 못하는 이유를 분석하고 이를 해소하는 방향에서 그 해답을 찾을 수 있다. 그 기본 방안을 제시하면 다음과 같다.

첫째, 시스템의 도입 및 설계과정에서 면밀한 검토가 필요하다.

먼저 시스템의 도입 대상이 전 사원이냐 아니면 특정 집단이냐를 명확히 하여야 한다. 이때 조직 및 직무 전반에 대한 필요점 분석을 통해 도입 대상을 결정해야 한다. 그리고 전사적으로 시스템을 도입하려 할 경우 조직 전체에 걸쳐 동일 직종, 동일 직급별로 보임 가능한 자리가 최소한 다섯 개 정도는 되어야 정상적인 이동관리가 가능하다(조영환, 1993). 또 조직의 인적자원관리 시스템의 현황을 면밀히 분석하여 경력개발 시스템을 도입할 경우 어느 정도의 보완과 재설계가 필요한지를 판단해 기반 시스템의 조성작업이 선행되어야 한다. 아울러 시스템 설계시 우선순위를 결정해야 한다. 만일 전체 사원을 대상으로 설계할 경우 최소한의 시스템 외에 몇 가지를 더 보충할 것인지를 결정해야 한다.

경력개발 시스템이 효과적으로 운영되기 위해서는 먼저 최소한의 기본 시스템이 체계화되어야 한다. 이를 좀더 구체적으로 기술하면 다음과 같다.

① 직무 전반의 역량요건과 직무간의 관계가 체계적으로 정리되어야 한다.

② 각 개인의 직무이동 경력을 체계적으로 망라한 경력기술서를 포함하여 인사정보시스템이 보완되어야 한다.

③ 각 개인의 경력설계와 관리를 위해 경력개발 계획서 및 경력평가표를 중심으로 몇 가지 서식이 개발되어야 한다.

④ 경력설명회 및 경력개발 워크숍을 포함한 직급별 경력교육 프로그램이 운영되어야 한다.

⑤ 상사와의 경력/고과 면담 및 경력상담 시스템이 마련되어야 한다.

⑥ 직무순환 기준과 직무간 이동체계가 합리적으로 정립되어야 한다.

⑦ 인재육성의 목표가 되는 인재상을 명확히 설정하여야 한다.

우리나라 대기업의 경우 양적으로 볼 때 이상의 기본 시스템을 80% 정도는 구비하고 있는 것이 사실이다. 문제는 관련 정보의 질이 어떠한가이다. 최근 역량기준 인적자원관리가 이슈가 되면서 직무조사를 통한 역량요건 체계를 업그레이드한 기업들이 많다. 그러나 좀더 자세히 들여다 보면 어떤 특정 역량이 직급별 차이에 따라 어떻게 다른 수준으로 나타나야 하는지에 대한 체계적 정의, 즉 역량수준의 차별화가 제대로 안 되어 있는 기업이 대부분이다. 예컨대 리더십 역량이라고 하더라도 중간관리자에게 요구되는 리더십과 임원에게 요구되는 리더십이 다르게 정의되어야 하며, 그 다른 정도가 등급으로 명확히 구분되어야 한다.

또한 인재상의 경우도 분야별로 최종적으로 육성코자 하는 인재가 어떤 역량을 보유하고 그 수준은 어떠해야 하는지를 구체적으로 정의해야 한다. ① 인재상이 명확히 설정되면, ② 그 역량수준에 도달하기 위해 역량의 축적을 위한 역량개발 순위를 결정하고, ③ 이들 역량을 개발하기 위한 방법(예: 직무/프로젝트 경험, 내부/외부 교육, 자기계발, 특별 육성프로그램 등)을 결정한 다음, ④ 제도의 기본골격(경력경로, 경력계획 시점 및 간격, 이동관리 기준, 교육/육성프로그램, 역량/경력평가 시스템 등)을 설계하는 것이 경력관리 시스템 설계의 기본 절차가 된다.

셋째, 실효성 있는 인센티브 시스템이 운영되어야 한다.

경력개발 시스템의 참여자는 조직구성원 개인과 상사 그리고 인사관리자로 대표되는 조직이다. 이들의 적극적 참여 여부가 시스템 성공의 결정요인이 된다. 그러나 현실적으로 사원들 중 경력개발에 적극적인 사람은 30% 정도라고 알려져 있다. 또한 상사의 경우 구조조정의 와중에서 부하의 경력개발까지 신경써 줄 정도로 부하 육성에 적극적이지는 못한 것이 우리의 현실이다.

이런 점을 고려하여 시스템 운영에서 실효성 있는 모티베이션 방안이 제시되어야 한다. 예컨대 자기계발을 위한 시간(예: 중간관리자 대상 연구휴가제)과 비용(예: 자기계발 교육비 지원제도)을 적극적으로 지원하는 방안을 운영해 보는 것이 바람직하다. 또한 준비된 개인들에 대해 희망하는 직무나 프로젝트에 배치시키는 '직무도전제' 또는 '프로젝트 공시제'는 조직구성원들의 경력개발에 대한 열의를 불러일으키는 데 효과가 있을 것이다. 아울러 '전문가제도'를 통한 전문가 호칭과 파격적 인센티브 제공은 조직구성원의 자발적 경력관리와 자기계발에 대한 의욕을 북돋우는 데 효력이 있을 것으로 기대된다. 여기서 강조해야 할 점은 '종업원의 자기계발 노력을 조직이 지속적으로 파악하여 보상하고 지원한다'는 기본 방향을 조직구성원들이 인식할 수 있도록 시스템을 운영하는 것이 가장 확실한 모티베이션 방안이라는 것이다.

넷째, 성과관리와 연계시켜 시스템을 운영해야 한다.

도입 취지가 아무리 좋다 하더라도 경력개발 시스템을 운영하여 조직성과로 연결되지 않으면 이를 지속적으로 추진하는 데 제동이 걸릴 수밖에 없다. 최고경영자의 최종 관심은 결국 인적자원의 개발이 실제로 얼마나 성공적으로 진행되고 있고, 그것이 생산성으로 얼마 만큼 연결되느냐에 있기 때문이다.

인적자원개발이 어느 정도로 진행되고 있는지는 개인별 역량평가 결과를 직급별 · 직군별로 집계하여 '역량보유표'를 통해 관리하는 방안이 있다. 또 분야별 인재육성과 관련하여 요구되는 단계별 기준을 마련하여 이를 충족시키는 종업원이 얼마나 되는지를 계수화시켜 관리하는 방법이 있을 수 있다.

아울러 개인의 경력계획서와 역량개발 계획서의 주요 내용들이 매년 연초에 작성되는 업무계획서와 연계될 수 있도록 상사면담 과정에서 효과적으로 체크하고 지도하도록 하는 것이 중요하다. 그리고 연말에 실시하는 업적 및 역량고과의 결과와 경력개발 관련 평가표를 서로 연계시켜 고과면담 과정에서 피드백시켜야 한다.

다섯째, 인적자원관리 조직의 혁신이 병행되어야 한다.

경력개발 시스템을 성공적으로 운영하기 위해서는 인사관리 스탭의 역량 강화가 요구된다고 앞에서 언급하였다. 이를 위해서는 현재 인사관리 중심의 체계로부터 인사기획 및 인력개발 스탭의 역할을 강화하고 담당자의 수도 보강하여야 한다.

현실적으로 한국 기업의 인적자원관리는 일상의 관리업무 중심으로 운영되고 있는 것이 현실이다. 따라서 시스템 전반의 혁신 프로젝트를 담당하는 인사기획 부문의 인력도 적거니와 실제로 조직에서 필요한 프로젝트를 제대로 수행할 수 있는 정도의 역량을 지닌 인사기획 전문가가 별로 없다. 그러므로 경력관리자의 시스템 설계능력을 비롯한 관련 전문역량을 지닌 전문가를 영입하거나 내부 육성을 신속히 추진하는 방안이 강구되어야 한다.

아울러 경력관리를 전담하는 부서가 신설되어야 한다. 지금까지 기술된 내용들로부터 교육부서의 담당자로 하여금 경력개발 업무를 겸임케 하는 정도로 경력개발 시스템을 운영할 수는 없다는 점을 감 잡았을 것이다. 실제로 경력개발은 조직 인사관리 전반의 시스템 혁신을 요구하는 방대한 작업이다. 인사담당자 몇 사람이 추진할 수 없는 많은 인력의 지원을 요한다. 따라서 독립된 경력관리 부서는 물론 전사 차원 및 사업본부별 '경력개발 위원회' 그리고 분야별 추진 협력요원 그룹이 변화담당자(change agent)로서의 역할을 수행해야 한다.

몇 가지 더 강조할 점들

한국의 대기업들이 경력개발 시스템과 관계된 제반 시스템을 대다수 갖추고 있음에도 경력개발이 제대로 되지 않는 가장 큰 이유는 기본에 충실하지 않은 채 최신 프로그램만 도입하려는 성향과 관계가 있다. 기존에 운영하고 있는 프로그램을 제대로 정착시키지 않은 채 최신 시스템을 계속 추구한다는 점에서 첨단제품 구입에 열을 올리는 초기 수용자(early adaptor)를 연상하게 한다. 경력개발 시스템은 전 사원을 대상으로 프로그램을 다양하게 운영하려 할 경우 현재 나와 있는 프로그램만 50여 가지에 이르는 대단위 시스템이다. 아울러 시스템의 운영 기조는 각 개인의 경력단계별 욕구를 충족시키는 데 있으므로 개인별 관리를 지향한다. 이러한 맥락에서 경력개발 시스템의 성공적 운영을 위해 몇 가지 사항을 더 첨가하고자 한다(여기서 언급되는 사항들과 앞서 시스템의 설계와 운영에 중요한 것으로 기술된 요건들이 [그림 V-4]에 종합되어 나타나 있다).

[그림 V-4] **경력개발 시스템의 성공을 위한 기본 요건**

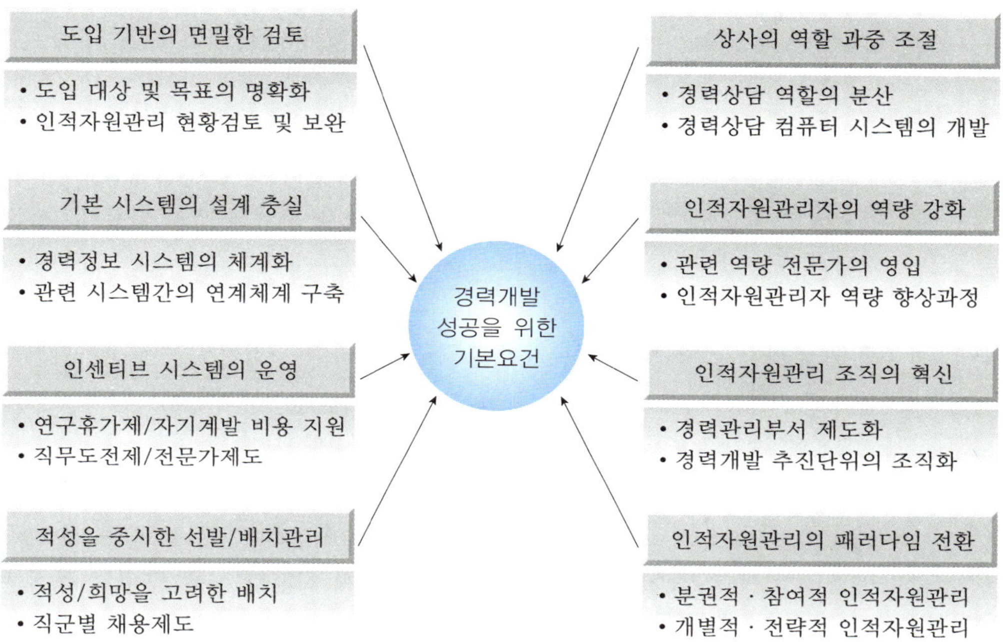

첫째, 인적자원관리의 패러다임 전환이 요구된다.

경력개발 시스템은 조직의 인적자원관리 전반이 조직구성원 개인의 경력개발에 초점을 맞추고 관리되어야 한다. 그러기 위해서는 기존의 집권적 인적자원관리로부터 '분권화' 방향으로, 집단적 관리로부터 '개인별' 관리로, 인적자원 개발의 시각이 단기적 관리로부터 '장기적' 및 '전략적' 방향으로 패러다임의 전환이 이루어져야 한다. 이를 좀더 구체적으로 기술하면 다음과 같다.

① 조직의 인적자원관리가 인사부서 중심으로 운영되던 집권적 방식으로부터 개인과 상사가 종업원의 경력개발에 참여하고 지원케 하는 분권화 방향으로 혁신이 이루어져야 한다.

② 직군별 · 직급별로 구분하여 집단별로 관리를 하던 기존의 방식으로부터 조직구성원 개인별로 경력을 설계하고 이를 지원하는 방향으로 초점이 바뀌어야 한다.

③ 인적자원개발의 시각이 교육/육성 프로그램을 연례적으로 관리하던 방식으로부터

장기적 인적자원계획 및 개발이라는 전략적 밑그림을 토대로 한 것이어야 한다. 강조하거니와 인적자원관리의 패러다임 혁신이 수반되지 않은 채 기존의 시스템에 경력개발 프로그램의 일부를 얹어서 시스템을 운영해서는 결코 기대하는 결과를 얻을 수 없다.

둘째, 신입사원의 선발/배치가 매우 중요하다.

종업원의 경력개발은 신입사원의 선발과 배치에서 시작한다. 단도직입적으로 신입사원의 적성과 희망이 고려된 배치 비율이 높아질수록 시스템 운영의 성공 확률은 그만큼 높아진다. 왜냐하면 선발과 배치가 종업원의 경력욕구를 무시하고 관리되면 그 이후 과정에서 이를 바로잡기가 현실적으로 쉽지 않다. 이와 관련하여 분야별 전문가 양성을 위한 '직군별 채용제도'를 제도화하는 길이 조직구성원의 직무적합도를 향상시키는 현실적 방안이 될 수 있다.

셋째, 직무순환의 체계화는 경력개발의 필요조건일 뿐이다.

직무순환을 체계적으로 관리하는 것으로 종업원의 경력개발을 다한 것으로 오인하는 경우가 흔히 있다. 그러나 체계적 직무이동으로 경력개발을 다했다고 할 수는 없다. 경력개발은 직무이동이라는 차원에 교육, 자기계발, 상사의 지도와 지원 그리고 조직 내외의 네트워크를 통한 개발 등이 복합적으로 어우러져 이루어지는 것임을 명심할 필요가 있다.

넷째, 상사의 역할 과부하가 걸리지 않도록 해야 한다.

개인과 조직 사이의 연결 역할(linking role)을 담당하는 상사의 역할이 경력개발 시스템의 운영과정에서 매우 중요하다. 그럼에도 불구하고 상사가 부하육성에 소극적인 것이 우리의 현실이므로 상사의 관심과 참여를 유도해야 한다. 그런데 상사의 부하육성 노력을 강조하다 보면 역할 과중이 현실적 문제로 부상하게 된다. 미국 아모코(Amoco)사의 운영사례에서 보면 상사의 많은 시간 투입이 요구되는 것을 어떻게 해결하는가 하는 문제가 시스템 운영의 중간평가에서 가장 중요한 이유로 부각된 바 있다. 그러므로 경력상담의 채널을 현장관리자에게 집중시키기보다는 상담전문가에게 분산시키든가 상담내용 중 표준화가 가능한 부분을 전산화시켜 운영하는 제도적 장치(예: 삼성화재의 열린대화방)가 필요하다.

참고문헌

김홍국(2000), 「경력개발의 이론과 실제」, 서울: 다산출판사.

안희탁(1996), 「한국기업의 신인사제도 실태와 도입방안」, 서울: 한국경영자 총협회.

조영환(1993), 「인재양성과 경력개발계획」, 서울: 삼성경제연구소, 연구보고서.

한국인사관리협회(1984), CDP 사례집(일본기업), 서울: 한국인사관리협회.

Hall, D. T.(1976), *Careers in organizations*. Glenview, IL: Scott, Foresman.

Schein, E. H.(1978), *Career dynamics: matching individual and organizational needs*, Reading, MA: Addison-Wesley.

평가 및 보상 VI

01 효과적인 성과평가제도 구축 및 운영을 위한 원칙과 개선방안[1)]

이철기
nomadlck@kut.ac.kr

조직구성원의 능력과 성과를 적절하게 평가, 개발, 활용하면서 조직목표의 달성은 물론 조직구성원의 만족을 이끌어낼 수 있는 성과평가제도의 개발은 모든 조직의 과제라고 할 수 있다. 더구나 날로 격렬해지는 경쟁환경에서 기업 생존의 지렛대로써 인적자원의 경쟁력 제고가 초미의 과제로 제기되는 현 상황에서 성과평가는 그 중요성을 더해가고 있다. 이에 따라 기업들도 효과적인 성과평가제도의 구축과 개선에 많은 관심과 노력을 기울이고 있다.

지이(GE)의 전 회장인 잭 웰치(Jack Welch)는 성과평가를 가장 잘 활용한 경영자로 알려져 있다. 웰치는 그의 자서전에서 자신이 GE에서 이룩한 최고의 성과를 "GE를 가장 실력 있는 회사로 만든 것"이라고 평가했다(삼성경제연구소, 2001). 웰치는 GE를 실력 있는 회사로 변화시키기 위해서 다양한 정책을 활용했는데 객관적이고 엄격한 성과평가가 그 핵심이다. 그는 전 사원을 평가하는 데 있어서 '20%/70%/10%의 규칙'을 일관되게 적용했다. 핵심인재(20%)에 대해서는 지속적인 보상을 통해 그들의 바람직한 행동을

1) 출처: 인크루트 경력개발연구소(2005), "효과적인 성과평가제도 구축 및 운영을 위한 원칙과 개선방안,「인재경영」, 4월호, pp. 80-89에서 전재함.

강화(reinforcement)하고, 70%의 사원에 대해서는 지속적인 육성기회를 제공하면서 성과달성을 위한 기회를 부여했다. 반면에 10%의 사원에 대해서는 단호하게 해고를 비롯한 징계를 단행했다. GE의 성과평가의 핵심은 엄격한 신상필벌 원칙의 적용과 현재의 성과뿐만 아니라 미래 성과창출을 위한 잠재력의 개발과 변화와 혁신에 대한 가치의 공유를 강조한 것으로 요약할 수 있다. 이를 통해 성과달성에 대한 구성원의 동기와 학습을 자극하고, 나아가 성과중심의 조직문화를 구축하는 데 크게 기여했다고 평가받고 있다.

지이(GE)의 성공적인 경우와는 달리 성과평가제도의 시행으로 인해 기대했던 효과를 거두지 못하고 있는 기업의 예도 적지 않다. 기대한 성과의 향상보다 오히려 평가에 따른 공정성 시비와 관리의 부담증가 등 부정적 결과를 초래하는 경우이다. 이로 인해 '과연 성과평가가 그렇게 중요한가?' 라는 의문이 일부에서 제기되고 있는 것도 현실이다.

따라서 현 시점에서 적절한 성과평가제도의 설계 및 운영방법을 모색하는 작업은 상

[그림 VI-1] 성과평가제도의 주요 이슈 및 고려 포인트

성과평가의 주요 이슈	주요 포인트	접근방법과 주요 tool
왜 평가를 해야 하나? 〈성과평가 목적〉	- 관리적 목적과 육성 목적의 조화 - 평가원칙에 대한 구성원의 동의	- 명확한 인사철학 및 평가원칙 제시 - 최고경영자 및 관리자, HR Staff의 역할 정립
무엇을 평가해야 하나? 〈성과평가 지표〉	- 평가지표의 타당성 제고 • 조직 미션 및 전략목표와의 연계 • 팀 및 업무 특성의 고려 • 부분보다는 전체의 최적화 고려	- 직무분석을 통한 업무와 성과의 연관성 제고 - 균형 잡힌 성과평가(BSC) - 가치기준(value based) 성과평가
어떻게 평가를 해야 하나? 〈성과평가 방법〉	- 평가의 공정성과 납득성 제고 - 신뢰성 있는 평가방식 설계 - 구성원의 참여와 피드백의 강화 - 커뮤니케이션 활성화	- 일상적 성과관리활동으로써 목표관리(MBO) - 평가의 신뢰성을 높이는 다면평가 - 평가 실행과정에 대한 모니터링 및 지원체제 구축

당히 의미 있는 작업으로 보여진다. 본 글에서는 성과평가제도의 주요 이슈별로 고려해야 할 포인트를 제시하고, 실현방법에 대해 살펴본다([그림 VI-1] 참조).

관리목적과 구성원 육성목적이 균형을 이루어야 한다

성과평가란 조직구성원들이 특정 기간 동안 조직의 성과증대에 얼마나 기여했는지를 측정하고, 평가하는 것이다. 보다 구체적으로 정의하면 조직구성원의 기대성과의 수준과 실제 달성성과를 모니터링하고, 그 차이(gap)를 파악하여, 원인을 분석, 규명하는 성과관리의 과정이다. 성과평가의 목적은 두 가지로 요약할 수 있다. 하나는 관리적 목적으로, 구성원들의 승진이나 연봉 인상 그리고 성과급의 지급 등 다양한 보상을 결정하기 위한 기초자료로 성과평가를 활용하는 것이다. 다른 하나는 육성목적으로, 구성원들의 능력개발의 기초자료로 성과평가를 활용하는 것이다. 즉, 성과평가시 성과달성에의 문제점을 파악하여, 교육훈련 및 경력개발의 포인트 제시, 직무배치 및 직무순환 등에 활용하는 것이다. 관리적 목적의 성과평가는 과거 및 현재 성과의 평가에 초점을 맞추는 반면, 육성목적의 성과평가는 미래 성과달성을 위한 능력개발에 초점을 맞춘다([표 VI-1] 참조).

지금까지 대부분의 기업은 보상을 위한 관리적 목적을 강조하는 경향이 있다. 관리적 목적만을 강조하는 경우, 단기적 성과에 집착한 나머지 중장기적 성과창출을 위한 잠재력의 개발에 소홀하게 되는 문제를 야기할 수 있다. 또한 단기적 성과를 추구하는 상황에서 지속적인 성장이 담보되지 않는다면 제한된 파이의 분배를 둘러싼 조직내부의 갈등이 유발되기 쉽다. 이 경우 경영층은 금전적 보상(외재적 보상)을 지속적으로 개발해야 하는 부담을 안게 될 가능성이 높다. 한편 차별적 경쟁우위의 원천으로 구성원의 창

[표 VI-1] 성과평가의 관리적 목적과 육성목적

	관리적 목적	종업원 육성목적
초 점	과거 성과	미래 성과의 증진
목 적	효율적 인사 및 보상관리를 통한 성과증진	자기학습(self-learning) 및 성장을 통한 성과증진
방 법	다양한 rating 및 ranking	MBO 같은 일련의 개발단계
상급자의 역할	판단 및 평가	상담, 안내, 조력
하급자의 역할	수용적 또는 방어적	학습에 있어서 적극적 참여

조적 지식의 중요성이 증대되는 현 상황에서는 중·장기적 관점에서 지식자본(knowledge capital)을 확충할 수 있는 인프라로써 성과평가를 구축할 필요가 있다. 따라서 중·장기적 관점에서 성과 잠재력을 확충하면서 구성원의 성장욕구를 충족시켜 내재적 보상을 제공할 수 있도록 관리목적과 육성목적이 동시에 강조될 필요가 있다.

성과평가에 있어서 관리적 목적과 육성목적의 동시적 균형을 추구하기란 쉽지 않다. 여기에는 인적 요소와 평가 인프라 등 다양한 여건이 갖추어져야 한다. 우선 최고경영자의 장기적 안목과 인내가 필요하고, 일선관리자의 부하 육성에 대한 의지와 능력도 갖추어져야 한다. 이를 위해서는 경영자와 관리자의 평가항목에 장기적 성과와 부하 육성이 중요한 평가항목으로 다루어져야 한다. 또한 일반 업무담당자들의 육성 포인트를 정확하게 추출할 수 있는 평가제도의 정비와 함께 인재육성을 효과적으로 추진할 수 있는 교육훈련체제 및 경력개발체제 등의 육성 인프라도 아울러 갖추어져야 한다. 이 점이 바로 두 마리의 토끼를 동시에 쫓는 과정이 쉽지 않은 이유이다.

무엇을 평가할 것인지는 성과평가의 성패를 좌우하는 요소이다

무엇을 평가할 것인가? 즉 평가지표의 문제는 평가의 타당성(validity)과 관련된다. 타당성이란 측정해야 할 성과를 제대로 측정한 정도를 의미한다. 적절하지 않은 평가지표를 설정하게 되면 아무리 정교한 평가방법을 사용하여 평가하더라도 목적과 방향이 빗나간 평가결과를 초래한다. 따라서 올바른 평가지표의 설계는 성과평가제도의 성공을 좌우하는 열쇠라고 해도 과언이 아니다.

평가지표의 타당성의 오류는 인사시스템 전반에 걸쳐 매우 부정적인 결과를 초래한다. 잘못된 평가지표는 조직과 구성원 간의 혼란을 가중시켜 불필요한 거래비용(transaction cost)을 증가시킬 수 있다. 평가지표가 갖는 기능 중 하나는 조직구성원에게 신호효과(signaling effect)를 갖는다는 점이다. 즉 평가지표는 조직이 중요하게 여기는 성과, 그리고 구성원에게 기대하는 성과가 무엇인지에 대해 신호를 보내는 역할을 한다. 올바른 평가지표의 선정은 구성원에게 올바른 목표와 방향을 제시하는 반면 잘못된 평가지표의 선정은 잘못된 신호를 보내게 되어 조직과 구성원에게 혼란을 초래하게 된다. 그 결과 조직과 구성원 간의 역할과 기대에 대한 혼선, 잘못된 성과창출 행동의 유발, 이에 따른 의사소통의 증가 등 조직내부의 불필요한 거래비용을 지불하게 된다. 예컨대 영업사원에게 인센티브를 주기 위해 매출보다 이익을 강조하는 경우, 아마도 구성원들은 "회사가 중요하게 여기는 것은 매출이 아니라 이익이야"라는 생각을 할 것이다. 그 결과 매출 확대를 위한 고객서비스, 판매촉진 등의 노력보다는 매출비용을 감소시키는 방향으로 행동하게 될 것이다.

잘못된 평가지표는 평가 및 보상시스템의 유효성을 저하시킨다. 많은 기업들이 정확하고 공정한 평가를 위해 목표관리의 정교화, 다면평가의 도입 등 평가방법의 개선에 많은 시간과 비용을 투자하고 있다. 그러나 이 같은 방법을 사용해서 정확한 측정을 하더라도 잘못된 평가지표를 사용한다면 잘못된 성과를 평가하게 되는 결과를 낳게 되고, 성과평가의 결과를 보상과 연계시에는 잘못된 성과를 보상하게 된다. '일을 잘하는 것(Do the things right)' 보다 '제대로 된 일을 잘하는 것(Do the right things right)' 이 중요한 것과 같은 이치이다.

직무분석과 균형잡힌 성과평가(BSC)는 성과평가지표의 타당성을 높이는 효과적인 도구이다

현재 성과평가에 있어서 평가지표의 타당성과 관련된 많은 문제점이 제기되고 있다. 평가지표와 경영목표 및 전략과의 괴리, 조직과 업무특성의 반영 미흡, 단기적 성과중심의 평가, 재무적 지표중심의 평가가 잘못된 예라고 볼 수 있다. 지금까지 많은 기업들이 성과평가의 개선을 위해 부단히 투자를 하고 있음에도 불구하고 이러한 문제는 여전히 부각되고 있는 현실이다. 그렇다면 타당성 있는 평가지표를 설계하기 위해서는 어떻게 해야 할 것인가? 여러 가지 접근방법이 있으나 본 글에서는 직무분석과 균형 잡힌 성과평가(BSC: Balanced Score Card, 이하 BSC로 칭함)의 활용에 대해 살펴보자.

직무분석(Job Analysis)은 업무특성과 내용을 고려하여 성과평가지표를 설계하기 위한 전통적인 접근방법이다. 직무분석을 통해 성과지표와 업무의 관련성을 높이고, 업무의 구체적 특성을 성과지표에 반영하는 것이 가능하다. 따라서 직무분석은 성과평가지표의 타당성을 높이기 위한 효과적인 도구이다. 그러나 한편으로 직무중심의 인사관리 시스템이 본격적으로 도입되지 않은 상황, 그리고 직무의 유동성이 강조되는 상황에서는 평가제도의 설계, 운영에 있어서 직무분석의 유용성이 제약되지 않느냐에 대한 문제제기가 있다. 저자의 판단으로는 기본적으로 직무를 통해 개인과 업무가 연계되고, 업무와 성과를 연계시키는 것이 성과평가의 본질이라면 직무의 내용과 수행방법이 지속적으로 변화한다고 해도 직무분석은 성과평가에 있어서 여전히 유효한 작업이다. 업무수행방식의 변화에 맞도록 직무분석의 접근방법을 적용하는 것이 직무분석의 유용성을 높이는 데 관건이 된다고 볼 수 있다.

직무분석을 통한 성과지표 설계는 크게 ① 개별 직무담당자들의 직무내용과 자격요건 식별, ② 역할(role)과 책임(responsibility)의 정의, ③ 역할과 책임에 따른 성과차원 식별, ④ 식별된 성과차원별 평가척도의 개발 등 네 단계를 거쳐 이루어진다. 이 과정에서는 개별업무담당자들의 역할과 책임을 명확하게 하고, 이들이 공헌해야 할 성과기준을 식별하는 것이 중요하다. 역할과 책임정의시에는 업무를 단순히 기술적으로 파악하기보다는 업무의 목적을 재확인하고, 프로세스 중심으로 파악하는 것이 바람직하다. 성과 차원 식별시에는 조직 및 부서단위의 전략과제와 연계된 성과차원의 식별이 중요하다. 이를 위해서는 ① 조직단위의 전략과제별 핵심성공요인(CSFs: Critical Success Factors) 추출, ② 핵심성공요인별 주요 성과지표(KPIs: Key Performance Indexes) 발굴, ③ 업무담당자별 역할 및 책임과 연계된 담당자별 성과차원 식별과정이 필요하다. 특히 주요 성과지표의 선정시에는 전략과의 연계성, 측정 가능성, 실행 용이성, 관리 가능성 등을 고려해야 한다.

또한 직무분석시에는 프로세스 도상화(process mapping: 과업을 달성하는 데 사용되는 현재 접근방법의 효율성을 검증하는 방법으로 프로세스상의 여러 단계들을 그림 지도로 표현. 효율성 증대라는 관점에서 분석한다)나 활동 기반의 원가관리(activity-based costing: 고객들에게 서비스를 제공하거나 제품을 공급하는 데 관련된 모든 활동을 원가측면에서 점검) 등 다양한 방법을 부수적으로 활용함으로써 그 효과를 높일 수 있다. 기본적으로 직무분석을 통한 평가지표 개발방법은 업무특성을 반영한 구체적인 평가지표를 개발할 수 있다는 장점이 있다. 그러나 미시적 접근방식의 한계를 지니기 때문에 기업 전체의 목표나 전략목표와 연계된 평가지표의 개발이 쉽지 않은 단점이 있다. 앞서 강조한 바와 같이 이러한 단점이 결코 직무분석의 유용성을 부인하는 것은 아니다. 직무분석의 단점을 보완할 수 있도록 조직과 업무특성에 맞는 분석방법의 개발과 적용이 중요하다.

BSC는 성과평가의 타당성을 높을 수 있는 현대적인 접근방법으로 주목받고 있다. 하버드 비즈니스 스쿨의 캐플런(R. Kaplan)과 컨설턴트인 노튼(D. Norton)에 의해 소개된 개념인 BSC는 기존의 평가지표의 문제점으로 제기된 성과평가지표와 경영목표 및 전략과의 괴리, 단기적이고, 재무적 지표중심의 평가 등을 해결할 수 있는 유력한 대안으로 평가되고 있다. BSC의 가장 큰 특징은 재무지표와 비재무지표의 균형, 단기 성과와 중장기 성과의 균형, 결과와 과정의 균형, 내부와 외부의 균형에 있다([그림 VI-2] 참조).

기본적으로 BSC는 네 가지 관점—재무적 관점, 고객관점, 내부프로세스 관점, 그리고 학습 및 성장관점—에서 성과의 균형을 달성함으로써 조직의 균형성장을 추구한다. 그렇다고 BSC가 재무적 성과지표를 간과하는 것은 아니다. 재무적 성과지표 못지않게

[그림 VI-2] BSC의 초점

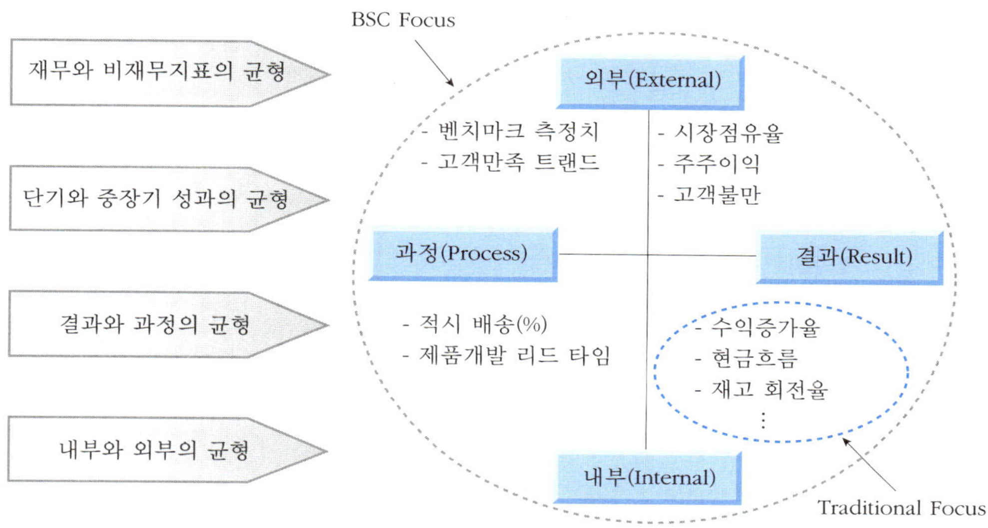

비재무적 성과지표도 기업의 성장에 매우 중요하며, 비재무적 성과지표도 재무적 성과지표와 연결될 때 성과지표로서의 의미가 있다는 것을 강조하는 것이다. BSC가 기업의 균형성장을 촉진하는 전략적 도구로 주목을 받고, 도입이 확대되고 있으나 실제로 성공을 거둔 기업은 그다지 많지 않다 한다(김경태, 2002). BSC를 도입하여 효과를 높이기 위해서는 제도도입 및 운영에 있어서 다양한 고려가 필요하다.

우선 통제 가능성을 고려한 필수적인 측정지표의 선정이 필요하다. 4개의 관점에서 다수의 지표 중 BSC 측면의 중요지표와 그렇지 않은 지표를 구분하고, 관리해야 할 지표의 수를 정하기란 쉽지 않다. 측정지표를 과도하게 많이 책정할 경우 지표에 대한 통제 자체가 어렵다. 미국 생산성 및 품질센터(American Productivity & Quality Center)의 조사결과에 의하면, 평균적으로 10개 정도의 지표를 설정하고, 때로는 20개 정도까지 쓰는 경우도 있다. BSC의 복잡성이 증대하고 지표의 수가 증대됨에 따라 활용측면의 비효율성이 높아진다는 점을 감안하면 필수 측정지표를 중심으로 BSC를 관리하고, 구성원의 역량 및 필요성을 고려하여 측정지표의 범위를 단계적으로 확정하는 것이 필요하다. 예컨대 일본의 자동차 부품 제조업체인 세이키사(Hoyo Seiki)는 고객만족, 종업원만족, 수익증가율이라는 3개의 필수 측정지표를 중심으로 BSC를 관리하고 있다.

또한 BSC 지표간 인과관계를 정확하게 설정해야 한다. 실제로 BSC를 도입한 기업들이 가장 어려워하는 부분이 바로 지표간 인과관계를 정확하게 설정하는 것이다. BSC 도입시 측정지표를 선정한 이후에는 각 지표간의 인과관계, 각 지표가 기업의 목표에 미치는 영향을 전체적으로 분석해야 한다. 지표간 인과관계가 원활하게 이루어지지 못할 경우, 운영 초기에 구성원들은 지표관리를 왜 하는지를 이해하지 못하고, 결국 기업 전략수행에 제대로 활용할 수 없게 된다. 간단한 예로 내부 프로세스는 개선되었으나 시장 및 고객점유율이 오히려 줄어드는 기현상이 발생할 수 있다. 지표간 인과관계를 원활하게 하기 위해서는 전략적 연결도(Strategic Map)를 활용하는 것이 효과적이다(김범열, 2003). 전략적 연결도는 기업의 전략목표달성을 위해 중점적으로 추진해야 하는 요소(initiative)와 이의 성과 정도를 측정할 수 있는 지표를 재무, 고객, 내부 프로세스, 학습 및 성장의 관점으로 설정하고 지표간의 인과관계를 나타낸 지도이다. 전략적 연결도를 작성하기 위해서는 우선 기업의 전략실행과 관련된 성과지표를 추출해야 한다. 이러한 지표들은 결과로 나타나는 후행지표(lagging indicator)와 후행지표에 영향을 미치는 선행지표(leading indicator)로 구분할 수 있다. 예를 들어, 고객만족도의 선행지표는 적시

[그림 VI-3] **케미코**(Chemico)**사의 전략적 연결도**(Strategic Map)

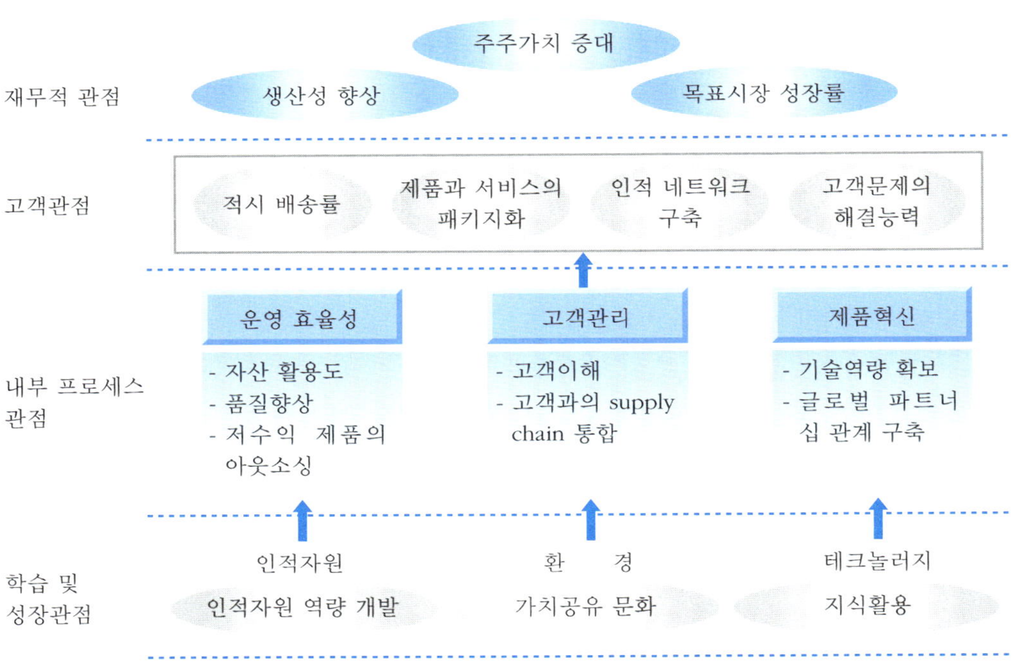

자료 : 김범열(2002), BSC, "지표간 인과관계 파악이 중요하다,"「LG주간경제」.

배송률, 고객 서비스 수준 등이 될 수 있으며, 고객만족도 수준은 다시 매출향상의 선행지표로서 작용하게 된다. 전략적 연결도를 작성할 때에는 재무적 관점으로부터 고객, 내부 프로세스, 학습 및 성장의 Top-down 방식으로 작성하는 것이 효과적이다. 우선 4가지 관점에서의 후행지표를 결정하고 각각의 후행지표에 영향을 미치는 선행지표를 결정해야 한다. 그리고 이러한 모든 지표들이 회사의 총체적 전략과 연계되도록 작성해야 한다.

[그림 VI-3]에 세계 굴지의 화학회사인 케미코(Chemico)사의 전략적 연결도 작성과정을 소개하였다.

이 밖에 BSC의 운영시에도 다양한 고려가 필요하다. 측정지표들에 대한 정확한 정보의 제공, 측정지표와 업무와의 관계 및 재무지표와 비재무지표의 인과관계에 대한 교육 등을 통해 BSC에 대한 구성원의 이해를 높이고, 측정지표들에 대한 구성원의 공감대를 높이는 것이 중요하다. 또한 경영환경 및 전략목표의 변화에 따른 정기적인 모니터링과 BSC 측정지표의 업데이트도 체계적으로 수행해야 한다.

목표관리는 개인 및 조직성과관리를 위한 일상적 관리활동이다

효과적인 성과평가제도의 운영에 있어서 평가지표의 타당성 못지않게 중요한 것은 효과적인 운영방법을 적용하는 것이다. 성과평가제도의 운영방법으로 가장 널리 활용되는 것이 목표관리이다. 목표관리란 상사와 부하가 합의하여 목표성과를 설정한 후 평가기간 말에 목표달성 여부를 평가하는 제도를 말한다. 원래 목표관리는 전반적인 경영관리의 방법으로 제안되었지만 연봉제, 성과급제 등 능력과 성과주의 인사제도의 도입과 함께 성과평가의 수용성을 제고하기 위한 유력한 제도의 하나로 주목받아 왔다. 그럼에도 불구하고 대부분의 기업에서 운영되고 있는 목표관리는 목표설정, 중간평가, 최종 결과의 평가, 결과활용 등 각 단계별로 상당히 많은 문제점을 안고 있다.

목표설정 단계에서는 원래 상사와 부하 간 목표에 대한 합의보다는 한쪽의 일방통행이나 양보의 경우가 많고, 이 과정에서 목표합의에 지나치게 많은 시간을 소요하고 있다. 또한 평가결과를 의식한 나머지 도전적인 목표보다는 보수적인 목표를 설정하는 경향도 나타나고 있다. 중간평가 단계는 실질적인 평가보다는 형식적이고 의례적인 수준에서 설정된 목표를 점검하는 수준에 그치고 있다. 이는 최초에 설정된 목표의 내용, 즉 평가항목 및 지표, 척도의 구체성이 떨어지고, 설정된 목표에 대한 구체적인 실행계획이 미비해 중간평가의 근거나 자료가 부족하기 때문이다. 목표설정 단계와 중간평가가 부실하게 운영됨에 따라 결과의 평가시에는 설정된 목표수준의 단순한 확인에 그치고, 차기 목표설정으로의 피드백이 어렵게 되고 있다. 또한 평가결과에 대한 수용성의 문제도 야기되고 있다. 예컨대 보수적으로 목표를 설정한 사람이 오히려 더 좋은 평가를 받고, 도전적인 목표를 설정한 사람은 낮은 평가를 받는 상황이 벌어지고 있다. 이와 같은 선행단계의 문제점은 결국 평가결과의 활용단계에서도 성과에 따른 차등보상은 물론 능력개발 등 육성차원으로의 활용도 어렵게 하고 있다. 결국 그 취지와는 달리 목표관리로 인해 오히려 성과평가 전반에 대한 공정성과 신뢰성이 무너지고 있다고 해도 과언이 아니다.

목표관리제도 운영의 핵심은 목표관리의 초기 단계인 목표설정시 목표의 내용(지표 및 수준)을 무엇으로 할 것인가에 귀착된다. 우선 목표는 가능한 한 SMART의 조건이 충족되도록 설정되어야 한다. 여기서 S(Specific)는 사실에 근거하여 누구나 이해할 수 있는 구체적인 목표를, M(Measurable)은 달성 정도를 정확하게 정량적 · 정성적으로 측정 가능한 목표를, A(Alignment)는 조직 전체, 소속부서, 개인의 사명 및 비전과 연계된 목표를, R(Result-controlled)은 피평가자가 통제 가능하며 수용할 수 있는 목표를, T(Timely)는 환경 및 상황의 변화가 반영된 목표를 의미한다. 그러나 목표설정시 SMART가 충족되기란 쉽지 않다. 가장 중요한 것은 조직의 직속 상사의 역할이다. 직속 상사는 단위조직의 목표성과에 대한 명확한 인식을 가져야 하고, 구성원들이 도전적인 목표를 설정하고도 이를 달성할 수 있도록 지원할 수 있는 의욕 및 능력을 갖추어야 한다. 또한 직속 상사의 목표관리에 대한 권한과 책임을 강화할 필요가 있다.

우리나라 기업의 경우에는 아직도 1차, 2차, 조정권자 등을 두고 일정 비중씩 점수를 부여하게 되어 있는 경우가 많으나 목표관리의 주체는 직속 상사 1인이 될 필요가 있다. 피평가자의 육성, 결과 피드백 등에 대해서 명확한 책임을 부여해야 한다. 한편으로는 인사 스탭의 지원이 뒷받침되어야 한다. 목표수립시 평가자와 피평가자가 활용할 수 있는 점검표를 제공하거나 구성원들이 목표달성에 대한 구체 실행계획을 수립할 수 있도록 목표관리카드 등 도구에 대한 교육을 실시해야 한다. 설정된 목표에 대해서는 목표달성 노력을 가속화하기 위해 정기적 및 비정기적인 방법을 모두 사용하여 엄격한 중간평가를 실시해야 한다. 필요한 경우 중간평가를 최종평가와 비슷한 비중으로 다룰 필요도 있다. 그렇게 함으로써 최종평가 결과에 대한 구성원의 납득성을 제고시키고 구성원간 상호신뢰 분위기를 창출할 수 있다.

결국 목표관리제도는 담당조직의 성과를 일상적으로 관리하는 데 필요한 평상적인 관리행위로 볼 수 있다. 중요한 것은 목표관리제도의 본질은 목표 그 자체의 관리가 아니라 목표를 통해서 개인 및 조직성과를 관리하는 것임을 이해해야 한다. 또한 평가결과를 연봉결정 등에 활용하는 것에 그치는 것이 아니라 구성원들의 목표성과에 대한 동기의 자극과 목표달성 능력의 증대에 궁극적인 활용목적이 있는 것이다.

성과평가의 신뢰성을 높이는 다면평가가 필요하다

다면평가는 다수의 평가자가 피평가자의 성과를 평가한다는 점에서 성과평가의 신뢰성을 높이는 유력한 방법으로 주목받고 있다. 다면평가는 360도 피드백(360 degree feedback), 다원 피드백(multi-source feedback) 등 다양한 형태로 표현되고 있다. 그러나 자기자신, 동료, 상사, 부하, 내부 및 외부 고객 등 다양한 원천으로부터 피평가자에 대한 정보를 수집하고 피드백을 준다는 점에서 동질적이다. 다면평가는 상하간, 부서간 원활한 커뮤니케이션을 촉진할 수 있고, 평가결과를 통해 부하나 동료로부터 자신의 장·단점을 피드백받을 수 있어서 자기 역량강화에 도움을 받을 수 있다는 점이다. 또한 평가과정에 부하나 동료도 함께 참여함으로써 직속 상사가 부하 사원을 일방적으로 평가하는 데서 나타날 수 있는 부작용을 최소화할 수 있다.

다면평가의 기대효과에 비해 이 제도에 대한 회의론도 일부 제기되고 있다(김기태, 2003). 이는 다면평가제도에 대해 잘못된 환상을 가지고 있거나, 도입 및 운영과정에서 나타나는 장애물이나 문제점을 극복하지 못한 데 주된 원인이 있다고 볼 수 있다. 다면평가제도에 대한 가장 큰 환상은 "여러 명이 평가하면 정확성이 높아진다"는 것이다. 그러나 단순히 평가자의 숫자만 늘어난다고 정확성이 높아지지는 않는다. 오히려 평가능력이 부족한 다수에 의한 평가는 정확한 한 사람의 평가보다 신뢰성이 더 떨어질 수 있다. 둘째, "익명성이 보장되면 보다 솔직하고 정직한 평가가 가능하다"는 것이다. 그러나 익명성을 빌미로 특정 개인에 대해 편향된 평가를 하거나, 부하들이 담합하여 특정 상사에 대해서 의도적으로 부정적인 평가를 내리는 '집단 반란' 현상이 나타날 위험도 내포하고 있다. 셋째, "동료간 경쟁과 견제로 팀워크가 저해된다"는 것이다. 다면평가를 도입하면, 주위의 모든 사람이 자신을 평가하는 잠재적 평가자가 되기 때문에, 구성원들은 심리적 불안감을 느끼고, 상호 견제와 경쟁심을 초래하여 오히려 팀워크를 저해할 수도 있다는 것이다. 그러나 공정한 평가문화가 정착되고, 상호 경쟁보다는 상호협력의 분위기가 조성된다면, 다면평가제도가 서로의 단점을 보완해 주고 팀워크를 향상시킬 수 있는 좋은 대안이 될 수 있다.

그렇다면 다면평가에 효과를 제고하기 위한 방안은 무엇일까? 우선 평가결과에 대한 구체적인 피드백이 필요하다는 점이다. 단순한 결과만을 통보해 주는 수준이 아니라 개선점을 확인하고, 구체적인 육성계획이나 개인별 실행계획을 수립하는 데 중점을 두어야 할 것이다. 모토롤라(Motorola)는 동료, 고객, 상사로부터의 평가 이후에 그 결과에 대해서 "2일간의 묵상(two-day retreat)"이라는 피드백 세미나를 개최한다. 이 기간 동안 자신에 대한 평가결과를 피드백받는데, 자신의 단점을 보완하기 위해 필요한 기술, 태도, 가치 등에 대한 피드백을 중점적으로 받는다. 둘째, 성과평가 지표별로 평가자를 다르게 설정할 필요가 있다. 평가자별로 피평가자에 대한 성과결과에 대한 정보의 접근 가능성과 관찰기회가 다르기 마련이다. 피평가자와 커뮤니케이션 기회가 적고, 멀리 떨어져 있는 평가자는 평가를 위한 적절한 정보를 얻기가 힘들다. 따라서 평가결과의 정확성과 피드백이 곤란하다. 셋째, 평가자의 평가능력의 개발이 필요하다. 평가자의 평가능력이나 성향을 평가하여 피드백을 제공하고, 재평가, 평가자 교육 등의 개선 기회를 제공하는 것이 필요하다. 그래도 개선되지 않을 경우에는 평가권한을 박탈하는 등의 강경한 조치를 취할 필요가 있다. 이 밖에도 정직하고 공정한 평가를 위해서는 평가자의 익명성을 확실하게 보장하고, 평가과정이나 결과에 대해서도 비밀을 유지해야 한다. 특정 집단이나 개인의 특이한 평가분포와 같은 평가오류를 방지하기 위하여 최고점과 최하점을 점수 계산에서 제외시키는 것과 같은 안전장치를 마련할 필요가 있다.

다면평가를 실시한다고 해서, 반드시 평가의 신뢰성이 높아지는 것은 아니다. 실제로 다면평가제도를 도입한 기업들이 단기간 내에 효과를 얻기란 매우 어려운 것으로 알려지고 있다. 장기적인 관점에서 다면평가제도를 도입한 후에도 도입시 기대하였던 목적이나 효과가 나타나는지를 평가하고, 문제점을 지속적으로 개선하는 끈기가 필요하다.

참고문헌

김경태(2002), "BSC 적용의 6가지 체크포인트," 「LG주간경제」, 661호.
김기태(2003), "다면평가의 성공적 도입방안," 「LG주간경제」, 717호.
김범열(2002), "BSC, 지표간 인과관계 파악이 중요하다," 「LG주간경제」, 685호.
장성근(1999), "목표관리제도의 정착없이 연봉제 없다," 「LG주간경제」, 520호.

삼성경제연구소(2001), "GE 웰치 회장의 성공경영과 시사점," *CEO Information*, 321호.
황규대(2004), 「인적자원관리」, 서울: 박영사.
피터 드럭커 · 로버트 에클레스 · 조셉 네스 · 토마스 쿠크자 · 로버트 시몬스 · 안토니오 다빌라 · 크리스토퍼 메이어 · 로버트 캐플런 · 데이비드 노턴(1999), 「성과측정」, 서울: 21세기북스.
Milkovich, G. T., & Newman, J.(2002), *Compensation*, 7th ed. NY: McGraw-Hill/Irwin.

02 국내인사평가의 실태와 다면평가[1)]

한인수
ishan@cnu.ac.kr

문제의 제기

능력과 실적에 기초한 인사관리가 강화되는 시대적 추세 속에서 인사평가의 중요성은 그 어느 때보다도 크다고 할 수 있다. 모든 조직의 인사관리의 과제인 능력과 실적에 따른 처우를 실현하기 위해서는 결국 공정하고 정확한 인사평가가 선행되어야 하기 때문이다. 믿을 수 없고 납득할 수 없는 평가에 기초한 처우, 즉 급여와 승진은 연공에 의한 그것보다도 조직의 입장에서 못할 수 있다. 그래서 능력과 실적에 기초한 인사관리의 실현의 요체는 어떻게 공정한 인사평가의 체제를 갖추느냐 하는 것으로 귀결되는 것이다.

그러나 구성원들에게도 납득되면서 공정한 인사평가 시스템을 구축하고 운용하는 일은 만만한 일이 아니다. 인사평가는 많은 노력을 경주함에도 불구하고 그리고 많은 시행착오를 거치면서도 항상 많은 문제가 제기되고 있는 조직관리의 가장 어려운 과제중

1) 출처: 인크루트 경력개발연구소(2004), "국내인사평가의 실태와 다면평가,"「인재경영」, 창간호, pp. 50-61에서 전재함.

의 하나가 되고 있다.

본고에서는 국내의 기업을 비롯한 조직들의 인사평가의 실태를 살펴보고 최근 새롭게 대두되고 있는 다면평가 방식이 기존 인사평가의 문제점을 해소할 수 있는 가능성을 검토해 보고자 한다. 나아가 다면평가 방식을 효과적으로 설계하고 운용할 수 있는 지침을 제시하고자 한다.

국내인사평가의 실태

인사평가방식의 진화

인사평가는 조직에 따라 그리고 기업에 따라서도 다종다양하게 전개되고 있어 그 실태를 일률적으로 말하기는 힘들다. 그러나 대강의 전체적인 흐름이나 모든 조직이 인사평가와 관련하여 공통적으로 안고 있는 문제점들을 중심으로 살펴보기로 한다.

우선 인사평가의 형식이라는 면에서 볼 때 1980년대까지는 우리나라 조직들에서 피평가자의 개인적 특성(traits)을 평가자가 주관적으로 평가하는 방식이 주종을 이루고 있었다. 개인의 직무지식, 성실성, 조직의식 등등을 평가자 혼자 평가척도법에 의해 평가하는 방식이었다. 물론 업적의 양, 업적의 질과 같은 업적요소가 포함되기는 하였으나 이 역시 개인적 특성과 같이 평가자의 주관적인 판단에 의한 평가라는 점에서 다를 바가 없었다. 이러한 인사평가는 시행이 쉽고 단순하다는 장점을 지니고 있지만 널리 알려진대로 평가자의 주관과 인상에 의한 평가, 즉 현혹효과나 후광효과라는 치명적인 결함을 지니고 있다. 평가결과는 대부분 비밀로 부쳐졌고 그것이 공개될 때에는 피평가자의 입장에서는 물론 납득되기 어려운 경우가 많았다. 그러나 인사평가의 결과에 대한 불만도 그리 큰 문제는 아니었다. 왜냐하면 인사평가가 어차피 인사관리에서 큰 역할을 하지 못했기 때문이다. 인사평가가 개인의 능력이나 업적과 잘 연결되지도 또 연결되어야 할 이유도 크지 않았다. 급여가 인사고과와 연결되는 것도 아니었고 승진의 경우는 인사고과결과라는 것이 승진결정자를 정당화해 주는 요식행위였었기 때문이다. 그래서 이 시기의 많은 조직에서는 한 부서에서 승진예정자에게는 최고점수를, 최근 승진해서 인사고과의 의미가 없는 사람에게는 최저점수를 부여하는 일이 비일비재했다. 설혹 인사고과에 대한 불만이 컸다 하더라도 그것이 긴밀하게 처우와 연결되는 것이 아닌 상황하에서는 그리 심각한 문제가 안 될 수도 있다. 간혹 주관과 인상에 의한 평가방식의 문제점을 해소할 수 있는 방식으로 미국 등지로부터 평가자의 주관을 견제할 '행위기준고과법'(behaviorally anchored rating: BAR)이나 '목표관리제'(MBO) 등이 소개되기도 하였으나 앞서의 평가척도법을 대체할 만한 비중을 갖지는 못했다.

그러나 1980년대 후반부터 1990년대 전반이 되면서 조직환경의 변화와 그에 따른 연공중심의 인사관리에 변화가 생기면서는 상황이 다소 바뀌게 된다. 능력과 실적에 기초한 인사관리의 필요성이 대두되면서 그 기초가 되는 인사평가를 강화할 필요성이 생긴 것이다. 적으나마 보너스 등에서의 개인적 차이를 두게 되었고 승진에서도 인사평가의 비중이 늘게 된 것이다. 이러한 상황에서는 인사평가결과의 납득성을 제고할 필요성이 매우 커지게 되었다. 종래의 평가자의 주관적 판단과 인상에 의한 고과방식으로는 처우차이에 대한 논리적 근거가 미약했고 종업원들을 설득할 수 없었기 때문이다.

인사평가방식의 전환이라는 상황적 요구에 하나의 해답이 된 것이 그 즈음 일본에서 유행하고 있던 새로운 인사평가방식이었다. 이는 일본실무계의 楠田 등에 의해 주도된 인사평가방식으로 우리나라에는 신인사고과(新人事考課)라는 이름으로 소개되었다. 이 방식이 정착된 일본과 우리의 기업풍토가 유사하고 또 그 당시에는 인사관리의 기법의 선진국은 일본이었기 때문에 이는 곧 우리의 경우에도 인사평가의 전형으로 자리 잡게 되었다.

이 신인사고과라는 이름의 평가방식은 구조상 정연한 논리적 체계를 가지고 있고 운용에 있어서도 과거의 방식과는 사뭇 다른 특징을 지니고 있었다. 인사평가의 구조는 대부분 업적고과(원형에서는 성적평가와 업적평가를 구분하기도 함), 능력고과, 태도고과의 삼요소로 구성되었다. 평가구성의 논리는 다음과 같은 것이었다. 평가의 대상이 되는 것은 기업이나 조직의 측면에서 보면 기대상(期待像)이고 종업원측에서 보면 목표상(目標像) 내지는 도전목표상(挑戰目標像)이다. 기업이 기대하는 것은 크게 세 요소이다. 일은 이만큼 해 주기를(업적), 능력은 이 정도가 되어 주기를(능력), 사람의 됨됨이는 이 정도는 되기를(태도) 기대하는 것이다. 그것을 평가하는 것이 각각 업적고과, 능력고과, 태도고과이다. 서구의 인사고과에서 업적고과(performance appraisal)의 비중이 큰 반면 일본이나 한국 등 동양적 조직에서는 장기고용이 전제되므로 단기적인 드러난 실적(능력)뿐만 아니라 잠재적인 능력 내지 사람의 됨됨이도 중요하다는 것이 평가의 구성요소가 다원화되는 논리적 근거였던 것이다.

신인사고과는 인사고과의 운용면에서도 종래의 인사고과방식의 문제점을 해소하려는 목적에서 다음과 같은 다양한 시도가 이루어졌다.

첫째, 신인사고과는 업적고과에 있어 대부분 목표관리제를 채택하고 있다. 이러한 목표관리제의 도입은 몇 가지 점에서 의미를 찾을 수 있다. 우선은 목표관리제는 과거에 문제가 되었던 평가자의 주관적 판단을 어느 정도 방지할 수 있는 장점이 있었다. 목표관리제는 목표가 수량화되기 어려운 관리적·사무적 업무에서 비교적 객관적 성과를 측정할 수 있는 거의 유일한 방법이라는 점에서 이해할 만했다. 목표관리에 의한 목표를 설정하고 설정된 목표를 가지고 상하급자가 공동으로 평가하는 것은 종래의 상사 일방의 주관적 평가에서 진일보한 것이라 할 수 있었다.

또한 면접을 통해 목표를 설정하고 중간평가를 하며, 최종적인 업적을 평가하는 것은 상하급자 간에 커뮤니케이션의 장을 마련하는 효과도 있었고 또 어느 정도 인사평가라는 과정에 하급자가 참여하는 형식을 취하는 것이었다.

나아가 목표관리제는 인사평가가 경영전략과 연계되는 계기를 마련하기도 하였다. 경영전략에 기초해서 종업원 한 사람 한 사람의 능력의 전개방향이 설정되고 종업원은 주체적인 목표를 설정해 목표달성을 위해 최대한 노력하는 방식을 취하는 과정에서 인사평가가 경영전략과 연동되도록 짜여져 있었다.

둘째, 신인사고과는 인사고과의 궁극적인 목표를 기본적으로 사정형(査定型)보다는 육성형(育成型)에 두고 있었다. 이는 현대의 인사평가가 궁극적으로 지향하는 바와 일치한다고 할 수 있는데, 궁극적으로 인사평가의 목적은 경영측이 기대하는 직무수행기준이 설정되고 이것과 실적을 통해 현재화된 능력과의 격차를 알아내 그 격차를 메우기 위한 육성의 니드를 파악하는 데 주안점이 두어졌다. 이러한 육성형 인사고과는 업적평가를 통해서도 달성되지만 주로 능력고과를 통해 실현되었다.

셋째, 신인사고과가 육성형 고과를 지향하다 보니 인사고과의 공개 내지 본인에게의 피드백이 불가피하게 된다. 과거에는 인사고과결과를 철저히 비밀에 부치는 것이 관행이었다. 그러나 육성형을 지향하고 또한 종업원들에게 납득할 수 있는 인사고과를 지향하다 보니 고과결과의 공개를 모색하지 않을 수 없게 되었다. 즉 무엇이 부족한 것인가를 종업원도 알아야 자기개발이나 육성 플랜이 도출될 수 있기 때문이다. 그러나 고과결과의 공개라는 것은 위험이 따르며 매우 조심스러운 일이다. 따라서 신인사고과에서의 고과결과를 공개하는 것은 평가가 비교적 객관적으로 이루어지는 업적고과와 능력고과의 일부에서 가능한 일이다. 이렇게 고과결과의 일부가 피평가자 본인에게 공개되고 피드백되는 과정에서 조직들에서는 처음으로 이의제기절차를 공식화하는 조치를 취하기도 하였다.

넷째, 신인사고과가 육성형을 표방하면서 기존의 상대고과(相對考課) 일색에서 벗어나 절대고과(絕對考課)의 요소가 가미되게 된다. 비교대상이 타인이 아니라 도달해야 할 능력의 목표치가 되기 때문이다. 절대고과방식이라는 것은 현실의 인사고과에서 매우 어려운 문제인데, 신인사고과에서는 능력고과부분에 대해서 이론적으로는 절대고과를 채택하는 것으로 되어 있다.

다섯째, 신인사고과는 과거의 상사일방의 평가방식에서 변화해 적은 부분이나마 피평가자의 참여가 이루어진다. 업적고과의 기준인 목표를 설정하는 데 있어 피평가자의 의사가 반영될 뿐만 아니라 최종 업적의 평가부분에서 자기신고나 자기평가의 부분을 활용할 것이 적극 추천되고 있었다.

이러한 신인사고과는 현대의 인사평가가 나아갈 방향과 부합되는 특성을 갖추고 있었고 업적고과에서 객관성을 확보해야 할 필요성이 있던 상황적 특성에 힘입어 우리나라 기업 내지 조직의 인사고과의 전형으로 자리 잡게 되었다. 신인사고과의 원형대로 운용상의 내용을 그대로 반영한 것은 아니었지만 인사평가는 업적 · 능력 · 태도의 구조를 갖는 것이 교과서처럼 되었다. 도입초기 신인사고과는 기존의 인사고과와 관련된 문제점을 일거에 해결해 줄 특효약과 같은 기대를 받았었다.

그러나 그러한 기대와는 달리 신인사고과는 우리나라 조직의 풍토에서 생각만큼 쉽게 자리 잡지 못했다. 다음과 같은 문제들이 신인사고과의 시행과정에서 발생했다.

우선 첫째로, 우리나라 풍토에서는 신인사고과가 지향하는 육성형의 참의미를 살리기가 힘들었다. 원래 신인사고과가 급속하게 퍼진 배경에는 당시에 인사관리의 선진국인 일본에서 인기를 끌었다는 것도 주요한 이유 중의 하나였다. 그러나 신인사고과를 받아들이면서 그것이 물려있는 전체적인 인사시스템의 배경에 대해 간과했던 것이 문제였다. 원래 일본에서의 신인사고과는 그것 자체로 독립한 시스템이라기보다는 그들이 자체적으로 개발한 직능자격제도(職能資格制度)를 축으로 해서 발전된 소위 토탈시스템의 일부인 것이다. 즉 토탈 인사시스템의 평가부분이 신인사고과였던 것이다. 그런 것임에도 우리는 일본의 전체 인사시스템의 일부인 신인사고과만 떼어서 받아들였다는 것이 문제의 원천이 되었던 것이다. 가장 큰 문제는 능력고과부분에서 발생하였다. 일본의 토탈시스템에서는 능력고과의 경우 개인별 기준이 분명하다. 즉 직능별로 자격의 등급이 마련되어 있어 현재의 직종의 자격에서는 항상 도달하여야 할 능력의 요건이 마련되어 있다. 이러한 능력요건은 피평가자의 능력평가의 기준이 되며 현재의 상황에서 도달해야 할 목표이므로 따라서 절대고과도 가능하게 되는 것이다. 그에 비해 직능자격제도를 갖추지 못한 우리나라 조직의 경우는 능력고과의 기준이 애매하게 될 수밖에 없다. 따라서 능력고과의 기준이 추상적이 될 뿐만 아니라 직급에 따른 차별성도 생기지 못했던 것이다. 그러다 보니 중학생과 대학생을 같은 기준으로 평가하는 문제가 발생하게 되었다. 이렇게 능력평가가 제대로 되지 못한 데는 원천적인 문제가 있었던 셈이다.

그 결과 많은 한국조직의 실무에서는 능력평가의 특색이 살려지지 못하고 능력고과는 태도고과와 구분되지 못한 채 합쳐지는 사례가 적지 않았다. 업적고과가 비교적 객관적인 평가라면 능력고과와 태도고과는 평가자의 주관적 판단에 의존하는 부분이라는 정도로 능력고과와 태도고과가 구별되어야 할 아무런 현실적 필요가 없었던 것이다.

둘째, 업적평가부분도 쉬운 일이 아니었다. 우리 기업풍토는 상하급자 간의 합의에 의한 목표설정 프로세스에 익숙하지 못했다. 그래서 현실에서는 전통적인 강제할당식의 노르마관리로 기울어져 목표관리의 참의미를 훼손하는 사례가 많았다. 또한 목표의 공평한 수립도 힘든 과제였다. 목표의 곤란도나 난이도를 공평하게 가져가는 것이 힘들었고 어떤 부서는 원천적으로 개인의 목표달성이 용이한 반면 어떤 부서는 노력여하에 관계없이 목표달성이 힘든 경우도 적지 않았다. 그러한 경우 피평가자들에게 목표관리제에 의한 업적평가의 납득성을 제고시키기는 어려운 일이었다.

그리고 목표의 달성이 개인들간의 또는 부서간의 협력 내지 조정에 의해 달성되는 경우가 많은데, 개별단위의 목표달성을 강조하다 보면 단위별 업적의 구분도 힘들 뿐만 아니라 조직성과에 필수불가결한 개인들 부서들 간의 협력과 조정을 저해할 가능성도 생기게 되었다. 또한 기존의 인사고과와는 달리 목표관리의 도입으로 목표설정면접, 중간면접, 평가면접 등의 관리적 로드가 연중무휴로 발생하게 되는 상황도 조직구성원들에게는 익숙하지 않은 상황이었다. 게다가 목표관리제는 도전적인 목표설정을 기피하고 성과달성이 용이한 단기적 목표에 집착하는 부작용도 나타났다.

이상에서 설명한 여러 가지 문제점들이 있음에도 불구하고 신인사고과는 인사평가의 전형으로 자리 잡았고 지금도 많은 조직에서 채택되고 있다. 그러다가 1990년대 후반이 되면 인사평가에서 역량(competency)의 개념이 도입되게 된다. 역량에 기초한 인사관리 내지 인사평가는 70년대 미국에서 발전된 개념으로 우리의 원래 역량은 실적과 능력(잠재적)의 중간 정도 되는 개념이다. 이것이 도입되게 된 배경은 실적이 너무 단기적인 측면이 강한 반면 잠재적인 능력은 성과와는 또 다소 먼 개념이다. 중간정도의 개념이 필요했기 때문이다. 즉 그렇게 단기적인 표시도 아니면서 또 성과와 관련이 깊은 능력의 개념이 필요했던 것이다. 따라서 역량은 '고성과자의 행동특성' 내지는 '성과우수자로부터 일관되게 관찰되는 행동특성' (high performer's behavior) 정도로 번역된다.

이러한 역량이라는 개념은 신인사고과에서의 능력고과와 태도고과의 애매한 위치를 역량으로 대체하는 계기를 마련해 주었다. 기업들은 문제가 있던 능력고과와 태도고과 대신 성과와 연결되는 행동인 역량으로 평가시스템을 바꾸는 사례가 늘게 되었다. 그래서 최근의 많은 기업들에서는 기본적 인사평가의 체계를 업적고과와 역량고과의 둘로

[표 VI-2] 우리나라 조직에서의 인사평가방식의 진화

시 기	인사평가의 형태	인사평가의 특징	처우와의 연계
1980년대	간단한 평가척도법	평가자 일방의 주관적 판단	처우와 직접연계 안 됨
1980~ 1990년대 초반	신인사고과	• 업적 · 능력 · 태도고과 • 육성형 고과의 지향 • 절대고과의 가미 • 자기고과의 삽입 • 공개주의와 본인피드백 • 이의제기절차의 공식화	처우와 연동되기 시작함
1990년대 후반~현재	역량고과 다면평가	• 능력 · 태도고과의 대체 • 업적평가의 강화와 정교화 • 평가자의 다양화 • 기초역량, 전문역량, 리더십 역량	처우와의 연동이 강화

구성하고 있다. 즉 기업의 사업전략에 따른 목표업적결과를 업적평가(고과)로 하고 기업문화나 가치관 행동에 기초해 보유해야 할 역량을 평가하는 것을 역량평가(고과)로 하는 것이다. 그리고 기업에 따라 차이는 있으나 역량고과는 전 직원공통의 기초역량, 부서별 과업특성에 따른 전문역량, 보직자 등에 필요한 리더십 역량 등으로 구분하고 있다.

이상에서 설명한 우리나라에서의 인사고과방식의 진화를 정리하면 [표 VI-2]와 같다.

인사평가의 문제점

앞서 국내조직의 인사평가제도의 진화과정을 살펴보았다. 나름대로 많은 발전이 있었다. 그러나 이러한 발전에도 불구하고 인사평가와 관련된 기본적인 문제는 여전히 남아 있다.

가장 근본적인 문제는 어느 인사평가제도를 채택하든 그것과 상관없이 여전히 조직에서 평가문화가 미비하다는 것이다. 평가문화의 미비는 평가제도의 본격적 시행이 일천하다는 점과도 관련이 있겠지만 보다 근원적인 문제는 기업의 조직문화 내지 우리나라의 문화와 관련된 것이다. 우리의 문화 속에는 체질적으로 평가를 싫어하는 소지가 많다. 기본적으로 평가의 기반이 되는 합리성 대신에 정(情)에 많은 근원적 가치를 부여하고 있기 때문이다. 따라서 평가에 필요한 냉정한 합리적 자세는 따뜻한 것을 좋아하

는 한국인의 체질과는 잘 맞지 않는 측면이 존재했다. 또한 정과 관련이 있는 혈연 · 학연 · 지연 등의 이런저런 연고는 평가시 안면몰수의 냉정한 자세의 견지를 어렵게 만들고 있다.

이러한 평가문화의 미비는 인사평가에 있어 다음과 같은 다양한 문제점들을 야기하고 있다.

첫째로, 평가문화의 미비는 허약한 평가규범을 낳고 있다. 평가에 대한 규범이나 내적통제가 견실하면 외적인 평가체계는 단순해도 된다. 그러나 내적인 규범이나 통제가 결여된 경우 평가체계는 평가자의 자의성을 배제하기 위해 지나치게 정교하고 복잡해지는 양상을 보인다. 우리나라의 최근 업적고과의 시스템을 보면 세계 어느 나라에 내어 놓아도 빠지지 않을 만큼 고도로 정교한 형태를 취하고 있다. 그것이 외국의 한 장짜리 단순한 평가양식보다 평가의 정확성을 높이리라고 확신할 수는 없는 것이다. 평가의 단순성으로부터 나오는 평가의 경제성은 우리의 인사평가가 넘어야 할 또 하나의 숙제가 되고 있다.

둘째로, 평가문화의 부재는 아무리 정교한 평가체계를 도입해도 조직의 실현의지가 강하지 않다면 기존문화에 용해되어 운용되기 쉽다는 것이다. 그만큼 우리나라 조직에서 평가기피의 문화는 뿌리가 깊다. 정교한 평가시스템이 도입되었음에도 불구하고 일정시점이 지난 후 형해화(形骸化)하는 사례가 적지 않다.

셋째로, 가장 큰 문제는 조직구성원들간의 평가에 대한 불신(不信)이다. 특히 평가체계 자체보다는 평가자에 대한 불신이 문제가 된다. 그래서 평가결과 자체에 대한 불신이 크기 때문에 그에 근거한 처우의 차이가 구성원의 모티베이션으로 연결되기보다는 냉소주의나 불만표출로 연결되는 경우가 많다. 이는 평가자의 능력에 대한 이런 저런 통제장치가 있는 기업에서는 개선되고 있는 추세이나 여타 조직에서는 인사평가의 개선이 가장 더딘 문제로 여전히 남아 있다.

이러한 평가문화의 미비란 근본적인 문제 외에 평가 후의 피드백이나 사후조치가 잘 이루어지지 못하고 있다는 것도 국내의 인사평가와 관련된 중요한 문제를 구성한다. 업적평가에서 어떤 점수를 받느냐 하는 것도 중요하지만 그 결과와 관련된 해석과 사후플랜을 작성하기 위한 상하급자 간의 대화와 공동노력이 조직의 입장에서는 값진 것이다. 많은 조직에서 평가 후의 후속조치에 대한 체계적인 대책이나 플랜이 결여되어 있는 경우가 많다. 이는 업적평가에서 뿐만 아니라 역량고과에서도 마찬가지이다. 본인에게 점수를 피드백하는 것으로 평가가 그친다면 역량의 육성을 지향하는 역량평가의 본래의 의미를 살리지는 못하게 되는 것이다.

다면평가의 도입과 시행상의 문제점

다면평가의 도입과 현황

앞서 우리나라의 인사평가의 가장 큰 문제로 평가문화의 미비와 그에 따른 평가결과에 대한 불신을 지적하였다. 그런데 90년대에 들어서 이러한 문제를 해결해 줄 수 있을 것 같은 새로운 평가방식이 소개되어 주목을 받게 되었다. 그것은 미국에서 발전된 360도 피드백(360 degree feedback)이었다. 360도 피드백은 multi rater feedback, multi source feedback, full circle feedback 등 다양한 용어로 불리우는 기법으로 우리에게는 다면평가로 번역되어 소개되었다.

360도 피드백(이하 다면평가로 통일)은 피평가자를 전방위적인 측면에서 평가하여 피드백을 주는 기법이다. 이 기법에서는 상사가 하급자를 일방적으로 평가하여 피드백을 주는 대신 여러 출처를 통해 나온 피드백을 종합함으로써 보다 정확한 실상을 피평가자에게 피드백하고자 한다. 그리고 이렇게 정확한 피드백을 하급자가 받게 되면 그들의 자기인식(self awareness)이 높아지고 이를 바탕으로 하급자는 자신의 역량과 행위태도들을 개선하게 되며 이러한 개선을 통해 다시 조직의 성과가 높아지게 된다는 것이다. 이러한 다면평가는 1990년대부터 최근에 이르기까지 미국기업에서 가장 주목받는 인사관리기법 중의 하나가 되어 폭발적으로 확산되고 있다.

미국 기업에서의 폭발적인 인기와 기존 인사고과의 문제점인 불신해소해결에 대한 기대로 1990년대 후반부터 우리나라 기업에서도 다면평가의 도입에 대한 검토가 이루어지고 실제로 추진하는 기업도 늘기 시작하였다. 여러 원천으로부터의 평가는 기존 상사 일방의 평가로 인한 불만을 해소하고 평가의 정확성을 높일 수 있을 것으로 기대되었기 때문이다.

그러나 그러한 초기의 높은 기대에도 불구하고 우리나라에서는 미국에서만큼 폭발적인 인기나 전면적인 확산이 이루어지지 못하고 있다. 다면평가는 초기에 대기업들을 중심으로 도입이 추진되었는데 시행상의 예기치 못한 문제의 발견으로 도입이 연기되거나 취소되는 등 정착이 여의치 못했다. 오히려 90년대 후반의 열기에 비한다면 지금은 기업들에서 다면평가의 도입은 후퇴한 느낌마저 든다. 시행하는 기업들에서도 본격적인 인사평가 방식으로 채택하기보다는 중요 직위(예: 임원)로의 승진에 참고자료로 활용하는 수준에 머무르고 있다. 아니면 인사고과와 연결되지 않고 개발목적으로 활용되거나 인사고과에 참고자료로 활용(예: POSCO)되기도 한다.

기업보다는 오히려 공적부분에서 다면평가의 도입이 눈에 띄는데 이는 자발적이라기보다는 다분히 외적인 압력에 밀려 시행되는 경우가 대부분이다. 예컨대 정부투자기관에 대해서는 정부측으로부터 경영혁신의 일환으로 다면평가제도의 채택이 권장사항이 되어 인사고과에 활용되는 사례(기술신보, 신용보증기금, 수자원공사, KOTRA 등)가 많다. 그리고 참여정부에 들어와서 공무원사회에서도 개혁조치의 일환으로 다면평가가 도입되고 있다. 이 경우 중요 직급에서의 승진자 선정시 참고자료 정도로 활용되고 있다.

이러한 상황에서 보듯이 우리나라 기업에서 다면평가가 인사평가에서 전면적이고 체계적으로 도입되는 사례는 많지 않은 실정이다. 기업에서 다면평가제도는 문제가 많은 제도라는 인식이 보편적이다.

다면평가 도입의 문제점

그러면 미국과는 달리 우리나라 기업에서 인사평가로서의 다면평가의 도입과 확산이 저조한 이유는 무엇일까? 그 이유로는 다음과 같은 것들을 생각할 수 있다.

그 첫 번째는, 우선 다면평가의 본질과 그에 대한 우리의 기대와의 불일치(mismatch)에서 찾을 수 있다. 앞서도 언급하였듯이 우리나라 기업에서는 다면평가를 통해 평가의 정확성 제고를 기대하였다. 물론 다면평가는 여러 원천으로부터의 평가가 종합되므로 평가의 정확성이 제고되는 측면이 틀림없이 존재한다. 그러나 다면평가는 360도 피드백이라는 용어 자체가 의미하듯이 원래 피평가자에게 피드백을 주는 데 목적이 있는 것이다. 기업활동에 필요한 역량, 특히 리더십 역량 등을 피평가자 자신은 정확히 인지하지 못하므로 여러 원천으로부터의 정보투입이 있게 되면 자기인식이 개선되고 이를 기초로 개인은 스스로 변화를 하고 개발을 위해 노력하게 되어서 조직성과의 제고가 이루어진다는 것이 다면평가가 가진 특성이자 장점이다. 다면평가는 이른바 개발 피드백(developmental feedback)에서 시작된 것이다. 미국에서도 다면평가가 폭발적으로 확산되게 된 것은 조직환경의 변화와 관련하여 리더십 역량개발의 필요성이 촉매역할을 했기 때문이다. 물론 최근에는 다면평가가 개발목적을 벗어나 인사고과나 처우결정 등의 성과관리(performance management)목적으로의 활용이 늘고 있는 것이 사실이다. 그러나 여전히 다면평가를 성과관리(인사고과)용도로 사용하는 것에 대해서는 논란이 뜨겁다. 학계에서는 다면평가를 개발용도에 한정해야 한다는 주장이 지배적이고(Dalton, 1998) 경우에 따라서는 성과관리용도로 사용할 수 있되 그러기 위해서는 전제조건(Tornow et. al., 1998)과 특별한 준비가 필요하다는 주장도 제기되고 있다(Toegel & Conger, 2003). [표 VI-3]에는 이러한 다면평가를 성과관리 용도로 사용하는 것에 대한 찬·반론이 나와

[표 VI-3] **다면평가를 성과관리용도로 사용하는 것에 대한 찬·반론**

찬 성 론	반 대 론
• 이미 성과관리용도로 사용하고 있다. • 구성원이 원하고 있다. • 신뢰성과 타당성이 높다. • 고객이 원하고 있다. • 처우결정의 신뢰성이 높은 지표가 된다.	• 개발을 방해한다. • 조작된 평가를 한다. • 평가척도가 성과관리를 위해 불충분하다. • 신뢰풍토와 사전준비가 안 되어 있다.

자료: Lepsinger, R., & Lucia, A. D.(1997), *The Art and Science of 360° Feedback*, San Fransisco, Cali.: Pfeiffer.

있다.

이렇게 다면평가를 성과관리용도로 사용하는 것에 대한 논란이 있음에도 불구하고 우리나라 기업에서는 개발용도로의 사용에 대한 경험도 거치지 않고 직접 인사고과로의 활용을 추진하였던 것이 다면평가에 대한 실망의 중요원인이 되었을 것이다.

두 번째로, 다면평가의 도입이 저조했던 이유는 이 제도가 가지는 위험성(risk)을 발견했기 때문이다. 다면평가는 분명 많은 장점을 지니고 있는 고단위처방의 관리기법이다. 그러나 그만큼 부작용도 심각할 수 있는 기법이다. 그리고 그러한 부작용은 개발용도일 때보다 성과관리용도로 사용될 경우는 좀더 심각할 수 있다. 다면평가를 개발용도에 한정해야 한다는 주장은 그러한 부작용에 대한 우려 때문인 것이다. 다면평가가 지닌 위험성에는 우선 부정적인 평가가 개인에게 매우 위험한 심리적 상처를 줄 수 있다는 점을 들 수 있다. 부정적인 평가가 어떤 사람에게는 분발의 계기를 마련하나 어떤 사람에게는 자긍심에 지울 수 없는 상처를 남긴다. 그리고 부정적 평가를 받은 사람들 사이에 보복의 심리가 작용할 수 있다. 다면평가에서는 익명성(匿名性)이 생명이지만 평가자들은 그러한 익명성이 철저히 지켜지리라는 확신을 갖지 못하는 경우가 많다. 때문에 보복을 걱정해서 관대한 평가를 내리기도 한다. 또한 평가가 성과관리와 연결되면 높은 점수를 얻기 위한 게임 플레잉(game playing)의 만연을 가져올 수 있다(Waldman & Atwater, 1998). 관리자가 인기를 얻으려는 장난을 칠 수도 있고 때로는 집단적으로 특정인을 높이 평가하거나 벌주는 사례도 생기며, 혈연 · 학연 등의 비공식집단에 속한 관리자에게 터무니없는 점수를 부여하거나 구성원들간에 조직적인 담합도 발생할 수 있다. [표 VI-4]에는 필자가 1993년도에 다면평가를 도입하고 있는 우리나라 조직의 구성원들을 면접해서 얻은 응답결과인데, 다면평가를 인사고과에 적용했을 때의 긍정적 효과와 부정적 효과를 보여주고 있다.

[표 VI-4] **다면평가방식에 의한 인사고과의 긍정적 효과와 부정적 효과**

긍정적 효과	부정적 효과
• 상사일방과 권위주의적 조직문화의 풍토전환 • 일부 금융기관의 경우 도덕적 문제가 있는 간부직의 파악	• 상향적 평가에 대한 상사의 불쾌감 • 인사고과에 반영시 철저한 보안유지로 본래 개발목적으로 활용 불가능 • 비밀유지에 대한 불안감으로 만점부여 등 관대화 경향 • 평정척도를 엄격히 지키는 평정자로부터 평가를 받는 직원은 상대적으로 불리 • 평가자들간의 암묵적 담합평가 • 사적 감정에 치우친 비객관적 평가

이렇게 다면평가가 가져올 수 있는 위험적인 요소들이 우리나라 기업에서 다면평가의 도입을 주저하게 만든 주요한 원인으로 작용했던 것 같다. 즉 결과적으로 우리나라 기업들은 다면평가의 도입을 통해 기존 인사고과가 지니고 있는 불신의 해소를 기대하였지만 그러한 기대가 충족되지 못했던 셈이다. 불신의 해소를 위해 도입된 다면평가가 새로운 조직 내 불신의 요소로 작용할 가능성을 우려했기 때문이다.

다면평가의 효과적 시행을 위한 제언

현재 우리나라 조직에서 다면평가의 도입추진이 주춤하고 있지만 앞서도 살펴보았듯이 다면평가의 긍정적 효과는 매우 크다. 조직의 내외부의 다양한 원천으로부터의 평가는 조직의 문화변화, 경쟁력 강화, 역량증대에 공헌할 수 있다. 또한 조직구성원들에게 필요한 역량의 강화에 도움을 줄 수 있는 여지가 매우 많다. 그리고 개발용도로의 충분한 훈련을 거치면 성과관리용도로도 얼마든지 적용가능성이 있다는 이론적 · 경험적 연구들이 존재한다. 다만 그 과정에서의 문제점에 대한 이해 및 철저한 준비가 필요할 것이다. 여기서는 다면평가를 성과관리나 인사고과로 효과적으로 사용하는 데 필요한 지침을 제시하고자 한다.

• **개발목적으로부터 시작할 것**

조직에서 다면평가를 사용한 적이 없다면 개발목적으로 시작하는 것이 최선이다. 왜냐하면 구성원들에게 이는 엄청난 변화이기 때문이다. 특히 동료나 하급자들에게 어떤 형태로든 평가를 받는다는 것은 일찍이 경험해 보지 못했던 변화이다. 따라서 영향력이 상대적으로 적은 개발목적의 사용을 통해 새로운 변화에 대한 구성원들의 적응을 도와야 한다. 전문가들은 다면평가를 인사고과용도로 사용하기 전에는 적어도 1년 내지 수년간의 활용경험이 유지되어야 함을 지적한다(Timmereck, 1997). 한 전문가는 어떤 제조업체서는 3년이 지나야 정착이 되었다는 사례를 인용하기도 한다(Dalton, 1998).

• **충분한 시간을 갖고 시범적 실시**

다면평가, 특히 성과관리목적에서의 그것은 조직 내에 반향이 크기 때문에 준비에도 충분한 시간을 가져야 할 뿐만 아니라 일시에 전면적으로 도입하기보다는 준비가 잘 된 부서에 시범적 실시(파일럿 테스트)로 시작하는 것이 바람직하다.

또한 다면평가는 수 년간에 걸쳐 도입하는 것이 바람직하다. 도입의 첫 해에는 인사고과는 전통적인 시스템에 기초하고 다면평가는 개발목적으로만 사용하는 것이 바람직하다.

• **도입목적을 조직목표와 관련 분명할 것**

다면평가 도입에 있어서는 왜 조직이 그것을 원하는지를 분명히 할 필요가 있다. 문화를 바꾸려고 하는 것인지, 아니면 성과관리시스템을 개선하려는 것인지가 분명해야 한다(Tornow, 1998). 남들도 하니까 나도 한다는 식은 곤란하다.

• **관련자들을 철저히 교육할 것**

다면평가가 조직 내에서 성공을 거두기 위해서는 관련되는 사람들을 대상으로 이 제도의 취지와 효과적 운용에 대해 충분하게 교육을 시키는 것이 중요하다.

훈련은 피드백 제공자 및 피드백 수령자 양자에게 필요하지만, 특히 관리자들의 위치에 있는 사람들에게 이 제도의 취지를 정확히 인식시키는 것이 중요하다. 경영자들이 이 제도를 건설적인 과정으로 보느냐 아니면 벌주는 과정으로 보느냐 하는 것은 매우 중요한 문제이다.

• **후속조치(follow up)를 철저히 할 것**

다면평가가 성공을 거두려면 사후조치가 철저해야 한다. 이 제도를 통해 얻은 피드백이 하나의 보고서로만 끝나서는 안 된다. 사후의 개선을 위한 액션 플랜으로 연결되어야 한다. 감독자가 동의하는 액션플랜이 없다면 한 종업원은 결과를 잘못 해석하고 잘못된 액션플랜을 생각할 수도 있다. 나아가 액션플랜은 결과와도 연결되어야지만 동시에 조직의 보상이나 벌과도 연결되어야 한다(Timmreck, 1997). 그렇지 않으면 피드백 수

령자는 그 결과에 대해 진지해지지 못할 것이기 때문이다.

• **불신과 두려움의 분위기에서는 시도하지 말 것**

성과관리나 인사고과 목적의 다면평가가 성공을 거두기 위해서는 조직구성원들간에 신뢰의 조직문화가 구축되어 있어야 한다. 신뢰가 바탕이 되어야 타인의 피드백에 대해 우리는 진지해질 수 있기 때문이다. 따라서 만일 보복적이고 징벌적인 문화를 지니고 있다면 이 제도는 효과적으로 기능하지 않는다.

• **개발용도와 구별되는 별도의 설계**

다면평가는 앞서 설명한 것처럼 개발목적으로 실시되기 시작하여 최근에는 고과목적으로도 사용되기 시작하고 있다. 그런데 그 과정에서 발생하는 문제의 주요한 이유의 하나는 목적이 틀림에도 불구하고 하나의 다면평가를 개발하여 이를 다용도로 사용하고 있다는 점이다. 따라서 어떤 목적으로 활용할 것이냐는 용도에 따라 기본적인 설계의 방향이 틀려져야 한다는 주장도 최근에는 제기되고 있다(Toegel & Conger, 2003). 개발목적이라면 질적 피드백과 개발을 위한 역량에 초점을 두어야 할 것이고 반면에 평가목적이라면 계량적 피드백과 성과측정에 중점을 두어야 할 것이다.

결　　어

지금까지 국내기업의 인사평가의 실태와 다면평가의 도입현황, 문제점 등에 대해 살펴보았다. 그리고 다면평가가 효과적으로 시행되기 위한 방안도 제시하였다.

인사평가는 학습이론측면에서 보면 효과적 시행을 위해 상당한 조직학습이 전제되어야 하는 관리기법이다. 따라서 평가문화의 토대가 허약한 우리나라 기업에서 인사평가가 효과적으로 시행되기 위해서는 시행착오를 거치는 조직학습의 상당한 축적이 필요하다. 이런 점에서 평가와 관련된 조직의 시행착오는 헛된 것만은 아니다.

다면평가 역시 문제가 많은 기법이지만 효과적으로 활용되면 기존의 인사평가의 문제점을 보완해 줄 수 있는 측면이 분명히 존재한다. 특히 개발용도의 그것은 조직의 역량제고를 위해 매우 가치가 있다. 때문에 다면평가를 문제점이 많은 기법으로 배척하기보다는 전향적으로 도입을 검토해 볼 만하다. 물론 처음부터 지나친 기대는 금물이며 개발용도를 거치는 점진적 학습축적과정이 필요할 것이다. 다면평가는 분명 우리 기업에서 미비된 평가문화의 정착을 위해 기여할 부분이 많은 기법이라고 생각된다.

참고문헌

Dalton, M. A.(1998), "Using 360-Degree Feedback Successfully," *Leadership in Action*, 18(1), 1-11.

Lepsinger, R., & Lucia, A. D.(1997), *The Art and Science of 360° Feedback*, San Fransisco, CA: Pfeiffer.

Timmereck, C. W., & Bracken, D. W.(1997, Spring), "Multisource Feedback: A Study of Its Use in decision Making," *Employment Relations Today*.

Toegel, G., & Conger, J. A.(2003), "360-Degree Assessment: Time for Reinvention," *Academy of Management Learning & Education*, 2(3), 297-311.

Tornow, W. W., London, M. et al.(1998), *Maximizing the Value of 360-Degree Feedback*, San Fransisco, CA: Jossey-Bass Inc.

Waldman, D. A., & Atwater, L. E.(1998), *The Power of 360° Feedback*, Houston, Texas: Gulf Publishing Company.

03 인사평가가 잘 안 되는 이유 10가지[1)]

박준성
parkcom@sungshin.ac.kr

95년도 1인당 국민소득 만불을 넘어선 이래 10년째 만불대를 못 벗어나고 있다. 이웃 일본은 81년 만불대에 진입한 후 6년 만에 2만불대에 진입하였고, 또 5년 만에 3만불대에 진입하였다. 미국, 독일, 프랑스 모두 70년대 후반에 만불대에 진입한 후 80년대 후반에 2만불대를 돌파하고, 90년대 3만불대를 넘어섰다.

우리나라가 지속적으로 성장하기 위해서는 국가전체가 성과창출에 매진해야 한다. 발전을 위한 비전을 수립하고, 비전을 전략목표로 구체화하고, 전략목표를 열심히 실천하고, 실천 성과를 객관적으로 평가하고, 공정하게 보상하여 고성과사회로 거듭나는 과정에서 2만불 시대를 맞이할 수 있다.

이처럼 장기간 성장이 정체된 사회를 역동적으로 혁신하기 위해서는 목표를 설정하고, 실천하고, 평가하고, 보상하는 성과관리시스템의 활성화가 그 어느 때보다 필요하다.

민간부문은 물론 공공부문도 혁신활동에 매진하고 있으나 혁신활동의 실효성은 아직

1) 출처: 인크루트 경력개발연구소(2005), "인사평가가 잘 안 되는 이유 10가지," 「인재경영」, 9월호, pp. 56-61에서 전재함.

미흡한 실정이다. 혁신성과가 미흡한 이유는 고성과창출 매커니즘을 통제하고 피드백하는 성과관리, 즉 평가기능이 부실하기 때문이다.

평가가 잘 안 되는 이유는 평가에 관한 많은 오해들이 있기 때문이다.

잘못 이해하고 잘못 적용해서 평가가 잘 안 되는 이유 10가지를 정리해 보고자 한다.

인사평가와 수행평가 혹은 성과평가는 다른 것인가

인사평가와 관련한 용어는 다양하게 사용되고 있다. 미국에서는 Merit Rating, Personnel Rating, Personnel Appraisal, Performance Appraisal, Performance Assessment, Performance Evaluation, Performance Management, Performance Review 등의 용어를 쓰고 있다. 한편 일본에서는 인사고과라는 말을 보편적으로 쓰고 있다. 그리고 우리나라의 경우 일부 공기업의 경우 근무평정이라는 용어를 쓰는 경우도 있지만, 대부분 기업에서는 인사고과 혹은 인사평가라는 용어를 쓰고 있다.

그러나 똑같은 용어를 다르게 번역하고, 서로 다른 것인양 사용하는 혼란이 발생하고 있다. 예컨대 'Performance Appraisal, Performance Assessment, Performance Evaluation 등의 용어를 교육학 분야에서는 수행평가라고 번역하는가 하면 또 공공부문을 다루는 행정학 분야에서는 성과평가라고 하고 있어 기업실무에서 사용하는 인사고과나 인사평가와 다른 것으로 오인할 가능성이 있다. 같은 용어를 수행평가나 성과평가로 번역하여 전혀 다른 새로운 평가인양 오해가 초래되고 있다.

인사평가나 수행평가나 성과평가는 모두 똑같은 용어를 번역한 것으로 퍼포먼스(performance)를 평가한다는 점에서 동일한 것으로 이해할 필요가 있다.

성과관리 혹은 성과평가라고 해서 업적만을 평가하는 것인가

'performance appraisal' 혹은 'performance evaluation'를 인사고과나 인사평가로 번역하지 않고 성과평가로 번역하면서 발생한 가장 큰 오해는 '성과 = 업적', 즉 성과와 실적을 동일한 것으로 혼용하는 것이다. 그래서 인사평가는 능력이나 태도를 평가하는 것이고 성과평가는 업적(resultant output)을 평가하는 것이라고 구분하는 오류가 발생하고 있다.

이런 오류 때문에 종래의 능력고과, 태도고과를 성과평가와 별개의 것으로 인식할 뿐만 아니라 역량평가(competency evaluation)와 성과평가 역시 별개의 것으로 인식하는 오류가 발생하고 있다.

성과관리 혹은 성과평가라고 해서 업적만을 평가하는 것이 아니라 성과와 관련이 있는 모든 요소를 평가한다. 따라서 성과평가로 역량만을 평가할 수도 있고, 업적만을 평가할 수도 있고 둘 다 평가할 수도 있다.

퍼포먼스를 성과로 번역하고 퍼포먼스를 아웃풋, 즉 실적과 동일한 것으로 한정해서는 곤란하다.

퍼포먼스에는 과정적인 요소와 결과적인 요소가 모두 포함되어 있다. 때문에 퍼포먼스를 성과라고 번역하더라도 성과평가는 곧 업적평가라는 오해는 하지 말아야 한다.

따라서 성과평가를 한다고 모든 평가를 목표관리식 업적평가로 뜯어고치는 우를 범해서는 곤란하다. 성과의 과정적인 측면을 평가하는 역량평가가 성과평가에서 더 큰 비중을 가질 수도 있기 때문이다.

성과관리시스템과 인사평가시스템은 다른 것인가

성과관리시스템(PMS: performance management system)과 성과관리(performance management), 인사평가시스템(performance evaluation system)과 인사평가(performance evaluation)는 어떤 관계인가? 성과관리와 인사평가는 동일한 개념이다. 따라서 인사평가시스템과 성과관리시스템 역시 동일한 개념을 포괄하는 용어이다. 즉 성과관리시스템은 목표를 설정하고 이를 평가하고 평가결과를 통해 피드백하고 보상하여 동기를 유발하여 성과달성의 효율성을 높이는 종합적인 관리시스템이고 성과관리 혹은 인사평가는 목표의

[그림 VI-4] **성과관리시스템**(PMS)

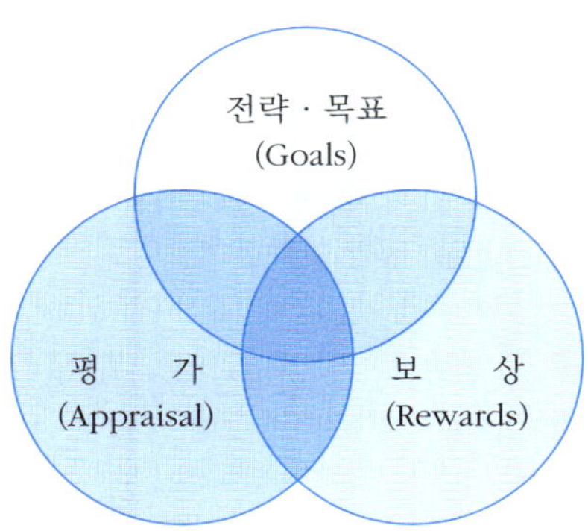

달성정도를 평가하는 하부시스템이다. 따라서 성과관리를 인사평가와 다른 기능으로 오해하는 일이 없어야 할 것이다.

성과를 측정하는 방법은 BSC뿐인가

정부와 공기업 분야에서 성과관리시스템의 구축과 이를 위한 균형성과표(BSC: balanced scorecards) 도입이 유행이 된지는 이미 오래다. 주지하는 바와 같이 BSC는 카플란(Robert Kaplan)과 노튼(David Norton)이 조직의 업적(results)을 측정하는 네 가지 카테고리로 구성된 평가표이다. 재무적 관점, 고객의 관점, 내부업무 프로세스관점 및 학습과 성장관점이라는 네 가지 카테고리는 조직의 업무수행을 전략적 방향과 일치시키는 유용한 전략관리도구로 활용되고 있다. 그리고 최근 창(Richard Chang)과 모간(Morgan)은 핵심실적영역(key results areas)을 기준으로 성과를 측정하는 PSC(performance scorecards)를 제안하고 있어 실적을 분류하고 측정하는 기법들이 빠른 속도로 발전하고 있다. 요컨대 BSC나 PSC는 성과를 측정하는 수많은 방법 중에 하나인 목표관리식 업적평가방법의 일종이다.

그러므로 성과(performance)를 측정하는 기준이 실적(result)만 있는 것이 아니라는 점을 이해할 필요가 있다.

성과를 측정하는 방법은 다양하게 발전해 왔다. 미국의 경우 1960년대까지 평정척도법, 체크리스트법 등이 활용되었고, 60년대 이후 육성형 고과방법(appraisal method)으로 행위기준평정척도법, 중요사례법, 행위관찰법, 평가센터법 등이 적용되기 시작하였다. 그리고 최근에 이르러 보다 통합적이고 전략적인 피드백 시스템을 구축하는 성과지향

[그림 VI-5] **성과평가**(인사평가)**방법**

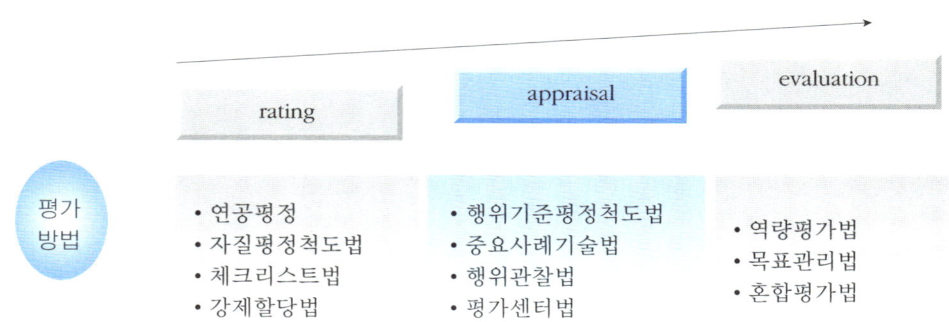

적인 평가방법으로 역량평가법, 목표관리식 업적평가법 그리고 역량평가와 업적평가 방법을 혼합한 혼합형 평가방법 등이 적용되고 있다.

우리나라의 경우 오랫동안 근무평정이라는 이름의 평정척도법이 사용되었고, 행위기준평정척도법 등이 활용되다가 최근 BSC, 핵심성과지표(KPI: key performance indicators) 등의 평가기준을 이용한 목표관리 방식의 업적평가방법이 많이 활용되고 있다.

그러나 성과를 측정하는 각 평가방법은 나름대로 장단점을 지니고 있기 때문에 상황에 따라 적절한 방법을 선택하는 것이 중요하다.

경영여건이나, 전략적 목표의 내용과 피평가자의 특성에 따라 성과를 측정하고 평가하는 적절한 방법을 선택해야 한다. 따라서 업적을 평가하는 방법만이 유용한 것인양 BSC와 같은 업적평가 일색으로 평가를 운영하는 것은 한 가지 음식만 먹는 편식으로 건강을 해치는 것과 다름없는 일이다.

역량평가는 성과평가(인사평가)와 별개의 것인가

성과를 평가하는 방법 중에 피평가자의 역량을 평가하는 역량평가방법도 있고 업적을 평가하는 BSC도 있다. 그럼에도 불구하고 성과평가라는 용어를 업적평가에 한정하여 사용하는 우를 범하는 경우가 많다.

역량평가야말로 성과평가 중에서 가장 광범위하게 많이 사용되는 방법이고 업적평가는 부서단위 업적을 평가하는 한정적인 방법이다.

따라서 성과평가 혹은 인사평가를 효율적으로 운영하기 위해서는 역량평가를 중심으로 하고, 업적평가를 보조적인 수단으로 사용하는 것이 오히려 더 바람직하다.

다면평가는 만병통치약인가

누가 누구를 평가할 것인가를 잘 설정하여야 평가의 오류를 줄일 수 있다. 평가를 할 수 있는 사람(appraisal sources)은 상사, 자기 자신, 동료, 부하, 그리고 고객 등과 같은 외부집단 등이 있다.

상사평가, 즉 상사가 고과권을 갖는 이유는 먼저 조직이 계층구조로 되어 있기 때문에 조직관리 차원에서 자연스럽게 상사가 부하를 평가하고 발전시키는 결정권을 지니게 되기 때문이다. 그리고 두 번째, 상사는 부하직원을 관리하는 수단으로 보상과 벌을 활용하게 되는바, 보상과 벌의 내용과 양을 결정하는 과정에서 상사가 고과권을 행사하게 된다. 세 번째로, 상사야말로 부하가 직무목표나 조직목표를 얼마나 잘 수행하고 있는지를 가장 잘 관찰하고, 판정할 수 있는 위치에 놓여 있기 때문에 가장 편하게 고과권을 행사하게 되는 것이다.

요컨대 계층구조상의 지배권을 행사하고 유지하면서 부하를 통제하고 판정하는 수단으로 상사의 고과권이 생성된다는 점은 오늘날에도 기본적인 점으로 받아들여지고 있다.

동료평가는 동료가 동료를 평가하는 것을 말한다. 어떤 팀이나 단위 부서의 구성원들이 서로 평가하거나, 같은 팀은 아니라도 조직 내의 비슷한 직급의 동료들이 동료를 평가하는 것이다. 동료평가가 신뢰성과 타당성을 유지하려면 대체로 다음과 같은 3가지 요건을 갖추어야 한다.

첫째, 동료들이 서로를 동료로만 보지 않고 때로는 상사의 입장에서 때로는 부하의 입장에서 평가할 수 있어야 한다.

둘째, 동료평가를 활용하려면, 독립적인 판단을 많이 확보할 수 있어야 한다. 평균적으로 한 사람의 평정결과보다는 여러 명이 한 평정결과가 더 정확하고 믿을 수 있다. 그러므로 오류를 최소화하기 위해서는 상사평가보다는 동료들의 평가를 모아 관찰적 오류를 상쇄시키는 것이 더 좋을 수 있다.

셋째, 동료평가가 타당성과 신뢰성을 갖기 위해서는 익명성이 필요하다. 익명성을 보장함으로써 평가자는 피평가자를 자유롭게 평정할 수 있다. 상사평가는 근본적으로 공개적이다. 따라서 평가자가 피평가자들이 공개된 성적을 불신하고 이의를 제기하는 것을 의식하면 평가를 관대하게 하려는 오류를 범할 가능성이 높아진다.

부하평가의 장점으로는 첫째 공식적으로 운영할 경우, 조직구성원의 참여를 증대시킬 수 있는 방법이 될 수 있고, 둘째 피평가자에게 평가결과를 바탕으로 하여 자기개발을 하도록 의욕을 고취시킬 수 있으며, 셋째 상사에게 부하의 마음을 파악할 수 있는 공식적인 기회를 제공해 줄 수 있으며, 넷째 조직 상하간의 의사소통이 원활하게 이루어지도록 하는 유효한 정보수집기회를 제공할 수 있으며, 다섯째 부하에게 상사의 리더십 행동을 평가할 수 있는 기회를 제공함으로써 자기개발을 위한 노력의 계기를 마련해 준다는 것 등이 있다.

한편, 문제점으로는 부하의 평가능력 부족, 상사의 보복에 대한 두려움, 부하의 인기를 끌기 위해 어려운 업무라든지 힘든 일을 배정하지 않음으로써 기업의 성과 저하, 관리자의 권한 약화, 부하가 관리자의 성과를 전체적으로 파악할 수 있는 정보를 갖지 못할 가능성 등을 들 수 있다. 최근 들어, 상향식 평가를 채택하고 있는 기업들이 증가하고 있으며, 부하에 의한 평가는 주로 다면평가로의 일부분으로 생각하고 보완적인 방법으로써 다른 평가방식과 병행해서 활용되고 있다.

자기평가는 동기수준이 높거나 전문적이고 독립적인 기술과 역량을 지닌 종업원을 평가할 때 유용성이 높다. 자기평가의 장점은 첫째, 이는 부하직원의 자존심과 자부심을 향상시킨다. 둘째, 평가자가 단순히 평가자 역할만 하는 것이 아니라 상담자 역할을 하도록 한다. 셋째, 육성목표에 필요한 정보뿐만 아니라 육성계획에 관한 정보를 확보할 수 있다.

자기평가는 상사평가와 함께 사용하는 것이 바람직하다. 이 경우 종업원과 상사는 각각 독립적으로 작성한 평가성적을 비교해 보고 한 점 정도의 차이는 더 높은 점수를 최종 점수로 확정하고 일정 점수 이상의 차이가 날 때는 토론을 거쳐 차이가 난 이유에 대해 명확한 결론을 내린 다음 조정하여 점수를 결정하도록 하는 것이 바람직하다.

요컨대 평가자가 되기 위해서는 피평가자를 잘 관찰할 위치에 있어야 하고, 또 어떤 행위가 직무요건을 잘 충족하는 행위인가를 식별할 수 있어야 한다.

최근에 360도 평가 혹은 다면평가를 별다른 검증절차를 거치지 않고 남용하는 경우가 많다. 다면평가라는 이름으로 피평가자의 업무수행과정이나 실적을 평가할 위치에 있지 않은 평가자에게 평정권한을 부여하는 오류를 너무나 가볍게 생각하고 있다. 그리고 평가항목의 신뢰도나 타당도는 개선하지 않고 평가자 수를 늘리면 평가의 신뢰성이나 타당성이 확보되는 것으로 오해하고 있다.

동료평가가 집단 다이나믹스를 현저하게 해치는 부작용을 무시하고 있으며, 부하평가가 상사의 성과 리더십을 왜곡하는 측면을 간과하고 있다. 다면평가는 상사평가를 보조하는 자료로 활용하는 것이 바람직하다.

주관적인 평정오류의 해소는 불가능한가

평정오류를 해소하려면 평가항목의 신뢰성을 높이는 노력을 해야 한다.

평가의 신뢰성을 저해하는 측면에는 두 가지가 있다. 하나는 평가척도의 신뢰성 문제이고, 또 하나는 평가자의 오류문제이다. 평가척도의 신뢰성을 제고하기 위해서는 평가항목을 일관성 있게 평가할 수 있도록 변별력을 높여야 한다. 측정항목의 신뢰성을 높이기 위해서는 평가항목의 독립성이 유지되어야 하고, 그러기 위해서는 변별력이 높은 용어를 사용하거나 객관화된 항목을 개발하여야 한다. 평정척도방법을 적용할 경우 관대화와 중심화 경향을 방지하기 위한 대안을 다양하게 강구하는 것이 필요하며 평정오

[그림 VI-6] 평가의 신뢰성 향상방안

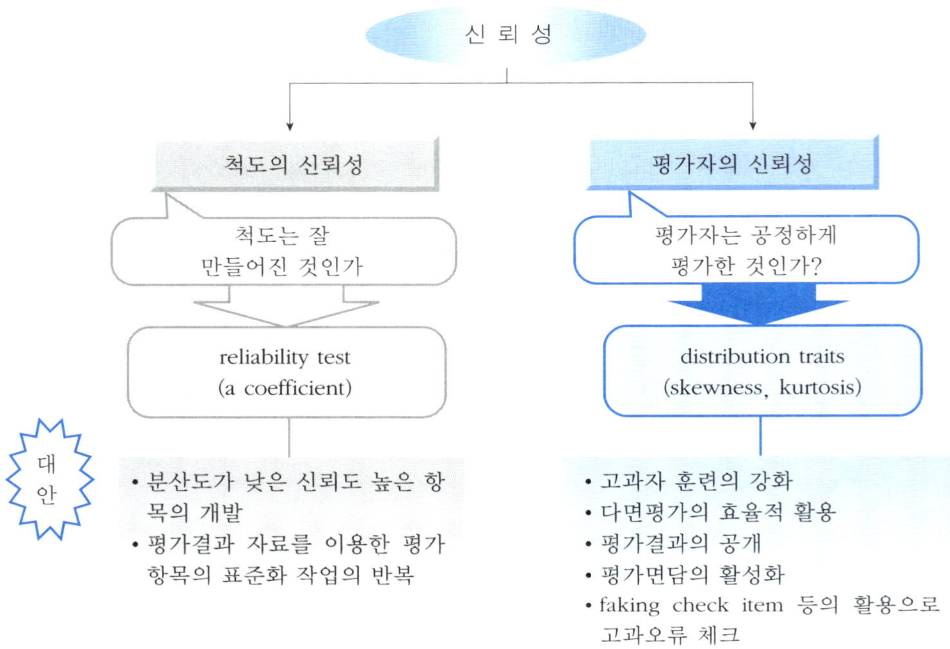

류를 최소화할 수 있는 대안적인 평정방법을 보완적으로 활용하는 것도 필요하다.

한편 평가자의 오류를 해소하기 위해서는 평가담당자는 평가자별로 평가성향을 분석하여 잘못된 점을 지적해 주고 평가자 훈련에 반영함은 물론 이를 개선하는 지침을 제시해 주도록 하는 것이 좋다. 평가자별로 왜도(skewness)와 첨도(kurtosis)를 계산하여 평정분포가 일정 수준 이상 왜곡되었을 경우 정규적인 분포가 되도록 피드백을 하는 것이 필요하며 잘못된 평가를 할 경우 평가태도를 고치기 위한 고과자 훈련을 지속적으로 시행하는 것이 필요하다.

고과자의 평가결과를 공개하면 고과자의 불공정한 평가를 사전에 예방하고 평가태도를 시정하는 효과가 있다. 고과결과를 공개하면서 이의를 제기할 수 있는 절차를 마련하면 더욱 좋다.

평가의 타당성은 문제 삼지 않아도 되는가

성과와의 실제적인 연결성에 따라서 평가항목의 타당성이 달라진다. 예컨대 판매원의 경우 고객과의 접촉은 앞으로의 성과를 위하여 중요한 성과요소이지만, 이것이 실제 판매로 연결될지는 의문스러우며, 따라서 평가요소로서의 타당성이 의문시될 수 있다. 그러므로 타당성 관점에서 볼 때, 가능한 한 실제로 달성된 성과와 타당성 분석을 통하여 높은 타당성이 실제로 입증된 특성만을 평가요소로 선택하여 평가항목에 포함하는 것이 필수적이다. 타당한 평가문항을 개발하는 것이 가장 중요하다. 그러나 실무적으로 이 점을 소홀하게 다루는 경향이 많다.

타당성이 부족한 평가문항으로 평가를 하는 것은 전쟁터에서 눈감고 총을 쏘는 것과 다름없는 일임에도 불구하고 평가항목의 타당성에 대한 관심은 부족하다.

평가항목의 내용타당성과 문항의 예측력을 높이기 위해서는 평가결과와 경영실적과의 관련성을 지속적으로 분석하여 평가항목의 내용타당성을 높이기 위해서 바람직한 평가항목을 찾는 노력을 하여야 한다. 또 업적고과의 타당성을 높이기 위해서는 전략적 경영목표가 평가항목이 되도록 업적고과를 설계하여야 할 것이다. 각 항목의 비중을 적

[그림 VI-7] **평가의 타당성 향상방안**

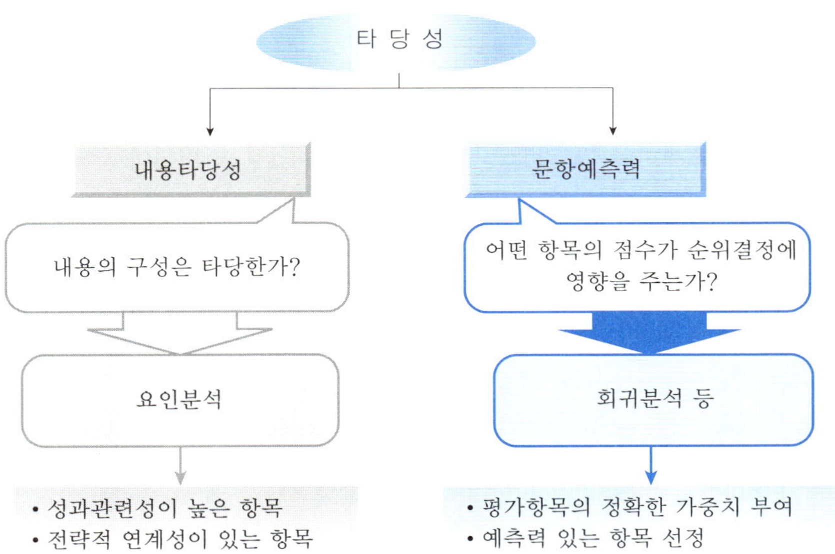

절하게 조정하기 위한 노력도 지속적으로 기울여야 한다.

성적(score)과 등급(rank)은 동일한 것인가

상대평가(relative measurement)와 절대평가(absolute measurement) 중에 어느 것이 좋은가를 질문하는 실무자들이 많다. 상대평가는 비교해서 측정하는 것이고 절대평가는 기준을 이용하여 측정하는 것이다. 전자는 비교를 통해 서열을 매기거나 점수를 할당하는 방식이고, 후자는 기준에 따라 점수를 매기는 방식이다. 따라서 비교할 필요가 있을 경우 상대평가가 좋고 절대수준을 파악할 필요가 있을 경우 절대평가가 좋다.

인사평가에서 성적을 매기는 과정과 등급을 결정하는 과정을 구분하지 못해서 생기는 오류가 매우 크다. 성적은 평가표를 평정한 점수이고, 등급은 점수의 상대적 위치를 서열화한 것이다. 예컨대 인사관리 시험성적은 95점이고 생산관리 시험성적은 85점이지만, 학점은 인사관리가 B^+이고, 생산관리가 A^+인 경우가 있다. 이 경우 시험성적은 인사평가 성적에 해당되고, 학점은 인사평가 등급에 해당된다. 따라서 인사평가에서도 성적을 평정하는 과정과 등급을 매기는 과정을 엄격하게 구분하여 운영해야 한다.

평가결과는 공개해야 하는가

공정한 평가를 기대한다면 평가결과는 공개하는 것이 바람직하다. 그러나 아직 대부분 조직에서 평가결과 공개를 꺼리고 있다.

인사평가결과를 공개하고 그 결과를 피드백할 경우 업무를 지원하고, 성과향상을 유발하고, 임금과 승진 · 승격에 관한 의사결정에 납득성과 공감대를 높이는 효과를 기대할 수 있다. 평가자가 피평가자와 면담하고, 부하의 의견을 듣고 본인의 평가의견을 부하에게 알려주면서 협의하는 과정에서 업무에 관한 지원사항을 파악할 수도 있다. 또 이러한 과정에서 부하는 상사를 신뢰하고, 더욱 열심히 일하게 된다.

요컨대 지금까지 언급한 여러 사항을 고려하여 적합하고 타당한 성과(평가)관리시스템을 구축하고, 이를 활성화할 경우 더 많은 고성과조직이 탄생하여 2만불 시대를 앞당길 수 있을 것이다.

04

평가운용의 성패를 결정하는 조직요소[1)]

한태영
tyounghan@kw.ac.kr

우리 사회에 성과주의 지향적인 가치가 점차 보편화되면서 기업조직도 구성원의 성과를 정확하게 파악하는 인사평가제도를 적극적으로 도입하고 있다. 외환위기 이후 국내기업은 유수 컨설팅사의 도움을 받아 선진적인 인사평가방식을 도입하는 노력에 적극적이었다. 그 결과 어지간한 기업은 시스템으로써 인사평가체계는 성과주의적 가치와 부합되도록 갖추게 되었다.

하지만 인사평가는 제도가 갖추어졌다고 해서 그 체계가 완성되었다고 쉽게 말할 수 없는 매우 복잡한 문제다. 성과주의 조직에서 평가는 승진, 보상, 경력개발, 심지어 해고 등 구성원들의 현실적인 지위와 직무동기에 직접적인 영향을 미치는 민감한 사안들과 관련되어 있다. 그래서 구성원들이 항상 관심이 높을 수밖에 없는데 최종적으로 자신에 대한 평가결과는 상대적 우열화로 나타나기 때문에 항상 불만을 가지는 구성원이 존재하기 마련이다. 그러한 본질적인 특징 때문에 머피와 클리블랜드(Murphy & Cleveland, 1996)는 인사평가가 평가자와 피평가자에게 공히 '죽음과 같은 고통(agony)'

1) 출처: 인크루트 경력개발연구소(2005), "인사평가운용의 성패를 결정하는 조직요소," 「인재경영」, 6월호, pp. 44-51에서 전재함.

이라고 표현할 정도이다.

인사평가는 여타 HR 시스템과 매우 상이한 특징이 있다. 인사선발이나 교육은 대체로 HR 관련 부서가 핵심적인 주도권을 가지고, 조직의구성원들은 직·간접적으로 수혜나 관리를 받는 "대상"으로 볼 수 있다. 하지만, 인사평가는 HR 부서가 만든 틀에 정보를 입력하고 인출하고 활용하는 "주체"가 평가자이기 때문에 평가자와 피평가자의 행동에 훨씬 더 의존하게 된다. 이러한 특징 때문에 인사평가는 운용의 성패를 좌우하는데 영향을 미치는 요인들이 다른 HR 시스템보다 훨씬 많고 미묘하다는 점을 중시해야 한다. 더 나아가 그 핵심은 조직이란 유기체 속에서 "주체"인 구성원들이 조직의 환경에 따라서 원래의 목적과 다르게 평가시스템을 변용하는 경우가 많다는 점이다. 특히 평가자는 자신의 위상과 피평가자가 미치는 명시적 · 암묵적 압력 등을 고려하여, 왜곡된 평가결과를 만들어 내거나 평가시스템의 활성화를 저해하는 행동을 하기도 한다.

여기에서 중요하게 고려해야 할 점은 인사평가 운용주체의 이러한 행동이 적응적 행동이라는 사실이다. 예를 들어, 상사가 부하에게 나쁜 인사평가 점수를 주게 되면 부하와 불편하게 대면을 해야 할 가능성이 높아지고, 자신이 부하의 업무성과를 제대로 관리하지 못했다는 반증이 될 수도 있다. 기대이론(expectancy theory)으로 비춰보자면, 이것은 부정적인 유인가를 가지고 있으므로 긍정적인 유인가를 가진 다른 행동(즉, 관대한 평가)을 하는 동기가 높게 되고, 그것이 상사 자신이 조직에서 더 원활하게 지낼 수 있는 선택이므로 이는 자연스러운 적응행동인 것이다. 따라서, 인사평가 운용주체의 적응적 행동이 HR 부서가 애초에 구축한 시스템과 부합되는 방향으로 운용의 묘를 가다듬는 것이 인사평가 시스템의 성패에 핵심적이라고 할 수 있다.

사적(私的) 영역의 판단 vs. 공적(公的) 영역의 평가

비록 평가자의 내면에서는 피평가자의 직무성과에 대하여 정확한 '판단'을 내리고 있다고 하더라도, 자신을 둘러싼 환경에 적응하는 과정에서 의도적으로 왜곡된 '평가'를 공적인 기록으로 남길 수 있다. 판단과 평가에 차이를 만드는 요인은 여러 가지가 있다. 인사평가 시스템을 운용할 때는 이러한 요인을 적극적으로 관리해야 한다.

평가자가 피평가자와 개인적인 관계에서 친근한지 또는 피평가자의 업무에 대하여 친숙한지에 따라서 평가자와 피평가자가 교류하는 정서(emotion)가 달라지고 이러한 측면이 평가행동에 영향을 주기도 한다. 인적자원관리는 전통적으로 직무수행자와 직무, 그리고 환경이 서로 영향을 미치는 인지적인 측면에 주로 초점을 두었다. 그러나 최근에는 정서적인 측면이 전반적으로 조직생활에 중요한 영향을 준다는 점이 점차 부각되고 있다. 정서가 조직생활에 영향을 미치는 것을 과거에도 생각하지 않은 것은 아니지만, 조직행동 연구에서 이러한 점을 객관적이고 타당한 방법으로 밝혀낼 수 있는 방법이 부족하였기 때문에 연구의 초점이 되지 못하였다. 그러나 최근에는 정서지능(EQ)이나 정서불일치, 또는 신체적인 단서의 영향 등 정서에 대한 관심을 이끌어내면서 이러한 측면이 인사평가에 미치는 영향을 밝혀내고 있다.

피평가자에 대하여 정서적으로 관여되면 평가자는 피평가자의 미래에 대한 고려를 하게 되고 이것이 평가에도 영향을 미치게 된다. 필자는 어떤 조직의 인사선발 시스템의 효과성을 분석하기 위하여 일반직원들의 인사평가 자료를 검토했던 적이 있다. 이를 위하여 세부적으로 일반 직원의 근무연수별 인사평가 점수를 분석해 보았는데, 재미있는 사실은 바로 다음 해에 대리 승진을 앞둔 직원들의 점수가 다른 직원 집단보다도 주목할 만큼 높다는 점이었다. 심층분석의 결과, 이것은 평가자가 피평가자의 미래를 고려하여 실제 직무수행과 상관없이 바로 닥쳐올 승진이라는 요인에서 불이익을 받지 않도록 평가자들이 배려한 행동이었다. 평가를 왜곡시키는 의도적인 동기가 개입된 예라고 할 수 있다.

평가자가 피평가자의 정서를 고려하는 것은 반드시 인간적인 배려뿐만 아니라 이기적인 면도 있다. 평가점수에 대하여 피평가자가 어떻게 감정적으로 반응할 것이며, 그 반응이 평가자 자신에게 어떠한 부담으로 돌아올 것인가에 대한 생각도 평가자의 평가행동에 영향을 미친다. 그런 측면에서 평가자의 평가행동은 조직에 대한 적응적 행동인 것이다. 예를 들어, 어떤 조직에서 남녀별 인사평가 점수를 분석해 보니 남자 구성원보다 여자 구성원의 고과점수가 일관적으로 낮은 경우가 있었다. 그 이유를 평가자들과 심층면담을 해 본 결과, 여성 직원들은 승진에 대한 압력이 낮다는 전제하에 팀 내에서 상대평가로써 누군가를 낮게 평가해야 하는 제로섬(zero-sum) 평가 시스템을 무난하게 운용하는 방법이 만들어진 것이다. 즉, 낮은 평가에 대하여 비교적 민감하게 반응하거나 평가자 자신에게 항의를 하는 등의 심리적 부담을 주게 될 가능성이 적은 집단에게 낮은 점수를 주게 되었고, 그러한 결과가 이와 같이 나타난다는 것이다.

또, 이런 평가자의 적응적 행동은 그 당시로만 끝나는 것이 아니라 후속의 평가에도 영향을 주어서 장기간에 걸쳐 인사평가 시스템의 운용에 영향을 주기도 한다. 평가자가 피평가자에 대하여 실질적인 관여가 있었을 경우, 예컨대, 자신이 좋은 평가점수를 주어서 피평가자가 승진한 경우, 다시 그 피평가자의 인사평가를 내려야 하는 상황이 발생하게 되면 평가자는 자신이 과거에 주었던 좋은 점수에 대한 정당화가 필요하다. 그 정당화는 평가자가 무의식적으로 형성하게 되는 심리적 정당화인 경우도 있으며, 조직이 평가자의 평가결과와 피평가자의 후속 직무성과간의 관계를 근거로 평가자에 대한 관리역량을 판단하는 시스템을 갖추고 있을 경우에 나타나기도 한다. 즉, 피평가자의 과거 평가점수와 현재의 업무성과 간의 관련성을 밀접하게 보여주어야 하는 조직의 압력에 의하여 의도적으로 정당화를 시켜야 할 경우도 있다. 이럴 때, 평가자의 후속 평정은 관대하게 편파될 수 있는 것이다. 물론 반대의 경우로 피평가자에게 과거에 점수를 나쁘게 주었을 경우 그에 대한 정당화의 압력으로 후속 평가점수도 부정적으로 편파될 수도 있다. 평가행동에 이렇게 정서적 요소가 작용할 경우, 조직은 이 측면을 객관화 · 중립화되도록 만들어 줄 기제를 만들 필요가 있다.

이것은 신뢰의 문제와도 관련이 된다. 조직 내에 신뢰가 형성되어 있는 것은 인사평가의 전제조건으로 자주 거론된다. 왜냐하면 신뢰는 피평가자가 인사평가의 결과를 수용하는가에 직접적인 영향을 주기 때문이다. 그런데 평가자가 평가체계를 신뢰하는 정도는 평가자의 평가에도 영향을 미친다. 인사평가 맥락에서 평가자에게 신뢰라는 것은 조직이 평가체계를 공정하고 정확하게 운영하고 있는 정도에 대한 믿음이다. 이것은 평가자가 다른 평가자에 대한 신뢰를 포함하고 있기 때문에 평가에 영향을 미칠 수 있다. 만약에 자신의 부하들을 평가하는 어떤 팀장이, 다른 팀의 팀장들이 휘하의 부하직원들에게 높은 고과점수를 줄 것이라고 생각한다면(즉, 조직의 평가시스템에 대한 신뢰가 없다면), 자신의 부하에게도 정확한 평가를 내리기보다는 전반적으로 높은 점수를 줄 것이다. 이것은 휘하의 부하직원들에 대한 배려일 뿐만 아니라, 자신이 다른 팀장들보다 팀을 잘 관리하고 있다는 점을 보여주고자 하는 정치적 의도까지 포함하는 것이다. 버나딘 등(Bernadin et al., 1981)은 평가과정에 대한 신뢰도가 평가의 정확성의 32%를 차지한다고 보고하기도 하였다.

기억이 흐려지면 추억이 될 수도 있다

평가자의 인지 정보처리적 전략이 적응행동과 관련될 수도 있다. 인사평가는 조직구성원의 직무수행(performance)의 차이를 변별해 내서 그 수행 차이에 근거하여 조직의 자원을 나누어주거나 육성방안을 마련하는 제도이다. 따라서, 고성과(high performance) 행동이라는 것이 무엇인가, 즉 '일을 잘 한다는 것'의 내용을 잘 반영할 필요가 있다. 직무수행을 신뢰롭고 타당하게 측정하기 위하여 직무수행의 차원, 평가방법, 그리고 평가지표 등에 관한 연구가 많이 이루어졌지만, 직무수행의 수준이 변화할 수 있다는 측면은 비교적 덜 강조되어 왔다. 일선의 평가자가 인사평가라는 행위를 실시하는 것은 일 년에 한 번 또는 두 번에 불과하기 때문에, 평가 당시의 피평가자의 직무수행이 과거에 비하여 어떠한가를 고려하지 않는 경우가 많다. 평가자가 인사평가에 필요한 정보를 늘 기록해 두는 것도 아니기 때문에 현실적으로 어려운 것도 사실이다. 그러므로 평가자는 인사평가 시즌이 되면 자신의 기억을 더듬으며 피평가자가 일을 잘 하고 있는지에 대한 판단을 내리고 점수를 부여해야 한다. 이때, 일반적으로 기억이 흐려지면 평가자는 평가할 정보를 놓치는 것으로 생각하기 쉽지만, 평가자는 오히려 흐려진 기억의 조각에 적극적인 해석을 가하는 경우가 더 많다.

머피(Murphy, 1986; Murphy, 1987)의 연구는 시간에 따라 변화하는 직무수행 수준이 평가에 영향을 미칠 수 있다는 점을 잘 보여주고 있다. 그들은 시청각 매체를 활용한 실험을 통하여, 먼저 고성과를 보이는 부하 A(high performer)나 저성과의 부하 B(poor performer)를 상사에게 보여주고, 그 다음에 동일한 부하들이 중간 수준의 성과를 나타내는 장면을 보여준 후에 두 번째 수행(즉, 중간 수준의 성과)을 상사가 평가하도록 하였다. 연구의 결과, 상사의 두 번째 평가에는 대비효과(contrast effects)가 나타났다. 구체적으로, 처음에 고성과자였던 부하 A가 두 번째에서 평균수준의 성과를 보이면 처음에 저성과자였다가 두 번째에서 똑같이 평균성과를 보인 부하 B보다 더 낮은 점수를 받았다. 한편, 또 다른 실험에서는 위와 같은 실험을 하였으나 1차 수행을 관찰한 시점과 2차 수행을 관찰한 시점간의 시간간격을 더 늘려보았더니 위의 대비효과가 없어지고 중간 수준의 성과를 나타낸 두 부하가 유사한 점수를 받았다. 이러한 현상은 시간간격이 늘어나면 평가자는 과거와 현재의 수행수준을 비교하기보다는 자신의 기억 속에 있는 부하에 대한 전반적인 업무성과를 기초로 하여 평가를 내리기 때문에 대비효과가 사라졌기 때문이다. 부하인 조직구성원의 직무수행은 시간에 따라서 변화하며, 상사의 평가행동은 이러한 변화에 적응하여 그 순간에 적절한 정보처리 전략, 예를 들어, 직무성과에 대한 전반적 인상을 따질 것인지, 또는 세부적인 사실을 따질 것인지에 대한 정보처리 전략을 사용하는 것이다. 이러한 점을 고려하면 인사평가의 평가항목이나 평가빈도를 인간의 기억능력과 미시상황의 영향력을 반영할 필요가 있다는 점을 나타낸다.

이 점은 드니시와 윌리엄스(DeNisi & Williams, 1988)가 오래 전에 제기한 문제로, 이를 극복하기 위하여 직무성과에 대한 일지(日誌)를 제안했으나 현실적으로 적용하기 힘든 면이 있었다. 그런데 정보화 사회의 인사평가는 평가자가 6개월 또는 1년간 가져왔던 피평가자의 직무수행에 대한 정보를 자신의 기억 속에서 인출해 내는 데 도움을 줄 수 있는 테크놀러지의 도움을 받을 수 있다. 이러한 방법이 인사평가 정보시스템 정도에 해당하는 "관리자 대시보드(dashboard)"를 만드는 것이다. 이것은 변화하는 환경에 빠르게 적응하기 위한 IBM의 수시기록(on demand) 전략과 유사한 것이다. 즉, 관리자가 인트라넷이나 소프트웨어에 접속하여 인사평가 전용 기록시스템에 직원의 중요 사건(critical incident)을 수시로 손쉽게 기록하는 것이다. 이는 인지과정에 의한 인사평가의 부정확성이나 정보처리의 왜곡을 상당부분 완화시킬 수 있다. 또한, 부하 육성을 위하여 관리자와 부하인 피평가자가 면담시간을 가질 때 한 해의 사건을 기억하려고 애쓰기보다 데이터베이스에 접속하여 실제 일어났던 행동을 가지고 구체적으로 이야기하는 것이다. 실제로 해외의 글로벌 선진기업들은 이러한 시스템을 개발하고 있는 것이 현실이다.

팀 특성 또는 조직 내 하부집단의 특성을 고려해야

인사평가가 이루어지는 맥락환경은 인사평가 체계를 운용하는 당사자인 평가자가 피평가자의 점수를 매기는 행동과 피평가자가 그 점수를 받기 전에 취하는 행동 및 점수 결과에 대한 반응에 영향을 준다.

이러한 미시적 맥락 중 하나는 평가가 이루어지는 집단의 규범이다. 집단의 규범과 풍토는 조직의 하위 단위별로 인사평가 체계가 다르게 운용되는 데 많은 영향을 미친다. 조직은 인사평가 체계를 수립할 때 조직의 전략과 풍토, 그리고 시장환경을 고려하여 일사분란하게 운용되는 인사평가 체계를 모색하여, 수립된 시스템은 모든 구성원에게 일관적으로 적용되기를 기대한다. 그러나 조직의 하위 수준에서는 각기 서로 다른 특성이 존재할 수 있으므로, 인사평가 체계는 하위 수준의 특성에 따라 나름대로 변형적으로 운용하게 된다. 이것은 하위 수준의 적응적 과정이라고 할 수 있다.

집단이 온정적인 규범을 가지고 있다면 직무수행이 나쁜 구성원에게 객관적인 점수를 주기보다는 보다 후한 점수를 줄 가능성이 크다. 집단의 응집력은 집단의 규범과 집단적 성과에 영향을 주는데, 특히 그 집단에 속하기 위한 문턱이 높다면 그 집단은 응집력이 높다. 예를 들어, 어떤 팀에 들어가기 위해서는 일정 수준 이상의 경력이나 자격 또는 학력이 요구되거나, 심한 통과의례가 있을 경우 집단의 응집력이 높아지는 것은 집단역학 심리학에서 증명이 된 사실이다. 이러한 점은 평가자의 평가행동에도 영향을 주게 된다. 클리블랜드 등(Cleveland et al, 1986)은 어떤 집단에 들어가기 위해서 고학력과 같은 높은 기준이 요구되는 경우 그 집단의 구성원들의 인사평가 점수가 다른 집단보다 높은 경향이 나타나는 현상을 보여주었다. 이것은 많은 관문을 통과하여 입사하거나 그 집단에 합류한 사람들에 대해서는 낮은 평가를 하는 것에 큰 부담을 느끼고,

또 그 집단에 합류한 구성원들은 응당 높은 업무수행 능력을 가지고 있다는 선입견과 후광효과(halo effects)가 작용하기 때문이다. 실제로 조직 내에서도 쉽게 발령을 받을 수 있는 팀에 속한 구성원의 평가보다 조직의 핵심부서나 경륜/전문성을 요구하는 팀 구성원들의 평가가 더 좋은 경우가 많다. 이것은 업무수행의 차이 이외에도 팀의 규범이 작용할 수 있는 것이다. 만약 이러한 팀 특성이 인사평가 체계를 공정하게 운영하는 데 손상을 준다면, 인사평가 체계는 능력중심의 조직관리의 도구라기보다는 조직의 기존의 구조를 공고하게 만드는 도구로 쓰일 수도 있다는 점에 주목할 필요가 있다.

다면평가의 궁극적인 목적은 구성원 육성이다

최근의 인사평가 시스템의 경향은 단연 다면평가(또는 360도 평가)이다. 인사컨설팅사(社)인 머서(Mercer)가 조사한 자료에 의하면 조사대상 기업 중 65% 정도가 다면평가를 도입하고 있으며, 포춘 500대 기업의 90% 이상은 이미 다면평가를 도입했거나 준비중에 있다. 국내에서도 보수적이라는 정부기관도 이미 80% 이상이 다면평가제도를 도입하고 있다. 이렇게 기업들로부터 다면평가가 각광을 받는 이유는 인사평가의 정보를 다양한 구성원들에게 수집함으로써 객관적이고 공정한 인사평가 운용이 가능하다고 생각하기 때문이다. 즉, 상사가 일방적으로 평가하게 되면 개인의 편견이나 관대화 경향 등 여러 가지 평가오류와 왜곡이 발생할 가능성이 크기 때문에 이를 최소화하려는 공정성 확보수단으로 다면평가는 의미가 있는 것이다.

그런데 인사평가 정보를 제공하는 평가자들이 서로 불일치하는 평가를 내린다면 어떨까? 다면평가의 궁극적인 고민은 여기에 있다. 실제로 평가자간에 평가가 얼마나 상관되어 있는지에 대한 연구를 종합해 보면 평가자들간에 상관이 0.4 내외로 상당히 낮다(Bailey & Fletcher, 2002). 이러한 결과가 나타나는 이유는 먼저 평가자와 피평가자 간에 교류가 충분하지 않아서 직무수행을 관찰할 기회가 적기 때문이다. 전통적인 부하평가에 비하여 동료를 평가하는 것이나 상사를 평가하는 것은 업무교류가 활발하지 않거나 함께 일하지 않는다면 현실적으로 관찰기회가 적다. 이런 상황에서 제도로서 다면평가를 들이밀면 어쨌든 평가기록을 제출해야 하는 평가자는 인기투표식의 평가를 하거나 전반적인 인상으로 평가할 수밖에 없는 것이다. 평가자간 불일치가 발생하는 또 하나의 이유는 '일 잘하는 것', 즉 직무수행이라는 구성개념(construct)을 서로 다르게 생각하고 있기 때문이다. 부하에 대한 평가는 대체로 과업목표의 달성을 중심으로 생각하며, 동료에 대한 평가는 인간관계나 협동행위에 초점을 두게 되고, 상사에 대한 평가는 리더십에 중심을 두는 것이 자연스러운 시각의 차이이다. 이렇기 때문에 각 평가자의 점수를 합해서 상관을 분석해 보면 낮게 나오는 것은 어쩌면 당연한 결과이다.

이러한 문제 때문에 현재 국내기업 상당수가 다면평가를 제도로서 만들어 놓고도 대부분 실제로 다면평가의 결과를 인사행정의 도구로 활용하지 않는 것이 또한 현실이다. 이러한 점은 이미 석학들이 꾸준히 지적한 부분이다. 예를 들어, 최근 인사평가 분야의 석학들이 모인 학회의 토론 시간에서 드니시(DeNisi), 머피(Murphy), 캠블(Campbell), 슈미트(Schmitt) 등은 열띤 이견을 교환하면서도 한 목소리로 강조한 것이 하나의 인사평가 제도로 인사행정과 육성개발의 목적을 둘 다 달성하려고 해서는 안 된다는 점이었다.

기실 다면평가의 요체이자 최초의 개발목적은 조직구성원의 육성이다. 즉, 다면평가의 핵심은 피평가자를 나무라기 위한 것이 아니라 도와주기 위한 것이다. 평가차원으로 얘기하자면, 최근 국내기업들이 구분하고 있는 업적평가와 역량평가 중에서 다면평가의 강점은 역량평가에 있는 것이다. 이는 피평가자를 경쟁자로 인식하게 되는 인사행정의 목적보다는 조언과 피드백을 주어 개발의 기회와 여지를 제공하자는 목적에서 가치를 발휘한다는 점과 다름 아니다.

다면평가의 이러한 강점을 간파하여 다면평가를 승계계획(Succession Planning)과 연계시키는 서구의 최근 경향은 제도의 특징과 운영의 목적을 잘 일치시킨 예라고 할 수 있다. 대체로 다면평가에서 직위가 상급자일수록 역량평가보다는 업적평가가 큰 비중을 차지하며, 그것은 조직의 목적을 달성하기 위하여 자연스러운 가중치이다. 그런데 예를 들어, GE는 CEO의 자질평가 기준으로 리더십, 공정성, 객관성, 일관성, 카리스마, 결단력, 재치, 대인판단능력 등을 꼽는다. 승계계획을 세우는 데 있어서 이러한 요소들은 주로 역량평가의 요소들이다. 즉, 다면평가에서 주변적인 기록이 승계계획에 핵심적인 정보를 제공해 줄 수 있는 것이다.

이것은 비단 최고경영자의 승계계획에만 해당하는 것은 아니다. 중간관리자의 리더십 역량개발육성에도 효과적으로 사용될 수 있다. 최근 국내에서는 중간관리자의 양성과 승계(또는 선발)를 위하여 평가위원회(Assessment Center)가 새롭게 주목을 받고 있는데, 몇 년 동안 애써 개발한 다면평가 시스템을 승계계획과 통합시키지 못하고 생소한 제도를 새로 시작하는 것은 자원의 낭비라고 할 수 있다.

평가행동은 말에게 물을 먹이는 일

인사평가가 제대로 운용되지 않을 때 HR 부서는 모든 것을 자기 책임으로 생각하고

안절부절하게 된다. 물론, 평가양식을 기획하고, 평가시트를 프린트하고, 안내문을 발송하는 등의 일은 HR 부서의 책임이다. 그렇지만 평가행동은 평가자의 몫이다. 그것까지 HR 부서가 책임져야 한다는 생각에 재촉하고 경고하고 초조해 할 필요는 없다. 운용주체인 평가자가 그렇게 비협조적이거나 굼뜨는 것은 나름대로 이유가 있기 때문이다.

인사평가체계의 운용이 제대로 되지 않는 것은 한 부서의 책임이 아니라 조직이 뭔가 잘못되었다는 것을 나타내는 중요한 지표이다. 그리고 이상 징후라는 실타래의 끝에는 평가자에 대한 관리자가 제대로 책임지고 있지 않기 때문이다. 따라서 인사평가체계 운용의 1차 책임을 평가자의 관리자(즉, 고위관리자)에게 있도록 만드는 것이 바로 말이 스스로 물을 먹도록 만드는 방법이다.

이를 위하여 고위관리자에게 왜 인사평가가 중요한지, 어떻게 평가해야 하는지, 평가과정에서 부정확성과 왜곡을 만들어내는 인간관계의 원인은 무엇인지 등등에 관하여 포괄적으로 교육시킬 필요가 있다. 이것은 인사평가 시스템 수립에서 중요시하는 참조체계(Frame of Reference) 교육을 더욱 확장한 교육이라고 할 수 있다. 조직 전체적으로 구성원의 행동을 바꾸는 과정을 조직개발(Organizational Development: OD)이라고 하는데, 성공적인 인사평가의 운용이 조직구성원들의 행동을 변화시키기 위한 노력의 구체적인 표현 중 하나라는 사실을 고위관리자가 인식할 때 인사평가체계는 제대로 운용될 수 있는 것이다.

그런 면에서 서구나 우리나라에서 많은 기업들이 채택하고 있는 목표관리(Management By Objective: MBO)식 인사평가체계는 이러한 점을 적극적으로 활용할 수 있는 체계이다. 즉, 주요 평가자인 팀장(또는 상사)과 피평가자인 조직구성원이 협의하여 미래의 직무목표를 세울 때 팀장은 상위관리자와 협의한 팀의 목표를 반영하도록 하게 된다. 따라서 팀장이 목표대비 평가를 제대로 하지 않을 때는 간접적으로 상위 부문(예컨대, 본부) 성과에 영향을 미치므로 상위관리자가 개입하지 않을 수 없다. 이처럼 목표관리식 인사평가는 조직의 전략과 구성원 개인의 성과가 계단식으로 연계되도록 만드는 방법이기 때문에 상위관리자의 책임을 자연스럽게 이식시킬 수 있다.

또한, 이 방법은 과거의 직무수행 수준을 기초로 도전적인 목표를 세우고 차기 인사평가 시기에는 그러한 성과변화를 고려하여 인사평가를 내리기 때문에 앞서 지적한 피평가자의 직무수행의 변화에 대한 개인 차이 때문에 평가왜곡이 일어나는 현상을 감소시킬 수도 있다.

결론: 운용이 제대로 되지 않는다면, 문제가 발생하는 수준을 찾아야

인사평가 시스템의 궁극적인 목표는 성과의 개선이다. 성과의 개선이 나타나지 않는다면 가장 먼저 인사평가 시스템의 가치에 대하여 의구심을 갖게 될 사람은 조직의 구성원이다. 인사평가에 연루되어 있는 집단은 누구인가? 크게 네 집단, 즉 경영층, 관리자, HR 부서, 그리고 조직구성원이다. 이 모든 집단이 인사평가체계의 운용에 중요하지만, 파급효과를 생각할 때 집단의 크기를 생각해 볼 필요가 있다. 경영층은 소수에 지나지 않는다. HR 부서도 기껏해야 10여 명이다. 관리자도 그리 많은 것은 아니다. 그러나 조직구성원은 매우 많다. 조직구성원의 협력이 없이는 인사평가체계는 성공적으로 운용될 수 없으며, 그들의 협력과 신뢰를 이끌어 내지 못한다면 어디서 그 문제가 발생하는지를 파악해야 한다. 이때, 문제가 발생하는 수준을 고려해야 한다.

평가자인 관리자의 개인적인 평가행동에 문제의 원인이 있는 개인수준의 문제인지, 피평가자인 구성원과 관리자 간의 관계에서 발생하는 양자간(dyad) 수준의 문제인지, 또는 HR 부서와 관련성 또는 옆 부서와의 경쟁에 의하여 나타난 팀 수준의 문제인지, 그것도 아니면 경영층이 나서야 할 조직수준의 문제인지를 구분해야 한다. 이러한 구분을 세심하게 할 때 조직의 문제를 간과하고 개인문제로 돌리는 원자적 오류(atomistic fallacy)나, 개인수준의 역동성을 무시하고 조직 시스템을 들먹이는 생태적 오류(ecological fallacy)를 범하지 않고 문제의 본질을 제대로 고칠 수 있게 된다.

참고문헌

Bailey, C., & Fletcher, C.(2002), "The impact of multiple source feedback on management development: findings from a longitudinal study," *Journal of Organizational Behavior*, 23, 853-867.

Murphy, K., & Cleveland, J.(1996), *Understanding performance appraisal*, Thousand Oaks, CA: Sage Publications.

DeNisi, A., & Williams, K. J.(1988), "Cognitive approaches to performance appraisal," In G. Ferris & K. Rowland(Eds.), *Research in personnel and human resource management*, 6. JAI Press.

05

평가위원회(Assessment Center)의 과거와 현재[1)]

송찬후
csong@icu.ac.kr

최근 한국기업들 사이에는 장기적인 생존과 미래성장이 뛰어난 능력을 가진 소수의 핵심인재의 발굴 및 육성에 달려 있다는 인식이 확산되어 핵심인재를 어떻게 알아보고 발굴 · 개발하여 조직이 중·장기적으로 발전할 수 있는 기틀을 마련하느냐에 관심을 집중하고 있다. 따라서 조직의 내·외부에서 뛰어난 인재를 발굴할 수 있는 도구의 마련에 역점을 두고 새로운 시도들을 하고 있다. 그 시도 중의 하나로 Assessment Center(평가위원회)를 이미 도입하였거나 도입을 준비중인 기업이 있다. 이 글에서 필자는 평가위원회의 역사적인 배경 및 학술적인 연구결과를 토대로 바람직한 평가위원회의 도입에 도움이 될 수 있는 내용을 정리하고자 한다.

평가위원회의 시작은 어디에서, 어떤 목적으로 시작된 것일까

평가위원회의 역사는 제 2 차 세계대전 당시 독일군의 장교선발과정으로 거슬러 올라

1) 출처: 인크루트 경력개발연구소(2005), "평가위원회의 과거와 현재,"「인재경영」, 2월호, pp. 48-57에서 전재함.

간다. 독일 육군은 제1차 세계대전에서의 취약점을 깨닫고, 제2차 세계대전중에는 수백 명의 심리학자들을 고용하여 장교후보생들의 리더십을 평가하였다. 심리학자, 의사, 담당장교 등 여러 명이 평가자로 참가하여 후보자들이 여러 가지 과제를 수행하는 것을 관찰하고 평가하였다. 하지만, 평가자들 사이의 평가점수 차이나 신뢰도 혹은 표준화 등에는 큰 관심을 보이지 않아서 체계적인 연구가 이루어지지는 않았다.

비슷한 시기에 도버해협을 건너 영국에서는 원래 면접을 통해 장교후보생을 선발하였으나, 사관후보생 훈련과정에서 20~30%의 탈락률을 보이는 등 선발과정에 문제가 있음을 발견하고 1941년 정신분석학자, 군 심리검사 장교, 심리학자 등이 참여하는 "장교선발을 위한 위원회"를 설립했다. 장교후보생들은 정신분석학자와의 면접을 포함한 심리검사와 집단 혹은 개인으로 주어진 다수의 과제를 실시하였고, 이를 여러 명의 평가자가 각기 다른 영역으로 평가했다. 전쟁이 끝난 후에는 여러 단계의 공무원 선발과정 중 하나로 채택되었다. 한편 영국의 전시 장교 선발제도와 전후 공무원 선발제도는 직무성과와 관련이 있는 것으로 드러났다.

유럽에서와 유사하게 미국에서도 제2차 세계대전 당시 전시에 필요한 첩보요원을 선발하는 데 심리학자들로 하여금 후보자들의 행동유형을 관찰하고 판단하도록 했다. 후보자에 대한 평가는 심리학자에 의한 면접, 여러 가지 주어진 상황에 어떻게 대응할 것인지에 대한 지필검사 혹은 실습[2]에 대한 관찰로 이루어졌다. 첩보요원의 선발과정은 여러 명의 평가자가 3일에 거쳐 여러 가지 방법으로 후보자를 평가하는 프로그램이었으며, 이 선발 프로그램을 통하여 총 7천 명 이상의 후보자가 평가되었다. 나중에 발간된 보고서에 의하면 꽤 높은 타당성을 지닌 것으로 알려졌다.

평가위원회가 기업에 응용된 가장 오래된 예로는 1950년대 중반 AT&T의 관리자향상연구를 들 수 있다. 전시에 미국첩보원의 선발에 대학원생으로 참여했던 더글러스 브레이(Douglas Bray)가 설계하고 지휘한 AT&T의 관리자향상연구는 종단연구로서 평가 자체는 3일 반 동안 진행되었다. 평가에 사용된 주요 과제는 투영법검사, 임상면접, 서류함검사(In-Basket)와 같은 업무표본, 집단문제 해결과 집단토론(Leaderless Group Discussion) 등이 있었다. 처음에는 실제 선발에 사용되지 않았지만 추후에 임상면접, 투영법 등을 제외하고는 실제로 선발에 활용되기도 했다.

브레이에 의한 AT&T 연구 이후 미시간 벨이라는 전화회사에서 기술자들 중 현장주임을 선발하는 도구로서 평가위원회가 사용되었으며, 이 후 전국의 다른 전화회사들로

2) Simulation 혹은 Exercise로 통용되는 것으로 평가위원회에서 피평가자에서 주어지는 실제 업무상황과 유사한 과제를 지칭하며 이 상황에서의 실제 행동이 평가되어짐.

전파되었다. 특징은 이전과 달리 직무분석에 기초하여 회사의 내부 관리자들에 의해 실시되었다는 점이다.

이후 평가위원회는 미국과 영국을 중심으로 서구에서 1960년대의 완만한 성장에 이어 1970년대와 1980년대에 폭발적인 보급이 이루어졌다. 미국에서는 1975년 최초로 평가위원회의 이용에 대한 지침과 윤리적 표준이 마련되었고, 1970년 말 이미 1,000개가 넘는 조직에서 활용되었다. 현재 서구에서는 대기업과 공공기관을 중심으로 평가위원회의 활용이 보편화되어 있다.

평가위원회에 대한 소문은 어디까지가 진실일까

평가위원회의 효과에 대해 국내에서는 아직 신뢰도와 타당도에 대한 연구가 이루어질 만큼 충분한 데이터가 축적되어 있지 않지만, 국내·외 컨설팅 업체들의 홍보자료와 학술논문들을 통하여 어느 정도 알려져 있다. 국내 일부 기업과 정부기관이 도입을 검토하는 것도 그 이유 때문이라고 추정된다. 그렇다면, '우리에게 알려진 그 소문들은 정말 진실일까?' 에 대한 의문을 가져볼 필요가 있다. 일반적으로 알려진 평가위원회에 대한 여덟 가지 속설들이 어느 정도 사실에 근거하고 있는지에 대해 리벤스(Lievens)의 학술연구[3]를 바탕으로 논의하기로 한다.

• 첫째, 여러 명의 훈련받은 평가자들이 평가를 하더라도 결과는 대체적으로 일치한다

평가위원회는 원칙적으로 여러 명의 평가자가 필요하다. 이론적으로는 여러 평가자들이 평가하더라도 같은 평가지표를 가지고 같은 행동양식을 평가하는 한 비슷한 결과를 보여야 하는데, 연구결과를 종합해 본 결과 평가자간의 신뢰도(inter-rater reliability)가 항상 높지는 않은 것으로 나타났다. 평가자간의 신뢰도를 높이는 요인으로 '결과를 통합하는 토론과정이 있느냐' 의 여부, '실습과제(exercise)가 표준화되어 있느냐' 의 여부, '평가자 훈련의 종류' 등이 있다. 결국은 평가위원회의 설계과정과 운영과정에서의 완벽성이 평가자간의 신뢰도를 결정짓는다고 할 수 있다.

• 둘째, 평가위원회는 피평가자의 직무행동 등의 여러 준거를 잘 예측한다

평가위원회를 도입하는 기업의 가장 큰 관심사 중 하나는 '평가위원회에서 평가된 행

---

3) Filip Lievens는 네덜란드에서 발간된 평가위원회 관련 상업용 소책자에서 8개의 주요 슬로건을 추출하고, 그 슬로건들이 경험적인 연구결과와 얼마나 부합하는지 연구한 결과.

동양식이 실제 현장에서의 업무성과를 얼마나 잘 예측할 수 있는가' 일 것이다. 연구결과에 의하면 평가위원회가 다양한 준거를 예측할 수 있다. 대개는 다른 평가도구들에 비하여 직무성과 및 행동과 높은 관련성을 보인다. 하지만, 실제 기업에서 평가위원회를 운영하는 인사담당자들은 이를 문자 그대로 받아들이기보다는 다른 요인이 복합적으로 작용할 수도 있음을 명심해야 한다. 예를 들어, 문제의 수효, 평가자의 유형, 평가자와 피평가자 간의 친밀도 등이 평가위원회가 여러 준거행동들을 예측하는 정도를 좌우할 수도 있다.

• 셋째, 일반적으로 평가위원회는 매우 높은 비용을 수반한다

많은 비용이 드는 이유는 다른 평가도구에 비해 많은 시간과 평가자가 필요하기 때문이다. 대부분의 평가위원회는 오랜 기간 철저한 준비를 거쳐 적게는 하루, 일반적으로는 2~3일 동안 별도의 장소에서 많은 평가자와 운영요원에 의하여 진행된다. 미국의 경우 한 명의 피평가자당 평균비용이 $1,730[4]으로 나타났다. 이렇게 평가위원회의 개발 및 운영에 절대비용이 높은 것에 대해서 경험적인 연구결과는 상대적인 효용성을 중심으로 다른 설명을 한다. 핵심인재를 선발할 때의 효용을 고려한다면, 다른 선발도구에 비하여 평가위원회의 효용성이 높게 나타났다. 투입되는 비용에 비해 그 가치가 더 높다는 결론이다. 이른바 '비싼 만큼 그 값어치는 한다' 는 결론이다.

• 넷째, 평가위원회는 특정집단을 차별하지 않는다

일부 평가도구들은 특정집단에게 긍정적인 혹은 부정적인 차별을 하는 것으로 알려져 왔다. 학술적인 연구에 의하면, 평가위원회의 평가결과는 성별, 문화적 배경, 인종적인 배경 등에 의해 영향받지 않는 것으로 나타났다. 하지만, 일반적으로 젊은 사람들이 높은 평가를 받는 것으로 볼 때 나이에 의한 편향은 있을 수도 있다.

• 다섯째, 피평가자들이 평가위원회 방식에 대해 매우 적극적으로 반응한다

일반적으로 평가위원회 방식에 참가하는 피평가자들은 평가방식에 대해 매우 긍정적인 태도를 보이며 적극적인 행동양식을 보이는 것으로 알려졌다. 학술적인 연구결과에서 역시 피평가자들은 평가위원회 방식의 평가가 자신들이 하는 업무와 관련성이 높은 것으로 인식했다. 이와 같이 긍정적인 반응을 보인 이유는 주어진 과제들이 자신들의 직무와 밀접한 관련이 있기 때문으로 보인다.

---

4) Spychalski et al.(1997), 서베이 결과.

- **여섯째, 평가위원회가 피평가자들에게 중장기적으로 미치는 영향이 크다**

이는 업무성과를 예측하는 것과는 별도의 영향을 말하는 것으로, 연구결과에 따르면 평가위원회에 참가하여 긍정적인 점수를 받은 사람은 자신에 대해 긍정적으로 생각하고, 나중에 자신의 경력을 관리하는 것에도 긍정적인 접근을 하는 것으로 나타났다.

- **일곱째, 피평가자들은 평가위원회에 참가하기 전에 좋은 점수를 얻기 위해서 별도의 준비를 해도 소용없다**

이는 평가위원회가 별도의 학습이나 준비에 영향을 받지 않는다는 속설이다. 하지만, 실제 연구결과에 의하면 이 주장은 틀린 것으로 나타났다. 피평가자가 적절한 훈련을 받는 경우 서류함검사(In-Basket)와 역할연기(role-play), 집단토의(group discussion) 등에서 더 나은 평가를 받을 수 있는 것으로 나타났다. 이와 같은 연구결과를 볼 때, 평가위원회가 국내에서 널리 보급된다면, 선호되는 주요 대기업과 정부기관에 직장을 얻고자 하는 사람들이나, 인사평가에서 더 좋은 점수를 얻고자 하는 사람들을 대상으로 한 평가위원회 학원이나 예상문제지 혹은 연습과제 등이 서점에 등장할 가능성도 높다.

- **여덟째, 평가위원회는 피평가자의 인지적인 능력이나 성격에 대해서도 알 수 있다**

이는 평가위원회가 피평가자에 대한 종합적인 평가를 목적으로 다면적인 평가를 하기 때문에 생긴 속설인 듯하다. 하지만, 연구결과를 검토해 볼 때, 평가위원회로 성격을 알아볼 수 있느냐에 대한 결론은 아직 불분명하다. 따라서 성격검사나 인지능력검사를 평가위원회를 보완하는 도구로 사용하는 것이 바람직하다.

결론적으로 컨설팅회사들이 평가위원회를 소개하는 소책자에 등장하는 문구들이나 일반에 알려진 상식들이 대개는 옳지만, 그 중에 두 가지, '평가위원회가 비싸다'와 '평가위원회는 미리 준비할 수 없다'라는 인식은 잘못된 것이다.

진정한 평가위원회는 무엇일까

지금까지 평가위원회에 대해 컨설팅업체들에 의해 알려진 속설들을 검토하고, 그 중 일부는 정확하지 않음을 알게 되었다. 그렇다면, '진정한 평가위원회는 어떻게 정의되어야 할 것인가'에 대한 논의가 필요하다.

2000년 5월 미국에서 개정된 "평가위원회 운영에 관한 지침 및 윤리적 고려사항"에 따르면, 평가위원회는 다수의 정보에 기초한 표준화된 행동평가를 말한다. 여러 명의 훈련된 관찰자와 다수의 평가방법들이 사용되며, 주로 특별히 개발된 평가 시뮬레이션을 통해 나타난 행동에 대한 판단을 기반으로 한다. 이 판단들은 평가자들이 모인 회의 혹은 통계적인 통합과정을 거쳐 취합되어 피평가자들이 원래 평가하고자 했던 특성이나 역량들에 대해 어떤 성과를 보였는지 평가한다.

다시 말해, 평가위원회는 피평가자들이 다양한 형태의 직무와 관련된 과제를 수행하면서 미리 정해진 특성이나 역량을 나타내는 행동들을 보이면, 여러 명의 평가자들이 그 행동을 평가하고, 나중에 평가결과를 취합하여 개인에 대한 종합적인 평가를 하는 것이다. 수행해야 할 과제로는 상사로서 고민이 있는 부하직원을 상담하는 역할을 할 수도 있고, 복수의 다른 사업안을 비교 · 분석하여 의사결정을 내릴 수도 있고, 매우 화가 난 고객을 만나서 문제를 해결하거나, 새로운 사업계획을 수립하여 발표할 수도 있고, 뚜렷한 리더가 없이 여러 명의 사람들과 함께 집단으로 주어진 문제에 대한 토의를 할 수도 있다. 이렇게 다양한 과제들은 문제해결, 결단력, 대인관계, 끈기 등의 미리 정해진 직무역량을 측정할 수 있도록 설계되어 있다. 피평가자들은 그렇게 주어진 상황에서 일정한 행동양식을 보일 것이고, 여러 명의 훈련된 평가자들이 그 행동들을 관찰하고 판단하여 '피평가자가 어느 정도의 역량을 가지고 있는가?' 에 대해 평가하는 것을 평가위원회라 한다.

평가위원회는 넓게 보면 종합적인 검사절차라고 할 수 있는데, 다른 심리검사들과는 달리 그 정의를 명확하게 내리기가 쉽지 않고 기업에서 활용되는 평가위원회의 형태 역시 기업마다 편차가 심해 무엇이 '전형적인' 평가위원회인지 단정짓기가 어렵다. 한편 평가위원회에 대한 객관적이며 학술적인 지침이라고 할 수 있는 "평가위원회 운영에 관한 지침 및 윤리적 고려사항"[5]은 "평가위원회라고 할 수 없는 것들"에 대한 논의를 포함한다. 이는 평가위원회라고 할 수 없는 다음 다섯 가지 것들에 대한 논의를 통해서 진정한 평가위원회를 이해하려는 시도이다.

첫째, 피평가자가 명백한 행동으로 반응을 보이지 않아도 되는 것은 평가위원회라고 할 수 없다. 따라서 지필검사나 혹은 컴퓨터검사가 주어진 상황에서 어떻게 행동할지를 묻는다거나, 상황면접을 통해 어떻게 행동할지를 묻는 것은 평가위원회라고 할 수 없다. 주어진 상황이 인위적이라도 실제 행동을 보여야만 하고, 그 행동양식을 평가할 수 있어야 한다.

둘째, 집단면접 혹은 일련의 연속면접만으로는 평가위원회라고 할 수 없다. 평가위원

5) "평가위원회 운영에 관한 지침 및 윤리적 고려사항"은 평가위원회 지침에 관한 국제 태스크포스가 1975년에 처음 개발하고, 1979년, 1989년 및 2000년에 개정됨.

회는 다양한 방법과 도구를 이용하여 평가하고자 하는 역량차원들을 평가하도록 설계된다. 따라서 면접만 여러 번 시행하는 것으로는 평가위원회라고 할 수 없다. 비슷한 맥락에서 시뮬레이션을 사용하든 안하든 하나의 방법에만 의존하는 경우에는 평가위원회라고 할 수 없다.

셋째, 여러 가지의 지필검사로 이루어진 심리검사의 조합만으로는 평가위원회라고 할 수 없다. 여러 개의 지필검사를 조합하여 원하는 핵심역량의 차원을 모두 평가할 수도 있겠지만, 진정한 의미에서의 평가위원회는 아니다.

넷째, 단일 평가자가 면접, 역할연기, 심리검사 등의 여러 가지 방법을 사용하는 경우 역시 진정한 의미의 평가위원회라고 할 수 없다. 진정한 평가위원회는 다수의 평가자를 활용하여야 한다.

다섯째, 여러 명의 평가자가 여러 가지의 시뮬레이션을 이용하여 평가하였더라도, 마지막에 데이터를 종합하는 과정이 없으면 평가위원회라고 할 수 없다. 평가자들간의 회의나 통계적인 방법으로 두 사람 이상의 평가가 종합되는 과정이 포함되어야 한다. 일부는 개발목적의 평가위원회라면 평가자들간의 종합과정이 불필요하다고 생각할 수 있지만, 관리목적상 종합은 필요하다. 따라서 마지막 종합과정은 모든 역량을 종합하는 점수의 산정뿐만 아니라 개별적인 역량에 대해서도 여러 명의 평가를 종합하는 것을 의미한다. 모든 역량에 대해 한 명 이상의 평가자를 사용하는 평가위원회의 특성상 평가자들간의 의견종합과정은 필수적이다.

"평가위원회 운영에 관한 지침 및 윤리적 고려사항"에 나타난 평가위원회의 정의는 매우 엄격하게 보일 수 있다. 하지만, 지금까지 언급된 사항들은 많은 기업들이 시간적인 혹은 예산상의 제약으로 빠지기 쉬운 유혹이라고도 할 수 있다. 좀더 간편하게, 좀더 저렴하게, 혹은 좀더 빠르게 평가위원회를 도입하려는 시도가 결국은 진정한 '평가위원회'가 아닌 정체불명의 평가도구로 전락시킬 위험이 있다. 몇 년 후에 '평가위원회는 우리 기업환경에는 적합하지 않다'거나 '평가위원회가 예상보다 별 쓸모가 없다'는 엉뚱한 결론을 내리게 되는 일이 없어야 할 것이다.

평가위원회는 어디에 활용될 수 있나

평가위원회가 활용될 수 있는 영역에는 인재의 선발 및 승진, 현재 역량의 진단, 부족한 역량의 개발 등이 있다. 최근 미국의 경우 평가위원회의 설계목적이 선발(60.8%), 승진(45.8%), 개발(39.2%)로 분류된다. 우선 기업에서는 신입사원에서부터 최고경영자의 선발과 상위 직급에 승진할 수 있는 인재를 고르는 데 이용될 수 있다. 현실적으로는 주로 핵심인재나 임원 등 주요 직책에 필요한 인력을 선발하는 데 활용되고 있다. 처음 평가위원회가 개발된 목적이 전시에 필요한 장교 및 첩보요원의 선발이었음을 고려할 때, 인재선발은 대표적인 활용목적이라고 할 수 있다.

평가위원회는 조직 내 인력의 핵심역량 수준을 진단하는 데 사용할 수 있다. 이는 바람직한 핵심역량의 수준에 대한 이해와 더불어 여러 가지 인사 관련 의사결정에 기초자료가 될 수 있다. 핵심역량 수준의 진단을 목적으로 할 때는 기업에 필요한 핵심역량을 종합적으로 진단할 수 있도록 다수의 시뮬레이션이 사용될 수 있다.

마지막으로, 개발을 목적으로 하는 평가위원회는 진단을 목적으로 하는 평가위원회보다 한 걸음 더 나아가 핵심역량을 개발하고 행동을 변화시킬 수 있는 구체적인 실행 방안들과 결부되어야 한다. 따라서 종합적이고 계량화된 평가점수보다는 개별적인 역량에 대한 세분화되고 정성적이고 상세한 평가가 필요하다. 더불어 핵심역량을 바람직한 수준으로 개발하기 위하여 개인적이고 상세한 피드백이 필수불가결하다. 피드백은 코칭, 내·외부 교육·훈련 및 행동수정 등 다양한 개발프로그램과의 연계가 불가피하다.

평가위원회 프로그램은 어떤 단계를 거쳐서 설계되나

평가위원회의 프로그램의 설계절차는 기업체 혹은 컨설팅 업체에 따라 조금씩 다를 수 있겠으나 기본적인 틀은 비슷할 것이다. 본 항에서는 일반적인 설계 절차에 대해 논의한다.

• 1단계: 역량분석

해당 직무에 필요한 역량을 파악하고 하위 요인 및 행동지표까지 분석하여야 한다. "평가위원회 운영에 관한 지침 및 윤리적 고려사항"에서는 직무분석이 필수적임을 명시하면서도 역량모델링 과정도 전통적인 직무분석과 같은 정도의 엄밀함을 거친다면 상관없다는 입장이다. 결국, 가장 기초가 되는 자료는 현재 혹은 장래에 필요한 직무 혹은 직무집단의 역량과 그 역량을 나타내는 구체적인 행동양식에 대한 확고한 이해이다. 예를 들어,[6] 3M은 최고경영자층과 전 세계에 걸친 내부 전문가들로 하여금 임원급 리더십의 핵심역량을 파악하도록 하여, 모두 12개의 역량과 그 하위에 일반화할 수 있는 행동지표들을 파악하였다. 12개의 역량은 리더십의 기초(Fundamental), 리더십의 필

6) Alldredge 와 Nilan의 2000년도 논문에 구체적인 절차가 수록됨.

수사항(Essential), 그리고 리더십 비전(Visionary)으로 분류했다.

- **2단계: 모의상황구조(Plot)의 구성**

파악된 역량은 그 역량을 평가할 수 있는 시뮬레이션과 연결되는 대충의 역량×시뮬레이션 매트릭스를 구성한다. 이때, 역량의 특성과 시뮬레이션의 특성을 고려하여 각 역량이 최소한 두 번 이상 평가될 수 있도록 설계한다.

시뮬레이션의 대략적인 내용은 조직의 성격과 특성을 반영하여 결정한다. 예를 들면, 휴대폰 생산기업의 경우 각 시장별로 다른 디자인을 요구하는 마케팅부서와 하나의 디자인으로 생산원가를 최대한 낮춰 가격경쟁력을 가지려는 생산부서 사이의 갈등을 모의상황구조로 만들 수 있다.

- **3단계: 시뮬레이션 내용과 상황의 구체화**

모의상황구조를 관련 업무전문가와의 협의에 의하여 시뮬레이션의 내용과 상황으로 구체화한다. 시뮬레이션에 특정의 자료가 필요하면 업무전문가와 협의하여 확보한다. 예를 들어, 마케팅부서가 원하는 다양한 휴대폰 모델의 사진, 디자인의 수와 휴대폰 대당 생산원가에 대한 데이터, 혹은 경쟁업체의 주요 전략 등에 대한 자료를 현재 업무를 수행하고 있는 사람으로부터 얻을 수 있다.

- **4단계: 시뮬레이션 개발**

모의상황을 구성하여 각 역할담당자의 역할, 필요시간, 상황에 대한 소개, 피평가자가 해야 할 일, 평가될 역량 등을 결정한다. 임의적으로 평가될 역량을 정하기보다는 심사숙고하여 실제 의도된 역량이 평가될 수 있도록 정교하게 설계하여야 한다. 또한 필요한 자료를 모두 포함하여 역량의 수준이 행동으로 반영될 수 있도록 만반의 준비를 하여야 한다.

- **5단계: 체크리스트(점검표) 개발**

평가자들이 행동을 관찰하고 손쉽고 정확하게 기록할 수 있도록 각 역량별로 5~7개의 행동 체크리스트를 개발한다. 체크리스트는 행동적으로 기술하여, 관찰 가능하고, 서로 구분될 수 있어야 한다. 모든 시뮬레이션에 대해 행동을 명확하게 예측하는 체크리스트를 개발하기는 어렵겠지만, 개략적인 체크리스트라도 없을 경우에는 평가자들 간의 신뢰도가 영향을 받을 수 있다. 또한, 평가자 훈련이 충분치 않을 경우, 핵심역량에 대한 이해가 조금씩 다를 수도 있다. 따라서 가능한 한 관찰 가능한 체크리스트를 개발하여 제공하는 것이 바람직하다.

• **6단계: 사전검사(Pilot Test)**

전체 평가위원회의 신뢰도와 타당도를 미리 예측하고 실제 운영할 때 발생할 수 있는 문제점들에 대해 미리 파악하고 수정 · 보완할 수 있도록 사전검사가 필요하다. 필자가 아는 한 기업은 처음에는 평가위원회에 집단토론을 포함하였다가, 토론이 한두 사람에 의해 좌지우지되는 현상을 발견하고, 실제 프로그램에서는 집단토론을 배제하고 실시한 경우가 있었다. 한편, 이 같은 현상은 피평가자에 대한 오리엔테이션이 부족하여 발생할 수도 있다. 피평가자가 자신의 발언횟수나 자신의 의견이 관철되는 정도에 의해 평가받고 있다고 믿었을 수 있다.

평가위원회를 활용할 때 무엇을 조심해야 할까

평가위원회가 최근 한국에서 많은 관심을 받고 있고 일부 기업들도 도입을 준비하고 있지만, 아직 널리 보급되지 않았음을 고려할 때, 평가위원회의 설계와 운영시 범하기 쉬운 오류들에 대한 논의가 필요하다. 특히 국내에서 평가위원회를 설계하고 실행해 본 전문가들이 부족한 현실에서 볼 때, "평가위원회의 설계 및 실행시 빠지기 쉬운 오류"[7] 들은 한국 기업에 주는 시사점이 크다.

• **준비가 불충분하다**

국내의 기업들에게는 아직 익숙하지 않은 평가도구이며, 컨설팅 회사들 역시 이제 서비스를 제공하기 시작하는 단계이므로 충분한 준비 없이 실행될 위험이 있다. 충분한 준비를 위해서는 기업 차원에서 시간적 · 금전적으로 많은 투자가 선행되어야 한다. 하지만, 국내에는 평가위원회를 설계하고 실행해 본 전문가가 부족한 상황에서 충분한 준비에 대한 이해가 부족할 수 있고, 이는 경영진의 충분한 관심과 지원을 이끌어내지 못하는 이유가 될 수 있다. 현 상황에서 국내 기업들의 인사 및 교육 담당자들은 컨설턴트들이 제공하는 일방적인 소개자료보다는 국내외 관련 자료들에 대한 심층적인 학습이 필요하다.

• **직무분석이 부실하다**

평가위원회의 설계와 실행 이전에 유효한 직무분석 혹은 역량분석이 필히 선행되어야 한다. 직무분석은 현재 수행되고 있는 직무 혹은 직무집단을 대상으로 행해질 수도

7) Caldwell, Thornton, & Gruys(2003)가 정리한 내용을 바탕으로 한국적인 상황에 맞게 수정 요약.

있고, 미래에 필요한 직무 혹은 직무집단을 대상으로 할 수도 있다. 핵심역량에 대한 완벽한 이해 없이 설계되고 실행된 평가위원회는 그 효과를 기대할 수 없다. 미국의 경우 평가위원회를 활용하는 거의 모든 기업(93.3%)들이 직무분석에 기초하여 평가위원회를 설계한다. 한국 기업들 중 일부는 아직도 유효한 직무분석의 중요성을 인식하지 못하고 주먹구구식으로 유행하는 인사관리제도의 도입에만 급급한 경우가 있다. 철저한 직무분석 없이는 평가위원회의 첫 단계인 핵심역량에 대한 파악, 시뮬레이션의 개발, 역량별 행동지표의 개발 등이 제대로 이루어지기 어렵다.

• **핵심역량의 차원(dimension)에 대한 정의가 취약하다**

핵심역량의 차원이 제대로 정의가 되었다면, 그것을 구성하는 행동들이 구체적으로 기술되어야 하고, 그 행동들이 어떤 상황에서 나타날 수 있는지, 그리고 어느 정도의 행동이 해당 직무에 적합한 수준인지가 파악되어야 한다. 또한 직무분석에서 얻어진 자료와도 일치하여야 한다. 핵심역량의 차원은 크게 업무성과와 관련된 것과 대인관계의 숙련도에 관련된 것으로 나뉠 수 있는데, 핵심역량 차원이 너무 많은 경우 평가의 정확도가 떨어질 수 있다.

• **시뮬레이션이 조잡하다**

시뮬레이션의 개발은 심혈을 기울여 조직과 직무에 맞게 설계되어야 한다. 일반적으로는 실제 수행되고 있는 업무를 기반으로 만들어져야 하지만, 실제 업무와 너무 똑같으면 실제 업무를 하고 있는 사람에게만 유리할 수 있다. 문제의 실행에 있어서도 일관성이 필요하다. 예를 들어, 문제가 있는 부하직원 혹은 분노한 고객 등의 역할연기가 필요하다면 연기자의 연기 역시 일관성을 보여야 한다. 여러 사람이 분노한 고객의 역할을 번갈아서 하면서, 각기 다른 행동양식을 보인다면, 일관성이 없다고 하겠다. 국내 어느 기업의 경우, 시뮬레이션이 일부 핵심역량 차원의 평가에는 적합하지만 다른 차원의 평가에는 인위적으로 끼워 맞추는 경향도 있었다.

• **평가문제에 대한 사전검사가 없다**

시뮬레이션이 내용타당도와 구성타당도를 가지기 위해서는 사전검사를 통한 검증이 필요하다. 사전검사를 통해 평가자간 신뢰도, 역할연기자, 참가자들에 대한 것들을 충분히 점검해야 한다. 지원자의 입장에서 정교한 시뮬레이션을 만드는 것이 중요하므로 사전검사를 통하여 시뮬레이션의 완결성을 확인하여야 한다.

• **평가자들의 자질에 문제가 있다**

평가자들은 피평가자의 직무에 대한 충분한 이해를 바탕으로 행동을 정확하게 관찰하고 공정한 평가를 할 수 있는 능력이 있어야 한다. 한국에서는 자격 있는 내부평가자의 확보도 어렵고 외부평가자의 경우 직무에 대한 이해가 부족할 수 있다. 단순하게 해당 직무의 상급자 혹은 차상급자, 임상 및 산업심리학자, 또는 경영학 전공 교수들이 곧바로 평가에 투입될 수 있을 정도의 자질을 가지고 있다고 가정하는 것은 위험한 발상이다.

• **평가자에 대한 훈련이 부족하다**

자질이 있는 내부/외부 평가자에 대한 훈련은 매우 중요하다. 내부 평가자는 체계적인 평가방법에 대한 이해가 부족할 수 있고, 외부의 심리학자 혹은 경영학자들은 조직의 특성에 대한 이해가 부족할 수 있다. 미국의 경우 평가위원회가 평균 2.48일 동안 실시되고, 평가자 훈련기간은 평균 3.84일로 나타났다. 특히 한국기업들에서는 내부평가자들의 평가에 대한 인식이 부족하기 때문에 철저한 훈련이 필요하다. 일부 기업에서는 외부평가자에만 의존하는 경향을 보이기도 하는데, 외부평가자들도 기업에서 도출한 핵심역량의 차원을 기업의 내부 구성원들과 같은 수준에서 이해해야 하며, 직무의 성격, 바람직한 혹은 바람직하지 않은 직무행동에 대한 이해 등이 필요하다. 이는 기업마다 차이가 있을 수 있으므로 외부평가자가 평가에는 전문가라고 하더라도 조직 특성에 따라 사전 평가자 훈련이 필요하다.

• **피평가자들의 준비가 불충분하다**

피평가자들이 사전에 평가과정에 대해 충분히 이해할 수 있도록 오리엔테이션이 필요하다. 하지만 많은 기업들이 이를 지키지 않고 있으며, 이는 특히 한국 기업들에게서 나타날 가능성이 크다. 평가위원회의 목적, 선발조건, 운영요원들에 대한 정보, 결과물이 어떻게 이용되는지, 피드백은 어떻게 주어지는지 등에 관한 사전 설명이 필요하다.

• **행동의 기록과 채점이 조악하다**

평가자들은 주관적인 서술을 가급적 자제하고 구체적이고 객관적인 기록을 해야 한다. 그래야만 평가자들이 함께 모여 점수를 취합, 토론할 때 객관적인 자료를 활용할 수 있다. 평가자 훈련이 부족하거나 뚜렷한 행동지표가 없을 때, 주관적인 서술이 이루어질 가능성이 높다. 미국의 경우 41.3%는 체크리스트를, 24.2%는 행동관찰지표를 사용한다. 한국 기업의 관리자들 대부분은 그 동안의 경험에 의해 자신이 평가에 적합한 자질을 가지고 있다고 생각하는 경향을 보인다. 필자는 많은 사람들이 "나는 이제 피평가자를 척 보면 알 수 있는 경지에 이르렀다"는 말을 하는 경우를 많이 보았다. 때문에 많은 관리자들이 평가에 대한 훈련이 불필요하다고 느끼는 경우가 많다. 따라서 일부 평가위원회의 평가자들도 과학적이고 객관적인 행동지표보다는 자신의 통찰력에 더 의존하는 경향을 보일 가능성이 높다. 평가위원회를 설계하는 기업의 인사담당자는 평가자가 과학적이고 공정한 평가를 해 주기를 막연히 기대하기보다는 그럴 수 있는 환경을 제공하여야 한다. 이는 평가자 훈련, 행동에 근거한 평가지표의 제공 등이 미리 마련되어야 함을 의미한다.

• **결과가 잘못 사용된다**

이는 사전에 평가결과가 어떻게 사용될지 정해지지 않았을 경우 발생하기 쉬운 오류이다. 일부 기업들은 평가위원회의 개발 및 운영비용이 다른 평가도구에 비해 월등히 높기 때문에 다목적용으로 사용할 수 있다는 견해를 가지고 있다. 하지만, 목적에 따라서 평가위원회의 설계 및 운영방법이 조금씩 다르기 때문에, 뚜렷한 목적을 설정하고, 그 목적에 적합한 평가위원회를 개발하고 운영하며, 결과의 사용도 목적에 부합해야 한다. 또한, 다른 선발도구들과 마찬가지로 평가위원회도 미리 준비한 사람들이 좋은 점수를 받을 수 있음을 감안하여 평가위원회 하나만을 사용하기보다는, 여러 도구들을 서로 보완하여 함께 사용할 수 있는 지혜가 필요하다.

한국 기업의 평가위원회 활용은 어디까지 왔나

한국에서의 평가위원회 활용은 지금까지는 매우 미미하다고 할 수 있다. 최근에 몇몇 기업들과 정부기관이 도입을 시작하였거나 준비중인 것으로 알려진다. 특히 설계와 운영에 드는 비용이 다른 평가도구들에 비하여 매우 비싸다는 인식이 도입 및 활용에 걸림돌이 되는 것으로 보인다. 하지만, 핵심인재의 중요성에 대한 인식의 확산과 더불어 핵심인재의 모집·선발 및 개발에 막대한 비용이 요구됨을 알게 되어 상대적으로 높은 비용의 선발 및 개발도구에 대한 거부감도 줄어들고 있는 추세이다.

현재 국내 기업들 중 평가위원회를 도입하였거나 도입을 예정하고 있는 곳은 국내 굴지의 정보통신 회사 등 몇 군데에 불과하기에 아직은 실험단계에 있다고 할 수 있다. 국내에서 평가위원회와 관련된 컨설팅을 수행한 경험이 있는 컨설턴트들에 의하면 아직 국내 기업들은 핵심역량의 차원을 구체적인 행동의 수준까지 세세하게 정의하고 있지 못하고, 평가자들에 대한 교육 및 훈련도 바람직한 수준에 도달하지 못한 것으로 보인다. 또한 평가를 위한 시뮬레이션도 의도된 핵심역량 차원과 행동지표들을 반영하기에는 미흡한 경우가 많고, 무엇보다도 신뢰도와 타당도에 대한 연구가 아직 부족하다고 할 수 있다. 아직 도입기에 있기에 분석을 할 만큼 데이터가 축적되지 않았다. 따라서 평가위원회의 국내 정착은 조금 더 시간이 흐른 후에 논의할 수 있다.

필자가 알고 있는 국내 한 기업의 경우 평가위원회의 개발 및 운영을 외부 컨설턴트의 도움으로 인적자원개발 부서에서 맡고 있으며, 핵심인재의 선발보다는 핵심인재의 개발에 역점을 두고 있다. 일곱 개의 핵심역량을 다섯 개의 시뮬레이션을 통해 평가하며, 각 핵심역량은 두 개의 시뮬레이션을 통해 평가된다. 초기에는 주로 외부평가자를 활용하였으나 내부평가자의 비율을 늘려나갈 계획이다. 행동 체크리스트의 활용보다는 평가자의 통찰력에 의존하는 경향을 보인다. 이 기업의 평가위원회에 대해 조언을 한다면 다음과 같다. 첫째, 핵심역량의 분석이 좀더 명확화 · 세분화되어 행동지표까지 파악되었으면 한다. 둘째, 내부평가자 및 외부평가자에 대해 좀더 체계적인 훈련이 필요하다. 셋째, 평가자간의 일관성 및 평가의 간편함을 위하여 행동 체크리스트의 개발이 필요하다. 넷째, 현재 하루에 불과한 평가시간을 늘려 시뮬레이션의 다양화가 필요하다. 다섯째, 시뮬레이션의 내용과 핵심역량과의 연관이 좀더 정교하게 설계될 필요가 있다.

필자는 국내기업들이 평가위원회 및 적성검사 · 성격검사 등의 자체개발 혹은 도입을 통하여 과학적인 인적자원관리 및 개발에 관심을 보이고 있음에 크게 고무되어 있으며, 이러한 움직임이 잠깐 지나가는 유행이 아닌 장기적이고 체계적인 발전으로 이어지기를 기대한다. 이를 위하여 학계와 기업 간의 지속적인 교류와 학습이 이루어지기를 희망하는 바이다.

참고문헌

Alldredge, M. E., & Nilan, K. J.(2000), "3M's leadership competency model: An internally developed solution," *Human Resource Management*, 39(2&3), 133-145.

Caldwell, C., Thornton, G. C. III, & Gruys, M. L.(2003), "Ten classic assessment center errors: Challenges to selection validity," *Public Personnel Management*, 32(1), 73-88.

Highhouse, S.(2002), "Assessing the candidate as a whole: A historical and critical analysis of individual psychological assessment for personnel decision making," *Personnel Psychology*, 55(2), 363-396.

International Task Force on Assessment Center Guidelines.(2000), "Guidelines and ethical considerations for assessment center operations: International task force on assessment center guidelines," *Public Personnel Management*, 29(3), 315-331.

Lievens, F.(2002), "An examination of the accuracy of slogans related to assessment centres," *Personnel Review*, 31(1), 86-102.

Spychalski, A. C., Quiñnes, M. A., Gaugler, B. B., & Pohley, K.(1997), "A survey of assessment center practices in organizations in the United States," *Personnel Psychology*, 50(1), 71-90.

06 평가위원회(Assessment Center) 설계 및 운영에 대한 개괄적 소개[1)]

임대열
psylim@dasanene.co.kr

평가위원회와 관련된 일을 현장에서 수행하고 있는 필자의 입장에서 볼 때, 요즘 평가위원회를 도입하려는 기업 및 공공조직들이 현저하게 증가하고 있음을 피부로 느끼게 된다. 이러한 현상에는 여러 가지 이유가 있겠지만, 필자가 보기에는 다음의 세 가지가 핵심적인 원인이라 생각된다(임대열, 2004).

먼저, 핵심인재, 임원, CEO 후계자 등 소수 집단에 대한 체계적인 육성의 필요성이 증가했다는 것이다. 과거에는 조직 내 모든 구성원에게 성장할 수 있는 기회를 동등하게 부여하는 것이 중요했으나, 외부환경의 변화가 심해지고, 경쟁이 치열해짐에 따라 소수의 핵심적인 리더들을 집중적으로 육성하고, 이들에 의해 조직을 이끌어 나가려는 기업의 요구가 증가한 것이다. 이에 따라서 소수의 핵심적인 리더들의 육성 포인트를 정확하게 진단할 수 있는 도구가 필요했고, 이러한 니즈에 평가위원회가 정확하게 부합

1) 본 원고의 내용은 필자가 04년 가을 '한국 산업 및 조직 심리학회: 추계 심포지움'에서 발표한 내용을 요청받은 주제에 맞게 수정/보완/추가한 것임.
출처: 인크루트 경력개발연구소(2005), "평가위원회 설계와 운영," 「인재경영」, 2월호, pp. 58-68에서 전재함.

한 것이다.

둘째, 평가에 대한 불신, 달리 말하면 평가의 공정성과 정확성 제고에 대한 필요성 증가가 평가위원회 사용 증가의 또 다른 원인으로 볼 수 있을 것이다. 어느 기업이나 평가에 대한 공정성과 정확성의 문제는 매우 중요한 이슈이다. 특히 승진과 관련된 의사결정이 평가자의 정치적 의도나 인지적 한계, 평가지표에 대한 인식부족 등의 이유로 왜곡되어 있다는 구성원들의 인식이 증가하면서 평가의 공정성과 정확성 문제는 더욱 더 중요하게 해결해야 할 조직적 이슈로 매년 지적되어 왔다. 이러한 공정성과 정확성 이슈는 모든 직급의 승진에 중요하지만, 특별히 팀장이나 임원 승진과 같이 조직의 핵심적인 위치로의 승진과 관련해서는 그 중요성이나 민감성이 더욱 커진다. 이러한 중요 위치로의 승진과 관련된 평가의 공정성과 정확성을 제고할 수 있는 적합한 방법으로 평가위원회에 대한 니즈가 증가하고 있는 것이다.

마지막으로, 기업이나 공공조직이 구성원에 대한 진단이나 평가를 통하여 좀더 풍부한 정보를 얻고자 한다는 것이다. 이러한 니즈는 핵심적 리더에 대한 육성 포인트 진단이라는 첫 번째 원인과 맥을 같이하는 측면이 있기는 하지만 또 조금은 다른 면을 가지고 있다. 예를 들어, 대부분의 다면평가(정교하게 개발되지 못한)는 구성원에 대한 강점과 약점을 수치적으로 제시해 주기는 하지만, 그러한 장점과 약점이 구체적으로 어떤 행동을 통해서 표출되게 되는지에 대한 정보는 제공하지 못한다. 즉, 전략적 사고에 있어서 높은 점수를 받았고, 의사소통에 있어서 낮은 점수를 받았다면 전략적 사고는 강점이고 의사소통은 약점이라는 것을 알려주기는 하지만 어떤 행동 때문에 전략적 사고가 강점이 되며, 동일하게 어떤 행동 때문에 의사소통이 약점이 되는지에 대한 정보는 제공하지 못한다는 것이다. 이렇게 구체적이지 못하고 전반적인 정보만을 제공하기 때문에 개인의 장점 및 약점에 정확하게 맞추어진 개발 및 육성이 이루어지지 못한다는 것이다. 반면에 평가위원회에서는 다수의 훈련받은 평가자가 다수의 평가프로그램에서 지원자를 중복 관찰하기 때문에 개인의 강·약점에 대한 전반적인 정보뿐만 아니라, 개인이 특정 역량에서 전반적인 강점을 가지고 있지만, 해당 역량의 하위 차원 중 어느 하나에서는 약점을 가지고 있다는 정보를 제공할 수 있고, 또 특정 역량에서 전반적인 약점을 가지고 있지만, 해당 역량의 하위 차원 중 어느 것에서는 강점을 가지고 있다는 정보를 제공할 수 있다는 것이다. 이러한 세밀하고 풍부한 정보를 바탕으로 초점 있는 육성 및 개발계획을 세울 수 있으며, 실제 효율적·효과적인 개발이 이루어질 수 있다는 것이다.

이러한 이유로 인하여 평가위원회에 대한 니즈가 증가하고 있기는 하지만, 실제 평가위원회가 무엇이며, 어떠한 과정을 통하여 평가위원회가 개발되는지, 또 평가위원회를 실제 운영하기 위해서 유념해야 할 점이 무엇인지를 올바로 인식하고 있는 실무자는 매우 드문 편이다. 이에 필자는 본 글에서 평가위원회가 무엇이며, 어떤 특성을 가지고 있는지, 평가위원회 프로그램을 개발하는 구체적인 절차는 무엇이고 어떤 점에 신경을 써야 하는지, 평가위원회를 실제 운영하는 프로세스는 어떻게 되며 어떤 측면에 주의를 기울여야 하는지를 기술함으로써, 평가위원회 도입을 고려하고 있는 실무자들에게 조금이나마 도움을 주고자 한다. 부언해서 이야기하건데 본 글은 평가위원회에 대한 학문적 연구결과를 기술하기보다는 필자가 평가위원회를 설계하고 운영하면서 얻은 경험을 바탕으로 실무자들에게 도움을 주고자 하는 것이 그 목적이다.

평가위원회란 무엇인가

일반적으로 하나의 개념에 대해 연구자들마다 다양한 정의를 내리듯, 평가위원회 역시 다양한 정의가 존재한다. 이는 평가위원회를 실제 개발하고 운영하는 사람들이 상황에 맞춰 서로 약간씩 다른 형태의 평가위원회를 개발하여 사용하고 있기 때문이다. 하지만, 그 형태에 있어서 다소간의 차이가 존재하더라도 평가위원회라고 불리기 위해서는 몇 가지 기본적인 특징을 가지고 있어야 하며, 이러한 기본적인 특징들이 포함된 다음과 같은 정의를 필자는 선호한다.

평가위원회란, 일반적으로 다수의 상황과제를 바탕으로, 다수의 훈련받은 평가자가 지원자의 행동을 중복 관찰 · 평가하며, 이러한 평가결과를 통합하는 절차를 거쳐, 최종적으로 지원자에 대해 평가를 하게 되는 표준화된 평가방법을 말한다(Task Force on Assessment Center Guidelines, 1989).

위의 정의에서 알 수 있듯이 평가위원회는 다음과 같은 기본적인 특징을 가지고 있다. 첫째, 다수의 상황과제를 사용한다. 여기서 상황과제란 지원자의 역량을 평가하기 위하여 개발된 가설적 상황으로, 1 : 1 역할연기나 집단토론 등을 말하는 것인데, 다수의 상황과제를 사용한다는 것은 그만큼 여러 상황에서 지원자의 행동을 관찰한다는 의미이다. 이렇게 서로 다른 여러 상황에서 지원자의 행동을 관찰함으로써 지원자가 가지고 있는 다양한 역량을 평가할 수 있는 것이다.

둘째, 동일한 역량에 대해 두 번 이상 중복 관찰을 실시한다. 평가위원회에서는 동일한 역량을 서로 다른 상황과제에서 중복 관찰하게 되어 있어, 단 한 번의 관찰에서 올 수 있는 오류를 줄일 수 있다.

셋째, 다수의 평가자가 평가를 한다는 것이다. 한 지원자에 대해 최소한 두 명 이상의 평가자가 중복 관찰하게 됨으로써 한 명의 평가자만을 사용했을 때 나타날 수 있는 평가자의 개인적 특성에서 올 수 있는 오류를 최소화할 수 있는 것이다.

넷째, 평가역량 및 기준에 대해 엄격한 훈련을 받은 평가자(assessor)만을 사용한다. 평가위원회의 핵심은 평가자에게 있으므로 내·외부를 막론한 모든 평가자에게 평가역량 및 상황과제에 대한 평가자 훈련을 실시해야 하며, 이러한 평가자 훈련을 받은 평가자만을 실제 평가위원회 운영에 투입하는 것이 평가위원회의 또 다른 특징이다.

다섯째, 중요 사건(Critical Incident)에 대한 분석을 통해 평가 상황과제를 개발한다. 직무성과에 직접적으로 영향을 미치는 중요 사건들을 분석하여 평가 상황과제를 개발함으로써, 측정하고자 하는 역량의 발현가능성을 높이고, 이를 통하여 좀더 타당한 평가를 할 수 있다.

여섯째, 개별 평가자들의 평가결과를 통합하고, 그 통합된 결과를 바탕으로 각 개인에 대한 종합 보고서를 작성한다. 이러한 통합과정은 모든 평가자들이 모여 자신들의 관찰/기록/평가 결과에 대한 의견을 교환하고, 합의점을 찾는 '의견조율 과정(Wash-Up Session)'의 형태로 이루어질 수도 있고, 단순히 통계적으로 개별 평가자의 관찰/기록/평가결과를 통합할 수도 있다. 하지만, 어떤 형태로든 개별 평가자의 결과를 통합하고, 이를 통해서 각 지원자에 대한 최종 보고서를 작성하는 것이 또한 평가위원회의 특징이다.

이 이외에도 관찰, 기록, 분류, 평가를 위한 체계적인 방법을 사용한다는 것도 평가위원회의 또 다른 특징이며, 이러한 모든 특징들을 가지고 있어야만 올바른 평가위원회라고 말할 수 있다.

평가 상황과제, 과연 어떤 과정을 통하여 개발하게 되는가

평가 상황과제 개발과정을 설명하기 전에 먼저 어떤 목적을 가지고 평가 상황과제를 개발하려고 하는지를 명확히 하는 것이 중요하다. 쏜톤(Thornton, 1992) 교수에 의하면 평가위원회는 그 목적에 따라 기본적인 설계가 달라지기 때문에 평가 상황과제를 개발하기 전에 먼저 목적을 명확히 하는 것이 중요하다는 것이다.

[표 VI-5]는 평가위원회의 설계가 그 목적에 따라 어떻게 달라지는지를 보여주고 있는데, 표의 내용 중 평가 상황과제의 개발과 직접적인 관련성을 가지는 것이 '평가차원'과 '평가용 상황과제'이므로, 평가위원회의 목적에 따라 이러한 항목의 구체적 내용

[표 VI-5] **목적에 따른 평가위원회 프로그램의 설계**(Thornton, 1992)

	Selection & Promotion	Diagnosis	Development
참 가 자	HPI, 임원 대상자	모든 관련 대상자	모든 관련 대상자
대상 직위	공석중인 직위	현재 또는 승진가능 직위	현재 또는 승진가능 직위
평가차원 (역량)	소수, 일반적인 특성	다수, 구체적인, 개발가능한 차원	소수, 매우 구체적인, 개발가능한 차원
평가 simulation	소수(3~5), 일반적 시뮬레이션	다수(6~8), 직무와 중간정도로 유사한 시뮬레이션	다수, 작업표본
기 간	0.5~1일	1.5~2일	1.5~3일
중요 결과	전체 평가점수	차원별 profile	행동적 제안점
피드백 대상	참가자, 차상위자	참가자, 상위자	참가자
피드백 유형	짧고, 기술적인 피드백	구체적이고, 진단적인 피드백	즉각적, 구체적인 언어적 피드백

이 어떻게 차이가 나는지를 설명하고자 한다.

평가위원회의 목적이 핵심인재를 채용하거나 상위 직급으로의 승진대상자를 결정하는 것일 경우, 평가차원은 상위 직급에서의 직무수행에 매우 중요하지만, 짧은 경험을 가지고는 쉽게 개발될 수 없는 소수의 역량이 될 것이다. 반면, 평가위원회의 목적이 지원자의 육성 니즈를 파악하기 위한 진단인 경우나, 평가위원회를 통해서 직접 지원자의 역량을 향상시키는 것이 목적인 경우에는 일반적인 역량이 아니라 개발가능한 역량에 초점을 맞춰 평가용 상황과제를 개발해야 한다.

또한 평가용 상황과제의 직무현실 충실도와(용어설명 참조) 관련해서도 채용/승진이 목적인 경우, 지원자들은 해당 직무에 대한 전문지식이나 경험, 또는 스킬이 없기 때문에 상황과제의 내용은 이러한 것들을 포함하지 말아야 하며, 결과적으로 직무현실 충실도는 다소 낮아지게 된다. 반면 진단이나 개발/육성이 목적인 경우, 지원자들이 해당 직무에 대한 다소의 경험을 지니고 있으므로, 해당 직무수행에 필요한 지식, 스킬 등이 포함된 상황과제를 개발하여 이러한 요소들을 측정하도록 하는 것이 가능하고 또 바람직할 것이다. 결과적으로 평가위원회의 목적이 진단이나 개발인 경우에 채용/승진인 경우보다 직무현실 충실도가 높은 상황과제를 개발 · 활용해야 한다.

하지만, 이러한 주장은 우리나라의 현실에는 다소 맞지 않는다. 필자가 경험하기로는 대부분의 고객이 평가위원회의 목적과 관련 없이 직무현실 충실도가 높은 상황과제를 선호하며, 이러한 현상은 직무현실 충실도가 낮을 경우, 프로그램 자체에 대한 안면타당도가 떨어져 실제 의사결정자를 설득하기 힘들기 때문인 것으로 보인다. 하지만, 평가위원회를 설계하는 목적이 채용/승진인 경우 무조건 직무현실 충실도가 높은 평가 상황과제를 설계하는 것은 지원 직무 및 상위 직급에 대한 경험이 없는 지원자에게 상당한 부담을 줄 뿐만 아니라, 본래 측정하려는 역량을 측정하기보다는 상위 직급에 대한 지식, 경험을 측정하는 오류를 범하게 만들 수 있다. 이러한 오류를 줄이고, 평가위원회를 본래의 목적으로 활용하기 위해서는 평가위원회의 목적에 따라 평가 상황과제의 직무현실 충실도 수준이 조정되어야 한다는 것을 의사결정자에게 올바로 인식시키는 작업이 선행되어야 한다.

일단 평가위원회의 목적이 명료화된 후에는 다음과 같은 과정을 거쳐 평가용 상황과제를 설계하게 된다.

[그림 VI-8]에서 알 수 있듯이 평가용 상황과제를 설계하기 위한 첫 단계는 측정하려는 역량을 분석하는 것이다. 이 단계는 크게 3개의 하위 과정으로 나눌 수 있는데, 첫째

[그림 VI-8] **평가위원회 상황과제 설계의 6단계**(임대열, 2004)

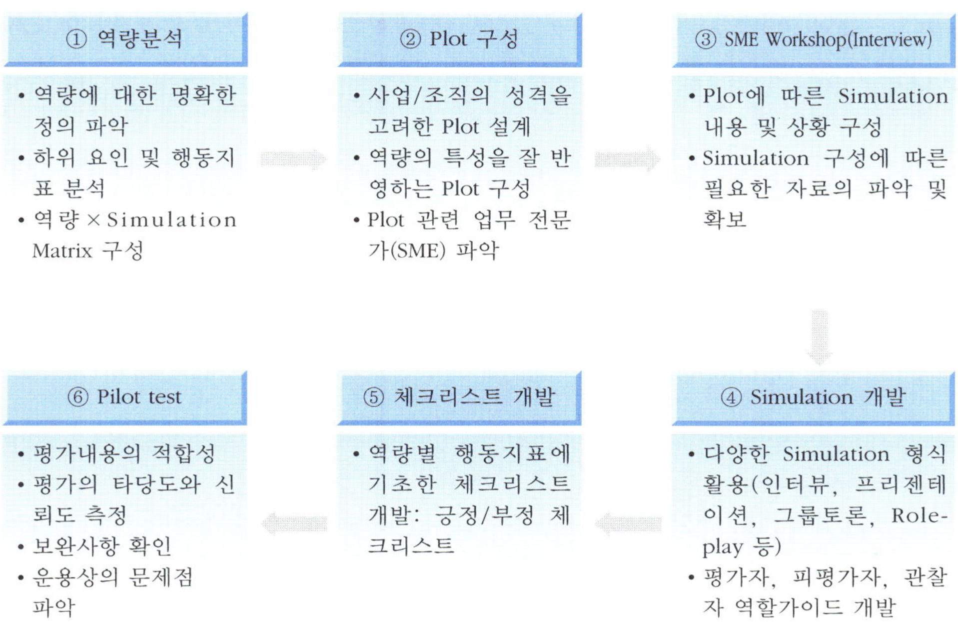

는 측정하려는 역량의 의미를 정확하게 파악하는 역량의 의미파악 과정이고, 둘째는 측정 역량의 하위 요인 및 행동지표를 분석하는 과정이며, 셋째는 측정 역량을 다양한 상황과제 속에서 어떻게 관찰할 것인지에 대한 개괄적 그림인 역량×상황과제 매트릭스를 구성하는 과정이다.

동일한 역량명을 가지고 있다고 하더라도 그 내용을 살펴보면 조직마다 다른 경우가 대부분이기 때문에 고객이 말하는 특정 역량이 과연 어떤 의미를 가지고 있는지 인터뷰나 자료조사를 통해서 철저히 분석하는 과정이 역량의 의미파악 과정이다. 또, 그러한 역량이 과연 상황과제를 통해서 측정할 수 있는 역량인지에 대한 결정도 이 과정에서 이루어져야 한다.

역량의 의미를 올바로 파악한 후에는 해당 역량이 어떠한 하위 요인으로 구성되어 있

[표 VI-6] 의사소통역량의 하위 요인 및 행동지표분석 예시

역량명	정의	차원	하위 요소	행동지표
〈의사소통〉	상황 및 상대방의 감정을 정확히 이해하고, 우호적인 분위기하에 상대에게 자신이 의도하는 바를 문장, 언변 등으로 명확하게 이해시키거나, 상대방의 의사를 경청하면서 상대방의 의도를 정확히 이해	내가 상대방에게 하고 싶은 말을 전달하는 차원	내용의 논리성	■자신의 생각을 논리정연하게 전달함.
			내용의 간결성	■필요한 내용만 간략하게 언급함.
			상대방에 대한 배려	■상대방이 이해하기 쉬운 언어 선택 ■상대방을 존중하는 언어 선택 ■상대방이 자신의 말을 정확하게 이해했는지에 대한 확인 ■호의적인 태오(인상)로 자신의 이야기를 전달함.
			태도	■상대방을 응시하면서 이야기함. ■전달하려는 내용에 맞는 자연스런 몸동작 사용 ■말의 속도가 적절함. ■상대방의 반응에 흥분하지 않고, 차분하게 이야기함.
		상대방의 말을 들어주는 차원	의도(내용) 파악을 위한 행동	■상대방 의도를 정확하게 파악하기 위해서 적절한 질문을 함. ■상대방 말의 재언급을 통해 정확한 내용 파악/공유할 수 있게 이야기함.

으며, 어떤 행동을 통하여 나타나는지를 분석 · 정의할 필요가 있다([표 VI-6] 참조). 이러한 과정을 거쳐야 역량이란 것을 구체적으로 실제 측정 가능한 형태로 만들 수 있다. 이렇게 역량의 하위 요인 및 행동지표를 분석할 때는 그 역량의 범위를 충분히 포괄하면서도 다른 역량과 겹치는 부분이 없도록 만드는 것이 중요하다. 일반적으로 역량에 대한 분석을 할 경우, 역량을 포괄적으로 정의함으로써 다른 역량과 겹치는 부분이 발생하게 되고, 이러한 과정 때문에 한 역량에서 높은 점수를 받게 되면 그 역량과 중첩되는 부분이 있는 다른 역량에서도 높은 점수를 받게 되는 경우가 발생한다. 물론, 역량이란 것이 상호 중첩되는 부분이 아주 없을 수는 없겠지만, 측정의 목적으로 역량을 분석할 때는 가능한 협의적으로 역량을 정의 · 분석함으로써 중첩되는 부분을 최소화하는 것이 필요하다.

하위 요인 및 행동지표 분석이 끝나면, 전체 상황과제들에서 역량을 어떻게 측정할 것인지를 설계하는 역량×상황과제 매트릭스를 구성하게 된다. 이러한 매트릭스를 구성할 때 주의할 점은 하나의 역량이 서로 다른 두 개 이상의 상황과제에서 측정가능해야 한다는 것이다([그림 VI-9] 참조). 매트릭스 구성은 상황과제 형식과 내용이라는 두 가지 요인에 의해서 크게 영향을 받는데, 여기서 상황과제 형식이란 1 : 1 역할연기, 집단토론과 같이 상황과제가 이루어지는 구도를 말하며, 상황과제의 내용이란 코칭상황, 신규사업에 대한 논쟁상황과 같이 상황과제의 전체 주제를 말한다. 이러한 상황과제의 형식과 내용 모두가 측정 가능한 역량의 종류를 규정하게 된다. 예를 들어, 프리젠테이션이나 집단토론에서는 의사소통을 쉽게 측정할 수 있지만, 서류함 과제(In-Basket)에서는 상대적으로 의사소통을 측정하기가 어렵고, 팀워크는 집단토론에서만 측정할 수 있는

[그림 VI-9] 역량×상황과제 매트릭스 구성 예시

A사의 역량	Simulation			
	Group Discussion	Presentation	Role-Play	In-Tray
결과지향		●		●
고객지향	●		●	
의사소통	●	●	●	
전략적 사고		●		●
갈등관리	●		●	

것과 같이 상황과제의 형식이 측정 가능한 역량의 종류를 규정한다. 또, 집단토론이라고 하더라도 서로 갈등하는 상황을 다룬 집단토론의 경우는 팀워크를 측정할 수 없고, 서로 협력을 해야 하는 집단토론의 경우만 팀워크에 대한 측정이 가능한 것처럼 상황과제의 내용 역시 측정 가능한 역량의 종류를 규정한다. 결과적으로 역량×상황과제 매트릭스를 구성하기 위해서는 다음에 나오는 과제구조(plot)에 대한 계획이 어느 정도는 세워져 있어야 한다.

평가용 상황과제를 개발하는 두 번째 단계는 과제구조를 구성하는 것이다. 과제구조란 업무상황에서 나타나는 역량을 평가할 목적으로, 조직의 성격과 특성을 반영하여 개발한 갈등구조나 딜레마적 상황을 말한다. 이러한 과제구조의 예가 [그림 VI-10]에 제시되어 있다.

[그림 VI-10]에서 볼 수 있듯이 과제구조는 상황과제에 포함된 평가자와 피평가자, 또는 진행보조자의 수, 평가자와 평가자 간의 관계, 평가자와 피평가자 간의 관계를 나타내주며, 전체적인 상황과 피평가자의 역할에 대한 간단한 소개, 그리고 해당 상황과제에서 측정하려고 하는 역량 등을 포함한다.

상황과제의 내용을 본격적으로 개발하기 전에 이러한 과제구조를 설계함으로써 전체 상황과제의 대략적인 내용을 결정하고, 측정 가능한 역량 목록을 확인해 볼 수 있으며,

[그림 VI-10] 집단토론의 과제구조 예시

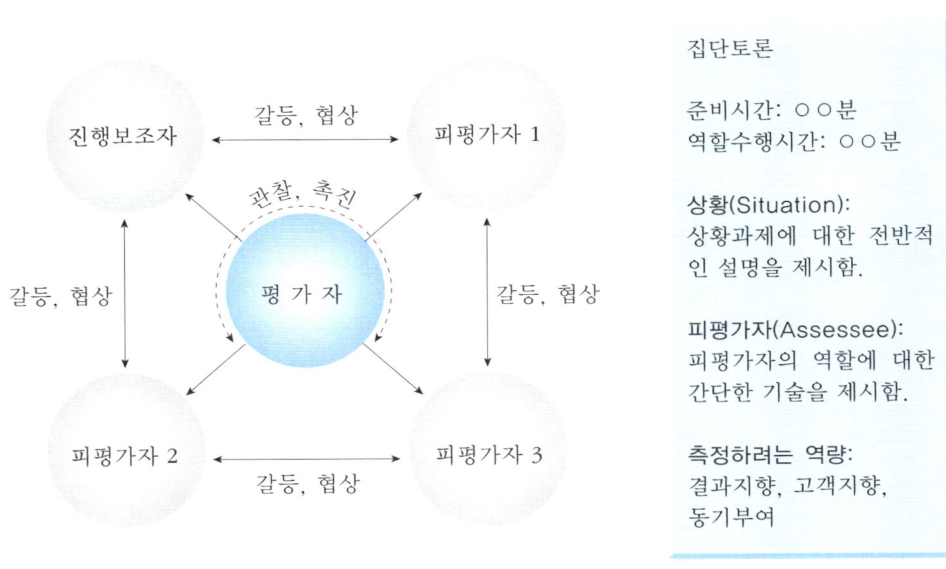

SME에 대한 워크숍/면담의 방향을 잡을 수 있다.

세 번째 단계에서는 과제구조에 적합한 실제 사례를 수집하게 된다. 사례수집을 위해서 직무전문가(SME)에 대한 워크숍을 실시하고, 여기서 나온 많은 사례들 중 상황과제로 만들기에 좀더 적합한 사례를 선정하여, 추가적인 자료수집을 위한 면접을 하게 된다. 사례를 선정하는 기준으로는 개발적합성, 범용성, 난이도, 자료수집 용이성, 대상자의 주체적 개입 여부 등이 있는데, 여기서 개발적합성이란 수집한 사례가 그 자체만으로 하나의 상황과제가 될 수 있는지, 즉 관련자간의 관계가 하나의 상황과제로 구성하기에 충분할 정도로 복잡한지의 여부를 말한다. 범용성이란 해당 사례가 어느 특정 부서에만 국한된 것인지, 또는 부서에 관계없이 공통적으로 일어날 수 있는 일인지를 말하며, 난이도는 해당 사례에 포함되어 있는 문제가 상황과제를 통하여 평가받는 대상에게 적절하게 어려운지의 여부를 가리킨다. 자료수집 용이성은 말 그대로 상황과제로 개발하기 위하여 추가적인 정보가 필요할 경우 얼마나 쉽게 자료를 수집할 수 있느냐 하는 것이고, 대상자의 주체적 개입 여부는 사례에 포함된 문제가 일정한 프로세스를 따르기만 하면 자동적으로 해결되는 것인지, 아니면 관련된 당사자가 주체적으로 노력을 해야만 해결 가능한 것인지를 말한다.

이러한 다양한 기준에 의하여 사례를 선정하고, 인터뷰를 진행하여 상황과제를 개발하기 위한 어느 정도의 자료를 얻었다면 다음 단계는 상황과제의 내용을 개발하는 것이다. 상황과제 내용을 좀더 효과적으로 개발하기 위해서 다음의 사항들에 유념할 필요가 있다.

첫째, 한 번에 잘 만들려고 욕심 부리지 않는다. 상황과제라는 것이 매우 정교하고 복잡한 구조를 가지고 있어 처음부터 잘 만들려고 하면 시작하기가 어렵다. 처음에는 과제구조만을 생각하고, 이 구조에 조금씩 살을 붙여간다고 생각하는 것이 부담도 적고, 또 효과적이다.

둘째, 측정하려는 역량을 고려하여 상황과제 상황을 구성한다. 앞서 언급한 것처럼 역량의 측정은 상황과제의 형식과 내용에 의해 결정된다. 이미 형식이 결정되었다면, 측정하려는 역량이 드러날 수 있도록 내용을 구성하여야만 목적을 달성할 수 있다.

셋째, 정보의 완결성을 높인다. 상황과제 내용을 구성할 때는 항상 어떻게 하면 피평가자가 원하는 방향으로 행동하도록 만들어, 목표한 역량을 측정할 수 있을지를 생각해야 한다. 그러기 위해서는 제시되는 자료들이 상호 복잡하고 유기적으로 구조화되어 있어야 한다. 그리고 피평가자들이 제시된 내용을 어떻게 받아들여 반응할 것인지도 항상 염두에 두어, 가능한 다양한 경우의 수를 고려하여 평가자 및 피평가자에 대한 역할지침을 작성하여야 한다. 그러지 못할 경우 평가자나 피평가자가 임기응변식으로 반응하게 되고, 이러한 측면이 평가의 신뢰도를 떨어뜨리게 된다.

마지막으로 항상 피평가자의 입장에서 상황과제를 구성한다. 개발자가 너무나 당연하다고 생각하는 것들이 지원자에게는 너무 생소하거나 모르는 사실인 경우가 많이 있다.

상황과제에 대한 내용개발이 끝나면 다음 단계는 점검표를 개발하는 단계이다. 점검표는 상황과제를 진행하면서 나타나야 하는 대표적인 역량관련 행동을 목록화한 것으로, 앞서 역량분석 단계에서 만들어진 행동지표를 각 상황과제 상황에 맞춰 좀더 구체적인 행동으로 묘사한 것이다. 이러한 점검표를 만드는 이유는 평가시에 평가자에게 제공함으로써 평가의 효과성을 높이기 위한 것이다. 점검항목은(점검표 내의 각 항목) 보통 한 역량에 대해 5~7개 정도를 만드는 것이 일반적인데, 그 이유는 한 상황과제에서 측정하는 역량의 수가 보통 2~4개 정도이므로 한 역량에 대해 너무 많은 수의 점검항목을 만들면 실제 평가시에 활용도가 떨어지고, 너무 적은 수를 만들 경우는 지나친 포괄성으로 인하여 정확한 평가가 어렵기 때문이다.

점검표를 제작 · 활용시 주의할 점은 평가자들이 점검항목에 기술되어 있는 행동에만 초점을 맞춰 관찰하고 평가하는 경향이 있다는 것이다. 점검항목들은 소수의 대표적인 역량관련 행동인 까닭에 실제로는 그 이외에 수없이 많은 역량관련 행동들이 나타날 수 있음에도 불구하고, 제공되는 점검항목들에만 주의를 두어 이러한 다양한 역량관련 행동들을 무시하고 관찰하지 못하는 경우가 발생한다. 이러한 경향을 막기 위해서는 점검표를 단지 행동을 관찰하는 지침으로 생각하고, 피평가자가 보이는 모든 역량관련 행동들을 충실히 관찰 · 기록할 수 있도록 평가자 훈련을 충실히 시키는 것이다.

이전의 모든 단계가 완료되면, 개발된 상황과제에 대한 시범 테스트(Pilot Test)를 하게 된다. 시범 테스트에서 주로 관심을 가지고 볼 것은 개발자가 본래 의도했던 방향으로 피평가자들이 실제 행동을 하고, 결과적으로 본래 측정하려고 하는 역량을 올바로 측정할 수 있는지의 여부이다. 이러한 목적을 달성하기 위하여 시범 테스트를 효과적으로 활용하는 가장 좋은 방법은 상황과제에서 보이는 피평가자의 모든 행동을 촬영하는 것이다. 이러한 촬영 기록을 2~3인의 개발자들이 모여 행동을 관찰 · 기록 · 분류하고, 그 결과에 대해 토론함으로써 상황과제가 본래 의도했던 목적을 달성하고 있는지를 판단하고, 부족한 부분에 대해서 수정 · 보완하게 된다.

이러한 모든 단계를 거치고 나면 하나의 멋진 상황과제가 완성되는 것이다.

평가위원회는 실제 어떻게 운영될까

다양한 형태의 평가위원회가 존재하는 만큼 실제 운영되는 모습 또한 다양할 것이다. 여기서는 필자가 경험한 평가위원회의 공통점을 바탕으로 일반적인 운영의 모습을 소개하기로 하겠다.

일반적인 평가위원회 운영의 모습이 [그림 VI-11]에 제시되어 있다. 그림에는 피평가자들이 평가위원회에 참여하는 것이 처음으로 되어 있으나 실제는 필요에 따라서 성격검사나 인지능력 검사와 같은 심리검사를 사전에 실시하기도 한다. 피평가자들이 평가위원회의 상황과제에 참여하기 전에 평가위원회 운영자는 [그림 VI-12]와 같은 일정표에 따라 평가위원회에 대한 오리엔테이션을 하게 된다(오리엔테이션의 내용은 [그림 VI-12]를 참조).

오리엔테이션이 끝나면 피평가자들은 각자에게 할당된 독립된 방에 배치되고, 운영자가 평가 상황과제가 담긴 봉투를 각자에게 제공하고, 일정 시간동안 상황과제에 대한 준비를 하게 된다. 정해진 시간이 경과하면 평가자가 일정표에 따라 피평가자가 있는

[그림 VI-11] **전형적인 평가위원회 운영 예**(Waldron, B. & Joines, R., 1994)

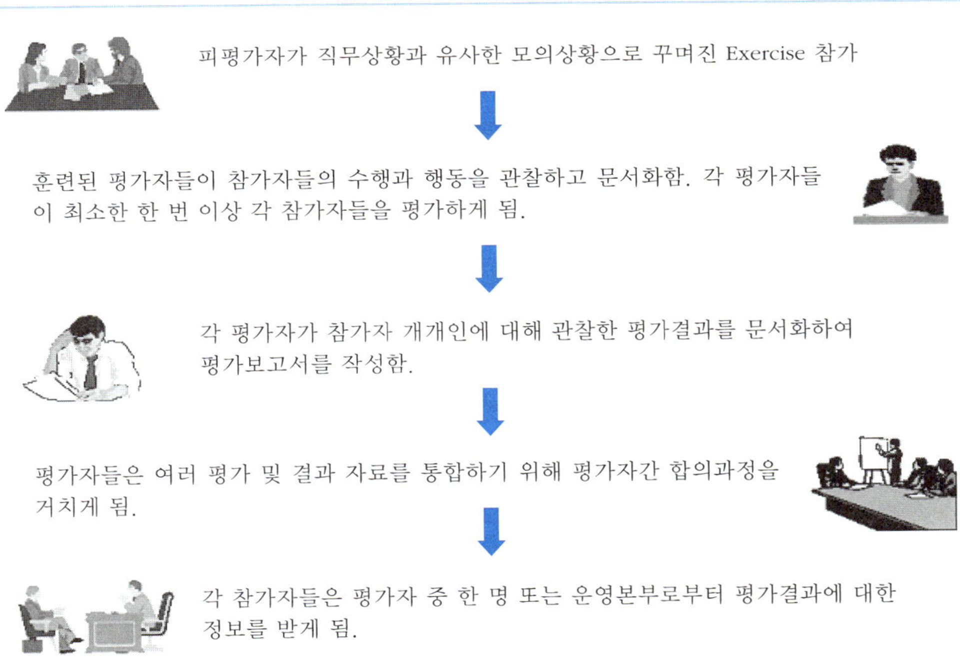

[그림 VI-12] **평가위원회 일정표의 예**

피평가자

• 제도의 기본 목적
• 역량에 대한 이해
• ACP에 대한 설명
• 참가자 역할 가이드
• 상호 인사

	A	B	C	D	E	F				J
08:50-09:00	오리엔테이션									
09:00-10:00	진단자 1(1)	진단자 7(2)	진단자 2(3)	진단자 6(4)	진단자 3(5)	진단자 5(1)	진단자 4(5)			
10:10-11:10			진단자 7(2)	진단자 4(5)	진단자 6(4)	진단자 3(5)		진단자 1(1)	진단자 2(3)	진단자 5(1)
11:20-12:20	진단자 4(5)	진단자 1(1)	진단자 5(1)			진단자 2(3)		진단자 3(5)	진단자 7(2)	진단자 6(4)
12:20-13:10	점심시간									
13:10-14:10	진단자 6(4)	진단자 2(3)		진단자 4(2)	진단자 1(3)	진단자 5(4)	진단자 7(2)			진단자 3(5)
14:20-15:20		진단자 3(5)		진단자 1(3)		진단자 4(2)	진단자 6(4)	진단자 2(3)	진단자 5(4)	진단자 7(2)
15:30-16:30	진단자 2(3)	진단자 6(4)	진단자 3(5)		진단자 4(2)		진단자 5(1)	진단자 7(2)	진단자 1(1)	
16:40-17:40	진단자 7(2)		진단자 6(4)	진단자 5(1)	진단자 1(1)		진단자 2(3)		진단자 3(5)	
17:10-18:10								진단자 6(4)		진단자 1(3)

방에 들어감으로써 본격적인 평가가 시작된다.

평가자는 상황과제를 진행하면서 피평가자의 역량관련 행동들을 관찰 · 기록하게 되고, 각 상황과제가 끝나면 바로 관찰, 기록된 내용을 점검항목들이나 행동지표에 따라 분류 · 평가하고, 기록된 내용을 정리하여 개별적인 보고서를 작성하게 된다.

이러한 과정이 반복되고, 결과적으로 모든 상황과제가 끝나면 평가자들은 운영실에 모여 각자 평가한 내용과 보고서를 공유하고, 차이점에 대해 논의하는 평가자 합의과정(Consensus Meeting)을 거치게 된다([그림 VI-13] 참조). 이러한 평가자 합의과정은 평가위원회의 매우 중요한 특징으로, 이 과정을 거쳐 평가자간의 차이가 조정되어, 평가자간 신뢰도가 증가하게 된다.

[그림 VI-13]은 이러한 평가자간 합의과정을 보여주고 있는데, 여기서 주목할 것은 동일한 피평가자의 동일한 역량에 대해서 서로 다른 평가자들간에 일정 수준을 넘는 불일치가 존재할 경우의 처리방식이다. 불일치가 존재할 경우 그 원인은 크게 평가자의 오류에 의한 것과, 동일역량에 대해 평가자들이 서로 다른 과제를 통해 관찰할 경우 피평가자가 과제에 따라 처리역량의 수준을 달리 보이기 때문인 것으로 생각해 볼 수 있다.

[그림 VI-13] 평가자 합의과정의 예

■ 평가자 운영 및 평가자 조정회의

- '피평가자 A'의 '의사소통' 역량에 대해 다수의 평가자가 다수의프로그램을 통해 평가하게 되지만, '피평가자 A'의 '의사소통' 역량의 결과는 모두 수집되어 '평가자 1'에게 제공됨.
- 평가자 1은 이때 수집된 여러 평가자들의 결과를 종합하여 최종 점수 산출 및 종합보고서를 작성하게 됨.
- 최종 점수 산출 및 종합보고서 작성시 '평가자 1'은 피평가자 A의 '의사소통' 역량을 평가한 평가자들의 점수를 종합하되, 해당 점수차가 미리 정해 놓은 점수차(2점 이상) 이상이 되면 각 평가자들로부터 해당 점수를 주게 된 근거들을 수집하게 됨.
- 이러한 근거 의견들을 바탕으로 최종 점수 조정 및 종합보고서를 작성하게 됨.
- 위 과정을 전 역량에 걸쳐서 진행하게 됨.

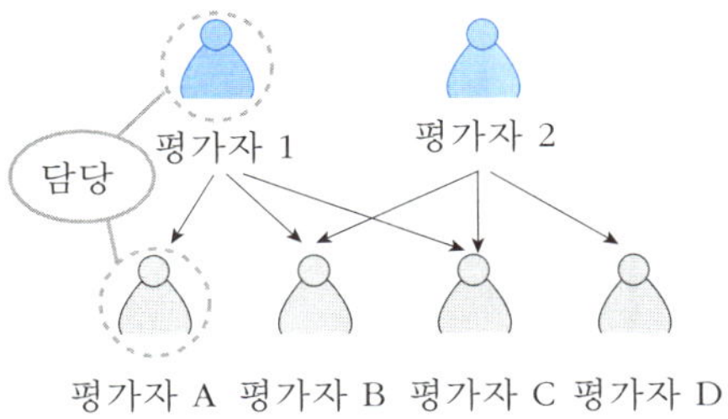

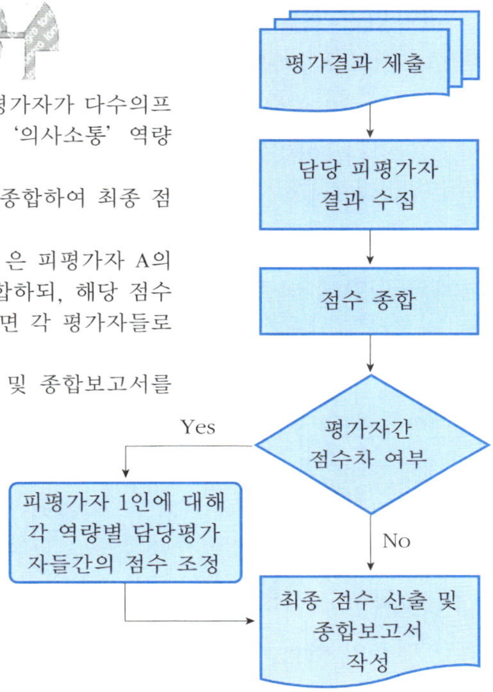

불일치의 원인이 무엇인지를 밝히기 위하여 먼저 불일치하는 두 평가자와 다른 평가자들간의 점수를 비교해, 특정 평가자의 점수가 전반적으로 높거나 낮으면, 해당 평가자의 점수를 수정하는 방향으로 해결점을 찾지만, 그렇지 않을 경우는 기록된 내용을 서로 공유하고 토론함으로써 해결책을 찾게 된다. 이러한 토론의 결과, 불일치가 존재하는 것이 정당하다고 생각되면, 점수를 조정하지 않고, 보고서에는 각 상황과제 상황에 맞게 서로 다른 상황에서의 행동을 기술하게 된다. 예를 들어, 의사소통이 집단토론과 1 : 1 역할연기에서 차이를 보인다면, 1 : 1 대인관계에서는 의사소통 능력이 우수하지만, 집단을 대상으로 한 상황에서는 다소 수줍어하며, 경직되어 자신의 의사를 제대로 전달하지 못한다는 내용의 보고서를 작성하게 된다. 이렇게 최종 평가와 보고서가 완성되면 평가위원회의 기본적인 과정은 끝나게 되고, 경우에 따라서 피드백을 위한 면접이나 육성을 위한 개발계획수립(Development Action Planning) 과정이 이어지게 된다.

평가위원회의 성패에 있어 가장 중요한 요인은 무엇인가

'평가위원회를 성공적으로 이끌기 위한 중요 요인이 무엇이냐?'는 질문을 받게 되면, 타당한 상황과제의 개발, 조직의 적극적 지원, 장기간에 걸친 보완 및 수정 등 여러 요인들이 머릿속에 떠오르지만, 필자는 단연코 평가자에 대한 치밀하고 철저한 훈련이라고 말한다. 이렇게 필자가 주장하는 이유는 평가위원회에 있어 평가자의 역할이 차지하는 비중이 매우 크기 때문이다. 아무리 평가위원회 프로그램을 구조화시킨다 하더라도 모든 경우의 수를 고려하여 이에 대해 대비책을 마련할 수는 없고, 궁극적으로는 평가자의 역량에 의존하게 되므로, 평가자에 대한 철저하고 치밀한 훈련만이 평가위원회의 성공을 보장할 수 있는 것이다.

필자의 경험에 의하면, 평가자 훈련은 이틀 정도가 적당하며, 그 내용은 역량 및 평가위원회에 대한 이해로부터, 역량의 하위 차원 및 행동지표에 대한 숙지, 평가 상황과제에 대한 이해 및 관찰, 기록, 분류, 평가, 보고서 작성과 같은 평가 스킬 습득까지를 포함하여 이루어져야 한다. 특히, 실습시 참조의 틀(frame of reference) 훈련이(용어설명 참조) 매우 효과적이다.

적은 지면에 여러 가지 내용을 전달하려는 필자의 미련한 욕심으로 인하여 본래 의도했던 내용이 올바로 전달되었는지 의구심이 든다. 하지만, 중요한 것은 우리나라에 있어 평가위원회는 지금 한창 싹이 트는 상황이고, 이러한 시기에 평가위원회에 대한 올바른 인식이 심어져야 좋은 도구를 두고 잘못된 인식으로 인하여 제대로 사용도 못해보고 버리게 되는 우를 범하지 않을 것이다.

[용어설명]

1. Assessment Center를 직역하면 "평가센터"가 되겠으나 센터라고 하면 어떤 물리적 위치나 건물을 떠올리게 된다. 그러나 Assessment Center의 "센터"에는 그런 물리적 개념보다는 평가를 위한 "위원회 방식"이라는 의미가 들어있다. 따라서 평가위원회로 번역한다.

2. 직무현실 충실도(Fidelity)란 상황과제의 내용이 실제 모사하려고 하는 직무의 현실적 내용과 유사한 정도를 말한다.

3. 참조의 틀 훈련이란 판단의 기준이 되는 틀을 올바로 잡아줌으로써 평가의 신뢰성과 타당성을 높일 수 있도록 설계된 훈련방식을 말한다. 주로 상황과제 장면을 보여주고, 서로 자신의 평가결과를 토론하게 함으로써 서로 다른 기준(참조의 틀)이 서로 다른

평가를 가져오게 되며, 결과적으로 기준을 명확하게 하는 것이 중요하다는 것을 보여주는 훈련방식이다.

참고문헌

임대열(2004), 평가위원회 프로그램의 개발 및 운영, 한국 산업 및 조직심리학회 추계심포지움.

임대열 외(2004), 관리직 역량평가 및 개발방안에 대한 연구, 중앙인사위원회.

Waldron, B., & Joines, R.(1994), "Introduction to assessment centers," *IPMAAC Conference at Public Personnel Assessment*.

Task Force on Assessment Center Guidelines.(1989), "Guidelines and Ethical Considerations for Assessment Center Operations," *The 17th International Congress on the Assessment Center Method*.

Thornton, G. C. III.(1992), *Assessment Centers in human resource management*, New York: Addison-Wesley Publishing Co. Inc.

7 역량평가를 위한 평가위원회 (Assessment Center) 기법의 이해[1)]

민병모
nureemin@hanmail.net

글로벌 인재, 경영성 인재 등 '역량중심의 인재확보와 육성' 이라는 구체적 논리가 전략적 HR 솔루션의 기반을 이루고 있다. '역량(Competency)' 이란 '고성과자들의 결정적이고도 차별적인 수행 패턴의 특징' 이며, 전략적 경영성과 달성을 위한 조직구성원의 미션이자 'way of work life' 인 것이다. 기업의 보상이 최종 결과물뿐 아니라 절차적 역량행동에까지 연계되어 조직의 끊임없는 자기동기를 촉진하는 방편으로 바뀌고 있기 때문에 객관적인 역량평가가 매우 중요한 이슈로 부상하였고, 360도 다면평가, 심층면접 평가, 심리검사 등의 다양한 방법의 활용이 HR 의사결정 전반에서 크게 부각되고 있다([표 VI-7] 참조).

그러나 이러한 방법들은 그 결과에 중요한 이해가 걸린 경우 피평가자의 자기충족적 응답이나 평가자의 편향적 판단과 오류가 크게 작용하게 되기 때문에 그 신뢰도와 타당도에 한계가 있을 수밖에 없다. 또 과거의 성공이 새로운 역할과 책임의 성공을 보장할 수 없는 것이다. 따라서 특정 역할(직급이나 직책)에서의 성공에 필요한 역량 요구점

1) 출처: 인크루트 경력개발연구소(2005), "역량평가를 위한 Assessment Center 기법의 이해," 「인재경영」, 11월호, pp. 80-88에서 전재함.

[표 VI-7] 역량평가의 여러 가지 방법 비교

평가 방법	측정상 전제
역량평가센터 Assessmetn Center/DC	• 역량을 과거에 발휘할 기회가 없었을 경우 • 실제 행동의 모습과 절차를 확인해야 할 경우 • 특정 상황에 대한 특정 대응 행동을 집중적으로 확인해야 할 경우 • 집단 상호작용 수준을 다각도로 판단해야 할 경우 • 척도나 검사로는 진실된 모습을 측정하기 어려울 경우
작업표본 Job Sample	• 작업과제를 현실감(Fidelity) 있게 설계, 실시 가능시 • 기계나 도구, 사물의 조작 중심의 직무에 보다 타당 • 미래 잠재력보다는 현재 수행수준을 중시 • 비용과 시간의 과다
역량면접 CB Interview	• 과거의 수행행동과 절차가 관심의 초점인 경우 • 역량발휘에 관한 구체적이고 심층적인 상황파악이 중요한 경우 • 개인의 자유로운 반응과 개성에 광범위하게 관심이 있는 경우
입사지원서 Application Blank	• 솔직한 작성 • 구조화된 작성 틀 • 표준화된 분석 틀 • 내용확인 및 검증절차와 방법
역량평가척도 Competency Questionnaire	• 업무상황에서 관찰 가능한 경우 • 정도의 차이를 쉽게 판단할 수 있는 경우 • 사고 및 태도, 자세 등은 전반적으로 부적합. 주로 행동이나 구체적 산출물로 나타나는 역량에 적합
역량평가 심리검사 Psychological Test	• 역량을 과거에 발휘할 기회가 없었을 경우 • 일상 업무상황에서는 관찰할 기회가 적은 경우 • 지속적이고도 체계적인 관찰이 필요한 경우 • 정도의 차이를 판단하기 어려운 경우 • 평가의도를 적절히 숨겨야 할 경우
역량시험 Exam/Certificate/ Liscence	• 특정 기술역량(Technical competency)과 관련된 내용이 명확한 경우 • 지식과 기술의 보유 자체가 중요한 경우 • 정확한 평가와 비교가 가능한 경우

을 역량모델링을 통해 설정한 뒤 그 행동패턴을 직접 관찰하고, 구조화된 평가지침과 코드에 따라 관찰된 근거를 평가하는 직접적인 방식이 필요하다. 직무샘플 테스트와 평가위원회(Assessment Center, 이하 AC)가 그러한 방식들이며, 그 중 특히 AC가 선진기업에서 매우 중요한 인재평가방식으로 활용되고 있다.

AC의 정의와 기능

AC는 특정 업무나 역할의 핵심을 모사한 다수의 과제(simulation exercise)를 설계하여 제시한 뒤(stimulus 균질화), 평가대상자의 과제해결 과정과 결과(behavioral response)에 대해 자격을 갖춘 다수의 훈련된 평가자가 교차(혹은 중복) 관찰, 평가한 뒤 그 결과를 통합하여 최종적인 평가를 함으로써 향후의 성과수준과 패턴을 예측하는 표준화된 평가방법이다. 광의의 AC에서는 심리검사와 심층 역량면접 등의 보다 다양한 방법이 함께 시행됨으로써 나타난 반응의 내용과 의미를 좀더 깊이있게 해석하게 된다. AC 방식에 의한 평가는 원래 파일럿이나 정보요원 등 고급인력을 효과적으로 선발, 육성하기 위해 군에서 활용되던 수행검사(performance test)를 민간 기업에서 받아들인 것이다. 특히 AT&T를 위시한 미국의 대기업들이 1950년대 이후 적극 활용하여 그 효용이 알려진 뒤, 고위 관리자나 고부가 가치 직무, 그리고 특별하고도 복합적인 비지식적 역량이 필요한 직무의 성과를 예측하는 목적으로 글로벌 기업들이 광범위하게 활용하고 있다. 특히 최적 스태핑, 교육 및 개발요구 확인, 경력 및 승계계획, 리더 육성 등 새로운 역할에 대한 적응과 성과를 예측하는 데 효용이 뛰어나다.

AC 과제의 유형별 특장점과 평가에 적합한 역량들

AC는 전략적 가치가 높은 인재를 정확하게 변별해 내고, 또 주요 조직원 개인의 육성방안을 구체적으로 창안해 내기 위해 중요한 데이터를 제공하는 것이 주된 목적이다. 따라서 확인 대상이 되는 직책이나 직무에 직결되는 다양한 과제들을 평가대상자들에게 부여하고 그 해결과정과 결과들을 통합적으로 해석해 냄으로써 역량수행 패턴과 수준을 다각적이고도 근거중심적으로 평가한다. 물론 전형적인 AC 안에서는 심리검사와 심층면접 등이 포함되기는 하지만, 가장 전형적인 과제의 유형은 모의과제(Simulation Exercise)이다. 모의과제는 말 그대로 핵심성과지표(KPI)에 결정적으로 영향을 미칠 수 있는 실제 상황에서의 역할수행 장면을 모사한 시나리오를 제시하고 평가대상자가 그

주인공이 되어 대응해 나가고 문제를 해결하며 요구되는 성과물을 만들어 내는 것이다. 이런 모의과제는 그 구성방법상 역할연기나 미결함과제 해결(In Basket), 혹은 리더가 지명되어 있지 않은 토론(Leaderless Group Discussion)이나 역할이 지정된 토론(Role Assigned Discussion), 프리젠테이션, 사례연구, 정보확인(Fact finding), Business Game 등으로 분류된다.

미결함 과제는 일반적인 관리업무(Administration)를 모사하여 만든 가장 전형적인 AC의 과제유형이다. 이 명칭은 관리자가 처리해야 할 일에 관한 서류함에 들어있는 수많은 메모들을 의미한다. 즉 특정 직무나 역할책임의 성공에 결정적 측면들을 선별, 수집하고(sampling), 모사하여 개인별로 진행되는 일종의 상황검사(situational test)로 구성하는 것이다. 회의나 대화시의 메모, 이메일, 전화통화 메모, 개인적인 전달내용, 사장 지시문 등의 공적인 서류문건, 조직도, 미션, 달력, 부서 히스토리, 사규 등이 제시되며, 그 문건들 속의 비즈니스 이슈를 스스로 확인, 분류해 내고 그 해결안을 찾는 것이다. 평가대상자는 앞으로 며칠간 회사를 비울 수밖에 없는 일이 생기고, 쓸 수 있는 시간 내에 메모 속의 그러한 현안 사항들을 차질 없이 진행되고 해결될 수 있도록 최적의 조치를 취해야 한다. 물론 다른 직원들과는 아무런 협의나 상호작용이 불가능하며, 연락을 취할 수 없는 상황으로 설정한다. 각 이슈의 중요도와 임팩트, 이슈들간의 관계, 관련 자원과 그 활용가능성 등을 고려하여 이슈 맵(우선순위 포함)을 구성하고 각 이슈별 해결안과 관련 방법, 참여인원 및 그 논리와 근거 등을 일목요연하게 제시할 수 있어야 한다. 제시방법은 대개 주어진 양식에 따른 리포트 형식을 취하지만 경우에 따라서는 프리젠테이션이나 다른 평가대상자 혹은 평가자와의 질의응답 형식으로 전달되기도 한다. 메모의 내용은 직무분석에서 얻은 정보를 바탕으로 만들어지며, 그 역할에서 실제로 행해지는 핵심적인(KPI에 직결되는) 관리업무를 대표할 수 있어야 한다. 평가대상자가 문서로 된 과제지문과 관련 참고자료를 받아 혼자 완성하는 과제이며, 2~3시간 가량 소요되는 경우가 대부분이다. 과제지시는 보통 지시문을 활용하며, 과제수행중에는 AC 진행자와 평가대상자 간에 아무런 상호작용을 하지 않는 것이 원칙이다. 미결함 과제는 의사결정, 계획 및 구조화, 위임, 결단력, 독립성, 주도성과 같은 역량을 평가하는데 주로 활용된다.

집단토론(Group Discussion, 혹은 집단문제해결) 과제는 미결함 과제와 함께 AC에서 가장 자주 이용되는 유형이다. 소집단 내에서 상호작용을 효과적으로 관리함으로써 성공적으로 문제를 해결해야 하는 관리자의 역할 특성을 평가하는 경우나 커뮤니케이션이나 대인이해, 스트레스 소화능력, 적응력, 활력, 설득력 등과 관련된 역량을 평가할 경우 많이 활용한다. 보통은 6명 내외의 집단으로 구성되며, 작은 방에서 회의용 테이블에 둘러앉아 주어진 과제를 해결한다. 평가자들은 평가대상자가 잘 보이는 주변에 앉아 관찰 · 기록한다. 공식적인 역할이나 리더가 지명되는 경우(Assigned role)와 아닌 경우가 모두 가능하며, 역할이 정해진 경우는 각 참가자(평가대상자)가 보유한 정보나 자료 중 자신만 가지고 있는 내용이 있으며, 그것을 바탕으로 고유한 의사결정이나 대응책을 강구하게 되는 것이다. 집단의 합치된 해결안을 내는 경우와 다른 참가자들의 의견을 반영한 각자의 고유한 안을 만들어 내는 방식이 있다. 보통 2 시간 내외가 소요되며, 보통은 회의시 나타내는 행동 및 발언 내용만으로 평가하지만, 정해진 형식의 리포트 내용까지 포함하여 평가하기도 한다.

사례분석(Case Analysis)은 교육장면에서 일반적으로 많이 활용하는 과제유형으로써, 조직의 주요 이슈나 문제에 관한 다양한 정보나 자료를 제시하고 그 원인규명과 해결안을 통합적으로 분석, 구성토록 하는 과제이다. 고위 리더의 경우 관련 재무자료, 마케팅 전략, 조직구조, 전략목표 및 계획 등의 정보가 함께 제공되고, 중견 간부들의 경우 공정계획이나 시스템을 최적하게 설계하고 운영하는 사례가 주로 제공된다. 초급 간부들에게는 부하 직원들의 갈등해소, 업무혼선, 특정 업무방식의 재평가 등에 관한 것이 주된 내용이 된다. 평가대상자에게 사례를 읽고 분석한 뒤, 보고서를 만들어 프레젠테이션을 하거나 다른 평가대상자들과 함께 분석내용을 토론하게 된다. 사례연구는 주로 커뮤니케이션, 계획 및 조직화, 조정 및 통합, 결단력, 활력, 분석적 사고 등의 역량을 평가하는 데 효과적이다.

정보확인(Fact finding) 과제는 주어진 제한된 정보를 분석하고 대안을 선택하는 과정에서 참조인(resource person)으로부터 질문을 통해 추가적인 정보를 획득함으로써 가능한 빨리 보다 바람직한 의사결정을 하는 것이다. 문제의 핵심이 분명하고, 비교적 짧은 시간에 집중해서 결론을 내려야 하는 역할을 평가하는 데 적합하며, 언어적인 의사소통을 통한 탐구, 경청 스킬, 스트레스 내성, 대인민감성, 유연성, 결단력 등의 역량평가에 효과적이다. 보통 1시간 이내에 끝나고, 개별적인 수행을 평가한다.

역할수행(Role playing) 과제는 일대일 면담형식의 상호작용을 통하여 특정한 문제를 해결하거나 상대에게 영향을 미치는 역할을 수행하도록 시나리오가 만들어진 과제이다. 무엇보다 훈련된 역할수행자를 활용하기 때문에 토론이나 집단문제해결 과제보다는 상호작용의 형태와 범위 등을 표준화하기 용이하다는 점이 장점이다. 고객이나 조직 내부인과의 관계 속에서 발생 가능한 중요한 이슈를 시나리오화하여 역할수행자를 교육시킴으로써 현실감과 몰입도를 극대화할 수 있고, 역량의 실체가 드러나도록 자극하는 효과가 크다. 다만 정교하고도 다양한 전개방향에 대한 시나리오 구성, 그리고 역할 수행자의 확보 및 교육에 필요한 비용과 시간이 크기 때문에 꼭 필요한 경우가 아니면 활용하기 어렵다. 운영은 1시간 내외가 적절하며, 특히 리더십(people management 측면)과 문제해결, 커뮤니케이션 관련 역량평가에 효과적이다.

이외에도 프리젠테이션을 단일 과제로 활용하여 커뮤니케이션 및 주도성, 열정, 활력, 영향력 등을 중점적으로 평가하기도 한다. 또 필요시 집단활동(Group activity) 과제를 통하여 테이블 위의 토의를 넘어 다양한 신체활동 및 상호작용의 패턴 및 강도, 창의적 발상 등을 평가할 수도 있다. 평가대상자들의 인지적 역량에 대한 의존을 최소화하고 내면화된 결과지향성, 목표지향성, 리더십 등에 관한 근거를 확보해 볼 수 있다.

AC는 이렇게 실제 상황, 실제 과업, 실제 역할수행을 모사한 다양한 과제들을 제시하고, 그 해결과정에서 드러나는 다양한 역량에 대한 직접적인 근거들을 동시적으로 두루 수집함으로써 효율적으로 역량을 평가하려는 것이다. 이는 특히 심리검사나 면접 등의 방법이 간접적이고도 원격적인 역량근거에 의존할 수밖에 없는 점과 뚜렷하게 대비되는 강점이다. 실제로 역량은 보다 상호 연계적이고도 자극가치가 높은 역량들이 두루 요구되는 상황 속에서 충분한 발현 기회를 갖게 되고, 결국 평가의 신뢰도가 높아질 수 있는 것이다.

따라서 AC 세션은 일반적으로 2일 내외의 일정에 5가지 내외의 과제유형을 기본으로 하며, 이는 또 10개 내외의 역량평가가 적절하다는 의미이기도 하다.

AC 과제개발을 위한 10단계

AC 과제개발의 핵심은 전략적 역할수행에 결정적인 업무상황을 생생하게 재현해 낼 뿐 아니라 그 안에 핵심역량을 평가할 수 있는 장면 혹은 맥락이 효과적으로 내재되어(embedded) 있어야 한다. 즉 AC의 참가자(평가대상자)들이 역량의 평가를 의식하기보다는 과제수행 자체에 몰입하면서 그 과정에서 자연스럽게 그리고 적나라하게 역량이 발현되도록 만들어져야 한다. 이는 평가대상 역할의 가상적 수행(role play)을 위한 정교한 시나리오 구성을 의미한다.

AC 과제개발은 10개의 활동단계 및 구체적 활동내용으로 정리할 수 있다. 물론 이 단계들을 모두 거치는 것이 바람직하겠지만 AC는 기업의 합목적적인 전략지향적 활동이므로 목적과 상황에 맞추어 개발이나 운영단계에서의 적절한 가감이 필요하다.

• **상황분석: 결정적 사건(Critical incident) 및 핵심역량의 확인**

평가대상 역할이나 업무의 전략적 성과지표 달성에 핵심이 되는 과제나 문제상황을 확인하고, 그 해결에 가장 긴요한 역량모델을 구체화한다.

• **관련 소스 데이터 수집**

소스 자료는 과제상황과 관련된 메시지 메모, 편지, e-mail, 전화, 음성사서함, 외부 공문, 내외부 공식문건(보고서 등), 기사, 동영상 녹화 자료, 성과관련 자료, 인터넷이나 홈페이지 자료, 회의 및 대화 녹취록, 통계자료, 텍스트 등으로 구성되며, 전체 혹은 일부를 활용하거나 직접 인용 혹은 간접 인용하거나 원자료 혹은 가공자료 형태로 활용할 수 있다.

이들 자료의 수집 및 분석을 통해 활용가능한 소스를 확보한다.

• **모의과제 맥락(context)의 설정(시나리오)**

수집된 소스들간의 관계와 상호작용을 바탕으로 가능한 다수 Scenario의 배경과 맥락을 설정한다.

주인공(역할자) 및 등장인물의 업무, 역할 및 상호관계를 설정한다.

시간 프레임을 구성한다.

조직 맥락, 즉 조직의 물리적 상황, 인적 구성, 조직 이슈 등을 구체적으로 설정하고 보완한다.

• **과제 pool 구성**

예비과제(preliminary exercise)를 주어진 여건 속에서 최대한 설계한다.

과제의 형태를 다양하게 설계한다. 과제의 구체적 유형(format), 출처, 날짜, 우선순위 등을 기준으로 다양한 과제 속에서 다양한 역량이 발현될 수 있도록 구성한다.

과제들의 map을 작성한다. 여러 과제간의 관계와 그 상호보완적 매트릭스를 작성해서 AC의 원래 목적에 충실한 pool을 구성했는지 확인한다.

• **최적과제 세트의 결정**

내용 및 구성 타당도 측면에서 최적한 과제들을 선정하여 범위를 압축한다. 이때 특히 현실성, 시간을 고려하여 AC의 유용성(Utility)이 극대화되도록 주의한다. AC 규모는 다른 많은 장점을 희생할 수밖에 없는 상황을 초래하는 경우가 많다.

반응유형 역시 중요한 고려요소가 되어야 한다. 즉 가능한 자유반응(혹은 자발적 반응)을 요하되 필요시는 강제선택 형태를 택할 수도 있다.

• **수행기준의 개발**

역량 수행기준을 역량별 · 행동지표별로 설정한다.

또한 과제별로 내재된 역량과 행동지표별 예를 구조화한다. 시나리오 구성에 참여한 주제관련 전문가(SME)가 초안을 만들되, 평가전문가가 구조와 표현을 정교화해야 한다.

• **평가자 기준개발**

실제 평가자로 참여할 현업 SME나 고위관리자 혹은 외부전문가에게 과제를 실시, 과제에서 나타날 수 있는 반응 및 행동 예를 작성한다.

• **심리측정이론 측면의 검토실시(psychometric review)**

과제의 구조와 반응 특성, 평가방식에 대하여 과제개발팀과 평가대상 역할수행자, 그 평가대상 역할의 상사들이 기술통계적 측면에서 적절성을 확인한다. 이때는 특히 과제자료(material) 검토가 중요한데, 과제를 구성하는 지시문, 안내문, 과제 지문, 부수 자료 및 문건, 역량모델(정의와 기준) 등이 AC의 목적에 맞도록 명확하고 정교하게 그리고 이해하기 쉽게 구성됨으로써 평가가 적절히 이루어질 수 있는지 여부를 확인한다. 필요할 경우 각종 자료 문건을 합의에 따라 변경한다.

• **분야전문가 그룹의 검토**

각 과제의 내용분야별 전문가들이 검토 세션을 실시한다. 즉, 평가를 실시한 뒤 그 결과를 검토하고 수정함으로써 내용타당도(content validity)를 최대화한다. 이는 과제의 내용뿐 아니라 지시문 등까지도 포함되는 작업이다.

• **최적 과제세트 결정**

최적의 과제 수와 내용범위에 대한 최종 결정은 최고경영진이 하는 것이 좋다. 단, 지나치게 정치적이거나 실용주의적 논리에 치우치지 않고 인재확보 및 육성의 대원칙과 구체적 전략, 그리고 평가의 적절성 등을 최우선의 기준으로 하는 것이 바람직하다. 물론 그 과정에서 앞서 논의된 "심리측정이론" 측면과 "분야전문가 그룹"의 검토와 같은 구체적인 사항뿐 아니라, 평가자 교육, AC 세션 운영일정 및 방법, 평가자 합의 미팅운영, 평가보고서 작성 및 검토방법, 평가대상자 개인별 피드백 및 역량개발계획 수립과 코칭 및 지원방안, 타당화 연구계획 등의 세부 실천적 항목들을 검토하여 목적에 부합하는 AC가 설계되었는지를 확인해야 한다.

AC 과제는 어떤 역량을 평가하는 데 효과적인가

어떤 역량이든 모의과제(simulation exercise) 방법을 활용하여 평가하는 것이 가능하며, 대개 전략 및 비전 설계, 계획 및 조직화, 분석 및 창의적 사고, 혁신 및 도전적 의사결정, 대인 민감성, 네트워킹 및 조정, 커뮤니케이션, 조직관리 및 위임 등이 흔히 포함되지만 AC 과제의 구성을 어떻게 하느냐에 따라 상당한 역량을 평가할 수 있다. 그러나 일반적으로는 속 깊은 내면의 특질(trait)이나 가치관 자체보다는 복합적이고도 행동적인 역량을, 또 하위 직급의 기계적이고도 단편적이면서 개인간 편차가 적은 성과유형보다는 고위 관리자나 경영진의 복합적이고도 사람에의 의존도가 높은 성과유형을 평가·예측해 내는 데 더 효과적이다. 그러나 학습지 교사, 교통경찰, 지점장, 고급 영업사원(sales representative), 비서 등과 같은 경우에도 적용가능하다. 즉, 업무의 범주가 초점화되어 있고 또 독특하면서도 성과창출에 관여하는 이해관계자나 외적 변수가 다양하며, 성과수준이나 패턴의 변동성이 큰 역할을 가진 경우라면 어떤 직무나 역할이든 그 성공에 결정적인 역량을 모델링함으로써 AC를 통해 근거중심의 객관적 평가와 높은 수용도(acceptability)를 얻을 수 있다.

AC 평가자의 조건과 효과적인 확보방안

AC가 각광받는 가장 근본적인 이유 중 하나는 평가대상자 집단과 그들의 직무 및 역할, 업무환경을 잘 이해하고 있는 사람들이 직접 평가에 참여한다는 점이다. 이는 대인적이 아닌 방식의 평가인 심리검사나 외부전문가 중심의 심층면접 방식이 갖지 못하는 차별적 강점이다. 즉, AC 평가자 그룹의 핵심은 잘 구조화된 전문적인 평가자 교육을 받은 고위 경영진이나 현업의 상사(평가대상자의), 평가대상 직무나 역할분야의 SME들이며, 외부의 분야전문가나 평가전문가가 가세할 경우 더욱 합리적인 평가가 가능하다. 물론 구체적인 평가 스킬이나 과제내용에 대한 전문적 지식 못지않게 혹은 그 보다 더, 역량 및 경력에 대한 관심과 회사의 성공에 대한 기여 동기와 대인민감성, 논리적 사고, 전략적 통찰(insight) 등이 중요하다. 필요시는 사내에 평가전담자 혹은 평가전문가 그룹을 별도로 정해서 운영할 수도 있다. 글로벌 기업의 경우 임원 대상 교육과정에 AC 평가자 교육 및 실제 참여를 필수과정으로 운영하는 경우도 있다.

AC의 평가자는 역량모델의 내용뿐 아니라 평가대상자가 향후 일해야 할 조직의 전략과 역할요구, 직무와 고객 특성, 조직체계와 문화 등을 충분히 알고 있어야 하며, 평가

대상자의 반응의 의미와 가치를 보다 올바르게 평가할 수 있어야 한다. 2일 내외의 평가자 교육을 전문가로부터 엄정하게 이수해야 하며, 평가 스킬을 잊지 않고 유지해 나가기 위해 필요한 최소한의 횟수만큼 지속적으로 AC에 평가자로 참여해야 할 뿐 아니라 관련 재교육에도 참여해야만 자격을 유지할 수 있도록 장치해야 한다. 평가자 교육의 주된 내용은 AC의 이해, 직무성공요소의 이해, 평가요소 체계(역량모델), 평가 스킬, 평가과제, 과제와 평가요소와의 관계, 역할연기 테크닉, AC 결과의 활용, AC 조직과 운영체계 등으로 구성된다. AC에서 평가할 역량과 과제의 유형과 내용이 결정되면, 그에 따라 평가자 교육 프레임을 설계한 뒤 자사화된 교육매뉴얼과 자료를 구성하고, 평가환경을 반영하여 최적하게 실시한다.

평가자의 수는 평가대상자 수의 1/3에서 2배수까지 조직 내외부에서 선발한다. 내부자의 경우 선발책임자(대개 인사조직 책임자)가 조직 내 지위, 경륜, 타 평가자와의 관계 등을 주로 고려하여 결정하지만 무엇보다 중요한 기준은 앞에서 언급된 동기와 관심이다. 평가자는 교육받은 평가 스킬을 발휘하되 서면화된 엄격한 평가절차와 기준 등에 따라 배정받은 평가대상자를 관찰, 평가한 뒤 자신의 평가결과를 작성하고 타 평가자와의 견해차이에 대한 치열한 협의를 통해 합의된 결과를 만들어 낸다. 필요시 자신이 평가했던 대상자에 관한 평가보고서를 작성하고 역량개발을 위한 조언이나 코칭에까지 연계시키기도 한다.

효과적인 AC 운영의 핵심 포인트

AC 평가대상자(참가자, participant)는 평가대상 직무나 역할의 향후 수행후보자 모두이지만, 보통 평가 1회차당 12명 내외로 구성된다. 적을수록 바람직하나 비용측면과 역량의 내용에 따라서는 적당한 수의 인원이 함께 참여할 필요가 있다. 단 우리나라의 기업화 특성상 가능한 직급 차이가 적어야 한다.

AC 세션의 운영일정은 평가과제의 수와 유형에 따라 좌우된다. 보통 1일에 3개에서 5개 정도의 과제를 운영하며, 일반적으로는 세션 1회차당 대개 2일에서 3일 정도로 운영된다. 이때 운영장소는 현업 사이트와 독립된, 조용하고 안정된 환경이 보장되어야 한다. 특히 외부와의 연락과 온라인 업무수행이 불가능한 장소일수록 바람직하다. 기업 내 회의실이나 많은 임직원이 내왕하는 연수원은 특별한 시설이나 배려가 보장되지 않을 경우 바람직하지 못하다.

AC에 대한 참가자들의 태도와 반응 실제

실제 AC 세션의 운영 후 참가자들은 세션 참가 전에는 "긴장과 두려움과 불신 혹은 아무 생각 없는 상태로 참가"했으나, 세션에 참가한 후에는 "새로운 경험이었고 흥미와 몰입을 느꼈으며 타인들에 대한 새로운 시각을 갖게 되었고 또 과제가 생각보다 현실감 있었다"고 보고했다. 그러나 "과제수행에 필요한 시간을 충분히 달라"는 요구와 "참가자간 보다 깊이 있는 논쟁, 평가자와의 의견교환, 그리고 과제가 좀더 현실적이고도 다양해야 한다"는 의견을 제시했다.

우리 기업에서의 AC 활용효과와 이슈 해결방향

AC는 한두 시간에 걸쳐 1회적으로 시행되는 면접이나 심리검사와 달리 다양한 모의 장면에서의 직접적인 수행관찰에 의한 구조화된 평가이기 때문에 다양한 강점이 돋보이는 평가방법이다. 무엇보다 인적자본(Human capital)의 개념을 넘어 인본주의적 경영철학에 대한 인식을 뚜렷이 하면서 동시에 해당 조직 고유의 특성이나 환경에 따라 평가의 合目的化와 초점화가 가능하며, 어떤 방법보다도 평가대상자에 중심을 둔 프로세스이고, 질적 정보를 풍부하게 활용할 수 있기 때문에 HR 전반에 광범위한 적용이 가능하다. 특히 임직원 선발시 서류전형이나 지필검사 그리고 면접 등의 타당도 한계를 보완해 줄 수 있으며, 학습자 중심의 교육체계 설계 및 과정개발을 위한 핵심 소스를 제공해 주고, 경력개발 및 승계자 육성을 위한 객관적 근거를 확보할 수 있다. 또 자기개발이나 학습조직의 활성화를 위해 필요한 구체적이고도 생생한 근거를 확보해 줄 수 있다.

그래서 AC는 몇 가지 까다로운 조건을 충족해야만 효과를 볼 수 있다. 실수행보다는 잠재력에 대한 상사의 판단준거에 대한 예언타당도가 높은 경우가 보이는 반면 내용타당도나 구성타당도의 문제는 아직 불명확하기 때문에 자칫 미래 수행업무의 축조(miniature)에 그칠 수도 있다. 그래서 심리검사나 심층면접 등과 함께 운영하면서 서로 다른 결과치나 정보에 대해 연계해석 및 통합적 역량 이해에 초점을 두어야 바람직하다. 또, 전략적 성공의 준거나, 그 준거달성을 위한 역량과 행동지표와 행동예 등을 엄밀한 직무분석이나 역량모델링 기법을 사용하여 구조화해야 한다. 그리고 특정 평가요소의 정량적 결과(점수나 등급)에 집착하지 않고 전반적인 수행패턴 및 강약점에 대한 예측과 최적 활용 및 육성방안을 평가대상자 입장에서 제공할 수 있어야 한다([그림 VI-14] 참

[그림 VI-14] AC 결과 리포트의 피드백과 역량개발

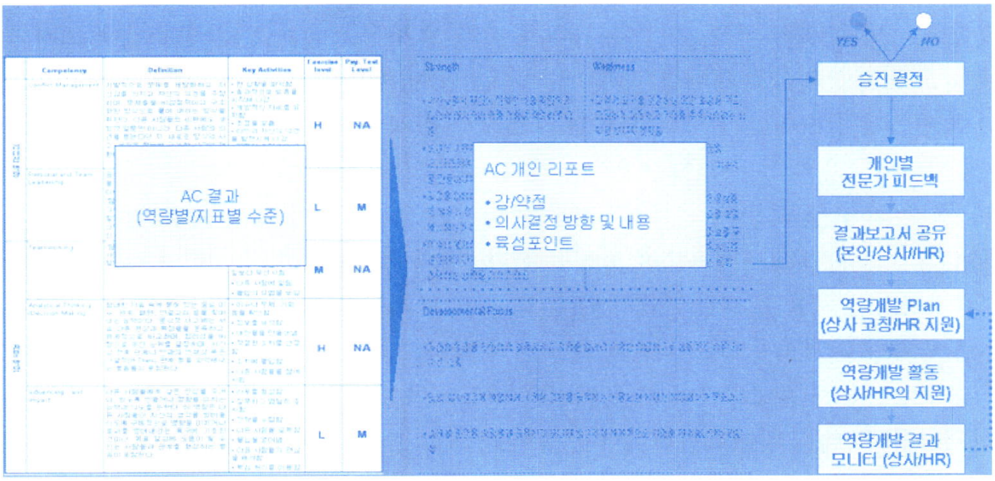

조). 그러기 위해서는 조직이 구성원 중심의 다양한 수행문제 해결 및 역량개발 솔루션을 갖추고 있어야 한다. 그리고 먼저 Development Center(AC 방법을 역량개발 및 육성요구 확인에 활용하는 경우의 명칭)로서의 기능에 초점을 맞추어 2~3년간 활용을 해 나가면서 그 효능과 방법에 대한 긍정적 인식이 사내에 정립된 후, 점차 평가대상자의 이익이 크게 좌우될 수 있는 의사결정에 적용해 나가는 것이 바람직하다.

그럼에도 불구하고 우리 기업의 현실 여건에서는 AC를 설계 · 운영할 때 외국에서는 예상치 못한 문제에 직면하게 될 수 있다. 무엇보다 사내 자료의 부족 및 공개를 무조건적으로 터부시하기에 자료수집이 어렵고, 다양한 변화관리를 동시 다발적으로 진행하기 때문에 AC의 가치조차도 전혀 새롭게 인식되지 못할 뿐더러 오히려 또 실속 없는 일을 벌인다는 빈축 속에 시작되기 일쑤다. 또 내부 평가자에 대한 불신과 평가활동 자체에 대한 인식부족이 심하고, 고위직일수록 평가에 대한 참여를 기피하며 귀찮고 불요불급한 일로 인식할 뿐 아니라 과중한 업무일정 및 인력부족 때문에 2~3일의 일정 확보에 어려움이 많다.

또, 작게는 평가자간 토의 및 논쟁을 회피하는 문화 때문에 합의 아닌 승복이나 양보 혹은 회피로 이어지며, 평가자 역할에 대한 오해, 즉 관찰과 분석자가 아니라 판단과 결정자라는 인식, 평가의 초점을 과거나 현 업적으로 국한시키는 생각, 미래의 책임 및 역할에 대한 Fitness 개념의 혼동, 평가과제를 직무샘플로 오해하여 경직된 자세로 모범

답안을 추구하는 등이 해결해야 할 중요한 기술적 이슈이다.

이러한 이슈에 대하여 AC에서 시도되는 해결방안들 중 대표적인 것은 복합적, 문제지향적, 갈등잠재적 과제, 대상과 목적에 따른 소재 및 이슈 조절, 압축이나 조직화를 넘어 도전과 창조적 문제해결 과제, 업의 특성을 반영하는 과제를 개발하는 것이다. 또 일부 비현실적 수치나 맥락의 의도적 도입으로 심적 부담을 줄이고, 과제의 현실성 및 역량발현의 기능성을 제고하기 위해 다양한 분야의 내용전문가들이 과제개발에 참여하며, 평가 로직 및 프로세스의 최적화를 위해서는 역량지표와 행동 예를 정교하게 구조화하고, 역량을 발달론적으로 검토해야 한다. 이외에도 평가대상 역량의 수를 조절하여 역량발현의 기회를 최대한 제공하며, 평가과제의 기능과 직무표본(job sample) 간의 차이를 명확하게 제시하고 또 지속적인 사례와 타당도 자료를 확보하는 것이다.

따라서 이러한 문제해결의 가장 핵심은 전문적이고도 진지한 AC의 설계와 운영이다. 즉, 심리학뿐 아니라 교육공학이나 경영학 등의 다양한 전문가들이 현업전문가(SME)들과 적극 협력하면서 현실적이면서 과학적인 성과물로서의 AC를 만들어가는 것이다. 전략적 인재 요구가 높아지는 현대 기업에서 AC는 개인이나 조직 모두의 효율과 발전을 위해 핵심적인 방법론으로 자리매김할 수 있을 것이다.

참고문헌

민병모(2004), 한국에서의 assessment center: 사례와 이슈, 한국 산업 및 조직심리학회 추계학술대회 및 심포지엄.

김명준(2004), 개발평가센타(Developmental Assessment Center), 한국 산업 및 조직심리학회 추계학술대회 및 심포지엄.

임대열(2004), Assessment Center 프로그램 개발 및 운영 사례, 한국 산업 및 조직심리학회 추계학술대회 및 심포지엄.

Gatewood, R. D., & Field, H. S.(1998), *Human resources selection*(pp. 604~627), 4th Ed., The Dryden Press.

Fleenor, J. W.(1996), "Constructs and developmental assessment centers; Further troubling empirical findings," *Journal of Business and Psychology*, 10(3), 319~333.

Frank, F. D.(1983), *The assessment process*, Human Resources Publishing Co.

Gaugler, B. B.(1987), "Meta analysis of assessment center validity," *Journal of Applied Psychology(Monograph)*, 72(3), 493~511.

International Task Force on Assessment Center Guidelines(2000), *Guidelines and ethical considerations for assessment center operations*, Developmental Dimensions International, Inc.

Jansen, P., & de Jongh, F.(1997), *Assessment centers: A practical handbook*, John Wiley & Sons Ltd.

Robie, C., etc.(2000), "Effects of rating process on the construct validity of assessment center dimension evaluations," *Human Performance*, 13(4), 355 370

Thornton III, G. C.(1992), *Assessment centers in human resource management*, Addison Wesley Publishing Co.

Thornton III, G. C.(2004), Assessment centers: Do have construct validity?, 한국 산업 및 조직 심리학회 추계학술대회 및 심포지엄.

Thornton III, G. C., & Mueller Hanson, R. A.(2004), *Developing organizational simulations: A guide for practitioners and students*, Lawrence Erlbaum Associates, Inc.

08 전략적 성과관리와 평가제도[1)]

유규창
changyu@sookmyung.ac.kr

전통적인 평가제도가 가지는 한계와 새로운 문제의식

우리 기업에서 현재 사용하고 있는 서구식의 평가제도는 매우 오랜 전통을 가지고 있다. 미국의 경우 이미 1880년대 연방정부에서 고과제도를 도입하였으며 정확한 시기는 알 수 없으나 기업에서도 공식적인 평가제도를 사용하기 시작한 것은 산업화 초기단계부터였다. 이러한 서구식의 개인을 중심으로 한 평가제도는 1980년대까지 주로 측정(measurement)의 정확성 · 객관성 · 표준화 등에 초점이 맞추어져 왔다.

그러나 오랜 기간에 걸친 평가제도에 대한 연구결과, 매우 정확하고 객관적인 측정도구의 개발이라는 것이 실제로 달성되기도 어렵고 달성된다 해도 얻는 이익이 많지 않음을 알게 된다. 즉 첫째, 아무리 발달된 평가제도라 하더라도 이것이 관리자들의 판단과 능력(managerial discretion)을 대신할 수 없다. 둘째, 일반적으로 관리자들은 부하직원의 성과를 판단함에 있어 신뢰할(reliable) 수 있을 만한 능력을 가지고 있고 평가에서도 대

1) 출처: 인크루트 경력개발연구소(2005), "전략적 성과관리와 평가제도," 「인재경영」, 6월호, pp. 52-57에서 전재함.

체로 일관성을 보여준다. 그러나 일관성이라는 것이 반드시 정확성을 의미하지는 않으며 평가의 목표와 일치하지 않을 수도 있다. 셋째, 관리자들은 평가의 기준이 명확히 정의된 평가도구를 사용할 경우 상당히 타당한(valid) 평가를 한다. 넷째, 측정도구의 형식(format)은 기준이 명확하기만 하면 평가의 정확성 · 신뢰성 · 타당성에는 거의 영향을 미치지 않는다.

1980년대에 들어와 평가제도에 대한 개념이 바뀌어가기 시작한다. 이전까지 평가제도를 종업원의 성과를 측정한다는 개념으로부터 평가제도를 통해 종업원의 성과를 관리하는 총체적인 시스템으로 보는 시각으로 변화하게 된다. 새로운 시각이 등장하게 된 배경을 요약하면 다음과 같다.

① 평가자의 주관을 배제한 평가제도는 가능하지도 바람직하지도 않다.

② 평가결과에 영향을 미치는 가장 중요한 요소는 평가자가 평가제도에 대해 가지는 태도와 철학, 그리고 기업이 평가제도를 통해 전달하고자 하는 메시지이다.

③ 평가제도는 기업이 종업원의 성과에 대한 정보를 상호전달하는 하나의 커뮤니케이션 과정이다. 관리자에게는 정보제공을 통해 관리능력을 높여주는 기능, 피평가자에게는 피드백을 통해 경력관리와 자기개발을 도와주는 기능을 한다.

④ 평가제도는 단순히 종업원의 성과를 측정하는 도구가 아니라 보다 적극적으로 효율적인 인적자원관리를 위한 중요한 기능을 한다.

즉, 평가제도는 종업원의 개별적인 성과를 측정하는 과정(measurement process)에서 기업의 총체적인 성과를 관리하는 시스템(performance management system)으로 변화하게 되었다. 전통적인 접근법을 측정 중심의 접근법이라고 한다면 새로운 접근법은 전략적 접근법이라고 할 수 있다. 이는 인적자원관리 전반이 전략적 인적자원관리(strategic human resource management)로 변화하는 것과 그 맥을 같이 한다.

전략적 접근법은 평가제도를 전략적 인적자원관리의 한 부분으로 간주하면서 평가 자체만을 목표로 하는 평가관리를 지양하고 기업의 환경과 전략과 부합되도록 종업원의 성과를 유도하는 보다 적극적인 평가관리를 추구하는 것을 의미한다. 전략적 접근법은 평가관리가 곧 성과관리(performance management)로서 조직의 목표를 달성하면서 개인의 목표와 조화시키는 목표달성 과정으로 보고 있다. [표 VI-8]은 평가의 전통적 접근법과 전략적 접근법을 비교 · 정리한 것이다.

[표 VI-8] 평가제도의 전통적 접근법과 전략적 접근법의 비교

	전통적 접근법 (Rational Approach)	전략적 접근법 (Strategic Approach)
가 정	종업원 각자의 성과결과를 정확하게 측정될 수 있다.	종업원의 성과는 조직과 상급자의 목표와 가이드에 따라 달라진다.
평가제도의 정의	평가관리는 이미 집행된 종업원의 성과를 평가하는 제도이다.	평가관리는 성과관리이다. 목표를 달성하기 위한 과정이다. 그리고 그 목표는 계속 수정되어지며 평가관리는 조직목표와 개인성과를 맞추어가는 과정이다.
평가제도의 위치	평가관리는 독립적인 과정. 이 결과를 각종 인사결정에 이용	평가관리는 전략적 인적자원관리의 하나의 과정이며, 지속적인 상호작용 과정이다.
평가의 목표	정확성, 일관성	유용성, 효과성, 기업목표/전략적 목적의 달성
평가제도의 초점	평가제도, 평가표, 평가기준, 평가도구	인적자원관리, 종업원개발, 조직목표 달성
평가자의 역할	주어진 평가기준에 의해 평가를 하는 수동적인 역할	부하직원의 개발을 책임지고 인도하는 적극적인 주체. 코치 또는 코디네이터의 역할
평가의 기준	정확하게 정의된 성과의 결과	성과의 결과뿐만 아니라 과정도 중시, 특히 성과를 높일 수 있는 역량 중시
의사결정 과정	탑다운, 비참여적 방법. 평가자와 피평가자는 독립적인 역할	상호작용과정. 평가자와 피평가자가 평가기준을 함께 개발. 참여적 방법.

전략적 성과관리 과정

전략적 성과관리(strategic performance management)는 조직의 성과와 개인의 성과를 높이기 위해 주어진 기간 동안 조직구성원이 수행해야 할 목표를 정의하고(성과계획, performance plan), 목표를 달성하기 위한 과정을 관찰하고 도와주며(성과관리와 개발, performance management & development), 최종적인 성과결과를 평가(성과평가, performance eval-

[그림 VI-15] 전략적 성과관리의 일반적 모델

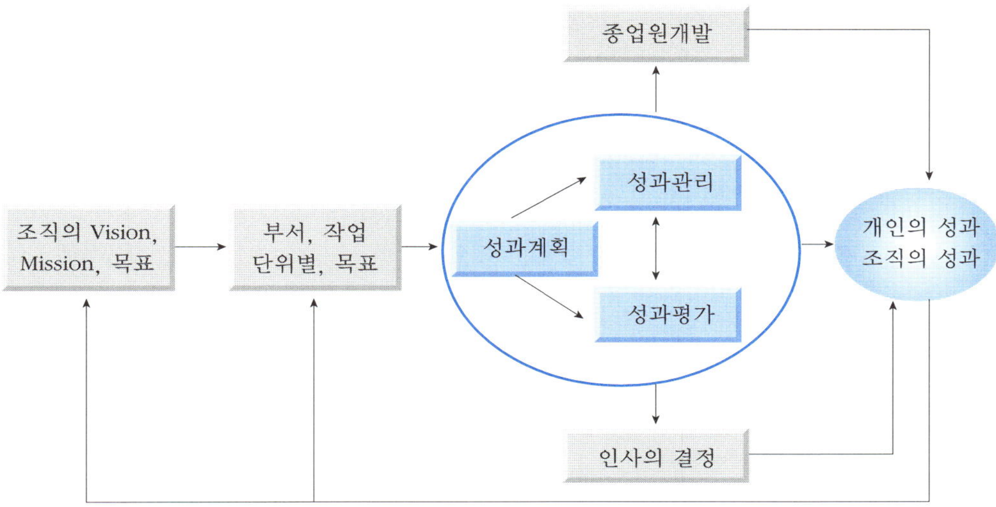

uation)하는 일련의 과정이다. 전략적 성과관리의 출발점은 기업이 추구하고 있는 비전, 미션, 목표이며 이로부터 각 부서단위별 목표와 개인별 목표가 설정된다. 여기서 목표는 반드시 업적뿐만 아니라 목표달성을 위한 행위 · 역량이 포함된다.

전략적 성과관리는 현재 대부분의 미국 초우량기업들과 일부 일본기업들, 예를 들면, 머크(Merck), 펩시(Pepsi), 존슨앤존슨(Johnson & Johnson), 쓰리엠(3M), 도요타(Toyota), 페데랄 익스프레스(Federal Express), 에이티앤티(AT&T), 지이(GE), 마이크로소프트(Microsoft), 할리 데이비슨(Harley Davidson), 리바이스(Levis Strauss), 내셔널 카 렌탈(National Car Rental) 등에서 사용되고 있다.

다음 [그림 VI-16]은 세계적인 오토바이 제조회사인 할리 데이비슨(Harley Davidson)사의 전략적 성과관리의 사례를 보여준다. 이 회사는 모든 월급제 종업원에 대해 "Performance Effectiveness Process"라는 성과관리를 도입 · 적용하였다. 1980년대 거의 도산 직전에까지 갔던 할리 데이비슨(Harley Davidson)은 과감한 구조조정과 전략적 성과관리와 같은 인적자원의 투자로 현재 제 2 의 전성기를 맞이하고 있다. 2004년 기준으로 주식의 시가총액은 미국의 최대 자동차인 지엠(GM)을 능가하고 있다.

[그림 VI-16] **전략적 성과관리 사례: 할리 데이비슨**(Harley Davidson)

• 목적: 제품의 품질과 고객만족과 관련하여 개인의 성과와 회사의 성과 개선
• 정의: 종업원과 상급자가 목표를 설정하는 것을 도와주고 진행과정을 관찰하고 결과를 평가하기 위한 제도

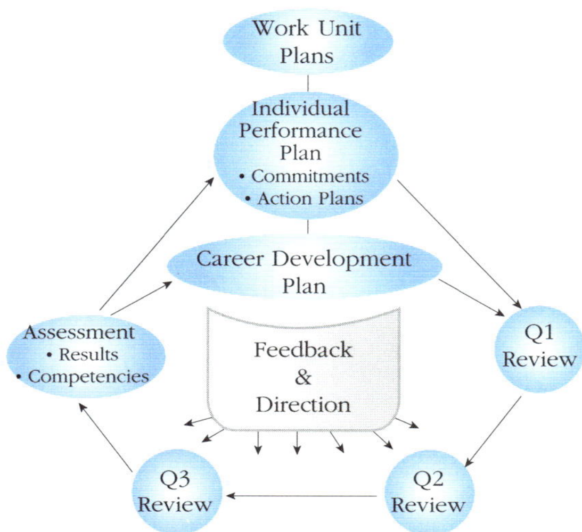

• 개별성과계획
  - 회사의 비전 · 전략과 연계된 부서의 목표에 따라 연간 성과목표 설정
  - 상급자와 상의하여 실행계획 수립
• 경력개발계획
  - 경력방향 설정
  - 현재, 미래에 필요한 역량 파악
• 피드백
  - 진행상황 수시 점검
  - 360도 피드백
• 평　　가
  - 달성한 업적, 미달성 업적, 교훈
  - 상급자에 의한 평가

자료: Harley-Davidson, 내부자료, 1998.

성과계획(Performance Plan) 단계

성과관리의 출발은 성과의 기준을 정하는 단계로서 기업이 추구하는 바를 달성하기 위해 개별종업원이 무엇을 해야 하는가를 설정하는 단계이다. 개별종업원의 성과기준은 기업의 비전, 미션, 전략으로부터 도출된 각 부서단위별 목표에 의해 정해진다. [그림 VI-17]은 혁신전략(innovation strategy)을 사용하는 내셔널 카 렌탈(National Car Rental)사 기업의 목표와 개별종업원의 목표를 설정하는 과정을 보여준다.

이 단계에서 개별종업원이 맡은 직무에서의 역할과 책임을 규정하고 달성하여야 할 목표를 설정한다. 또한 목표달성에 필요한 능력, 역량에 대한 개발계획을 수립한다.

[그림 VI-17] **기업의 전략과 연계된 목표설정: National Car Rental 사례**

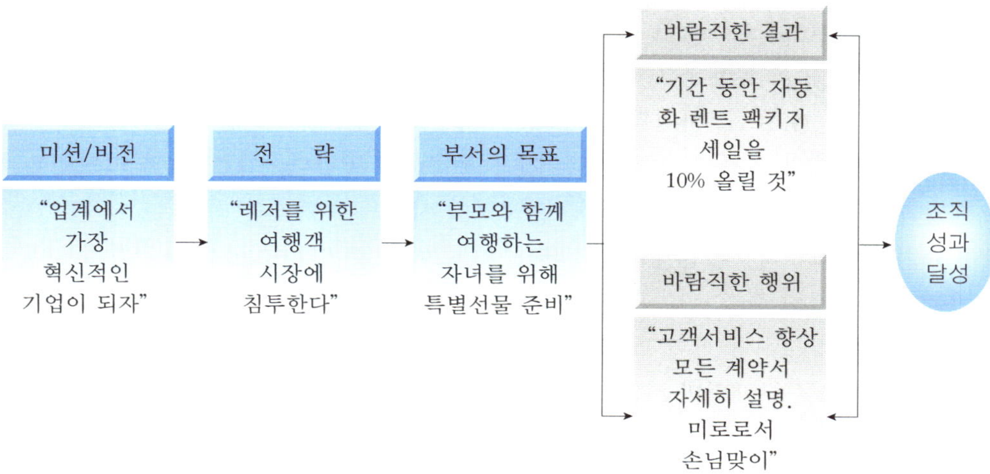

자료: Schneier, C.E.(1989), "Implementing performance management and recognition and rewards(PMRR) systems at the strategic level: A line management-driven effort," *Human Resource Planning*, 12(3), 205-220.

성과관리와 개발(Performance Management & Development)

종업원이 높은 성과를 유지하고 계속적으로 개선시킬 수 있도록 성과계획의 진행상황을 공식·비공식적으로 점검하고 관리하는 과정이다. 관리자는 종업원의 업적수행에 어떤 문제가 있으며 문제의 원인을 분석하여 개선토록 하고, 문제의 해결은 종업원 스스로 할 수 있도록 한다. 어떻게 보면 전략적 성과관리에 가장 중요한 단계이면서 동시에 가장 어려운 단계라고도 볼 수 있다.

할리 데이비슨(Harley-Davidson)사의 경우에는 이 단계를 Feedback & Direction이라고 명명하고 다음과 같은 과정을 진행한다.

① 성과계획의 진행상황을 주기적으로 자기점검과 상급자에 의한 점검·환경변화에 따른 성과계획의 적절한 수정(상급자의 승인)

② 성과계획의 진행상항에 대해 주기적으로 피드백. 피드백은 상급자뿐만 아니라 내부고객과 외부고객을 포함한 360도 평가피드백 활용

③ 상급자와 분기마다 공식적인 review session을 가짐. 마지막 분기는 최종 성과평가

할리 데이비슨(Harley Davidson)사의 예에서 보는 것처럼 이 단계에서 많은 기업들이 360도 피드백을 많이 활용한다. 360도 피드백은 피평가자의 업적에 대한 정보를 피평가자 본인, 상급자, 동료, 부하직원, 내부고객, 외부고객 등 모든 관련된 사람들로부터 획득하여 피드백을 위한 자료로 이용하는 것을 통칭해서 말한다. 360도 평가 피드백은 주로 개발과 피드백, 그리고 평가를 위한 정보로서 사용되며 평가의 최종결정은 관리자가 내리게 된다. 관리자는 종업원의 업적에 영향을 미칠 수 있는 시스템의 문제를 토론하고 가능하면 문제를 해결할 수 있도록 도와준다. 이때 관리자의 역할은 감시 · 통제자라기보다는 일종의 코치나 코디네이터의 역할을 수행한다. 어떤 부분이 보완이 필요하며 개선이 필요한가를 구체적인 사안을 통해 토론하고 방향을 설정해 준다.

성과평가(Performance Evaluation)

전략적 성과관리의 마지막 단계로서 성과평가는 전통적인 평가접근법과 크게 다르지 않다. 회기 말에 기대하는 성과계획과 실제 수행한 성과결과를 비교한다. 즉, 주어진 평가기준에 대해 종업원의 성과를 점수로 수치화하는 작업이다. 평가방법은 서열법, 척도법, 목표관리법 등 다양하게 활용할 수 있으며 각각의 평가방법은 장단점이 있다. 지면의 제약으로 각각의 장단점에 대한 기술은 생략하기로 한다. 다만, 전략적 성과관리와 가장 부합하는 평가방법은 목표에 의한 평가방법이다.

전통적인 접근법에서는 평가의 공정성과 객관성이 가장 중요한 목표이기 때문에 이 마지막 단계인 성과평가 단계를 가장 중시하고 또한 관리자들이 가장 어렵고 곤혹스럽게 생각하였다. 하지만 전략적 성과관리에서 평가는 최종 목표가 아니고 내년의 성과목표를 설정하기 위해 필요한 징검다리 역할을 한다고 할 수 있다. 연초에 제대로 목표가 세워졌고, 그리고 연중 관리와 개발을 위한 피드백이 제대로 이루어졌다면 연말에서의 평가는 이미 상사와 부하직원이 기대하고 있는 결과가 되어 버린다. 즉, 평가의 결과는 이미 예상하는 바이고, 보다 중요한 것은 어떤 점이 미흡하였고, 어떻게 개선을 해야 내년의 성과를 향상시킬 수 있는가가 더 중요하게 되는 것이다.

전략적 성과관리의 성공조건

전략적 성과관리 관점은 평가를 위한 평가를 지양하고 평가제도를 기업이 얻고자 하

는 바를 달성하기 위한 경영도구로 활용하고자 하는 것이다. 평가제도라는 것이 관리자의 경영판단과 능력을 대신하는 것이 아니고 관리자의 관리능력을 높이기 위한 하나의 도구에 지나지 않기 때문이다. 기존의 평가제도에서는 관리자의 주관적 판단을 배제하기 위해 노력하였다고 한다면 전략적 성과관리에서는 오히려 관리자에게 종업원을 개발하고 육성할 수 있도록 자율적인 판단력을 부여해야 한다. 그 과정에서 나타나는 평가의 결과는 관리자의 관리행위를 위한 정보제공 역할을 하는 것이다. 즉 기업의 최종적인 목표는 성과관리(Performance Management)를 통해 개인의 성과와 조직의 성과를 동시에 높이는 것이 되어야 한다.

전략적 성과관리를 성공적으로 추구하고 있는 초우량기업들의 공통적인 요소를 정리하면 다음과 같다.

① 목표달성에 필요한 핵심업무 역량의 인지
② 핵심역량에 관한 조직구성원과의 성공적인 커뮤니케이션
③ 우수기업 사례의 벤치마킹을 통한 지속적인 진단, 학습, 응용
④ 점증적인 개선보다는 광대한 목표(stretch)의 설정
⑤ 팀워크의 강조와 팀 성과에 대한 평가와 보상
⑥ 성과관리를 관리자의 가장 중요한 업무 가운데 하나로서 운영
⑦ 성과관리를 단순한 평가의 수단이 아닌 기업의 목표를 달성하고 지속적으로 성과를 개선하기 위한 필수도구로 활용
⑧ 권한이양(Empowerment)과 상호신뢰(Trust)를 바탕으로 한 자율경영체제의 수립

09 임금관리의 이해와 성과주의 보상전략[1)]

정연앙
yjeong@chungang.edu

1987년 6월 29일 민주화 조치 이후 한국기업의 경영환경은 매우 빠르게 변화해 왔다. 회사가 주도해 오던 노사관계가 근로자와 노동조합이 주도하는 노사관계로 바뀌었고, 힘을 바탕으로 한 노동조합은 생산성 증가율을 상회하는 임금인상을 요구하게 되었다. 그때까지만 해도 근로자의 임금수준을 부담스럽게 여기지 않았던 기업들은 파업을 피하기 위해 대부분 노동조합의 요구를 들어주기 시작했고, 이러한 추세는 이후 1997년 하반기에 있었던 외환위기 때까지 약 10년 동안 지속되었다. 이 기간에 우리나라는 경쟁국가인 대만과는 달리 1인당 국민소득이 1만 달러의 늪에서 헤어나지 못하게 되었다. 말할 것도 없이 한국기업은 세계시장에서 경쟁력을 잃었고 급기야 달러의 보유액이 부족하여 외환위기를 맞이하게 되었다.

기업들도 나름대로 체질을 개선하여 경쟁력을 높이려고 부단한 노력을 했었다. 1990년대 초부터 BPR(Business Process Reengineering)과 신인사제도를 주요 내용으로 하는 경영혁신을 하였고, 많은 기업들이 상승된 인건비를 부담스럽게 생각하여 그 동안 필요

1) 출처: 인크루트 경력개발연구소(2004), "임금관리 이해와 성과주의 보상전략," 「인재경영」, 창간호, pp. 62-71에서 전재함.

이상으로 보유하고 있던 여유인력들을 정리하기 시작했다. 한국 IBM을 시작으로 공식화된 명예퇴직제도는 1990년대 초반 "고개 숙인 아버지"라는 화제를 던져주기도 했다.

이후 IMF외환위기를 극복하는 과정에서 기업들은 한국사회에서 거의 불가능했던 인원의 구조조정을 단행하게 되었다. 정부는 외국자본의 요구를 받아들여 노동시장의 유연성을 높이기 위해 정당한 사유가 있으면 해고를 할 수 있도록 하는 노동법의 개정을 서둘렀다. 기업은 연공이 근간을 이루고 있어서 생산성과 상관없이 늘어만 가는 총인건비를 조직 및 개인의 성과와 연동하여 관리하는 성과급적 연봉제도를 앞 다투어 도입하기 시작했다. 그러나 한국과는 다른 서구에서 보편적으로 사용되어 온 성과급제도에 대한 충분한 연구를 하지 않은 채 성급하게 도입하는 바람에 아직도 성공적으로 도입하여 활용하고 있는 기업을 찾아보기 어렵다. 이 글에서 필자는 기업이 성과급제도를 올바르게 이해하고 도입할 수 있도록 도움이 되는 내용을 정리하고자 한다.

성과급, 한국기업의 인사혁신 과제인가

먼저 지난 10여 년 동안 많은 기업들이 도입해 온 성과급 임금제도는 한국기업들이 인적자원관리 분야에서 가지고 있는 대부분의 문제들을 해결하는 방법인가를 생각해 볼 필요가 있다. 기업은 감당하기 어려울 정도로 높아진 임금수준, 결과의 균등을 내용으로 하는 노사문제와 근로자들의 낮은 성숙도 등 여러 가지 인사 · 노사 현안문제들을 해결하기 위해 성과급 임금제도를 도입해 왔다. 성과급제도는 과연 기업에서 기대하는 것처럼 사람과 관련된 기업의 문제들을 해결해 줄 수 있을 것인가?

그러나 불행하게도 성과급제도는 한국기업의 중요한 인적자원관리 문제를 해결하는 데 한계를 가지고 있다. 성과급제도는 이익사회를 대표하는 성과조직인 기업이 기본적으로 갖추어야 할 인사제도이지, 복잡하고 다양한 원인에서 시작된 노사문제나 인사문제를 해결하는 처방이 될 수는 없다. 어떻게 보면 성과급제도는 기업조직에게 비타민과 같은 것이며, 질병을 치료하는 치료제가 아니라는 것이다. 따라서 성과급제도를 도입하는 것은 대단한 인사혁신이 아니라 그 동안 공동사회의 논리로 무장되어 온 전통적인 인사제도에서 탈피하여 제자리를 찾아가는 것으로 이해하는 것이 바람직하다.

성과급제도, 연봉제, 인센티브 임금제도

많은 사람들이 성과급제도, 연봉제, 인센티브 임금제도를 구별하지 못한 채 사용하고 있다. 기업에 있는 실무자들은 물론 인적자원관리를 전공하고 있는 학자들까지도 이 용어들을 정확하게 사용하지 못하였다. 1990년대 초 한국기업의 임금혁신이 일본식 직능자격급제도에서 미국식 성과급제도로 방향을 바뀌었을 때 일부 학자들이 연봉제라는 용어를 정확하게 정의하지 않고 잘못 사용하였다. 그때부터 연봉제는 성과에 연동된 임금제도로 이해되었고, 프로운동선수들의 연봉계약처럼 모든 근로자들의 연봉이 성과에 따라 다르게 되고, 개별적으로 연봉계약서를 작성해야 하는 것으로 생각하기도 했었다. 당연히 노동조합은 근로자들의 신분보장을 약화시키는 연봉제의 도입을 결사적으로 반대하였으며 많은 기업에서 노사분규의 원인이 되기도 했다.

연봉제는 임금을 산정하는 시간적 단위에 따라 임금을 구분할 때 나타나는 한 가지 유형이다. 즉 시간당 임금수준을 정해 놓고 일한 시간에 따라 임금을 계산하는 시급제를 비롯하여 일급제 · 주급제 · 월급제 · 연봉제 등으로 구분된다. 이렇게 임금이 산정기간을 따라 나누어지는 배경은 직무의 특성이 다르기 때문이다. 시급제의 경우 대부분 직무가 단순반복적인 성격을 가지고 있어서 시간당 임률을 결정하면 되고, 일급제의 경우 매시간 하는 일은 성격이 다르지만 하루를 단위로 할 때 매일 하는 일이 동일하기 때문에 일당을 정해 놓고 임금관리를 하는 것이 일반적이다. 동일한 논리로 보자면 연봉제는 매월 하는 일은 다르지만 매년 하는 일은 동일하므로 연 단위로 임금수준을 정하는 것이 바람직할 때 사용한다. 프로야구 선수들의 1년 일정과 경기의 특성을 자세하게 살펴보면 쉽게 이해할 수 있을 것이다. 물론 임금 산정기간에 따른 임금의 분류가 어떠하든지 실제로 임금을 지급하는 것은 대개 매월 단위로 통합하거나 분할하여 이루어진다.

성과급은 조직 혹은 개인의 직무성과와 연동되어 크기가 결정되는 모든 임금을 포괄한다. 인사고과 결과에 따라 기준임금이 차등적으로 인상되는 임금(흔히 연봉제라고 부르는 형태)과 기업의 성과를 반영하여 노사간의 임금교섭을 통해 인상되는 임금은 물론, 일정기간 동안의 성과를 반영하여 최종임금이 정해지고 다시 처음부터 시작하는 인센티브 임금까지 넓은 의미의 성과급에 포함된다. 인센티브 임금은 성과급 중에 비누적급의 성격을 가지는 임금을 의미하므로 성과급과 혼동하여 사용해서는 안 된다.

임금관리와 동기부여

많은 기업에서 임금관리를 곧 인건비관리로 잘못 이해하고 있으나, 임금관리는 단순히 인건비를 관리하는 것을 내용으로 하지 않는다. 임금은 기업에게 있어서 제조원가를 구성하는 대표적인 항목이기 때문에 가능하면 인건비의 부담을 줄이려고 한다. 제조원가를 줄이는 것이 곧 경쟁력을 높이는 것이기 때문이다. 개인의 입장에서도 임금은 기업의 입장에서 본 임금 못지않게 중요한 의미를 가진다. 임금은 개별근로자들의 소득을 구성하는 가장 중요한 부분이기 때문에 될 수 있으면 많이 받고자 희망한다. 이처럼 근로자들에게 중요한 의미를 가지고 있는 임금은 기업입장에서 볼 때 소극적으로 인건비를 관리하는 차원에서 벗어나 근로자들을 동기부여시키고 생산성을 향상시키는 관리수단으로 재정립되어야 한다.

임금관리는 인건비를 통제하는 것 이외에 시장에서 우수한 인적자원을 조직 안으로 유인하고(Attract), 조직에서 일하고 있는 우수한 인력의 유출을 방지하며(Retain), 구성원 모두를 즐겁게 일하도록 하는(Motivate) 기능을 가지고 있다. 인적자원관리에서는 사람을 인건비 차원에서 재무적 지표로 이해하는 것이 아니라, 개인의 능력과 조직의 경쟁력을 주관하는 원동력으로 이해하고 있다. 다시 말해, 임금관리를 "임금을 수단으로 하여 사람과 그의 직무성과를 관리하는 것"으로 이해하고 있다. 이런 맥락에서 기업은 임금제도의 변화를 통해 인적자원관리의 방향을 설정하고, 이를 통해 기업의 경영목표를 달성할 수 있게 하는 전략을 만들어 간다.

생산성과 고임금 저인건비

앞에서 언급하였듯이 임금관리는 기업과 개인의 입장에서 서로 상반될 수밖에 없는 구조적 특성을 가지고 있다. 기업이 제조원가를 줄여 경쟁력을 높이려 할수록 개인은 자신의 노력에 비해 높은 임금을 받기 어려워지고, 반대로 근로자들이 노동조합을 통해 힘의 논리를 앞세워 보다 많은 임금을 원할수록 기업의 경쟁력은 떨어지게 된다. 중요한 것은 어느 편이든지 상대편의 입장을 배려하지 않고 자신의 이익만 추구하고자 하면 일정기간이 지난 후 반드시 자신도 손해를 입게 된다는 점이다. 다른 조건이 일정하다고 가정할 때 기업이 임금수준을 삭감하면 개인의 소득이 줄어들게 된다. 소득이 줄어든 근로자들은 예전보다 근로의욕이 떨어져서 열심히 일하지 않게 되고, 그 결과 회사의 생산성은 낮아지게 된다. 기업은 경쟁력을 높이기 위해 임금을 삭감했지만 결과는 반대로 생산성이 낮아져 경쟁력이 낮아지게 된다. 이번에는 노동조합을 통해 근로자들이 생산성을 상회하는 임금인상을 요구했다고 하자. 지나친 임금인상의 요구는 기업의 제조원가를 높여 제품의 경쟁력을 떨어뜨리고 결국 임금지불능력을 낮아지게 한다. 그렇게 되면 기업은 임금을 삭감하거나 아니면 이러한 추세가 계속될 경우 인건비 부담이 적은 외국으로 회사를 이전하게 된다. 결국 근로자들의 무모한 임금인상 요구는 스스로 일자리를 잃는 것으로 막을 내리게 된다. 이러한 특성 때문에 임금관리가 어렵다.

그러나 임금관리가 마냥 어렵기만 한 것은 아니다. 위에서 말한 회사와 근로자 간의 갈등관계는 생산성의 향상이 없는, 다시 말해 배분할 파이가 커지지 않는 Zero sum game의 상황에서 나타난다. 만약 기업의 생산성과 경쟁력이 향상되어 배분할 파이가 커지는 Plus sum game의 상황이 만들어지면 기업과 근로자 모두 만족하는 임금관리가 가능해진다. 회사는 생산성이 향상되어 매출이 늘고 제품 단위당 인건비가 낮아져서 경쟁력을 높일 수 있고, 근로자는 본인이 수령하는 임금이 높아지는 기쁨을 맛볼 수 있다. 단순한 예를 들면, 예전에 1인당 월 1,000개의 제품을 생산하던 사람이 200만원의 월 급여를 받았다고 하자. 회사가 새로운 생산설비를 도입하고 근로자가 열심히 일하여 이제 월 2,000개의 제품을 생산하게 되고 근로자는 300만원의 월 급여를 받게 되었다면, 근로자의 임금은 인상되었지만 회사의 제품원가는 오히려 낮아지게 된다. 이렇게 되면 회사와 근로자가 모두 만족하는 "고임금 저인건비" 상황이 된다. 요약하자면 임금관리의 기본 과제는 동기부여를 통한 생산성 향상에 있다. 생산성이 향상되지 않으면 어떤 전문가도 임금관리를 잘 하기 어렵고, 반대로 회사의 경영이 잘 되어 생산성이 지속적으로 향상된다면 전문성이 높지 않은 사람도 어렵지 않게 임금관리를 잘 할 수 있다.

그렇다면 생산성 향상은 누구에게 책임이 있는가? 회사의 구성원이라면 모든 사람들이 생산성 향상에 대해 책임을 가지고 있을 것이다. 그러나 그 중 회사의 최고경영자인 CEO가 가장 많은 책임을 가지고 있다. 중요한 생산성 향상을 비롯한 모든 경영사안에 대해 마지막 의사결정권을 가지고 있기 때문이다. 따라서 임금관리에 대해 가장 많은 책임을 가지고 있는 사람은 바로 CEO라고 할 수 있다. 그런데 현실은 CEO보다 인사부서의 책임이 더 큰 것으로 이해되고 있는 것 같다. CEO가 임금관리에 관심을 가지지 않고 인사부서에게만 책임을 묻는 회사는 결코 우량기업이 될 수 없을 것이다.

Business Model과 임금관리

기업은 여러 가지 다양한 경영상의 과제들을 가지고 있고, 인적자원관리도 복잡한 문제들이 얽혀서 나타나는 경향이 있다. 당연한 얘기지만 새로운 임금제도를 도입하는 것만으로 모든 인적자원관리나 경영상의 문제들을 해결할 수는 없다. 기본적으로 임금관리의 출발이 되는 경영이 제대로 되어야 한다. 그리고 경영의 효율성은 전략에 따라 구축된 Business Model에 따라 결정된다.

2004년 7월부터 시행된 주 40시간 근무제도의 도입은 인적자원관리와 임금관리에 많은 과제를 던져 주었다. 임금수준을 내리지 않고 주당 근무시간을 44시간에서 40시간으로 하향 조정하였다. 다른 조건이 일정하다면 평균적으로 인건비가 10% 정도 상승하는 결과를 가져오게 된다. 기업에 있는 사람들은 100원짜리 제품을 한 개 팔게 되면 남는 이익이 1원도 안 되고, 인건비는 12원 내지 13원 정도 들어간다고 말한다. 그렇다면 인건비가 10% 상승하면 제조원가가 1원 이상 상승하게 되어 평균적인 기업들은 물건을 팔아 적자를 보는 상황으로 들어간다. 근무시간의 단축은 상대적으로 경쟁력이 약한 한국기업에게 엄청난 고통을 가져다 줄 수 있음을 의미한다.

다행스럽게 인건비의 상승을 근로자들의 노력으로 극복할 수 있다면 고용규모가 10% 정도 줄어들더라도 성공적으로 대처하게 되는데, 여의치 않은 기업들은 비정규직 근로자의 비율을 늘리거나 아니면 인건비가 낮은 국가로 사업기반을 이전하게 된다. 특히 인건비의 부담 때문에 제조업들이 해외로 이전한 결과 이들 기업에 취업하고자 하는 이공계 대학의 졸업자들은 한숨을 짓게 되었다. 이러한 수준이 되면 기업은 사람을 관리하고 성과향상을 목표로 하는 임금관리를 할 수 없게 되고, 오로지 총인건비를 통제하는 데 모든 역량을 집중하게 된다. 다른 나라에서 개발한 제품을 로열티를 주고 도입하여 값싸고 우수한 인적자원을 근간으로 하여 생산한 제품을 판매하는 "저인건비 모델"은 이제 더 이상 한국기업들에게 바람직스럽지 못하게 되었다. 인건비가 상승하더라도 고유의 제품을 개발하여 부가가치를 높이는 "고부가가치 모델"로 전환하지 않으면 주 40시간 근무제도 도입으로 인한 문제점들을 슬기롭게 극복하기 어려울 것이다. 따라서 기업은 새로운 제품을 개발하는 데 모든 역량을 집중하여야 하며, 인적자원관리와 임금관리가 핵심적인 연구개발 인력을 확보하고 동기부여시키는 데 초점을 맞추어야 할 것이다.

임금만족도와 임금체계

근로자들은 임금명세서를 받아들고 자신의 임금이 적절한지 평가하게 된다. 우선 동종경쟁기업의 임금수준과 비교하여 만족할 만한 수준인지 생각해 보고, 만족하게 되면 다행이지만 그렇지 못할 경우 이직을 생각할 수도 있다. 임금수준의 외부경쟁력이라고 불리는 이것은 임금의 수준관리와 관련되어 있으며, 인력의 수급에 따라 정책적으로 관리되는 특성을 가지고 있다. 다음으로 기업 안에서 다른 직군, 직급, 사업부, 직무 등을 고려하여 자신의 임금수준의 적정성을 평가하게 된다. 이 과정에서 본인의 임금수준에 대해 만족하게 되면 다행인데 그렇지 못하면 임금에 대한 만족도가 낮아지고 이직으로까지 이어질 수 있다. 조직 내 임금을 결정하는 가치체계인 이 기준이 무엇이냐에 따라 임금체계의 이름이 결정된다. 일반적으로 임금기준의 내부형평성으로 이해되며 임금의 체계관리라고 부른다. 직무의 가치에 따라 임금수준을 다르게 설정하면 직무급이라고 부르고, 사람이 보유하고 있는 직무수행능력에 따라 임금수준을 달리하면 능력급이라고 부른다. 마지막으로 근로자는 동일한 회사에서 동일한 직무를 수행하더라도 임금수준에 개인의 노력이나 기여도가 적절하게 반영되어 있는지를 검토하게 된다. 이는 개인간의 임금차별화로 나타나게 되는데 성과급을 도입하는 이론적인 기초로서, 개인 혹은 집단간 임금의 공정성으로 이해하고 임금의 배분관리로 부른다(Milkovich & Newman, 2003). 임금제도는 근로자가 임금을 평가하는 기본적인 틀을 고려하여 이 세 가지 만족도를 높일 수 있도록 설계하는 것이 원칙이다.

임금의 외부경쟁력, 내부 형평성, 개인간 공정성 중에 어느 것이 전체 임금만족도를 결정하는 데 가장 큰 비중을 가지고 있을지는 업종 혹은 기업의 특성에 따라 다를 수도 있다. 1992년에 발표된 한 연구에 의하면 세 가지 모두 임금만족도와 통계적으로 유의한 관계를 가지고 있지만 개인간 공정성이 가장 높은 비중을 가지고 있는 것으로 나타났다. 이는 한국기업의 임금제도가 근속을 바탕으로 한 호봉체계를 가지고 있어서 개인의 직무성과를 적절하게 반영하지 못하는 당시의 문제점을 보여주었으며, 성과급제도를 도입하는 것이 임금관리에서 가장 중요한 과제라고 지적하였다(정연앙, 1992). 성과급제도를 도입하려는 기업들의 노력은 지금도 진행중이며, 아직 대기업에 비해 중소기업의 도입비율이 낮고, 대기업도 노동조합이 있는 제조업의 생산직 근로자들은 개인별 성과급제도를 도입하는 비율이 매우 낮다.

성과급제도의 도입에 비해 임금체계를 개선하고자 하는 노력은 상대적으로 낮은 편이다. 이는 기존에 학력과 능력을 근간으로 하는 속인급을 직무의 가치에 따라 임금차이를 두는 직무급으로 전환하기가 쉽지 않기 때문이다. 직무급 임금체계를 도입하기 위해서는 내부의 가치체계를 바꾸어야 하는 어려움도 작지 않을 뿐만 아니라, 기업이 통제할 수 없는 외부노동시장의 여건이 성숙되어 있어야 한다. 노동시장에서 직무가 표준화되어 있어야 하며, 직무와 개인의 능력수준에 따라 노동시장이 세분화되어 있어야 직무급을 도입하기 쉽다.

전략적 임금관리와 성과주의 임금전략

임금관리의 전략을 생각하기 전에 반드시 검토해야 할 내용이 있다. 회사가 수립한 장기적인 경영전략의 내용에 맞추어 임금을 관리하는 기본적인 틀이 바로 그것이다. 다른 기업에서 아무리 좋다고 평가받는 임금제도도 우리 회사와 맞지 않으면 효과를 보지 못한다. 인사제도와 임금제도는 상위 개념인 기업의 장기 경영전략을 지원하는 역할을 할 수 있도록 조율하고 기업의 실정에 맞도록 잘 설계하여야 할 것이다. 임금제도를 포함한 기업의 인사제도는 기업이 처한 여건에 상관없이 보편적인 성격을 가지기 어렵다. 전 세계적으로 소위 Best Practice를 찾는 것이 어렵기 때문에 힘이 들더라도 결국 자기 회사의 여건을 고려하여 실정에 맞는 제도를 설계하여 사용하는 것이 바람직하다. 이러한 접근방법을 Best Practice Approach와 구분하여 Best Fit Approach라고 부른다. 기업의 장기 경영전략에 따라 수립된 임금관리 전략은 근로자들을 동기부여시키고 나아가서 생산성과 경쟁력을 높이는 데 큰 역할을 하게 될 것이다.

1990년대 이후 한국기업들이 표방하고 있는 임금관리의 화두는 성과급이다. 이는 성과급 임금제도를 통해 과거 제대로 보상해 주지 못한 개인의 성과 차이를 공정하게 보상해 주고 기업의 경쟁력을 높이고자 하는 임금전략이라고 이해할 수 있다. 그러나 대부분의 대기업들이 도입하고 있고, 심지어 정부조직이나 공기업까지도 주요 경영과제로 생각한 성과급제도는 전략적 임금관리의 틀 속에서 체계적으로 도입하지 못한 아쉬움을 보여 왔다. 아무리 좋은 제도도 여건이 맞지 않으면 소용이 없는 법이다. 성과급제도가 효과적인 인적자원관리 수단이 될 수 있는 여건이 갖추어지지 못하면 결국 헛수고가 될 뿐이다.

김대중 정부시절에 도입하였던 교원 성과급제도는 대표적으로 전략적 임금관리의 틀과 실정을 고려하지 못하여 실패한 사례로 지적할 수 있다. 교육인적자원부는 교육에 관한 각종 NGO단체들의 주장을 반영하여 교원 인사관리에 성과급제도를 도입하기로 결정하였다. 그러나 연간 1,500억원 규모에 이르는 예산을 사용하고도 정작 정부가 기대하던 효과는 찾아볼 수가 없었고, 결국 전교조를 중심으로 한 교원단체의 반대 속에 수당으로 전환되고 말았다. 교원들을 대상으로 한 성과급제도의 도입은 기본적으로 전략적 임금관리의 틀에서 벗어나 있었고, 교원이 성과급제도를 도입하여 관리할 만한 대상인지도 충분하게 고려되지 못하였기 때문이다. 초등학교에서 고등학교까지의 교사관리가 성과급의 기초가 되는 인사고과를 통해 개인간 직무성과를 차별화할 수 있는 여건을 갖추지 못하였을 뿐만 아니라, 무엇보다도 정부의 교육정책이 평준화에 있었기 때문에 차별화에 기초를 두고 있는 성과급제도와 맞지 않았다. 즉 상위개념인 교육정책과 하위개념인 교원의 성과급제도가 근본적으로 공존할 수 없는 태생적인 한계를 가지고 있었다. 교육인적자원부가 교원성과급제도를 성공적으로 도입하기 위해서는 먼저 한국 교육의 문제점을 분석하여 전체적인 전략을 수립하고 다음 단계로 교원인사제도와 관련된 문제점들을 검토한 후 임금제도로 해결해야 할 방법을 찾았어야 했다. 그러나 교육부는 이러한 과정을 거치지 않고 바로 성과급제도를 도입하기로 결정하였던 것 같다. 이는 어디가 어떻게 아픈지 검사하지도 않고 약을 먹는 것과 다르지 않다.

기업의 경우 정도의 차이만 있을 뿐 교원성과급제도의 경우와 유사하게 도입된 사례가 많이 있다. 경영환경을 고려하여 수립한 전략, 기업의 미션과 비전, 인적자원관리 환경, 임금제도의 문제점 등을 분석하고 재정립하는 절차를 생략한 채 다른 기업들이 도입하는 연봉제를 경쟁적으로 도입한 기업이 많았다. 물론 교원성과급제도의 경우처럼 대부분 실패하였거나 아직도 더 나은 성과급제도를 찾아 헤매고 있다.

성과급제도의 도입여건

성과급제도를 도입하고자 하는 임금전략이 수립되면 조직이 성과급을 도입할 수 있는 여건을 어느 정도 갖추고 있는지 면밀하게 검토하여야 한다. 성과급제도가 성공하기 위해서는 전략적 임금관리라는 접근방법 이외에 수십 가지가 넘는 요소들을 점검해야 하겠지만 여기서는 중요한 몇 가지만 정리해 보기로 한다.

첫째, 성과조직의 특성을 어느 정도 충족시키고 있는지를 판단하여야 한다. 성과급이 어느 조직에나 도움을 줄 수 있는 임금제도가 아니기 때문에 조직이 성과급제도와 궁합이 잘 맞는지 검토하여야 한다. 민간기업처럼 성과조직의 성격이 강한 조직은 성과급제도를 도입하게 되면 인적자원관리의 효율성을 높일 수 있지만, 정부기관이나 군대처럼 공공성이 강한 조직이 성과급을 도입하게 되면 오히려 부작용만 초래할 수도 있다. 성과논리가 약하면 그 정도를 반영하여 성과급제도를 설계하여야 할 것이다.

둘째, 인사관리의 다른 부분과 균형을 맞추어야 한다. 개별근로자들의 성과에 따라 임금을 차별화하는 개별성과급제도를 도입하려면 무엇보다도 인사고과 자료가 있어야 한다. 성과급은 임금제도이지만 핵심내용은 인사고과 결과로 되어 있기 때문이다. 인사고과 이외에 직급체계(직무급 임금체계를 도입하고 있는 기업은 직무등급체계)도 성과급제도에 알맞게 조정되어야 한다. 대개 직급 안에서 최고임금과 최저임금의 차이를 나타내는 임금의 폭(pay range)이 개인의 성과차이를 공정하게 반영할 수 있을 정도로 충분히 클 필요가 있다. LG그룹을 비롯한 국내의 많은 기업들이 성과급제도를 도입하는 과정에서 직급단계를 줄이고 직급 내 임금 폭을 키운 것은 바람직한 접근방법이라고 할 수 있다.

셋째, 노사관계가 안정되어 있어야 한다. 우리나라의 노동법은 근로조건을 변경하고자 할 때 근로자 혹은 노동조합의 동의를 얻도록 하여 근로자들에게 불리한 인사제도의 도입을 제한하고 있다. 10여 년 전 연봉제라는 이름으로 성과급제도를 처음 도입할 때 사용자가 노동의 강도를 높인다고 하여 대부분의 노동조합은 강하게 반대하였으며, 노사관계가 악화되는 이유가 되기도 했다. 노동조합원을 포함한 많은 근로자들이 성과급제도의 기본취지는 수용하지만 회사가 인사고과를 통해 근로자들에 대한 통제를 강화할 것으로 생각하였다. 예전에 비해 그 강도가 약해지긴 했지만 지금도 노동조합은 성과급제도의 도입에 관해 긍정적인 입장보다 부정적인 입장을 견지하고 있다. 이는 노동조합의 조직적 특성이 조합원의 동질성을 높이는 방향으로 나타나며, 이를 깨트릴 수 있는 회사측의 어떠한 시도도 곱지 않는 시선으로 바라볼 수밖에 없기 때문이다. 따라서 성과급제도를 도입하려는 기업은 가능한 노동조합과 근로자들에게 성과급제도의 도입취지와 내용을 사전에 자세하게 설명하는 노력이 있어야 한다.

넷째, 조직문화가 경쟁적인 성격을 가지고 있어야 한다. 조직문화가 집단주의적인 특성을 보이는 기업은 개인주의적이고 경쟁적인 조직문화를 가지고 있는 기업에 비해 성과급제도를 도입하기 어렵다. 성과급제도가 기본적으로 개인간의 차별화 논리에 근거를 두고 있기 때문에 집단주의 문화와는 잘 조화되지 않는다. 최근 들어 우리나라 사람들의 개인주의가 심화되고 있지만 원래 단일민족으로 구성되어 조직 내에서 동질성을 중요한 기준으로 생각하고 집단주의적인 사고가 매우 강한 특성을 가지고 있다. 성과급제도가 기업의 경영논리에 충실한 임금제도라 하더라도 이러한 문화적인 특성을 무시하고 도입하는 것은 자칫하면 부작용을 더 키울 가능성이 있다.

다섯째, 업종과 직무의 특성상 근로자가 자신의 노력으로 성과를 관리할 수 있어야 한다. 성과급제도는 원칙적으로 개인의 성과를 평가한 결과를 바탕으로 하여 임금을 차별화하기 때문에 근로자가 자신의 성과를 통제할 수 있어야 수용도가 높다. 아무리 뛰어난 직무수행 능력을 가지고 있어도 구조적으로 그 능력을 성과로 연결시킬 수 없다면 성과급제도의 도입은 성공하기 어렵다. 왜냐하면 노력이 성과로 이어지고, 그 성과가 보상으로 연결되면 사람은 동기부여 수준이 높아지게 된다는 기대이론(Expectancy Theory)의 기본전제가 무너지기 때문이다. 예를 들어, 장치산업으로 분류되는 화학회사나 제철회사의 경우 집단적인 성과급제도는 도입할 수 있지만, 개별근로자들을 차별화하는 개별성과급제도는 한계가 있을 수밖에 없다. 반면 보험설계사나 자동차회사의 영업사원처럼 자신의 직무성과를 본인이 통제할 수 있을 때는 집단성과급제도보다 개별성과급제도가 더 효과적일 것이다.

성과급제도의 도입목적

기업이 성과급제도를 도입하고자 하는 궁극적인 목적은 조직의 성과를 향상시키고 경쟁력을 높이는 데 있다. 그러나 성과급제도를 도입한다고 바로 조직의 성과가 향상되지는 않는다. 성과급제도를 도입하면 근로자들의 임금만족도가 높아지게 되고, 임금만족도가 높아지면 동기부여가 되어 열심히 일하게 되고, 열심히 일하면 직무성과가 향상되기 때문에 조직의 성과가 좋아지고 경쟁력도 높아지게 된다. 따라서 성과급제도가 성공하기 위해서는 무엇보다도 성과급제도의 도입을 통해 조직이 무엇을 기대하는지가 분명하여야 한다. 단순히 생산성을 높이고 인건비를 절감하려는 목적으로 구성원들에게 사전에 충분한 설명을 하지 않고 도입하게 되면 대부분 실패하게 된다.

성과급제도를 설계할 때 일반적으로 목적하는 것은 구성원들의 동기부여이다. 그러나 동기부여만 높이려는 목적으로 성과급제도를 도입하게 되면 개인주의 성향이 지나치게 강해져서 팀워크가 나빠지거나 인건비의 관리가 어려워져 얻는 것보다 잃는 것이 더 많을 수도 있다. 따라서 개인 차원에서 구성원들의 동기부여도 시키고, 회사차원에서 팀워크도 강화하며, 동시에 인건비 부담도 줄일 수 있는 제도를 설계하는 회사가 많다. 이 세 가지는 상호보완적인 성격을 가지고 있지만 동시에 달성하기도 어려운 목표이다. 하지만 성과급제도를 다양하게 구성하면 이 세 가지 목표를 균형 있게 달성할 수도 있다. 중요한 것은 성과급제도를 도입할 때 위의 세 가지 목표간의 상대적 중요도를 분명하게 정해야 한다는 점이다. 회사에 따라 구성원의 동기부여를 중요하게 생각하기도 하고, 노사관계의 향상을 위하여 팀워크를 더 중요하게 생각하는 경우도 있다.

성과급제도의 유형

기업들은 추구하는 목표에 따라 매우 다양한 유형의 성과급 임금제도를 활용해 왔다. 지금까지 활용되어진 성과급제도를 알기 쉽게 분류해 보기로 하자. 개인 혹은 조직의 성과와 연동된 임금으로 매우 포괄적인 정의를 가지고 있는 성과급 임금제도는 적용대상에 따라 성격이 확연하게 구분된다. 개인을 적용대상으로 하면 동기부여를 주요과제로 하는 개별성과급제도가 되고, 반면에 집단을 적용대상으로 하면 팀워크(혹은 노사간의 신뢰 향상)를 주요과제로 하는 집단성과급제도가 된다.

성과급제도를 구분하는 또 하나의 기준은 인건비에 대한 부담과 관련되어 있다. 한번 지급된 성과급이 계속 지급되는 누적급이면 기업은 인건비의 부담을 크게 느끼게 되고, 반면 성과급이 누적되지 않고 정기적으로 다시 산정되는 비누적급이면 인건비의 부담을 적게 느낄 것이다. 그러나 인건비의 부담을 줄이기 위해 무작정 비누적급 성과급제도(이를 인센티브 임금제도라고 한다)를 고집하게 되면 동기부여 효과를 기대하기 어려울 수도 있기 때문에 회사의 특성을 충분히 검토하여 결정하는 것이 좋다. 다소 크게 구분되는 점이 없지 않지만 성과급 임금제도는 적용단위(개인: 집단)와 누적 여부에 따라 (1) 개인 단위의 누적급, (2) 집단 단위의 누적급, (3) 개인 단위의 비누적급, (4) 집단 단위의 비누적급 4가지로 분류할 수 있다. 기업은 성과급제도를 도입할 때 목적에 따라 위의 4가지를 적절하게 혼합하여 설계하면 된다([그림 VI-18] 참조).

[그림 VI-18] 성과급제도의 유형

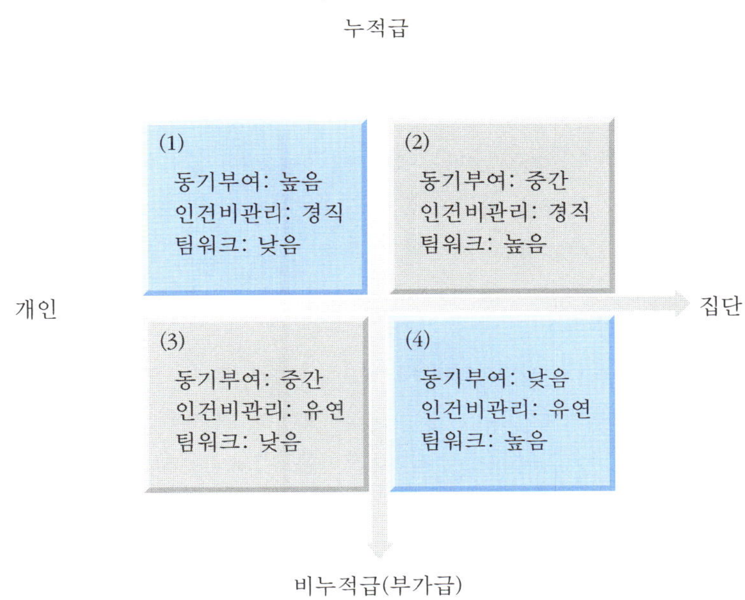

• **개인 단위의 누적급(Merit Pay)**

이 유형은 흔히 연봉제라고 잘못 부르고 있으며, 인사고과의 결과에 따라 기준임금(Base Pay)이 차등적으로 인상되는 가장 보편적인 성과급제도이다. 개인을 적용단위로 하는 누적급이기 때문에 동기부여 기능은 매우 높은 반면, 인건비 관리가 유연하지 못한 단점과 팀워크를 해칠 수 있다는 한계를 가지고 있다. 이 유형의 성과급은 임금체계 중 기본급 인사에 주로 반영되며 성과와의 연계가 매우 강한 편이다. 또한 개인을 적용단위로 하고 있기 때문에 공정한 인사고과가 이루어지지 않으면 만족도가 크게 훼손될 수 있는 약점을 가지고 있다. 개인단위의 누적급을 효과적으로 활용하기 위해서는 직급 내 임금폭(Pay Range)이 크고, 인접하는 직급간에 임금수준의 중복의 정도가 높은 것이 바람직하다. 즉 낮은 직급의 최고임금수준이 다음 상위직급의 최저임금수준보다 높아서 개인의 성과에 따라 우수한 사람은 직급이 낮아도 더 높은 임금을 받을 수 있다.

임금인상을 차등하는 형식으로 반영되는 이 성과급제도는 직급 내 임금폭을 몇 개의 등급(대개 5등급 정도)으로 동일하게 나눈 임금밴드(Pay Band)와 인사고과의 상대적인 등급(Ranking)을 나눈 인사고과 밴드(대개 임금밴드의 단계와 같은 수로 나눔. 대개 5등급 정도)의 조합에 따라 임금인상률이 결정된다. 다음 연도의 임금수준은 [전년도 임금수준×(1+개인의 임금인상률/100)]로 계산된다. 이 제도는 서구에서 보편적으로 사용되고 있지만 아직 도입초기인 우리나라 기업들은 과도기적으로 호봉을 없애고 인사고과 밴드만 고려하는 정도로 활용하는 경우도 많다. 이때 임금밴드는 설정하지 않으며, 인사고과를 보통으로 받았을 때의 인상률을 기준으로 가장 높은 성과를 보인 그룹은 2배 정도의 인상률을 적용하고, 가장 낮은 성과를 보인 그룹은 1/2 수준의 임금인상률을 적용하기도 한다.

• **집단 단위의 누적급(Across-the-board Increase)**

집단을 단위로 하는 누적급 성과급제도는 노사간의 임금교섭을 통해 인상률이 결정되는 특성을 가지고 있다. 임금교섭에서 고려하는 비교임금 및 생계비 논리와 더불어 기업의 성과를 반영하는 임금지불능력 논리가 이 성과급의 크기를 결정하는 논리적 근거가 된다. 노동조합이 노사관계를 주도하거나 기업문화가 팀워크를 중시하는 집단주의 특성을 가지고 있을 때 전체 구성원들의 수용도를 높이기 위해 많이 활용한다. 이 유형도 누적급이기 때문에 인건비 부담을 크게 느끼게 한다. 회계연도가 끝날 즈음에 결정되는 임금인상 재원은 결국 여러 유형의 성과급제도로 배분되는데, 노동조합의 상대적인 위상이 높은 경우 집단 단위의 누적급 비율이 커지게 된다. 노동조합이 결성되어 있는 대부분의 한국기업에서 이 유형의 성과급이 차지하는 비중은 매우 높은 편이다. 개인 단위의 누적급이 보편적으로 활용되고 있는 미국기업의 경우 이 유형의 성과급에 배분되는 성과급 재원을 최소화하여 물가수준을 보상하는 정도로 활용한다. 이를 COLA(Cost Of Livimg Adjustment)라고 부른다. 이 제도는 구성원들의 팀워크를 높이는 데 효과적일 수 있으나, 개인의 동기부여 수준을 높이는 데는 한계를 가지고 있다. 따라서 성과급제도가 지향하는 궁극적인 목표인 조직의 성과를 향상시키지 못하기 때문에 노사간의 협력을 통해 이 제도의 비중을 가능한 줄여나가는 것이 바람직하다.

• **개인 단위의 비누적급**(Individual Incentive Pay)

인센티브 임금으로 부르는 비누적급은 인건비를 유연하게 관리할 수 있기 때문에 많은 기업들이 즐겨 사용하는 성과급제도이다. 인센티브 임금은 기업의 성과가 있으면 지급하고 성과가 없으면 지급하지 않기 때문에 인건비 부담이 적다. 개인 단위의 인센티브 임금은 사전에 임금을 결정하는 원칙을 정해 놓고 개인의 성과에 따라 최종 임금이 결정되는 제도이기 때문에 공정한 인사고과가 전제되어야 효과적으로 활용할 수 있다. 이 제도는 개인을 단위로 하기 때문에 동기부여 효과가 매우 크지만, 반대로 조직의 팀워크를 해칠 수 있는 단점을 가지고 있다. 일반적으로 효과를 극대화하기 위해 지급하는 시간적 단위를 1개월이나 분기로 짧게 정하는 경우가 많다. 보험회사 설계사나 자동차회사의 영업사원처럼 개인이 자신의 성과를 통제할 수 있는 경우에 보편적으로 활용된다.

• **집단 단위의 비누적급**(Group Incentive Pay)

이 제도는 주로 노사관계를 향상시키려는 목적으로 사용되며, 개인 단위의 누적급제도가 가지는 단점을 보완하기 위해 함께 사용하는 경우가 많다. 노사간에 사전에 지급기준을 정해 놓고 성과에 따라 연말에 성과보너스의 형식으로 추가로 지급하는 사후적인 변동급이다. 강한 팀워크가 필요하거나 집단 중심의 문화를 가지고 있는 조직에서 많이 사용하기도 한다. 2002년 우리나라가 월드컵 4강에 진출한 후 선수들에게 개인 인센티브 임금을 차등하여 지급하고자 했지만, 결국 모든 선수들에게 동일한 성과급을 지급한 것은 축구팀이 가지는 집단적인 문화를 잘못 이해하였기 때문이다. 집단 단위의 비누적급에는 Profitsharing과 Gainsharing제도가 있다.

참고문헌

김동원 · 유규창(2000), 「집단성과배분제도」, 한국노동연구원.

정연앙(1992), "임금만족도에 관한 연구," 「한국노동연구」, 제 4 집.

Milkovich, G. T., & Newman, J.(2002), *Compensation*, Homewood, IL: BPI/Irwin.

Noe, R. A., Hollenbeck, J. R., Gerhart, B., & Wright, P. W.(2003), *Human Resource Management*, New York, NY: McGraw-Hill Companies, Inc.

Schuster, J. R., & Zingheim, P. K.(1992), *The New Pay*, New York, NY: Lexington Books.

VII 노사관계의 관리

노사관계체계의 이해[1] 01

김영록
roca100@empal.com

'노사관계(industrial relations)'는 개별 근로자, 근로자 집단 또는 그 대표적 조직으로서의 노동조합, 사용자와 사용자단체, 그리고 이들이 상호작용하는 환경에 집중하는 학제간 연구분야(interdisciplinary field of study)이다(Katz & Kochan, 2004). 여기서 연구분야로서의 노사관계를 언급하는 이유는 그 동안 우리나라의 여러 이해관계자들이 노사관계를 대하는 태도에 있어서 지나치게 실무적이고 정치적인 해법만이 중시되어옴에 따라 보다 원칙적이고 합리적인 노사관계 모형의 설정과 이론에 따른 체계적 접근이 도외시된 것에 대한 자성의 목소리를 반영하고자 함이다.

본 고에서는 이러한 기조의 일환으로서 노사관계의 근간을 이루는 체계에 대하여 고찰해 봄으로써 개념에 기초한 노사문제의 해법 창출 및 예방적 차원에서 이루어지는 각종 노사관계 진단활동에 대하여 이론적 근거를 제공하고자 한다.

1) 출처: 인크루트 경력개발연구소(2005), "노사관계체계의 이해,"「인재경영」, 7월호, pp. 118-123에서 전재함.

노사관계체계의 개념부터 알아보자

우리가 흔히 노사관계라고 하면 노동조합과 사용자만을 떠올리기 쉽지만, 노사관계체계의 모형 속에는 근로자 및 노동조합, 사용자 또는 회사, 그리고 노동에 관계된 정부기관(governmental agencies)이 포함된다. 이들을, 노사관계체계를 구성하는 3가지 행위자집단으로 규정하며, 일정 시점에서 환경적 맥락에 직면해 있는 것으로 간주할 수 있다. 이 환경은 다시 기술, 시장 및 예산제약, 그리고 행위자들의 권력관계와 지위 등 상호 관련된 3가지 맥락으로 구성된다. 여기에 특정한 노사관계체계를 한데 묶는 하나의 이념(ideology)과 작업장 및 일 공동체(work community)에서의 행위자들을 규율하는 제 규정이 추가될 수 있을 것이다(Dunlop, 1977). 이러한 노사관계체계의 모형을 도시하면 다음의 [그림 VII-1]과 같다.

이때에 '체계(system)'라는 용어는, 단일한 노사관계체계 내에 다른 체계에서 제기되는 것들과는 구별되는 공통의 문제들이 있음을 암시하기 위하여 사용되었다. 이는 곧, 당해 문제의 해법 역시 구별되어야 함을 의미한다. 하나의 체계는 일률성을 띠고 있다. 이는 곧 어느 체계의 한 부분에서 일어난 변화는 다른 체계보다 그 체계의 다른 부분에 더욱 직접적으로 영향을 미치게 됨을 나타내는 것이다. 따라서 어느 체계에 속해 있는 참가자들은 공통의 신념뿐 아니라 편견까지도 공유하게 되는 것이다.

체계 내의 행위자

던롭(Dunlop, 1977)에 따르면, 노사관계체계를 구성하는 행위자들은 3가지 종류로 구분될 수 있다. 첫째로 경영자계층 및 이들을 대표하는 자를 들 수 있고, 둘째로 관리·감독상의 지위에 있지 않은 근로자계층 및 이들의 대변인이 있을 것이며, 끝으로 근로자, 기업 및 이들의 관계를 관할하는 전문화된 정부기관(그리고 처음 두 행위자들이 조성한 전문화된 사적 기관도 포함된다)도 포함된다.

• **근로자계층**

여기서의 근로자계층이 반드시 공식적인 조직을 암시하는 것은 아니다. 사실, 근로자들이 어느 정도의 기간에 걸쳐 함께 일하는 시간을 갖게 되면, 경영자계층을 향한 태도와 행위의 규준을 갖는 근로자들간에 적어도 하나 이상의 비공식적인 조직이 형성된다. 이러한 의미에서, 지속되는 기업에서의 근로자들은 결코 비조직화될 수 없다고 할 수 있다. 그러나 대표적인 근로자들의 조직으로서 노동조합이 갖는 의미는 적어도 노사관

[그림 VII-1] 노사관계체계의 개념적 모형

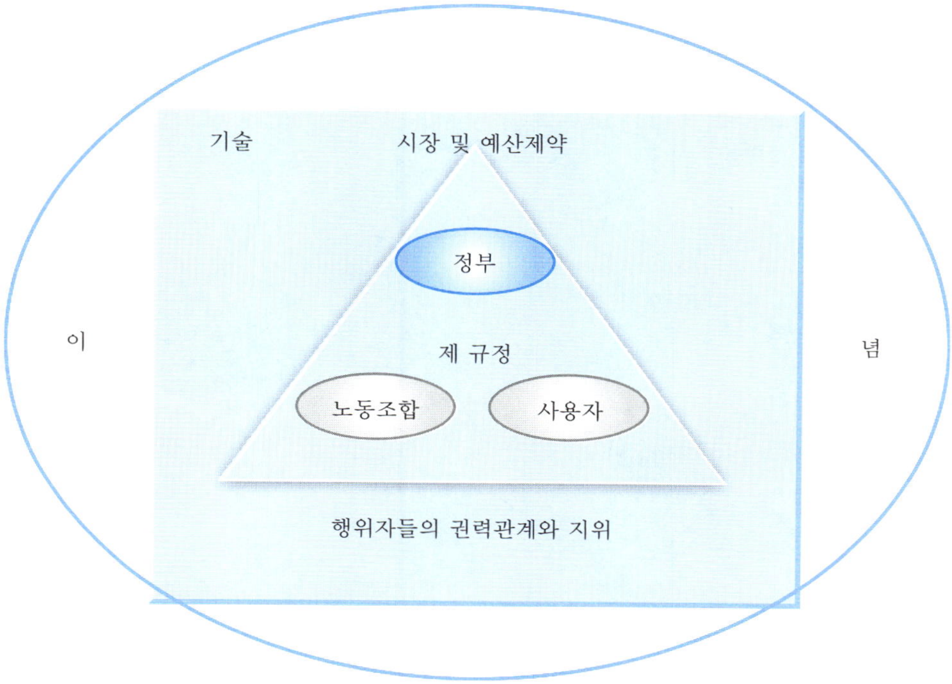

계의 체계에서는 그 어떤 비공식조직보다 우선한다고 하여도 과언은 아니다.

이 노동조합은 거의 모든 중요 근로조건에 대하여 사용자 또는 회사를 상대로 근로자의 이익을 대변하는 조직이라고 정의할 수 있다. 노동조합의 법률적 요건과 그 의의에 대해서는 별론으로 하더라도, 이러한 노동조합의 정의는 그 존재가치를 가장 명료하게 표현하고 있는 것이다. 이러한 노동조합은 일반적으로 보상을 통한 생산성 및 성과(performance)의 향상노력에 저항하며, 근로자의 임금에 있어서 안정성과 균일성을 추구한다(Bernardin, 2003).

그러나 최근의 급변하는 경영환경과 세계시장에서의 치열한 경쟁원리는 이러한 노동조합의 전형적인 행동양상마저 바꿔놓고 있다. 노동조합도 회사의 경쟁력 강화를 위하여 평가제도의 도입 및 연봉제 등 성과주의 임금체계로의 전환을 지지하는 경우가 늘고 있는 것이다.

이와 같이 노동조합의 존재는 노사관계에 지대한 영향을 미치게 된다. 앞서 언급한 연봉제의 도입 등 보상의 문제뿐만 아니라 승진, 징계 및 해고 등과 같은 인사상의 의

[그림 VII-2] **노동조합에 가입 또는 결성하려는 성향의 결정요인-코챈**(Kochan, 1980)**에서 수정**

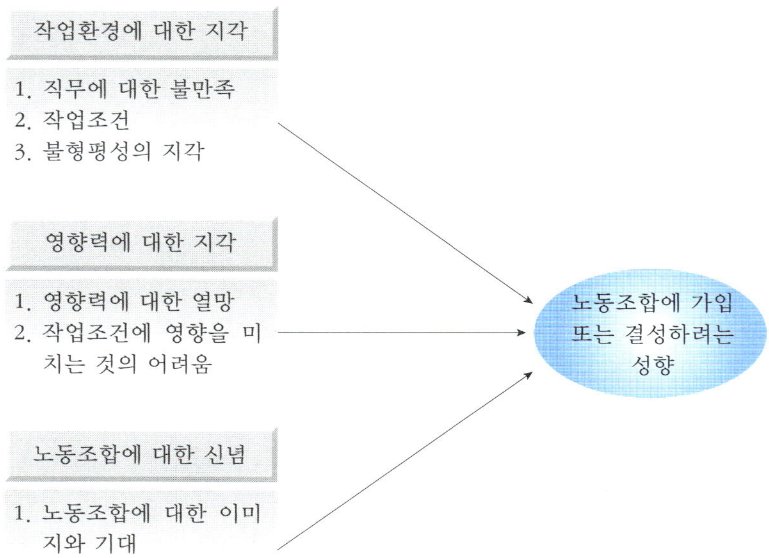

사결정에 노동조합은 현실적으로 관여하고 있다.

그렇다면 이러한 노동조합에 근로자들이 가입하는 이유는 무엇인가? 베르나딘(Bernardin, 2003)은 근로자들이 노동조합에 가입하는 이유에 대하여 다음과 같이 3가지를 들고 있다. 첫째는, 작업조건(working conditions), 보상 및 관리감독 등을 포함하는 작업환경에 대한 불만족이다. 다음으로 작업환경에 있어서의 변화에 대하여 더 많은 영향력을 행사하고자 하는 열망이다. 마지막 셋째로, 잠재적인 노동조합의 효익과 관련된 근로자들의 신념이 그것이다. 다음에 제시되는 [그림 VII-2]는 이러한 노동조합 가입의 결정요인들을 도시하고 있다.

• **경영자계층**

경영자계층은 사업의 자본소유관계와는 관련이 없다. 따라서 경영자의 지위는 공기업에서나 사기업에서나, 또는 다양한 비율로 혼합된 성격을 가진 기업에서나 해당된다. 어떤 경우에는 경영자계층이 광의의, 또는 협의의 가족개념 내에 포함될 수도 있을 것이며, 그 활동은 대체로 사회의 가족체계의 관점에서 설명된다.

카츠와 코챈(Katz & Kochan 2004)에 따르면, 이때의 경영자계층 또는 경영진이라는 용어는 사업주 및 이들이 속한 조직의 목표를 달성할 책임이 있는 개인 또는 집단을 지칭한다. 사실, 경영자계층은 적어도 다음과 같은 3가지의 집단을 포괄한다. 그 첫째가 조직의 소유주 및 주주이고, 둘째는 최고경영자 및 일선 관리자들이며, 마지막 셋째는 근로자들 및 노동조합과의 관계를 전문적으로 관리하는 노무 및 인사담당자들이다. 이들 경영자계층은 기업의 노사관계정책 및 관행을 수립하고 협상하는 데 주도적인 역할을 한다.

• **정부기관**

행위자로서의 전문화된 정부기관은, 어떤 노사관계체계의 경우 폭넓고 결정적인 기능을 수행함으로써 거의 모든 사안에서 경영자 및 근로자계층을 압도한다. 반면, 다른 노사관계체계에서는 전문화된 정부기관의 역할이 너무 부수적이고 제한적이어서 정부기관의 개입 없이도 노사 두 당사자간 직접적인 관계를 고려하게 된다. 또 다른 체계에서는 근로자계층 또는 심지어 경영자계층에게도 상대적으로 협소한 역할만 부여된다.

우리나라의 정부기관은 이러한 역할의 연속선상에서 보았을 때, 독자적인 입법행위를 채택하지 않고 노사정의 삼자 교섭에 의한 사회협약을 체결하고 이를 이행하고자 한다는 점에서 정확히 중간지점에 있다고 볼 수 있다. 지난 외환위기 때 재벌개혁과 노동시장의 유연성을 기하기 위한 삼자교섭 전략에 따라 등장한 노사정위원회가 공공정책 조정을 위한 영구 법정 조직체로 제도화됨에 따라, 사용자단체와 노동조합이 사회협약의 이행을 책임지는 것뿐만 아니라 주요 공공정책을 위한 정보의 소유와 정책에 대한 토론 및 결정권한을 정부와 나누는 데서도 이를 확인할 수 있다(임상훈, 2002).

체계의 맥락

던롭(Dunlop, 1977)에 따르면, 노사관계체계의 행위자들은 3가지가 주어진 상황하에서 상호작용한다고 한다. 이때의 3가지란, 첫째로 작업장과 일공동체의 기술적 특징, 둘째로는 행위자들에 영향을 미치는 시장 및 예산제약, 그리고 마지막 셋째로 보다 큰 사회에서의 권력의 소재 및 분포이다.

• **기술적 특징**

먼저, 생산되는 제품 또는 서비스의 유형을 포함하여, 사업장의 기술적 특징은 노동력의 크기, 좁은 지역에서의 집중 및 확산, 일정한 장소에서의 계속고용, 동일 작업집단의 안정성, 사업장의 도시지역과의 괴리, 사업장과 생활근거지의 거리상 근접성, 고객과의 접촉, 건강과 안전 또는 지역사회의 경제개발에 대하여 상품이 미치는 영향력,

돈의 관리, 사고가능성, 요구되는 스킬 및 교육수준, 다양한 스킬을 가진 근로자들의 비율, 그리고 여성 및 아동의 고용가능성 등을 결정하는 데 작용한다.

• 시장 및 예산제약

시장 및 예산제약은 노사관계체계의 근간을 이루는 환경적 맥락(context)의 두 번째 특징이다. 이러한 제약은 종종 우선적으로 경영자계층에 직접 작용하지만, 필연적으로 일정한 체계 내의 모든 행위자들을 제약하게 된다. 여기서의 맥락은 기업의 산출물에 대한 시장이 될 수도 있고, 예산의 제약이나 또는 이 둘의 조합이 될 수도 있다. 상품시장은 완전경쟁에서, 독점적 경쟁 및 상품차별화를 거쳐 과점 및 독점에 이르는 연속선상에서 그 정도 및 경쟁의 특성에 있어 다양하다. 복지기관이나 국영기업은 민간기업보다 재정적인 제약에 있어서는 완화되어 있으며, 이러한 조직의 경영진이 직면한 긴축예산의 엄격함은, 시장에서 경쟁하는 민간기업들 사이에 경쟁의 정도가 다양한 것과 같이 비시장 단위들 사이에서 다양하다.

• 권력의 소재 및 분포

특정한 노사관계체계를 하위체계로 두고 있는, 사회에서의 권력의 소재 및 분포는 환경적 맥락의 세 번째 분석적 특징이다. 사회의 행위자들간에 권력의 상대적 분포는 어느 정도 노사관계체계 내에 반영되기 마련이다. 즉, 그들의 명성, 지위 및 사회 속의 궁극적인 권한에 대한 관계 등이 노사관계체계를 조성하고 제한한다. 여기서의 관심사는 노사관계체계 내 권력의 분포, 행위자들간의 상대적인 교섭력, 상호작용 또는 규칙제정의 절차에 대한 통제 등이 아니라, 그 체계 내에 이미 주어져 있는, 노사관계체계 외부의 권력분포이다.

사회의 권력분포가 노사관계체계 내 행위자들의 상호작용을 직접 결정하지는 않는다. 오히려 그것은 노사관계체계 자체를 구축하도록 조력하는 하나의 맥락이다.

제 규정의 확립

주어진 맥락에서의 행위자들은 노사관계체계 내 행위자들간 접촉을 규율하는 것들을 포함하여 사업장에 적용되는 제 규정들을 제정하게 된다. 이러한 규정의 제정 및 실시는 산업사회 속의 노사관계라는 하위체계의 주요 관심사 또는 산출물이라고 할 수 있다. 시간이 흐르면서 그 맥락과 행위자들의 상대적 지위에 있어서의 변화의 결과로 제 규정들은 변화하리라 기대된다.

방대한 내용을 담고 있는 제 규정들은 그 제정 및 실시를 관장하는 절차와는 별도로 노사관계체계에 의해 확립된다. 일반적으로 제 규정의 내용에는 모든 형태의 보상에 관련된 조항, 일정한 성과표준을 달성하지 못한 경우의 훈육에 대한 조항을 포함하여 근로자로부터 기대되는 의무 및 업무수행 관련 조항, 특정한 직위 또는 직무에 신규채용되거나 일시해고된 근로자를 포함하여 근로자들의 권리와 의무를 정의하는 조항 등이 포함될 수 있다. 이러한 조항들이 담고 있는 실제 내용은 당해 체계의 기술적인, 그리고 시장환경에 따라서 달라지게 될 것이며, 또한 체계들간에도 상당히 큰 폭으로 달라지게 된다. 그러나 우리나라의 근로기준법 제96조는 모든 취업규칙에 기본적으로 포함되어야 할 사항들을 열거함으로써 최소한도의 근로조건에 관련된 조항들은 제 규정에 포함되도록 강제하고 있다. 김형배(1998)에 따르면, 근로계약관계는 조직적 노동을 원활하게 하기 위하여 공평한 근로조건과 통일적 규율을 필요로 하며, 이를 실현하기 위하여 계약내용의 정형화를 요구한다는 점에서 그 취지를 찾을 수 있다고 한다.

노사관계체계의 이념

노사관계체계의 이념은, 각 행위자들의 역할 및 위치를 정의하고, 각 행위자들이 당해 체계 내의 타인들이 갖고 있는 기능 및 위치에 대하여 품고 있는 생각을 정의하는 공통적 사고이다.

노사관계체계의 각 행위자들, 즉 경영자계층, 근로자계층, 그리고 전문화된 정부기관은 그 자신의 이념을 가진다고 말할 수 있을 것이다. 하나의 노사관계체계에서는 이러한 이념들이, 각 행위자들에 대해서 수용 가능한 역할을 인식하는 공통의 사고를 허용하도록 충분히 일관적일 것이 요구된다(Dunlop, 1977).

노사관계의 체계가 갖는 시사점은 무엇인가

던롭(Dunlop, 1977)은 경우에 따라 전 국가적 차원에서의 하위체계, 또는 범 산업적 범위에서의 한 체계나 단일 기업에서의 체계를 언급하기 위하여 '노사관계체계' 라는 하나의 용어를 사용하고 있다. 이 용어는 논의의 범위에 따라 각각 적용될 수 있도록 고안되었다. 이 용어가 적용되는 단위가 작을수록, 그 맥락은 더욱 커지게 되며, 당해 체계 외부에서 이미 주어진 것들도 일반적으로 더 커지게 된다. 이와 같이 '노사관계체계' 라는 용어를 중복해서 사용함으로써 각각의 경우에 참조해야 할 범위가 명확해져야 한다.

이 용어의 사용이 발전해 가면서, 일단의 연관된 체계들이 더 큰 하나의 분야 또는 국가적 체계로 통합될 수 있음이 인식되었다. 그 다음에 많은 체계들은 염두에 둔 목적에 따라 더 작은 전문화된 체계들로 세분될 수도 있을 것이다. 그러나 모든 노사관계체계가 같은 정도로 양립할 수 있거나, 분리될 수 있는 것은 아니며, 결과적인 무리에 있어서의 일체감을 저해하는 분리가 독단적으로 이루어질 수는 없음을 명심해야 할 것이다.

또 한 가지 주목해야 할 것은, 한 국가의 노사관계체계는 그 속에 다양한, 더욱 제한된 체계들을 갖고 있다는 사실이다. 이러한 체계들이 모두 같은 것은 아니며, 통상적으로 국가의 체계와 구별되는 것으로 간주되는 특징들이 당해 경계 내에서 각각의 노사관계체계로 들어오는 것도 아니다. 한 국가 또는 지역에 특징적인 노사관계체계는 특정한 산업의 우월성 때문에 발현된다는 점이 명백하다. 예를 들어, 미국의 디트로이트에서 자동차산업이 갖는 상대적 영향력과 우리나라 울산에서의 그것은 이러한 지역을 타 지역에 비해 더욱 두드러지게 만드는 특징을 부여한다. 일반적인 용어로 집합적인 의미에서의 노사관계체계는 상이한 유형들의 구성요소체계가 갖는 상대적 우월성에 따라 모양이 그려지게 될 것이다.

노사관계체계의 국제비교가 오로지 범 국가적 체계에 한정될 경우에는, 별로 얻을 것이 없거나 경우에 따라 오도될 수도 있다는 점도 짚고 넘어가야 한다. 비교가 가능한 분야와 산업에 대해서 다양한 국가의 구성요소인 노사관계체계를 검토해 보는 작업은 필수적이다. 그러한 비교에서, 기술과 시장맥락이 상대적으로 안정되어 있다고 했을 때, 국가의 노사관계체계가 갖는 특징 및 고유한 효과를 더욱 날카롭게 조명할 수 있을 것이다. 다양한 산업에서 개발되어 온 제 규정들은 국가간에 유사할 것인가? 어떠한 규정이 상당히 유사하고, 어떠한 규정이 국가의 노사관계체계가 갖는 다양한 영향력을 반영하고 있는가? 이러한 물음에 대답하기 위한 노력의 일환으로서, 몇몇 산업에서는 기술과 시장환경이 유사함에 따라 국가의 독특성이 갖는 영향을 뛰어넘어 공통적인 내용을 담고 있는 제 규정들이 많이 도출되는 반면, 다른 분야에서는 기술 및 시장환경의 유사성을 초월하거나, 또는 환경의 이러한 요소들에 있어서의 중요한 차이점을 반영하여 국가의 노사관계체계가 갖는 영향력이 보다 두드러진다고 제안할 수 있을 것이다.

나아가서 한 국가보다 더 작은 범위의 노사관계체계, 예를 들어 하나의 산업에 대해서 기술 및 시장(또는 예산)환경이 제 규정에 미치는 영향에 있어서 가장 중요할 수도 있으며, 또한 국가체계의 비교에 있어서 당해 노사관계체계에 주어진 것으로서의 더 큰 사회 내 권력의 소재 및 분포가 국가간에 구별되는 규정들의 특징에 대하여 가장 큰 영향을 미칠 수도 있을 것이라고 생각해 볼 수 있다.

노사관계체계의 개념은, 그 행위자, 맥락 및 이념에 있어서의 아무런 근본적인 변화도 없을 경우, 당해 체계가 대체되더라도 남아있을 단일체, 상호의존성 및 내적 균형을 암시한다. 노사관계체계는 상당한 지속성과 끈질기게 유지되는 성향을 갖는다. 이러한 노사관계체계의 본질적인 단일성은 한 체계에서 또 다른 체계로의 제 규정, 관행 및 협정 등이 전이되는 것을 회의적으로 만든다.

맺 으 며

통상적으로 '노사관계(labor relations)'는 노동조합과 경영진과의 관계를 의미하는 용어로서 무엇보다도 근로자들과 경영진의 대표자들 간 상호작용을 포괄하며, 이들 양측을 각자의 가정, 가치 및 사업방식(way of doing business)을 가지고 있는 '당사자'로 명명할 수 있다(Milinski, 1998). 그러나 이러한 양 당사자 외에 정부의 역할을 포함하여 노사관계를 정의하는 것이 보다 포괄적일 수 있다. 던롭(Dunlop, 1977)도 이러한 취지에서 노사관계의 체계를 구성하는 3종류의 행위자들 가운데 하나로서 전문화된 정부기관을 들고 있다.

나아가서 해리슨과 시롬(Harrison & Shirom, 1999)이 제안하는 바와 같이 노사관계의 개념 속에 이러한 행위자들간 상호작용이 일어나는 제도적 틀과 기업조직 내에서 이러한 상호작용의 직접적인 선행변수(antecedents) 및 결과들까지 아우름으로써 시간의 흐름이 반영된 노사관계체계, 더 엄격하게는 노사관계체계가 당해 체계의 구성에 영향을 미치는 변화에 반응하는 것으로 생각할 수 있게 된다. 그 결과로서 제 규정은 체계의 맥락이 갖는 3가지 특징들에 따라 변화하리라 기대할 수 있다. 변화는 기술적 맥락, 시장 또는 예산제약, 그리고 사회 내 권력의 소재와 분포상의 변화에 따라 제 규정 속에 반영될 것이다. 이러한 변화는 행위자들의 조직 내에서 발현할 수도 있으며, 분석의 과업은 제 규정에 대한 결과를 적시하는 것이다. 공식적인 분석에 따르면, 사회에 대한 반응으로서의 이념상 변화 또한, 노사관계체계에 의해 확립된 규정들에 영향을 미치게 될 것이다. 결국 노사관계체계는 제 규정 및 노사관계체계의 다른 특징들에 있어서 시간의 흐름에 따른 변화로 문제를 조직화하는 유용한 수단을 제공하게 된다.

참고문헌

김형배(1998), 「노동법」, 서울: 박영사.

임상훈(2002), 한국의 사회협약: 노사정의 세계화와 구조조정 압력에 대한 삼자교섭 전략, 한국인사조직학회 춘계학술대회.

Bernardin, H. J.(2003), *Human Resource Management: An Experiential Approach*, New York: Mcgraw Hill/Irwin.

Dunlop, J. T.(1977), *Industrial Relations Systems*, New York: Arcturus Books.

Harrison, M. I., & Shirom, A.(1999), *Organizational Diagnosis and Assessment: Bridging Theory and Practice*, California: Sage Publications, Inc.

Katz, H. C., & Kochan, T. A.(2004), *An Introduction to Collective Bargaining and Industrial Relations*, NY: McGraw Hill/Irwin.

Kochan, T. A.(1980), *Collective Bargaining and Industrial Relations*, Homewood, IL: Richard D. Irwin.

Milinski, M. S.(1998), "Obstacles to Sustaining a Labor Management Partnership: A Management Perspective," *Public Personnel Management*, 27(1), 11-21.

02

참여협력적 노사관계: 사용자의 전략적 선택을 중심으로[1)]

김동원
dokim@korea.ac.kr

서 론

선진국의 경우를 보면 우수한 국가경쟁력의 핵심요소로서 참여협력적 노사관계가 꼽히는 경우가 많다. 즉, 노동조합이 고기술 인력자원의 개발과 육성에 중심적인 역할을 하는 독일이나, 노조원들의 애사심과 협조적 노사관계로 유명한 일본의 경우와, 노조의 경영참가를 통하여 기업의 경영혁신노력의 동반자 역할을 하는 미국의 초우량기업들(예를 들면, 노조기업으로는 제록스, AT&T, 새턴, NUMMI, 코닝, 리바이 스트라우스; 비노조기업으로는 HP, FEdEx, IBM, Motorola)의 경우, 참여협력적 노사관계는 기업과 국가의 대외경쟁력의 큰 축이 되고 있다.

반면, 한국의 노사관계는 그간 국가경쟁력강화의 원동력이 되기보다는 짐이 되어 온 인상이 강하다. 억압과 투쟁, 상호불신으로 특징지워지는 한국 노사관계는 기업인의 투자의욕을 감소시키고 피고용인들의 근로의욕을 훼손하여 기업의 경영성과와 국제경쟁

1) 출처: 인크루트 경력개발연구소(2005), "참여협력적 노사관계," 「인재경영」, 2월호, pp. 124-131에서 전재함. 이 연구는 고려대학교 특별연구비에 의하여 수행되었음.

력에 심각한 장애요소가 되어 왔다. 특히, 연례행사처럼 벌어지는 극한적인 노정대결의 양상은 비제도화된 한국 노사관계의 특징이라고 할 수 있다. 1987년 그 동안 억눌렸던 노동자들의 요구가 한꺼번에 분출되어 전 산업이 파업열풍에 휩싸인지도 거의 20년이 지났다. 그간 여러 정부를 거치면서 수없이 많은 정부위원회와 연구모임이 가동되어 보다 성숙하고 생산적인 노사관계를 모색하여 왔으나, 우리의 극한적 노사분규는 조금도 개선될 기미를 보이지 않고 있다. 우리의 고질적인 노동문제에 대한 근본적인 해결책을 모색하여야 할 시점이다.

우리나라의 노사관계가 경제성장에 비례하는 수준으로 성숙되지 못한 데에는 여러 가지 이유가 있으나, 노사관계의 삼 당사자(노, 사, 정) 중 하나인 사용자의 자리매김과 전략과 역할이 적절하지 못했거나 미진했던 데에서도 그 이유를 찾아볼 수 있을 것이다. 본고의 목적은 참여협력적 노사관계로 나아가기 위한 한국 사용자의 노사관계전략의 현재 위상과 역할을 점검하고 바람직한 사용자의 전략방향을 모색하는 것이다. 덧붙여, 국가경쟁력향상을 위하여 사용자의 전략적 시사점을 논의하고자 한다.

협상전략의 이론과 한국 사용자의 전략

구조조정과 인원감축, 그리고 이로 인한 노사간의 갈등은 1990년대 이후의 노사관계를 특징짓는 단어들이다. 1990년대 중반 이후 사용자들은 노사관계를 전략적인 시각에서 보아 기존 노사구도의 근본적 변화를 모색하는 노사협상전략을 채택하여 왔다. 반면, 기존의 노사관계의 이론적 틀은 일정한 노사관계의 틀을 가정하고 그 틀 안에서 협상을 한다는 의미에서 점진적 협상(Incremental negotiations)이라는 개념으로 불리워질 수 있으며, 비교적 안정된 노사관계 구도에 기반한 미시적 변화추구에 중점을 둔 것으로서, 한국의 경우에는 아마 1987년 이후 1990년대 중반까지의 기간의 분석에 적합한 것이다. 즉, 노사가 서로의 존재를 묵시적으로나마 인정하고 기존의 노사간의 역학구도 내에서 단체협상을 통하여 서로의 요구사항을 대립적 혹은 협조적인 방식으로 반영해 나가는 것이다.

한편, 최근 환경의 급격한 변화와 구조조정의 필요에 따라 노사관계구도의 근원적인 변화가 절실해지고 있으며, 기존의 이론적인 틀로는 이러한 추세를 적절히 설명할 수 없게 되었다. 즉, 1990년대 후반 이후 한국의 노사관계를 이해하기 위하여는 전략적인 노사협상(Strategic negotiations)의 개념이 필요하다. 이 새로운 개념의 주창자들은 노사관계구도의 근본적인 변화를 모색하는 어느 일방(주로 사용자측)이 선택하는 노사관계전략으로는 세 가지가 있음을 지적하고 있다(Walton, Cutcher-Gershenfeld, & McKersie, 1994).

첫째는, 회피전략(Escaping Strategy)으로서 노조를 회피하고자 하는 주로 사용자측의 전략이다. 즉, 하청(Subcontracting), 아웃소싱(Outsourcing)을 통하여 노조원의 숫자를 축소하거나, 비노조공장에 대한 투자를 증가하여 노조공장의 비중을 줄여가고, 노조원의 탈퇴를 유도하여 노동조합을 무력화하거나, 노조결성된 공장을 폐쇄하고 비노조/해외공장을 신설하는 전략 등이다. 이 전략은 그 자체로는 협상전략이 아니지만 사용자측의 BATNA(Best Alternative To A Negotiated Agreement, 즉, 협상에 실패할 경우 선택할 수 있는 최선의 대안)로서의 역할을 하며 다른 전략의 지원군 역할을 한다.

둘째는, 강압전략(Forcing Strategy)으로서 사용자측의 강력한 협상력을 바탕으로 노조로부터 양보를 강제하는 전략이다. 강압전략의 목표는 노조로부터 즉각적이고 실질적인 양보(임금동결, 노조권한 약화)를 얻는 데에 있으며, 노조가 동의할 가능성이 거의 없고, 노사관계의 악화는 상대적으로 덜 중요하다고 간주될 때에 주로 쓰여진다. 강압전략의 성공요건으로는 사용자측의 강한 협상력과 절박한 변화의 필요성을 들 수 있다. 강압전략의 구체적 전술로는 협상과정에서 대립적 · 분배적 협상기법(즉, 정보의 왜곡, 자신의 입장을 강력히 주장/고수, 우월한 협상력을 과시/위협, 상대의 실질적인 양보를 요구, 파업, 직장폐쇄 불사 등)을 사용하고, 상대방과의 관계측면에서도 공격적 · 부정적인 태도를 취하며, 특히 자기그룹의 단결을 위하여 상대와의 갈등을 과장하는 경우도 있다. 그룹내부의 관계측면에서는 협상도중에는 자기그룹 내에서는 단결을, 상대그룹 내에서는 분열을 조장(Divide & Conquer)한다.

마지막으로, 포용(Fostering)전략은 노사양측의 목표를 달성하기 위하여 노사합의에 의한 변화를 추구하는 전략이다. 포용전략의 목표는 노조와 직원들로부터 장기적이고 자발적인 변화노력을 이끌어 내고, 노사관계의 장기적인 개선과 문제해결에 치중하는 것이다. 포용전략을 쓰는 경우는 점진적인 변화가 목표이고 노조가 사용자의 제안에 동의할 가능성이 클 때이다. 포용전략의 성공요건으로는 노사간의 신뢰와 변화의 필요성에 대한 노사간의 인식을 들 수 있다. 포용전략의 구체적 전술로는 협상과정에서는 상호이익협상기법(상호정보교환, 양측의 실제관심사항을 모색, 설득 및 교육, 대립적인 자세지양, 문제해결식 접근방식 등)을 사용하고 상대방과의 관계측면에서는 우호적 · 긍정적인 태도를 견지하며 상대방과의 관계개선을 위하여 노사공동프로그램을 실시하기도 한다. 또한, 그룹내부의 관계측면에서는 자기그룹 내에서의 이견을 해소하고 합의를 도모하며, 포용전략에 대한 그룹내부의 지지를 호소하게 되는데, 특히 노조측에서는 어용시비의 극복이 중요하다.

협상전략을 연구하는 학자들에 의하면, 노사관계구도의 근본적인 변화를 성공적으로 수행하기 위하여는 위 세 가지 전략을 적절히 혼합하여 구사할 때 가장 바람직한 결과를 얻었음을 지적한다. 즉, 각 전략마다 나름대로의 한계가 있으므로 각 전략의 장점을 살려서 적절히 혼합하여 사용하는 것이 효과적이라는 것이다(Walton, Cutcher-Gershenfeld, and McKersie, 1994).

우리의 경우를 살펴보면, 소수의 한국 기업들이(예를 들면, L그룹) 구조조정이나 혁신의 과정에서 포용전략을 사용하여 노사의 합의하에 혁신을 추구하고 있다. 그러나 대부분의 한국 기업들은 구조조정이나 혁신을 도입할 때에 대부분의 경우 강압전략이나 회피전략을 사용하여 왔으며, 구조조정이나 혁신에 대한 노사간의 합의가 없음에 따라 노동조합의 극심한 반발을 불러일으켰으며, 그 결과 구조조정과정에서 엄청난 규모의 노사분규를 겪어 왔다. 강압전략을 펴는 한국기업의 상당수가 사용자의 협상력을 과신하고 노동조합의 협상력을 과소평가하여, 필요 이상으로 극심한 노사분규를 초래해 왔다. 예를 들면, 2002년의 전력파업 등 최근 구조조정과 관련된 대규모, 장기간 파업들은 사용자의 강압전략과 노사의 상대적 협상력에 대한 오판이 사태를 악화시킨 측면이 강하다.

한편, 한국의 일부 기업에서는(예를 들면, S그룹, P기업) 노조를 회피하기 위하여 많은 인적 · 물적자원을 사용한다. 즉, 노동조합의 결성을 막거나 기존노조를 약화시키는 것을 노사관계전략의 주요 목표로 삼는 것이다. 노조의 결성을 방지하기 위하여는 우수한 인적자원관리정책을 사용하여 직원들의 직무만족도를 높여서 노조의 결성을 막는 긍정적 · 합법적인 방법(Positive Approach)과, 위장노조를 미리 결성하거나 노조결성을 의도하는 직원들을 회유하는 등 강제적 · 탈법적으로 노조결성을 저지하는 불법적인 방법(Negative Approach)이 동시에 동원되기도 한다. 특히, 후자의 경우가 기업의 명예를 실추하고 사회적 물의를 일으키는 점에서 바람직하지 않은 것은 물론이며, 전자의 경우에도 손익계산을 정확히 하는 것이 중요하다. 즉, 노동조합의 긍정적인 기능(예를 들면, 직원들의 집단의사를 결집하는 기능)과 부정적인 기능(예를 들면, 임금인상효과, 집단이기주의)을 종합적으로 판단할 필요가 있으며, 그 결과 노동조합의 설립을 허용하는 것이 비노조를 유지하는 것보다 반드시 더 유리한지를 전략적으로 판단하는 것이 현명할 것이다.

또한, 사용자가 노동조합과의 협상에 소극적으로 임하는 자세는 회피전략의 일환으로 볼 수도 있다. 특히, 노사관계에 대한 정부의 개입이 지나친 우리의 경우, 사용자가 노사협상의 당사자가 아니고 노정간의 대립에 끼인 제 3 자인 듯한 자세가 노사자율협상의 걸림돌로 작용을 한다. 정부 노동정책의 주요 목표 중의 하나가 파업의 근절에 있음에 따라 정부는 노사분규의 발생과 확산을 막기 위하여 개별사업장의 분규에 과도하게 개입을 하는 경향이 있다. 이러한 경향은 특히 정부투자기관 등 공공부분의 협상과정에서 잘 드러난다. 더욱이, 우리의 경우, 외국과 비교하여 파업목적이나 절차에 따라 불법파업의 범위가 상당히 넓은 편이다. 예를 들면, 이익분쟁(예, 임금인상)이 아닌 권리분쟁(예, 기업변동, 구조조정)으로 인한 파업은 불법이며, 파업 전 반드시 조정을 거치지 않거나 필수공익사업장의 경우 대부분의 경우 강제중재를 거치지 않으면 불법파업으로 간주된다. 이러한 엄격한 법조항 역시 노사간의 자율협상을 억제하고 노사협상에 있어서 오히려 사용자의 역할을 축소하는 효과를 가져왔다. 즉, 일부 극단적인 사례로서는 정부의 개입이 있을 때까지 사용자는 불성실교섭으로 일관하고, 노동조합은 법적 파업절차를 무시한 불법파업에 돌입하는 경우도 있다.

협상전략으로서 회피전략과 강압전략은 명백한 한계점을 지니고 있다. 장기적으로 참여협력적 노사관계는 근로자와 노동자단체의 자발적인 헌신을 통한 자유재량적 노력(Discretionary Efforts)을 이끌어 내는 것을 그 목표로 한다. 따라서, 사용자가 강압적이거나 기만적인 전략을 사용한다면, 장기적으로 노동조합이나 직원들의 자발적인 노력을 이끌어 내는 것은 불가능한 일이다. 참여협력적 노사관계의 구축을 위한 협상전략으로서는 포용전략이 가장 적합하다. 왜냐하면, 참여협력적 노사관계는 노사가 공동으로 장기적이고 점진적인 혁신을 추구할 때에야 실현이 가능하기 때문이다. 이러한 사례는 참여협력적 노사관계로 유명한 기업들의 협상에서 명백히 드러난다. 새턴, 제록스, NUMMI, 코닝, AT&T, 리바이 스트라우스, 토요타 등에서 사용된 협상전략의 공통점은 일시적으로 회피전력이나 강압전략이 차용되기도 하지만 참여협력적 노사관계의 도입을 뒷받침하는 가장 기본적인 협상전략으로 포용전략을 사용하였다는 점이다. 그 이유는 노동자와 노조의 자발적인 노력을 이끌어내기 위하여는 상대방과의 충분한 의사교환을 통하여 상호이익을 추구하는 포용전략이 가장 적합하기 때문이다. 우리의 노조기업 사용자들은 참여협력적 노사관계의 도입을 목표로 한다면 포용전략의 도입을 적극적으로 고려하여야 할 것으로 생각된다.

참여협력적 노사관계의 이론과 한국 사용자의 현상

전반적으로 국내기업의 참여협력적 노사관계의 도입수준은 선진국의 기준에 비추어 보아 아직 미흡한 것으로 나타난다. 참여협력적 노사관계에 대한 국내의 여러 연구들은 일관되게 같은 결론에 도달하고 있다. 예를 들어, 최근의 연구결과를 보면(김동원 · 이병훈, 2000; 이병훈, 1999). 즉, 한국기업의 작업장 혁신이 전반적으로 보아 단편적이고, 근로자의 조직적 대응이 미약하거나 대체로 사용자가 주도하고 근로자가 이에 순응한다는 의견이 일반적이다. 그러나 일부기업에서 작업장혁신을 적극적으로 추진하고 있는 점은 고무적인 현상으로 보인다. 예를 들어, L그룹의 기업들은 명확하게 외국의 초우량기업을 벤치마킹의 대상으로 하여 참여협력적 노사관계의 도입을 추진하는 경우이며, 국내의 일부 중견기업들에서는 이론적인 기반이 없이 자생적인 노력으로 노사관계의 개선을 추구하여 참여협력적 노사관계와 흡사한 형태를 띄게 된 경우도 있다(김동원 · 이병훈, 2000).

우수기업에서 관찰되는 한국형 참여협력적 노사관계의 가장 큰 특징은 참여보다는 협조를 중시한다는 점이다. 한국의 우수기업의 경우, 노사간 협조의 중요성은 잘 인식되어 있으나 참여협력적 노사관계나 작업장 혁신을 아직도 양보를 통한 협조를 강조하는 것으로 파악하고 있으며, 노사협조를 제도적으로 뒷받침할 경영참여의 측면은 상당히 미흡하다. 즉, 참여협력적 노사관계가 참여적 노사관계에 중점을 둔 반면 한국의 우량기업들의 노사관계는 협조에 중점을 둔 경향이 짙다. [그림 VII-3]에서 보듯이 협조와 참여는 서로 비슷한 개념이지만 노사관계의 본질을 표현하는 두 개의 서로 다른 차원이다.

참여협력적 노사관계에서는 참여-비참여의 차원에서 노사관계를 분석하여 노사가 함께 일하는 구체적인 방법론으로서 참여를 제시한 반면, 한국의 노사관계 우수기업에서

[그림 VII-3] 노사관계의 두 가지 차원: 협조와 참여

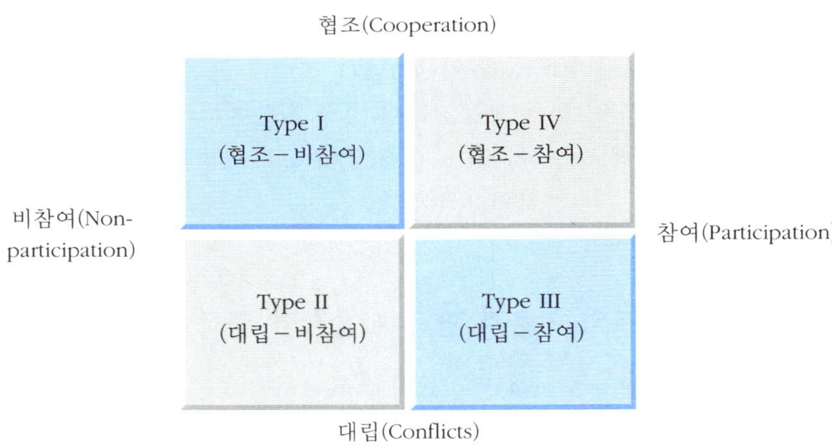

는 협력-대립의 차원으로 노사관계를 분류하여 노사간이 서로를 대하는 태도나 자세를 협조의 방향으로 이끌어 가는 데에 중점을 둔 측면이 있다. 따라서, 선진국의 참여협력적 노사관계에서는 Type III(대립－참여)나 Type IV(협조－참여)의 노사관계가 주로 발견되는 데에 비하여 우리의 우량기업에서는 주로 Type I(협조－비참여)과 Type IV(협조－참여)의 노사관계가 주를 이루고 있다. 이는 노사간의 갈등이 주를 이루어온 우리나라 노사관계의 현주소를 반영한 것으로도 볼 수 있다.

한국기업의 참여협력적 노사관계의 도입실적이 미흡한 점에 대한 원인을 분석하는 것은 한국 노사관계의 발전을 위하여 중요한 작업이다. 참여협력적 노사관계의 도입에 대한 장애요인을 파악하기 위하여 필자는 면담조사를 실시한 바 있다. 이 조사에서는 특히 참여협력적 노사관계를 실제로 추진할 주역이 되는 노동계와 사용자, 그리고 중립적인 인사의 솔직한 의견을 듣고자 최근 모두 7명을 면담하였다. 솔직한 의견을 구하기 위하여 피면담인에게는 익명을 약속하였으며, 면담은 구조화된 대면조사(Structured Interview)의 방법으로 실시되었다.

면담의 결과 경영계와 노동계 모두 국내에서의 참여협력적 노사관계의 도입이 느리게 진행되고 있다는 데에 의견을 함께 하였다. 즉, 이 개념이 우리나라의 경우 일부 선진기업에서 실험적으로 도입하였지만 전반적으로는 도입의 속도가 더디다고 보고 있다. 그러나 이 시스템의 도입이 느리게 진행되는 것에 대한 이유에 대하여는 노사가 현저히 다른 시각을 보이고 있다. 이하에서는 면담의 결과를 종합하여 다음의 몇 가지 사항으로 구분하여 나열하였다.

• 노사간의 불신과 대립적 노사관계의 전통

응답자들은 사용자와 노동조합이 그간의 갈등관계에 익숙하여 서로를 신뢰하지 못하고 있으므로, 일선근로자들과 노동조합에 경영에 대한 부분적인 책임과 의무를 부과하는 참여협력적 노사관계의 도입을 꺼리고 있다고 보고 있다. 또한, 응답자들은 사용자측이 기업의 경영상태에 대하여 노조와 공유하지 않는 경향을 보임에 따라 노사간의 불신을 초래하고, 기업경영이 투명하지 않다는 인상을 줌으로써, 이 제도의 도입에 장애가 되는 것으로 보고 있다. 이러한 견해는 특히 노동계인사와 중립적 인사와의 인터뷰 내용에 잘 나타나 있다.

• 사용자의 권위주의적 기업문화와 경영권에 대한 집착

노동계의 응답자들은 아직까지 한국의 대다수 기업들은 기업소유주가 전권을 장악하고 상명하복의 권위주의에 익숙하여 일선 직원의 의견을 존중하는 경영참여에 대하여 부정적인 이미지를 가지기 때문에 참여협력적 노사관계의 적극적 도입이 늦어지고 있는 것으로 보고 있다. 특히, 사용자들은 경영참여를 경영권의 상실로 이해하는 경향이 이 제도의 도입을 저해하는 것으로 노사양측은 파악하고 있다.

• **한국 사용자의 저부가가치 경영전략**

한국 사용자의 주된 경영전략이 아직은 저부가가치 상품의 대량판매이며, 이에 따라 테일러식의 단순공정을 주로 하는 대량생산체제가 일반적인 생산양식이다. 또한, 고부가가치의 생산양식을 사용하는 일부 기업의 경우에도 이미 선진국에서 개발되어 디버그(Debug)된(즉, 과정상의 오류가 치유된) 상황에서 받아들이다 보니, 근로자에 대한 지식이나 기술의 축적이 상대적으로 덜 요구되고 따라서 근로자의 창의성과 재량권을 확대할 이유가 없기 때문에 참여협력적 노사관계의 도입이 늦어진다고 보는 시각도 있다. 또한, 한국의 기업들이 단기업적주의에 치중하는 경향이 인적자원에 막대한 투자를 하여 장기적인 수확을 목표로 하는 참여협력적 노사관계를 도입하지 못하는 또 하나의 이유인 것으로 지적되었다.

• **노동운동의 이데올로기 문제와 노동조합지도부에 대한 어용시비**

한편 참여협력적 노사관계의 도입이 늦은 이유로 노동계의 자세와 이데올로기를 드는 시각도 있었다. 즉, 노동조합지도부의 입장에서는 대립적인 투쟁방식이 더욱 익숙하고 참여적인 방식은 노조원들로부터 어용시비를 불러일으킬 가능성이 크다고 보고 이를 회피하려는 경향이 저해요인으로 지적되었다. 또한, 일부 강경한 노동운동권에서는 참여자체를 금기시하는 강한 이데올로기적인 믿음도 참여협력적 노사관계의 도입을 가로막는 요인으로 지적되었다.

한편, 노동조합에서 경영참가를 노사공동선을 추구하는 수단으로 보는 것이 아니라 작업장의 실권을 장악하는 세력다툼의 일환으로 보는 경향이 참여협력적 노사관계 도입의 걸림돌이라는 지적도 있었다.

지금까지 언급된 네 가지의 문제점들(노사간의 불신과 대립적 노사관계의 전통, 사용자의 권위주의적 기업문화와 경영권에 대한 집착, 한국 사용자의 저부가가치 경영전략, 노동운동의 이데올로기 문제와 노동조합지도부에 대한 어용시비)은 참여협력적 노사관계의 도입이 현장에서 확산이 늦어지는 이유를 정확히 적시하고 있는 것으로 보인다. 특히, 네 가지 중 처음의 세 가지 이유가 사용자에 관한 사항임을 볼 때 참여협력적 노사관계의 도입이 늦은 데에는 사용자의 책임도 상당하다는 점을 알 수 있다(김동원, 2003).

결론: 사용자의 노사관계전략에 대한 시사점 및 정책적 제안

이하에서는 이러한 현상파악과 문제의식에 바탕하여 사용자의 노사관계전략에 대한 시사점 및 정책적 대안을 제시하기로 한다. 이미 본문에서 시사점들이 현상설명과 함께 논의되었으므로 결론에서는 앞에서 언급되지 않았거나 특히 중요하다고 생각되는 점만을 논의하고자 한다.

첫째, 대다수의 한국 사용자들은 노동조합의 긍정적인 기능을 활용하기보다는 역기능을 최소화하기 위하여 노동조합을 견제하고 회피하는 데에 중점을 두는 노사관계전략을 사용하고 있다. 특히, 일부 사용자들은 노동조합을 회피하거나 통제하는 데에 많은 인력과 자원을 투입하는 경향을 보인다. 물론 일부 사용자는 미국의 초우량기업을 모델로 삼아서 성공적인 벤치마킹을 진행하기도 하지만, 이러한 사용자는 예외에 속한다. 노동조합의 존재를 인정하지 않거나 약화시키는 데에 중점을 둔 대노동조합전략은 노동조합의 극한적인 저항을 불러 일으키며, 불법노동쟁의의 원인을 제공하기도 한다. 무엇보다도 이러한 피동적인 노사관계전략은 노사관계가 경쟁력을 향상시키는 주된 메커니즘으로 활용되는 것을 원천적으로 봉쇄하는 역할을 한다.

반면, 노사관계의 선진국과 선진기업들은 노동조합의 긍정적인 기능(Collective voice)을 극대화하는 공통점을 지니고 있다. 즉, 공동결정주의를 바탕으로 하는 독일과 스웨덴의 참여적 노사관계와 노사간의 공식·비공식적인 긴밀한 의사소통을 통한 협조적 노사관계로 유명한 일본, 노동조합이 사용자와 함께 경영에 참가하고 결과에 책임을 지는 미국의 초우량기업들(예를 들면, 새턴, 제록스, NUMMI, AT&T, 리바이스)은 정도의 차이는 있지만 모두 직원의 의견을 노조가 수렴하여 의사결정에 반영하고 일단 결정이 내려지면 노사 모두가 힘을 모아서 한 방향으로 나아가는 특징을 보이는 것이다. 우리의 경우에도 노사관계가 국가경쟁력의 핵심요소로 등장하기 위하여는 사용자의 기본적인 노사관계 전략을 종전의 통제전략에서 활용전략으로 바꾸어, 참여와 협력을 통하여 노동조합의 순기능을 경쟁력 향상을 위하여 활용하는 것이 시급하다.

둘째, 노사관계의 전문성에 대한 인식부족과 노사관계의 전문가 양성이 미흡한 점도 시급히 보완되어야 한다. 사용자측의 노사관계에 대한 전문성이 상대적으로 미흡한 것은 다음과 같은 이유와 관련이 있는 것으로 보인다. 즉, 일부 사용자들은 기업경영에 있어서 노사관계의 중요성은 인식하지만 노조의 강성기조에 눌려서 정면대응을 지레 포기하거나 편법을 써서 해결하려는 경우가 많고 전문적인 대응방안을 수립하지 않는 경우가 있다. 그리고 오랜기간 권위주의적인 정부가 과격한 노동운동을 통제해 주는 현상에 익숙하여 사용자가 전문적인 지식과 역량에 바탕하여 노동조합과 협상을 진행하는 경험이 부족한 경우도 있다. 이는 노사관계에 대한 정부의 과도한 개입이 불러온 부작용이라고 볼 수 있다. 또, 직원의 입장에서는 노사관계업무가 자신의 전문성은 키워주지 않고 고생만 하는 3D직책으로 인식하여 근무희망자가 드물고, 기업도 노사관계의 전문성에 대한 인식이 부족하여 전문가 양성에 인색한 점을 들 수 있을 것이다. 이러한 경향은 중소기업은 물론 일부 대기업의 경우에도 관찰되고 있다.

노사관계에 대한 전문성이 부족한 결과, 일부 사용자는 노사관계의 현안을 이성적이고 합리적인 대안제시로 해결하려 하지 않고 노무담당간부와 노조간부 사이의 인간관계관리로 해결하려는 경향을 보이기도 한다. 특히, 협조적인 노사관계를 유지해 온 기업의 경우에 노사관계의 분위기가 사용자측 간부개인의 특별한(Extraordinary) 노력과 품성, 인간관계에 의존하여 왔기 때문에 협조적인 노사관계의 틀이 제도화되지 않아서 해당 간부가 이직하는 경우 연속성이 없어지는 경우도 있다. 이러한 모든 현상이 노사관계의 전문화가 미진한 것의 결과로 인식될 수 있을 것이다.

최근 진행되는 산별노조화 추세(즉, 노조의 대형화추세)와 과거 학생시절 노동운동에 투신한 세대가 노동조합의 전문스태프로 취업하는 경향은 노동조합의 전문화를 더욱 촉진시키고 있다. 당연히 사용자의 전문성도 더욱 제고될 필요가 있다. 노사관계전문화 육성을 위하여 노사관계에 대한 국내외의 학위/비학위프로그램을 적극 활용하고, 노사관계 전문인력을 위한 경력개발프로그램 등을 실시할 필요가 있다. 이러한 제도들은 노사관계에 대한 사용자의 전문성을 제고하고 자율적이고 성숙한 노사관계의 실현에 기여할 것으로 본다.

셋째, 보다 성숙하고 발전적인 노사관계를 추구하기 위하여 사용자는 협상전략의 측면에서 대안을 추구할 필요가 있다. 우선, 협상전략의 측면에서는 회피전략과 강압전략에의 과도한 의존에서 탈피하여 포용전략을 중심으로 대노조협상전략을 재편할 필요가 있다. 장기적인 노사관계의 안정을 위해서는 포용전략이 가장 효과적이기 때문이다. 참여협력적 노사관계의 측면에서는 사용자는 노사협조와 양보 등을 강조하기보다는 참여협력적 노사관계의 구현을 위한 구체적인 경영참여제도와 기법의 전파 등을 위주로 전환되는 것이 필요하다.

참고문헌

김동원(2003), "경영자의 새로운 노사관계전략,"「노사관계와 국가경쟁력」, 서울: 대통령자문 정책기획위원회, 77-108.

김동원 · 이병훈(2000), 신노사문화추진성과분석연구: 우수기업에 대한 사례연구를 중심으로," 노동부.

이병훈(1999), "작업장 노사관계의 혁신모델 연구," 노동부.

Walton, R. E., Cutcher-Gershenfeld, J. E., & McKersie, R. B.(1994), *Strategic Negotiations: A Theory of Change in Labor-Management Relations*, Harvard Business School Press.

03 대안적 노사분쟁 해결방안으로서 조정이 갖는 의의와 전망[1)]

김영록
roca100@empal.com

서 론

최근의 노사관계 안정과 협력적 노사관계에 대한 주장은 노동조합활동에 대한 통제 및 제한을 그 궁극적인 목적으로 하였던 과거와 달리 치열한 국제경쟁시대의 생존을 담보하는 경쟁력의 원천으로서 이러한 부분을 바라본 데서 비롯되었다. 특히, IMF 금융위기 이후의 변화된 사회적 · 경제적 상황은 우리나라의 노사관계가 보다 생산적인 방향으로 나아갈 것을 종용하고 있다. 이는 노사가 공통적으로 지니고 있는 위기의식이 상호공존을 전제로 한 협조를 이끌어냈을 때 가능한 것이다(김정한 · 노용진 · 이주희 · 이규용 · 김동헌, 2002). 대표적인 예로서 얼마 전 전국항운노동조합연맹, 한국항만물류협회 및 해양수산부 등 노·사·정이 공동으로 노사분규 없는 한 해를 만들고자 '평화선언'을 공표한 것은 국제경쟁력의 저하에 따른 위기의식에서 비롯된 것으로 볼 수 있다.

그런데 이와 같은 협력적 노사관계의 필요성에 대한 주장에는 그 역기능적 측면에 집

1) 출처: 인크루트 경력개발연구소(2004), "대안적 노사분쟁 해결방안으로서의 조정이 갖는 의의와 전망," 「인재경영」, 창간호, pp. 82-87에서 전재함.

중하여 노사분쟁을 원천적으로 차단하고 어떤 대가를 치르더라도 억제해야 할 대상으로 노사분쟁을 바라보는 시각이 잠재되어 있다. 만일, 이러한 노사분쟁이 단체교섭과 같은 과정의 일부분으로서 노사관계의 본질상 상존할 수밖에 없다면, 무조건적으로 그 발생을 억제하기보다는 그 과정에서 일어나는 충돌을 최소화하는 것이 보다 현실적인 대안일 수 있다(Chartier, 1962). '조정(mediation)'의 필요성과 '조정자(mediator)'의 역할은 바로 이 지점에서 출발한다.

본 고에서는 이러한 조정과정이 활성화될 수 있도록 하기 위한 제언으로서, 노사분쟁의 본질과 현재 우리나라에서 이루어지는 노사간 단체교섭 및 쟁의행위 등에서 발견되는 특징을 살펴보고, 이에 대하여 조정이 갖는 의미를 모색해 보고자 한다.

노사분쟁의 본질

노사간의 본질적 차이

'노사관계(labor relations)'는 노동조합과 경영진과의 관계를 의미하는 용어로서 무엇보다도 근로자들과 경영진의 대표자들간 상호작용을 포괄하며, 이들 양측을 '당사자'로 명명한다. 이들 각 당사자들은 각자의 가정, 가치 및 사업방식(way of doing business)을 가지고 있는데(Milinski, 1998), 다음에 제시되는 [표 VII-1]은 이러한 당사자간의 문화

[표 VII-1] 노사간의 문화적 차이점-밀린스키(Milinski, 1998)에서 수정

노동조합	경 영 진
평등주의적: 구성원간의 구별을 극소화하고, 모두가 동등하게 취급됨.	위계적: 사람들간의 구별을 극대화하고, 통제수준 및 지휘명령체계를 강고히 함.
구성원들에 의한 민주적 의사결정	소수에 의한 의사결정
상호보호를 통한 안전의 확보. 한 명에 대한 위해는 모두에 대한 위해로 간주	경쟁에 기초한 안전의 확보. 개인은 자신에게 상응하는 대가를 받는 개인주의를 강조
연공서열(seniority)이 구성원들간 의사결정의 기초로 작용	성과(performance)가 구성원들간 의사결정의 기초로 작용
목표: 고용보장, 근로생활의 질, 안전, 임금 및 복리후생 수준의 제고	목표: 생산성, 주주로부터의 승인, 낮은 세율, 고객만족
과거의 관행과 사건들이 행위 및 의사결정을 통제	실용주의적. 현시점에서 가장 잘 작동하는 방식을 추구

적 차이점을 보여주고 있다. 노사분쟁의 본질을 이해하기 위해서는 이러한 당사자들의 기본적인 차이점을 인식하고 있어야 할 것이다.

이러한 노사간의 본질적 차이는 이익분쟁(interests disputes) 과정에서의 협상을 어렵게 하는 근본적인 원인이다. 이때의 이익분쟁이란, 법령이나 단체협약, 취업규칙, 근로계약 등에 의하여 이미 확정된 권리의 해석, 적용, 준수 등을 둘러싼 이른바 권리분쟁(예를 들어, 체불임금 청산, 해고자 복직, 단체협약 이행, 부당노동행위 구제 등)과 대비되는 개념으로 장차 노사합의를 통하여 권리화될 것이 기대되는 그러한 이익에 관한 분쟁을 의미하는 것으로(김유성, 2000) 복잡하면서도 경제적으로 중요하다.

이익분쟁의 성격

이익분쟁을 다루는 데 있어 관련되는 이른바 경제적 또는 기술적 사실뿐만 아니라, 현재 통용되고 있는 준거(criterion)가 얼마나 희소하고 불확실한지를 우선적으로 깨달아야 한다. 예를 들어, 산업, 특히 개별기업에서 일어나는 임금결정의 문제를 생각해 보자. 이 문제를 해결하기 위해서는 우선적으로 노동경제학(labor economics)에서 제공하는 자료와 비교기반(bases for comparisons)이 필요하다. 그러나 어떤 원리에 따라서 특정한 기반이 다른 것에 비해 선호될 수 있는가? 어떤 준거를 사용할 것인가? 어떠한 배경하에 과학적으로, 즉 확실성을 기하여 공정한 수준의 임금과 근로자의 경제적 요구에 최적으로 부합할 수 있는 수준을 결정할 수 있는가? 어떠한 기준에 따라 노동조합의 요구가 과다하다고 평가할 수 있는가? 회사의 재정적 상황, 동종업계 또는 지역 내의 기업간 임금차이, 산업 또는 국가와 같은 요인들에 대하여 어떠한 가중치(weight)를 부여하여야 하는가? 끝으로 소비자물가지수(Consumer Price Index)와 같은 지표들을 어느 정도로 중요하게 고려하여야 하는가?

이러한 의문들에 대하여 과학적인 정확성을 가지고 답하기란 불가능하며(Chartier, 1962), 이는 결국 이익분쟁의 해결방안이 본질적으로 정치적일 수밖에 없음을 시사한다고 할 것이다.

국내 노사분쟁의 특징

정치적으로 해결될 수밖에 없는 노사분쟁, 특히 이익분쟁의 본질적 성격은 국내의 노사관계에 있어서도 다양한 갈등요인에 체화되어 노사간의 단체교섭 및 쟁의행위에 영향을 미치고 있다. 이와 같은 국내 노사분쟁의 현 주소에 대하여 구체적으로 살펴보기로 한다.

국내 노사분쟁의 현실

박래영(1999)에 따르면, 국내의 노사간 불신풍조는 통상적인 집단적 노사관계의 많은 분야에서 여러 가지 관행에 반영되어 있다고 한다. 특히, 대립과 대결의 갈등적 풍토는 주로 단체교섭 및 쟁의행위의 관행에 집중되어 있다. 임금과 근로조건 등 전통적인 분배중심의 교섭문화는 집단이기주의로 흐르게 되어 소모적이기 쉬우며, 타결되지 못하여 쟁의행위로 이어지면 폭력과 불법이 난무하는 극한적 대결도 불사하는 것이 우리나라의 관행이기도 하다.

최근에는 기업들이 일시적인 임금조정보다 고용조정을 더욱 선호하고 기회가 닿는다면 구조조정에 박차를 가하려는 경향을 보임에 따라 노사간의 공방은 더욱 복잡한 양상을 띠게 되었다. 노동조합이 당연히 이러한 고용조정 자체에 대하여 강한 저항을 보일 수밖에 없기 때문이다.

이러한 고용조정의 경우 사용자측 입장에서는 임금조정보다 기업의 경영성과 향상효과나 근로자의 직무태도에 미치는 영향을 고려했을 때 선택하기 용이한 방안이겠으나, 노동조합의 입장에서는 근로자들을 개별화시키면서 노동조합의 힘을 약화시키는 효과를 가지기 때문에 고용조정을 둘러싼 노사갈등은 분배에 집중된 노사갈등보다도 해결하기 더욱 어려운 과제로 인식되고 있는 것이 사실이다(박우성 · 노용진, 2001).

물론 폭력성과 불법성의 측면에서는 다소 약화된 경향이 있기는 하나 아직도 노사 모두는 엄청난 단체교섭 및 쟁의행위의 비용을 치루고 있는 것을 부인할 수 없다(박래영, 1999).

노사갈등의 잠재요인

구체적으로 단체교섭과 관련하여 노사관계를 악화시키는 요인으로서 '회사경영에 대한 이해부족 내지 무능력' 및 '임금인상 위주의 단체교섭 관행' 등이 노동조합측 요인으로 지적될 수 있을 것이다. 또한 사용자측 요인으로서는 '경영정보의 미공개' 및 '위계적 의사결정구조' 등이 주로 거론된다. 이는 결국 투명하지 못한 경영과 위계적인 의사결정구조가 노동조합측의 이해부족을 낳고, 그로 인해 노동조합은 장기적인 안목에서 분배될 이익의 크기를 늘려가는 데 협조하기보다는 단기적인 임금인상 위주의 단체교섭을 하는 것임을 시사한다고 볼 수 있다(김정한 등, 2002).

또한 단체교섭을 비롯하여 보다 장기적인 전략수립과정에서 드러나는 가장 큰 문제점 중의 하나가 '사용자 노조간 교환행위(rent seeking behavior)이다. 이정택(2000)에 따르면, 대기업과 공기업이 기업별 노동조합의 주요 세력기반으로 자리잡고 있는 우리나라의 상황에서 이러한 사용자 노조간 교환행위가 대기업과 중소기업간 임금과 복지의 격차를 가져오는 데 막대한 영향을 미침으로써 우리나라 전반의 노사간 불신의 벽을 높게 하였다고 할 수 있다.

쟁의행위와 관련하여 살펴보면, 이러한 쟁의행위가 발생하였을 때 공권력의 개입을 기대하거나, 사용자와 노사간의 교섭보다는 정부와의 협상을 선호하는 행동을 노사관계의 자율성을 스스로 약화시키는 의존적 관행의 대표적 예로 들 수 있다(박래영, 1999).

그렇다면 이와 같이 다양한 노사간 갈등요인 및 분쟁양상에 대하여 '조정(mediation)'이 갖는 의미는 무엇인가?

조정의 기능

사회생활에서 갈등은 배제될 수 없는 부분이며, 가족 등의 1차 집단, 정치, 경제, 사회단체 및 국가 간에도 상존한다(Chartier, 1962). 특히, 앞서 살펴본 쟁의행위 등의 노사간 분쟁은 사회적 갈등의 대표적인 예로서 이러한 분쟁을 해결하는 데 있어서 여러 가지 방안이 존재할 수 있을 것인바, 미국의 FMCS(2003)는 노사당사자주의와 분쟁해결에 대한 당사자의 개입정도를 중심으로 [그림 VII-4]과 같이 노사분쟁의 해결방식을 분류하고 있다.

이 그림이 보여주듯이 교섭이 분쟁해결의 주요한 방식이기 위해서는 노사 자치주의와 노사간 분쟁해결능력이 강해야 하나, 우리나라의 경우 노사 자치주의가 약하고 노사간 분쟁해결능력이 약해 제 3 자가 개입하는 '조정(mediation)'의 활성화를 통해 노사자치주의를 강화하고 노사간 분쟁해결능력을 제고하여야 할 필요성이 강하게 대두된다.

임상훈 · 이성희와 김홍영(2003)에 따르면, 조정은 자원소모적이고 관련 당사자의 관계를 저해하는 투쟁에 비하여 비용면에서 싸고 덜 위험하며, 구체적이고 상호 이로운 합의를 만들어내며 또한 그 합의가 보다 안정적으로 유지될 수 있도록 한다는 점에서 많은 장점을 가지고 있는 사회적 갈등(social conflict) 해결방법이다.

그럼에도 불구하고 실제로 이 조정은 가장 덜 이해되고 있는 분쟁해결방법일 것이다. 조정은 '중재(arbitration)'와 종종 혼동되며 사람들은 중재와 조정이라는 용어를 상호교환적으로 사용하고 있다.

조정절차에 있어서 분쟁의 당사자들은 '조정자(mediator)'라고 알려진 중립적 인사를

[그림 VII-4] **노사분쟁의 해결방식 분류 - FMCS(2003)에서 수정**

강 ← 노사 자치주의 → 약

약 ↑ 당사자의 분쟁해결 개입정도 ↓ 강

공동의사결정	제 3 자 개입	제 3 자 의사결정
파트너십: 잠재적 분쟁발생 전 협력을 통해 분쟁해결 교섭: 노사당사자의 힘과 설득을 통해 분쟁해결	자문: 제 3 자의 전문적 조언을 당사자에게 전달 촉진: 노사 당사자 분쟁해결 진행에 대한 중립적 지원 조정: 독립적 제 3 자의 노사 당사자 분쟁해결 지원노력 사실확인: 중립검사자의 분쟁이슈 관련 사실을 확인 중립평가: 중립 제 3 자의 분쟁이슈에 대한 노사의 입장을 분석하여 평가문 제출	중재: 중립 제 3 자의 권한으로 분쟁이슈에 대한 노사 당사자 중 한 편의 입장을 선택 지도중재: 노사 당사자의 거부권 존재 구속중재: 노사 당사자의 거부권 없음 소송: 법·규정 해석을 통해 결정

채택하여 분쟁의 해결에 이르도록 돕게 한다. 이러한 조정자는 승자 또는 패자를 결정하지는 않지만, 당사자들 사이에 논의를 촉진하는 역할을 하게 된다.

소송 및 중재와 비교하여, 조정은 더욱 빠르고 비용이 저렴하다. 조정을 효과적으로 사용하게 되면, 가장 어려운 사안들조차도 다른 분쟁해결수단에 의하여 요구되어지는 시간, 비용 및 감정상의 손실 없이 당사자들에게 만족스럽게 해결될 수 있다.

조정자는 당사자들과 직접 그리고 비밀리에 의사소통하고 해결책을 찾기 위해 이들과 함께 작업한다. 조정절차의 비적대적 본질과 당사자들의 분쟁해결에 대한 의지가 모두에게 만족스러운 해결책에 이르는 환경을 조성하게 된다.

분쟁의 당사자들은 조정절차의 효과성에 놀랄 때가 많다. 이들이 해결에 이르기 위하여 자신들의 요구사항을 교섭하는 정도는 종종 법률 서비스에 대한 요금 및 다른 분쟁해결방법이 사용되었더라면 초래되었을 기타 비용에서의 절약으로 정당화되곤 한다 (Goodman, 1994). 이하에서는 이 조정의 개념과 본질적 의의에 대하여 고찰해 본다.

조정이란 무엇인가

• **조정의 정의**

일반적으로 조정이란 제3의 인물이 분쟁의 당사자들로 하여금 해결책에 대하여 협상하도록 돕는 분쟁해결절차를 통칭한다. 어떤 의미에 있어서, 조정은 큰 거래가 아닐 수도 있다. 사람들이 싸우고 있는 한 조정은 이루어져 왔고, 우리들 대부분도 일상의 경험으로부터 조정기술을 체득하고 있는 것이다. 또 다른 의미에서, 공식적인 절차로서의 조정이 최근에 와서야 노사 및 국제분쟁과 관련하여 부각되었다. 북미에서는 개인, 조직 및 공적 갈등에 대해서 조정을 사용하는 것이 아직은 생소한 영역이다(Beer & Stief, 1997). 그러나 우리의 사업장, 공동체 사회 및 관계들 속에서 제기되는 여러 갈등의 해결책으로서 구조화된 조정절차의 필요성은 더욱 더 증가하게 될 것이다.

• **조정의 목적 및 목표**

이러한 조정절차의 목적은 '화해 및 분쟁의 해결' 이라고 한 마디로 요약할 수 있으며(Goodman, 1994), 공식적인 절차로서의 조정은 구체적으로 다음과 같은 개념적 목표를 갖는다(FMCS, 2003).

▪ "조정은 지원받는 협상절차이다." 조정은 대화를 촉진하는 방식이며, 조정자의 주된 역할은 협상절차를 용이하게 하는 것이다.

▪ "조정절차는 상호간의 의무를 포함한다." 본질적으로, 조정절차에 돌입한다는 것은 양 당사자에게 사안들을 다룰 수 있는 공정하고 중립적인 문제해결환경을 제공하도록 의무를 부여하게 된다. 조정자는 양 당사자로 하여금 사안들을 해결하도록 지원하는 데 있어서 의식적이고 진심어린 노력을 다 해야 한다. 양 당사자는 조정절차를 소중히 여기고 사안들을 해결하는 데 있어서 충실한 노력을 기울여야 한다. 상황이 어려워지고 이론이 분분할 때는 상기와 같은 의무들을 양 당사자에게 주지시키는 것이 효과적일 수 있다.

▪ "갈등관리와 해결." 갈등관리와 해결에는 차이가 존재한다. 갈등을 관리하는 것은 사람들이 살 수 있는 거주지를 건설하는 것을 의미하지만 갈등의 근본적인 원인을 다루지는 못한다. 해결은 갈등의 근본 원인이 다시 재발하지 않도록 다루어지는 절차를 뜻한다.

보통, 갈등관리 대 해결의 선택은 당사자에게 달려있는 것이다. 조정은 어느 한 접근에서 작용하는 도구가 될 수 있다. 그러나 당사자에게 어느 특별한 접근을 시도하고 강요하기보다는, 오히려 조정자는 상황의 유형을 인식하려고 노력하고 당사자가 편안하게 따를 수 있는 절차를 취해야 할 것이다.

• **조정에 의하여 분쟁을 해결하고자 합의하는 시점**

현행 노동조합 및 노동관계조정법 제45조 제2항에 따라 쟁의행위를 개시하기 위해서는 반드시 사전에 조정절차를 거치는 것이 요구되는데, 사적조정절차를 택하지 않는 이상 당사자 일방의 신청에 의하여 노동위원회가 법정조정을 개시하게 된다.

반면, 사적조정과 관련하여서는 최근에 조정이 대중적으로 널리 알려지면서, 당사자들이 단체협약서에 조정조항(mediation clause)을 삽입하는 경우가 많아지고 있는데, 이는 분쟁이 발생할 경우 조정이 이루어지도록 하는 것이다. 몇몇 협약서에 따르면, 당해 협약내용이 지속되는 동안에는 어떤 분쟁이 발생하기 전이라도 당사자들이 조정자를 채택하도록 되어 있다. 또한 당해 협약서가 조정조항을 포함하지 않는다 해도, 당사자들은 항상 분쟁을 조정절차에 귀속되도록 합의할 수가 있다(Goodman, 1994).

물론, 많은 분쟁들이 계약상의 합의에 의해서만 이루어지는 것은 아니다. 어떤 유형의 분쟁에 대한 당사자들도 조정절차에 돌입하는 선택을 할 수 있다. 노사분쟁의 경우 이러한 결정은 당사자들을 자문하고 있는 공인노무사나 변호사 또는 당사자 중 어느 한 쪽의 제안결과일 수도 있다.

이는 노사분쟁을 규율하는 자주적 해결의 원칙에 비추어 이해될 수 있을 것이다. 이 자주적 해결의 원칙에 따르면, 노사분쟁, 특히 쟁의행위의 조정과정에서 노동관계 당사자에 의해 설정, 주도되는 사적조정절차가 법정조정절차에 우선해야 함은 물론이고, 법정조정절차에서도 그 개시 및 조정결과의 수용 여부에 있어서 당사자의 의사가 존중되어야 한다(김유성, 2000). 결국, 노동위원회를 통한 법정조정절차에 비하여 제3자가 주도하는 사적조정절차를 통한 분쟁의 해결이 보다 바람직하다고 볼 수 있으며, 현행 노동조합 및 노동관계조정법 제52조 제1항은 '노동관계 당사자가 쌍방의 합의 또는 단체협약이 정하는 바에 따라 각각 다른 조정 또는 중재방법에 의하여 노동쟁의를 해결하는 것을 방해하지 아니한다'고 규정함으로써 이러한 사적조정의 우선원칙을 확인시켜 주고 있다.

조정이 요구되는 이유

우선적으로 조정은 당사자간의 자주적 교섭을 촉진하기 위하여 필요하다고 하겠다.

즉, 조정은 교섭이 전혀 없었거나 극히 미진한 상황에서 상호 의견제시 및 타협점 모색의 핵심적 역할을 수행하게 된다. 그러나 한국노동연구원이 2002년 9, 10월에 700개 노조조직 사업장을 대상으로 설문조사를 실시한 결과, 현재의 노동쟁의조정제도가 불필요하거나 실효성이 없다고 생각하는 이유에 대하여 사용자측은 41.4%가 조정위원들이 노조나 기업상황을 잘 몰라서라고 응답하였고, 노측은 33.7%가 조정위원들을 신뢰할 수 없어서라고 응답한 데서도 알 수 있듯이(조용만 · 문무기 · 이승욱 · 김홍영, 2003), 조정위원의 전문성, 현장성이 조정의 효과를 극대화하는데 필수적인 요건임을 알 수 있다. 따라서 역량을 갖춘 민간인 전문가를 통한 사적조정의 활성화가 절실히 요구된다고 할 것이다.

조정이 요구되는 또 다른 이유는 주로 막대한 소송비용과 관련하여 고찰해 볼 수 있는데, 요즘과 같이 법정을 다룬 드라마가 성행하는 사회에서, 대다수의 민사소송이 공판 전에 해결되고 있다는 사실은 놀라워 보인다. 다행스럽게도 대안적인 분쟁해결에 대한 더욱 최근의 경향의 결과로서, 양 당사자가 소송을 제기하기 전에도 더욱 더 많은 분쟁들이 조정에 의해 해결되고 있는 것이다.

분쟁을 해결하는 데 따른 가치는 분쟁이 지속됨으로써 소요되는 비용보다도 더욱 클 것이다. 많은 분쟁의 당사자들도 자신들이 옳고 상대방은 그르다고 확신할 때조차, 한 가지 이상의 방식에서 법정에서의 소송에 큰 비용이 든다고 느끼고 있다. 이러한 비용에는 당사자들이 본연의 업무에서 벗어나 있음으로써 초래되는 비용뿐만 아니라 법률서비스에 따른 비용도 포함된다. 소송은 또한 분쟁의 해결을 지연시키는 결과를 가져온다. 여기에는 광범위하고 값 비싼 공판 전 개시 및 준비가 요구된다. 당사자들은 사안이 재판에 회부되기 전에 밀집된 소송인명부상에서 몇 달 또는 몇 년까지도 기다려야 하는 것이 보통이다.

미국의 ADR과 같이, 오늘날 대안적 분쟁해결 절차가 강조됨에 따라, 언론도 소송에 대한 대안으로서 조정에 주의를 집중시키고 있다. 대중도 조정의 장점을 더욱 인식하게 됨에 따라, 이 절차 및 충분히 훈련된 조정자에 대한 수요가 증가하고 있는 실정인 것이다(Goodman, 1994).

결 론

지금까지 살펴보았던 조정은 양 당사자가 협상하려는 의지가 있다는 가정에서 출발한다. 당사자들은 서로가 직접 사안을 다룸으로써는 분쟁을 해결할 수 없다고 인식해야 한다. 따라서 당사자들이 분쟁의 타협적 해결안에 도달하는 데 있어서 조력할 중립적 제3자를 채택하게 되는 것이다.

노사관계에 있어서는 노사 당사자의 입장에 대한 강점과 약점을 탐색하고 중개자(intermediary)로서 행동함으로써, 조정자는 객관적 견해를 제공하고 또 당사자들의 감정을 전파한다. 당사자들은 조정자에게 타협안을 제출한다. 이 절차 중에 적절한 시기에 당사자들은 조정자로 하여금 해결안을 제공하도록 권한을 부여할 것이다. 당사자간 대화는 조정자를 통해서 확립된다. 그 최종 결과가 보통은 분쟁의 해결이 되며(Goodman, 1994), 이러한 조정절차는 향후 우리나라의 노사관계를 보다 선진화시키는 데 중요한 방법론적 함의를 담고 있다고 할 것이다.

참고문헌

김유성(2000),「노동법Ⅱ: 집단적 노사관계법」, 서울: 법문사.

김정한 · 노용진 · 이주희 · 이규용 · 김동헌 (2002),「한국의 노사관계 연구: 사업장패널 예비조사 자료분석」, 한국노동연구원.

박래영(1999), 한국노사문화의 현황과 개선방향, 한국노동경제학회 · 한국경제신문사(Eds.), 1999년 한국노동경제학회 추계 정책토론회: 21세기 신노사문화의 방향과 실천과제.

박우성 · 노용진(2001),「경제위기 이후 인적자원관리 및 노사관계 변화」, 한국노동연구원.

이정택(2000),「노사신뢰 구축방안에 관한 연구」, 한국노동연구원.

임상훈 · 이성희 · 김홍영(2003),「사적조정 활성화 방안」, 노동부.

조용만 · 문무기 · 이승욱 · 김홍영(2003),「국제노동기준과 한국의 노사관계」, 한국노동연구원.

Beer, J. E., & Stief, E.(1997), *The Mediator's Handbook*, Gabriola Island, BC: New Society Publishers.

Chartier, R.(1962, October), "Changing Collective Bargaining Problems and Their Challenge to Labor Mediation," *Labor Law Journal*, 856-864.

FMCS.(2003), *Training Manual for Mediation Skills*.

Goodman, A. H.(1994), *Basic Skills for The New Mediator*, RockVille, MD: Solomon Publications.

Milinski, M. S.(1998), "Obstacles to Sustaining a Labor Management Partnership: A Management Perspective," *Public Personnel Management*, 27(1), 11-21.

04 기업의 사회적 책임에 대한 글로벌 기준과 노사관계[1)]

이영면
youngman@dongguk.edu

기업의 사회적 책임과 글로벌 기업

지난 몇 년간 국내 기업들은 기업의 사회적 책임(Corporate Social Responsibility)에 대해 매우 적극적으로 대응하고 있다.[2)] 그 동안 교과서에서만 볼 수 있었던 기업의 사회적 책임은 이제 소비자의 불만처리나 종업원의 사회공헌활동, 그 밖에 환경오염물질의 배출에 대한 기준까지 모든 사업영역에서 핵심적인 과제로 대두되고 있다.

물론 아직도 기업의 사회적 책임이 어디까지인가 하는 점은 논란거리다. 전통적으로 기업의 사회적 책임이란 법테두리 내에서 이윤을 추구하는 것이며 그에 따른 고용창출

1) 출처: 인크루트 경력개발연구소(2005), "기업의 사회적 책임과 고용에 대한 글로벌 기준,"「인재경영」, 4월호, pp. 124-131에서 전재함.

2) 기업의 사회적 책임에 대한 개념이 통일되어 있는 것은 아니다. 여기서는 기업의 사회적 책임을 corporate social responsibility(CSR)을 번역한 개념으로 정하기로 한다. 유사개념인 기업시민(corporate citizenship)은 이해관계자들과 단기적인 거래관계가 아니라 장기적인 가치중심의 관계를 추구하는 전략이라고 할 수 있다. 기업의 지속가능성(corporate sustainability)도 유사한 개념으로 지속가능성의 계량화에 많은 기여를 했다. 이는 특히 환경과 연계되어 시작되었는데, 이제는 사회적 및 경제적 측면도 강조되고 있다.

과 임금의 지급 정도로 해석되어 왔다. 하지만 최근 기업들이 종업원의 사회공헌활동을 강조하는 것을 보면 기업의 사회적 책임에 대한 해석이 변화하고 있음을 알 수 있다.

기업의 사회적 책임은 먼저 기업에 대한 이해관계자를 검토하는 데서 시작할 수 있다. 내부적으로는 주주와 종업원, 그리고 고객과 공급업자가 있으며 외부적으로는 지역사회와 환경을 이해관계자로 고려해야 한다. 기업과 직접적인 관련이 있는 것은 아니지만 새만금사업에 대한 논란이나 지율스님의 단식으로 불거진 천성산 터널공사 등은 최근 우리 사회에서 환경이 얼마나 중요하게 인식되고 있는지를 단적으로 보여주는 사건이라고 할 수 있다.

기업은 재화와 서비스를 생산해서 고객에게 제공하고 이를 바탕으로 이윤을 추구하는 영리 조직임에는 틀림없다. 하지만 이제 재화와 서비스를 "어떤 과정을 통해서" "어떻게 생산하고" 이를 고객에게 제공하는가도 필수적인 고려요소이다. 예를 들어, 우리 기업의 정치자금 제공, 편법적인 재산상속, 협력업체에 대한 불공정한 거래, 비정규직을 비롯한 종업원에 대한 불공정하고 차별적인 대우, 환경오염물질의 배출 등에 대한 사회적 비판은 더욱 거세지고 그에 따라 기업의 이미지에도 치명적인 영향을 미치며 궁극적으로 기업가치에도 많은 영향을 미치고 있다.

그러나 이제 우리 기업들은 여기에 멈출 수가 없다. 예를 들어, 삼성전자는 2004년도에 100억 달러 이익을 창출했으며 연간 매출이 10조가 넘는 기업들이 계속 생겨나고 있다. 외형상으로는 글로벌 기업이라 해도 손색이 없다. 또한 생산과 매출의 상당부분은 해외를 기반으로 발생하고 있다. 따라서 우리 기업들도 이제는 그 규모에 걸맞게 국내외에서 글로벌 기준을 채택하지 않을 수 없는 상황이 되어가고 있다. 글로벌 기업은 이제 남의 이야기가 아니라 바로 우리의, 우리 기업의 미래다.

기업의 사회적 책임에 대한 글로벌 기준

성공적인 기업의 경영전략이 한 가지가 아닌 것처럼 기업의 사회적 책임에 대해서도 한 가지의 글로벌 기준(global standard)은 없을 것이다. 글로벌 경제시대에 해외 글로벌 기업들은 정부의 규제와는 별도로 자발적인 그리고 협력적인 자세로 글로벌 기준을 만들어가고 있다. 그 외에 여러 비정부단체(non-government organization: NGO)들도 기업의 사회적 책임에 대한 글로벌 기준을 제시하고 있다.

사회적 책임에 대한 논쟁은 오랜 역사를 가지고 있으나 아직 통일된 기준을 가지고 있다고 하기는 어렵다. 여기서는 홉킨스(Hopkins, 2004)의 정의를 살펴보기로 하자:

> 기업의 사회적 책임(Corporate Social Responsibility: CSR)이란 기업이 이해관계자(stakeholders)를 윤리적으로 그리고 책임 있게 대하는 것이다. "윤리적이고 책임 있게"라는 말은 시민사회에서 받아들일 수 있는 방식으로 이해관계자를 대하는 것이다. 즉 경제적 책임을 의미한다. 이해관계자는 기업의 경계, 안과 밖에 존재한다. 자연환경도 이해관계자다. 넓은 의미에서 사회적 책임이란 기업이 이윤을 추구하면서도, 기업의 안팎에 존재하는 사람들로 하여금 더 수준 높은 삶을 누리도록 하는 것이다.

물론 이러한 사회적 책임에 대한 정의는 매우 폭넓은 개념이기 때문에 현재 우리 기업들이 쉽게 받아들이기 어려울 수도 있다. 그러나 해외 다수의 기업들은 글로벌 기준에 맞추기 위해 적극적인 노력을 기울이고 있다는 점을 고려해야 할 것이다.

여기서 주의해야 할 점은 첫째, 일부기업들이 기업의 사회적 책임을 자선적인 활동으로 잘못 해석하고 있다는 점이다. 최근 우리 기업들이 기업의 사회적 책임을 협의적으로 기업의 사회공헌활동으로 해석하고 있는 점은 매우 안타까운 현실이라고 하겠다. 물론 사회공헌활동이 기업의 사회적 책임이 아니라는 것은 아니다. 하지만 사회공헌활동은 핵심적인 사회적 책임이라고 하기는 어렵다. 우리나라의 일부 기업들도 자발적인 입장에서 사회적 책임을 강조하고 있으며, 글로벌 기준으로 환경보고서, 사회보고서, 지속가능보고서 등을 발간하고 있다. 하지만 문제는 지나치게 편의적인 해석으로 사회적 책임을 해석하고 있어서 단지 사회공헌만을 사회적 책임으로 해석하거나 지역사회나 일부 환경 관련 이슈만을 선별적으로 언급하고 있는 한계점을 가지고 있다. 따라서 기업이 사회공헌활동을 기업의 사회적 책임으로 강조하는 것은 기업의 입장만을 고려한 것임을 부인할 수 없을 것이다.

둘째로, 기업의 책임과 기업의 사회적 책임 사이에는 구분이 필요하다. 굳이 "사회적"이라는 개념이 들어간 이유는 기존의 재무적 관점 중심의 주주(shareholder) 중심주의에서 벗어나 이해관계자(stakeholder) 중심주의를 강조하기 위함이다. 이해관계자 중에는 내부의 종업원, 협력업체, 그리고 외부로는 지역사회와 환경(environment)을 들 수 있다.

그렇다면 왜 이렇게 이해관계자를 중시해야 하는가? 왜 사회적 책임을 강조해야 하는가? 단기적으로 사회적 책임을 다하기 위해서는 비용이 발생하지만 중장기적으로는 비용보다 수익이 더 크다는 점이다. 미국이 최근 기업의 사회적 책임을 강조하게 된 시점은 2002년 엔론과 월드컴, 그리고 아더 앤더슨 컨설팅사 등이 회계부정으로 문을 닫았을 때이다. 이런 사례가 기업뿐 아니라 사회에 미치는 충격은 매우 크다. 외환위기 이후 우리나라 대기업집단들이 문을 닫은 이유를 살펴보면 재무적인 유동성 문제 외에도 정경유착, 내부의 부정부패 등이 원인으로 작용했음을 부정할 수 없다. 물론 기업의 사회적 책임을 주가나 시장점유율과 같은 재무지표와 연결시키는 작업은 쉬운 일이 아니다. 문제는 상관관계가 인과관계를 보여주는 것은 아니라는 점이다. 그러므로 사회적 책임을 다하지 못한 기업의 이미지나 명성은 쉽게 사라질 수 있다.

예를 들어 보자. 최근 기업들이 이해관계자를 고려하지 않고 재화와 제품을 생산하고 판매하게 되어 소비자들은 무책임한 먹거리와 제품들에 대해 의심을 할 수밖에 없게 되었다. 2004년 국내에서 벌어진 불량만두 파동은 이러한 의심을 잘 보여주고 있다. 실제로 건강에 해롭지 않다라는 사후적인 발표에도 불구하고 소비자들은 만두를 사먹지 않았고 아직도 국내의 만두산업은 매우 어려운 상황이다. 결국 기업들은 주주와 잠재적인 투자자, 관리자, 종업원, 고객, 협력업체, 자연환경, 지역사회 등을 고려하는 경영을 하지 않을 수 없다.

둘째, 사회적 책임투자가 아직은 작은 규모이지만 지속적으로 성장하고 있다는 점이다. 법적인 규제에 의한 것도 있지만 시장이나 사회적 압력의 결과라고도 할 수 있다. 예를 들면, 은행과 같은 금융부문에서는 유엔환경계획(UNEP)과 47개국 234개 은행, 보험회사, 자사관리 회사 간에 상호협약이 체결된 바 있다. 아시아지역에서는 사회적 책임 투자를 활성화하기 위해 아시아 지속가능 및 책임투자협회(Association for Sustainable & Responsible Investment in Asia: ASrIA)에는 64기관이 회원으로 40개 기관이 준회원으로 가입해서 활동하고 있다. 이러한 경향은 새롭게 만들어지고 있는 재무지표인 FTSE4Good이나 다우존스지속성지수(Dow Jones Sustainability Index: DJSI) 등에서도 살펴볼 수 있다. 미국의 경우 사회적 책임 투자(Socially Responsible Investment: SRI)의 규모가 10조 달러를 넘어서고 있다. 즉 최소한의 사회적 책임을 다하는 기업에만 투자하려는 투자자금이 우리 돈으로 14경(1,000조원의 열네 배)원에 달하고 있다는 것이다.[3] 영국의 연기금 투자는 투자원칙에 사회적 책임투자원칙을 구체적으로 명시하고 있다. 윤리적 투자연구소(Ethical Investment Research Institute)에 따르면 2001년 영국에서는 490억 달러 규모의 자금이 사회적 책임투자원칙을 가지고 투자되고 있다.[4] 미국의 경우를 보면 사

3) 사회적 책임투자에 대한 정의는 다양하기 때문에 통계수치는 상당한 차이를 보이고 있다. 여기서 인용한 통계수치는 미국의 보스톤과 영국 런던에 소재한 Cerulli Associates가 발간하는 Cerulli Edge-Global Edition에 근거한 것이다. *Ethical Investor Newsletter*, No. 41, 10-16 Sep 2001, http://www.ethicalinvestor.com.au를 참조바람.

4) 물론 이 규모는 전체 투자금액의 1% 미만이다. 하지만 영국의 경우 이 사회적 책임투자 규모가 매년 두 배씩 성장하고 있다. *Financial Times*, Wednesday 11, July 2001 참조바람.

회적 성과가 나쁜 경우 투자를 유치하지 못하는 경우가 증가하고 있다. 이는 경영자의 범죄행위에 대한 처벌이 강화되고 기업경영관련 전문가들에 대한 윤리강령도 강화되고 있다. 이러한 경향은 사회적 관심이 증가하고 있으며 기업이 사회적 책임을 다해야 한다는 의식을 반영하고 있는 것이다.

셋째, 기업의 사회적 책임은 종업원의 의욕제고와 우수사원의 채용에 중요한 기준이다.

넷째, 혁신, 창의성, 지적자본, 그리고 학습 등은 바람직한 기업의 사회적 책임전략을 통해서 많은 도움을 받을 수 있다. 다수 기업의 기업가치가 인적자본이라고 강조하는 이 시기에 내부적인 이해관계자를 제대로 관리하는 것은 더욱 중요해질 것이다.

다섯째, 위기관리는 외부 이해관계자에 대한 심도 있는 분석에서 나온다. 신기술, 사회와 시장의 변화는 다양한 위험을 고려하게 만든다. 법정소송, 투자손해 등은 이러한 위험을 최소화하기 위한 기준이 필요하다. 국경 없는 시장의 확대와 다국적 소송 등은 사업파트너와 협력업체에 대한 위험도 고려하게 만든다. 기업의 사회적 책임은 규제를 준수하는 데 도움이 되고 그 결과 법적 소송을 피할 수 있다.

마지막으로 여섯째, 글로벌화와 기업의 사회적 책임은 일반 시민들의 관심증대로 그 영향력이 매우 크다.

홉킨스(Hopkins, 2004)는 다음과 같이 기준설정에 대한 장단점을 언급하고 있다. 장점으로는 첫째, 노동에 대한 착취나 뇌물, 부패 등을 줄일 수 있다. 둘째, 기업들은 이해관계자들이 무엇을 원하는지 좀더 쉽게 이해할 수 있다. 셋째, 다양한 사회적 책임활동은 기업에 도움이 된다. 예를 들면, 긍정적 이미지의 제고와 새로운 공장설립에 대한 주민들의 긍정적 이미지 등이다. 또한 이익, 성장, 그리고 지속가능성을 제고하는 입법에 도움이 된다. 넷째, 구조조정을 시행하는 경우에 기업과 종업원의 이해관계에 균형을 제시할 수 있다. 다섯째, 비윤리적 기업들은 경쟁하기가 어려워지며 그 결과 개발도상국에서 사회적 이익을 창출할 수 있다. 하지만 단점도 있다. 첫째, 사회적 책임을 다하기 위해 추가적인 비용이 발생한다. 기업의 사회적 책임을 다하기 위한 비용이 세전이익의 15-18%를 차지한다는 연구결과도 있다. 둘째, 비용증가로 인해 수익이 줄어들고 심지어 존립이 어려운 상황이 발생할 수 있다. 셋째, 입법과정에서 많은 비용이 발생한다. 넷째, 사회적 책임에 대한 평가기준이 자의적이고 상황에 따라 매우 다를 수 있다.

사회적 책임에 대한 글로벌 윤리강령(codes of conduct)

윤리강령은 관심을 가지는 분야에 따라 내용이 다양하다. OECD보고서를 보면 크게 다섯 분야로 구분된다: (1) 공정한 경영 관행, (2) 법규의 준수, (3) 공정한 고용과 노동권, (4) 환경지킴이, (5) 그리고 기업시민(corporate citizenship)이다(이종오 · 주정, 2004; OECD, 2001). 하지만 대부분 기업 스스로가 윤리강령을 개발해서 활용하는 경우가 많다(USCIB, 2002).

국제노동기구(ILO)의 보고서에 따르면 윤리강령은 "특정한 행동에 대한 기업의 의지로 활용하고자 서면으로 작성된 원리나 정책"을 의미한다(Urmlinsky, undated). 기업들이 자발적으로 만들어 활용하는 경우가 많으며 외부의 독립적인 검증을 요하는 경우는 많지 않다. 기업의 사회적 책임을 측정하는 통일된 기준은 아직 없다. 하지만 가장 많이 언급되는 예는 바디숍(Body Shop)이라고 할 수 있다. 대기업의 예로는 쉘(Shell)이나 영국통신(British Telecom)을 들 수 있고 중견기업으로는 캐나다의 은행인 밴 시티(Van City)나 영국의 협동 은행(Co-operative Bank)을 들 수 있다. 우리나라의 경우도 윤리강령이나 윤리행동기준을 들 수 있다. 우리나라 대기업들의 윤리강령이나 윤리행동기준을 보면 우리 사회에서 이슈로 제기되고 있는 소유구조, 지배구조, 재산상속, 고위임원의 부정부패, 불법정치자금 등에 대해서는 별다른 언급이 없고 주로 종업원 수준의 부정부패 근절만을 강조하고 있다(이영면, 2004). OECD의 자료나 국제노동기구(ILO)의 보고서에는 기업들이 설정한 윤리강령에 대한 수많은 예들을 살펴볼 수 있다(OECD, 2001; Urminsky, undated). 사회적 책임을 위한 기업의 행동기준에 대해서는 여러 가지 출처를 기준으로 분류할 수 있다: 정부나 국제조직, 기업, 비정부기구, 그리고 지배구조.

이러한 기준은 크게 다음과 같은 긍정적 결과를 강조한다. 첫째, 기업의 이미지를 보호하고 제고한다. 둘째, 윤리적 행동에 대한 경영자의 관심을 제고한다. 셋째, 이해관계자의 믿음을 제고한다. 넷째, 위기에 대응하기보다는 예방을 강조한다. 마지막으로, 기업의 책임과 투명성에 대한 경쟁기업의 압력을 인정하는 것이다. 하지만 다음과 같은 부정적 평가도 있다. 첫째, 이러한 윤리강령은 생산성을 저해하며 따라서 이를 무시해야 한다. 둘째, 불변의 윤리강령은 없고 일반적인 윤리강령도 없다. 셋째, 윤리강령은 기업경영에 대한 것이 아니라 생존과 인수합병을 피하기 위한 방편에 불과하다. 넷째, 윤리강령은 제삼자의 검증을 필요로 하고 결국 부가가치 없는 비용만을 증가시킨다. 다음은 다양한 윤리강령의 예들이다([표 VII-2]).

[표 VII-2] 주요 글로벌 기준의 윤리강령(Codes of Conduct)

주요 이슈	윤리강령 기준	출처(원제목 또는 주관기관)
전반적 내용 (다국적 기업)	OECD	http://www.oecd.org/daf/investment/guidelines
	European Union	http://www.europa.eu.int/pol/rights/index_en.htm
	ILO	http://www.ilo.org/inst
경영진 (지배구조 등)	King Commonwealth Report	Institute of Directors in Southern Africa(2002)
	the Turnbull Report(영국)	Institute of Charted Accounts in England and Wales(1999)
	기업의 책임을 제고하고 미국의 주주를 보호하기 위한 미국 부시 대통령의 10개 조항	President Bush's Ten-point Plan Improve Corporate Responsibility and Protest America's Shareholders
환 경	the CERES 원칙	http://www.ceres.org
	the UNEP 재무보고서	the UNEP Financial Statement
노 동	SA8000	http://www.new-academy.ac.uk
	ICFTU 노동관행 강령	ICFTU Codes of Labor Practice
	ILO의 3자선언	ILO's Tripartite declaration of Principles concerning Multinational Enterprises and Social Policy
	FLA의 작업장 윤리강령	Fair Labor Association Workplace Code of Conduct
	윤리적 거래강령	the Ethical Trading Initiative Base Code
노동과 환경	US 기업관행 모형	United States Model Business Practices
노동, 인권, 환경	UN 글로벌 컴팩트	United Nations Global Compact
외부이해관계자	글로벌 설리번 원칙	Global Sullivan Principles
기 타	GRI	http://www.globalreporting.org
	AA1000	Institute of Social and Ethical Accountability
	사회적 벤처네트워크의 CSR 기준	Social Venture Network Standard of CSR

출처: Hopkins(2004)에서 인용하여 필자가 수정함.

인권과 노동에 대한 글로벌 기준

전반적으로 기업의 사회적 책임에 대한 글로벌 기준에 있어서 노동의 윤리강령에 대한 논란은 더욱 심하기 때문에 그 기준을 찾기가 어렵다. 특히 선진국과 개발도상국 간의 의견대립은 노동관련 글로벌 기준의 채택을 어렵게 하고 있다. 하지만 ILO는 OECD와 함께 핵심적인 노동기준("core" set of labour standard)을 제시하였다. 그 외에 GRI와 글로벌콤팩트, SA8000 등을 들 수 있다.

GRI는 유엔환경계획(United Nations Environment Programme: UNEP)과 유엔의 사무총장 코피 아난이 이끄는 글로벌 콤팩트(Global Compact)가 공조하는 협의센터로서 전 세계적으로 지속가능 보고서(Sustainable Development)에 대한 가이드라인을 개발하고 확산하기 위한 기구이다. 따라서 GRI 가이드라인은 사회보고서(social report)를 작성하려는 기업을 지원하기 위해 설립되었으며 가이드라인은 그 자체로 윤리강령이나 성과기준을 제시하는 것은 아니다.[5] 성과지표로는 경제성과, 환경성과, 그리고 사회성과로 구성되어 있다. 여기서는 사회성과를 중심으로 살피기로 한다.

Social Accountability 8000(SA8000)은 1996년 기업의 사회적 책임에 대한 기준을 개발하고 작업장의 조건과 지역사회의 개선에 기여하기 위해 설립된 국제사회보고(Social Accountability International)에서 개발한 지표이다. SA8000은 작업장의 조건과 준수 여부를 검증하는 시스템으로 1998년에 개발되었으며 ILO 협약과 UN의 아동권리와 인권에 대한 선언을 바탕으로 국제인권규범의 원칙에 따라 9개의 핵심분야로 구성되어 있다. 그러나 이 기준은 ISO 9000이나 ISO 14000과 같은 품질보증을 위한 경영전략의 하나로 개발되어 사회감사의 이해관계자들이 인정한 민주적 절차에 의해 개발되지 못했다는 한계점을 가지고 있다.

다우존스 지속가능성 지수(Dow Jones Sustainability Index: DJSI)는 기업의 지속가능성 성과를 바탕으로 기존의 다우존스지수와는 별도로 개발되어 활용되고 있다. 1999년에 최초로 Dow Jones, STOXX Limited, SAM Group에서 개발되었다. 전체적으로는 경제, 환경, 사회지표를 포함하는 다양한 지표로 구성되어 있으나 사회지표의 위험요인에는 아동노동, 분쟁해결, 평등권 및 차별금지, 산업안전, 해고 및 결사의 자유 등이 포함되어 있다.

---

5) http://www.globalreporting.org/guidelines/2002/gri_companion_lite.pdf, page 3.

[표 VII-3] 주요 인권 및 노사관계관련 글로벌 기준

주요 이슈	ILO/ OECD	GRI	SA 8000	DJSI
인권(human rights)				
작업장 안전 및 건강 유지	○	○	○	○
아동노동 제한	○	○	○	○
강제노동의 금지	○	○	○	
결사의 자유	○	○	○	○
단 결 권	○	○	○	
단체교섭권	○	○	○	
적정 임금 지급	○	○	○	
원주민의 권리, 교육훈련		○		○
뇌물 금지				
내부자 고발 보호				
작업장/종업원(workplace/employees)				
고용계약 및 고용형태		○		
주당 최장 근로시간	○	○	○	
주당 휴식시간	○			
교육훈련		○	○	
징 계				
규모축소/일시해고		○	○	
성희롱/학대		○	○	
모성보호		○		
차별 금지	○	○	○	○

그러나 위의 표에서 보는 대로 각 기준은 서로 다르지만 전반적으로 인권의 보호, 나아가서는 노동권에 대한 보호를 기본적인 기준으로 구체적인 사항들을 정하고 있다. 이러한 기준들을 참고로 해서 우리 기업들도 글로벌 기준뿐만 아니라 우리 사회에 맞는 인권과 노동권에 대한 글로벌 기준을 만들 필요가 있을 것이다.

인권과 노동권에 대한 우리 기업의 글로벌 기준

지금까지 해외에서 활발히 진행되고 있는 기업의 사회적 책임에 대한 논의와 그 성과를 구체적으로 측정하고 평가하기 위한 기준들을 살펴보았다. 양적으로 이미 세계경제의 상당 수준에 도달한 우리가 더 이상 인권과 노동에 대해 소극적일 수는 없다. 사회공헌에 대한 홍보성 노력만으로 기업의 사회적 책임을 다했다고 할 수는 없다. 이제 투자자와 소비자, 그리고 지역사회는 기업의 활동을 예의 주시하고 있으며 지속가능한 기업이 되기 위해서는 기업을 둘러싼 이해관계자를 고려하지 않을 수가 없다.

여기서는 인권과 노동에 대한 글로벌 기준을 몇 가지 예시하였다. 문제는 이러한 기준을 적극적으로 수용하려는 우리 기업들의 노력이 아직은 미흡하다는 점이다. 물론 정부와 노동조합이 그 동안 근로자들의 권익을 보호하기 위해 수많은 법을 만들었고 노동조합도 생존권과 노동3권을 위해 긴 투쟁의 역사를 만들어 왔다. 하지만 법에 의한 강제적인 규제가 한계가 있음을 우리는 알고 있다. 또한 노동조합도 모든 근로자들의 권익을 보호하는 데 한계가 있음을 느끼고 있다. 그렇다면 결국 근로자들과 가장 가까운 기업이 근로자들의 권익을 보호하는 데 가장 효과적일 수 있으며 그 방법도 외부적인 강제가 아니라 내부적인 자율적 규제를 통해 효과적으로 추진할 수 있을 것이다.

외형적인 성장에 있어서는 국내의 많은 기업들이 이미 글로벌 기업에 도달했지만 그 규모에 걸맞는 실질적인 글로벌 기업이 되기 위해서는 질적인 향상이 반드시 함께 해야 할 것이다. 이제 기업은 국내에서 종업원에 대한 인권과 노동권을 보호하고, 국외에서는 글로벌 기업으로서 인권과 노동권에 대한 보호를 적극적으로 실천해야 할 시점이다. 앞에서 제시한 글로벌 기준들이 자발적인 평가기준의 시발점으로 활용될 수 있을 것이다.

참고문헌

이영면(2004, 7월), 기업의 사회적 책임과 글로벌 경영, 민관협력포럼 창립1주년기념 심포지엄, 서울.

이종오 · 주정(2004), 한국기업의 사회보고서 표준에 관한 연구, 한국사회경제학회 학술대회, 국민대학교.

Hopkins, M.(2004), "Corporate social responsibility: An Issue paper," *Working Paper* No. 27, Policy Integration Department, World Commission on the Social Dimension of Globalization, International Labour Office, Geneva.

OECD(2001), *Codes of Corporate Conduct: Expended Review of their Contents*, Directorates for Financial, Fiscal, and Enterprise Affairs, Working Papers on International Investment, 6, Paris.
http://www.oecd.org/dataoecd/57/24/1922656.pdf

Urminsky, M.(eds), Self-regulation in the Workplace: Codes of Conduct, Social Labeling and Socially Responsible Investment, *Series on Management Systems and Corporate Citizenship*, MCC Working Paper No. 1, Geneva, ILO.

United Councils of International Business(USCIB).(2002), "Corporate Responsibility Committee," *USCIB Compendium of Corporate Responsibility Initiatives*.

WBCSD.(2001), *The Business Case for Sustainable Development: Making a Difference toward the Johanesburg Summit 2002 and Beyond*, Geneva, http://www.wbcsd.org.

VIII 조직 속의 인간역동

조직의 숨겨진 자산: 신뢰[1] 01

이주일
jilee@hallym.ac.kr

시작하는 글: 위기에 처한 신뢰의 잔고

신뢰란 사람들의 모든 관계를 연결시켜주는 정서적 자본이다. 저축을 많이 해서 구좌에 충분한 잔고를 가지고 있는 사람은 원하는 물건을 살 수 있고, 하고 싶은 일들을 자유롭게 할 수 있다. 사람들과의 관계에서도 상호간에 신뢰가 충분하면, 은행에 충분한 잔고를 가지고 있는 사람들처럼 사람들간에 이루고 싶은 여러 가지 일을 할 수 있게 된다. 남녀 사이의 사랑, 친구 사이의 우정, 상사와 부하 간의 협력, 이웃간의 공동체 생활이 가능해진다. 반면에 신뢰의 은행잔고, 즉 정서자본이 고갈되거나 마이너스가 된 사람은 다른 사람과 더불어 할 수 있는 일이 사라져 버린다.

친구의 신뢰를 잃은 사람, 서로간 신뢰를 잃은 부부, 국민들의 신뢰를 잃은 대통령, 학생들의 신뢰를 잃은 선생님, 기업 구성원들의 신뢰를 잃은 기업 경영주는 바로 '신뢰'라는 정서자본이 고갈된 사람이다. 자신을 신뢰하지 못하는 사람 또한 자신에 대한

1) 출처: 인크루트 경력개발연구소(2005), "조직의 숨겨진 자산: 신뢰,"「인재경영」, 6월호, pp. 100-107에서 전재함.

정서자본이 바닥난 사람이다. 신뢰란 물이나 공기와 같은 것이어서 평소에는 중요하게 여겨지지 않다가도 한번 금이 가면 그 동안의 신뢰가 얼마나 중요한지를 절실히 깨닫게 만들어 준다. 신뢰를 쌓기는 힘들지만 그것이 허물어지는 것은 순식간이다.

신뢰란 '타인의 의도나 행동에 대한 긍정적인 기대에 근거해서 자신의 취약성을 수용하는 심리적 상태'로 정의된다(Rousseau, Sitken, Butt, & Camerer, 1998). 즉, 상대방이 나에 대해 바람직한 의도를 가지고 있거나 바람직하게 행동할 것이라는 기대하에 자신이 위험에 빠질 가능성에도 불구하고 상대방을 수용하려는 것을 말한다.

요즈음, 곳곳에서 신뢰문제가 제기되고 있다. 정부지도자에 대한 국민의 신뢰, 선생님에 대한 학생들의 신뢰, 부모에 대한 자식들의 신뢰, 기업 경영주에 대한 기업 구성원들의 신뢰, 국가와 국가간의 신뢰 등 모든 관계에 있어서 신뢰는 가장 기본이 되는 요소라고 할 수 있다. 그런데 이 모든 분야에서 신뢰하락과 불신에 대한 염려의 소리가 높아져 가고 있다. 따라서 이 글에서는 우선 조직에서 신뢰를 발생시키는 사례에 대한 연구자료(이주일, 2001)를 토대로 신뢰 또는 불신을 유발시키는 요인들을 정리해 보고자 한다. 더불어 우리의 일상생활 속에서 상호간의 신뢰를 떨어뜨리는 말투들을 분석하고 자신에 대해 또는 상호간에 신뢰를 향상시키기 위해서 각 개인이 실천할 수 있는 간단한 실천방법을 제시하고자 한다. 마지막으로 신뢰를 형성하는 다섯 가지 요인에 근거해서 자신의 신뢰 점수를 알려주는 척도와 평가방법을 제시하고자 한다.

다섯 가지 신뢰형성 요인

조직에서 구성원간에 발생하는 신뢰 및 불신 유발행동 사례를 조사한 결과(이주일, 2001), 신뢰를 형성하거나 불신을 조장하는 요인들은 다음 다섯 가지로 분류될 수 있었다: 1) 일관된 행동, 2) 정도를 지키는 행동, 3) 통제권한의 공유 및 하부위임 행동, 4) 양질의 커뮤니케이션 행동, 5) 배려 깊은 행동

• 일관된 행동

신뢰형성에 영향을 주는 첫 번째 요인은 일관된 행동이다. 일관성이란 행동의 예측가능성(predictability) 또는 안정성(reliability)을 말하는 것으로 시간이나 장소에 따라 변하지 않는 일관되고 안정적인 행동을 말한다(Whitener, Brodt, Korsgaard, & Werner, 1998). 예를 들어, 리더가 일관성 있게 행동할 때에 구성원들은 이 리더가 미래에 어떤 행동을 할지 예측할 수 있을 것이며, 그 결과 모든 사람들은 리더의 행동을 동일한 의

[그림 VIII-1] **신뢰유발 행동**

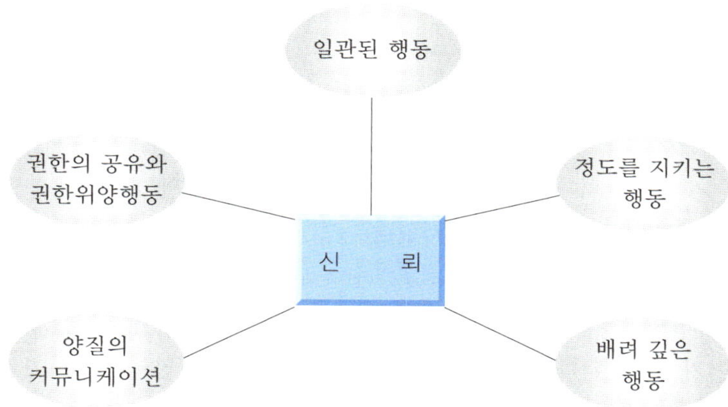

미로 이해할 수 있을 것이다. 이와 같이 리더의 행동이 예측될 수 있을 때, 구성원들은 자신의 속마음을 드러내놓고 리더와 협조적으로 일을 하려 할 것이고, 또한 그(그녀)를 믿고 그(그녀)가 제시하는 불확실한 모험에도 기꺼이 뛰어들려 할 것이다. 리더의 말과 행동의 일치도 일관된 행동의 또 다른 범주에 속한다. 행동의 일관성이 리더가 보여준 과거행동에 근거하여 리더의 미래행동을 예측하고, 그 결과 그(그녀)를 신뢰할 수 있음을 말한다면, 언행의 일치란 말 그대로 리더가 말하는 것과 행동하는 것의 일치를 나타낸다. 따라서 시간과 장소의 변화에도 변치 않는 일관된 모습인 행동의 일관성과 언행의 일치, 이 둘을 합쳐 일관된 행동이라 부른다.

• 정도(正道)를 지키는 행동

신뢰형성에 영향을 주는 두 번째 요인은 정도를 지키는 행동이다. 리더가 성실하고, 규칙과 원칙에 입각해 행동하며, 약속을 잘 지킨다면 구성원들은 자연스레 리더를 따르게 될 것이고, 상호간에 신뢰도 생길 것이다. 즉, 구성원이 리더의 도덕성, 인품, 정직성을 인정하게 될 때, 이들은 리더를 믿고 따른다. 구성원들에게 리더가 정도를 지키고 있다는 믿음을 주기 위해서 리더들은 첫째, 정도에 따른 진실한 말과 행동을 하고, 둘째, 약속을 잘 지켜야 한다. 즉, 리더 스스로 성실한 행동, 규칙과 규범에 맞는 행동, 원칙에 입각한 행동, 약속을 지키는 행동, 진실한 행동을 해야 구성원들도 리더들을 따라 행동하며, 이때 구성원과 리더 사이의 상호신뢰가 싹트는 것이다. 상사와 부하 관계뿐 아니라 일반적인 대인관계에서도 상대방이 원칙에 맞는 공명정대한 행동을 하고 있다고 믿을 때, 상대에 대한 신뢰가 형성된다. 상대가 나를 속인다고 느끼거나 진실하지 않은 모습을 보이고, 불신하는 듯한 행동을 할 때, 신뢰는 형성될 수 없다.

• 통제권한 공유 및 하부 위임 행동

신뢰를 형성하게 하는 세 번째 요인은 통제권한의 공유 및 하부 위임 행동이다. 통제권한을 상호 공유하는 것, 즉 의사결정에 참여하게 하고 통제권한을 상대에게 위임해 주는 것 또한 상호간 신뢰형성의 중요한 요소가 된다. 리더에 따라 구성원들을 의사결정과정에 관여시키는 방식에는 차이가 있다. 의사결정에 전혀 관여시키지 않는 전제적인 스타일에서부터 모든 과정에 참여하게 하는 완전한 민주적인 스타일이 있을 수 있다. 구성원들을 의사결정과정에 참여시키는 정도에 따라 리더에 대한 구성원들의 신뢰의 정도에 차이가 있게 된다. 즉, 구성원들의 의사결정과정 참여만족도가 높을수록, 그리고 업무처리 방법에 대해 자체 결정권이 있을수록 리더에 대한 신뢰도는 높아진다. 또한, 의사결정과정 참여기회가 제한되어 있다 할지라도 의견발표 기회가 주어진다면 양자간의 신뢰는 높아진다.

경영상의 통제권한을 공유하고 하부로 위임하는 것은 상대방에게 경제적인 측면뿐만 아니라 사회적인 측면에서도 영향을 미치기 때문에 양자는 서로간에 신뢰를 쌓을 수 있다. 우선 의사결정과정에 참여하게 되면 구성원들은 자신에게 영향을 미치는 의사결정과정을 더 많이 통제를 할 수 있으므로 자신의 이익을 보호할 수 있게 된다. 그러나 의사결정과정의 공유는 경제적인 측면보다는 상징적이고 정서적인 의미에서 구성원들에게 더 큰 영향을 줄 수 있다. 즉, 리더가 구성원들과 통제권한을 공유한다는 것은 리더가 구성원들을 존경하고 신뢰한다는 것을 의미한다. 다시 말해 이것은 구성원들의 위치를 인정해 주고 그들의 가치를 수용한다는 것을 상징하므로 그 자체로 구성원들에 대한 사회적인 보상(social reward)이 되는 것이다. 따라서 의사결정과정을 공유하는 것 자체로 인한 경제적인 이득이 없을 경우에도 권한을 공유한다는 것 자체만으로도 인정과 승인을 나타내는 것으로 받아들여져 구성원들로 하여금 리더를 신뢰하도록 하는 계기가 될 수 있다.

• 양질의 커뮤니케이션 행동

신뢰를 형성하는 네 번째 요인은 상호간의 원활한 커뮤니케이션이다. 커뮤니케이션 당사자간의 신뢰를 높이기 위해서는 커뮤니케이션 과정에 다음의 몇 가지 조건들이 충족되어야 한다; 첫째, 정보를 정확하고 올바르게 제시할 것, 둘째, 의사결정과정에 대해 납득할 만한 설명을 해줄 것, 셋째, 개방성과 투명성을 보장해 줄 것. 구성원들이 리더를 신뢰하도록 하려면 상호간에 필요한 정보가 정확하게 흐르도록 해야 한다. 구성원들이 스스로 리더와 자신들간의 커뮤니케이션이 굴절되지 않고 정확하게 이루어지고 있다고 여기고, 그러한 커뮤니케이션이 언제나 가능하다고 느낄 때 리더에 대한 신뢰감은 높아지는 것이다. 덧붙여 의사결정과정에 대한 적절한 설명과 시기적절한 피드백 또한 양자간의 신뢰를 키워준다. 따라서 상부에서 이루어진 의사결정내용을 구성원들에게 설명하는 데 많은 시간을 할애하는 리더들은 구성원들의 신뢰를 더 많이 받는다. 그리고 구성원들간에 다양한 사고와 아이디어가 자유로이 오고 가도록 하는 개방적인 커뮤니케이션 체계를 구축하는 것도 구성원간의 신뢰도를 높여준다. 이렇게 상하간에 직접적으로 아이디어를 공유 · 교환하는 분위기를 조성하는 것은 상호 신뢰조성의 한 방법이 되는 것이다.

• **배려 깊은 행동**

신뢰를 형성하는 다섯 번째 요인으로는 배려 깊은 행동을 들 수 있다. 배려 깊은 행동이란 자신의 이익보다 다른 사람의 안녕에 관심을 갖고 신경 써주는 것을 말한다. 신뢰를 조성하는 배려 깊은 행동에는 세 가지가 있다. 첫째, 구성원의 욕구와 관심사를 배려하고 이에 민감하게 대응하는 것, 둘째, 구성원의 이익을 보호하기 위해 행동하는 것, 셋째, 자신의 이익을 위해 다른 사람을 이용하지 않고, 남도 그렇게 하지 못하게 하는 것이 그것이다. 리더들이 이러한 행동을 보여줄 때, 구성원들은 리더들을 수용하고 신뢰하게 된다. 즉, 리더들이 구성원의 욕구와 관심사에 대한 특별한 관심을 표명하고, 그들의 권리를 존중하고, 구성원들에게 생긴 불쾌하거나 안 좋은 일들에 대해 주의를 기울이고, 리더 자신의 이익이 아니라 구성원의 이익을 위해 행동하며, 구성원의 사적인 정보를 개인적으로 사용하거나, 그들의 혁신적 아이디어를 도용하는 행위들을 하지 않는다면 구성원들은 리더를 신뢰하게 될 것이다.

조직생활에서 신뢰를 떨어뜨리는 말투

말 한마디에 천 냥 빚을 갚는가 하면 무심코 던진 말이 다 된 밥에 재를 뿌리는 경우가 있다. 잘못된 말 한마디가 신뢰를 무너뜨리고 불신감을 주는 것은, 말은 곧 그 사람의 인격을 나타내는 것이기 때문이다. 믿을 만한 사람이 되려거든 믿을 만한 말을 해야 한다. 큰 거래를 성사시키는 동지적인 신뢰를 쌓는 길도 첫 한걸음부터라는 마음자세가 중요할 것이다.

국내 어느 한 기업의 구성원들에게 조직 내에서 가장 듣기 싫으며, 상사에 대한 신뢰를 떨어뜨리고, 더 나아가 모욕감을 유발시키는 말투를 적어 보게 하였다. 필자가 응답자들의 자료를 유사성에 따라 분류한 후, 구성원들의 신뢰를 떨어뜨리는 말투들을 유형화하니 (1) 자신의 가치나 인격을 무시하는 자존심 무시형 말투 349건(26%), (2) 직책에 대한 위협과 농담으로 이루어진 권위 남발형 말투 259건(19%), (3) 이것저것 따져보지도 않고 지나치게 몰아 부치기만 하는 무감각한 업무 채근형 말투 202건(15%), (4) 독단적인 지시로 일관하는 독불 장군형 말투 161건(11%), (5) 부하를 자기만 아는 다른 사람이나 상사 자신과 사사건건 비교하는 비교과시형 말투 160건(12%), (6) 반말이나 욕 또는 신체에 대한 모욕을 일삼는 졸부근성의 안하무인형 말투 133건(10%), (7) 책임져야 하거나 잘못한 일에 대해서는 모르쇠로 일관하는 책임 회피형 말투 81건(6%) 순으로 나타났다. 상사는 농담 삼아 가볍게 던지는 말들이지만, 이런 말을 듣는 사람들은 상처받고, 모욕감을 느끼며 심지어 배신감을 느낄 수도 있는 것이다. 구체적으로 상사가 하는 어떠한 말들이 구성원들로 하여금 상사에 대해 부정적인 정서를 갖게 하는지 살펴보자.

• 자존심 무시형 말투

자존심을 무시하는 말을 듣는 경우란 개인의 가치 또는 능력이 무시당하거나 무가치하게 평가되는 말을 듣는 경우를 일컫는다. 인간은 본능적으로 유능해 보이고자 하는 욕구를 가지고 있으며, 자신의 유능함을 인정하는 말을 듣게 되는 경우, 기분이 좋아지고 그런 말을 해 주는 사람에게 긍정적 감정을 갖게 된다. 거꾸로 자존심에 상처를 입거나 무시당하게 되면 강한 모욕감과 같은 부정적 정서를 경험하게 되고, 이는 상대에 대한 불신으로 연결된다. 워크샵에서 나타난 이런 유형의 말투에는 1) 넌 안돼! 왜 그 모양이야 103건, 2) 일을 이것밖에 못해 102건, 3) 잘하는 게 뭐 있어 56건, 4) 넌 그럴 줄 알았어 20건, 5) 어떻게 회사 들어 왔냐? 12건, 6) 넌 도움이 안돼 12건, 7) 제대로 하는 일이 없어 11건, 8) 지금 장난하냐? 발로해도 그만큼은 하겠다 11건, 9) 몇 번 얘기해야 알아들어 10건 등이 있었다. 이외에 소수의견으로, 뜬구름 잡는 소리하구 있네, 너 NATO(No Action Talking Only)냐? 너 군대 갔다 왔어, 도대체 무슨 생각으로 일하는 거야, 배워서 남 주냐? 주제 파악 좀 해라, 백날 해 봐라 되는가! 집에서도 그러냐? 등의 말투가 있었다.

• 권위 남발형 말투

조직생활을 하다보면 열심히 일만 하는 소작농에게 찾아가 전답 내놓으라고 하고, 생계유지에 필요한 먹을 것을 가지고 힘 없는 아랫사람들을 괴롭히기 좋아하는 못된 마당쇠 같은 사람들이 있다. 이들은 일거리를 가지고 상대를 놀리거나 상대의 존재자체를 무시하는 듯한 말을 하는 권위 남발형 사람들로서, 이들은 전가의 보도인양 직책에 대한 위협과 농담으로 사람들을 못살게 군다. 생각 없이 농담삼아 말하거나 상대방을 질책하려고 하는 말들이 듣는 사람에게는 비수가 되어 다가올 수도 있는 것이다. 조직구성원들이 지적한 이런 유형의 말투들을 살펴보면, 1) 책상 빼/ 잘라 버려! 70건, 2) 하기 싫으면 집에 가서 애나 봐! 54건, 3) 오늘 밥값 했냐? 53건, 4) 그렇게 해서 월급받겠냐? 31건, 5) 회사 놀러 왔냐? 28건, 6) 진급하기 싫어/어떻게 진급했어? 18건 등이 있었다. 이외에 소수의견으로 너, 진급 안 시킨다, (생산직 직원들에게) 오늘부터 잔업 없어, (사소한 잘못에 대해서도)시말서 써! 같은 말투들이었다.

• **업무 채근형 말투**

부하직원의 사정을 배려하거나 상황을 고려하지 않고 대책 없이 업무를 재촉하거나 아랫사람들을 닦달하기만 하는 상사들이 있다. 이들은 부하직원이 마치 상사를 위해 일해 주는 업무기계로 생각하고, 부하직원의 사정은 고려하지 않은 채, 자신의 생각에 따라 원하는 결과물(주로 상사들에게 올릴 보고서나 기안서, 또는 자료조사 등)이 빨리 자신의 책상 앞에 도달하기만을 바란다. 워크샵에서 나타난 이런 유형의 사례들로는 1) (여태) 뭐 했어. 빨리빨리 해! 73건 2) (쉬는 토/일요일 전날) 내일 출근 할 거지? 47건, 3) 요즘 하는 일이 뭐야?(왜 이렇게 일이 더뎌) 34건, 4) 벌써 퇴근하냐? 17건, 5) 너 뭐 하는 놈이야?(일을 어떻게 처리하고 있는 거야) 11건 6) 또 월차냐(또 쉬냐?) 10건 등이 있었다. 소수의견으로 야근해야지!, 대충해라(빨리 넘기지 않고 뭘 해) 등을 지적하였다.

• **독불 장군형 말투**

자기 생각만 하고 상대의 의견은 전혀 귀담아 듣지 않으며 자신의 의견과 반대되는 의견을 제시하면 상대를 깔아뭉개고 자기주장만 일방적으로 밀어붙이는 상사가 있다. 이들은 자기주장만 일방적으로 하고, 이에 항의하거나 이의를 제기하거나 혹은 새로운 의견을 제시하는 것을 참지 못하며, 그런 사람들을 위협하기까지 한다. 워크샵에서 나타난 이런 말투의 사례로는 1) 시키면 시키는 대로 해 94건, 2) 너 잘 났다 27건, 3) 모르면 잠자코 있어 22건, 4) 넌 몰라도 돼 10건 등이 있었고, 소수의견으로 말도 안 되는 소리하지 말아, 고과에 반영하겠어! 등이 있었다. 이런 말투들은 부하를 신뢰하지 못하고 권한을 혼자 독점하겠다는 생각에서 나오는 것이다. 이러한 악순환은 부메랑으로 돌아오게 되어 부하들은 결국 이런 상사를 신뢰하지 않게 되고 심지어는 가까이 하려 하지도 않게 된다.

• **비교과시형 말투**

몇 사람 다니지 않던 작은 학교에서 또는 초등학교 시절 한번 일등 해 본 경험이나 자그마한 성취경험을 가지고 자기보다 못한 다른 사람을 일방적으로 내려다 보고, 남이 한 일은 형편없는 것으로 무시하거나 깎아 내리기 좋아하고, 사사건건 비교해서 다른 사람들을 무시하는 비교과시형 상사가 있다. 이들은 자신의 잘난 점이나 다른 사람의 좋은 점만 가지고 부하직원과 비교하면서 부하직원을 무시하곤 한다. 남과 비교 당해서 기분 좋은 사람은 없으므로, 이렇게 상대방에 대한 배려 없이 남과 비교하여 무시하는 것은 상대방의 기분을 상하게 하고 더 나아가 상대를 불신하게 한다. 조사결과 나온 비교과시형 말투들에는 1) ○○○ 반만 좀 해라! 38건, 2) 난 왕년에 안 그랬어 34건, 3) 입사한지 얼마나 됐어?(네 동료들에 비해 왜 이리 일 처리가 늦어?) 32건 4) 내가 할 테니 가져와 29건, 5) 어느 학교 출신이냐? 27건 등이 있었다. 상사가 시도 때도 없이 자신이 과거에 일하던 스타일을 들먹이거나 자신이 아는 사람을 들어 부하의 잘못을 지적할 때 상사에 대한 부하의 신뢰는 떨어지는 것이다. 비교과시형 말투는 자존심 무시형과 비슷하나 지나치게 남과 비교해서 부하직원을 대우하는 말투라는 차원에서 구분하였다.

• **안하무인형 말투**

갑작스런 횡재로 부자가 되어 할 일 없이 변두리 다방에 앉아 거드름 피우며 종업원들에게 쓸데없는 농담이나 하는 졸부처럼 아랫사람들에게 반말이나 욕을 하고 때로는 신체에 대한 모독도 서슴지 않는 안하무인형 상사가 있다. 이들은 특히 갓 들어온 신입사원이나 여직원만 보면 농담조의 말투로 대하거나 무시한다. 조사결과 나타난 이런 유형의 말투로는 1) 어이, 야! 36건, 2) 머리가 나쁘면 손발이 고생이야. 27건, 3) 지랄하고 있네 24건, 4) 커피 한잔 12건 등이 있었다. 이 밖에 다양한 말투들이 지적되었는데, 생긴 대로 놀고 있네, 시집(장가) 안가냐?, ××새끼, 화장 발 받네, 죽고 싶어 환장했냐, 너만 보면 재수가 없어, 너는 회식용이야, 너는 왜 치마 안 입냐?, 살 좀 빼라, 어제 밤에 뭐했어?, (전화상) 난데…, (전화상) 높은 사람 바꿔…, (나를 이렇게 대접하다니 다음에)두고 보자, 사무실 지켜라 등이었다. 빈도수는 높지 않았지만 다양한 말투들이 나왔는데, 이는 사람들 각각의 다양한 경험을 말해 주는 동시에, 생각 없이 가볍게 던진 말들이 듣는 사람의 기억에는 오랫동안 남아있을 수 있음을 암시하는 것이다.

• **책임 회피형 말투**

힘들거나 후에 귀찮은 일이 생길 것을 염려하여 아예 관여하지 않거나 관여하더라도 하기 싫고 문제가 될 만한 일은 다 부하직원들에게 시킨 채 자신은 뒤로 빠지려 하는 모르쇠형 상사가 있다. 주로 책임져야 할 것이나 책임사항에 대해서는 나몰라라 하고, 생색나는 곳에는 약방의 감초처럼 끼어들려고 애쓰는 상사들이 이런 행동들을 한다. 조사결과 나타난 이런 유형의 사례에는 1) (퇴근 무렵) 회의하자(업무지시 후 자기만 퇴근하는 경우) 41건, 2) 알아서 해. 31건, 3) 네가 책임져! 9건 등이 있었다.

본 글에서 유형화한 7가지 말투는 필자의 주관적인 가치기준(예, 안하무인형과 권위 남발형, 자존심 무시형과 비교과시형 등)으로 나뉘어졌기 때문에 그 구분이 불명확할 수 있다. 또한 조직생활 중에 무심코 내뱉게 되는 말투들이기 때문에, 일회적인 것들이 과장되어 표현되었을 수도 있다. 상대방에게 모욕을 주거나 상대방을 무시하려고 하기보다 습관적으로 튀어 나온 말일 수도 있고, 때로 이런 말투들은 상황에 따라 유머로 작용하여 조직생활을 부드럽게 해 주는 촉매제로 작용될 수도 있을 것이다. 그러나 조직생활에서 경험하게 되는 이런 작은 말투들로 인해 생기는 불편한 감정이 깊어지면 상대에 대한 불신감이 자라나게 되고 이것이 더 심해지고 누적되면 상대방에 대한 커다란 배신감을 갖게 될 수도 있다.

어떻게 바닥난 신뢰를 키울 수 있는가

신뢰의 잔고를 채우는 방법은 어려우면서도 간단한 실천에서부터 시작된다. 사람들 사이의 관계에서 신뢰를 형성하는 데 가장 중요한 것은 배려심, 즉 나보다 먼저 남을 생각해 주는 마음이라고 볼 수 있다. 앞서 언급한 조사에서 기업구성원을 대상으로 필자가 조사한 결과, 배려 깊은 행동이 사람들간의 신뢰를 형성시키는 데 가장 중요한 요소로 언급되었으며, 불신이나 모욕감을 느끼게 하는 말투에 대한 조사에서도 상대에 대한 배려 없는 말투가 가장 중요한 요소로 언급되었다. 또한 사람들간의 신뢰를 형성하기 위해 가장 중요한 요소로도 배려 깊은 행동이 꼽혔다. 남을 배려해 주고, 남의 입장에서 먼저 행동하는 것이 사람들 상호간의 신뢰를 쌓는 가장 기본적인 요소라고 할 수 있을 것이다. 즉, 사람들간의 관계에서 신뢰를 형성하기 위해 가장 기본이 되는 것은 나보다 남을 먼저 배려하려는 자세를 갖고 이를 실천하는 것이다.

배려 깊은 자세 함양과 더불어 자신의 신뢰역량을 키우는 것 역시 중요하다. Reiner

하나. 신뢰선언문 쓰기

어려운 일에 부딪혔을 때, '이 일은 가능해, 나는 이 일을 해 낼 수 있을 거야' 라고 자신에게 말하고, 자신을 신뢰한다는 선언문과 남들이 자신을 신뢰하게 만드는 행동을 하겠다는 선언문을 써놓고 이를 실천한다.

〈방 법〉

1) 연습장에 각자가 만들고 싶어하는 변화 선언문을 쓴다.
2) 이미 현재 일어나고 있는 것처럼 쓰되, 긍정적인 문장으로 쓴다.
3) 이 내용을 포스트 잇에 옮겨 적고, 이것을 자신이 가장 잘 볼 수 있는 곳에 부착한 후, 하루 세 번 이상 반복해서 말한다(최소 3주 동안 매일 시행)

예 나는 나 자신을 믿는다.
나는 한번 말한 약속들 반드시 지킨다.

둘. 신뢰노트 작성하기

작은 실천을 통해 큰 신뢰도 형성되는 것이다. 늘 휴대할 수 있는 작은 신뢰노트를 마련해서 그날그날의 약속과 일정을 적고 매일 저녁 잠자기 전에 약속의 이행 여부를 검토하는 시간을 가진다.

예 토요일 5시에 아이와 야구를 하기로 약속했다 → 5시간 늦은 5시에 야구를 했다.
회의를 하는 동안 가족의 의견을 듣기로 했다 → 내 이야기만 했다.

와 Reiner(2001)는 "신뢰와 배신의 심리학"에서 신뢰역량을 높이는 간단한 실천방법을 제시하고 있다. 여기서 신뢰역량이란 우리자신과 다른 사람들을 신뢰하기 위한 준비상태를 말하는 것으로 "나는 자신을 신뢰한다," "나는 믿을 만하다," "나는 다른 사람에게 의지할 수 있다," "나는 다른 사람을 신뢰한다"와 같은 말들에 얼마나 자신 있게 "예"라고 응답할 수 있는가 하는 정도를 말한다. 자고로 인생에서 큰 성공을 거둔 리더들은 신뢰를 통해 관계를 경작하고 그 관계에 영양을 공급하는 멋진 정원사들이었다. 자신의 신뢰역량은 다음과 같은 두 가지 방법을 실천함으로써 키워질 수 있을 것이다.

나의 신뢰점수는 어느 정도 일까

자신이 가지고 있는 신뢰역량을 점검했으면, 이제 타인에게 비추어지는 나의 신뢰역량을 높여야 한다. 다음 신뢰지수 체크리스트는 앞에서 이야기한 다섯 가지 요인에 따라 자신이 얼마나 신뢰받는 행동을 보여주고 있는지를 진단해 볼 수 있도록 구성되어 있다. 필자는 기업 구성원들을 대상으로 한 조사결과를 가지고 아래의 체크리스트를 제작하였다. 이 체크리스트를 이용하면 자신의 취약점이 무엇인지를 확인할 수 있다.

[표 VIII-1] **신뢰지수 체크리스트**

신뢰지수 체크리스트	점 수
정도를 지키는 행동	
1. 원칙과 기본을 충실히 지킨다.	
2. 자신보다는 전체의 이익을 우선시한다.	
3. 주위사람에게 신의를 저버리는 언행은 하지 않는다.	
4. 부당한 요구를 강요할시 정중히 거절한다.	
5. 개인의 이익을 위해 타인을 이용하지 않는다.	
6. 매사에 적극적이고 최선을 다하려 한다.	
배려 깊은 행동	
7. 타인이 잘못한 부분뿐만 아니라 잘한 부분도 함께 말해 준다.	
8. 어려운 일을 몸소 보여주며 실천한다.	
9. 모두가 꺼리는 일을 앞장서서 처리한다.	
10. 하기 어려운 말은 사적인 자리를 통해 한다.	
11. 여러 사람이 모인 자리에서는 상대의 입장을 고려하여 행동한다.	
12. 상대방에게 인간적인 관심을 보여준다.	
원활한 커뮤니케이션	
13. 내 생각을 타인에게 의도적으로 왜곡하여 전달하지 않는다.	
14. 잘못으로 인해 문제가 발생하면 숨기기보다 솔직히 시인한다.	
15. 어떤 상황에서도 진실을 이야기하려고 애쓴다.	
16. 여러 가지 필요한 정보를 공유한다.	
17. 상대방의 비밀을 지켜준다.	
18. 상대방이 대화를 원할 때 쉽게 만날 수 있다.	
권한의 공유 및 위임행동	
19. 상대방 역시 더 많은 것을 할 수 있는 능력이 있음을 주지시켜 준다.	
20. 상대로 하여금 상대방 자신만이 그 일을 할 수 있음을 강조한다.	
21. 성취감을 느낄 수 있는 기회를 제공해 준다.	
22. 상대로 하여금 스스로 알아서 하도록 하는 분위기를 조성해 준다.	
23. 다른 사람이 주도할 수 있는 기회를 제공해 준다.	
24. 혼자 결정하지 않고 주변 사람의 의견을 참조한다.	

신뢰지수 체크리스트	점 수
일관된 행동	
25. 약속한 것은 반드시 지키려 한다.	
26. 시간약속을 지키려 노력한다.	
27. 말한 것은 되도록 실천한다.	
28. 서로 합의한 것을 존중한다.	
29. 앞에서 하는 말과 뒤에서 하는 말이 다르지 않게 한다.	
30. 원칙에 예외를 두지 않고 모든 사람에게 적용한다.	

결론: 아름다운 바보들이 성공하는 진리-신뢰

세상에서 가장 듣기 싫은 말을 꼽으라면 많겠지만 그 중에서도 "널 믿을 수 없어!"라는 말처럼 사람을 바닥으로 내모는 말은 없을 것이다. 얼마 전 세계 16개국 중 우리나라 국민의 정직도가 일본, 호주와 함께 공동 3위로 나타났다. 평가방식은 16개국 도시 길거리에 지갑을 여러 개 떨어뜨린 뒤 몇 개가 주인에게 돌아가는지를 집계한 것이다. 지갑에 50달러 정도의 현금과 지갑주인 이름과 전화번호를 넣어두었다.

100% 회수된 노르웨이, 덴마크가 1위, 90% 회수된 싱가포르가 2위, 한국의 회수율은 70%였다. 각국 도시에 던진 지갑은 모두 1,100여 개로 한국에는 서울과 인천에 30개 정도가 던져졌다. 이 정도의 표본조사로 국민의 정직도를 평가하는 것이 무리이긴 하지만 어느 정도의 비교가치는 있다고 볼 수 있겠다. 반면 국제 투명성기구가 조사한 우리나라 공직자 청렴도 지수는 91개국 중 42위로 공무원의 신뢰지수는 한참 떨어지는 것으로 나타났다. 우리 사회에서 부패한 공직자 이야기는 너무도 흔하게 들을 수 있으며, 공직자가 아니더라도 우리들의 일상생활 속에는 이런 생활방식이 알게 모르게 스며들어 있기도 하다.

신뢰는 우리 몸 속에 흐르는 혈액과도 같다. 혈액이 순환됨으로써 우리 몸에 각종 영양분이 전달되고 불순물이 걸러지는 것처럼 신뢰가 형성됨으로써 가정도 기업도 사회도 나라도 건강해지는 것이다. 요즘 곳곳에서 신뢰라는 피가 흐르지 못해 병든 모습을 보는 것이 안타깝다.

말 한마디, 작은 행동 하나가 그 사람의 신뢰를 결정한다. 사소할지라도 불신이 깊어지면 상대에 대한 배신감을 키우게 되고 이것이 누적되면 예상치 못했던 위험하고 심각한 상황을 낳게 된다. 앞서 이야기했듯이 사람들간의 관계에서 신뢰를 형성하는 데 가장 중요한 요소는 배려심이다. 남을 배려해 주고 남의 입장에서 먼저 행동하는 것이 사람들 상호간에 신뢰를 쌓는 가장 기본적인 요소이다. 우리 모두 좀더 남을 배려해 주는 모습을 보여줌으로써 신뢰가 충만한 가정, 조직, 사회가 만들어지길 꿈꾸어 본다.

참고문헌

이주일(2001), "조직에서의 정서: 리더와 구성원간의 신뢰와 불신을 중심으로," 「한국심리학회지: 일반」, 20(1), 91-128.

Whitener, E. M., Brodt, S. E., Korsgaard, M. A., & Werner, J. M.(1998), "Managers as initiators of trust: an exchange relationship framework or understanding managerial trustworthy behavior," *Academy of Management Review*, 23(3), 523-530.

Reina, D. S., & Reina, M. L.(2000), 「신뢰와 배신의 심리학」(이주일 역), 서울: 시그마프레스(원전은 1999년에 출판).

Rousseau, Sitken, Butt, & Camerer(1998), "Not so difficult after all a cross-disciplinary view of trust," *Academy of management review*, 23, 1-12.

02 신뢰에 바탕을 둔 조직을 어떻게 구축할 것인가[1)]

정범구
bkc2000@cnu.ac.kr

기업조직에서 신뢰가 왜 중요한가

최근 급격히 변화하는 환경에 대응하기 위한 조직구조의 설계방향으로서 동태적 조직 또는 수평조직 등의 필요성이 학계는 물론 실무계에서 다양하게 논의되고 있다. 또한 고객중심의 조직설계, 임파워먼트, 전략적 제휴, 아웃소싱 등의 필요성이 강조되면서 기업조직에 있어서의 개인간 · 집단간 · 조직간의 신뢰의 중요성이 부각되고 있다.

또한 팀조직의 확산은 다양한 업종, 다양한 직종에서 일어나고 있고 광범위하게 도입되어 운영되고 있어 팀조직의 개념, 구성방법, 운영방법, 보상과 관리방법 등에 대해서 많은 관심과 논리적이고 체계적인 연구가 이루어져 왔다. 이러한 연구와 논의를 살펴보면 팀 운영에 있어서도 신뢰가 성공적 팀조직의 핵심요소라는 데에 이견이 없다는 것을 알 수 있다.

오늘날의 변화무쌍한 경제환경에 적응하기 위한 조직의 노력과정에서 신뢰의 중요성

1) 출처: 인크루트 경력개발연구소(2005), "신뢰에 바탕을 둔 조직을 어떻게 구축할 것인가," 「인재경영」, 10월호, pp. 76-83에서 전재함.

은 점점 더 커질 것이다. 불확실한 미래에 대처하기 위해서 기업은 더 수평적이고 더 유연한 조직구조를 갖지 않으면 안 된다. 즉, 더 많은 자율성과 협력을 요구하는 조직구조와 새로운 팀의 형태가 나타나게 되는 것이다. 오래된 통제 방식들이 구성원들에게 더 많은 권한을 주는 혁신적인 방법으로 대체되고 있는 것이다. 새로운 조직설계에서는 명령과 통제방식을 최소화하고 신뢰로서 모든 것을 대체해 나갈 수 있는 체계를 만들어 나갈 수 있어야 한다. 물론 목표와 지식, 기술과 적절한 역할, 효과적인 작업절차, 학습방법 등 여러 가지 요소들이 필요하지만 신뢰가 뒷받침될 때 성공할 확률은 그만큼 더 높아지며 높은 성과를 내게 하는 장기적이며 필수적인 요소라 하지 않을 수 없다.

따라서 조직과 인사관리를 행함에 있어서 신뢰를 강화하는 기본원칙을 갖고 추구한다고 하면 장기적으로 조직의 경쟁력과 성과의 향상을 가져오게 될 것이다.

신뢰는 크게 개인간 신뢰와 조직간 신뢰의 두 측면으로 나누어 볼 수 있다. 조직 내에서 상사와 부하간, 동료간, 부서간의 신뢰는 조직의 경쟁력을 결정하는 중요한 요소이다. 구성원간의 정보공유, 협력, 조직에 대한 몰입 등은 신뢰에 기반을 두고 있다. 조직간 관계에 있어서도 네트워크조직의 발전이라든가 전략적 제휴의 확산은 신뢰에 대한 이해의 필요성을 높이고 있다.

여기에서 우리는 신뢰를 구축하기 위한 필수 요소가 무엇이며 신뢰를 기반으로 하는 조직을 창출할 수 있는 방법 등에 대해 살펴보고자 한다.

신뢰의 구축에 영향을 미치는 요인은 무엇인가

신뢰(trust)란 "다른 사람들의 의도나 행동을 긍정적으로 기대함으로써 기꺼이 그들을 믿고자 하는 태도"를 의미한다. 따라서 신뢰는 다른 개인, 집단, 조직의 행동이나 결과들이 충분히 받아들일 만한 것이며, 행위자를 이롭게 하는 방향으로 움직일 것이라는 가능성에 대한 믿음, 태도, 혹은 기대라고 이해할 수 있다. 이를 다시 부연해서 설명하면 우리가 의존하고 있는 사람들이 그들에 대한 우리의 기대를 저버리지 않을 것이라는 믿음을 의미하는 것이다.

이러한 신뢰는 다음과 같은 여러 가지 특성을 갖는다.

첫째, 신뢰는 위험을 수반한다. 위험을 감수하지 않는다면 신뢰를 키울 수 없고, 신뢰를 키우면 위험이 커진다.

둘째, 신뢰는 형성되기는 어렵지만 상실하기는 매우 쉬운 특성을 갖는다. 신뢰의 경계(trust threshold)가 존재하여 불신에서 신뢰로 발전하는 것을 제약하는 경향이 있다.

그러나 이 신뢰의 경계는 신뢰에서 불신으로 가는 것은 제약하지 않는다.

셋째, 신뢰는 상대방의 행동에 대한 예측가능성을 높여준다. 이러한 관점에서 신뢰란 상대방에 대한 믿음이며 동시에 기대라 해석할 수 있다.

넷째, 신뢰는 개인간 관계에 있어서 자발적 행동의 원천이 된다. 신뢰의 관계에 있는 당사자들은 서로를 위한 행동이 자발적으로 이루어지게 된다.

따라서 이러한 신뢰가 바탕이 되어 자율적이며 창조적인 조직운영이 가능하게 되는 것이다. 조직 내에서 신뢰는 크게 결과의 성취, 관심의 표현, 성실성 있는 행동이 있을 때 구축될 수 있다. 이러한 세 가지 요인에 대해서 알아보기로 하자.

첫째로, 결과(Results)의 성취가 신뢰형성에 영향을 미친다. 일에 대한 동기를 믿는다 할지라도 거기에서 기대하는 믿을 만한 결과가 나오지 않을 때 상호간의 신뢰는 구축될 수가 없다. 상사가 부하로부터 신뢰를 얻기 위해서는 말할 것도 없고, 부하가 상사로부터 신뢰를 얻기 위해서도 능력에 바탕을 둔 성과의 달성은 매우 중요한 신뢰의 형성요소이다.

보다 구체적으로는 다음과 같은 요소들이 신뢰의 형성에 필요하다.

- **조직의 명확한 목표 제시**: 명확한 목표는 조직 안에서 성공에 직접적으로 기여할 수 있게 만들어 주고 신뢰감을 준다. 조직이나 부서의 목표를 명확하고 설득력 있게 제시하는 것이 중요하다.
- **창의적이고도 뛰어난 실행력**: 계획을 우수하게 실행할 수 있음을 보여주는 것은 좋은 결과를 기대하게 만들고 신뢰를 갖게 한다. 명확한 실행일정의 제시와 실천이 필요하다.
- **성공과 실패에 대한 정확한 피드백**: 개인, 팀, 조직수준에서의 성공하거나 실패한 결과를 보여주고 정확히 평가함으로써 신뢰를 심어준다.

둘째는, 조직과 개인의 성실성(Integrity) 있고 일관성 있는 행동이 상호간의 신뢰구축에 필수적이다. 성실이라는 것은 정직하고 진실한 말, 언행의 일치 또는 어떤 사람의 일관된 행동을 의미한다. 대부분의 경우는 일관된 말과 행동을 보고 그 사람을 신뢰하게 되는 것이다. 불일치는 곧 불성실과 신뢰할 가치가 없는 것으로 이어진다. 따라서 경영자와 관리자들은 이러한 점을 고려하여 언행을 유의하여야 한다. 보다 구체적으로는 다음과 같은 요소들이 신뢰의 형성에 필요하다.

- **성실함을 형성하게 하는 일관성**: 어떤 상황에서도 일관된 언행을 보여주는 것은 신

뢰를 낳는다.

■ **말과 행동간의 일치성:** 약속을 행동으로 옮김으로 해서 신뢰를 낳는다. 시간이 지나도 변함이 없는 언행은 신뢰를 낳는다.

셋째로, 관심(Concern)의 표현은 개인간 신뢰의 형성에 대단히 중요한 요소이다. 진실한 관심을 가져줄 때 신뢰가 형성됨을 알 수 있게 된다. 누군가에 대하여 관심을 가지고 이해하고 믿어주거나 행동할 때 신뢰를 구축할 수 있게 되는 것이다.

■ **친밀감과 대화 형성:** 공식적 · 비공식적 채널을 통하여 충분한 접촉의 기회를 마련하여 서로의 견해를 듣고 이해할 수 있는 시간을 줌으로 해서 신뢰를 구축한다.

■ **구성원의 능력에 믿음 표출:** 모든 구성원들이 각자의 동기와 능력을 가지고 있다는 믿음을 갖고 구성원에 대한 지지를 함으로써 신뢰를 구축한다.

■ **공헌에 대한 인정:** 공헌한 것에 대한 인정과 보상을 해 줌으로써 신뢰를 구축한다. 다만, 갈등과 의심, 경쟁을 유발시키는 결과가 되지 않도록 한다.

신뢰의 기업문화를 구축하기 위해서는 어떠한 리더십이 필요한가

신뢰의 기업문화를 정립하기 위한 리더십의 방향에 대하여 알아보기로 하자. 신뢰에 바탕을 둔 기업문화를 구축하기 위해서는 앞에서 살펴본 결과의 성취, 관심의 표현, 성실성 있는 행동이 조직의 곳곳에 스며들어서 생활화되지 않으면 안 된다. 바람직한 리더십이란 바로 이러한 신뢰의 구축에 도움이 되는 리더십이라고 할 수 있을 것이다. 이러한 리더십이 발휘되면 부하들의 강점을 최대한 발휘하도록 유도하고 약점을 최소화하도록 스스로 노력하도록 만드는 것이 가능하다. 사람들은 마음먹기에 따라서 강점과 약점 중 어느 것이 전면으로 부각되도록 할 수 있다. 따라서 이러한 관점에서 본다면 성공적인 경영자는 개인과 조직의 강점이 활력 있게 살아 움직이도록 구성원들을 동기화시키고, 기업의 문화를 환경변화와 고객의 욕구에 탄력적이며 신속하게 대처하도록 관리하는 한편 조직의 약점을 최소화시켜가는 리더십을 발휘하여야 한다. 이를 위해서는 최고경영자를 비롯하여 모든 관리자들이 다음과 같은 세 가지 리더십을 몸으로 실천하지 않으면 안 될 것이다.

[그림 VIII-2] **신뢰의 기업문화 정립을 위한 리더십**

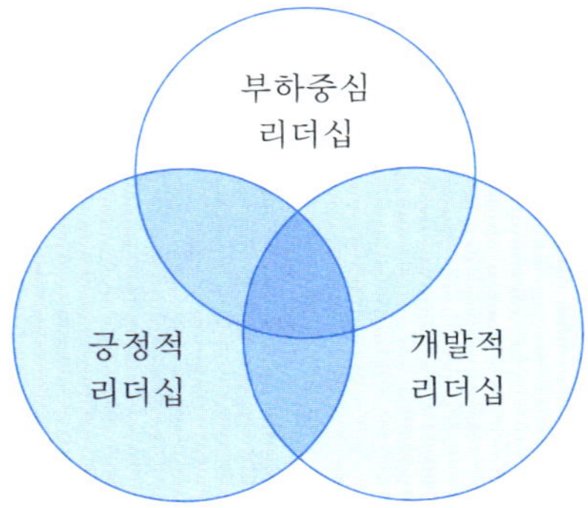

부하중심의 리더십 발휘

먼저 관리자는 부하중심의 리더십을 발휘해야 한다. 모든 부하들에게 똑같은 능력과 적성을 획일적으로 요구하지 말아야 한다. 부하들의 장단점을 정확히 파악하여 각각의 부하들에게 맞는 리더십의 발휘가 필요하다. 기획능력이 뛰어나지만 추진능력이 부족한 부하에게 추진능력이 크게 요구되는 일을 시키고 그러한 약점만을 질타하는 것은 효과적인 리더십의 발휘라고 볼 수 없다. 창조적이고 혁신적인 부하에게 협동심이 없다는 사실만을 계속해서 꾸짖는 것도 바람직하지 않다. 성실하지만 도전적이지 못한 사람에게 도전적이지 못한 점만을 강조하는 것도 잘못된 것이다. 강점에 부수되는 약점을 너무 질타하다 보면 강점이 오히려 소멸될 위험이 있다. 창조성이 뛰어난 사람을 억지로 규격과 틀에 맞추다 보면 창조성이 발휘될 수 없게 될 위험이 있다. 성실하고 협조성이 좋은 사람에게 그보다는 창조적이지 못함을 탓한다면 그러한 약점의 극복보다는 강점마저도 사라져 이것도 저것도 아닌 사람이 될 수도 있다.

따라서 약점을 질책하기보다는 부하의 강점을 잘 파악하여 격려와 칭찬을 적절히 제공함으로써 강점을 더욱 살려주게 되면 약점은 오히려 강점의 그늘에 가려질 수 있게 되는 것이다. 사람에 따라서 장점을 살리는 인재의 활용이 무엇보다 중요하다. 다시 말하면, 상사는 자기중심의 리더십이 아닌 부하중심의 리더십을 발휘하여야 한다. 이를 위해서는 상사는 탄력적이며 수용적인 자세를 항상 견지하도록 노력하지 않으면 안된다.

긍정적 리더십의 발휘

신뢰의 구축을 위해서는 긍정적 리더십을 발휘하여야 한다. 긍정적 리더십이란 질책보다는 칭찬에 의한 리더십을 의미하며, 약점보다는 강점을 부각시키는 리더십을 말한다. 칭찬과 질책은 리더십의 두 가지 요체이지만 이 중에서도 칭찬이 보다 효과적인 리더십 발휘의 수단이다.

따라서 훌륭한 상사는 부하의 장점을 적극적으로 칭찬해 주는 상사이다. 칭찬에 인색한 상사는 부하를 자발적이며 적극적으로 최선을 다하게 만들 수 없다. 그러한 상사는 자율적이며 적극적이고 창의적인 부하를 갖기 어렵다. 그러므로 훌륭한 상사가 되기 위해서는 칭찬은 실제보다 과하게, 질책은 실제보다 덜하게, 칭찬은 공개적으로, 질책은 개별적으로 한다는 행동지침을 따를 필요가 있다.

다음의 [그림 VIII-3]에서 보는 바와 같이 자신과 남이 알고 모름에 따라 4가지 유형의 장점으로 유형화를 시킬 수 있다. Ⅰ유형은 자타가 공인하는 장점으로서 1차적인 칭찬의 대상이다. Ⅱ유형은 자신은 잘 모르고 있으나 남들은 장점으로 인정해 주는 장점으로서 보다 효과가 있는 칭찬의 대상이다. Ⅲ유형은 서로가 모르는 미지의 영역이다. Ⅳ유형은 자신은 장점으로 생각하여 남으로부터 인정받고 싶어하나 남들이 알아주지 않는 장점이다. 따라서 이 부분을 칭찬을 받게 되면 가장 큰 효과가 있다. 선비는 자신을 알아주는 사람을 위해 목숨을 바친다는 말이 있다. 이 말의 의미는 바로 Ⅳ유형의 장점을 찾아서 칭찬해 주는 것이 얼마나 타인에게 커다란 동기유발을 시킬 수 있는가를 시사해 준다. 이 장점 매트릭스를 부하들에 대해서 하나씩 작성하여 머릿속에 입력하여 관련된 칭찬할 만한 행동이 나타날 때마다 즉각적으로 칭찬을 해 주는 것이 필요하다.

[그림 VIII-3] **장점 매트릭스**

남이 아는 장점	Ⅱ. 남이 인정해 주는 장점	Ⅰ. 자타가 공인하는 장점
남이 모르는 장점	Ⅲ. 서로 모르는 장점	Ⅳ. 인정받고 싶은 장점
	자신이 모르는 장점	자신이 아는 장점

부서나 집단의 성과는 바로 이러한 상사의 리더십에 상당한 정도로 의존한다. 또한 신뢰의 기업문화는 이와 같은 리더십을 발휘하는 상사가 많을수록 정립의 가능성이 높다고 할 수 있다.

개발적 리더십의 발휘

또한 관리자는 개발적 리더십을 발휘하여야 한다. 장점에 대한 칭찬이 대단히 중요하지만 부하들의 부족한 부분, 즉 단점에 대한 파악과 이를 극복해 가는 개발에 관심을 기울여야 한다. 상사는 부하의 자질과 능력에 대해 장점뿐만 아니라 단점을 정확하게 파악하고 분석하고 있어야 한다. 이를 위해서는 단점 매트릭스에 대한 이해가 매우 유용한 지침을 줄 것이다. 다음 [그림 VIII-4]에서 보는 바와 같이 자신과 남이 알고 모름에 따라 4가지 유형의 단점으로 유형화를 시킬 수 있다. Ⅰ유형은 자타가 공인하는 단점으로서 1차적인 개발의 대상이다. Ⅱ유형은 자신은 잘 모르고 있으나 남들은 단점으로 지적하는 단점으로서 자신에게는 피드백이 안 되는 부분이다. Ⅲ유형은 서로가 모르는 미지의 영역이다. Ⅳ유형은 남들은 잘 모르지만 자신은 단점으로 인식하고 타인에게 감추고 싶어 하는 부분이다. 이러한 유형별 개발전략을 살펴보기로 한다.

타인은 잘 알지만 자신이 잘 모르는 단점(Ⅱ유형)에 대해서는 상사는 질책보다는 개발을 유도하는 전략이 필요하다. 본인이 지원하지 않더라도 관련 교육에 파견한다든지 행동의 변화를 유도하거나 조언을 하는 노력을 기울이는 것이 필요하다. 반면에 타인은 잘 모르지만 자신은 알고 있는 단점(Ⅳ유형)에 대해서는 개발을 지원하는 전략이 필요하다. 이러한 부분에 대해서는 본인이 수정과 개발의 노력을 기울이게 되는데 이때 상사는 적극적인 지원을 아끼지 말아야 한다. 본인이 원하는 교육이 있다면 가능한 한 보내준다든지 부족한 부분에 대한 노력이 있을 때는 인정하고 격려해 주는 것이 필요하다. 자타가 공인하는 단점부분(Ⅰ유형)에 대해서는 개발유도전략과 개발지원전략을 동시에

[그림 VIII-4] **단점 매트릭스**

	자신이 모르는 단점	자신이 아는 단점
남이 아는 단점	Ⅱ. 타인이 지적하는 단점	Ⅰ. 자타가 공인하는 단점 개발유도 + 개발지원
남이 모르는 단점	Ⅲ. 서로 모르는 단점	Ⅳ. 감추고 싶은 단점 개발지원

사용하는 것이 필요하다.

최근 상하간의 관계가 업무적인 면으로 축소되는 경향이 있지만 신뢰의 기업문화의 정립을 위해서는 인간적 측면에서의 교감이 매우 중요하다. 즉 업무능력뿐만 아니라 자질과 태도를 제대로 아는 것이 중요하다. 이를 위해서는 상사의 부하에 대한 보다 적극적인 관심과 배려, 그리고 보다 정확한 관찰과 평가가 필요하다. 부하에 대한 정확한 평가는 관리자의 가장 중요하면서도 기본적인 의무이다.

신뢰의 기업문화의 정립, 즉 구성원들이 일체감과 활력, 그리고 자부심으로 충만되어 있는 문화의 개발은 관리자들의 부하들에 대한 효과적 리더십의 결집에 의해서 이루어진다. 그것은 조직의 구성원들 하나 하나가 자신의 강점을 최대한 발휘하고 약점은 최소화하는 분위기를 조성함으로써 가능해지는 것이다. 다시 말하면, 신뢰의 기업문화란 모든 구성원들이 자신의 강점을 자발적이며 적극적으로 발휘할 수 있는 기업문화라 할 수 있으며 그것은 상사들, 즉 관리자들의 부하중심의 리더십, 긍정적 리더십, 그리고 개발적 리더십에 의해서 정립될 수 있다는 것이다. 따라서 신뢰의 기업문화정립을 위한 거창한 캠페인이나 운동보다도 관리자들의 바람직한 리더십 발휘야말로 가장 기본이 된다는 사실을 깊이 인식해야 할 것이다.

신뢰의 구축은 조직에 어떤 결과를 주는가

신뢰는 지식공유를 촉진한다

신뢰는 학습조직과 지식경영 관련 문헌에서 중요한 요소로 다루어져 왔고 조직구성원들간의 지식공유를 가능케 한다. 신뢰할 수 없는 사람에게 내가 가진 정보, 지식, 노하우를 나눠주게 되면, 오히려 상대방의 기회주의적 행동으로 인해 피해를 입을 수 있는 위험이 커지기 때문에 조직구성원들은 강한 상호신뢰가 없이는 지식공유를 하기 어렵다. 노나카(Nonaka, 1990)는 구성원들간의 잉여정보가 공유될 때, 생각을 상호 감지할 수 있으며 이에 따라서 구성원간 지식의 공유와 활용이 촉진되는데, 이때 상호 신뢰관계가 없으면 각 영역의 경계를 초월하여 지식을 공유하거나 창조해 가는 동적 협력관계를 얻을 수 없다고 했다. 구성원들간에 신뢰가 높게 축적되어 있을 때 구성원들은 서로 솔직하게 자신의 의견을 개진함으로써 커뮤니케이션이 활발해지고 이를 토대로 정보공유가 활성화된다. 구성원들간의 이러한 태도는 지속적인 협력을 가능하게 한다. 부서간 협력도 결국 조직전반에 걸쳐 신뢰가 높게 축적될 때 가능하다.

신뢰는 조직 내 구성원간의 지식공유와 학습뿐만 아니라 오늘날 중요성이 강조되고 있는 조직간 제휴를 통한 지식공유와 상호학습에도 필수적인 전제조건이 되고 있다. 그리고 네트워크 조직, 가상조직 등의 성공적 운영을 위해서도 신뢰는 매우 중요하다.

기업의 경쟁력은 정보와 지식이 끊임없이 새롭게 혁신되고 있는 환경에서 구성원들이 끊임없이 학습할 수 있는가에 달려있다. 구성원들의 지속적인 학습은 강요에 의한 것이 아니라 자발적 행위일 때 그 효과를 높일 수 있는데, 자발적인 학습을 가능하게 하는 가장 근본적인 요인이 바로 신뢰이다. 학습조직의 주창자인 센게(Senge)도 구성원들간에 신뢰가 높을 때 구성원들은 서로 상대방에 대하여 열린 마음을 갖기 때문에 학습이 보다 효과적으로 촉진된다고 보았다.

지식경영의 효과적인 촉진에도 신뢰는 필수적이다. 많은 기업들이 지식경영 개념을 도입하고 있는데 그 성과는 서로 다르게 나타난다. 조직 내에 신뢰가 높게 축적된 회사에서는 정보와 지식을 공유하기 위한 인프라와 프로그램이 설계되었을 때 정보와 지식의 흐름이 더욱 활발하게 촉진된다. 왜냐하면 새로운 정보 인프라와 그러한 인프라를 바탕으로 한 시스템은 기존의 커뮤니케이션과 협력을 더욱 강화하는 역할을 하기 때문이다. 그러나 조직 내의 신뢰기반이 취약한 기업에서는 새로운 지식경영 시스템이 도입된다고 하여도 구성원들간의 커뮤니케이션과 정보공유 활동은 본래 의도한 성과에 미치지 못한다. 이것은 커뮤니케이션을 원활하게 촉진할 수 있는 관계의 질이 뒷받침되지 못하기 때문이다.

기업내부의 신뢰기반은 함께 일하는 구성원들간의 관계의 질을 반영한다. 신뢰가 높은 곳일수록 상하간은 물론 구성원들간의 협력수준이 높다. 기업 내의 신뢰는 관리자와 임원 및 최고경영자의 리더십에 영향을 받는다. 기업의 환경이 어려울수록 조직내부의 신뢰는 어려움을 극복할 수 있는 가장 큰 힘이 된다. 조직내부에 신뢰가 높은 수준으로 축적되어 있지 않으면 상하간의 협력은 물론 구성원들간의 협력의 질을 높일 수 없다.

신뢰는 조직의 성과를 향상시킨다

기업조직에서 신뢰는 업무의 성공적인 달성을 촉진할 수 있는 윤활유일 뿐만 아니라 구성원들을 하나의 조직으로 통합할 수 있는 접착제와 같다. 신뢰는 조직의 핵심그룹에서 시작해서 조직전체로 확산된다. 조직 내 신뢰가 높게 축적된 기업은 구성원들간의 자발성과 협력의 질이 높기 때문에 고성과 조직으로 성장을 거듭한다. 이렇듯 신뢰는 개인의 특성을 넘어 조직의 구조적이고 문화적인 특성으로 발전된다.

신뢰는 조직의 성공과 팀의 성과 그리고 개별 구성원들간의 협력을 높여 고성과 창출을 가능하게 하는 가장 기본적인 바탕이 된다. 즉 구성원들로부터 신뢰를 받는 조직은 구성원들의 이해와 협력, 몰입과 헌신을 기대할 수 있다.

구성원들이 각자 자기의 위치에서 자발적으로 수행하는 혁신활동이 점차 더 중요해지고 있고 정보와 지식의 폭발적인 증가는 이러한 경향을 더욱 심화시킨다. 그에 따라 구성원들이 자기 일에 스스로 몰두하고 헌신하면서 창의성을 발휘할 수 있도록 하는 원동력이 무엇인가에 대한 기업의 관심이 점차 높아지고 있고 거기에는 신뢰가 핵심위치를 차지하고 있음을 알 수 있다.

신뢰는 개방적 태도, 위험을 기꺼이 감수하고자 하는 태도, 혁신적인 생각과 행동 그리고 높은 수준의 협력을 가능하게 하는 가장 본질적인 요인이다. 만일 기업의 관리자가 부서 내의 협력을 강조하고 싶으면 말로만 강조해서는 그 성과를 기대할 수 없다. 관리자는 무엇보다도 부서 내의 신뢰를 높은 수준으로 구축할 때 구성원들간에 자발적이면서도 질 높은 협력이 자연스러운 현상으로 자리를 잡을 수 있다.

신뢰를 다룬 실증연구들을 검토해 보면 신뢰가 갈등을 줄여주고 개인의 성과를 향상시키며 조직간의 협력을 증진시켜주고 있음을 알 수 있다. 또한 상사에 대한 신뢰가 구성원들의 조직 및 직무와 관련된 태도, 즉 직무만족, 모티베이션, 조직몰입 등에 긍정적으로 작용하여 조직의 성과를 끌어올린다.

신뢰구축의 세 방향

조직이 발전하기 위해서는 이러한 신뢰의 개념과 중요성에 대한 이해가 대단히 중요하고, 나아가서 신뢰에 입각한 조직을 구축하는 것이 조직 내뿐만 아니라 조직간의 협력체계를 확립하는 데에도 필수적이라는 것을 강조하지 않을 수 없다. 조직운영의 자율성이 더욱 중요해지고 조직간의 네트워크 관계가 조직의 성패를 좌우하게 될 21세기에는 신뢰를 기반으로 하는 조직창출이야말로 시급히 노력하여야 할 과제라 하지 않을 수 없다. 조직이 신뢰를 기반으로 할 수만 있다면 성공적인 성과를 나타낼 수 있을 것이다. 그렇다면 신뢰를 기반으로 하는 조직은 어떻게 하면 만들 수 있는 것인가? 그 방법을 리더십과 조직구조, 조직문화를 통하여 구축하는 세 가지 방법을 제시하고자 한다.

첫째, 리더십을 통한 신뢰구축이다. 신뢰의 시작은 조직 내 리더들로부터 시작된다. 즉, 리더는 조직환경 속에서 조직의 장기 비전과 전략을 책임지면서 기대하는 결과를 이끌어 낼 수 있어야 한다. 리더의 언행은 언제나 일관되어 성실함이 있어야 하고 수익성과 목표달성에만 관심이 있는 것이 아니라 구성원의 행복에 진정한 관심과 이해를 나타내 줌으로 해서 신뢰를 구축할 수 있다. 신뢰는 이렇게 리더로부터 시작되어 빠른 속

[그림 VIII-5] 신뢰기반의 조직구축 방법

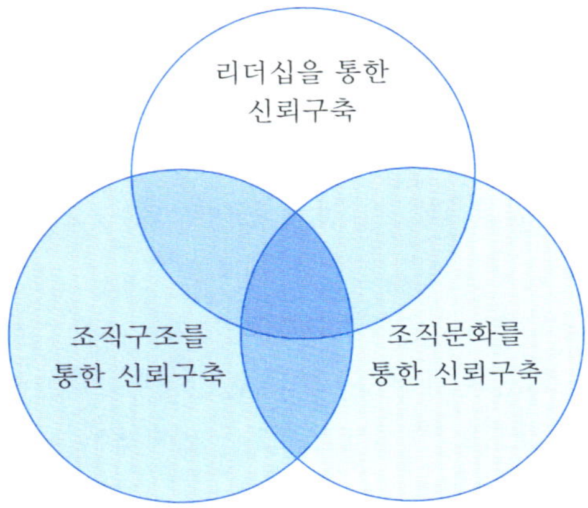

도로 주요 팀들과 구성원들의 행동과도 상호관련성을 갖게 된다.

둘째, 조직구조를 통한 신뢰구축이다. 조직이 추구하는 조직의 목적과 그 목적을 달성하고자 구축하고 있는 조직구조 및 각종 프로세스들은 신뢰를 구축해 나가는 기반이 된다. 이를 위해서 조직구성원이 목표에 동의하고 마음을 다해 일할 수 있는 공격적인 사업목표를 추진해 나간다. 또한 명확하고 복잡하지 않은 성과 책임을 갖게 하며, 하위 권한이 강화된 높은 주인의식을 갖는 조직구조를 구축한다. 그리고 평가, 전략, 의사결정 등 모든 수준에서의 뛰어난 재능을 찾아내고 강화해 나갈 뿐만 아니라 정보를 공유할 수 있는 시스템을 구축하고 유지하며 성과를 모니터링 하는 데 필요한 통제절차를 수립하여야 한다.

셋째, 조직문화를 통한 신뢰구축이다. 문화는 집단의 성과에 영향을 주는 조직생활에의 비공식적인 측면을 의미한다. 성공은 조직의 공식시스템으로부터 나오기도 하지만 주로 이들 시스템을 뒷받침해 주는 정신으로부터 나온다. 높은 신뢰가 있는 조직이나 팀에 적절한 문화를 개발하기 위한 결정적인 행동들이 있다. 그것은 우선 공통의 비전을 가질 수 있도록 개발하고 외부적 도전과 경쟁상태의 인식은 공동운명체라는 인식을 주고 신뢰를 구축할 수 있게 해 주어야 한다. 그리고 진정으로 느껴지는 가치에 따라 원칙을 준수하며 살아가며 기대를 저버리지 않을 때 신뢰를 구축할 수 있게 된다. 또한 친밀한 관계 속에서 이해와 관심이 증진되면 신뢰를 형성할 수 있다. 위험을 감수할 수 있고 실패로부터 배울 수 있는 문화를 구축하는 것은 신뢰를 구축할 수 있게 해 준다. 그리고 신뢰의 상징이 될 수 있는 상징을 갖는 것은 신뢰를 더욱 견고하게 해 준다.

참고문헌

정범구(1997), "평가시스템에 있어서 분배공정성, 절차공정성, 신뢰성의 상호작용효과," 한국인사조직학회 발표논문집.

정범구(1999), "조직공정성이 조직유효성에 미치는 영향에 있어서 신뢰의 매개효과에 관한 연구," 「경영논집」, 15(1).

정범구(2002), "조직발전을 위한 네트워크 시스템 구축 및 활용방안 연구," 정보통신진흥연구원.

Lane, C.(1997), "Trust in organizations, Frontier of theory and research," *Organization studies*, 18(3), 523-527.

Lane, C., & Bachmann, R.(1998), *Trust Within And Between Organizations*, Oxford University Press.

Hosmer, L. T.(1995), "Trust: The Connecting Link Between Organizatioal Theory And Philosophical Ethics," *Academy of Management Review*, 20.

Krammer, R., & Tyler, T.(1996), *Trust in organizations*, Thousand Oaks, CA: Sage Publicaion.

Nonaka, I., & Takeuchi, H.(1995), *The knowledge-creating company: How Japanese Companies creat the Dynamics of Innovation*, Oxford University Press.

03 조직에서의 사회적 연결망과 사회자본[1)]

한 준
joonhan@yonsei.ac.kr

사회 연결망이란 무엇인가

요즘 "연결망"이라는 말을 일상생활에서 많이 사용하고 있다. 컴퓨터간의 정보 연결망으로서 인터넷과 관련하여 사용하기도 하고, 인간지능의 핵심을 이루는 신경계의 연결망을 지칭해서 사용하기도 하며, 전 지구화의 결과로 연결망 경제의 등장을 이야기하기도 한다. 아울러 기업조직에서는 과거의 수직적 위계의 관료제 조직으로부터 수평적 연결망 조직으로 바뀌는 것을 최근 조직의 변화경향으로 말하기도 한다. 그런데 이러한 다양한 연결망이라는 용어의 용법 중에서 최근 사회과학의 중요한 화두로 등장하는 것이 바로 사회 연결망(social network)이다(김용학, 2003).

사회 연결망이란 사람들 사이에 존재하는 다양한 관계들을 뭉뚱그려 지칭하는 말이다. 인간은 사회적 동물이기 때문에 태어나서 가족과 처음 관계를 맺고, 점차로 나이를 먹으면서 또래집단, 학교 친구, 동네 친구, 직장 동료, 그 밖의 다양한 인연과 계기를

1) 출처: 인크루트 경력개발연구소(2005), "조직에서의 사회적 연결망과 사회 자본," 「인재경영」, 4월호, pp.92-99에서 전재함.

통해서 만난 사람들과 관계를 맺어나간다. 이러한 관계 모두가 사회 연결망을 만드는 역할을 한다. 사회과학에서는 사회 연결망을 나타내기 위해 각 개인을 하나의 점(node)으로 그리고 개인들간에 맺어지는 각각의 관계를 선(tie)으로 표시한다. 이렇게 해서 만들어지는 점들을 잇는 복잡하게 얽힌 선들로 표현된 그림을 소시오그램(sociogram)이라 한다.

그러면 왜 사회 연결망에 관심을 갖는가? 사람들은 사회 속에서 고립된 채로 사는 것이 아니라 사람들과 끊임없이 상호작용하면서 관계 맺는 사람들과 자신을 비교하기도 하고, 그들로부터 영향을 받기도 하며, 또한 정보나 자원을 교환하기도 한다. 그런 의미에서 사회 연결망은 그 안에 놓인 사람들에게 때로는 기회를 제공하기도 하지만 또한 때로는 행위나 사고의 제약을 가하기도 한다. 결국 사람들의 개인적 배경, 즉 이들이 타고난 혹은 살아가면서 얻은 속성으로서 능력이나 성향을 아는 것만으로 사람들의 의사결정이나 행동, 혹은 성과를 충분히 이해하고 설명하기는 어렵다. 이러한 한계를 극복하고 사람들을 상호작용과 관계의 맥락 속에서 이해하고 설명할 수 있는 가능성을 제공하는 것이 사회 연결망인 것이다. 오늘날과 같은 초현대 사회에서 사람들은 다양하고 때로는 서로 상충하는 관계의 틀 속에 놓이게 된다. 이러한 관계들의 총체로서 사회 연결망은 때로 우리가 예측하지 못했던 결과를 낳기도 한다.

예컨대 때로 한국 사회에서는 사회 연결망이라는 말을 듣고 연고주의를 떠올리는 경우가 있다. 연고주의는 혈연이나 지연, 학연 등과 같이 개인이 속한 특수집단의 사람들끼리 뭉쳐서 서로 끈끈한 정을 나누고 서로 밀어주고 이끌어 주기도 하는 배타적 관계의 규칙을 의미한다. 연고주의는 한국 이외에도 상당수의 사회에서 정도의 차이를 보이며 나타나는 현상이다. 그리고 많은 사회에서는 연고주의가 사람들을 편협하게 만들고, 기회의 불균형을 낳으며, 집단간 갈등을 조장한다고 문제시한다. 분명한 것은 연고주의의 기반이 되는 관계는 사회 연결망의 일부라고 볼 수 있지만, 사회 연결망이 연고적 관계만으로 이루어지는 것은 아니라는 점이다. 사회 연결망에는 연고에 기반한 관계 외에도 다양한 관계들—거래관계, 친구관계, 경쟁관계 등—이 포함될 수 있다. 사회 연결망은 이러한 다양한 관계들을 모두 포괄하는 의미를 지닌다.

기업조직에서 사회 연결망 연구

기업조직은 다양한 업무와 그에 따르는 책임과 권한이 부여된 자리들에 배치된 사람들로 이루어진다. 기업조직이 사람들과 이들이 차지하는 역할 및 자리의 구조라면, 기업조직에서도 사회 연결망은 대단히 중요할 수밖에 없다. 기업조직에서 이루어지는 상당 부분의 일이 사람들간의 상호작용 속에서 이루어지기 때문이다. 하지만 기업조직에서 사회 연결망의 중요성은 여기에서 그치는 것이 아니다.

기업조직에서 사회 연결망의 중요성에 대한 관심이 싹트기 시작한 것은 1920~30년대 유명한 인간관계학파의 호오손 연구로 거슬러 올라간다. 그 이전의 테일러의 과학적 관리론이나 여러 경영이론가들의 공식적 관리론에서는 조직에 속한 일하는 사람들로 하여금 경영자가 정한 합리적 작업 및 조직설계에 따라서 불필요한 행동을 없애고 반복적으로 일해야 한다고 주장했다. 또한 그에 앞서 베버는 관료제를 설명하면서 조직에 속한 사람들이 자신들의 사사로운 감정을 억제하고 전체 조직의 목표에 개인 목표를 종속시킬 때 조직이 원활하게 운영될 수 있다고 하였다. 그런데 하버드 대학교 연구진이 웨스턴 일렉트릭사의 시카고 호오손 공장에서 수행한 연구결과 조직에서 공식적인 업무상의 관계가 아닌 비공식적 인간관계가 일하는 사람들에게 큰 영향을 미치며, 비공식적 리더가 존재할 뿐 아니라 그 영향력도 상당하다는 것이 밝혀졌다.

호오손 연구는 비공식적 인간관계의 중요성을 부각시켰지만 이러한 인간관계를 사회 연결망으로서 체계적으로 분석할 수 있게 된 것은 1932년 앞서 언급한 소시오그램을 고안한 심리학자 모레노(Moreno)가 소시오메트리(sociometry)라는 인간관계의 분석방법을 소개한 이후이다. 조직 내에서의 인간관계에 관심을 가진 연구자들은 이 방법을 적용하여 조직 내에서 누가 공식적 리더가 아님에도 불구하고 비공식적으로 영향력을 많이 행사하는지 등을 분석할 수 있었다. 조직에서의 공식적 인간관계는 조직도(organizational chart)상에서 상사와 부하 간의 수직적 관계와 같은 부서 안에서의 수평적 관계로 이루어진다. 하지만 비공식적 인간관계는 이러한 조직도를 벗어나 존재할 뿐 아니라 때로는 조직도에 나타난 공식적 인간관계보다 더 강력한 영향력을 조직활동에 미치는 경우가 많다. 요컨대 조직을 합리적이고 공식적인 의사결정에 따른 활동의 체계로 보는 이들의 믿음과 달리 조직에는 겉으로 잘 드러나지 않는 배후에서 작동하는 다양한 인간관계의 집합들이 있는 것이다. 그리고 이러한 인간관계의 총체가 바로 기업조직의 사회 연결망인 것이다.

기업조직에서 사회 연결망은 어떤 기능을 하는가

인간사회의 축소판으로 기업조직에서 맺어지는 인간관계가 다양하기 때문에, 기업의 사회 연결망의 내용과 기능 역시 다양하다(Nohria & Eccles, 1992). 그 내용은 크게 기업의 업무활동과 관련된 부분과 업무활동과 직접 관련되지 않는 부분으로 나누어 볼 수 있다.

기업의 업무활동과 관련된 중요한 사회 연결망의 내용으로 정보 및 조언(advice)이 있다. 조직에서 업무와 관련된 정보는 주로 공식적 관계를 통해서 소통되는 것이 일반적이지만, 비공식적 관계를 통할 때 정보의 소통이 빠른 속도로 이루어지는 경우가 많다. 따라서 정보소통 연결망의 핵심적 위치에 놓인 개인은 다른 사람들보다 빨리 새로운 정보를 접할 수 있는 기회가 많아진다. 조언 역시 마찬가지이다. 업무수행의 과정에서 필요한 조언을 자신의 상사나 같은 부서의 동료로부터 얻기도 하지만, 긴밀한 인간관계를 맺고 있는 다른 부서의 선배 혹은 동료가 중요한 조언을 제공하는 경우가 많다.

조직 내에서 정보 연결망에서 유리한 위치를 차지하는 사람들은 남들이 아직 잘 알지 못하는 기회를 선점할 가능성이 높아진다. 연결망을 활용해서 도움이 되는 조언을 얻기가 용이한 사람들은 업무와 관련된 학습능력이 그만큼 높아질 수 있다. 결국 정보와 조언의 연결망은 도구적 측면에서 이점을 제공하며, 조직 내 성원들로 하여금 자신의 업무에서 남들보다 우수한 성과를 거둘 수 있는 가능성을 제공한다. 그리고 이러한 우수한 업무성과를 바탕으로 해서 궁극적으로 봉급이나 승진 기회에서 남보다 앞설 수 있는 경쟁우위를 누릴 수 있다. 정보 및 조언의 연결망이 제공하는 이점이 개인에게만 있는 것은 아니다. 조직 전체의 수준에서도 역시 정보 및 조언의 연결망이 잘 짜여져 있으면 정보의 흐름이 원활해져서 업무가 보다 잘 수행되고 또한 조직성원들의 학습이 용이하게 이루어지게 된다. 결국 사회 연결망을 통한 정보 및 조언의 흐름은 개인 및 조직 모두에게 도움이 될 수 있다.

기업조직에서 업무와 직접적으로 관련되지 않은 사회 연결망의 내용으로 친분관계가 있다. 업무 외의 시간에 함께 취미활동을 하거나 식사를 할 수 있는 사람들이 직장에는 있게 마련이다. 친분관계를 유지하는 사람들과는 다른 사람들과 나눌 수 없는 긴밀하고 개인적인 이야기도 나눌 수 있는 신뢰가 쌓이게 마련이다. 따라서 이러한 친분관계는 업무로부터 오는 긴장과 스트레스에서 벗어나 직장생활의 활력을 회복할 수 있는 원천이 되기도 하며, 개인적 괴로움이나 고민을 함께 상담할 수 있는 상대를 제공하기도 한다.

친분관계의 연결망은 직장생활에 대한 만족도를 높이는 기능을 한다. 친분관계를 지닌 사람들이 많고 또한 친분관계를 오랜 동안 유지해 온 사람들은 그만큼 직장에서의 생활에 대해 만족도가 높아진다. 직장에서의 만족도가 높으면 업무에 보다 전념할 수 있으며 따라서 업무성과에도 긍정적인 영향을 미치게 된다. 뿐만 아니라 친분관계의 연결망은 곤경에 부딪쳤을 때 좌절하지 않고 극복하려는 의지를 북돋아주기도 한다. 안정적인 친분관계의 연결망이 유지되는 기업조직에서는 성원들의 이직이나 의욕상실이 그만큼 줄어든다는 연구결과들도 있다. 이러한 의미에서 친분관계의 연결망은 기능적으로만 통합된 기업조직의 성원들을 정서적으로 또한 사회적으로 통합시켜 주는 접착제 역할을 한다고 볼 수 있다.

사회자본이란 무엇인가

최근 사회과학의 여러 분야에서 가장 많은 주목을 받고 빈번하게 사용되는 용어 가운데 하나가 사회자본(social capital)이다. 사회자본은 가장 일반적으로 "사람들로 하여금 뜻한 바를 이룰 수 있도록 해 주는 사회구조의 측면"을 일컫는 말이다(유석춘 외, 2003).

여기에서 사회자본의 두 가지 측면을 강조할 필요가 있다. 첫 번째는 다른 모든 자본과 마찬가지로 사회자본에도 수단적 가치의 결과로 이득(return)이 따른다는 것이다. 예컨대 자신은 가진 것(금융자본)도 또한 아는 것(인적자본)도 많지 않지만 다른 사람들의 도움을 받아서 일을 잘 할 수 있다면 그 사람은 사회자본의 덕을 본 것이 된다. 흔히 하는 말 중에서 노하우(know-how)보다 노후(know-who)가 더 중요하다는 말이 바로 이런 경우에 해당된다고 할 수 있다.

사회자본의 두 번째 측면은 바로 그것이 사회구조에 뿌리를 두고 있다는 것이다. 사회구조라는 말은 다소 추상적이기 때문에 좀더 구체적으로 말한다면 사회관계들의 묶음 속에 있다고 할 수 있다. 그런데 사회관계는 한 쪽에서 바라는 대로만 작동하는 것이 아니라 양 쪽이 서로 잘 맞아야 작동한다는 특성을 지닌다. 옛 속담대로 떡줄 사람은 생각도 않는데 김치국부터 마셔서는 안 되는 것이다. 따라서 사회자본은 사회적 관계에 뿌리를 내리고 있기는 하지만 모든 사회적 관계가 사회자본으로 기능할 수 있는 것은 아니라고 할 수 있다. 사회적 관계가 사회자본으로 기능하려면 신뢰가 쌓여야 하고 또한 적절한 상황 속에서 관계를 작동시켜야 할 필요가 있다.

사회자본의 기반으로서 사회적 관계는 한 개인이 배타적으로 소유하기 힘든 속성을 지닐 뿐 아니라 나름대로의 사회적 관계의 규칙에 따라 맺어지기도 하고 해체되기도 한다는 특성을 지닌다. 배타적으로 소유하기 어렵다는 것은 사회자본이 부분적으로 공동체의 공공재(public goods)적인 성격을 지닌다는 것을 의미한다. 어느 한 사람이 자신과 관계를 맺고 있는 다른 사람들 혹은 이들을 통해 연결될 수 있는 다른 사람들에게 피해를 주면서 사회자본을 활용한다면, 그 사람은 당장에는 이득을 볼지 모르지만 장기적으로는 다른 사람들로부터 외면당하고 결국 자신의 사회자본 역시 감소하게 된다. 여기에서 사회적 관계의 규칙에 주목할 필요가 있다.

사회적 관계를 유지하는 데에는 일반적인 규칙이 있기도 하고 특수한 규칙이 있기도 하다. 일반적 규칙이란 어느 사회에서나 통용되는 규칙이다. 대표적인 예로 호혜성(reciprocity)의 원리를 들 수 있다. 많은 사회적 관계에서는 상대방으로부터 도움 혹은 호의를 받으면 언젠가 되갚아야 한다고 기대한다. 만약 다른 사람들로부터 받으려고만 하고 주려고 하지 않으면 그 사람의 사회적 관계에는 문제가 발생하는 것이다. 특수한 규칙이란 어떤 사회의 문화적 코드에 따라 작동하는 규칙이다. 예컨대 사회에 따라 사적인 영역과 공적인 영역을 구분 혹은 혼합하는 정도가 다르다. 만약 사적이고 개인적인 관계를 공적인 일을 위해 동원하려 할 때 자신이 속한 사회의 규범과 문화에서 허용하는 선을 넘게 되면 문제가 발생할 수 있다.

여기에서 한 가지 의문이 생긴다. 사회 연결망과 사회자본은 어떤 관계를 갖는가? 우선 사회 연결망이 사회적 관계의 총체를 의미하는 것이라면 사회자본이 사회 연결망에 기반하고 있다고 할 수 있다. 그런데 사회 연결망은 사회자본에 비해 보다 중립적이고 분석적 개념이라고 할 수 있다. 예컨대 동시에 한 사람을 놓고 두 사람이 경쟁하는 삼각관계 역시 사회 연결망의 한 경우라고 볼 수 있겠지만, 이러한 삼각관계가 사회자본이 될 수는 없을 것이다. 사회자본은 이러한 의미에서 중립적 · 분석적 개념인 사회 연결망에 비해 가치 지향적, 실질적 개념이라고 볼 수 있을 것이다. 하지만 사회 연결망과 사회자본을 자꾸 구분하려 하기보다는 두 개념의 관련성에 초점을 맞추는 것이 더 생산적이다. 사회자본은 사회 연결망을 분석하고 설명하는 다양한 이론과 방법들에 의존하기 때문이다.

사회자본의 유형구분

사회 연결망에 대한 연구는 사회적 관계의 구조와 형태를 다양하게 분석하고 있다. 예컨대 사회적 관계의 망 속에서 배타적으로 연결된 파벌(clique)을 구분하기도 하고, 서로 유사한 관계의 패턴을 지닌 위치를 찾아내기도 하고, 어떤 사람이 전체적으로 관계망 속에서 가장 중앙에 놓여 있는지도 찾아낸다. 이러한 사회 연결망 분석에 기초해서 사회자본의 유형구분이 이루어진다. 사회자본에 대해서는 크게 형태상으로 두 가지 유형으로 구분한다. 하나는 닫힌(closure) 형태의 사회자본이고 다른 하나는 구조적 공백(structural hole) 형태의 사회자본이다(Baker 2000).

[그림 VIII-6] **사회자본의 두 형태: 닫힌 형태**(왼쪽)**와 구조적 공백 형태**(오른쪽)

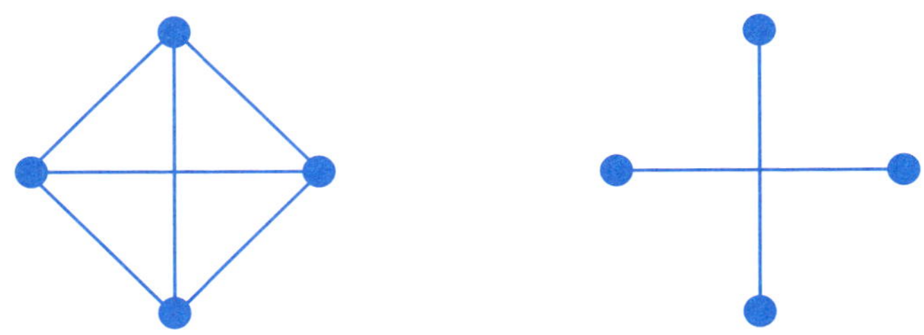

닫힌 형태의 사회자본은 위의 그림 왼쪽에서 보는 것처럼 연결망에 속한 모든 사람들이 빠짐없이 관계를 맺고 있어서 서로 잘 통하는 경우를 말한다. 이처럼 사람들간의 관계가 모든 가능한 관계를 완결적으로 실현시킨 경우에는 사람들간에 유대가 강화되고 또한 규범의 내면화가 잘 이루어진다. 이 경우 사람들간의 관계는 서로에게 일종의 제약으로 작용한다고 볼 수 있을 것이다. 물론 친분관계인 사람들간에 구속이나 제약이라는 표현을 쓰는 것은 지나친 감이 있지만 닫힌 연결망에 속한 사람들간에 의견이나 생각의 유사성이 높은 것은 사실이다.

또한 닫힌 형태의 연결망에서는 사람들 사이에 신뢰가 더 높은 경향을 보인다. 왜냐하면 서로서로 잘 알고 있는 사이에서는 어느 한 사람에 대해 신뢰를 깨는 행동을 했을 경우 다른 모든 사람들이 모두 알게 되고 따라서 암묵적 혹은 명시적 제재가 가해질 가능성이 더 높기 때문이다. 결과적으로 유대가 돈독하고 서로 신뢰하며 공동 보조를 맞추기 용이한 닫힌 형태의 사회자본은 집단적으로 동원되거나 혹은 상호부조적 형태의 도움을 제공함으로써, 연결망에 속한 개인 각자 혹은 전체에게 이득을 가져다 줄 수 있다.

구조적 공백 형태의 사회자본은 위의 그림 오른쪽에서 보는 것처럼 한 개인을 중심으로 해서 그 사람과 관계를 맺은 다른 사람들이 서로 연결되지 않은 연결망이다(Burt, 1992). 이러한 경우 다른 사람들은 직접 연결되지 않고 중앙의 사람을 거쳐서만 연결되기 때문에 중앙에 위치한 사람이 다른 사람들을 통제할 수 있는 여지가 늘어나게 된다. 아울러 다른 사람들이 중앙에 위치한 사람에게 제공하는 정보는 서로 중첩될 가능성이 적다. 왜냐하면 서로 연결된 사람들끼리는 유사한 정보를 공유할 가능성이 높지만 서로 연결되지 않은 사람들은 제각기 다른 관심에 따라 다른 원천으로부터 정보를 획득했을 것이기 때문이다. 따라서 다양한 정보를 효율적으로 수집할 수 있는 가능성을 제공한다는 측면에서도 구조적 공백 형태의 사회자본은 이득을 제공한다.

그런데 앞서 닫힌 형태의 사회자본에서 연결망에 속한 사람들이 공평하게 이득을 얻는 공동체적 특성을 지니는 것과 달리 구조적 공백 형태의 사회자본에서는 중앙에 위치한, 즉 구조적 공백 지점에 놓인 사람에게 이득이 집중되는 불균형적 특성을 지닌다.

이처럼 두 가지 형태의 사회자본은 한 쪽의 장점이 다른 쪽의 단점이 되는 보완적 관계에 있다. 그렇다고 해서 두 형태의 장점을 모두 취하고 단점을 피하는 것이 가능한 것은 아니다. 따라서 조직의 특성에 따라서 각 사회자본 형태의 장점이 중요한 반면, 단점은 크게 문제되지 않는 것이 무엇인가를 잘 판단해서 사회자본을 구축하는 노력을 기울여야 할 것이다. 닫힌 형태의 사회자본은 보다 집단주의적 목표와 문화가 지배적인 조직에 잘 맞는 반면, 구조적 공백 형태의 사회자본은 개인주의적이고 창의력을 중시하는 조직에 잘 맞는다고 볼 수 있다.

기업조직에서 사회자본은 어떤 이득을 가져오는가

기업조직에서 사회자본이 어떤 역할을 하는가는 기업 내의 사회자본과 기업간의 사회자본으로 나누어 살펴볼 수 있다.

기업 내의 사회자본이란 같은 기업에서 일하는 사람들 사이에 존재하는 사회자본이다. 이러한 기업 내 사회자본은 앞서 살펴본 바와 같이 정보와 조언의 원활한 순환을 가능케 함으로써 보다 효율적으로 일할 수 있고 또한 학습이 잘 이루어지는 기업조직을 만들 수 있다. 한 가지 예를 들면, 일본 도요타자동차의 유명한 카이젠(改善)을 위한 제안 제도가 원활하게 작동하기 위해서는 현장에서 일하는 사람들의 적극적이고 자발적인 참여도 중요하지만 이들간의 건강하고 활력이 넘치는 사회적 관계도 필요하다. 이른바 실행의 공동체(communities of practice) 안에서 서로 보고 배우는 분위기가 필요한 것이다(Wenger, 1998).

지식관리의 측면에서도 기업 내 사회자본은 중요한 역할을 한다. 최근 기업들은 업무수행 과정에서 생겨나는 다양한 형태의 정보와 지식들을 지식관리 시스템을 통해서 체계화하고 같은 조직에서 일하는 사람 누구나 쉽게 접근해서 활용할 수 있도록 하고자 한다. 그런데 이러한 지식관리 시스템에서 중요한 것은 함께 일하는 사람들이 자발적으로 자신이 얻게 된 지식들을 다른 사람들과 함께 공유하고자 하는 자발적 동기부여이다. 그와 동시에 필요한 것은 체계화된 지식을 이용하는 사람들이 이 지식들을 믿고 활발하게 활용하는 것이다. 결국 지식경영의 문제 역시 사회자본의 한 형태로서 사람들 간의 신뢰의 문제로 연결되는 것이다. 지식을 가진 사람들에게는 자신의 지식을 공유함으로써 다른 사람들로부터 자신이 피해를 입지 않으리라는 신뢰, 그리고 지식을 이용하는 사람들에게는 다른 사람들이 제공한 지식이 자신에게 유익하고 도움이 될 것이라는 신뢰가 필요한 것이다.

기업 내 사회자본은 그 밖에도 정서적 유대를 강화하고 심리적 안정을 가져옴으로써 기업조직의 분위기를 좋게 해서 결국 일하고 싶은 직장을 만드는 역할을 할 수 있다(Cohen & Prusak, 2001). 조직심리학에서 강조하는 일에 대한 내재적 동기부여(intrinsic motivation)[2)]의 중요한 기초가 되는 것이 바로 동료와의 만족스러운 관계와 상호작용임은 두말할 나위가 없다. 그런데 지난 90년대 이후 빠른 속도로 진행된 구조조정은 이러한 면에서 기업 내 사회자본에 큰 위협이 된다. 언제 어떻게 될지 모른다는 불안감 속에서 서로가 믿지 못하고 서로의 관계 역시 언제 깨질지 모른다고 생각할 때 사람들은 사회자본에 투자하기를 꺼릴 것이기 때문이다. 따라서 최근 한국의 기업조직은 고용 불안정에 따른 사회자본의 위기를 겪고 있다고 볼 수 있을 것이다. 이러한 외적 충격에 의한 사회자본의 위기를 극복할 대응방안 마련이 한국의 기업들에게는 시급하다고 할 수 있다.

기업간의 사회자본은 기업조직에서 일하는 사람들이 외부의 다른 조직 혹은 기관에 있는 사람들과 맺고 있는 관계에 기반하고 있다(Leenaders & Gabbay, 1999). 한국사회처럼 사회적 관계의 망이 조밀하고 복잡한 사회는 말할 것도 없고 서구사회에서도 사회자본을 통해서 사업상의 업무를 해결하는 경우는 빈번하다. 특히 정부기관이나 중요한 자원을 제공하는 금융기관 같은 경우에는 기업조직에서 지속적으로 동원 가능한 사회자본을 확보하기 위해 노력한다. 한국의 기업에서 신입사원을 선발할 때 명문대학을 선호하는 이유가 본인의 인적자본이 우수하기 때문이기도 하지만 학연을 통해서 동원 가능한 사회자본을 염두에 둔 것이라는 연구결과들도 있다.

결국 기업 내의 사회자본이건 기업간의 사회자본이건 사회자본은 특정한 개인에게만 그 혜택이 돌아가는 것이 아니다. 기업 전체 차원에서도 축적된 사회자본의 스톡이 증가하면 할수록 기업의 성과가 높아질 뿐 아니라 조직 내외의 많은 문제들을 해결할 수 있는 가능성, 더 나아가 발생할 수 있는 문제점들을 미리 예방할 수 있는 가능성이 높아진다.

2) 기업에서 일하는 사람들의 동기부여는 금전적 · 물질적 형태를 주로 취하는 외재적 동기부여와 심리적 만족과 일체감 등을 중시하는 내재적 동기부여로 나뉜다.

참고문헌

김용학(2003), 「사회 연결망 이론」, 박영사.

유석춘(2003), 「사회자본: 이론과 쟁점, 그린.

Baker, W.(2000), *Achieving Success through Social Capital: Tapping the Hidden Resources in Your Personal and Business Networks*, San Francisco: Jossey-Bass.

Burt, R. S.(1992), *Structural Holes: The Social Structure of Competition*, Cambridge: Harvard University Press.

Cohen, D., & L. Prusak.(2001), *In Good Company: How Social Capital Makes Organizations Work*, Boston: Harvard Business School Press.

Leenders, R., & Gabbay, S. M.(1999), *Corporate Social Capital and Liability*, Boston: Kluwer Academic Publishers.

Lesser, E. L.(2000), *Knowledge and Social Capital: Foundations and Applications*, Boston: Butterworth-Heinemann.

Nohria, N. & Eccles, R. G.(1992), *Networks and Organizations: Structure, Form, and Action*, Boston: Harvard Business School Press.

Wenger, E.(1998), *Communities of Practice: Learning, Meaning, and Identity*, Cambridge: Cambridge University Press.

04 사회적 자본의 형성과 활용

이경묵
kmlee@snu.ac.kr

다른 사람들과 좋은 관계를 맺는 사람들이 그렇지 않은 사람들에 비해 더 행복하고 건강하게 장수한다는 연구결과는 여러 번 제시되었다. 그런데 경제학적 사고를 이끌어 왔던 신고전파 경제학에서는 사람들간의 관계가 개인의 경제적 행위에 중요한 영향을 미치지 않는다는 기본 가정에 근거하고 있다. 그러나 사람들의 경제적 행동을 관찰해 보면 사회적 관계가 매우 중요한 역할을 한다는 것을 알 수 있다.

이러한 인식에 근거하여 1980년대 후반부터 사회적 자본에 대한 연구가 진행되어 왔다. 2002년에는 세계적으로 권위 있는 학회 중의 하나인 미국경영학회(Academy of Management)에서 학술 대회의 가장 큰 주제로 "효과적인 네트워크의 구축"을 택할 정도로 사회적 자본에 대한 연구가 인기를 끌고 있다. 사회적 자본은 조직 이론에서뿐만 아니라, 경영전략, 사회학, 정치학, 경제학에서까지 연구하는 핵심 연구분야로 성장하였다. 사회적 자본은 다양한 수준에서 논의될 수 있지만, 이 글에서는 개인수준의 사회적 자본을 소개하고, 구축방안을 논의하고자 한다.

사회적 자본의 개념

사회적 자본(social capital)은 다양한 사회과학 분야에서 연구되고 있고, 개인수준에서부터 사회수준까지 그 개념이 정의되는 수준도 매우 다양하다. 하지만 사회적 자본은 "사회적(social)"이라는 단어와 "자본(capital)"이라는 단어의 합성어이기 때문에 이 두 단어의 의미에 따라 사회적 자본을 개념화할 수 있다는 점에 대해서는 학자들간에 이견이 없다.

"사회적(social)"이란 어떤 개인이 독점으로 소유하는 것이 아니라, 유대관계 연결망상에 존재한다는 것을 의미한다. 물적자본이나 인적자본은 법에 의해 소유권이 정의되거나 신체와의 분리 불가능성으로 인해 특정 주체가 그 일부 또는 전부를 독점적으로 소유하지만, 사회적 자본은 유대관계를 맺고 있는 양자에 의해 공동으로 소유된다(Burt, 1992). 그러나 공동소유라는 특성이 개별 행위자의 관점에서 사회적 자본을 논의할 수 없다는 것을 의미하지는 않는다. 즉 개별 행위자의 사회적 자본은 그 행위자와 유대관계를 맺고 있는 행위자들이 어느 정도 다양하고, 그 유대관계의 강도가 얼마나 강한가 혹은 특정 행위자가 전체 유대관계 연결망상에서 어떤 위치를 점하고 있느냐에 의해 논의될 수 있다. 그리고 자본(capital)이란 어떤 목적을 성취하기 위해 활용될 수 있는 것을 의미한다. 새로운 사업기회 탐색, 빠른 승진, 영향력 행사, 수익창출 등 우리가 추구하는 목적을 성취하는 데 도움이 된다는 것이다. 이 둘을 결합해 보면 사회적 자본은 기본적으로 유대관계 연결망상에 존재하면서 행위자의 목표성취를 도와주는 것이라고 정의할 수 있다.

사회적 자본은 다양한 수준에서 정의될 수 있다. 즉 개인수준에서도 정의될 수 있고, 조직수준에서도 정의될 수 있으며, 더 나아가 사회나 국가수준에서도 정의될 수 있다. 개인수준에서의 사회적 자본은 특정 경제주체가 다른 사람들이나 조직과의 관계 네트워크를 통해서 조달할 수 있는 자원의 총합으로 정의할 수 있다. 자신의 관계 네트워크를 통해서, 즉 직접적으로 알고 있는 사람, 혹은 다른 사람의 소개를 통해 간접적으로 알 수 있는 사람들을 통해 조달할 수 있는 자원의 양이 많으면 많을수록 사회적 자본이 풍부하다고 할 수 있다. 사람들은 가족, 친척, 학교 동창, 기타 다양한 타인들 그리고 조직체와 관계를 맺는다. 사람들은 그들이 지속적으로 접촉하는 일부의 타인들만 신뢰하고 지원하며, 일부의 타인들에게만 지원을 요청한다. 그렇기 때문에 사람들마다 자신의 관계 네트워크를 통해 조달할 수 있는 자원의 양이 다르며, 그것에 따라 자신이 추구하는 목표성취 가능성이 좌우된다.

사회적 자본, 인적자본과 개인성과

개인의 인적자본(human capital)이란 교육과 경험을 통해 축적된 지식, 기능 혹은 노하우를 의미한다. 즉 개인이 알고 있는 것을 말한다. 반면에 사회적 자본은 특정인이 누구를 알고 있고, 누구를 알지 못하는지에 의해 결정된다.

개인의 인적자본의 축적과 사회적 자본의 형성과정에서는 [그림 VIII-7]에서 보듯이 정(+)의 상승작용이 많이 발생한다. 사람들은 실력 있는 사람들과 유대관계를 맺으려 한다. 왜냐하면 그럼으로써 더 많은 것을 배우거나 얻을 수 있기 때문이다. 따라서 실력을 갖춘 사람들은 별도의 탐색활동이나 투자가 없이도 쉽게 사회적 자본을 구축할 수 있다. 사회적 자본도 인적자본의 형성에 긍정적인 영향을 미친다. 즉 모르는 것이 있을 때 좋은 인적 유대관계를 맺고 있는 사람은 그 분야의 전문가에게 도움을 얻어 효율적으로 인적자본을 구축할 수 있다.

그런데 때로는 풍부한 사회적 자본이 인적자본의 축적을 방해하는 상황도 발생한다. 이렇게 되는 이유는 한 번 맺어진 유대관계를 지속시키기 위해서는 상당한 유지 및 보수노력이 필요하기 때문이다. 우리가 어떤 사람과 신뢰관계를 한 번 맺었다고 해서, 그 관계가 영원히 지속되는 것은 아니다. 신뢰관계를 지속시키기 위해 상대방의 애경사에

[그림 VIII-7] **사회적 자본과 인적자본 간의 관계**

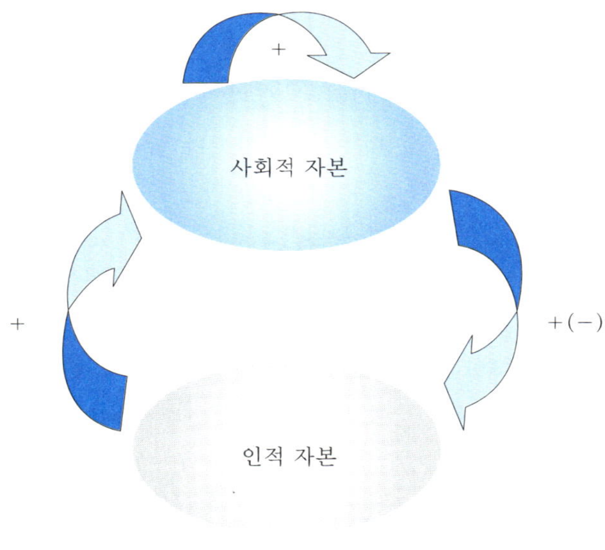

도 참여해야 하고, 가끔 만나서 대화를 나누어야 한다. 그런데 모든 사람에게 하루에 똑 같은 24시간밖에 없기 때문에 아는 사람이 너무 많으면 가만히 앉아 실력을 쌓을 시간이 줄어든다. 그렇기 때문에 사회적 자본을 효율적으로 구축하고 유지하는 것이 중요한 이슈가 된다.

이 그림에서 보면 사회적 자본은 그 자체로 추가적인 사회적 자본을 구축하는 데 공헌 한다. 기존에 구축해 놓은 풍부한 사회적 자본이 새로운 사회적 관계를 형성하는 지렛대로서의 역할을 할 수 있기 때문이다. 예를 들면, 핵심 권력 실세와 친밀한 관계를 맺고 있는 사람은 그 관계를 활용하여 새로운 관계를 구축할 수 있다. 실세와의 연계를 통해 다른 사람들을 도와줄 수 있기 때문이다.

사회적 자본과 인적자본이 가치창출에 공헌하는 것은 [그림 VIII-8]로 설명할 수 있다. 인적자본이 가치를 창출하는 과정에서 사회적 자본이 널뛰기 판의 중심축으로서의 역할을 한다는 것이다. 사회적 자본의 크기가 고정되어 있다면 인적자본이 크고 무거울수록 많은 가치를 창출할 수 있다. 인적자본의 크기가 고정되어 있다면 사회적 자본의 크기가 클수록 많은 가치를 창출할 수 있다. 여기서 중요한 것은 인적자본과 사회적 자본이 산출된 가치에 미치는 영향이 더하기로 표현되는 것이 아니라, 곱하기로 표현된다는 것이다. 사회적 자본의 크기가 0이면 인적자본이 아무리 크더라도 가치를 창출할 수 없으며, 인적자본의 크기가 0이면 사회적 자본이 아무런 가치를 창출하지 못한다.

[그림 VIII-8] **인적자본, 사회적 자본과 가치창출 간의 관계**

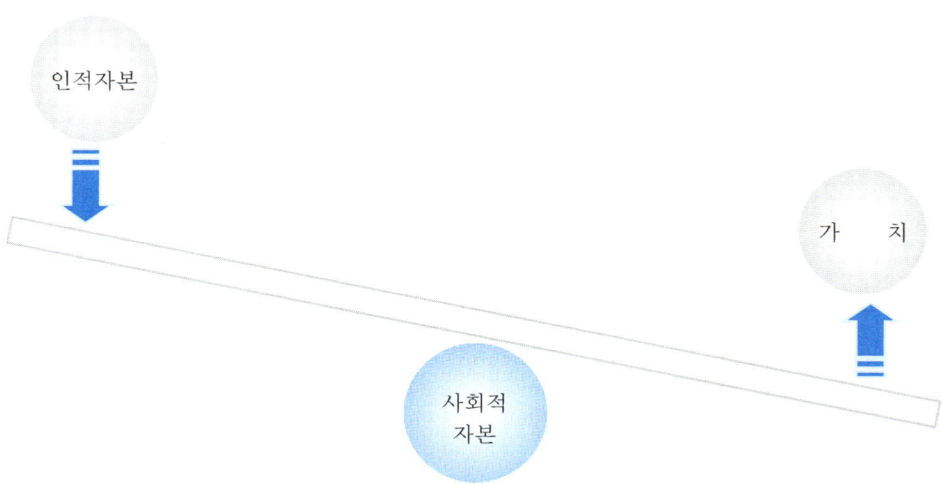

우리는 사회에서 실력은 있으나 성공하지 못한 사람들을 많이 본다. 이들은 대부분 대인관계를 잘못 관리했기 때문에, 즉 사회적 자본을 형성하지 못하였기 때문에 실패한 사람이다. 어떤 사람이 제갈 공명이나 장자방 같은 실력이 있다고 하더라고 그 실력을 믿어 주고 활용해 주는 사람이 없다면, 실력을 발휘할 수 있는 기회가 없기 때문에 성공할 수 없다. 한편 실력은 없으나 단기적으로 성공한 사람들도 많이 본다. 정치판에서 활동하다가 공기업의 사장으로 임명된 사람들이 그 예이다. 그러나 이들의 성공이 내적 실력배양에 의해 뒷받침되지 않는 한 단기적 성공에 그치고 만다. 요컨대, 개인이 내적 역량을 갖추고 있지 못하면 타인과의 지속적인 상호작용시에 계속적으로 도움만 받아야 하는데, 이는 "주고 받음"의 공리에 어긋나기 때문에 상대방이 같이 일하려 하지 않는다. 즉 인적자본과 사회적 자본을 동시에 갖춘 사람만이 장기적으로 성공할 수 있다는 것이다.

사회적 자본이 중요한 상황

그러면 사회적 자본은 언제, 어느 때나 경제적인 혜택을 가져다주는 것인가? 시장이 완전경쟁 상황이라면 사회적 자본은 아무런 역할을 하지 못한다. 그러나 일반적으로 실제의 시장에서는 많은 불완전성이 존재한다. 정보가 편재되어 있고, 잠재적인 거래 당사자의 수도 한정되어 있으며, 모든 상황에 적합한 계약서를 작성하는 것도 불가능하다. 그렇기 때문에 사회적 자본이 중요한 역할을 하는 것이다. 가치창출에서 사회적 자본이 공헌할 수 있는 정도는 상황에 따라 달라지는데, 사회적 자본이 중요한 상황은 다음과 같이 정리할 수 있다.

첫째, 거래와 관련된 불확실성이 높은 상황이다. 상품의 객관적인 품질이 측정가능하고, 돈을 주고 상품을 받아 거래를 끝내는 것이라면 불확실성이 낮은 거래이다. 그러나 자동차 수리나 친구와의 동업 같은 것은 불확실성이 매우 높은 거래이다. 자동차에 대해 지식이 부족한 사람이 고장난 차를 카센터에 맡길 때는 바가지를 쓸 가능성이 높다. 지식의 차이로 인해 거래와 관련된 불확실성이 높기 때문이다. 이런 상황에서 우리는 믿고 신뢰하는 사람과 거래하는 경향이 있다. 불확실성이 높을수록 신뢰관계가 중요해지는 것이다.

둘째, 성과표준이 애매할수록 거래행위에서 사회적 자본이 중요해진다. 상품이나 서비스의 품질을 확실성하에서 측정할 수 있다면 거래 당사자를 선택할 때 그 동안 거래를 해 왔던 기업에서 생산한 것이라고 하여 그냥 구매하지는 않는다. 잠재적인 거래 당사자들이 제시한 재화나 서비스의 품질과 가격을 비교하면서 거래 당사자를 결정한다. 그러나 복잡한 상품일수록, 다양한 기능을 갖춘 제품일수록, 제조업보다는 서비스산업에서 상대방을 믿을 수 있느냐가 중요해진다.

셋째, 처음 보는 사람에 대한 신뢰의 정도가 낮은 사회일수록 신뢰관계의 가치가 커진다. 처음 보는 사람에 대한 신뢰의 정도나 오랜 기간 동안 함께 협동한 사람에 대한 신뢰의 정도가 같은 사회에서는 누구를 알고 있느냐에 따라 성공 여부와 좌우되지 않는다. 처음 보는 사람은 모두 사기꾼으로 보는 사회에서는 사회적 자본의 가치가 매우 크다. 왜냐하면 사람들이 기존에 알고 있던 사람들하고만 상호작용을 하고 거래하려 하기 때문이다. 그렇기 때문에 신뢰배반 행동에 대한 사회 제재 시스템이 잘 되어 있는 미국이나 일본에서보다 한국에서 사회적 자본의 경제적 가치가 높고, 한국에서보다는 중국에서 사회적 자본의 가치가 높다.

사회적 자본이 경쟁우위의 원천이 되는 이유

사회적 자본은 어떤 이유로 경쟁우위의 원천이 되는가? 사회적 자본은 경제주체간의 신뢰형성을 통한 거래비용의 절감, 사회적 자본형성을 위한 투자의 매몰비용적 성격, 정보유통의 촉진, 주고받음을 통한 기회와 위험의 공유, 새로운 경제적 가치의 창출 등 다양한 역할을 하기 때문에 경쟁우위의 원천이 된다.

첫째, 경제적인 거래에 있어서 거래 참가자간의 상호 신뢰는 거래비용을 현격하게 줄여준다. 여기서 거래비용이라 함은 거래 당사자들이 거래와 관련된 계약서를 작성하는 데 들어가는 비용, 상대방이 약속한대로 이행하고 있는지를 감시·감독하는 데 들어가는 비용, 상대방이 계약을 위반했을 때 소송제기 등 구제방안을 실행하는 데 들어가는 비용 등을 포함한 것이다. 서로를 믿지 못하는 사람들이 거래할 때는 많은 거래비용을 지불해야 하지만, 아주 깊이 신뢰하는 사람들이 거래할 때는 거래비용을 줄여 양자가 경쟁우위를 점할 수 있다.

둘째, 사회적 자본형성에 투자된 비용이 매몰비용적 성격을 가지기 때문에 경쟁우위의 원천이 된다. 신뢰관계는 그냥 형성되는 것이 아니라, 시간과 자원을 투자할 때 형성된다. 만약 사회적 자본의 형성에 있어서 투자가 필요하지 않다면 상호신뢰와 지원관계를 미리 구축해 둘 필요가 없다. 필요한 시점에서 구축하면 그만이다. 또 사회적 자본구축을 위해 투자한 비용을 언제든지 회수할 수 있다면 미리 신뢰관계를 만들어 놓을 필요가 없다. 기존에 필요 없어진 관계를 청산하여 투자분을 회수하고, 그것을 새로운 관계형성에 투자하면 되기 때문이다. 그러나 현실에서 다른 사람과 관계를 맺기 위해 투자한 시간과 비용을 상대방에게 갚으라고 요구할 수 없기 때문에 위의 비용은 매몰비용의 성격을 갖는다. 따라서 사람들은 다른 조건이 동일하다면 처음 보는 사람보다는 과거에 거래해 왔던 경제주체와 거래하는 경향이 있다. 그렇기 때문에 풍부한 사회적 자본을 구축해 놓은 사람들이 경쟁우위를 점할 수 있다.

셋째, 사람들의 인적 연결망이 정보유통경로로서의 역할을 하기 때문에 풍부한 사회적 자본을 형성한 사람은 경쟁자보다 훨씬 정확하고 가치 있는 정보를 빠르게 확보할 수 있다. 새로운 사업기회에 대한 정보, 투자기회에 대한 정보, 취업기회에 대한 정보, 이직기회에 대한 정보 등 경제적으로 가치 있는 정보를 입수함에 있어 우위를 점할 수 있기 때문에 전반적인 경쟁에서도 우위에 있을 수 있다.

넷째, 서로 믿고 신뢰하는 사람들은 주고받음을 통해 기회와 위험을 공유함으로써 경쟁우위를 취할 수 있다. 모든 관계는 기본적으로 주고받음(reciprocity)의 원리에 의해 유지된다. 서로 주고받는 것이 어느 정도 유사해야 관계가 지속된다는 것이다. 신용이 있는 사람들은 어려울 때 서로를 도와주고, 부가가치를 창출할 수 있을 때는 함께 협력함으로써 서로 이익을 볼 수 있다.

다섯째, 풍부한 사회적 자본을 구축한 사람은 자신의 역량과 상호보완적인 역량을 갖춘 사람과 협력할 수 있는 기회를 많이 가지기 때문에 경쟁우위에 있을 수 있다. 사회가 전문화되면서 한 개인의 특정 분야에 특화된 지식이나 능력만으로 해결될 수 없는 일이 많아지고 따라서 상호보완적인 능력을 지닌 사람들이 협조하여야만 성사될 수 있는 일이 많아지고 있다. 과거에 신뢰받을 행동을 하고, 다른 사람에게 많은 도움을 준 사람들은 타인과의 협력기회를 쉽게 찾을 수 있기 때문에, 자신의 인적자본에서 가치를 창출할 수 있는 기회를 더 많이 찾을 수 있다.

사회적 자본의 측정

사회적 자본을 제대로 측정하기 위해서는 우리가 직접 알고 있는 사람들이 어떤 사람들이며, 그 사람들이 우리에게 어떤 도움을 줄 수 있는지를 알아야 한다. 또 우리가 한 사람의 소개를 통해 간접적으로 알 수 있는 사람들이 누구이고 그 사람들이 우리에게 어떤 도움을 줄 수 있는지를 알아야 한다. 더 나아가 두 번의 소개를 통해 알 수 있는 사람, 세 번의 소개를 통해 알 수 있는 사람이 누구인지를 알아야 한다. 따라서 사회적 자본의 정교한 측정은 굉장히 어렵다.

[그림 VIII-9] **전체 네트워크**

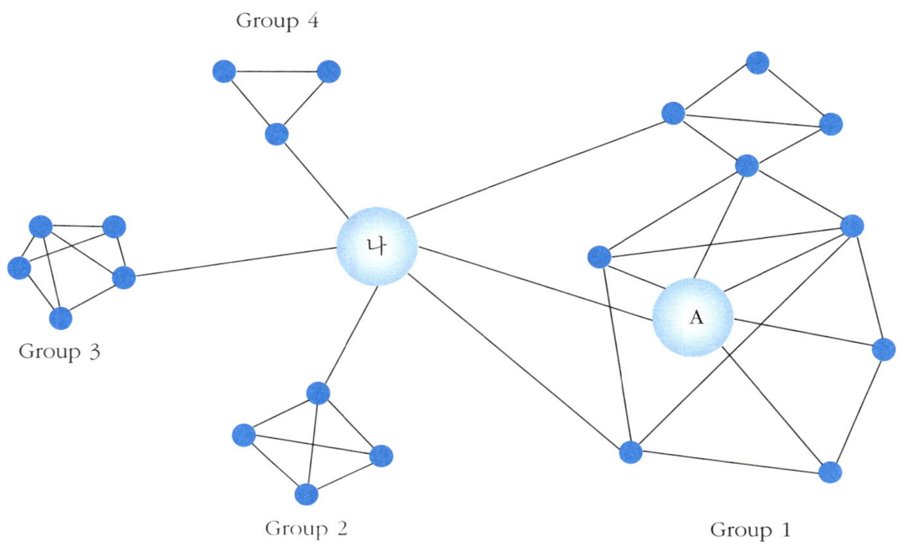

사회적 자본을 정교하게 측정하기 이전에 먼저 우리가 관계를 맺고 있는 사람들이 누구이고, 그들이 어떤 사람들과 신뢰와 지원관계를 맺고 있는 지를 그림으로 그려 볼 필요가 있다. 2단계까지 그린 그림의 예가 [그림 VIII-9]이다. 여기서 실선은 연결된 두 사람이 신뢰와 지원관계를 맺고 있다는 것을 의미한다. 물론 어느 정도의 신뢰와 지원관계를 실선으로 할 것이냐는 무엇을 기준으로 하느냐에 따라 달라진다. 예를 들어, 상대방이 100만원 이상을 무상으로 지원해 줄 정도의 관계로 할 때와 간단하게 전화해서 정보와 아이디어를 제공해 줄 수 있는 관계로 할 때 실선의 수가 달라진다. [그림 VIII-9]는 매우 깊은 신뢰와 지원관계를 갖는 경우를 상정한 것이다.

위의 전체 네트워크에서 "나"를 중심으로 해서 내가 직접 관계를 맺고 있는 사람들간의 관계, "A"가 직접 관계를 맺고 있는 사람들간의 관계를 그림으로 그린 것이 다음의 [그림 VIII-10]이다. 그림 속의 "나"와 같이 서로를 잘 모르는 사람들과 관계를 맺고 있는 네트워크를 기업가적(entrepreneurial) 네트워크라고 하고, A와 같이 직접 유대관계를 맺고 있는 사람들간에도 밀접한 유대관계가 존재할 때 폐쇄된(closed) 네트워크라고 한다. 학교 동창간의 관계나 가족 구성원간의 관계는 폐쇄된 네트워크인 반면, 우리가 일을 하면서 만나게 되는 다양한 분야에서 일하고 있는 사람들간의 관계는 기업가적 네트워크가 되는 것이 보통이다. 폐쇄적 네트워크는 참가자들의 희생과 봉사를 통해 공통

[그림 VIII-10] **기업가적 네트워크와 폐쇄된 네트워크**

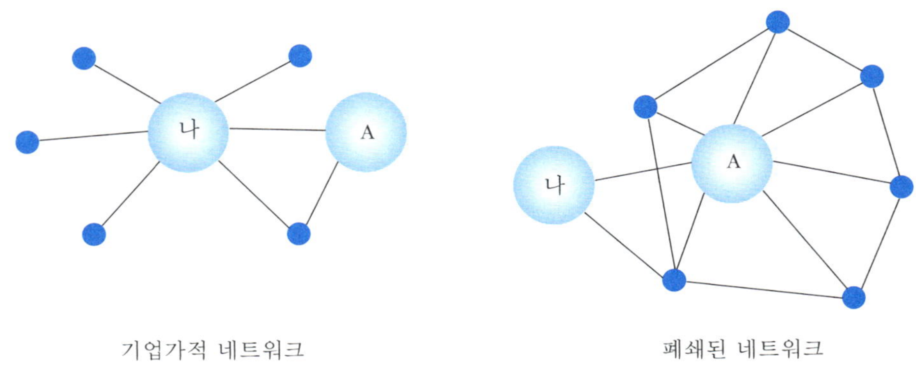

의 목표를 추구하는 데는 장점이 있으나, 서로 유사한 정보, 자원을 가질 가능성이 높기 때문에 네트워크를 통한 다양한 정보와 자원을 확보하는 데는 약하다. 그런데 사람들은 폐쇄적 네트워크를 만들려는 성향이 강하다. 친구의 친구와 내가 다시 친구가 되는 성향이 있다. 서로 유사한 사람들이 만날 때 편안함을 느끼기 때문이다. 따라서 사회적 자본의 확충을 위해서는 의도적으로 기업가적 네트워크를 형성하기 위해 노력할 필요가 있다. 즉 유효규모가 크고, 다양한 사람들과 인적 유대관계를 형성할 필요가 있다.

사회적 자본 구축방안

기업가적 네트워크의 구축방안을 알아보기 전에 유대관계 형성의 일반적 성격에 대해 알아둘 필요가 있다. 다른 사람들과의 유대관계는 업무, 사회봉사, 종교생활 등 우리의 일상적 생활을 통해 자연스럽게 형성된다. 우리가 유대관계 형성 그 자체를 목적으로 다른 사람을 만나게 되면 거의 대부분 실패한다. 평소에는 그렇지 않은 사람이 아무 이유 없이 다른 사람에게 과도한 은혜를 베풀려 한다면, 그 다른 사람은 그 저의를 먼저 의심할 것이다.

타인과의 유대관계를 형성하기 위해서는 평소에 신뢰받을 만한 행동을 하고 우리가 자연스럽게 만나는 사람들을 도와주기 위해 노력해야 한다. 특히 받을 것을 계산하지 않고 다른 사람을 도와줄 때 유대관계가 형성된다. 내가 이만큼 당신을 도왔으니 당신도 나에게 빚을 갚아야 한다는 신호를 보내면 그 사람은 빨리 빚을 갚고 관계를 청산하려 하지 장기적인 유대관계를 원하지는 않을 것이다.

기업가적 네트워크를 구축하기 위해서는 다양한 사람들과 유대관계를 형성할 필요가 있다. 다양한 사람들과 자연스럽게 유대관계를 형성하기 위해서는 다양한 모임에 참여하고 다양한 활동을 하여 다양한 사람들과의 접촉기회를 증진시켜야 한다. 직장에서 일만 하고 나머지 생활을 집에서만 보낼 때는 기업가적 네트워크를 구축하기 어렵다. 다양한 활동을 하여 기업가적 네트워크를 구축해 놓은 사람을 연결핀(linchpin) 역할을 하는 사람이라고 부른다. 이들은 한 다리, 혹은 두 다리를 건너서 알 수 있는 사람들의 수가 굉장히 많다. 아래에서는 사회적 자본 형성방안을 같은 조직내부 구성원과의 관계형성방안과 다른 조직에서 일하고 있는 사람과의 관계형성방안으로 구분하여 설명하고자 한다.

같은 조직에서 일하는 사람들과의 관계형성

우리가 조직 내에서 얼마나 효율적으로 일할 수 있는가는 우리의 실력에 의해서도 결정되지만, 우리가 다른 사람들과 얼마나 질 높은 네트워크를 구축해 놓았는가에 의해서도 결정된다. 같은 부서 내에서 우리를 지원해 주는 사람이 얼마나 되며, 타 부서에서 우리를 지원해 주는 사람이 얼마나 되는가가 중요하다는 것이다.

질 높은 네트워크의 구축을 위해서 가장 중요한 것은 자신이 속한 부서나 팀에서 인정을 받아야 한다는 것이다. 같은 부서나 팀에서 함께 근무하는 사람들과는 일을 하는 과정에서 관계가 형성된다. 물론 항상 긍정적인 관계가 형성되는 것은 아니다. 자신의 책임을 다하기 위해 노력하고, 같이 일하는 다른 사람들을 적극 도울 때 긍정적인 관계가 형성된다. 능력이 있고 믿을 만한 사람이라는 내부적 평가는 부서 동료들의 네트워크를 통해 타 부서의 사람들에게도 전해진다. 그렇게 되면 매우 효율적으로 타 부서의 사람들과의 유대관계를 형성할 수 있다.

다양한 타 부서 사람들과 유대관계를 형성하기 위해서는 여러 부서의 사람들과 자연스럽게 접촉할 수 있는 기회를 창출해야 한다. 이를 위해서는 다양한 부서의 사람들과 접촉할 수 있는 직무를 자원하는 방안, 직무순환 기회나 해외근무 기회를 적극적으로 활용하는 방안, 여러 부서의 사람들이 참여하는 교육과 훈련기회에 적극적 참여, 조직 내에서 만들어지는 각종 다기능 위원회, 태스크 포스 팀에 참여하여 적극적으로 공헌하는 방안, 조직 내에 형성되어 있는 각종 동아리에 참여하는 방안 등 다양한 방안을 활용할 수 있다. 이런 일들이 대부분 우리의 직무범위 외에 추가적으로 부과되는 일이지만, 그런 일을 하는 과정에서 타 부서 사람들과 관계를 형성할 수 있고, 추후 필요할 때 그 사람들의 도움을 얻을 수 있다.

조직 내에서 제공되는 각종 만남의 기회가 제한되어 있다면 자신이 새로운 프로그램이나 모임을 주도할 수도 있다. 예를 들어, 자신과 같은 취미나 여가활동을 함께 하는 사람들의 모임, 같은 종교를 가진 사람들의 모임, 혹은 유사한 직무를 수행하는 사람들 간의 모임을 창출할 수 있다.

다른 조직에 근무하는 사람들과의 유대관계의 형성

다른 조직에서 근무하는 사람들과의 유대관계도 중요하다. 외부로부터의 도움의 필요성은 조직 내에서 상위직으로 올라갈수록 커진다. 다양한 사람들과 유대관계를 맺는데 있어서 가장 중요한 것은 자신의 일을 실행하는 과정에서 만나게 되는 사람들을 돕기 위해 노력하는 것이다. 영업직에 종사하는 사람이 고객의 이익을 희생시켜서라도 자신의 이익을 취하려 한다면 고객과의 유대관계를 형성할 수 없다. 영업직에서 성공한 사람들을 보면 다들 고객을 위해 최선을 다하는 과정에서 최고의 실적을 올릴 수 있었고, 그 결과로서 높은 수익을 볼 수 있었다고 한다. 자신의 이익을 희생해서라도 고객을 위해 최선을 다 한다면, 그 고객이 자신을 신뢰할 것이고 더 나아가 아는 사람들을 신규고객으로 소개시켜 준다고 한다. 이러한 사실은 영업직뿐만 아니라 구매부서나 외부인과 접촉해야 하는 일이 많은 직무를 담당하고 있는 사람들에게도 해당된다.

다양한 유대관계를 형성하기 위해서는 다양한 사회적 활동을 해야 할 필요가 있다. 구체적인 방안으로 네트워크 형성이 용이한 지역에 주거하는 방법, 지역별 상공회의소나 협회에 적극적으로 참여하여 활동하는 방안, 봉사단체나 종교단체 참여, 마라톤 동호회와 같은 지역별 동호회 활동에의 참여, 사이버 커뮤니티 참여, 같은 일을 하는 사람들이 정보와 지식을 공유하는 실무자 공동체(community of practices)에의 참여 등 다양한 방안을 생각해 볼 수 있다.

사회에서 제공되는 제도적 기회가 충분하지 않을 때는 자신이 자발적으로 모임을 만들어 볼 필요가 있다. 자신이 만들 때는 굉장히 많은 시간과 노력이 필요하지만 모임이 활성화될 때는 투자한 것 이상의 효과를 얻을 수 있다. 예를 들어, 자신과 같은 취미나 직업을 가진 사람들을 위한 모임을 인터넷상에서 만들 수 있다. 혹은 사회봉사 활동을 위한 단체를 자신이 직접 만들 수 있다. 이런 활동을 통해 다른 사람들을 위해 공헌할 때 긍정적인 유대관계가 형성된다.

결 론

앞서 우리는 사회적 자본의 개념이 무엇이고, 우리의 사회적 자본을 어떻게 측정할 수 있는가, 어떻게 사회적 자본을 형성하고 활용할 수 있는가에 대해 살펴보았다. 사회적 자본의 형성에 대해 다시 한번 강조하고 싶은 점을 정리하면 다음과 같다.

첫째, 우리의 성공은 우리가 아는 것이 무엇인가에 의해서도 영향을 받지만 우리가 누구를 아는가, 우리를 위해 자신을 희생할 수 있는 사람이 누구인가에 의해서도 큰 영향을 받는다. 우리를 믿고 지원해 주는 사람이 많을수록 우리가 가진 능력으로부터 더 많은 가치를 창출할 수 있다.

둘째, 기업가적 네트워크 형성을 위해 노력할 필요가 있다. 우리의 일반적인 성향은 폐쇄된 네트워크를 만드는 것이다. 그러나 폐쇄된 네트워크는 우리가 네트워크를 통해 조달할 수 있는 자원을 한정시키고, 학연 · 혈연 · 지연에 근거한 집단화라는 사회적 문제를 야기한다. 기업가적 네트워크의 형성을 위해서는 서로 다른 분야에서 일하는 사람들과 협력할 수 있는 다양한 기회를 창출해야 한다.

셋째, 자연스럽게 다른 사람을 만나는 기회가 사회적 자본을 구축할 수 있는 기회가 되기도 하고, 위기가 되기도 한다. 평소에 신뢰받을 만한 행동을 하고, 자신의 일에 최선을 다하고, 다른 사람들을 도와주려 노력할 때 사회적 자본이 구축된다. 역으로 너무 잘난 체한다거나, 다른 사람의 이익을 희생시켜서라도 자신의 이익을 증진시키려 한다면 사회적 자본이 아니라 사회적 부채를 쌓는 결과를 낳을 것이다.

넷째, 사회적 자본의 구축을 위해서는 받을 것을 생각하지 않고 다른 사람이나 모임을 도와야 한다. 타인을 돕기 위해서는 타인을 도울 수 있는 능력이 있어야 한다. 타인을 돕는 데 있어서 가장 효율적인 방법은 자신의 전문지식을 활용하는 방법이다. 왜냐하면 전문지식이란 사용하여 없어지는 것이 아니라, 사용할수록 개발되는 것이기 때문이다. 타인을 도울 수 있는 사람이 되기 위해 적극적인 자기개발과 실력배양이 요청된다.

마지막으로 앞에서 다룬 내용들을 기억하고 있는 것만으로는 우리에게 아무런 가치도 창출해 주지 않는다. 사회적 자본의 형성과 활용방안을 적극적으로 실행할 때에만 가치를 창출시켜 준다. 자 이제 밖으로 나아가 봉사하고 도와주며 사회적 자본을 구축해 보자.

참고문헌

Baker, W. E.(2000), *Achieving Success through Social Capital*, San Francisco: Jossey-Bass.

Becker, G. S.(1964), *Human Capital*, New York, NY: Columbia University Press.

Burt, R. S.(1992), *Structural Holes*, Cambridge, MA.: Harvard University Press.

Chung, S., Singh, H., & Lee, K.(1996), *Complementarity, Status Similarity and Social Capital as Drivers of Alliance Formation*, Unpublished manuscript, University of Pennsylvania, Philadelphia, PA.

Coleman, J. S.(1988), "Social Capital in the Creation of Human Capital," *American Journal of Sociology*, 94, S95-S120.

Granovetter, M. S.(1985), "Economic Action and Social Structure: The Problem of Social Embeddedness," *American Journal of Sociology*, 31, 481-510.

Fukuyama, F.(1995), *Trust: The Social Virtues and The Creation of Prosperity*, New York: Free Press.

Uzzi, B.(1996), "The Sources and Consequences of Embeddedness for the Economic Performance of Organizations: The Network Effect," *American Sociological Review*, 61, 674-698.

05

변화하는 일의 세계에서 정서관리의 중요성[1)]

신강현
khs9933@ajou.ac.kr

현재 세계는 과거 어느 때보다 빠르게 변화하고 있으며 이러한 정치, 경제, 기술 및 문화의 변화는 일의 세계에도 큰 영향을 미치고 있다. 가장 두드러진 특성 중의 하나는 서비스 산업이 전체 산업에서 차지하는 비중이 크게 증가하여, 전 세계적으로 가장 큰 산업으로 자리매김했다는 것이다. 우리나라의 경우도 서비스업의 고용비중은 1970년 이후 지속적인 증가추세를 보이고 있다. 특히 1980년대 말 이후에는 서비스업의 고용비중이 매우 빠른 속도로 증가하여 1990년과 1998년에는 각각 54.5%와 68.0%의 수준을 나타내고 있다.

많은 기업들은 고객만족이나 고객감동 등을 강조하면서, 고객에게 최상의 서비스를 제공하여 기업의 이익을 창출하려고 노력하고 있다. 특히 과학과 기술의 발전으로 많은 기업들이 시장에 내놓는 제품들은 그 기능과 품질면에서 균등화되고 있는 점을 감안한다면, 서비스업 종사자들이 제공하는 서비스의 질 자체가 기업의 경쟁력을 결정하는 데 중요한 요인이라고 할 수 있겠다. 이러한 과정에서 서비스업 종사자들, 특히 고객과 접

1) 출처: 인크루트 경력개발연구소(2005), "변화하는 일의 세계에서 정서관리의 중요성,"「인재경영」, 6월호, pp. 112-117에서 전재함.

점에 있는 종업원들은 이윤창출의 극대화를 위해 조직에서 규정하고 있는 여러 가지의 고객 응대규칙에 의해 통제되어 자신의 감정을 규칙에 맞게 조절하거나, 변화시켜야 하는 상황에 처하게 된다. 현재까지 국내 많은 기업들은 이들 서비스업 종사자들이 겪는 문제들에 대해서 적절히 대처하지 못하고 있는 것이 현실이다. 이 글에서 필자는 서비스 산업 종사자들이 겪는 정서적인 노동과 직무탈진을 기술하고, 조직에의 시사점을 제시하고자 한다.

정서: 왜 중요하게 고려되어야 하나

우리는 일상생활에서 희로애락의 감정을 느끼며 살고 있다. 마찬가지로 직장생활을 하는 데 있어서도 주어진 환경만 다를 뿐, 주어진 일을 수행하는 과정에서 이러한 감정들을 표출하거나 억제하며 직무를 수행한다. 이러한 감정 또는 정서가 조직에서의 직무수행에 중요한 변수임에도 불구하고 충분히 논의되지 않았다. 스티븐 로빈스(2003)는 그 이유를 두 가지로 제시하고 있다. 첫째, 합리성의 신화(myth of rationality)를 지적하고 있다. 테일러(Taylor)에 의해서 주창된 과학적 관리는 조직의 생산성을 향상시키기 위해 종업원의 정서를 통제하는 방향으로 조직을 설계하기 시작했다. 과학적 관리의 관점에서 볼 때, 개인이 느끼는 정서라는 것은 합리적 사고를 방해하는 부정적인 요인으로 보였던 것이다. 둘째, 정서를 고려할 때, 구성원이 자신의 업무를 효과적으로 수행하는 데 방해가 되는, 특히 분노(anger)와 같은 부정적인 정서에만 집중하였다. 다시 말하면, 대인관계나 직무수행을 촉진시키는 기쁨, 즐거움과 같은 정적인 정서에는 관심을 두지 않았다.

정서는 대인관계적인 측면에서 중요한 역할을 한다. 많은 경우에 사람들은 대인관계의 지속과 발전을 위해 자신을 둘러싼 환경 또는 상황을 파악하고, 이에 적합한 정서를 표현하고자 노력한다. 예컨대 많은 사람들은 조직생활을 하면서 조직과 직무환경에서 원하는 정서를 파악하여, 자신의 실제 정서를 왜곡하거나 통제하는 경험을 한다. 왜냐하면 이렇게 하는 것이 바람직한 직무수행에 도움이 되기 때문이다. 조직에서의 정서문제는 특히 서비스업 종사자들에게 중요하다. 다른 노동과 차별되는 서비스업이 가지는 노동의 특성은, 서비스 제공자와 고객간의 상호작용 그 자체가 제품의 일부를 구성한다는 것이다. 이러한 이유로 서비스 노동에서는 종업원, 노동과정, 제품들이 분명하게 구분되지 않는다(김상표, 2000). 여기서 가장 핵심적인 특성은 고객간의 직접적 또는 간접적인 상호작용이다. 1차 산업이나 제조업은 자신이 가지고 있는 지식, 기술, 능력에 의해서 작업성과가 결정되는 반면 서비스업에서는 이러한 것들 이외에 고객의 협력이 필요한 것이다.

서비스업 종사자들은 바람직한 직무수행을 위하여, 자신의 감정표현을 조절하고, 고객이 원하는 심리적 상태(기쁨, 흥겨움)를 유발하여 높은 상호작용의 질을 형성하는 것을 필요로 한다. 기본적으로 서비스 업종을 주력으로 하는 조직의 성패는 고객의 만족이 회사의 이익과 직결된다는 것, 그리고 고객의 만족은 서비스 제공자가 고객을 어떻게 대하느냐에 의해서 결정될 것이다. 즉, 서비스 조직이 이익을 내느냐 못 내느냐는 고객만족 또는 감동을 일으킬 수 있는 서비스 제공자가 존재하는가의 여부에 의해 결정된다고 할 수 있다. 이러한 만족과 감동을 끌어내기 위한 노력은 정서적 노동이라고 할 수 있다.

정서적 노동의 내용과 규칙

정서적 노동이란 무엇인가

우리는 봉급을 받는 대가로 직무를 수행하면서 특정한 정서를 표현하기도 하고 억누르기도 한다. 혹스차일드(Hochschild, 1983)는 개인의 정서를 직업 또는 조직의 규칙에 맞게 조절하는 것을 정서적 노동이라고 정의하고 있다. 그러면 어떤 직업 또는 직무들이 정서적 노동을 하는 것으로 간주될 수 있는가에 대하여 다음의 세 가지 특성들을 제시하였다. 첫째, 고객과 얼굴을 맞대거나 목소리로 상호작용하는 직무, 둘째, 고객에게 정서적 표현을 하는 직무, 셋째, 자신이 표현하는 정서에 대해 고용주가 통제를 가할 수 있는 직무가 정서적 노동을 포함하는 직무라고 말할 수 있다.

또한 혹스차일드는 정서노동을 서비스 제공자가 행하는 하나의 연극으로 비유하였다. 즉, 서비스 제공자는 주연배우이고, 고객은 관객, 그리고 작업장 또는 매장은 무대라는 것이다. 예를 들어, 식당에서 일하는 종업원들이 있다고 하면, 종업원들(주연배우)은 식당(무대)에서 고객들(관객)에게 음식을 주문받고 나르는 것이다. 이 경우에 중요한 것은 서비스 제공자들과 고객들이 어떻게 상호작용하는 것인가이다.

정서적 노동의 표현규칙은 무엇인가

서비스 제공자와 고객들 간에는 상호작용시 어떤 규칙이 있는가? 여기에는 일정한 규칙, 즉 서비스 제공자와 고객간에는 당연히 표현되고 감추어져야 할 규칙이 존재한다. 이것을 표현규칙(display rule)이라고 한다. 서비스 조직은 이러한 규칙을 기반으로 종업원의 행동을 통제한다. 예를 들어, '매장에서 쾌활한 태도를 보여라', '모든 고객들을 응대하는 데 친절하고, 활력 있는 태도를 보여라' 등이 표현규칙의 예이다. 표현규칙은 조직에서 행하는 직무와 밀접히 관련되어져 있다. 위에서 제시한 쾌활, 친절, 활력은 일반적인 서비스 업종(판매원, 영업 사원 등)에 요구되는 것이지만, 공포, 위협 같은 정서의 사용은 부채회수와 관련된 직종에서, 중립적인 정서는 판사 또는 법률가들에게 요구되는 표현규칙들이다. 이러한 표현규칙에 따라 서비스 제공자는 고객을 대하고, 조직은 표현규칙을 잘 따르는 서비스 제공자를 통해 고객들에게 바람직한 이미지를 심어 주어, 궁극적으로는 고객만족과 충성심 있는(단골) 고객을 형성하려고 한다.

모두가 표현규칙을 따르는가

조직에서 제시한 표현규칙들에 대해서 종업원들 각각은 어떤 방식으로 받아들이고 있는가에 대하여, 이들이 행동하는 방식에 따라 두 가지(표면행동, 내면행동)로 분류될 수 있다(Ashforth & Humphrey, 1993). 첫째, 표면행동은 실제로 표현규칙에서 제안된 감정을 느끼지 않고 모방하는 것으로, 특정 감정의 표현이 요구될 경우에 얼굴 표정, 몸짓, 목소리 높이를 바꿈 등의 방식으로 표현규칙을 따르는 것이다. 둘째, 내면행동은 자신의 실제 감정이 표현규칙과 맞지 않을 경우에, 과거의 경험이나 훈련을 통해서 어떻게든 표현규칙에 근접한 감정을 표현하는 것을 말한다. 내면행동이 표면행동과 다른 점은 단순히 자신의 겉으로 드러나는 외양만을 바꾸는 것이 아니라 내적인 감정에도 변화를 주는 것이다. 따라서 표면행동을 하는 서비스 제공자의 경우에는 표현규칙과 실제 행동 간의 정서적 불일치를 경험하는 데 반하여, 내면행동을 하는 경우에는 이러한 불일치가 적거나 거의 경험하지 않을 것이다. 이러한 정서적 불일치감은 부정적인 자아를 형성하게 하며, 궁극적으로는 직무 자체에 대한 냉소적인 태도를 일으키게 된다.

혹스차일드는 내면행동의 실제적 방법으로 다음과 같은 예를 제안한다.

> 비행기 여승무원은 거슬리는 승객에 대한 자신의 분노를 통제하는 내면행동 기술에 대해 이렇게 말한다. 만약 그 사람이 술에 취해 있다면, 아마 비행기 타는 데 공포증이 있다고 생각한다. 그리고 스스로 생각하길, 이 사람은 어린아이 같다라고 생각한다. 이렇게 생각하니까 그 승객이 소리를 지르고 떠드는 것이 어린아이가 하는 것처럼 보여 화가 나지 않는다.

서비스 제공자들이 고객응대시에 표면행동만을 보일 때 그 조직은 경쟁에서 살아남기 어렵다. 예를 들어, 회사의 고객응대 기법에 따뜻한 미소와 감사의 표시라는 것이 명시되어 있다고 할 경우에, 단순히 기계적인 행동(표면행동)으로 이를 따르는 행위와 내면에서 비롯된 행위(내면행동)와는 고객이 받는 느낌에서 차이가 있을 것이다. 따라서 조직이 종업원들의 내면행동을 유도할 때, 서비스 제공자들이 표현규칙의 위반을 감소시키고 이익창출에 기여하도록 할 수 있을 것이다.

정서적 노동과 직무탈진의 관계

서비스 산업에서 많은 대인접촉을 필요로 한다는 사실을 전제로 할 때, 앞에서 살펴본 정서적 노동과 관련해서 가장 주목해야 할 점은 직무탈진(job burnout)이다. 직무탈진은 정서적으로 부담이 되는 환경에 오랜 시간 동안 노출됨에 의해 비롯되는 생리적 · 정서적 · 정신적인 소진 상태로 정의된다(Pine & Aronson, 1988). 직무탈진된 종업원의 특성은 크게 세 가지로 요약이 될 수 있다. 먼저 정서적 소진으로 에너지가 고갈된 상태이다. 즉, 업무를 수행하는 데 지쳐서 출근하는 것 자체가 힘이 들게 된다. 다음으로 직무에 대한 냉소적인 태도로 자신이 하는 일에 대해 소극적인 태도와 고객들에 대한 무관심을 나타낸다. 마지막으로 자신이 하고 있는 직무능력에 대한 자신감의 상실로 '나는 일을 잘 할 수 없다'와 같이 직무능력에 대해서 부정적인 평가를 하게 된다. 결과적으로 직무탈진이 된 종업원들은 자신이 맡은 직무에 대해 불만을 가지게 되고, 조직에 대한 몰입도가 감소하며, 궁극적으로는 직무를 그만두거나 퇴직을 하게 된다.

그렇다면 정서적 노동은 직무탈진과 어떤 관계가 있는 것인가? 이들간의 관계는 [그림 VIII-11]에 나타나 있다. 앞에서 살펴본 바와 같이 표면행동을 하는 서비스업 종사자들은 표현규칙과 실제 자신의 감정 간의 정서적 불일치를 경험한다. 이러한 불일치는

[그림 VIII-11] 정서적 노동과 직무탈진 간의 관계

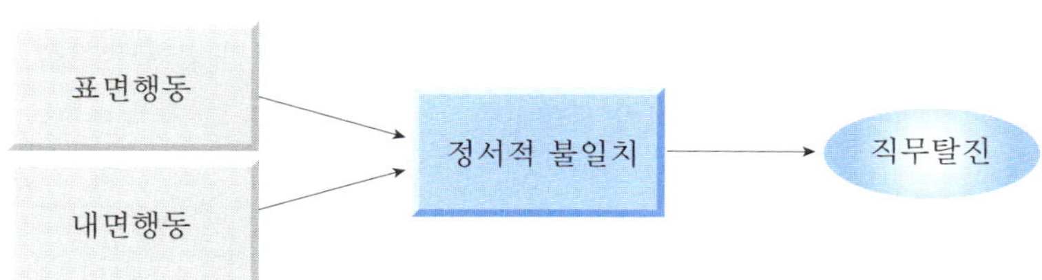

과도한 심리적 부담을 유발하여 서비스업 종사자들의 직무탈진을 유발한다. 즉, 표면행동을 하는 종업원들은 심리적 에너지가 고갈됨을 느끼고, 자신이 맡은 직무에 대해 거리를 두고 냉소적인 태도를 보이며, 상호작용하는 고객들에 대해 냉담한 태도를 보이게 된다. 반면 내면행동을 하는 서비스업 종사자들은 표면행동을 하는 종업원들과는 달리, 정서적 불일치성을 경험하지 않기 때문에 직무탈진을 경험하지 않는다. 이런 점에서 볼 때, 종업원들이 내면행동을 할 수 있도록 하는 교육은 상당한 이점을 가질 수 있다.

조직에의 시사점

앞에서 살펴본 바와 같이 서비스업 종사자들이 겪는 정서적 노동은 이미 광범위하게 나타나고 있는 현상이다. 그렇다면 조직에서는 이러한 문제들을 어떻게 다루어야 할지는 크게 3가지 측면(선발, 훈련, 관리)으로 요약될 수 있다. 첫째, 인적자원의 선발 측면에 대해서 말하자면 직무에 적합한 성격특성을 가지는 지원자들을 선발하는 것이다. 성격이라는 것은 지능과 구분되는 개념으로, 지능이 어떤 일을 할 수 있다는 측면을 말한다면, 성격은 어떤 일을 하고자 할 의지가 있다는 것을 말한다. 즉, 지능과 성격을 직무를 수행하는 데 있어서 상호보완적인 관계라고 말할 수 있다. 복잡하고, 정리가 어려웠던 인간의 성격은 약 10년 전에 크게 다섯 가지로 요약될 수 있음이 증명되었다. 성격의 5요인은 [표 VIII-2]와 같다.

[표 VIII-2]에 제시되 있는 성격 5요인들 중 서비스업 종사자들의 직무수행과 관련해서 중요한 요인은 외향성과 호감성일 것이다. 외향성이 가지는 사교적이고 적극적인 측

[표 VIII-2] 성격 5요인과 특성(Muchinsky, 2003)

성격 5요인	특 성
신경증(Neuroticism)[a]	개인의 정서적 불안정성 수준
외향성(Extraversion)	사교적이고, 주장이 강하고, 적극적이고, 말이 많고, 정열적이고, 외향적인 경향성
호감성(Agreeableness)	협조적이고, 도움을 주고, 함께 지내기 편한 경향성
성실성 (Conscientiousness)	목적의식이 분명하고, 의지가 강하고, 계획적이고, 자제력이 강한 성향
경험에 대한 개방성 (Openness to Experience)	호기심이 많고, 상상력이 풍부하고, 틀에 박히지 않은 성향

a: 실무에서는 신경증의 반대 개념인 정서 안정성을 사용하는 경우가 많다.

면은 고객들과의 관계의 초기에 어색한 만남을 완화시켜주는 역할(ice breaking)을 할 것이고, 호감성은 고객들과 친근하고 우호적인 관계를 지속하게 할 것이다. 따라서 이러한 성격특성을 선발 준거의 하나로 선정하여 초기에 변별해 낸다면 조직의 생산성뿐만 아니라 선발과정에 드는 비용면에서도 이점을 가질 수 있을 것이다.

선발과 관련해서 또 다른 시사점은 서비스업이라는 직무에 대한 명확한 기술이 필요하다는 것이다. 예컨대 서비스업이라는 것이 많은 경우에 '고객에게 적절한 서비스를 제공하고 그에 대한 대가를 받는 직업'이라는 것과 같이 막연하고 모호하게 인식되어 있을 가능성이 있다. 따라서 지원자가 채용되었을 때 해당 직무에서 일하는 것이 실제적으로 어떤 모습이 어떤 것이라는 것에 대해 분명하고 현실적인 기대를 가지게 하는 현실적 직무 소개(Realistic Job Preview)가 필요하다는 것이다. 현실적 직무소개의 내용으로는 주요 직무내용 및 업무수행방식, 직무에서 요구되는 스킬, 시간대별 하루 일과 등에 대한 균형잡힌 정보뿐만 아니라 입사 이후 겪게 되는 직무의 실제적인 모습(긍정적 · 부정적 측면)을 포함하고 있어야 한다. 이러한 과정을 통해 실제 직무에 대한 이해를 높여, 고객응대시에 겪을 수 있는 여러 가지 유형의 스트레스에 대한 개인적인 예방 또는 대처능력을 향상시켜 이직률을 감소시킬 수 있을 것이다.

둘째, 서비스업 종사자에 대한 교육훈련은 크게 그 대상에 따라 두 가지로 분류될 수 있을 것이다. 하나는 일선에서 일하는 서비스업 종사자를 위한 것이다. 조직은 종업원들의 불만과 분노를 관리하거나 표출할 수 있는 프로그램을 개발해야 한다. 많은 서비스업 종사자들은 때때로 '소비자는 왕이다' 또는 '소비자는 반드시 옳다' 하는 소비자의 특권을 맹목적으로 주장하는 고객들과 접하게 된다. 이러한 경우 고객들이 주장하는 부당한 요구사항이나 지나친 감정의 표출로 인해 정서적인 상처를 받게 되는 상황에 노출되어 있다. 따라서, 일선에서 일하는 서비스업 종사자들이 상사와 함께 문제의 원인을 검토할 수 있는 훈련 프로그램이 필요할 것이다. 그렇지 않으면 고객들과 접점에 있는 서비스 제공자들은 이러한 분노를 고객들에게 표출할 것이다.

다른 하나의 훈련은, 일선에서 일하는 서비스업 종사자들을 관리하는 관리자에 대한 것이다. 관리자들은 고객들과 일선 서비스업 종사자들 모두를 다루어야 한다. 따라서 조직은 관리자들을 위해서는 위에서 언급한 외부고객의 문제를 효과적으로 다룰 수 있는 훈련뿐 아니라 자신과 함께 일하는 내부 고객들의 문제를 해결할 수 있는 훈련과정을 개발해야 한다. 제안될 수 있는 하나의 기본적인 프로그램은 대인관계 기술(interpersonal skill) 훈련이다. 일반적으로 서비스업 종사자들이라면 대인관계 기술은 당연히 가지고 있는 것으로 생각할 뿐, 그것을 하나의 능력 또는 기술로 생각하지는 않는 것 같다. 다시 말해서 서비스업 종사자들에 대한 많은 훈련프로그램들이 대인기술보다는 직무기술이나 지식획득 위주에 초점을 맞추고 있다는 것이다. 이는 외부고객 또는 내부고객을 다루는 데 있어서 대인관계의 미숙은 종업원들의 직무수행에 질적인 부담증가와 불화로 인한 팀워크의 와해까지 이어질 수 있다는 점을 간과하는 것이다. 직장에서의 개인간 갈등에는 정서적 이슈가 가장 많이 관련된다. 갈등이 발생하는 경우, 거기에는 항상 정서가 표출되어 있다. 갈등과 관련하여 정서적 요소를 간과하고 단지 합리적 요소 혹은 과업에만 집중하는 관리자는 아마도 이러한 갈등을 효과적으로 해결하기 힘들 것이다. 영화로도 상영된 적이 있는 분노관리(anger management) 프로그램은 대인관계기술 훈련의 예로 자신에게 분노나 짜증을 유발하는 대상에 대한 효과적인 대처법을 제시하는 것으로서 서비스업 종사자들에게 꼭 필요하다고 하겠다.

셋째, 조직차원의 관리와 관련해서는 서비스업 종사자들의 스트레스 관리를 제안하고자 한다. 그 한 가지 방법이 스트레스 감시(stress audit)이다. 스트레스 감시는 조직의 스트레스 분위기를 알아내기 위한 기법으로 종업원 각각의 스트레스 점수를 직업단위(unit)와 업장(location) 간의 비교를 하는 방식을 사용한다. 미국의 Sears, IBM, AT&T와 같은 유수한 기업들은 이미 1950년대에 조직분위기 설문, 태도 설문, 의견조사와 같은 이름으로 이 방식을 사용하고 있다. 여기에 사용되는 설문들은 그 내용상 개인적인 대처능력에 초점을 맞추기보다는 직무환경에서의 위협요인과 같은 조직차원에 관심을 두는 추세로 변화하고 있다. 샤우펠리와 엔츠만(Schaufeli & Enzmann, 1998)은 스트레스 감시를 하나의 방법으로 사용하는 데 있어서 다음의 사항들에 대한 고려가 필요하다고 지적하고 있다.

- **익명성**: 조사는 직장에서 일하는 시간에 실시되어야 하고 익명성을 보장해 주어야 한다.
- **연속성**: 조사는 시점에 따른 비교가 가능할 수 있도록 정기적으로 실시되어져야 한다.
- **상세성**: 조사는 현직에 종사하는 사람들이 공감할 수 있는 정도로 상세하게 만들어져야 한다.
- **규준성**: 비교대상을 선정할 수 있어야 한다.
- **피드백**: 조사결과는 각 종업원들에게 통보되어야 하며, 추후에 내용에 대해서 충분한 토론이 이루어져야 한다.
- **관심**: 경영진은 이러한 과정 자체에 대해서 적합한 관심을 보여야 한다.

지금까지 필자는 서비스업종의 증가로 인해 부각되고 있는 정서적 노동을 소개하고, 부정적인 결과로 스트레스의 일종인 직무탈진과의 관련성과 실제적인 시사점을 제안하였다. 정서관리에서 중요한 점은 회사가 고객만족을 이끌어 내기 위해 종업원들에게 아무리 많은 명문화된 절차, 지침 또는 명세서를 개발 · 실행한다고 하더라도 모든 종업원들이 이를 그대로 따를 것이라고 기대하기는 어렵다는 것이다. 왜냐하면 종업원 개개인의 개인적 특성과 서비스 제공시의 상황 또는 환경이라는 것이 영향을 주기 때문이다. 그렇다면 강한 서비스 지향적인 문화가 먼저 형성되어야 하고, 이러한 문화에 적합한 사람들을 선발하는 것이 중요하다고 하겠다.

참고문헌

김상표(2000), 감정노동: 통제수단, 종업원의 심리적 반응, 그리고 방법론적 문제, 산업경제연구, 13(4), 195-214.

스티븐 로빈스(2003), 「스티븐 로빈스의 성공하는 사람 관리의 63가지 진실」(오인수 역), 시그마프레스.

Muchinsky(2003), 「산업 및 조직심리학」(유태용 역), 시그마프레스.

Ashforth, B. E., & Humphrey, R. H.(1993), "Emotional labor in service roles: Theinfluence of identity," *Academy of Management Review*, 18, 88-115.

Hochschild, A.(1983), *The managed heart: Commercialization of human feeling*, Berkeley: University of California Press.

Pine, A. M., & Aronson, E.(1998), *Career Burnout: Causes and Cures*, New York: Free Press.

Schaufeli, W., & Enzmann, D.(1998), *The Burnout Companion to Study and Practice: A Critical Analysis*, Taylor and Francis.

06 Dual Agenda: 일과 삶의 조화, 그리고 기업의 성과향상[1)]

김효선
hkim3@cau.ac.kr

"맞벌이 부부가 증가하면서 일과 가정의 조화는 더 이상 개인들이 알아서 해결해야 하는 차원을 떠나버렸다. 회사들이 적극적으로 종업원들의 삶의 질을 고려한 일의 관행을 생각해야 할 때다."

21세기는 여성의 시대라고 할 만큼 국가적으로 여성인력의 육성 및 활용이 중요하다. 특히 정보통신기술의 발달로 인터넷 인구가 급속히 증가하는 현재는 과거처럼 육체적인 힘이 사회를 이끄는 것이 아니라, 감성적이고 창의적인 아이디어가 사회를 이끌어 나가게 되고 또한, 사회의 각 분야에서 감수성과 유연성을 갖춘 여성의 사회참여를 요구한다. 이러한 상황에서 단지 여성의 지위향상이라는 관점에서뿐만이 아니라, 우수한 여성인력의 효율적이고 적극적인 활용은 국가경쟁력 강화를 통해 국가성패에 영향력을 미칠 수 있다. 우리나라의 노동참여율은 아직 OECD 선진국가 평균인 69.3%보다 현저히 낮은 56.3%이기는 하지만 신규채용에서 여사원 채용비율이 꾸준히 늘고 있으며, 특히 금융업체, 식음료업, 정보통신업체에서는 30%에 달하는 등 앞으로도 여성인력채용이 늘어날 것으로 전망을 하고 있다. 또한 공직사회에서도 1995년 여성발전기본법 제정, 2001년 여성부(현재: 여성가족부)의 신설 그리고 여성고용할당제의 추진으로 많은 변화가 일어나고 있다.

1) 출처: 인크루트 경력개발연구소(2005), "Dual Agenda: 일과 삶의 조화, 그리고 기업의 성과향상," 「인재경영」, 11월호, pp. 48-53에서 전재함.

여성인력의 증가는 기업에게 경쟁력 향상의 기회를 주기도 하지만 종업원 욕구의 다양화라는 어려운 숙제도 안겨준다. 또한, 여성인력의 증가는 회사 이외의 다른 삶의 영역에 대해서도 책임을 갖고 헌신을 하는 종업원들의 비중이 커지게 되는 계기가 되기도 한다. 첫째, 여성 종업원들은 남성 종업원들에 비해서 가족에 대한 책임을 더 지고 있기 때문에, 회사에 대한 헌신의 정도가 제한이 되는 경우가 많다. 특히, 출산과 육아 등의 문제 앞에서 일이냐 가족이냐의 선택의 기로에 내몰리고 있기도 하다. 이들에게 있어서 회사에 대한 몰입 이외에도 일과 가족 나아가서 일과 삶을 조화시키는 것이 큰 숙제이다. 둘째, 맞벌이부부의 증가는 기존 남성 종업원들의 욕구에 있어서도 다양화를 가져온다. 즉, 전업주부 아내의 내조를 받을 수 없는 이들은 자의건 타의건 간에 가족을 돌보는 일에 더 많은 시간을 쏟을 수밖에 없다. 여성과 달리 남성들은 가족을 우선시하는 것에 대해서 터부시하는 사회적인 분위기가 있다는 점을 고려해 볼 때 남성 종업원들에게 있어서 일과 가족의 조화는 밖으로 드러난 것에 비해서 훨씬 더 많은 남성들이 어려움을 겪고 있는 부분일 수 있다. 마지막으로, 여성인력의 증가와 독립적으로 평생직장의 개념이 많이 사라지면서 종업원들이 가족과 웰빙에 관심을 갖는 경향도 보인다. 이와 같이 현재의 기업들은 과거에는 경험하지 못한 종업원들의 욕구의 다양성을 관리하는 것이 큰 숙제이다.

우리나라의 기업들은 이러한 종업원 욕구의 다양성으로 인한 과제에 대해서 어떻게 대응하고 있는가? 안타깝게도, 많은 기업에서 이러한 종업원 욕구의 다양성은 무시되고 있는 실정이다. 많은 기업들이 가족친화적인 정책을 도입하는 등의 노력은 하고 있지만, 실제로 이러한 정책이 활용되는 정도는 낮다. 이는 여성 노동력의 나이에 따른 M 커브현상으로 반영되고 있다. 기업들이 다양화된 종업원 구성과 욕구에 대해서 아직도 대응이 미비한 이유는 다음과 같다. 첫째, 여성친화적 혹은 가족친화적인 기업문화로 조직문화를 개선하는 것이 조직의 효율성을 떨어뜨릴 것이라는 잘못된 믿음이다. 모든 종업원들이 헌신적으로 일을 해도 경쟁에서 살아남기 힘든 마당에 다양한 욕구를 인정해 주는 인사관행은 기업을 도태시킬 수밖에 없을 것이라는 불안감이 작용하고 있다. 둘째, 기업이 종업원들의 일과 삶을 조화시키려는 노력이 조직의 효율성을 높일 수 있는 가능성을 보여줄 수 있는 벤치마크가 아직 국내에서 발굴되고 소개되지 못했다는 점을 들 수 있다. 마지막으로, 남자는 일터, 여자는 가족이라는 가부장적인 문화가 사회 전체에 걸쳐서 워낙 뿌리 깊게 자리 잡고 있기 때문에 기업 내의 조직문화와 관행을 바꾸는 것이 쉽지 않다는 점을 들 수 있다.

과연 여성이 일하기 쉬운 직장을 만드는 것이 기업의 경쟁력을 떨어뜨리는가? 양성평등과 조직의 효율성을 동시에 추구하는 Dual Agenda적 접근과 가족친화정책에 관한 최근의 연구들은 이러한 인식이 잘못된 것이라는 것을 보여준다. 첫째, 기업이 종업원들의 일과 삶을 조화할 수 있는 가족친화적인 문화로 바꾸려는 노력은 조직 내에서의 비효율적인 일의 관행을 찾아내고 이를 개선할 수 있는 계기가 된다(Bailyn, 1993; Rapoport, et al., 2002). 유연근무제와 같은 조직 내 효율적 시간활용에 대한 혁신사례들의 바탕에는 이러한 Dual agenda를 이루기 위한 활동에서 연유된 것들이 많다. 둘째, 기업이 가족친화적인 정책을 추구할 경우 종업원들은 회사를 신뢰하며 조직몰입을 높여서 조직효율성이 높아질 수 있다(이형실, 2001; 정기선 · 장은미, 2005; 한경혜 · 차승은, 2004; Adams, King & King, 1996). 따라서 기업이 가족 친화적 정책을 활용하여 종업원들이 직장과 가정생활 간의 조화를 갖게 하고, 이들간의 갈등을 완화시킴으로써 인적자원 성과를 향상시킬 수 있게 될 것이다. 셋째, 여성이 일하기 쉽도록 조직문화를 개선하는 것이 실제로는 남성 종업원들, 특히 맞벌이 부부인 남성 종업원들, 혹은 일과 삶을 조화시키고자 하는 남성 종업원들에게도 큰 도움을 줄 수 있다. 즉, Dual agenda를 추구하고 가족친화적인 조직문화를 이루는 것은 여성뿐만 아니라 일과 삶의 조화를 중요하게 생각하는 다양한 종업원들을 효율적으로 활용할 수 있도록 해 준다.

이 글에서는 미국에서 1990년대에 시작되어서 종업원의 일과 삶을 조화시킬 수 있도록 적극적으로 조직문화를 바꿀 수 있도록 하는 데 많은 영향을 준 Dual Agenda적 접근을 소개함으로써 이러한 접근이 한국에서 실현될 수 있는 조건에 대해서 알아보도록 한다.

Dual Agenda의 역사

미국사회에서도 '일(공적인 영역)은 남자가, 가정(사적인 영역)은 여자가' 라는 전통적인 가치가 뿌리 깊게 남아 있다. 하지만, 현실적으로는 중산층 이외의 가정에서는 항상 여성들이 일해 왔으며, 특히 여성의 사회진출이 확산된 지금에 와서는 이러한 이분법적인 사고는 일과 가정이라는 두 영역에 모두 '구김살' 을 가져왔다. 이러한 '구김살' 은 개인들이 가사와 육아를 대신해 줄 수 있는 대체 여성인력보모 혹은 친척부모님들을 확보함으로써 해결이 되었다. 그러나 여성경제활동인구의 60퍼센트가 6세 미만의 아이를 둔 엄마가 된 1990년대에 들어와서 기업들은 이러한 '구김살' 에 대한 해결을 개인에게만 맡길 수 없게 되었다. 이러한 사회적인 배경 속에서 1990년대 초 포드재단(Ford Foundation)의 자이틀린(June Zeitlin)과 라파포트(Rhona Rapaport), 그리고 MIT의 베일린

(Lotte Bailyn)은 실제 현장에서의 일의 관행, 그리고 조직문화가 직장에서의 남녀평등에 어떻게 영향을 미치는가, 그리고 이를 개선하기 위해서는 어떻게 조직이 바뀌어야 하는가라는 질문에 대하여 실천적 행동연구(action research)를 통해서 접근하였다. 제록스, 코닝, 그리고 탠덤컴퓨터 등이 초기에 이러한 연구에 동참하였는데, 이들 기업에서의 연구결과는 조직의 효율성을 높이면서도 조직원의 삶의 질을 높일 수 있다는 결과를 보여주었다. 베일린은 1993년에 「틀깨기: 새로운 기업시대에서의 여성, 남성, 그리고 시간」(*Breaking the mold: Women, Men, and Time in the New Corporate World*)라는 책에 이러한 결과가 나올 수 있는 이론적 틀을 정리하였으며, 그 후 틀에서 진행된 10년간에 걸친 연구결과를 「일과 가족의 양립을 넘어서: 양성평등과 업무향상을 위하여」(*Beyond work-family balance: Advancing gender equity and workplace performance*)(Rapoport, Bailyn, Fletcher, Pruitt, 2002)에 정리하였다.

베일린(Bailyn, 1993) 및 라파포트 등(Rapaport et al., 2002) 연구의 핵심 포인트는 조직 내에서의 양성평등을 이루기 위한 노력과 조직이 효과성을 추구하는 두 가지 목표를 함께 고려해야 한다는 점이다. 이들은 이를 일컬어서 "Dual Agenda"라고 표현하였다. 이 두 가지 목표를 함께 고려하면 종업원들이 엄청난 열의를 갖고 조직의 변화에 참가함으로써 조직의 비효율성을 없애는 중요한 기회가 됨을 발견하였다.

Dual Agenda 연구결과와 조직문화의 개선

베일린(Bailyn, 1993)은 Dual Agenda를 실천하기 위한 키워드가 '종업원들의 충성/헌신', 그리고 '종업원의 능력'을 종업원들 및 관리자들이 어떻게 인지하고 있는가를 바꾸는 데 있다고 주장한다. 즉, 기존의 조직에서는 종업원들의 '충성/헌신(commitment)' 그리고 '역량(competence)'에 관한 이상화된 종업원상이 전업주부의 희생적인 지원을 받는 남성사원들을 기준으로 만들어져 있기 때문에, 이러한 지원을 받지 못하는 종업원들은 심각한 커리어상의 불이익을 받고 있다고 지적한다. 즉, 기업이 '언제든지 조직을 위해서 자신의 전 24시간을 다 바칠 수 있느냐'로 종업의 충성도를 평가하고 있으며, 적극성, 추진력 등 전통적으로 남성의 특질로 생각되어져 온 행동양식들을 보이는 종업원을 더 능력 있다고 평가를 하고 있다는 것이다. 이러한 이상화된 종업원상은 가정과 일이라는 두 영역에서의 책임으로 인해서 시간적으로 심히 제한될 수밖에 없는 여성들에게는 조직 내에서의 성공적인 커리어트랙에서 제외될 수밖에 없다.

Dual Agenda의 초기 연구는 종업원들의 시간에 대한 관념과 시간활용이 종업원들의 일과 삶을 조화하려는 노력에 어떻게 영향을 주는가에 초점이 주어졌다(Bailyn, 1993; Perlow, 1997). 펄로우(Perlow, 1997)는 조직에서 장시간 일하는 것이 비효율성의 지표라기보다는 조직에 충성심을 드러내는 지표로 되어 있음을 발견하였다. 한 예로, 한 마케팅부서에서는 끊임없는 위기의식하에서 일을 하고 따라서 프로젝트 기획서를 준비하기 위한 밤샘작업이 일상화되어 있었다. 이들은 그 다음날 아침에 출근을 한 주위의 동료들로부터 많은 찬사를 받곤 했다. 그러나 주위의 팀멤버들은 이러한 행동으로 인해 사실상 피해를 받고 있었다. 밤샘작업을 한 이들 마케팅담당 사원들은 제출 후 일찍 퇴근하는 것은 물론이거니와 그 다음날까지도 출근을 안 하는 경우가 흔하여서 주위의 일의 흐름에 방해가 되기 일쑤였다. 이러한 일의 관행을 시정하기 위하여 펄로우(Perlow, 1997)는 제록스 내의 제품개발부서를 대상으로 일련의 작은 실험들, 예를 들면 부서간의 Quiet-time 실시, 유연근무제, 코어타임제 등을 실시하였다. 이러한 혁신적인 일의 관행들을 실천한 결과, Xerox사는 실제 종업원들의 근무시간을 줄이고도 예전의 업적보다도 더 나은 업적을 보이는 좋은 결과를 확인할 수 있었다. 제록스는 이러한 연구결과를 바탕으로 전사적인 조직개혁을 시도하였고, 계속적으로 *Working Mothers* 잡지가 선정하는 일하기 좋은 100대기업에 선정되는 회사가 되었다.

후에 라파포트 등(Rappaport, et. al., 2002)은 이러한 Dual agenda를 연구하기 위하여 시간 사용에 관한 연구 이외에도 (1) 능력 있는 사원에 대한 이미지와 (2) 위계와 통제에 대한 믿음들을 고려할 것을 제안한다. 첫째, 능력 있는 사원에 대한 이미지는 대부분 남성적인 이미지에 기초를 둔 경우가 많으며 이러한 이미지는 실제로 종업원들의 일하는 방식에 영향을 미친다. 예를 들면, 개인적인 능력을 강조하는 분위기에서는 조직에 유리한 정보를 공유하기보다는 혼자 알고 있으면서 그러한 정보를 권력을 얻는 데 사용하려고 할 것이다. 또한, 경쟁이 강조되는 환경에서도 협조는 잘 이루어지지 않을 것이다. 이러한 작업관행은 적은 정보로 많은 것을 이룩하도록 요구되는 복잡한 현대의 경영환경에서는 적합하지 않을 수 있다. 예를 들면, 모든 것을 혼자서 알아서 해결하는 종업원을 유능한 종업원으로 여기는 조직문화를 갖고 있는 한 기업에서는 확인을 위한 질문을 하는 것이 자칫 잘못하면 무능함을 드러내는 일이었기 때문에 서로 삼가는 경향이 있었다. 이러한 질문을 삼가는 분위기는 특히 여성들에게 두드러졌는데, 이는 여성들의 경우 자신이 '마미트랙'으로 인식되는 것에 대한 거부감 때문에 더욱 조심하게 되었다. 결과적으로 질문을 안 하는 분위기는 시간낭비를 가져오고 불필요한 직무스트레스를 가져온다는 점에서도 조직의 효과성을 떨어뜨리게 된다고 볼 수 있다. 이러한 연관성이 밝혀지자, 이 기업에서는 이 문제를 해결하기 위해 종업원들이 질문을 쉽게 할 수 있도록 특별한 문서의 서식을 만들어서 사용하기 시작하였고, 이를 통해서 정보공유에 대한 문제를 극복할 수 있었다.

둘째, 위계와 통제에 관한 믿음은 임파워먼트와 자기경영의 개념과 관련이 깊다. 임파워먼트와 자기경영은 종업원들의 자발적인 동기부여와 창의적인 문제해결을 유도한다는 측면에서 현대의 경영기법이론의 중요한 개념으로 정착되어가고 있다. 그러나 종업원들에게 자율성을 주는 것이 기존의 위계와 통제에 대한 믿음과 상치되기 때문에 실제 현장에서는 실현이 어렵다는 점이 지적되곤 하였다. 한 예로, 팀제를 도입한 한 고객관리센터에서는 전통적인 위계에 대한 관념을 갖고 있는 팀장은 자신이 있는 동안은 모든 팀원들이 자리를 지킬 것을 기대하였는데 이것이 결과적으로 팀워크를 저해하고 있었다. 이 팀장은 유연근무제에 대한 건의를 무시하였고, 팀원들이 근무시간을 조정할 필요가 있을 때마다 이를 승인해 주는 방법을 고수했는데, 이러한 관행은 형평성의 문제도 제기하였으며 예상하지 못한 결근이 끊이지 않는 등의 문제가 계속되었다. 팀워크와 이러한 위계에 대한 믿음간의 관련성이 지적되자 고객관리센터의 센터장은 3개월간 실험적으로 팀원들이 자율적으로 시간을 조정할 수 있도록 하였다. 그 결과 종업원들은 자신의 일과 삶을 조화시키면서도 자신의 업무수행이 가능해졌고, 기업은 유연근무제로 근무의 시간이 늘어나면서 고객만족도도 높아지고 결근율도 줄어드는 등의 성과를 얻었다.

조직이 Dual agenda, 즉 종업원의 일과 삶을 조화시키는 노력과 조직의 효과성을 동시에 이루기 위해 과감히 실험적인 변화를 추구할 때 깊이 인식하고 있어야 할 것으로는 형평성과 효과성 둘 중 하나만을 강조할 경우 이러한 실험이 실패로 돌아갈 확률이 높다는 것이다(Rapoport et al., 2002). 일부 실험적인 변화들이 종업원들이 일과 삶의 조화를 추구하는 것을 일종의 기득권으로 생각하고 조직의 효과성을 뒷전으로 할 경우에는 경영진이 이를 좌시하지 않으며, 조직효과성만이 강조되는 실험적 변화는 종업원들의 지지를 받지 못하기 때문이다.

Dual Agenda를 이루기 위한 방법론: 행동실험적 연구

이런 연구의 특징으로는 연구자가 일방적으로 'best practice'를 제시하는 것이 아니라 실제 연구대상조직의 종업원들과의 협조적인 상호작용을 통하여 일부의 조직의 관행을 바꾸는 실험을 하고 그 연구결과를 전체 조직으로 확산시키는 데 있다. 이를 이름하여 협조적 상호작용을 통한(Collaborative Interactive) 행동실험적 연구(Action Research)

라 하여 CIAR(Collaborative Interactive Action Research)라 이름지었다. 즉, 기존의 work-family 연구의 대부분이 현상을 단순히 파악하기 위한 연구였다면 CIAR을 이용한 연구는 연구의 결과에 토대를 둔 조직문화의 변화를 그 목적으로 한다(김효선, 2005).

CIAR은, 지식축적은 '실험'을 통하여서만이 진정한 '지식'으로 창출된다는 심리학의 실험적 방법론과 일맥상통한다. 비록 무선화에 의한 통제가 가능한 '참실험'이 될 수 없다 하더라도 우리의 일상생활에서의, 즉 필드에서 수없이 많이 이루어지고 있는 준실험적 연구방법론을 적극적으로 권하고 있는 Campbell과 Stanley(1966)의 정신과도 일치하며, 조직개입을 통한 조직변화 연구의 전통과도 그 맥이 닿는다. 또한, 외부연구자들과의 상호협조를 통한 행동실험적 연구는 종업원들의 조직문화의 변화에 대한 저항을 더 잘 보여줄 수 있으며 이러한 저항을 풀어나가는 과정에서 진정한 변화가 일어나도록 유도한다는 점에서 특히 유용한 조직개발방법론이다.

이러한 행동실험적 연구가 기존의 컨설팅과 다른 점은 그러한 실험적 도입을 통해서 실제로 조직이 경험하는 긍정적인 변화와 부정적인 변화를 명확히 follow-up하고 연구결과를 학문적인 장에서 공유함으로써 비슷한 시도를 하는 다른 조직에게 도움이 되는 것을 목표로 한다는 점이다. 그러면 구체적으로 Dual Agenda를 이루기 위한 CIAR적 접근법이란 어떠한 것인가? 라파포트 등은 구체적으로 다음과 같은 5단계에 따를 것을 제안하였다.

• 조직혁신의 필요성 확인을 위한 준비단계

초기의 단계에서는 조직구성원들과 함께 주제강연 또는 그룹토의와 같은 비공식적인 모임을 통해 양성평등을 추구하는 것과 조직효율성을 이룩하는 것이 깊은 연관성을 갖는다는 것을 인식시키는 것이 중요하다. Dual Agenda가 성공하기 위해서는 초기부터 최고경영자의 지지를 얻을 필요가 있다.

• 인터뷰와 현장연구를 통한 자료수집 단계

자료수집 단계에서 가장 중요한 것은 종업원과 연구자 간의 상호협조를 통한 자료수집이어야 한다는 것이다. 이때 우선 조직진단을 위한 설문을 실시한다. 그 후 개인 인터뷰를 통해서 일의 관행이 종업원들이 일과 삶을 조화시키는 데 어떠한 영향을 미치는지에 관한 자료수집을 한다. 최초의 설문지와 개인 인터뷰를 통해 얻은 아이디어를 그룹미팅 등을 통하여 경영자 및 종업원들과 공유한다.

• **자료분석 단계**

이 단계에서는 인터뷰와 설문지를 통해서 얻은 자료들은 어떻게 해석할 것인가에 중점을 두며, 특히 조직 내에서 공유되고 있는 일과 삶에 대한 뿌리 깊은 가정이 무엇인가를 밝혀낸다. 이를 바탕으로 해서 연구대상이 되는 기업이 어떻게 하면 연구결과로부터 앞으로의 조직혁신의 방향을 배울 수 있을 것인가에 초점을 둔다.

• **피드백 단계**

공식적인 피드백 세션을 갖는다. 그 준비과정에서 미리 최고경영자들에게 비공식적인 피드백 세션을 갖는 것이 필요할 수 있다. 이 단계는 액션플랜의 단계에 해당한다고 볼 수 있다.

• **변화과정의 관찰**

변화에는 항상 저항이 따르기 마련이다. 문제는 이러한 저항을 문제로 보기보다는 이러한 Dual Agenda를 성취하는 데 필수적인 단계로 인식하는 것이 중요하다. 따라서, CIAR 연구자들은 이러한 저항에 적극적으로 귀기울이고 이러한 상호작용을 통해서 지속적인 조직혁신이 이루어지도록 유도하는 것이 중요하다.

Dual Agenda가 필요한 조직

이러한 Dual Agenda적인 접근이 필요한 조직은 어떤 조직인가? 라파포트 등(2002)은 다음과 같은 문제가 있는 조직의 경우 특히 Dual Agenda적인 접근이 효과가 있을 수 있다고 한다. 첫째, 직장 내 양성평등의 불균형이 심한 경우이거나 종업원들이 일과 삶을 조화하기 힘든 경우들이다. 즉, 여성인력을 채용 · 유지하는 데 어려움을 겪거나, 여성들이 상위직급에 진출하기 힘든 경우, 또는 종업원들의 스트레스 및 과로가 만연한 경우들이 그 예들이다. 둘째, 직장 내 생산성이 문제시되고 있는 경우이다. 구체적으로는, 상습적으로 야간잔업이 이루어지고 있는 경우, 끊임없는 위기모드로 작업을 하는 경우, 기일을 맞추는 데 어려움을 겪고 있는 경우, 종업원들이 유연하고 협조하면서 일하기 어려울 때 등을 들 수 있다. 이러한 어려움을 겪고 있는 경우에는 CIAR적 접근방법으로 Dual Agenda를 추구할 때 좋은 결과를 얻을 수 있다.

한국에서의 Dual Agenda적 접근

Dual agenda를 이루어내기 위한 상호협조를 통한 행동실험적 접근(CIAR)은 조직들에게 구체적인 변화를 요구한다는 점에서 한국의 기업들이 쉽게 참가하기 어려울 수도 있다. 실제로 1990년대 초에 Ford Foundation의 이사인 자이틀린(June Zeitlin)은 많은 기업을 방문하여 이러한 연구에 참가할 것을 권유하였으나 단 제록스, 탠덤컴퓨터, 그리고 코닝이라는 3개의 기업들만이 이러한 연구에 동참하였다. 또한 기업이 적극적으로 Dual Agenda를 실천한다고 하더라도 이러한 접근의 성공 여부는 종업원 및 노조를 포함한 많은 이해관계자들의 이해가 없이는 성공하기 어렵기 때문에 정부부처 및 경제계를 설득하고 변화시키는 과정을 필수적으로 요한다.

과연 우리나라 기업들은 이러한 변화에 주도적으로 동참할 수 있을까? 조직의 변화 그리고 사회의 변화는 사회구성원들의 적극적인 선택과 실천의 결과이기 때문에 앞으로의 경영환경에 대해서 예측을 한다는 것은 많은 가정과 전제조건을 필요로 한다. 그럼에도 불구하고 우리나라 기업에서 Dual agenda적인 접근의 앞날은 밝다. 그 이유로 다음과 같은 점을 들 수 있다. 첫째, 격변하는 경영환경을 맞아서 우리의 기업들은 새로운 인사관행의 패러다임을 적극적으로 도입하고 있으며 Dual Agenda를 받아들이는 것은 이러한 새로운 인사관행을 완성시키고 정착시키는 데 큰 도움을 줄 수 있다. 즉, 많은 기업들이 구조조정과 더불어서 일하는 방식의 개선과 같은 조직혁신기법들을 도입하고 있으나 이러한 혁신의 도입으로 인한 합리화가 종업원들의 일과 삶의 질을 높이고 있지 않기 때문에 표면적인 성공을 거두는 경우가 많다. Dual agenda는 인사관리의 새로운 패러다임에서 꼭 필요로 하는 종업원들과의 심리적 계약을 종업원과 기업의 두 입장에서 다시 돌아보게 하는 계기가 되므로, 특히 진행중인 변화를 완성시킬 것이다. 둘째, Dual Agenda는 여성뿐만 아니라 남성 종업원들의 일과 삶의 조화를 도와준다. 일하는 아내를 둔 남편들도 과거의 남성 종업원과는 달리 '전업주부 아내'가 없는 것은 마찬가지이다. 아무리 아내가 육아와 가사일을 책임진다고 해도 아내들은 언제나 남편의 적극적인 참여가 아쉽고 집안에서의 가사분담은 많은 맞벌이 남편에게도 큰 부담이 되고 있다. 따라서 일과 가정의 조화를 염두에 둔 업무개선의 노력은 이러한 맞벌이 남성들, 그리고 자신의 삶의 질을 높이고자 하는 모든 종업원들이 환영할 수 있는 그런 변화이기도 하다. 셋째, 출산율 1.16이라는 초미의 저출산시대를 맞이하여서 일과 삶의 조화는 국가적인 현안으로 떠오르고 있다. 무엇보다도 종업원 자신들이 일과 삶의 조화의 최전선에서 치열하게 고민하고 있기 때문에 이러한 일과 삶의 조화는 21세기 한국기업의 화두가 될 수밖에 없으며 이에 대한 Dual agenda적인 접근은 기업들이 종업원들을 채용하고 관리하는 데 있어서 가장 중요한 인사원칙으로 떠오를 수밖에 없을 것이다. 이제 남은 것은 기업들이 그 길을 가는 것뿐이다.

참고문헌

김효선(2005), "현장연구시의 연구자의 역할," 「경영교육연구」, 8, 145-158.

이형실(2001), "기혼취업여성과 남성의 가족 및 직업스트레스와 심리적 복지," 「한국가정관리학회지」, 19. 143-152.

정기선 · 장은미(2005), "가족친화적 정책이 종업원들의 조직몰입에 미치는 효과," 「가족과 문화」, 17. 59-84.

한경혜 · 차승은(2004), "일, 가족 역할의 보상/비용과 일. 가족 전이가 정신건강에 미치는 영향," 「가족과 문화」, 16. 105-130.

Adams, G., King, L., & King, D.(1996), "Relationships of job and family involvement, family social support, and work-family conflict with job and life satisfaction," *Journal of Applied Psychology*, 81. 411-420.

Bailyn, L.(1993), *Breaking the Mold: Women, Men, and Time in the New Corporate World*, New York, NY: The Free Press.

Campbell, D. T., & Stanley, J. C.(1966), *Experimental and quasi-experimental designs for research*, Chicago: Rand McNally.

Perlow, L.(1997), *Finding Time: How Corporations, Individuals, and Families Can Benefit from New Work Practices*, Ithaca, N.Y.: Cornell University Press, 1997.

Rapoport, R., Bailyn, L., Fletcher, J. K., & Pruitt, B. H.(2002), *Beyond Work-Family Balance: Advancing Gender Equity and Workplace Performance*, Jossey-Bass.

IX 리 더 십

리더십 개발과 코칭[1)] 01

송영학
younghack@gmail.com

세계화, 급격한 신기술의 출현과 발전, 조직구성원의 다원화 그리고 테러 문제와 이상 기후로 인한 재난 등 전 세계의 환경은 점점 더 예측하기 어려워지고 있다. 변화의 속도와 범위가 상상을 초월하는 수준으로 전개되고 있기에 불확실성에 대한 불안도 가중되고 있다. 따라서 이러한 경영환경하에서 기업이 지속적으로 경쟁우위를 확보하기 위해서는 그 어느 때보다 탁월한 리더십이 중요하다. 특히 감성이 중요시되는 디지털시대에는 기존의 리더십과 다른 새로운 리더십 모델이 필요하다.

이 글에서는 효과적인 리더십 개발을 위해 기업이 당면한 과제를 살펴보고, 이를 기초로 최근 들어 코칭이 리더십 개발의 한 대안으로 각광을 받고 있는 이유와 배경에 대해서 고찰해 보겠다. 다음으로, 코칭의 개념 및 과정, 훌륭한 코치가 되기 위한 조건, 코칭이 성공적으로 정착되기 위해서 극복해야 할 장애물 및 우리에게 주는 시사점을 함께 생각해 보고자 한다. 그러면 한국 기업들이 리더십 개발에 있어 당면하고 있는 것들은 무엇인지 살펴보자.

1) 출처: 인크루트 경력개발연구소(2005), "리더십 개발과 코칭,"「인재경영」, 2월호, pp. 72-83에서 전재함.

리더십 개발에 있어서 당면 과제

조직구성원들의 잠재능력을 충분히 개발 · 활용

경쟁력을 갖춘 우량 기업과 리더들은 기업의 가장 중요한 자원이 사람이라는 것을 이해하고, 그들을 개발해서 좀더 가치 있는 인적자본으로 만드는 데 최선을 다한다. 특히 경영진이 인재개발에 대해 장기적으로 관심을 갖고 집중적으로 개발하려는 의지가 있어야 한다.

어느 미국인이 영국의 오래된 대학을 방문했을 때의 일이다. 잔디밭이 너무 잘 가꾸어져 있는 것을 본 그는 마침 거기서 풀을 깎고 있는 노인에게 물었다. "잔디를 이렇게 아름답게 가꾸려면 어떻게 하면 됩니까?" 그랬더니 노인은 "매일 물을 주고 깎아주기만 하면 됩니다"라고 대답하는 것이었다. 너무 일상적인 대답에 화가 난 방문자는 다른 방법은 더 없느냐고 물었다. 그 노인은 "그것을 300년쯤 계속하면 좋은 잔디밭이 될 겁니다"라고 대답했다고 한다(이창우, 2003).

이 우화가 시사하는 것처럼 과연 얼마나 많은 기업이 장기적으로 관심을 갖고 정성을 다하여 리더십 개발을 하고 있을까? 많은 기업이 리더십 개발훈련, 멘토링 프로그램, 360도 평가 등에 많은 예산을 사용하고 있지만 그 결과는 기대에 못 미친다. 당해연도 이익과 같은 단기적인 실적 달성에만 우선순위와 리더십의 성공기준을 두는 데 있기 때문이다. 그 결과 구성원들의 잠재능력이 사장되거나 충분히 개발되지 못하는 문제가 야기되는 것이다. 이러한 이유로, 역설적이지만 많은 기업의 경영자들이 제대로 준비된 리더가 부족하다고 외치고 있는 것이 아닌가. 이 문제는 전문경영인들이 갖고 있는 한계일 수 있다. 그래서 CEO와 관리자 평가에 오너의 인재개발에 대한 확고한 철학과 실행의지가 반영되어야 한다.

기업이 지속적으로 성장 · 발전하기 위해서는 GE의 경우처럼 차세대 리더들을 개발해서 적시적소에 배치할 수 있어야 한다. 특히 요즘처럼 경영여건이 어려워질수록 준비된 리더의 중요성은 더욱 커진다. 그러나 여전히 많은 기업이 준비되지 않은 리더들이 기업을 승계하면 성장의 둔화뿐 아니라 조직에 중대한 손해를 끼칠 수 있다는 위험을 깊이 인식하지 못하고 있다. 몇 년 전에 필자가 IBM 연수원을 방문했을 때 리더십 개발 담당자로부터 들었던 말은 두고두고 곱씹을 만하다. "IBM에서 필요로 하는 첨단기술은 돈으로 살 수 있지만 리더십은 돈으로 살 수 없다. 그래서 우리는(기술개발보다) 리더십 개발에 더 역점을 두고 있다." 이러한 맥락에서 볼 때, 삼성이 세계적인 초일류 기업으로 인정받을 수 있는 배경은 핵심인재 확보뿐만 아니라, 리더십 개발이 경쟁우위의 초석이 된다는 최고경영진의 확고한 철학과 그것을 실행에 옮길 수 있었던 실천력 때문이라고 생각한다.

리더십 개발에 대한 시각변화

20세기 초 프레데릭 테일러(Frederick Taylor)의 과학적 경영기법이 소개된 이후, 산업화 시대에서의 리더는 의사결정을 하고 제한된 자원을 분배해 주는 역할수행자였다. 리더는 오직 조직의 목표달성을 위해서 구성원들이 갖고 있는 능력을 최대한 이용하는 데에만 역점을 두었다. 구성원은 조직목표 달성을 위한 도구와 소모품과 같은 자원으로 인식되었던 것이다. 심지어 임원을 포함한 관리자들도 하나의 '조직인'으로, 소모품과 같이 여겨졌다. 그러나 창의와 혁신이 기업경쟁력의 중요한 요소인 21세기에서 리더는 구성원들의 잠재능력을 인식하여 개발하고, 도구나 사물이 아닌 하나의 온전한 인격체로서 존중하는 가운데 긍정적인 관계를 만들어가는 역할(people developer and relationship builder)을 수행해야 한다. 이처럼 어느 관점에서 구성원을 보느냐에 따라서 리더십 개발 접근방법은 달라진다.

리더십 개발 후보의 범위를 일부 인력에 한정하는 문제

리더십 개발 후보의 범위는 리더십에 대한 근본적인 시각에 따라 결정된다. 리더십이 타고난 개인의 자질과 특성에 의해 결정되는 것이라고 보는 엘리트적인 관점과 모든 사람은 잠재능력을 갖고 있어 개발하고 학습하면 발전할 수 있다는 평등주의적인 관점에 따라 리더십 개발 대상자의 범위도 달라진다. 구성원을 소모품적인 사물로 보거나, 리더십이 개인의 타고난 특성에 의해서만 좌우되는 능력이라고 본다면 모든 사람을 리더로 육성시키기 위해 투자할 가치가 없다는 결론에 이른다. 이런 관점을 가진 조직에서는 제한된 일부 소수에만 리더십 개발교육을 할 것이고, 필요하면 검증된 외부인력을 충원해 보완할 것이다. 반면 리더십을 개발하고 육성할 수 있는 능력이라고 보는 조직에서는 구성원 모두가 리더십 개발의 후보자가 된다.

연구에 따르면, 성공적인 리더가 될 수 없을 것이라고 예상된 대학 졸업자들 중 3분의 1 이상이 예상을 뒤엎고 실제 조직 내에서 성공적인 활동을 하고 있는 것으로 드러났다. 이는 개인의 능력은 환경과 교육여건에 따라 얼마든지 변화할 수 있으며, 발전 가능하다는 것을 시사해 주는 사례라 하겠다. 뒤에서도 언급하겠지만 시대의 변화에 따라 리더에게 요구되는 역할과 역량의 내용은 변한다. 물론 뛰어난 지적 능력, 통솔력 등의 재능을 타고난 사람이 리더로서 성공할 수 있는 유리한 입지에 서 있는 것도 사실이다. 그러나 그들 모두가 리더로서 괄목할 만한 성과를 내는 것은 아니다. 오히려 성공한 대다수의 리더들을 관찰해 보면 뛰어난 리더십이란 개인의 학습과 노력의 산물이라는 것을 확인할 수 있다. 실제로 미국의 사우스웨스트 항공사나 미국 해병대는 리더십이 개발되고 학습될 수 있다는 관점을 실천하고 있다. 이 조직들은 모든 사람을 리더 후보자로 생각하고 육성 프로그램에 참여시키고 있다. 특정 기준에 의해 선발된 사람만이 아니라 모든 계층의 사람을 리더 그룹으로 생각하고 개발할 때 조직이 더욱 더 강해진다는 관점을 취하고 있다.

리더십은 특정 능력을 타고난 사람에게서만 발휘되는 능력이 아니다. 따라서 각 개개인이 갖고 있는 저마다의 특징과 능력을 인정하고, 그러한 능력이 탁월하게 발휘될 수 있는 토양이 갖춰진다면 많은 사람들이 리더로서 현재보다 훨씬 높은 성과를 낼 수 있다. 그러므로 조직 내 모든 사람에게 리더 후보의 가능성을 열어 두어야 할 것이다. 조직원의 잠재능력을 사장시키지 않고 최대한 발현시킬 수 있는 방법에 대해 기업은 보다 장기적이고 넓은 시각으로 접근해야 한다.

리더십 개발의 초점 – 장점 활용하기

피터 드러커는 기업이 사람을 고용하는 목적은 결과를 만들어 내는 데 있기 때문에, 약점이 얼마나 있는가를 보기보다는 장점을 통해서 얼마나 기여하는가에 따라 급여를 주어야 한다고 주장한다. 효과적인 관리자는 구성원의 장점을 생산적인 것에 사용할 줄 안다. 또 약점으로는 아무 것도 할 수 없다는 것도 알고 있다. 좋은 결과를 도출해 내기 위해서는 구성원들의 모든 장점들을 활용해야 한다. 그것이 바로 조직이 존재하는 독특한 목적이다. 물론 효과적인 리더가 되기 위해서는 치명적인 약점을 극복해야 하지만, 많은 리더십 개발 프로그램을 보면 구성원들의 장점을 극대화하기보다는 단점을 고치려는 데에 더 치중하는 경우가 많다.

리더십 개발 프로그램의 내용과 목표의 적절성

세계적 컨설팅회사인 액센추어(Accenture)는 전 세계의 리더 75명을 대상으로 리더의 역할을 훌륭히 수행하는 데 필요한 스킬을 과거, 현재, 미래로 구분해 조사 · 연구하였다. 그 자료를 14가지 면에서 측정분석한 결과에 의하면, 시대의 변화에 따라 리더가 갖추어야 할 스킬이 현저하게 다르다. 이 연구결과가 따르면 많은 기업들이 미래에 필요한 역량개발을 위한 교육을 하는 것이 아니라, 자동차의 백미러를 보는 것처럼 과거나 현재에 필요한 역량을 개발하는 교육만 하는 것으로 분석되었다. 미국 창의적 리더십 센터(The Center for Creative Leadership)의 맥신 달톤(Maxine Dalton)은 리더의 역할을 효과적으로 수행하는 데 필요한 역량이라고 도출된 것들 중에는 최고경영자가 자의적으로 필요하다고 해서 포함시킨 것들이 많다고 지적한다. 달톤은 역량모델의 70%가 효과적인 관리에 필요한 역량과는 관계가 미약하거나, 전혀 관계가 없는 바람직한 자질들을 단순히 나열한 것에 지나지 않는다고 한다.

대부분의 리더십 개발 프로그램이 행동, 역량, 사례, 스킬교육 등 외형적인 것에 주력하는데, 어떻게 문제를 해결할 것인지 테크닉에 초점을 둘 뿐, 문제 이면에 어떠한 고민을 하고 있는지 등 내적인 이슈들에 대해서는 다루지 않는다. 과거의 영웅적인 리더는 흔들림이 없는 강한 리더십을 외적으로 보여 주어야 했다. 때문에 자신의 능력에 대한 회의감이나 결정을 내린 사항 등에 의문점을 제시하는 흔들리는 모습을 다른 사람들에게 보여 주면 안 되었다. 이러한 것을 외적으로 표출하는 것은 리더로서의 역할을 수행하는 데 바람직하지 않다고 믿었기 때문에 많은 기업에서 금기시되었던 것이다. 리더는 사적인 자아를 리더십 역할과 분리하고 외적으로는 아무런 일이 없는 것처럼 행동할 것을 요구받았다. 그래서 문제가 발생해도 자신의 잘못을 인정하려 하지 않게 되고, 슬프고 자신감을 잃어도 겉으로는 낙천적이고 밝아 보이고 자신감에 찬 모습을 보이도록 스스로를 강요해야 했다. 이는 얼핏 강한 리더십을 보여 주는 것처럼 보일지는 모르지만, 자신의 내면의 감정과 진정한 자아와 동떨어지게 되어 궁극적으로는 효과적인 리더십을 보여 줄 수 없게 된다.

이런 리더는 설득력도 없고, 열정과 힘을 구성원들에게 잘 전하지도 못한다. 구성원들로부터 건설적인 피드백 듣기를 거부하고, 자신의 행동이 낳은 부정적인 결과에 대해서 인정하려 하지 않는다. 또 업무로 겪게 되는 스트레스에 적절히 대처하지 못하고, 다른 사람들과의 관계에 중요한 문제가 있다는 신호를 놓칠 수도 있게 된다. 가장 큰 문제는 이러한 리더는 변화에 적절히 대응할 수 없다는 점이다. 리더가 자기 자신을 제대로 알고 자신의 감정에 솔직할 때에만 조직이 당면하는 문제를 정면으로 돌파할 수 있으며, 적응할 수 있는 탄력성과 능력을 배양하게 된다. 대부분의 리더십 개발교육이 이러한 현실을 외면하고 외형적인 행동 변화와 스킬 그리고 가치, 성품 등에 대한 교육만을 하고 효과적인 리더를 개발하기를 기대한다(Dotlich, Noel, & Walker, 2004).

또한 리더십 개발 프로그램이 의도하는 대로 교육생들이 교육을 마치고 현업에 돌아가서도 지속적으로 이루어지고 있는가의 문제다. 예를 들면, 교육훈련을 받을 때는 프로그램 내용이 좋고 많은 것을 배웠다고 교육평가서에 적는다. 그러나 많은 경우에 새로 습득한 것들을 현장에 돌아가서 활용하는 데에는 기존의 행동규범이 지배하고 있기 때문에 금방 좌절감을 느끼게 되고 과거로 회귀하기 쉽다. 그래서 관리자의 행동변화를 목표로 하는 리더십 개발 프로그램이 교육을 위한 교육이 되어 귀중한 시간과 재원을 낭비하게 된다.

왜 코칭인가

셔먼과 프리아스(Sherman & Freas, 2004)에 의하면 GE와 골드만삭스(Goldman Sachs) 등 미국의 초우량기업들이 임원 코칭(executive coaching)에 사용하는 일년 예산이 10억불 정도가 된다고 한다. 그러면 외국의 많은 선진 기업들이 이처럼 코칭에 많은 예산을 투입하는 이유는 무엇일까? 아마도 위에서 언급한 과제들을 해결하기 위한 하나의 효과적인 방안으로 코칭이 대안으로 대두되는 것이라고 생각한다. 그러면 효과적인 리더십 개발과 관련해서 최근 들어 왜 코칭에 많은 관심을 갖게 되었는지 살펴보자.

첫째, 코칭 프로그램을 도입하는 가장 중요한 이유는 관리자들과 구성원들이 효과적인 리더가 될 수 있도록 자아인식(self-awareness)을 제고시켜 준다. 많은 관리자들이 효과적인 리더가 되지 못하는 가장 중요한 장애요인 중의 하나가 감성지능 4가지 요소 중의 하나인 '자아인식'이 결여됐기 때문이다. 자아인식능력이 결여된 리더는 지속적인 학습을 못하며, 변화에 재빨리 적응하지 못한다. 그리고 이로 인해 대인관계 역량도 떨어진다. 돗리크(Dotlich)와 그의 동료들(2004)이 최고경영진으로 발탁된 리더들 중에서 중도에 탈락한 사람들의 문제점에 대해서 연구한 사례를 살펴보자. 앞의 리더십 개발 프로그램 내용의 적정성 문제에서 언급했듯이, 실패한 리더들은 직무관련 지식이 탁월하고 똑똑할지 모르지만, 자기 자신에 대해서는 잘 모르고 대인관계 역량이 부족하다고 한다. 반면에 고성과를 보여 주는 리더들은 자신의 강점과 약점을 잘 알고 있다. 이들도 중도에 탈락한 리더들처럼 실패한 경험들도 물론 있다. 그러나 이들은 실패하는 경우에는 왜 실패했는지 관련된 사람들로부터 피드백을 받고 학습의 기회로 삼아 다음 기회를 대비한다. 중요한 것은 그들은 감정에 대해서 정직하고 그에 적절히 대응한다는 점이다.

쟁거와 포크만(Zenger & Folkman, 2002)도 미국 「포춘」지가 선정한 200대 기업의 간부 25,000명을 대상으로 탁월한 리더들은 어떠한 공통점을 갖고 있는가를 연구했다. 그들의 연구결과에 의하면, 탁월한 리더들은 머릿속에 있는 자신의 모습을 통해서 자기가 어떠한 사람인지를 제대로 알고 자신의 행동패턴에 대해서 잘 이해하고 있는 사람들이다. 반면에 중도에 탈락하는 리더들은 자신의 머리에 내재해 있는 자기 이미지에 대해서 제대로 인식을 못하는 치명적인 약점을 가지고 있다. 그래서 우량기업들은 관리자들을 효과적인 리더로 개발하기 위해서, 또는 잘 하고 있지만 더 훌륭한 리더로 발전할 수 있도록 코칭 프로그램을 활용하고 있다. 현실적으로 조직 내에서 부하는 상사에게 솔직한 피드백을 해 주기가 쉽지 않다. 그리고 특히, 최고경영진에 있는 리더들은 동료로부터의 피드백도 받을 수 없기 때문에 코치로부터 더 많은 도움을 받을 수 있다. 외부 전문가 코치를 활용하는 이유가 바로 여기에 있다.

둘째, 1970년대를 기점으로 세계화로 인한 경쟁의 심화, 정보통신기술 출현으로 인한 업무수행 방법 재설계, 고객의 양질의 서비스에 대한 욕구증대 등 기존 경영 패러다임이 변화하면서 임직원에 대한 '인간화' 물결이 시작되었다. 이처럼 도구가 아닌 인격체로서 존중받고자 하는 인간화 욕구가 그 어느 때보다도 강한 21세기 지식사회에서는, 코칭 리더십이 이러한 욕구를 잘 충족시켜 주면서 조직이 추구하는 목표를 효과적으로 달성 가능하게 해 준다. 진정한 의미의 리더십 행사는, 즉 영향력은 일방적으로 밀어부치는 데에서 나오는 것이 아니라 리더와 팔로어가 공동의 목표달성을 위해 서로를 도와주려는 관심과 노력에서 나오는 것이다. 이러한 상생의 정신이 바로 코칭 리더십의 핵심이다. Hay/McBer's의 연구결과에 의하면 코칭 리더십 스타일을 도입해 경영하는 기업은 그렇지 않은 기업에 비해 구성원들의 직무 몰입도가 높다. 다시 말해서, 단기적인 직무수행과 결과에 초점을 두는 관리자보다 장기적인 관점에서 구성원들의 잠재력을 개발하는 데 보다 많은 노력을 기울이는 관리자들이 보다 효과적인 조직으로 이끌어간다. 또한 평생직장에서 평생직업으로 바뀌는 요즈음 구성원들은 자신의 잠재력을 개발하고 발전시킬 기회가 많지 않다고 판단하면 과거와 달리 다른 곳으로 쉽게 이직한다. 이러한 이유로 유능한 인재를 뽑고 유지하는 것이 경쟁우위성을 확보하는 관건인 21세기 경영에서는 코칭 리더십이 각광을 받는 것이다(O'Connor & Lages, 2004; Sherman & Freas, 2004).

셋째, 구성원들은 코칭을 통하여 하고자 하는 의욕이 높아지면 스스로 일을 찾아서 하고 긴급한 상황이 벌어질 때 빠르고 효과적으로 대응할 수 있다. 그리고 구성원들이 상사로부터 존중을 받고 있다는 신뢰가 형성되어 있고 주도성을 가지고 일하기 때문에 창의적인 아이디어가 많이 나올 수 있다.

넷째, 코칭은 구성원들의 일에 대한 주인의식과 책임감을 높여주기 때문에 관리자는 구성원들이 일을 잘하고 있는지 확인하는 등의 통제하는 것에 시간을 쓸 필요가 없어진다. 그래서 관리자는 좀더 부가가치성 있는 업무에 시간을 사용할 수 있다.

다섯째, 코칭은 관리자가 구성원 개인과 조직이 추구하는 목표를 효과적으로 달성할 수 있도록 도와줄 뿐만 아니라 상사로부터 인정과 금전적 보상을 받을 수 있게 도와준다. 그리고 많은 관리자들이 기대하는 승진까지 할 수 있도록 도와주는 매력이 있다.

여섯째, 제한된 재원을 도움을 구체적으로 필요로 하는 조직원들에게 집중함으로써 자원을 효과적으로 사용하는 장점이 있다. 또 코칭은 관리자들이 교육훈련을 통해서 습득한 새로운 것들을 지속적으로 일깨워주고, 과거의 익숙한 행동으로 회귀하려는 타성을 막아주는 역할을 한다.

마지막으로, 관리자들은 코치가 됨으로써 코칭의 개념을 숙지하게 되고, 훌륭한 코치가 되기 위해서 경청과 질문기법 등을 훈련과 교육을 통해서 습득하게 된다. 이러한 과정을 통해서 관리자는 감성지능 관련 역량개발과 구성원들과 인간적 유대관계를 형성할 수 있는 의도하지 않은 결과를 얻을 수 있다. 또한 조직차원에서도 코칭은 서로를 배려하고 존중해 주며 상하간 및 동료간의 대화가 가능한 조직문화를 구축하는 데 기여를 할 수 있다.

코칭이란 무엇인가

코칭의 개념

■ 코칭이란 상대방 자신의 성과를 극대화하도록 그의 잠재능력을 발현시키는 것으로서, 가르치는 것이 아니라 스스로 학습하도록 도와주는 것이다(Whitmore, 2004).

■ 코칭이란 상대방의 자발적인 행동을 촉진시키기 위한 커뮤니케이션이다(혼다 카쯔지 & 이사카와 요오, 송원재 역, 2003).

■ 코칭이란 1 : 1 관계를 통해 서로 영향을 주고받으면서 상대방이 개인적 및 직업상의 목표를 자기 혼자서 하는 것보다 빠르게 설정하고 성취할 수 있도록 도와주는 것이다(Fairley & Stout, 2004).

위의 예에서 보는 것처럼, 코칭은 상대방이 잠재능력을 깨닫고 십분 발휘할 수 있도록 대화를 통해서 도와주는 것이다. 특별히 기업 내에서의 코칭은 구성원 개개인이 잠재능력을 인식하도록 도와주고, 스스로의 행동변화를 통해 개인 및 조직이 추구하는 목표를 달성하는 데에 목적이 있다. 코칭은 인간을 긍정적으로 보는 관점에서 출발한다. 인간은 무한한 가능성을 지닌 나무의 씨앗과 같은 존재이다. 휘트모어(Whitmore, 2004)

는 코칭의 개념을 정원사와 도토리 씨에 비유해 설명한다. 우리는 도토리 씨앗이 묘목으로 성장하고 나중에 산에 옮겨 심겨져서는 울창한 오크나무가 된다는 것을 연상하기가 쉽지가 않다. 정원사는 묘목가게에서 어린 오크나무를 사다가 잘 살 수 있도록 묘목의 잔뿌리들이 상처입지 않게 조심히 파놓은 웅덩이로 옮겨 심는다. 물론 거름도 넣어주고 양질의 흙으로 덮어주고 물도 충분히 준 다음 빨리 그리고 건강하게 이 나무가 성장하기를 기대한다. 나무를 이식하는 것은 짧은 시간이었지만 정원사는 온 정성을 다하는 것이다. 옮겨 심은 후에도 병들어 죽지 않게 물을 충분히 잘 주고 제대로 성장하지 못하는 경우에는 영양주사를 놔주는 정성까지 베푼다. 이러한 지속적인 관심과 노력으로 나무는 무럭무럭 자라서 울창한 나무가 되고 맛있고 훌륭한 열매를 맺는 것이다.

기업에서의 코칭도 바로 관리자가 정원사처럼 구성원들에게 애정 어린 관심을 갖는 것에서 출발한다. 코칭은 관리자가 구성원 개개인이 언젠가 울창한 나무로 성장해서 기업에 공헌하는 인재가 될 수 있다는 잠재력을 인지하는 것에서 시작한다. 그런 과정 안에서 진정한 대화를 통해 지속적으로 영양분을 공급해 줄 때 평범한 조직원이 탁월한 리더로 변화할 수 있는 것이다. 인재육성이라는 것은 이러한 장기적인 관심과 헌신적인 노력을 요하는 것이다.

'genius' 의 어원을 통해서 인간의 능력에 대한 관점을 이해해 보자. 'genius' 는 그리스어 'daimon' 과 같은 뜻을 갖고 있는데, 'daimon' 은 모든 사람이 각 개인에게 주어진 능력을 알고 그 능력에 대한 믿음 속에서 살았을 때 비로소 자신의 본유적인 잠재력으로 탁월함을 실현할 수 있다는 것을 의미한다. 소크라테스를 포함한 고대 그리스의 철학자들은 그리스 신화의 실레누스(Silenus)의 가슴 안에 금으로 만들어진 흉상이 있는 것처럼, 모든 사람에게는 자기만이 이 세상에 기여할 수 있는 다이몬(daimon)이 있다고 믿었다. 여기서 주목해야 하는 것은 잠재력을 실현한다는 것은 무(無)에서 유(有)를 창조하는 것(self-realization)이 아니고 '이미 내재해 있는 다이몬(daimon=ideal possibility)을 현실화(self-actualization 또는 empirical actuality)하는 것' 을 의미한다. 잠재력(potentiality)은 이상적 가능성을 현실화된 실제로 이끌어 주는 가교 역할을 해 주는 것이다. 철학자 데이비드 노턴(David Norton, 1976)은 인간은 자신의 다이몬을 찾아서 실현해야 하는 운명을 갖고 태어난다고 했다. 이러한 고고한 사명감을 실현할 수 있도록 도와주는 것이 코치의 역할이고 리더십이다.

코칭의 개념을 좀더 잘 이해하기 위해서 패어리와 스타우트(Fairley & Stout, 2004)의 설명을 중심으로 다른 유사개념들과 비교해 보자(O'Connor & Lages, 2004; Whitmore, 2004; 최병권, 2004). 패어리와 스타우트는 아래의 개념들에 대해서 학자들간에 다소의 이견이

[그림 IX-1] **코칭의 개념**

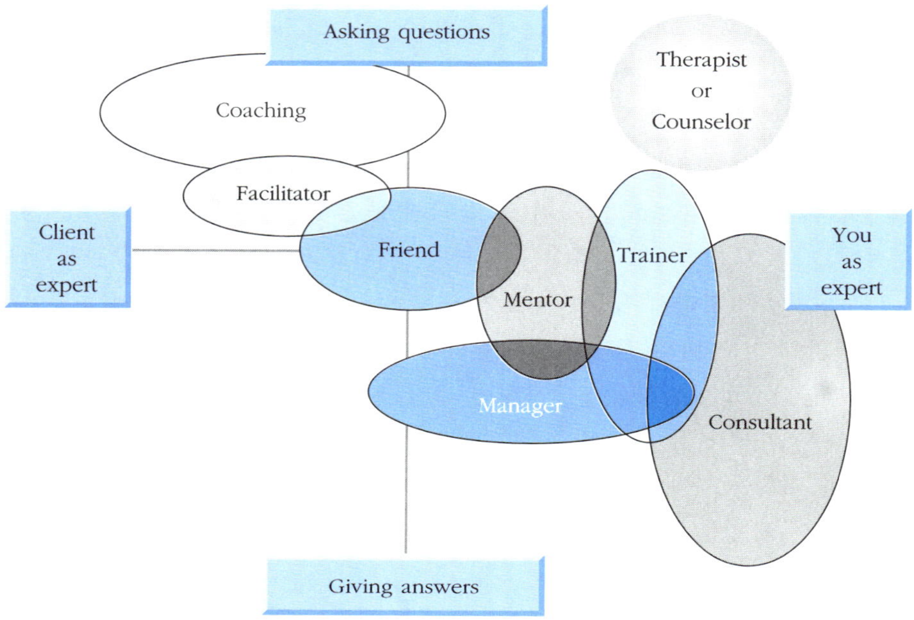

출처: Fairley & Stout, 2004, 30쪽.

있음을 전제한다. 그러나 이러한 비교는 전문 코치와 코칭 서비스를 필요로 하는 고객인 기업의 관리자에게 개념들을 좀더 분명하게 이해할 수 있는 준거역할을 할 수 있기 때문에 소개한다.

코칭과 멘토링(mentoring)

기업에서는 상대방과의 대면관계를 통해 지식과 정보를 전달해 주는 면에서는 유사하기 때문인지 코칭과 멘토링을 상호 교환적으로 사용하는 경우들이 많다. 그러나 멘토링은 좀더 나이도 많고 경험이 풍부한 사람이 그렇지 못한 사람에게 자신의 노하우를 전수해 주는 도제관계에 그 기원을 둔다. 기업에서도 멘토는 자신의 상사나 연륜이 많은 사람들이 모델로서 그 역할을 수행한다.

그러면 코칭과 멘토링이 어떻게 다른지 살펴보자. 첫째, 멘토링은 보편적으로 필요에 따라서 비공식적으로 진행되는 데에 반하여, 코칭은 공식적이고 어느 정도 정형화되어서 체계적으로 운영된다. 둘째, 멘토링은 대체적으로 결과를 측정할 수 있는 구체적인 목표를 세우지 않고 이루어지지만, 코칭은 그렇지 않다. 셋째, 멘토링이 개인의 경력개발을 위한 장기적 관점에서의 스킬 습득에 초점을 두는 반면에, 코칭은, 일부 학자들은 동의하지 않지만, 대체로 단기적 관점에서 업무성과의 제고와 스킬 습득에 주력한다. 넷째, 멘토는 대체로 멘티가 종사하는 분야의 전문가인 반면에, 코치는 전문가일 필요가 없는 도와주는 파트너 역할을 한다. 물론, 코치는 대인관계의 역동성에 대한 깊은 이해와 비즈니스에 대한 폭넓은 이해를 필요로 한다. 특히 행동변화를 주목적으로 하는 코칭에 있어서는 심리치료, 카운슬링, 조직심리 분야 등의 전문지식이 필요하다. 그러나 훌륭한 코치가 되기 위해서 피코치자의 비즈니스나 직무에 대해서 전문가일 필요는 없다. 코치에게 중요한 것은 좋은 질문을 던져 피코치자가 스스로 깨닫게 도와주는 것이다. 반면에, 멘토는 수행방식면에서 상대방에게 질문도 하지만 직접 해결책을 제시도 한다. 마지막으로, 멘토링은 보통 무료인 데 코칭은 특히 외부의 전문코치를 활용하는 경우에는 유료이다.

코칭과 카운슬링/심리치료(counseling/psychotherapy)

코칭과 카운슬링의 주요 차이점은 서비스를 받는 상대방과 그들이 당면한 문제의 성격에 있다. 카운슬링은 일반적으로 자신의 삶에 만족하지 못하는 사람들이 갖고 있는 문제를 해결해 주는 데에 주목적이 있다. 심리치료는 우울증, 불안감, 깊은 인간관계의 갈등 등에서 유발되는 정서적인 문제를 치유하기 원하는 사람들을 도와준다. 카운슬링이나 심리치료를 받으러 오는 사람들의 동기는 그들이 당면한 고통이나 불만족스러운 상태에서 벗어나는 데에 있다. 그래서 카운슬링과 심리치료는 주로 상대방의 과거의 경험을 이해함으로써 문제를 해결하려 한다.

반면에 코칭은 상처가 난 사람들을 고치는 것이 아니라, 건강한 사람들이 더 높은 성과를 올릴 수 있도록 목표를 설정하고 달성하도록 도와주는 것이다. 코칭은 상대방의 과거보다는 현재와 미래에 초점을 두고, 그들의 창의성과 기지로 안을 도출해서 행동으로 옮길 수 있도록 도와준다.

코칭과 훈련/교육(training/teaching)

전형적인 훈련은 하나의 이벤트로 지식을 전달하는 것을 주목적으로 하는 반면에 코칭관계에서는 인간관계를 발전시키는 것이 주목적이다. 물론 부분적으로 지식을 전달하는 경우도 있겠지만 주목적은 개인적 및 직업상의 목표를 세워서 성취할 수 있도록 도와주는 것이다. 코칭은 강사와 교육생의 경우처럼 상하관계가 아니고 피코치자 개인의 성장과 발전이 코칭 성공의 가장 중요한 평가척도로서 동등한 파트너적인 관계이다.

코칭과 퍼실리테이팅(facilitating)

한국기업에서도 교육할 때 많이 활용하고 있는 퍼실리테이팅에서는 퍼실리테이터가 교육생들하고의 관계에서 객관적인 입장을 견지하면서 서로간에 분명하게 의사소통을 함으로써 합의를 도출할 수 있도록 보조하는 일을 한다. 반면에 코치는 객관적인 사람이지만 객관적인 입장을 취하지 않는다. 코치는 피코치자가 혼자서 하는 것보다는 빠르게 개인적 및 직업상의 목표를 수립하고 성취할 수 있도록 도와준다. 그러기 위해 코치는 분명한 목적과 목표를 가지고 개입하여 파트너로서 적극적으로 상대방과 인간관계를 만들어 간다.

한편 퍼실리테이터도 그룹에게 단순히 지식을 전달하는 것이 주목적이 아니고, 코치처럼 질문을 통하여 스스로 해결책을 찾을 수 있도록 그룹을 이끌어 가는 촉진자 역할을 수행한다. 그래서 기업에서도 인력개발센터의 강사를 양성할 때, 단순히 지식을 전달하는 트레이너가 아닌 퍼실리테이터로 육성하여 교육효과를 제고할 필요가 있다.

코칭과 컨설팅(consulting)

컨설팅에서 컨설턴트는 전문가로서 고객이 갖고 있는 구체적인 문제에 대해서 바로 대답을 제공하고, 그 대답은 정답이기를 기대한다. 반면에 코칭에서는 코치가 전문가일 필요가 없으며, 파트너로서 적절한 질문을 던지는 것이 전부이다. 코칭에서 전문가는 오히려 피코치자이다. 대부분의 컨설팅은 컨설팅 결과를 보고서로 작성하면서 계약관계도 끝난다. 반면에 코칭에서는 자료분석이 끝나는 시점에서 코칭관계가 본격적으로 시작되며, 상대방이 계획한 사항들을 실행에 옮겨 진행하는 것을 옆에서 함께 지켜본다.

코칭과 관리(managing)

관리자는 구성원들에 대해서 권위(authority)를 가지고 있어 변화에 동참하도록 허락을 구할 필요가 없다. 관리자는 그들이 변화에 동참하지 않을 때 해고할 수도 있는 권한이 있다. 그리고 구성원들은 관리자가 그들의 관심사에 얼마나 진심으로 관심이 있는지, 혹시 관리자의 의중에 다른 숨겨진 의도가 있는 것은 아닌지 의구심이 있어 관리자와 직원들 간에 신뢰가 결여될 수 있다. 반면에 코치는 숨겨진 아젠다가 없다. 오로지 고객의 복지가 주된 관심사이고, 서로간의 신뢰와 파트너십을 기초로 하여 코칭관계를 발전시켜 나아간다.

코칭과정은

코칭의 유형

코칭에는 다양한 유형이 있는데 크게 퍼스널 코칭(personal coaching 또는 life coaching), 비즈니스 코칭(business coaching), 그리고 커리어 코칭(career coaching) 세 분야로 나눌 수 있다. 분야는 다르더라도 적용되는 기본 개념과 스킬은 중복되는 부분이 많다.

'퍼스널 코칭'은 비즈니스와 관련되어 있거나 있지 않은 다양한 사람들이 당면하는 대인관계와 자신의 내면에 관련되는 이슈들을 대상으로 한다. '비즈니스 코칭'은 조직 내에서 의사결정 등의 중요한 역할을 수행하는 임원과 CEO를 주요 대상으로 하는 임원 코칭(executive coaching)과 특정 사업영역에 대한 관리자나 구성원을 대상으로 하는 비즈니스 코칭으로 나눌 수 있다. 특히 최근 들어 기업의 성과제고와 리더십 개발 관련해서 많은 관심을 받고 있는 것이 '임원 코칭'이다. 임원 코칭은 전략개발, 리더십 개발, 경력개발, 직원 동기부여, 시간관리 등 다양한 이슈들을 다룬다. 커리어 코칭도 최근 들어 관심을 많이 받고 있는 한 분야이다. 퍼스널 코칭이나 비즈니스 코칭과 중복되는 부분이 많지만, 정보통신기술 등의 첨단기술 발달로 인한 인력감축과, 일자리에 비해서 우수한 인력 공급과잉으로 인하여 커리어 코칭에 대한 수요가 커지면서 전문화되는 추세이다. 커리어 코치는 새로운 일자리를 찾거나 새로운 직종으로 변신하려는 사람들을 도와주는 것을 주목적으로 한다. 보통 커리어 코치는, 한국 기업들도 요즈음 활용하고 있는 아웃플레이스먼트(outplacement) 회사와 연계해서 활동한다.

여기서는 기업의 인재개발에 초점을 둔 외부 전문가를 활용하는 임원 코칭에 대해서 먼저 살펴보고, 관리자가 자기에게 주어진 목표를 효과적으로 달성하기 위해서 어떻게 훌륭한 코치가 될 수 있는지 알아보겠다. 기업에서 코칭 프로그램을 도입하는 목적이 성과향상을 위한 구성원의 행동변화에 있기 때문에, 임원 코칭 과정을 이해하기 위해서 이 분야의 대가인 골드스미스(Goldsmith)의 행동변화를 주목적으로 하는 코칭 8단계를 소개하겠다. 골드스미스(Goldsmith)의 코칭 8단계는 어디로 갈 것인가에 대한 과정("where to go" process)이 아니고, 조직에서 추구하는 목표를 어떻게 도달할 수 있는지의 과정("how to get there" process)에 초점을 둔 행동변화를 목적으로 하는 코칭이다

(Goldsmith, Lyons, & Freas ed., 2002). 내부적으로 관리자가 코치로서 역할을 수행하는 것도 임원 코칭과 별로 차이가 없기 때문에 관리자에게 코칭 8단계가 많은 도움이 될 것이다.

골드스미스(Goldsmith)는 코칭이 성공하기 위해서는 시작하기 전에 먼저 다음의 몇 가지 사항을 고려해야 한다고 충고한다. 첫째, 피코치자가 자신의 행동변화를 위해서 기꺼이 노력하겠다는 의지가 없는 경우, 둘째, 회사에서 향후 정리하려는 임직원의 경우, 셋째, 피코치자가 관리자로서 주어진 업무를 수행하는 데 기본적으로 필요한 지적인 능력과 직무 스킬이나 경험을 갖고 있지 못할 경우에는 행동변화를 위한 코칭이 시간낭비일 수 있기 때문에 신중을 기해야 한다.

코칭 8단계

첫째, 여러 리더십 성향 분석도구를 통해서 주어진 직무를 수행하는 데 성공적인 관리자가 되기에 필요한 행동적 특성들을 파악한다. 파악된 자료들을 피코치자와 공유하고, 질문을 통해서 자아인식을 할 수 있는 기회를 주기 위해 동감하는지 질문해 확인한다. 피코치자가 동감할 때, 코칭 과정에 좀더 마음을 쏟게 되고 책임 있는 자세로 임하게 된다.

둘째, 누가 의미 있는 피드백을 해 줄 수 있는지를 정한다. 피코치자도 동감할 수 있는 사람들로 구성해야 하지만, 피코치자에게 호감을 갖고 있는 사람과 그렇지 않은 사람으로 적절히 선정해야 편향되지 않은 다양한 의견수렴이 가능할 수 있다. 그러나 서로 경쟁관계에 있는 사람은 의도적으로 굴절된 정보를 줄 수 있기 때문에 배제하는 것이 바람직하다.

셋째, 자료를 수집 · 정리해 요약 보고서를 피코치자에게 준다.

넷째, 동료들로부터 받은 자료를 분석해서 그 결과를 피코치자와 이야기한다. 피코치자의 핵심적인 장점들과 개선을 요하는 부분에 대해서 대화한다.

다섯째, 고려해 볼 대안들을 개발한다. 예를 들면, 보다 나은 경청자가 되기 위해서 당신이 할 수 있는 것들을 제안해 보라고 질문하고 리스트를 작성한다. 자료를 통해 얻은 것 중에서 구체적인 충고가 많은 도움이 될 수 있다.

여섯째, 설정한 목표 중 중요한 부분에 대해서 자신을 위해서 피드백을 해 준 이해관계자들에게 의견을 더 구해 본다.

일곱째, 3-4개월 이내로 2-6개 항목정도로 구성된 미니 설문지를 처음 평가에 참가한 사람들에게 다시 돌려 목표 설정한 부분에서 효과적인 변화가 있는지 피드백을 받는다.

여덟째, 향후 12-18개월 매분기마다 이해관계자들에게 처음에 세웠던 목표와 나중에 추가한 목표들에 지속적인 변화가 있는지 확인한다. 피코치자에게 긍정적인 변화가 있을시, 그들은 미니 설문지에 응답하는 것을 귀찮아하지 않을 것이다. 그래서 그들에게 부탁하는 것에 대해서 너무 부담을 안 가져도 된다. 피코치자는 지속적으로 피드백을 받음으로써 업무성과면에서 많은 개선이 있을 것이다.

탁월한 코치가 되기 위한 요건－자각과 책임감

탁월한 코치가 되기 위해서는 코칭의 기술적인 면을 습득하는 것도 중요하지만 우선적으로 코칭의 근간이 되는 철학을 이해하고 동감하는 것이 중요하다. 코칭의 첫째 핵심 요소는 의식 · 자각(awareness)이다. 'aware'는 보고 듣고 느끼는 것 등을 정신 바짝 차린 가운데 관찰하고 해석함으로써 어떤 것에 대한 지식을 습득하는 것을 의미한다. 우리의 시력이나 청력이 좋거나 안 좋은 것처럼 의식의 정도에도 차이가 있다. 돋보기와 오디오의 앰프는 우리가 평상시에 보는 것보다 더 잘 보이게 하고 소리를 더 크게 듣도록 해 준다. 마찬가지로 우리가 어떠한 것에 집중할 때 우리의 의식수준은 높아지고 고조된다.

이러한 의식이 우리가 일하는 조직에서는 단순히 보고 듣는 것에만 적용되는 것이 아니고, 우리에게 관계되는 사실이나 정보를 수집 및 인지하고 그것들 중에 어떤 것이 관련이 있는지를 결정하는 능력도 포함한다. 이 능력은 시스템의 이해, 사물과 인간과의 관계, 그리고 인간의 심리에 대한 이해를 포함한다. 이것은 또한 사람의 감정과 욕구가 우리의 인지과정에서 어떻게 굴절시키는지를 인식하는 능력까지도 포함한다. 우리의 몸과 마음은 다른 사람들이 지니고 있는 특성과 다르기 때문에, 스스로 자기 나름대로의 차별화된 의식수준을 높이는 능력과 자신감을 배양해야 한다.

그러나 여기서 우리가 오해하지 말아야 할 것은 코칭은 단지 '여기 도구가 있으니 나가서 네 스스로 해결책을 찾아라' 하는 것이 아니다. 왜냐하면 정상적인 우리 인간의 의식수준이 높지 않기 때문이다. 그래서 전문코치의 도움을 통해서 의식수준을 높여야 할 필요성이 있다. 의식과 자아인식에 대해서 다시 정리해 보면 다음과 같이 정의를 내려 볼 수 있다.

- 의식(awareness)은 우리 주위에서 일어나고 있는 것을 아는 것이다.
- 자아인식(self-awareness)은 우리가 체험하고 있는 것을 아는 것이다.

의식에 대한 이해를 더하기 위해서 입력(input)이라는 단어를 보자. 모든 인간의 활동은 입력(input)－전환과정(process)－출력(output)의 과정으로 압축해 볼 수 있다. 출력의 질은, 우리가 입력한 것을 어떻게 전환과정에서 잘 하든지, 입력의 양과 질에 달려있다. 의식을 높이는 것은 정보 등을 받아들이는 기관인 감각기관을 동조시키고 두뇌도 끌어 들여서 정확도를 높이는 행위이다. 그래서 고성과를 내기 위해서는 의식수준을 높여야 하는데, 현실적으로 대부분의 사람들은 '이 정도라면 그럭저럭 된다' 라면서 낮은 수준에서 만족하는 성향이 있다. 코칭에서의 '의식' 은 다른 각도에서 보면 양질의 관련 자료입력(high-quality input)을 의미한다. 또한 우리가 처한 환경, 자신의 신체, 자신의 행동, 그리고 자신이 사용하는 도구 등으로부터의 피드백을 의미한다고 볼 수 있다.

두 번째 핵심요소는 책임감으로 고성과를 위해 꼭 필요한 것이다. 우리는 우리의 생각과 행동에 대해서 진실로 받아들이고 책임을 진다면, 그것들에 대한 실행의지는 올라갈 것이고 아울러 성과도 올라갈 것이다. 우리가 진실로 책임감을 느낀다는 것은 반드시 우리가 선택한 것이다. 오너십의 결여도 문제의 핵심은 선택에 있다.

코칭의 2가지 핵심 스킬－질문하기와 경청

코칭의 핵심요소에서 언급한 의식과 책임감을 높이는 가장 좋은 방법은 효과적인 질문을 던지는 것이다. 질문을 하는 목적은 유용한 정보를 얻는 것에 있다. 그러나 코칭에서는 질문에 대한 대답내용은 코치가 활용할 것이 아니다. 코치는 단지 상대방이 필요한 정보를 가지고 있는지를 아는 것이 중요한 것이다. 그 대답 내용에 따라서 코치가 다음에 어떤 질문을 해야 할 것인지 암시해 주기 때문이다. 상대방의 의식과 책임감을 높여주는 효과적인 질문은 다음과 같다.

- 개방형 질문을 한다: 개방형 질문은 뭔가 좀더 구체적으로, 두뇌까지 활용하도록 끌어낸다. '어떠한 기준을 사용하는 것인가요?', '이 일을 수행하는 데 가장 어려운 부분은 어떠한 것입니까?' 등과 같은 질문을 사용한다. '예' 또는 '아니오' 로 답할 수 있는 폐쇄형 질문은 생각할 여지를 막아 버리기에 지양해야 한다.
- 의문부사인 무엇(what), 언제(when), 누가(who), 얼마나(how much and how many)를 사용하여 질문한다: 왜(why)로 시작하는 질문은 잘못하면 자기 방어를 위한 논쟁을 야기할 수 있다. 왜로 시작하는 질문은 '무슨 이유가 있는지…?' 질문하고, 어떻게(how) 질문은 '어떠한 단계가…?' 질문하면 논쟁을 피할 수 있고, 좀더 구체적이고 사실적인 답변을 들을 수 있다. '당신의 친구가 당신과 같은 상황에 처한다면 무슨 충고를 해 주

시겠습니까?' 와 같은 질문은 피코치자의 의식과 책임감을 높여주는 질문의 한 예이다.

▪ 구체적인 사항에 초점을 두어서 질문을 한다: 처음에는 광범한 주제로 시작하지만 대화가 진행되면서 점진적으로 구체적인 사항에 집중해서 질문한다. 이러한 질문은 잠재의식에 있던 것을 깨우쳐 줄 수 있다. '그렇게 한다면 얻는 것이 무엇이 있을까요?', '그리고 잃는 것은 무엇이 있는가요?' 와 같은 질문을 통해서 의식을 높인다.

▪ 피코치자가 흥미 있어 하는 영역에 대한 질문을 한다: 어떤 이슈가 중요한지를 어떻게 정해야 하는가? 특히 코치가 그 분야에 전문가가 아닐 때, 피코치자가 관심 있는 이슈들에 대해서 얘기하게 한다. 코치가 관심 있는 영역으로 이끌어 가는 경우에는 상대방의 책임감을 약화시킬 수 있다. 역설적으로, 코치가 상대방의 신뢰와 책임감을 손상시키지 않게 주의하면서 피코치자가 언급하지 않은 이슈에 대해서 질문할 수도 있다. 이러한 경우에는 '이 문제에 대해서 한 번도 언급한 것 같지 않은데 혹시 특별한 이유라도 있는가요?' 식으로 질문해 본다.

▪ 상대방이 의식하지 못하는 감추어진 부분(blind spot)에 대한 질문을 한다: 골프 코치의 경우를 예를 들어 생각해 보자. 연습생에게 '스윙 동작에서 어느 부분이 잘못하고 있는지 또는 잘하고 있는지 인식하기 가장 어려운 부분인가요?' 라고 질문해서 자기 동작에 대해서 자각하기 어려운 부분을 깨닫게 도와준다.

▪ 질문을 이끌어 간다: 피코치자가 명확한 답이 없는 경우나 코치가 질문을 이끌어 갈 필요성이 있다고 느낄 때는 고의적으로 조작한다는 느낌을 받지 않도록 주의하여 질문을 던진다. 또한 다른 관점에서 알고 있는 사실이나 힌트를 상대방에게 얘기해 줄 수 있다. 예를 들면, 상대방에게 '나에게 제안이 하나 있는데 들어보시겠어요?' 라고 의견을 물어본 후 질문을 던진다. 또한 '도대체 그것을 왜 하셨습니까?' 같은 감정을 자극할 수 있는 질문은 삼가는 것이 좋다.

그러면 효과적으로 듣는 것은 어떠한 것일까? 상대방이 질문에 답하는 동안 코치는 경청을 해야 한다. 상대방이 말하는 동안 집중해서 듣지 않는다면 신뢰를 잃을 수 있고, 다음에 어떤 질문을 해야 할지 모르게 된다. 그리고 코치는 피코치자가 2배 정도 이야기를 하도록 하고, 듣기에 주력해야 한다. 미국 창의적 리더십 센터에서 하는 리더십 개발교육 프로그램에는 교육생 모두가 피드백 코치(feedback coach)와 세 시간 반 동안 1 : 1 코칭 시간을 갖는다. 필자가 교육생으로 참석해서 경험한 것에 의하면, 피코치자인 내가 70% 이상의 시간을 말했다. 다른 교육생들도 비슷한 경험을 했다. 한편, 코칭 실습과정을 보면, 대부분의 코치가 피코치자보다 많은 이야기를 하는 것을 종종 본다.

탁월한 코치가 되기 위해서는 말하고 싶은 유혹을 절제할 수 있어야 한다. 또한, 보통으로 말보다 비언어적인 동작이 진실한 느낌을 주기 때문에, 듣는 동안 코치는 상대방의 어조와 비언어적인 몸동작에 관심을 갖고 봐야 한다.

• **질문의 순서**

첫째, 목표설정(goal setting): 무엇을 하고자 하는가? 목표는 다음의 SMART의 원칙에 따라 세운다.

S(specific: 무엇을 목표로 할지 명확히 함)
M(measurable: 측정 가능할 것)
A(agreed: 당사자간 동의된 것)
R(realistic: 실현가능하면서 도전적일 것)
T(timed: 달성시기가 규정되어 있을 것)

SMART 원칙에 따라 목표와 과제를 서로 대화하면서 우선순위를 확인하고 상대방의 동의를 통해서 의식과 책임감을 높이도록 한다.

둘째, 현실 확인(reality checking): 현재 무슨 일이 벌어지고 있는가? 주위에서 어떠한 일이 일어나고 있는지, 자신이 내적으로 경험하고 있는 감정은 어떤 것인지에 의거해 객관적으로 현실 상황을 파악한다. 조직의 상황과 경쟁자 등의 현실을 파악하여 가능한 대응책을 도출한다.

셋째, 선택결정(options): 무엇을 당신이 할 수 있는가? 코치는 상대방이 편안한 마음으로 솔직한 생각을 제시할 수 있는 분위기를 만들어 준다. 그러한 연후에 각 방안의 장단점을 충분히 검토하게 하고 가장 실현 가능한 방법을 선택하게 도와준다.

넷째, 실행 의지(will): 무엇을 실행에 옮길 것인가? 이 단계에서 코치는 상대방에게 하고자 하는 의지를 강제하지 않지만 실행에 옮기도록 강하게 격려해야 한다. 항상 중요한 것은 이러한 과정에서도 상대방이 선택할 수 있어서 오너십을 잃지 않도록 해야 한다. 무엇을 언제 할 것인지, 실행에 옮기면 목표달성은 가능한 것인지, 실행과정에서 당면할 장애물은 어떤 것이 있는지, 그리고 이것을 성공적으로 이행하기 위해서 누가 알아야 하고 누구의 지원을 받아야 하는지 등에 대한 질문을 통해서 피코치자가 자신감을 잃지 않고 목표달성을 가능하도록 도와준다.

코칭이 성공하기 위해 극복해야 할 장애물

• 사람에 대한 관점의 변화

코칭이 조직 내에 정착해서 성공할 수 있기 위해서는 자기 자신과 다른 사람들을 보는 관점이 근본적으로 바뀌어야 한다. 코칭은 모든 사람이 자기가 선택한 분야에서 위대한 업적을 시현할 수 있는 잠재력을 지니고 있다고 믿을 수 있어야 한다. 또 오랜 기간을 통해서 익숙해진 '지시하고 지시받는 것'을 떨쳐 버리는 것이(unlearn) 새로 학습하는 것보다 더 어렵다는 것을 명심하고 지속적으로 노력해야 한다. 우리는 부모나 선생님으로부터 질문을 받으면 우선적으로 '내가 뭔가 잘못했구나' 하는 생각이 든다. 이처럼 질문에 대한 선입견이 위협적이고 부정적인 이미지로 다가오기 때문에, 질문이 핵심인 코칭이 정착되려면 관리자들이 지속적으로 하고자 하는 의식이 확고해야 한다. 한편 코칭 프로그램은 우리의 조직문화에는 안 맞는다며 새로운 접근방법에 냉소적인 관리자와 구성원들이 있을 것이다. 그러나 좀더 치열해질 미래의 경영환경에서 살아남으려면 지금 변화하지 않고 어떻게 할 것인가. 코칭에 대해서 냉소적인 사람들에게는 어떻게 다르게 할 수 있는지 대안을 묻는 것이 한 극복방안이다.

• 코칭에 대한 부정적인 생각 극복

또한 우리 개개인에 내재되어 있는 코칭에 대한 부정적인 생각을 극복해야 한다. 예를 들면, '나는 오래 전에 해 본 거야' 하는 관리자가 있다면 그는 그것을 결코 제대로 해 본 적이 없다는 반증이다. '내가 잘할 수 있을까' 하고 걱정하는 경우 자기 자신을 대상으로 지속적인 실습을 한다면 극복할 수 있다. '어떠한 질문들을 해야 하는지 자신이 없는데' 하는 경우라면 경청하는 요령대로 피코치자의 이야기를 들어준다면 어떠한 질문을 해야 할지 알게 될 것이다. 질문을 하는 기본 원칙이 '의식'과 '책임감'을 제고시키는 것임을 기억한다면 극복할 수 있는 문제들이다.

• 내부 코치와 외부의 전문코치 활용

구성원의 개인발전과 조직의 목표달성을 위해서, 관리자인 내부코치를 활용해야 하는지, 아니면 비용이 들더라도 외부의 전문 코치를 도입하는 것이 효과적인가를 고려해야 한다. 물론, 관리자가 내부코치로서 훌륭히 코칭 역할을 수행할 수 있을 것이다. 그러나 현실적으로 외부의 전문코치를 활용하는 것보다는 그 효과면에서 문제의 소지가 있다.

첫째, 관리자는 피코치자를 매일 보기 때문에, 객관적으로 상대방을 보기가 쉽지가 않다. 둘째, 내부코치인 관리자는 이미 주어진 업무로 많이 바쁘다. 과외로 시간을 마련해서 코칭을 하지 않는다면, 현실적으로 효과적인 코칭이 이루어지기가 쉽지 않다. 셋째, 관리자의 주요 책임은 자신에게 부과된 업무에 있지 피코치자에게 있지는 않다. 물론 부하를 육성하는 것이 리더의 중요한 책임 중의 하나이지만. 그래서 코치가 코칭 과정에서 얻은 정보의 비밀을 잘 지킬 수 있는지 의구심이 들 수 있다. 마지막으로 문제가 될 수 있는 것은 대부분의 관리자는 피코치자를 평가해야 하는 책임을 가지고 있다는 점이다. 이러한 경우에 피코치자가 자신의 업무관련 문제점에 대해서 고백하기가 쉽지가 않다. 현실적으로 업무 관련해서 불만족스러운 점을 제대로 코치인 관리자에게 속내를 여는 것은 쉽지 않다. 대체적으로 업무 관련된 경험이나 느낌을 마음 속에 지니고 있는 경우가 많을 것이다(O'Connor & Lages, 2004). 신뢰가 부족한 여건에서는 코칭이 형식적으로 될 가능성이 많다. 이러한 이유로 내부고치를 활용하기보다는 비용이 발생하더라도 외부 전문 코치 프로그램을 도입하는 것이 바람직하다.

코칭은 리더십 개발에 효과적인가

기존의 리더십 개발에 대한 하나의 대안으로 코칭을 제시했다, 그런데 과연 코칭이 기대하는 만큼의 효과를 가져다 줄 것인가 하는 의문이 생길 것이다. 코칭 도입의 적절성 여부와 우리에게 시사해 주는 점이 무엇인지 살펴보자.

셔먼과 프레아스(Sherman & Freas, 2004)는 호주 시드니 대학교에서 코칭 심리학을 강의하는 앤소니 그랜트(Anthony Grant) 교수의 연구결과를 인용하면서 코칭 분야의 일천함을 지적한다. 그랜트(Grant)는 1937년 이후에 발표된 코칭 관련 논문들을 검토해 본 결과, 발표 논문이 131편에 불과하고, 과학적 실증연구 논문은 56편에 지나지 않는다고 지적한다. 그리고 발표된 대부분의 논문의 수준이 낮다고 평가한다.

코칭 프로그램의 효과에 대한 과학적인 평가가 결여된 상황에서 적절성을 논하는 것에는 한계가 있다. 그러나 미국 창의적 리더십 센터의 리더십 개발 프로그램은 좋은 평가를 받고 있는 것으로 알려져 있다. 체계적이고 객관적인 피드백과 1 : 1 코칭을 통해서 참가자가 자아인식을 할 수 있는 계기를 갖게 되고, 리더로서 변해야겠다는 강한 의지를 갖고 현업에 돌아가 행동변화를 실천하기 때문에 많은 선진 기업들이 이 프로그램을 높이 평가하고 차세대 리더 후보들을 보내고 있다.

또한 고비용의 1 : 1 코칭 서비스를 제공하는 기업들은 대체적으로 리더를 장기적인 관점에서 개발해야 한다는 확고한 신념이 있기에, 자연스레 훌륭한 리더들이 배출되는 것이다. 경영진이 리더십의 중요함을 알고 확고한 신념으로 리더십 개발에 투입되는 비용을 투자라고 인식하고, 리더십 교육과 코칭을 적절히 활용한 기업은 오늘날 경쟁우위를 점하고 있다. 모토로라, GE, 삼성 등의 기업처럼 경영진이 반드시 가치 있는 결과가 있을 것이라는 확신으로 리더십 개발에 투자할 때 탁월한 리더들이 배출되는 것이다. '교육에 투자하는 비용에 ROI가 얼마냐?' 라는 질문이 적절한 질문이 아니라고 언급한 어느 그룹의 인력개발 책임자의 말을 의미를 되새겨 볼 필요가 있다.

외국의 선진 기업들도 마찬가지이지만, 코칭이 효과적인 리더십 개발의 하나로 자리매김하기 위해서는 제대로 준비된 양질의 코치를 개발하고 확보해야 한다. 최근 들어 우리나라에도 코칭의 개념이 유행하면서 코칭 관련 협회가 등장하고, 단기적인 외국프로그램을 도입해서는 이수자들에게 자격증을 주는 기관이 생겨나고 있다. 그런데 기업의 실무자들이 외부 전문코치를 활용할 때는 코치 선택에 있어 신중을 기할 필요가 있다. 특히 임원 코칭이 성공하기 위해서는 피코치자의 신분, 경험, 지식수준 등에 걸맞은 코치를 선택해야 효과를 극대화할 수 있다.

인간의 자유의지 행사가 중요시되고 인격적인 존재로 존경받고자 하는 욕구가 강한 21세기 경영에서는 과거의 리더십 모델로서는 한계가 있다. 급변하는 경영환경에서 우위를 지켜나가기 위해서는 리더십이 그 중심축에 있다. 새로운 시대가 요구하는 리더십 역량을 개발하기 위해서 코칭 프로그램이 아직 보완되어야 할 부분이 많은 것은 사실이다. 그러나 개인의 발전과 조직의 목표달성을 동시에 가능하게 해 주는 한 대안으로 코칭 리더십을 적극적으로 도입해 활용할 것을 권한다.

참고문헌

이창우(2003), 「다시 이병철에게 배워라」, 서울문화사.

최병권(2004), 「위대한 기업을 만드는 인재 멘토링」, 새로운 제안.

마샬 쿡(2003), 「코칭의 기술」(서천석 역), 지식공작소.

혼다 카쯔지, 이시카와 요오(2002), 「알기쉬운 비즈니스 코칭」(송원재 역), 새로운 사람들.

Cherniss, C., & Goleman, D.(2001), *The Emotionally Intelligent Workplace(Ed.)*, San Francisco, CA: Jossey-Bass.

Dotlich, D. L., Noel, J. L., & Walker, N.(2004), *Leadership Passages*, San Francisco, CA: Jossey-Bass.

Fairley, S. G., & Stout, C. E.(2004), *Getting Started in Personal and Executive Coaching*, Hoboken, NJ: John Wiley.

Goldsmith, M., Lyons, L., & Freas, A.(2000), *Coaching for Performance (Ed.)*, San Francisco, CA: Jossey-Bass/Pfeiffer.

Nigro, N.(2003), *The Everything Coaching and Mentoring Book,* Avon, MA: Adams Media.

Norton, D. L.(1976), *Personal Destinies,* Princeton, NJ: Princeton University Press.

O' Connor, J., & Lages, A.(2004), *Coaching with NLP*, London: Element.

Sherman, S., & Freas, A.(2004), "The West of Executive Coaching," *Harvard Business Review*, 82(11), 82-90.

Tichy, N. M.(2002), *The Cycle of Leadership*, New York, NY: Harper Business.

Whitmore, J.(2004), *Coaching for Performance*, London: Nicholas Brealey Publishing.

Zenger, J. H., & Folkman, J.(2002), *The Extraordinary Leader*, New York, NY: McGraw-Hill.

02

이슈리더십의 실무적용, 어떻게 할 것인가[1)]

백기복
baik@kookmin.ac.kr

한국의 경영학계에서 리더십연구가 시작된 1960년대 후반에서 오늘날에 이르기까지 국내에서의 리더십연구 흐름을 조망해 보면, 최근 10여 년간 연구논문의 숫자가 그 전에 비해 크게 증가하고 있음은 물론, 질적으로도 보다 충실해졌을 뿐 아니라 다뤄지는 주제나 연구 방법론에 있어서도 매우 다양해지고 과학적으로 엄격해졌다는 점을 지적하지 않을 수 없다.[2)] 특히 백기복과 정동일(2004)의 최근 연구에 따르면, 이러한 국내에서의 리더십연구 추세는 리더십연구가 가장 활발히 일어나고 있는 미국을 중심으로 한 서구에서의 리더십연구 흐름과도 맥을 같이하고 있어 세계적으로 리더십연구가 몇몇 공통의 관심사로 수렴되고 있다는 심증을 갖게 한다. 예컨대, 종합적인 관점에서 리더십 현상을 이해하려는 노력, 문화적 차이를 중시하려는 경향, 새로운 이론의 시도, 그리고 변혁적 리더십이나 LMX이론[3)]과 같은 기존 이론들에 대한 꾸준한 관심 등으로 리

1) 출처: 인크루트 경력개발연구소(2005), "이슈리더십의 실무적용, 어떻게 할 것인가?," 「인재경영」, 4월호, pp. 26-33에서 전재함.

2) 한국 경영학계 최초의 리더십연구논문은 1967년 신유근 교수의 논문으로 알려져 있다. 자세한 내용과 그간의 연구흐름에 대한 문헌 검증에 대해서는 백기복 · 신제구 · 차동옥(1998), "경영학연구"의 논문과 백기복 · 정동일 (2004), "리더십연구," 1(1)의 연구를 참고하기 바란다.

3) 변혁적 리더십은 추종자들이 고차원욕구를 추구하도록 가치근본을 바꾸는 것을 리더의 바람직한 행

더십연구의 전체적인 흐름을 요약할 수 있을 것이다. 여기에서는 리더십 현상을 이해하는 종합적 관점을 한 가지 소개하고 그 입장에서 새롭게 시도된 이슈리더십 이론의 실천적 과제들을 살펴보려 한다.

리더십 이론은 그 수를 정확히 헤아릴 수 없을 만큼 많다. 학자들뿐 아니라 조직현장에서 실제 리더십을 발휘했던 실무 경험자들에 의해서 다양한 이름으로 발표되고 있다. 이들 이론들을 대략 살펴보면, 어떤 이론들은 리더의 성격이나 역량, 또는 가치관 같은 요인들에 초점을 맞춰 리더십을 설명하고, 다른 이론들은 리더의 행동과 같은 리더십 발휘의 과정에 역점을 두어 설명하며, 또 다른 이론들은 리더와 추종자의 관계의 속성에 주안점을 두어 이론을 전개해 나가고 있음을 발견하게 된다.[4] 문제는 새로운 이론이 나올 때마다 리더가 보여줘야 하는 행동이나 관계, 또는 리더가 갖춰야 하는 역량이나 특성들이 하나하나 추가되어 오다 보니, 특정한 리더에게 요구되는 요인들이 너무 많아져서 슈퍼맨이라고 할지라도 도저히 모두 기억조차 하기 힘든 수준이 되었다는 점이다. 뿐만 아니라, 리더십의 요인들간의 관계도 제대로 정리되어 있지 않다.

하나의 이론이 모든 사회적 현상을 다 포괄적으로 설명할 수는 없다. 리더십의 각 이론들은 리더십 현상의 특정한 측면만을 설명하던가 리더의 특정한 속성에 초점을 맞춰 기술할 수밖에 없다. 이것은 결국 어느 한 이론이 옳고 다른 이론은 틀렸다고 말할 수 없는 결과를 가져온다. 다양한 이론들은 각기 다른 측면을 설명하고 있던가 다른 상황에서 필요한 리더의 또 다른 속성들을 강조하고 있다고 봐야 하기 때문이다. 예를 들어 설명하면, 우리에게 이미 잘 알려져 있는 카리스마적 리더십이론에서는 리더의 비전 제시와 그의 전파 및 실천을 중시한다. 반면에 1960-70년대에 많이 연구되었던 리더십 행동이론에서는 리더의 배려행위를 강조해 왔다. 이때 우리는 카리스마 이론은 옳고 배려행위를 중시하는 행동이론은 틀렸다(또는 그 역)라고 말할 수 없다는 것이다. 노무현 대통령이 훌륭한 리더로 국민들에게 인식되기 위해서는 나라의 비전을 제시할 필요도 있지만, 동시에 자이툰 부대를 방문하여 고생하는 장병들을 위로하는 것과 같은 배려의 모습도 보여줄 필요가 있다. 닛산의 카를로스 곤 전 회장과 같이 죽어가는 조직을 살릴

동으로 보는 이론으로 리더가 카리스마, 지적 자극, 개별적 배려 등의 행동을 보일 때, 변혁적 리더가 된다고 한다. LMX이론은 리더와 추종자 각자의 관계의 성격에 초점을 두는 이론으로 리더와 추종자의 교환관계가 밀접하던가 소원함에 따라 자원의 배분이 달라지고 변화를 추진하는 데 있어 성과도 달라질 수 있다는 이론이다.

4) 성격, 역량, 가치관에 초점을 둔 이론에는 특성이론이 있고, 행동에 초점을 둔 이론에는 OSU연구나 변혁적 리더십이론, 그리고 관계에 초점을 둔 경우는 LMX(Leader Member Exchange)이론 등을 들 수 있다. 이 이론들의 내용에 대해서는 백기복, 「이슈리더십」(2000, 창민사)을 참고하기 바란다.

수 있는 강력한 혁신적 행동을 필요로 하는가 하면, 유한 킴벌리의 문국현 사장과 같이 철저한 윤리적 행동이 리더에게 요구되기도 한다. 그러므로 우리는 수많은 리더십이론들에 나타난 리더십의 특성과 행동들의 역동성을 포괄적으로 설명할 수 있는 종합적인 관점에서 리더십을 이해할 필요가 있다.

SNDF 종합모델[5)]

리더십의 현상을 종합적으로 이해하려는 노력은 이미 몇몇 학자들에 의해서 시도되어 왔다. Yukl과 같은 학자는 자신의 서적을 통해서 리더, 추종자, 그리고 상황이라는 세 가지 리더십 현장의 핵심 요인들을 내세워 통합적으로 리더십의 현상을 설명하려 했으며, Bass는 수천 쪽에 달하는 역저 *Handbook of Leadership*에서 리더십에 관련된 변수들을 학술 연구결과 측면에서 전반적으로 다룬 바 있다. 이 서적들에 정리된 내용들을 종합하여 리더십의 현상을 새롭게 프로세스 측면에서 실무자들이 이해하기 쉽게 재

[그림 IX-2] SNDF 리더십 종합모델

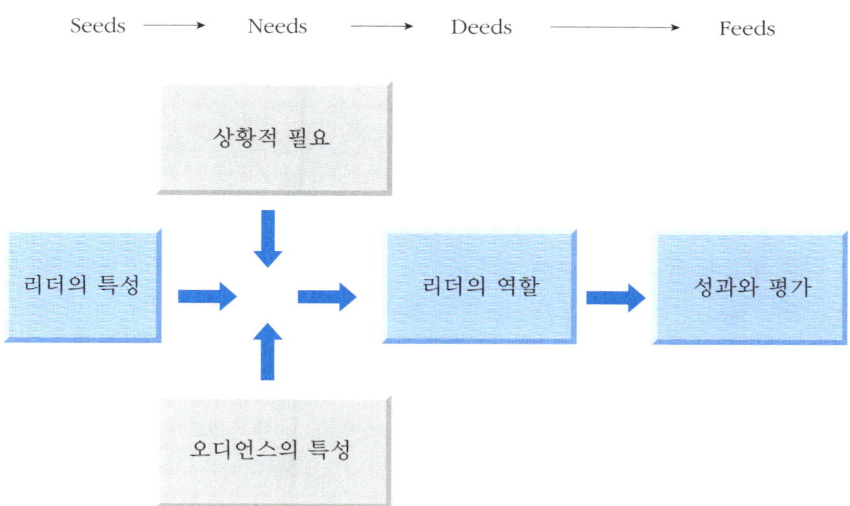

5) SNDF 모델은 백기복(2000, 앞의 책)에서 처음 제시되었고 Baik(2003), *Issue Leadership: Theory and Implications, Advances in Global Leadership*, vol.2, edited by Mobley & McCall, JAI Press)에 발표된 모델.

구축한 모델이 SNDF 리더십 종합모델이다. 여기에서 S는 Seeds를 뜻하고 N=Needs, D=Deeds, 그리고 F=Feed를 의미한다. 이들의 관계를 [그림 IX-2]에 모델로 제시하였다.

모델에 나타난 바와 같이, 대부분의 리더십이론들은 다양한 리더십 행동(Deeds)이 성과에 영향을 미친다(Feed)는 가설에 초점을 두고 있다. 리더의 배려 행위나 비전제시의 행위가 리더십유효성을 높여주고 구성원들의 리더에 대한 만족을 증진시킨다는 등의 내용을 예로 들 수 있을 것이다. 하지만 이러한 리더십 행위를 유발시키는 동인으로서의 개인적 요인들(Seeds)에 대한 관심도 필요하다. 예컨대, A형 성격[6]을 가진 사람은 위임행위에 능숙하지 못하며, 창의성과 인지능력이 모자라는 사람은 변혁적 리더십의 지적 자극행위를 발휘하기가 원만치 못할 것이다. Seeds에 해당하는 요인들은 성격, 가치관, 능력, 태도, 경험, 동기 등 다양하다. 이들은 비교적 안정적인 속성을 갖기 때문에 변화시키기 위해서는 충격적 경험이나 장기적인 투자를 요한다. 하지만 이와 같은 씨앗(Seeds)이 행동(Deeds)의 꽃을 피우기 위해서는 상황이라는 적절한 밭(Needs)을 만나야 한다. 상황의 Needs에는 리더십 발휘의 계기, 오디언스(또는 추종자)의 특성과 욕구, 리더가 수행해야 하는 직무의 특성, 주어진 권한과 책임 등의 요인들이 포함된다. 예를 들어 설명해 보자.

[SND 부적합화 사례]

"A 병원은 직원이 5,000명이 넘고 의사들만도 수백 명에 이르는 대형병원이다. 그 동안 경쟁이 치열하여 3년째 계속 적자를 면치 못했는데 직원들은 강성노조를 구성하고 있어 어려운 경영여건을 아랑곳하지 않고 자기들 주장만을 내세워 왔다. X ray실의 기사급 직원들의 급여는 경쟁 병원의 1.5배에 이르며 간호사들의 숫자도 다른 병원에 비해 인당 환자수 기준으로 2배 이상 많다. 재투자가 일어나지 않아 병원의 장비와 시설은 낡았고 서비스는 엉망이다. 병원장은 심장병의 세계적 권위인 김 박사인데 매사에 신중하나 자리욕심은 많고 심장에 무리를 주는 일은 하지 않으며 확실한 길이 아니면 가지 않는 성격이다. 병원의 팀장급 이상의 경영진들은 모두 병원장의 혁신적 행동을 절실히 바라고 있다. 병원장은 2년 임기에 6개월 정도를 남겨놓고 있는데 한번 정도 연임하는 것이 관행으로 되어 있으며 본인도 그것을 기대하고 있다."

6) 사람의 성격유형에는 여러 가지가 있는데, 그 중에 A형 B형 성격유형이 요즈음 많이 연구된다. A형 성격의 사람은 경쟁지향적이고, 도전적이며 점점 짧은 시간에 더 많은 일을 하려 하며 자신이 모든 것을 통제해야 직성이 풀리는 속성을 갖는 사람이고, B형은 그 반대로 느긋하고 여유 있으며 일을 나누어 처리할 줄 아는 스타일이다.

이 사례의 핵심은 상황이 요구하는 혁신적 리더십 행위를 소심한 성격을 가진 김 원장은 보여주기 힘들다는 것이다. 즉, 상황의 Needs와 원장의 Seeds, 그리고 요구되는 Deeds가 서로 맞지 않는 상황이다. 리더십 실패가 예견된다.[7)]

Seeds와 Needs의 모든 변수들을 다 적시하는 것은 현실적으로 매우 어렵다. 과거 1960-70년대에 많이 연구되었던 상황이론들의 예에서 볼 수 있었듯이, 상황을 표준화하다 보면 지나치게 미시적 관점으로 흐르게 되던가 아니면 너무 추상적인 내용이 되기 십상이다. 뿐만 아니라 경우의 수를 두고 볼 때 SND를 일일이 일치시켜 처방을 내리는 것은 시도자체가 무모하다. 무엇보다도 SND의 적합화는 구체적 이론에 따라 다르며(예컨대, Fiedler의 상황이론, House의 경로 목표이론, Vroom/Yetton/Jago의 규범이론 등은 각각 S, N, D의 요인들을 달리 지정해 놓고 있다.; 자세한 내용은 백기복(2000), 「이슈리더십」 참조), 더 나아가서는 리더의 각 행위에 따라 적합한 S와 N의 내용이 달라진다고 볼 수 있다.

여기에서는, 실무적 차원에서, 조직의 리더들을 확보하고 육성하고 활용하는 과정에서 반드시 'SND 적합화의 원칙'을 최우선의 정책원리로 고려해야 한다는 것을 강조하고자 한다. 조직의 인사와 교육정책의 결정자들은 조직의 전략적 필요와 조직원들의 특성과 욕구를 구체적으로 파악하여 어떤 리더십 행동을 보여줄 수 있는 리더들이 필요한가를 결정하고 그에 따라 인사(채용, 배치, 이동, 승진, 해고, 보상)와 교육훈련 정책을 펴야 한다. 최근, 똑똑하고 전문성 있는 천재 인재들을 공격적으로 고용하는 데 한국 대기업들이 온 힘을 기울이고 있다. 하지만, 그에 앞서 해야 하는 인사차원의 더 중요한 일은 그들 인재들이 조직에 들어와서 자신의 최대역량을 발휘할 수 있도록 이끌고 보호하고 키워줄 수 있는 '천재 전문가들을 리드하는 리더들'을 육성하는 것이다.

SND 적합화의 원칙을 구체적으로 이해하기 위해서 우선적으로 필요한 것은 리더의 Deeds에는 어떤 유형들이 있는지를 이해하는 것이다. 우리가 조직사회를 리더십 차원에서 이해함에 있어 리더의 Seeds나 상황의 Needs는 다 적시할 수 없으나 리더의 행동인 Deeds는 그 동안의 이론들을 검토하면 어느 정도 유형화가 가능하다. 다음에는 Deeds의 유형들을 살펴보도록 하자.

---

7) 독자들은 이 사례의 문제를 어떻게 해결하는 것이 바람직한가에 관심이 있으리라 본다. 이사회에서 김박사의 연임을 거부하고 정말로 조직을 혁신시킬 수 있는 다른 인물을 찾아 새 원장으로 세워야 한다고 답하면 교과서에서는 정답이다. 하지만 욕심 많은 김원장이 가만히 있을리 없고, 병원의 지배구조도 어떤지 살펴봐야 하며, 김박사의 조직 내외의 세력 정도도 고려의 대상이 되어야 하고 병원 내·외의 관계자들 중에서 병원혁신의 구체적 대안(이것을 비전이라 한다)을 부르짖고 다니는 대체리더의 출현과 그에 대한 지지층의 확보도 답으로 고려해 볼 만하다. 조직사회는 반드시 합리적이지는 않다.

리더십 행동(Deeds) 유형들

리더십을 이해하는 데 있어 가장 핵심적인 영역은 리더의 행동(Deeds)을 이해하는 것이다. 여기에서의 대 전제는 사람의 행동이란 후천적으로 학습되며 훈련을 통해서 얼마든지 습득, 수정, 또는 조정될 수 있다는 것이다. 이 관점에서는 리더십의 적절한 행동을 습득하는 것은 마치 키나 성별, 또는 청년이 되고 나면 나이에 관계없이 훈련이나 노력에 의해서 자동차를 운전하는 기술을 습득할 수 있는 것과 같은 이치로 본다. 행동을 중시하는 또 다른 이유는, 리더십을 한 사람이 다른 사람들에게 영향을 미치는 과정이라고 볼 때, 리더의 행동이 다른 사람에게 영향을 미칠 수 있는 가장 직접적인 수단이 될 수 있기 때문이기도 하다.

이러한 측면에서 수많은 이론들이 바람직한 리더의 행동들을 제시하고 있다. 학자들이 제시하는 이론들은 최소한의 과학적 절차를 밟아 구성된 것들이 상례이지만, 개인의 직·간접적인 경험이나 조야한 기초 통계를 바탕으로 제시되는 '×××리더십' 하는 유사이론들은 사회과학적 절차에 입각해서 분석해 보면 매우 자의적이고 타당성이 결여된 경우가 대부분이다. 그럼에도 불구하고, 이들 유사이론들은 직관적 호소력을 갖는 경우가 많기 때문에 비전문가들 사이에서 당당한 이론으로 받아들여지고 있다.[8)]

여기에서는 실무적으로 받아들여지고 있는 리더십 변수들까지를 포함하여 리더십의 주요 행동들을 개략적으로 [표 IX-1]과 같이 정리해 보았다. 표에 나타난 리더의 행동들은 엄격히 따지면 개념의 영역이 서로 중복되거나 변수의 개념 자체가 애매한 것들도 있다. 이들 각 행위가 어떠한 상황에서 어떤 오디언스들에게 어떻게 받아들여지며 어떤 결과를 가져 오는가 하는 데 대해서는 다 밝혀져 있지는 않다. 각 행위를 내포하는 이론을 실증적으로 검증하는 과정에서 어느 정도는 밝혀진 것들도 있으나 그렇지 않은 경우도 많다.

표에 정리된 여섯 가지 행동 군들이 1,000개가 넘는 리더십이론들에 제시된 구체적 행동들을 다 커버하지는 못할 것이다. 하지만 이 틀이 무차별적으로 제시되고 있는 리더십 행위들을 종합적으로 이해하는 데 도움을 줄 수 있다고 믿는다. 가령 많은 사람들로부터 훌륭한 리더로 평가받고 있는 어느 리조트 회사의 백 사장의 예를 들어보자.

8) 물론, 실무적으로 통용되던 이론이 학술영역으로 흡수되어 과학적 타당성을 입증받았던 이론의 예도 있다. 예컨대, Hersey & Blanchard의 성숙도 이론(1979)이 그렇다. 특히 Blanchard는 아직까지도 이 영역에서 세계적인 인지도를 유지하고 있다.

[표 IX-1] 리더십의 주요 행동군(群)

리더십 행위군(群)	기본개념	관련된 이론 또는 서적
1. 배려/마음관리/봉사/관계발전	-오디언스 또는 추종자의 입장을 먼저 생각해 주고 어려운 일을 당할 때, 또는 헌신하는 입장에서 먼저 찾아서, 적극적으로 도와줌	-OSU연구, 관리격자이론, PM이론, 서번트 리더십, 변혁적 리더십, LMX이론, 서비스 리더십 등
2. 목표관리/과업중심/구조설정	-과업의 성공적 완수와 목표의 초과달성을 위해서 효과적 전략을 수립하고 과업설계, 인력배치, 자원동원에 있어 효율성을 극대화함.	-OSU연구, 관리격자이론, PM이론, 경로 목표이론, 이슈리더십이론 등
3. 독단/참여/위임/설득	-효과적인 의사결정을 위해서 상황에 따라 독단, 참여, 위임을 선택적으로 사용하며, 새로운 이슈의 공감대 형성을 위해서 효과적인 설득전략을 사용함.	-규범적 리더십이론, 상황적합이론, 성숙도이론, 이슈리더십이론 등
4. 비전구축/전파/실천	-조직의 비전을 설정하여 전파하고 실천하는 행위	-카리스마적 리더십이론, 변혁적 리더십이론, 비전 리더십, 전략적 리더십 등
5. 육성/후원/멘토링/임파워먼트	-추종자들을 리더로 키워주고 후원하고 안내해 주며 기회를 주고 힘을 실어줌.	-슈퍼리더십이론, 경로-목표이론, 임파워링 리더십, 폴로어십이론 등
6. 변화추구/솔선수범/자기희생	-변화의 필요성과 주제를 역설하고 스스로 앞장서 희생적으로 변화하는 모습을 보이며 저항을 극복해 나감.	-셀프 리더십, 변혁적 리더십, 이슈리더십, 자기희생적 리더십, 원칙중심의 리더십 등

[성공적 리더의 대표적 행동들]

"(현황) 백 사장은 S그룹의 리조트 사업부를 처음 맡아 'E리조트'라는 이름으로 독립법인화 한 후, 10여 년 만에 매출을 20배가 넘는 1조원 규모로 성장시켰으며 2년 전부터는 1,000억원 정도의 순이익도 내고 있다. (목표와 성과행동) 그는 목표의 120% 초과달성을 항상 강조한다. 매주 목표달성도를 점검하고 미달한 팀에 대해서는 불호령이 떨어진다. 목표에 관한 한 조직원들은 어떤 핑계도 통하지 않는다는 것을 알고 있다. (배려/관계중시행동) 백 사장은 또한 목표에 대해서는 그렇게 엄격하면서도, 부하직원들에 대한 인간적 배려에 있어 남

다르고 아무리 낮은 직위의 조직원이라도 한번 맺은 인간관계는 끝까지 가꾸고 중시하는 행동을 보인다. 말단 직원을 위해서 새로 나온 책을 사서 '자네에게 꼭 필요할 것 같아 한 권 샀어' 라며 직접 전해 준 예도 있고 5년간 같이 근무하다 다른 회사로 옮긴 과장급 인사에 대해서도 연말이 되면 직접 연하장을 써서 보낸다. (비전행위) 그런가 하면, '매출 1조, 동양최고의 리조트' 를 비전으로 내걸고 벌써 수 년째 노력하여 매출은 이미 달성하였고 동양최고를 달성하기 위해서 매진하고 있다. (참여관리행위) 그는 언제나 자유롭게 인터넷으로 1,000명의 전 직원들과 이 메일을 주고 받으며 의견을 나눈다. 직원들도 항상 쉽게 접근할 수 있게 한다. 하지만 결정적인 문제나 위기가 닥쳤을 때는 자신이 직접 책임을 지고 결정한다. (육성/임파워먼트 행위) 백 사장은 직원들 중에서 능력 있고 필요하다고 생각되는 사람들을 뽑아 해외로 유학을 보내주던가 국내에서라도 더 공부할 수 있는 기회를 주기 위해서 최선을 다한다. 사내 MBA도 몇 년째 운영하고 있다. 특히 부임초기에는 직원들 중 1/3 이상이, 세계최고의 고급 리조트, 호텔, 휴양지 등만을 골라 방문하여 직접 체험하도록 하였는데, 이는 서비스의 표준을 세계 최고로 높인다는 의미에서 이루어진 일이었다. (변화추구행위) 국내에서 서비스업 최초로 식스 시그마를 도입하였고 최고의 서비스를 실현하기 위해서 각종의 혁신노력을 해 오고 있다. 그 결과로 수많은 혁신대상, 서비스 품질대상 등을 수상하였다. 끊임없는 혁신만이 살길이라는 점을 항상 강조하며 스스로도 새로운 면을 보여주기 위해서 꾸준히 노력한다."[9]

이 사례는 리더십 행위 여섯 가지의 구체적 사례를 보여주고 있다. 물론 각 행위군의 행동이 여기에 제시된 것으로 한정되지는 않는다. 리더 개인이 보유하고 있는 Seeds의 속성에 따라 같은 배려행위라 할지라도 다양한 방법으로 표출될 수 있다. 말이 많은 사람은 우선 말로써, 말이 적은 사람은 숙고한 후 행동으로 배려의 마음을 전하게 된다. 그렇다고 해서 말 수가 적은 사람이 틀렸다고 단언할 수는 없는 일이다. 이것은 나머지 리더십 행위에 대해서도 마찬가지로 적용된다.

중요한 것은 이들 여섯 가지 리더십 행위들 모두가 항상 리더에게 요구되지는 않는다는 점이다. 상황과 때에 따라, 그리고 리더가 이루려는 목적에 따라, 요구되는 행동의 조합이 달라진다. 예컨대, 국민은행과 주택은행이 통합된 직후 일정기간 동안 행장에게 가장 필요했던 리더십 행위는 아마도 조직원 통합 차원에서의 배려와 관계중시 행위였을 것이다. 하지만 시간이 지나면서 실적도 올려야 하고 미래에 대한 희망도 줘야 하기 때문에 다른 리더십 행위가 더 중요한 행위로 떠오르게 되며, 행장은 이때 자신의 또 다른 면을 보여줄 수 있어야 리더로서 제 역할을 다할 수 있게 된다.

9) 본문에서의 사례들은 필자의 개인적인 자문경험을 통하여 얻어진 사례들이다. 실제의 조직과 개인 이름을 밝히지 못함을 이해하시기 바란다.

만약 조직원들에게 혁신과 자기변신을 통하여 지속적으로 기대 이상의 성과를 올리도록 하는 방편을 체득시킬 목적이라면, 이슈리더십이론이 요구하는 행동조합을 활용하는 것이 바람직하다. 이슈리더십은 새로운 아이디어와 관련자 설득/동참과 변화를 위한 효율적 실천을 중시하므로 실무적인 의미가 매우 크다.[10] 이러한 취지에서 아래에서는 하나의 예로서 이슈리더십이론의 실무적용 방안을 간략히 살펴보도록 한다.

이슈리더십을 통한 리더육성

인간의 주의(attention)는 중요한 경영자원이다.[11] 그러므로 조직원들의 주의를 어떤 주제에 집중케 하는가는 경영자원을 얼마나 효과적으로 활용하는가의 문제이다. 작고 하찮은 주제나 갈등을 유발하는 문제에 조직원들의 주의를 몰입하게 하는 리더는 조직의 중요한 자원을 낭비하는 것이다. 이슈리더십에서는 훌륭한 리더는 사람들의 주의를 중요하고 결정적인 이슈[12]에 집중시키고 관련된 사람들(이들을 오디언스라고 한다)의 지원과 참여를 확보하여 이슈를 효율적으로 실천함으로써 혁신을 지속적으로 추구하는 사람이라고 정의한다. 따라서 이슈리더십에 관련된 리더의 행위로서 이슈를 창안하는 행위(변화의 주제설정 행위), 오디언스의 지원을 확보하는 행위(참여와 설득행위), 그리고 이슈를 효율적으로 실천하는 행위(구조화/과제실천 행위) 등을 제시한다. 즉, 지속적으로 변화의 이슈를 창안하고, 이를 관련된 오디언스들에게 설득하여 동의를 구하고 동참케 한 후, 필요한 인력과 자원을 적절히 동원하여 성과를 내는 데 능숙한 사람을 이슈리더라고 부른다. 바람직한 혁신조직이란 모든 조직원들이 지속적으로 도전적이고 결정적이며 영향력이 큰 이슈들을 개발하고 관련된 사람들을 끌어 모아 적절히 실천하여 성과를 높이려는 이슈리더들로 가득찬 조직을 의미한다. Intel의 전 CEO, Andy Grove의 경영철학에 귀기울이자.

> *"A company needs leaders at all levels that can spot the critical issues and take action with courage."* (1997년 연설)

10) 이슈리더십의 실무적용은 그 동안 많은 교육, 훈련과 제도적 실천을 통해서 입증된 바 있다. 다양한 기업의 관리자/경영자들이 이 이론에 기초하여 성공적으로 훈련받은 바 있다.

11) 이 주제에 관심이 있는 독자는 다음 논문을 참고하기 바란다: Ocasio, W.(1997), "Toward an attention based view of the firm," *Strategic Management Journal*, 18: 187-206.

12) 여기에서는 이슈를 개인, 조직, 또는 사회의 주의를 끌 수 있는 잠재적 문제나 기회라고 정의한다.

[표 IX-2] **이슈리더십 측정도구**

다음의 질문을 읽고 앞의 척도를 이용하여 귀하의 생각과 일치하는 번호를 괄호 안에 적어 주세요. 아래의 질문에 이슈란 새로운 아이디어, 이벤트 등을 의미합니다.

1	2	3	4	5	6	7
전혀 동의하지 않는다.			보통이다.			매우 동의한다.

문 항	응 답
1. 성과를 높이기 위한 새롭고 실질적인 이슈를 제안한다.	
2. 생산성을 위해 새로운 기술, 절차, 기법과 아이디어를 찾는다.	
3. 업무의 질을 높이기 위해 새로운 방법을 주장한다.	
4. 창의적인 이슈를 제안하는 좋은 원천을 가지고 있다.	
5. 주어질 기회에 대비해, 직무에 대한 새로운 이슈를 준비한다.	
6. 새로운 이슈 완성을 위해 적절한 계획을 세운다.	
7. 문제를 창의적으로 해결하기 위한 아이디어를 제시한다.	
8. 새로운 과업수행 방법을 제안한다.	
9. 새로운 이슈와 관련된 회의를 자주 소집한다.	
10. 팀원들을 잘 설득하여 이슈 실행에 참여할 수 있도록 유도한다.	
11. 이슈 실행에 있어서 기존의 직책에 상관없이 진행한다.	
12. 새로운 이슈를 달성하였을 때 얻을 수 있는 기업의 가치나 효과를 구체적으로 보여줌으로써 참여자의 지지를 구한다.	
13. 이슈를 실행하는 데 필요한 의사결정 과정에 참여자를 모두 포함시킨다.	
14. 이슈 실행에 필요하다면 조직의 전통적 질서에서 벗어난 의사결정을 할 수 있다.	
15. 이슈 실행에 필요한 인적자원을 회사에서 지원받아 온다.	
16. 이슈 실행에 필요한 물적자원을 회사에서 지원받아 온다.	
17. 이슈 실행에 필요한 예산을 확보할 수 있다.	
18. 이슈 실행을 통한 개인적 보상이나 그 정보를 참여자들이 공유할 수 있게 한다.	

출처: 신명용(2004), "이슈리더십 측정도구의 개발 및 타당성 검증," 국민대 대학원 논문.

이슈리더십은 2000년 발표된 이후, 여러 편의 논문을 통해서 과학적 타당성검증 노력이 계속되어 왔다.[13] 특히 최근에는 개인의 이슈리더십 수준을 측정하는 설문이 개발되어 1차적인 타당성 검증을 마쳤다. 이는 향후의 본 이론에 대한 연구에 커다란 도움을 줄 수 있을 것으로 기대된다. [표 IX-2]에 이슈리더십 측정도구를 제시하였다.[14]

그 동안 실무차원에서도 이슈리더십을 개발하고 이슈리더를 육성하려는 많은 노력이 이루어졌다. 그 과정에서 발견된 몇 가지 토론거리들을 아래에 정리하였다.

첫째, 이슈창안 행위에 영향을 미칠 수 있는 개인적인 특성들은 무엇인가? 다시 말해서, 이슈를 잘 만드는 사람의 속성을 묻는 질문이다. 이에 대해서는 성격, 지적 능력, 경험, 태도, 동기 차원에서 구체적인 변수들을 찾으려는 노력을 계속해 왔다. 이론적 · 탐색적 차원에서 몇몇 요인들이 제시된 바 있다. 예컨대, 리더십을 발휘하려는 동기(motivation to lead), 인지구조의 복잡성, 창의력, 새로운 경험에 대한 개방성 등에 있어 뛰어난 사람일수록 결정적인 이슈를 구성해 낼 가능성이 큰 것으로 지적되었다. 무엇인가를 새롭게 주도한다는 것은 용기와 함께 강력한 동기를 필요로 하며, 지적으로도 보다 색다른 각도에서 현상을 바라볼 수 있는 역량이 요구된다. 아울러, 성격적으로 새로운 경험을 회피하는 성향을 갖고 있는 사람은 기존의 틀을 깨는 시도를 하려 들지 않을 확률이 높다.

둘째, 개인만이 아니라 집단적으로도 이슈를 창안하고 실천하는 노력을 할 수 있지 않은가? 실천적으로 볼 때, 조직입장에서는 집단적 이슈창안과 추진 노력이 더 바람직하다고 본다. 조직 전체가 사장에서 사원에 이르기까지 결정적인 이슈를 창안하고 공유하며 서로 도와 가면서 실천하는 시스템을 구축하는 것이 가장 바람직하다. 반도체 제조업체인 H기업의 분사된 청주공장에서는 사장에서 말단에 이르기까지 각자 자신의 주요 이슈들을 사내전산망에 띠우고 각 이슈의 추진과정을 서로 공유한다. 모든 공문은 서로 공유되며 공문의 끝자락에는 매번 공문의 내용과 관련된 이슈를 달게 되어 있다. 다른 사람들의 이슈를 보다가 도움이 될 만한 정보나 지식을 갖고 있으면 서슴없이 도우러 나선다. 사장은 장기적인 이슈 아홉 개를 공개해 놓고 있다.

---

13) 이슈리더십에 관련된 논문들은 다음과 같다: 백기복(2002), "Anatomy of issue leader behavior," 「인사관리연구」, 26: 313-341; Baik, K.(2002), "Issue Leadership Theory and Its Implications to Global Bussiness Settings," In Mobely, B., & R. Dorfirs(Eds.), *Advances in Global Leadership*, JAI Press(pp.36-32); 신명용(2004), "이슈리더십 측정도구의 개발 및 타당성 검증," 국민대 대학원 논문

14) 신명용(2004), "이슈리더십 측정도구의 개발 및 타당성 검증," 국민대 대학원 논문. 이 논문에서 신명용은 네 차례의 pilot tests를 통해서 이슈리더십 측정도구를 다듬었고 140명을 대상으로 한 본 테스트에서 만족스러운 수준의 신뢰도와 타당성을 검증하였다. 구체적 증거는 직접 논문을 확인하기 바란다.

셋째, 이슈리더십은 사기업에서만 필요한가? 그렇지 않다고 본다. 공기업, 군, 정부, 대학, 병원, NGO 등과 같이 혁신이 필요한 모든 조직에 적용될 수 있다. 이슈리더십을 학습한 감사원의 한 공무원의 말: "어떤 이슈를 감사의 대상으로 할 것인가를 결정하고 창안해 내는 것이야말로 감사의 핵심이다." 군에서도 이슈가 될 만한 주제를 찾는 것은 어렵지 않다. '군 경험이 사회에서 활용될 수 있도록 효용가치를 극대화하는 방안', '가치관이 확연히 다른 신세대 병사들을 다루는 방안' 등 적어도 거시적 차원에서는 누구나 쉽게 생각해 낼 수 있는 이슈들이 많다. 이 이외에도 나라의 이슈, 미래의 이슈, 가정의 이슈, 시급성을 요하는 이슈 등 다양한 차원에서 이슈들을 생각해 볼 수 있다.

넷째, 좋은 이슈를 잘 개발하고 성공적으로 실천하는 사람이 꼭 조직에서 성공하는가? 물론 그럴 가능성이 높다고 말할 수 있을 것이다. 정치적 성향이 큰 조직이나 사회에서는 오히려 공격의 표적이 될 수도 있다. 기업인이나 정치인들의 윤리성을 이슈로 내세우는 시민단체 리더일수록 자신의 윤리성에 완벽해야 한다. 조직의 경우, 일반적으로 최고경영자들은 조직원들이 모두 이슈리더가 되기를 바라겠지만, 동료 조직원들은 비슷한 수준의 이슈리더에 대해서 견제하려 드는 것이 조직의 일반적 현상이다. 그러므로 조직차원에서 이슈리더들을 보호하는 장치가 필요할 때도 있다. 그럼에도 불구하고, 이슈리더십의 궁극적 목표는 조직의 성과뿐 아니라 자기 자신의 성과 극대화임을 잊지 말아야 한다. 스스로 무엇인가를 발의하여 성과를 내본 경험이 별로 없는 사람을 주요 직책에 배치하기란 임명권자의 입장에서도 쉬운 선택이 아니다.

마지막으로, 누구나 이슈리더가 될 수 있는가? 그렇다. 이슈마다 리더가 다르듯이 한 사람이 여러 이슈들을 동시에 추진하게 되는 것이 일반적이다. 또한 Q라는 이슈에 대해서 리더의 역할을 수행하는 사람이 P라는 다른 이슈에 대해서는 오디언스의 역할을 수행할 수도 있다. 그러므로 개인은 리더의 역할과 오디언스(전통적으로 추종자)의 역할을 동시에 수행하게 된다. 직급이 중요한 것이 아니다. 이슈에 따라서는 말단 사원도 사장을 리드할 수 있다. 하지만 이슈의 개발, 오디언스 몰입, 그리고 이슈 실천의 세 가지 행동을 보다 효과적으로 수행하기 위해서는 적절한 훈련과 실습이 요구된다.

참고문헌

백기복 · 정동일(2004), "한국과 미국 경영학계의 리더십연구: 추세와 과제," 「리더십연구」, 1, 3-41.

신명용(2004), "이슈리더십 측정도구의 개발 및 타당성 검증," 국민대 대학원 석사학위 청구논문.

Bass, B. M.(1990), *Bass & Stogdill's Handbook of Leadership*(Eds.), New York: Free Press.

Yukl, G.(2002), *Leadership in Organization*(Eds.), Upper Saddle River, NJ: Prentice Hall.

03 여성 리더가 기업경쟁력 키운다[1)]

강혜련
hrk@ewha.ac.kr

우리나라의 대다수 기업조직은 아직까지 남성위주로 구성되어 있는 것이 사실이다. 하지만 최근 들어 신입사원 채용에서 여성의 비중이 크게 늘어나고 있고, 여성의 관리직 진출도 증가함에 따라 사람들은 리더십 스타일에서의 남녀 차이에 관해 큰 관심을 갖게 되었다. 그렇다면 여성의 리더십 스타일은 남성과 비교했을 때 어떤 차이가 있을까?

미국의 유명한 조직학자 로자베스 칸터(Rosabath Kanter)는 그녀의 저서에서 만일 조직에서 남녀에게 제공되는 역할이 동일하다면 관리행동이나 리더십 특성에서 남녀 차이는 없을 것이라고 주장한 바 있다. 그럼에도 불구하고 사람들은 조직 내에서 발휘되는 관리자의 리더십 스타일이 남녀간에 다르다고 생각한다. 그 이유는 아마도 조직에서 명시한 관리자나 리더의 역할을 남녀가 맡더라도, 사회적으로 기대되는 성역할의 고정관념이 남녀의 리더행동에 영향을 미치기 때문일 것이다.

기업의 경쟁력 제고를 위해 여성 인력의 전략적 활용이 강조되는 지금의 상황에서,

1) 출처: 인크루트 경력개발연구소(2005), "여성리더가 기업경쟁력을 키운다," 「인재경영」, 2월호, pp. 116-122에서 전재함.

여성이 갖고 있는 진정한 리더십 특성이 무엇인지를 새롭게 조망해 보는 것은 매우 의미 있는 일이라 생각된다. 이 글에서는 전통적인 성 고정관념에서 벗어나 새로운 평가적 관점에서 여성의 리더십 특성을 이해할 수 있는 논의의 장을 제공하고자 한다. 이를 위해 여성 리더의 특성을 다음의 네 가지 관점에서 접근해 보고자 한다.

변혁적 리더의 잠재성

리더십 스타일에 대한 논의는 전통적으로 과업지향 vs. 관계지향이라는 두 축을 중심으로 이어져왔다. 아울러 리더의 기본적인 역할은 부하와 교환관계를 맺고 부하의 업무수행과 보상을 연계시키는 이른바 거래적 리더십(transactional leadership)의 발휘로 보았다. 그러나 1980년대에 들어서면서 리더십을 연구하는 사람들 사이에 작은 변화의 조짐이 보이기 시작했다. 이들은 효과적인 리더는 부하들에게 열정을 불어넣어 주고, 그들이 조직에 기여할 수 있도록 능력을 길러 주어야 한다는 점을 강조했다. 이러한 새로운 리더십은 기존의 리더십과 구분하여 변혁적 리더십(transformational leadership)으로 유형화되었다.

변혁적 리더십을 발휘하는 관리자는 조직구성원들의 신뢰와 신임을 통해 자연스럽게 자신을 역할모델로 만들어 간다. 또한 변혁적 리더는 조직 내의 지위에 크게 구속받지 않으며, 멘토링이나 권한위임을 통해 부하들이 자신의 잠재적 능력을 모두 발휘할 수 있도록 한다. 즉, 조직에서 부하직원이 더욱 유능해질 수 있도록 모든 지원을 아끼지 않는다.

이러한 변혁적 리더십은 인적자원개발을 중시하는 오늘날의 조직환경에 매우 적합한 것으로 평가받고 있다. 그렇다면 조직에서 관리자가 변혁적 리더십을 발휘하는 경향성에서 남녀 차이가 존재하는지에 관심이 간다. 이와 관련해 수행된 일부 연구에 따르면 남성 관리자는 거래적 리더십을, 여성 관리자는 변혁적 리더십을 선호하는 것으로 나타났다. 만일 그렇다면 여성의 어떤 특성이 변혁적 리더십을 촉진시킬 수 있는 것일까?

조직 내의 다른 역할과 마찬가지로 리더십 역할에도 조직규범이 적용되기 때문에 남녀 관리자는 대부분의 경우에 매우 유사한 행동패턴을 보일 수 있다. 예를 들어, 남녀를 막론하고 관리자는 부하의 과업수행을 모니터하고 정보를 수집하는 공식적 역할을 수행한다. 그러나 관리자에게는 자신의 역할경계를 어느 정도 벗어날 수 있는 자유재량이 있으며, 업무수행 방식을 선택할 수 있는 자유도 동시에 주어진다. 즉, 관리자마다 부하에게 친절할 수도 혹은 무뚝뚝할 수도 있고, 부하의 향후 목표에 대해 열의를 보일 수도 혹은 무관심할 수도 있으며, 의사결정시 부하와 긴밀히 상의할 수도 혹은 안 할 수도 있고, 신참 부하에게 멘토 역할을 적극적으로 해 줄 수도 혹은 그냥 지나칠 수도 있다.

이처럼 관리자가 리더로서 택할 수 있는 행동에는 공식적인 역할 한계를 뛰어 넘는 자유재량의 행동 특성들이 존재하며, 이들을 어떤 방향으로 사용할 것인지가 결국 변혁적 리더십의 발휘와 직결된다. 그런데 이러한 재량권과 선택권을 남성보다 여성이 더 효과적으로 사용할 수 있는데 이는 아마도 여성이 갖고 있는 타인에 대한 관심과 배려의 특성 때문일 것이다.

과거 전통적 시각에서 남녀의 리더십을 비교할 때 사람들은 상냥하고, 친절하고, 배려적인 관계지향적 스타일을 여성과 밀접한 관련이 있다고 생각하는 반면 단호하고, 경쟁적이고, 추진력 있는 과업지향적 스타일은 남성과 밀접한 관련이 있다고 생각했다. 나아가 남성들의 과업지향적 특성을 성공적 리더의 필요조건으로 인식하였기 때문에 여성들의 관계지향적 스타일은 경쟁력이 없는 것으로 여겼다.

그러나 변혁적 리더십에서 특별히 강조되는 행동 특성은 부하의 개인적 니즈에 관심을 기울이고, 이들을 육성하고 지도하는 행동, 즉 부하 개개인에 대한 배려적 행동이다. 따라서 오늘날 조직환경이 필요로 하는 변혁적 리더십을 보다 성공적으로 발휘하는 데는 여성의 관계적 특질이 욕구되므로 여성들이 보다 자신감을 갖고 리더역할을 수행할 수 있을 것으로 기대된다.

직관적 문제해결

전통적으로 조직관리에서는 치밀한 분석에 의한 의사결정이 강조되어 왔지만 최근 들어 경영자의 직관력에 대한 관심이 높아지고 있다. 직관력이란 제한된 정보만으로도 상황에 대한 정확한 판단을 내리는 능력이다. 그런데 이러한 직관력이 전통적으로 남성보다는 여성의 고유한 특성으로 여겨졌다. 지금처럼 직관적 사고의 중요성이 강조되기 전에는 다른 고정관념과 마찬가지로 여성의 직관적 사고가 조직의 기능을 저해시킨다고 믿었다.

그러나 직관적 사고는 자료분석에 의한 합리적 접근에 비해 다양한 이점을 가지고 있다. 우선, 직관적 사고는 자료에 별로 의존하지 않고서도 복잡한 사무를 처리하는 것이 가능하기 때문에 작업의 효율성이 증가될 수 있다. 또한 직관적 사고는 객관적 증거나 규범의 준수를 요구받지 않기 때문에 조직의 창의성을 높일 수 있다. 이러한 창의성은 조직혁신을 지속시켜줄 수 있으므로 직관적 사고가 기업의 시장가치를 높이는 데 기여할 수 있다. 아울러 직관적 사고는 인적자원의 효율적 관리를 촉진시킨다. 왜냐하면 직관적 사고를 하는 관리자는 종업원의 욕구나 관심사, 혹은 조직분위기를 보다 민감하게 느낄 수 있기 때문이다.

이러한 직관적 사고에 의한 문제해결은 남성 관리자보다 여성 관리자에게서 더 자주 관찰된다. '직관적 경영'의 관점에서 남녀 관리자의 경영방식을 비교한 연구에 의하면, 여성 관리자가 남성 관리자에 비해 직관적인 경영스타일을 더욱 선호하는 것으로 나타났는데, 더욱 흥미로운 사실은 중간직급의 여성 관리자가 보이는 직관적 사고의 수준은 최고위급 남성 관리자의 수준과 유사하다는 것이다. 이는 일반적으로 직관적 사고에 덜 의존하는 남성들도 고위직으로 올라갈수록 직관적 사고를 활용하는 빈도가 높아진다는 것을 의미한다.

그렇다면 직관을 사용하여 정보를 처리하는 정도에 있어서 남녀의 차이는 왜 발생하는 것일까? 이에 대한 설명은 생물학적 차이와 사회화 과정으로 설명될 수 있다.

우선 정보를 처리하는 방식에서 나타나는 직관적 사고와 순간적인 통찰력에서의 남녀 차이는 뇌 구조 및 기능에서 오는 선천적 남녀 차이로 설명될 수 있다. 뇌의 우반구는 공간 지각능력, 정서적 감정처리, 추상적 정보처리 등을 담당하는 반면, 좌반구는 언어능력, 추리력, 논리적 사고를 담당한다. 따라서 직관과 같이 언어화할 수 없는 감정적 반응이나 예감 등은 우반구에서 그 중추역할을 맡는다고 할 수 있다. 뿐만 아니라 여성의 경우 뇌의 좌우 반구 사이에서 정보를 전달해 주는 뇌량이 남성에 비해 40% 가량 더 많다고 한다. 이로 인해 여성은 남성에 비해 언어기능과 시각, 공간기능을 더 잘 결합시킬 수 있고, 따라서 직관적 사고가 더 발달할 수 있는 것이다.

또한 세계 여러 나라에서 수천 명의 남녀를 대상으로 실시한 연구결과, 토론에서 아이디어를 떠 올리는 일, 작은 변화를 감지하는 능력, 사물간의 연관성을 감지해 내는 능력, 추상적인 문제와 원리들을 처리할 수 있는 능력은 여성이 남성에 비해 월등한 것으로 나타났다. 만일 직관적 사고에서 보이는 남녀의 차이가 이러한 생물학적 차이에 근거하고 있다면 남성 관리자들이 직관적 문제해결을 하는 데 있어 어려움을 겪는 이유를 이해할 수 있을 것이다.

아울러 직관적 사고의 남녀 차이는 사회화 과정을 거치면서 더욱 강화될 수 있다. 비록 여성의 직관적 사고가 합리적 근거를 바탕으로 하지 않지만 과거부터 여성의 고유한 특성으로 수용되어 왔기 때문에, 여성은 "웬지 잘 모르겠지만…"이라고 말해도 큰 거부감 없이 받아들여져 왔다. 그러나 남성들은 어려서부터 논리적이고 분석적인 사고를 해야 한다고 학습되었기 때문에 "이유는 잘 모르겠지만 하여튼…"과 같은 반응은 칭찬받지 못했다. 이러한 과정을 거치면서 남성들은 직관적 사고능력의 개발 필요성을 이해할 기회가 상대적으로 적을 수밖에 없었다고 본다.

오늘날 조직환경을 고려하면 직관적 사고의 중요성은 과거에 비해 크게 증가할 것으로 보인다. 급변하고 불확실성이 높은 환경에 처한 기업일수록 논리적 사고에 의존하는 전략, 전술만으로는 경쟁적 우위를 지속시키기 어렵다. 오늘날 기업의 지속적인 경쟁우위 창출을 위해 요구되는 것은 지속적인 혁신노력이다. 경영자의 직관적 사고가 조직 내의 창의력을 향상시키고 전반적인 의사결정 과정의 질을 향상시킬 수 있다는 연구들이 보고되고 있다. 이제 기업은 논리적이고 분석적인 경영스타일에만 의존할 것이 아니라 직관적 사고가 조직의 효율성에 가져올 수 있는 가치에 대해서도 새롭게 인식하여 여성의 직관력이 발휘될 수 있는 기회제공에 보다 큰 관심을 가질 필요가 있다.

다중역할 수행

조직에 진출하는 대부분의 여성들은 직장과 직장 이외의 개인영역에서 수행해야 하는 다양한 역할들로 인해 많은 어려움을 경험하게 된다. 가정에서는 어머니, 아내, 며느리 등의 역할을 수행하고 직장에서는 상사, 부하, 동료 등의 역할을 수행해 내야 한다. 이러한 다양한 역할들이 가져오는 갈등으로 인해 많은 여성들이 조직생활에서 어려움을 느낀다. 결국 개인이 사용할 수 있는 에너지의 합이 고정되어 있으므로 직장역할을 수행하기 위해서는 개인역할 수행에 요구되는 자원을 감소시켜야 하며 이 과정에서 역할갈등이 야기되는 것이다. 직장과 직장 이외 영역에서의 이러한 갈등은 심리적 · 육체적 스트레스의 원천이 되어 직무만족, 경력몰입, 이직의도 나아가 삶의 만족 등 생활의 질적인 측면에 부정적 영향을 미칠 수 있을 것이다.

그러나 최근에 여성의 다중역할 수행을 보다 긍정적인 관점에서 접근하려는 노력이 시도되고 있다. 즉 부정적인 효과보다는 다양한 역할을 수행하는 과정에서 얻을 수 있는 지위 안정성, 역할 특권, 자존감 증대, 역할간 완충효과 등의 효익(benefit)을 강조하는 것이다. 결국 한 개인의 전체는 각 부분들의 합 이상이므로 어떤 역할을 수행하는 것은 다른 역할에서도 이용될 수 있는 자원을 창출해 줄 수 있다는 것이다. 이러한 관점에서 보면 다중역할 수행은 정신적 · 신체적 건강 및 대인관계의 증진에 도움이 될 수 있다. 왜냐하면 한 역할에서의 실패와 스트레스를 다른 역할에서의 성공과 만족감으로 완충효과를 얻을 수 있고, 다중역할 수행 과정에서 사회적 지지를 얻을 기회가 증가하고, 성공할 수 있는 기회와 보다 폭 넓은 사고의 관점을 갖게 되며, 전통적인 성 역할 이데올로기에 변화를 가져오는 효과들을 기대할 수 있기 때문이다.

지금까지는 전통적 시각에서 직장영역과 개인생활 영역을 분리해 왔다. 그러나 기혼 취업 여성의 급증은 이제 남녀 모두로 하여금 직장과 직장 외 영역에서 요구되는 다양한 역할수행을 더 이상 분리해서 생각할 수 없는 환경에 놓이게 하였다. 맞벌이 가정이 늘고 있는 가운데 남성들이 경험하는 직장-가정 갈등도 크게 증가하고 있는 것이 현실이다. 따라서 역할갈등이라는 전통적 시각에서 벗어나 경력을 추구하는 여성들의 다중역할 수행이 가져올 수 있는 효과의 긍정적 측면이 보다 강조될 필요가 있다. 그렇다면 여성의 다중역할 수행이 어떤 긍정적 효과를 발휘하는지에 대해 좀더 구체적으로 살펴볼 필요가 있다.

여성의 다중역할 수행은 어떤 긍정적 효과를 가져오는가

관리능력 배양

우선 여성 관리자의 다중역할 수행은 경력개발에 사용될 자원의 증대를 가져온다. 즉, 다중역할 수행에 연관되는 여러 사람들이 사회적 지원(social support)의 인적자원 풀(pool)을 구성하며, 관리자에게 요구되는 다양한 기술을 학습할 관리적 자원을 제공해준다. 이는 직장 외 역할이 직장역할에 긍정적으로 전이됨을 가정하는 것이다.

긍정적 전이는 한 영역에서 학습한 기술이나 태도가 다른 영역에 적용될 수 있을 때 발생한다. 이는 다중역할 수행이 관리능력에 관련된 다양한 기술의 경험과 학습기회를 제공할 수 있음을 의미한다. 예를 들어, 자녀를 둔 여성의 모성 경험은 조직의 타 구성원에 대한 배려나 지원 등 조직에서 요구하는 관리능력으로 연결될 수 있다. 즉, 부모, 배우자, 지역사회 봉사자 등 직장생활과 직접 관련 없는 다양한 개인적 역할들이 관리능력을 습득할 수 있는 기회로 작용할 수 있는 것이다. 따라서 여성 관리자들의 직장 외 다양한 역할수행으로부터 얻은 경험들이 직장생활에서 요구되는 관리능력에 긍정적 영향을 줄 것으로 기대된다. 개인영역에서의 다양한 역할수행이 여성의 관리직 수행에 어떤 공헌을 할 수 있는지에 대해 연구해 본 결과, 여성 관리자들은 직장 외 다양한 역할참여를 통해 심리적 · 사회적 효익(benefit)뿐 아니라 대인관계 기술이나 멀티태스킹(multi-tasking)처럼 관리능력에 관련된 기술의 습득기회를 얻는 것으로 나타났다.

직장 외 다양한 개인 역할들을 수행하는 여성 관리자들의 경우에 그렇지 않은 여성에 비해 상대적으로 시간적 갈등을 더 많이 경험할 수는 있을 것이다. 그러나 이들 여성은 활용자원의 원천이 증가되어 환경적 요구를 해결할 수 있는 자신감을 갖게 될 것이고, 대인관계 기술이나 리더십 및 업무처리 기술의 학습기회가 제공되어 관리능력 증가에 긍정적인 영향을 미칠 것으로 기대된다.

시간관리 능력 향상

다중역할을 성공적으로 수행한다는 것은 효과적으로 시간관리를 하고 있다는 것을 의미한다. 오늘날 직장 여성은 자녀양육에 대한 큰 부담을 지고 있으며, 사회에서 강요하는 많은 책임과 요구에 부응해야 한다. 따라서 여성 관리자들은 복잡하고 다양한 일을 처리할 때 일을 계획하고 조직하는 것이 갖는 중요성에 대해서 누구보다 잘 인식하고 있다. 성공적인 직장 여성들은 부모와 전문적인 직업인으로서의 역할을 성공적으로 수행하기 위해 시간을 효율적으로 관리하게 된다.

미국의 조지워싱턴 대학에서 실시된 연구에 의하면, 여성들은 매일 해야 할 일을 기록하고, 우선적으로 처리해야 하는 일을 체계화하고, 컨디션이 좋은 시간에 중요한 일을 배치하는 기술들이 탁월한 것으로 나타났다. 이처럼 여성들은 가사, 양육, 직업에서 수행해야 하는 책임을 모두 성공적으로 완수하기 위해 시간을 체계적으로 관리하는 기법들을 효과적으로 사용한다.

탈권위적 업무처리

위기의 순간에 직면하였을 때 여성 관리자는 자신의 역할에서 벗어나 일을 성공적으로 이루기 위해 어떠한 행동이라도 서슴치 않는다. 예를 들어, 여성 관리자들은 필요하다면 직접 컴퓨터에 앉아 서류를 정리한다거나 복사를 하는 것에 별로 개의치 않는다. 그러나 동일한 상황이 전개되어도 남성 관리자는 그러한 시도를 쉽게 하지 않는다. 이러한 행동의 차이는 왜 나타나는 것일까?

우선, 대부분의 남성 관리자들은 사소한 일들을 직접 처리하는 것이 관리자로서 자신의 지위에 걸맞지 않고 자신의 권위가 실추된다고 생각한다. 그러나 여성 관리자들은 서류를 정리하거나 복사를 하는 자신의 모습을 다른 사람들이 어떻게 평가할지에 대해서는 크게 신경쓰지 않는다.

아울러 여성 관리자가 느끼는 성취에 대한 압력이 이러한 행동에서 차이를 가져올 수도 있다. 조직에서는 여성 자체를 인정하려 하지 않기 때문에 여성 리더들은 반드시 좋은 성과를 보여 자신의 능력을 증명해 보여야 한다고 생각한다. 따라서 일이 제대로 진행되지 못하거나 더디게 진행될 때 여성들은 기꺼이 사소한 일까지도 나서서 하고 더 많은 시간을 할애해서라도 성공적인 결과를 보이려고 한다.

여성 관리자가 남성 관리자에 비해 자율적으로 업무에 참여하게 되는 또 다른 이유는 여성들이 직장생활 초기에 겪은 경험과 배경으로도 설명될 수 있다. 현재 관리자로서 성공한 여성일지라도 그들이 낮은 직위에 있던 신참 시절에는 주변 사람의 도움 없이 모든 일을 스스로 처리해야만 했다. 그 결과 관리직에 오른 이후에도 비서에게 모든 것을 의존하지 않고 자신의 업무를 수행해 나갈 수 있고, 업무수행에 꼭 필요한 사람이 일을 처리할 수 없게 되었을 때에도 당황하지 않고 문제를 자체적으로 해결해 나갈 수 있게 된다.

솔선수범해서 문제를 해결하려는 여성 리더의 이러한 특성은 위기상황에서 보다 빠르고 효과적으로 대처할 수 있도록 도와준다. 업무수행의 기초적인 과정에 직접 참여하게 됨으로써 여성 관리자들은 현재 조직이 직면한 문제상황뿐만 아니라, 직원들이 갖고 있는 문제는 무엇인지, 그 문제를 해결하기 위해서는 어떤 도움들이 제공되어야 하는지, 구체적으로는 어떻게 이러한 문제를 해결해 나가야 하는지에 관한 통찰을 얻게 된다. 물론 낮은 직급의 사원이 담당해야 할 업무를 여성 관리자가 개입하려는 것은 오히려 조직 내의 역할 혼란을 불러 올 우려도 있다. 하지만 여성의 이러한 탈권위적인 스타일은 경영자와 직원 간의 두터운 벽을 허물어 줄 수 있는 것이다.

그렇다면 여성의 이러한 탈권위적 성향이 조직 내에서 어떤 효과를 발휘하는지 구체적으로 살펴보고자 한다.

여성의 탈권위적 성향은 어떤 효과를 가져오는가

효과적인 팀워크 발휘

남성과 여성은 팀워크에 대해 서로 다른 접근법을 가지고 있다. 여성은 협동과 인간관계를 강조하고 다른 구성원들과 성공을 공유하고자 한다. 그러나 남성은 승리와 경쟁을 강조하고 다른 구성원의 성장, 협동적인 팀 분위기에는 별로 관심을 기울이지 않는다. 또한 팀워크 형성에 있어서도 남녀의 차이가 드러난다. 남성 리더들은 부하를 통제하고 관리하는 것이 필요하다고 생각하지만, 여성 리더들은 구성원 간에 보완관계가 필요하다고 생각하고 이들의 개인적 욕구를 배려해 주는 것이 효율성을 높여 준다고 믿는다. 즉, 여성 관리자는 팀 구성원 개인이 자기 스스로에 대한 권한 부여자임을 일깨워 주고, 팀 구성원간의 자율성을 고취시켜서 최종적인 팀의 결과를 향상시키려 한다.

팀에 대한 남녀의 이러한 관점 차이로 인해 이들이 산출해 내는 팀 결과에서도 차이가 드러난다. 남성 관리자는 팀의 최종 의사결정 과정에서 구성원들에게 권한을 주지 않으려고 하지만 여성 관리자는 구성원들에게 과감하게 권한을 위임하기 때문에 팀의 결과에 대해 매우 만족한다. 최종 의사결정의 소유권 문제에 있어서 남녀 관리자가 다르게 행동하는 이유는 구성원의 참여에 대한 그들의 관점이 다르기 때문이다. 남성은 의사결정 과정에 구성원 참여가 늘어나는 것은 리더로서의 영향력을 감소시키는 것으로 보며, 궁극적으로는 팀 안정성과 조직구조에 위협이 된다고 생각한다. 그러나 여성 관리자는 팀 구성원과 정보를 공유하여 참여적 경영을 이끌어 내는 것이 팀의 기능을 증가시키는 대안이라고 믿는다.

기업환경의 급속한 변화로 조직의 유연성에 대한 중요성이 부각되면서 팀에 대한 관심이 증가하고 있다. 팀의 구조는 자유롭고 개방적이다. 조직의 서열을 벗어나 구성원 간에 자유로운 커뮤니케이션이 이루어지고, 상호 정보공유를 통해 문제를 해결하고자 한다. 따라서 조직에 유연성을 가져오는 팀 조직이 효과적으로 운영되기 위해서는 여성 관리자의 특성이 그 가치를 발휘할 기회가 제공되어야 할 것이다.

고성과자의 모델

권위적인 리더십 스타일에서 벗어나 구성원들에게 적극적으로 권한위임을 하여 팀의 효과성을 극대화시키는 여성 리더는 남성 리더보다 높은 성과지향성을 보인다. 그렇다면 여성은 왜 더 열심히 일하려 하는 것일까?

우선, 리더십 역할을 수행하는 여성에게 주어지는 부정적인 태도를 들 수 있다. 여성 관리자는 스스로 자신의 능력을 증명해 보여야만 할 뿐 아니라 여성에게 주어지는 부정적 고정관념에도 맞서 싸워야 한다. 따라서 자신이 유능한 리더라는 것을 증명해 보이기 위해서는 남자 동료들에 비해 두 배 이상의 노력과 시간을 투자해야 한다. 여성들 스스로도 자신들을 판단하는 조직의 기준이 남자 동료에 비해 더 까다롭다는 것을 잘 알고 있기 때문이다.

다음으로는 조직 내의 여성의 가시성(visibility)을 들 수 있다. 과거에 비해 여성 관리자의 수가 증가하였음에도 불구하고 여성 관리자의 승진은 여전히 조직의 관심거리가 된다. 과도한 관심은 여성 관리자가 사소한 실수를 저질렀을 때 심한 비난으로 돌아오기도 한다. 따라서 여성 리더들은 실수를 하지 않기 위해 더욱 많은 노력을 기울이게 되는 것이다.

아울러 높은 성과를 이루기 위해 실수를 최소화하려는 여성 관리자의 이러한 노력은 위기관리능력과도 연관성을 갖는다. 여성에 관한 부정적인 고정관념 중의 하나는 여성 리더는 '낮은 수준의 위험을 추구한다(low risk-taker)' 는 것이다. 즉 여성은 남성에 비해 위기상황을 회피하고 부정적인 것으로 생각하고, 단기적 위기를 극복하지 못해 긍정적인 보상기회를 놓치는 경향이 있다고 한다. 그러나 이러한 위험추구 성향에 대한 남녀 차이의 인식은 지극히 남성적 시각에서 해석되고 있다는 점에 주목해야 한다. 여성이 위험상황에 남성과 다른 방식으로 접근하는 것이 조직에 부정적인 결과를 가져온다고 결론지을 수는 없다. 터무니없이 위험을 추구하는 것은 오히려 도박이 될 수 있으며 합리적인 위험대처 방법이 아니기 때문이다. 그러나 여성 관리자가 남성과 동일한 위험대처 행동을 보이더라도 이후 결과가 실패로 끝나게 되면, 여성 관리자에게 더욱 혹독한 비난이 돌아온다. 여성의 실수에 대해 조직은 관대하지 못하기 때문이다.

여성 관리자는 남성 관리자에 비해 업무에 더 많은 시간을 투자하며 성공요소로서 열심히 일하는 것(hard work)과 끈기를 중요시하는 것으로 밝혀졌다. 초기에 성공한 여성 관리자들은 높은 성과를 통해 리더로서의 자신감을 고취시키고 조직과 동료들에게 리더로서 존경받기 위해 열심히 일해 왔다. 높은 수준의 성과를 보이는 것이 여성 관리자들이 생존할 수 있는 유일한 방법이었기 때문일 것이다.

그러나 여성이 유일한 대안으로 여기고 선택한 생존전략이 이제는 여성 리더의 고유한 특성으로 비춰지게 되었다. 일에만 몰입하는 여성이 일부 남성들의 눈에는 조직의 원리를 잘 이해하지 못하는 것처럼 비춰지기도 한다. 왜냐하면 성과보다는 정치적 입지가 경력 성공에 더욱 중요하게 작용하는 기업들이 여전히 존재하기 때문이다. 그러나 이제는 여성 경영자가 변화를 도모해야 하는 시기가 도래하였다고 본다. 창의적인 방식으로 문제에 접근하도록 부하에게 권한을 부여하고 격려할 수 있는 리더, 종업원이 더 높은 수준의 기준을 설정하도록 장려하여 상품과 서비스의 질을 향상시킬 수 있는 리더, 리더 자신이 높은 성과를 보임으로써 모범이 될 수 있는 리더가 부상해야 할 시점이 왔다고 본다.

04 리더십의 실패와 관리자의 상담접근[1)]

박경환
parkh@edu.ac.kr

리더십의 실패는 어디에서 오는가

먼저 다음 사례를 읽어보고 글을 시작한다.

> 어느 날 아침 당신이 자신의 상사가 작성하라고 요구했던 어떤 중요한 보고서를 제출하였다고 가정하자. 그 날 오후에, 당신의 상사는 당신의 사무실로 불쑥 들어와서, 그 보고서를 당신의 책상 위에 집어던지면서, "당신은 어디에서 보고서 쓰는 법을 배웠어? 이것은 8살짜리 아이가 쓴 것만도 못 하잖아!"라고 말한다. 이러한 말에 이어서 상사는 가능한 모든 방법으로 당신의 보고서를 호되게 비평한다. 당신은 어떻게 반응할 것인가? 만일 당신이 대개의 사람들과 비슷하다면, 당신은 아마 변명을 하거나 부루퉁해서 말없이 서 있을 것이다. 상사라서 어떻게 달리 대응할 방법이 없다고 생각하며 속으로 "그래, 언젠가는 반드시 보복해 주겠다"라고 다짐하고 있을 것이다.

1) 출처: 인크루트 경력개발연구소(2005), "리더십의 실패와 관리자의 상담접근,"「인재경영」, 9월호, pp. 62-67에서 전재함.

위의 사례는 인간의 공격성에 대한 것이다. 이러한 경험은 비단 책 속의 이야기만은 아니다. 직장생활을 해 본 경험이 있는 사람이라면 아주 친근하게 주위에서 보았거나 스스로 경험한 사실일 것이다.

기업에서 상급자와 하급자 간의 관계는 업무성과를 사이에 둔 긴장관계로 볼 수 있다. 상급자는 하급자의 업무성과나 직무행위에 대한 반응으로 칭찬이나 격려를 하기도 하지만, 때로 화를 내거나 위협하는 경우도 있다. 하급자의 높은 성과나 올바른 직무행동은 문제가 되지 않지만, 낮은 성과나 직무행동의 반복적인 실패에 대해서는 관리자는 심각하게 생각한다. 이에 대한 관리자의 반응은 개인차가 있는데, 어떤 관리자는 자상하게 무엇이 잘못되었는지 지적하여 하급자에게 직무행동의 수정기회를 제공하고, 어떤 관리자는 하급자에 대하여 감정적으로 대응하면서 보상이나 신분을 가지고 위협할 것이다.

위 2가지 반응양식에서 대부분의 관리자는 어느 쪽을 택할까? 아마도 후자일 것이다. 관리자는 해당 부서에 대한 성과 책임자로서의 임무를 갖고 있기 때문에 낮은 성과나 잘못 수행된 직무에 대하여 많은 심리적 부담과 압박감을 갖는다. 이러한 관리자의 심리적 압박감은 하급자에 대한 공격(attack) 행동을 나타나게 할 가능성이 크다. 그러한 상황에서 관리자가 인간에 대해 낙관적으로 생각하는 Y이론 관점을 유지하기 어렵기 때문에 필자는 리더십 이론에서 유행하는 임파워먼트(empowerment)나 서번트리더십(servant leadership)은 틀렸다고 확신한다. 그리하여 조직이 요구하는 조건을 충족시켜주지 못하는 하급자에 대하여 경고나 위협과 같은 공격행위를 사용하는 것은 하급자의 자아존중감에 상처를 입혀 궁극적으로 하급자를 직무상황으로부터 더 멀어지게 하는 것이다. 경영학에서 말하는 화려한 리더십이론이 실무에서 먹혀들어가지 않는 이유는 바로 인간의 본성에 대해 너무 낙관적으로 가정하거나, 관리자나 종업원의 정서가 무시된 이상적인 이성에 근거하고 있거나, 기업은 성과를 내는 집단이라는 사실을 너무 유연하게 해석한 결과가 아닐까 하는 생각이 든다.

이 글에서는, 실패할 수밖에 없는 리더십의 실제를 관리자의 상담자적 역할을 통하여 건전하게 되살아날 수 있는 과정에 대하여 살펴본다. 우선 관리자에게 왜 상담자적 역할이 필요한지 알아본다.

관리자에게 상담자의 역할이 왜 필요할까

상담(counselling)이란 상담자와 내담자가 상호작용을 통하여 내담자가 지닌 문제를 해결할 수 있도록 도와주는 것이다. 직장에서 상담자로서의 관리자는 일반 사회에서의 심리상담자와는 역할이 다르다. 하급자의 직무 성과물의 변화를 살펴보고, 낮은 성과나 잘못된 직무수행에 대하여 하급자와 상담하는 과정이 필요하다. 관리자는 이러한 상담과정을 통하여 하급자의 업무성과를 개선하며, 차후 있을 수 있는 하급자의 불이익을 사전에 예방한다. 종업원에게서 개선의 여지가 보이지 않으면 조직의 규칙에 따라 경고나 처벌을 받기 때문이다. 관리자는 직무수행에 관한 '문제 사례의 발견자'로서 하급자의 직무수행에 부속된 문제를 확인하고 필요하다면 상담의 과정을 가져야 한다.

연합뉴스(2004.7.12)에 의하면 직장인의 70% 정도가 상사와의 갈등 때문에 퇴사하고 싶다고 한다. 이러한 현상은 직장에서 상급자의 하급자에 대한 대응방식이 미숙하기 때문이다. 하급자가 잘못 수행한 직무에 대한 관리자의 지적은 하급자에게 직무수행상의 제 기능을 회복시켜 더 나은 성과를 창출하는 계기를 만들어 주기도 하지만, 화나 위협과 같은 방식의 지적행위는 하급자에게 심리적 방어기제를 작동시켜 오히려 직무수행상의 제 기능을 발휘하지 못하게 막는다. 관리자는 하급자를 더 나은 성장으로 이끌 수도 있고, 어떤 경우에는 하급자에게 좌절과 무력감을 갖게 한다. 관리자는 하급자의 행동수정 과정에서 하급자의 심리에 방어나 좌절과 같은 심리적 상처를 주기도 하고, 이전에 형성된 잘못된 방어나 비합리적 신념을 수정하여 직무수행에서의 심리적 기능을 원활하게 치료하는 역할을 하기도 한다.

하급자의 부적절한 직무행위에 대한 상급자의 지적이 하급자에게 방어나 억압을 일으키지 않고, 이를 수용하여 행동수정을 통한 업무성과의 개선으로 연결시킬 수 있는 방법은 무엇인가?

상담접근은 하급자의 문제행위에 대하여 관리자가 상담기법을 통하여 심리의 심층에 접근하는 치료과정으로서 하급자가 심리적으로 제 기능을 회복하게 하는 것이다. 상담자로서의 상급자가 공감과 직면으로 하급자의 직무수행에서의 잘못을 지적할 때, 하급자는 상급자에 대한 방어나 억압 등 방어기제를 사용하지 않고 자신을 개방하여 스스로 관찰하고 수정하여 제 심리적 기능을 정상적으로 발휘한다. 상담자가 내담자가 지닌 문제를 상담을 통하여 해결하는 데 도와주어야 한다. 관리자는 하급자가 지닌 문제를 상담기법을 통하여 하급자 스스로 문제를 해결하도록 도와주는 것을 말한다. 권한을 행사하는 관리자의 역할만으로서는 하급자의 부적응 문제를 다룰 수 없다. 관리자는 관리업무뿐만 아니라 상사와 부하직원의 관계에서 상담자의 역할도 수행하지 않으면 안 된다. 관리자라면 종업원이 잠재능력을 발휘할 수 있도록 종업원의 조직적응에서의 문제를 해결해 줄 수 있는 '상담자로서의 자질'을 갖추어야 한다. 다음은 상담의 과정에 대하여 자세히 살펴보자.

제어체계 관점으로서의 인간에 대한 이해

슈와츠(Schwartz)는 유기체나 우주 등의 모든 시스템에 질서(order)가 내재해 있으며, 우리가 건강을 위해 할 일은 내재된 질서를 자연스럽게 드러나게 하는 것이라고 하였다. 평상심을 유지하는 심리상태는 제어체계(control system)가 정상적으로 작동하는 것을 의미하며, 평상심을 유지할 수 없는 상태는 제어체계가 불균형의 상태에 있고 또한 자율조절체계가 상실되어 불균형 상태를 수정할 만한 조치를 취하지 못하는 상태이다.

개체는 외부 자극이 호의적 자극이라고 지각할 때는 그 동안 억압이나 억제로 제 기능을 하지 못했던 부분을 감정이나 의식으로 떠올려 점검하는 시간을 갖게 된다. 이러한 피드백 정보는 자기수정의 점검과정을 통하여 제 기능을 회복하게 된다. 여기서 공감(empathy)은 미약하나마 상실되었던 자아가 되살아나도록 하는 여지를 주게 된다. 그리고 제어체계 내의 모순을 지적해 주는 것(confrontation)은 의식 또는 무의식적으로 그 동안 자신을 괴롭히던 억압이나 비합리적 신념 또는 무기력 등 심리적 상처가 되었던 내적 마음의 상태를 통찰하여 자체 점검을 할 수 있는 기회를 제공해 준다. 이는 자율적 조절체계(self control system)를 작동시킬 수 있는 자율적 권한을 되찾아오는 과정이라 할 수 있다.

이와 같이 인간을 독립적이고 유기체적인 자율적 제어체계 관점에서 볼 때 외부 자극이 공격적일 경우에는 방어체계가 작동되어 방어나 억압이 일어나며, 공격적 강도의 지속성이 한계를 넘어설 때 유기체는 좌절이나 무기력에 빠지게 된다. 반대로 외부 자극이 호의적일 경우 자율적 제어체계는 개방을 하게 되며, 이 상태에서 제어체계 자체의 모순을 지적해 줄 경우 제어체계는 자체적으로 모순을 점검하여 수정하는 과정을 밟게 된다.

평상시 평온함과 안정감의 정서적 · 인지적 경험을 하는 사람은 제어체계가 균형상태를 이루어 자아존중감(self esteem)이 높은 상태라 할 수 있다. 그러나 직장에서 부적응을 겪는 종업원은 제어체계가 불균형의 상태에 빠져 누군가의 도움이 요구된다. 상급자는 부적응의 하급자에게 상담에서 사용하는 적절한 공감(empathy)과 직면(confrontation) 기법을 사용하여 마음을 개방하고 불균형의 상태에서 벗어나 정서적 · 인지적 평온함을 찾고 자신의 능력을 충분히 활용할 수 있도록 도와주어야 한다. 반대로 하급자가 불균형의 상태에 있을 때 상급자의 경고나 위협과 같은 공격(attack)은 하급자에게 직장에서의 자신의 가치에 대해 저평가하고 합리화나 억압 등 방어기제를 사용하여 적응에 실패하게 만든다.

공감(empathy)을 통하여 부하의 자아존중감(self esteem) 향상

로저스(Rogers, 1957)는 상담 및 심리치료에서 공감을 중요한 개념으로 사용하였다. 공감적 이해란 자신이 직접 경험하지 않고도 다른 사람의 감정을 거의 같은 내용과 수준으로 이해하는 것이다. '공감적' 이라는 것은 내담자가 말하는 내용처럼 관찰될 수 있는 것으로부터 그의 감정, 태도 및 신념처럼 쉽게 관찰될 수 없는 것까지도 정확하게 의미를 포착하는 것을 말한다. 내담자를 공감적으로 이해하고 있음이 전달되면 내담자는 자신이 이해받고 있다는 느낌을 갖게 되며, 상담자를 보다 신뢰하게 되어 자신을 깊이 드러내 보이게 된다. 이러한 과정이 진행됨에 따라 상담자와 내담자는 촉진적인 관계가 이루어져 상호 존중이 교환될 수 있다.

이러한 공감은 상담과정에서 필수적이지만 지나치게 되면 비생산적인 것이 될 수도 있다. 참가자들이 단지 지지적인 수준에서만 상호작용하기 위해 결탁하게 되고, 거의 오로지 강점과 긍정적인 피드백에만 초점을 맞추는 데 일치하게 되어 상담은 효과적이지 않게 된다. 즉, 자기 자신을 발전시킬 수 있게 하는 동기가 전혀 일어나지 않는 단순히 지나치게 예의바르고 지지적인 교환만을 초래한다.

상담은 상담자와 내담자 간의 의사소통을 통해 내담자의 변화를 추진하기 위한 활동이다. 실제 상담에서 대부분의 상담자는 상담초기에 내담자에 대한 공감이 제대로 이루어지는 것이 상담의 다음단계로 유연하게 넘어가고 전반적인 성공으로 이끄는 전제조건이라 생각한다. 공감은 내담자에 대한 신뢰의 표시이다.

상담접근으로서의 상사의 공감은 부하의 자아존중감을 높이게 될 것이다. 하급자 자신이 직장에서 가치 있는 존재라고 인식할 때 하급자의 자아존중감은 높아진다. 직무관련 또는 기업에서 자신이 중요한 존재 또는 의미 있는 존재라 지각할 때 하급자의 업무수행 동기부여는 높아진다. 그들은 자신의 직업에서 성공할 만한 능력과 기술을 지니고 있고, 자신의 삶의 목표를 만족시키고 있다고 믿기 때문에 직무에서 더 많은 노력을 기울인다. 반대로 직무와 기업과 관련하여 자신이 불필요한 존재 또는 기여하지 못하는 존재로 지각할 경우에는 직무나 기업에 대한 노력을 철회(withdrawal)하게 되어 더 낮은 성과를 가져온다.

직면(confrontation)을 통하여 부하의 자아존중감 향상

공감이 상담장면에서 중요한 기법이지만, 그것만으로는 한계가 있다. 내담자 자신을 어렵게 만드는 모순이나 내담자가 지니고 있는 억압 또는 비합리적 사고를 정확하게 바라볼 기회는 주지 않기 때문이다. 이와 같이 공감기법만으로는 내담자 심리치료에 한계가 있기 때문에 직면기법이 활용된다.

상담자는 내담자가 갖고 있는 불일치, 왜곡, 회피, 억압, 비합리적 사고 등을 관찰할 수 있다. 그러한 관찰에 근거하여 상담자는 내담자의 사고와 행동의 모순을 지적한다. 이러한 지적은 내담자로 하여금 자신을 관찰하고 되돌아보게 하는 기회를 제공한다. 직면(confrontation)은 내담자가 못보고 지나쳐서 스스로를 문제 상황에 그대로 있게 하는 자기모순과 불일치를 스스로 검토해 보도록 상담자가 인도하는 기술이다. 내담자가 생각하거나 느끼는 것이 말하는 것과 다를 때, 말하는 것이 행동하는 것과 다를 때, 그리고 내담자의 생각이 타인의 생각과 다를 때 사용할 수 있다. 직면기법을 이용해서 상담자는 내담자를 앞으로 나아가게 한다. 내담자들이 왜곡, 고집스러운 생각, 게임, 회피 등으로 인해 더 나아가지 못하고 있을 때 직면을 사용할 수 있다.

직면은 내담자에게 지금 여기에서 자신이 행동하고 경험하는 것에 주의를 기울이도록 그들을 돕는 데 목표를 두는데, 이러한 직면은 자신의 현재 모습과 달라져야 한다는 가혹하고 비판적인 강요가 되면 안 된다. 직면은 무방비상태의 내담자를 혹독하게 공격(attack)하는 것이 아니라 긍정적으로 변화할 수 있도록 진정으로 배려하는 표현이다. 직면은 가장 강력한 상담기술의 하나이나 잘못된 직면은 내담자에게 심리적인 상처를 줄 수 있고, 자기방어를 야기한다. 내담자의 행동에 대하여 비판적으로 판단하고 지적하는 것은 직면이 아니다. 그래서 직면을 할 때는 내담자 개인에게 초점을 맞추기보다는 내담자에게서 보이는 모순되는 감정, 생각, 욕구, 행동에 초점을 맞추는 것이 중요하다. 변화를 강요해서는 안 되며 시기적으로 적절한 때에 기법을 적용해야 한다.

상담에서 직면은 공감 이후에 사용될 때보다 효과적이다. 공감이 이루어진 상태에서 직면이 진행되었을 때, 직면과정에서 있을 수 있는 부정적 효과가 제거된다. 높은 수준의 직면반응은 높은 수준의 공감이나 존중과 구별하기 힘들 정도이다. 그만큼 직면의 기술은 공감과 존중을 요구한다. 이와 같이 직장상황에서 부적응을 겪는 하급자에게 상급자의 올바른 직면이 이루어졌을 때 하급자는 자아존중감의 손상 없이 자신이 지니고 있는 정서적 · 인지적 모순을 수용하게 될 것이다. 하급자가 자체 모순이나 불일치를 경험하거나 직장에서 부적응을 겪을 때 이에 대한 상급자의 올바른 직면은 하급자 스스로 수정할 기회를 주어 보다 나은 성장으로 이끌게 된다. 이러한 직면으로 하급자는 직장에서 자신의 존재가치를 인식하게 되어 높은 자아존중감을 갖게 된다.

공격(attack)이 가져오는 자아존중감 손상의 이해

공감이 수반되지 않는 직면은 자칫 잘못하면 내담자에게 공격으로 인식될 수 있는 여지가 크다. 분명히 직면은 공격과 구분된다. 공격이란 타인에 대해서 어떤 유해한 자극을 주는 행동이다. 직장에서 상급자의 언어는 때로 하급자에게 유해한 자극을 주는 공격으로 사용된다. 이러한 공격에 의하여 하급자는 자아존중감이 손상되고 부정, 방어, 좌절, 그리고 억압 등과 같은 심리적 방어기제가 작동된다.

올바른 직면과 달리 공격은 '배려하는 마음 없이 다른 사람에게 상처를 주는 것', '부정적 피드백을 던져버린 후 자리를 뜨는 것', '내담자에게 상처를 주려는 목적으로 적대적 행동을 하는 것', '내담자가 무엇이 근본적으로 잘못되었다고 알려주는 것', '내담자의 인격을 모독하는 것'이다. 보통 올바른 직면이라면 직면하는 말 속에 노골적 표현, 평가하는 말, 문제해결책임의 말이 들어가지 말아야 한다. 그러한 말은 일종의 공격에 해당한다. 또한 직면반응은 단순히 내담자의 부정적 측면에 초점을 맞추는 것도 아니고, 내담자에게 자신의 한계를 깨닫게 하는 것도 아니다. 아무리 올바른 지적이라 해도 위협을 느낄 때 내담자는 방어체계를 갖추게 된다. 이런 상황에서 내담자는 자기의 감정과 생각을 자유롭게 표현하지 않는다.

직장에서 상급자는 일정한 범위에서 조직에 대한 책임을 지고 있다. 하급자가 주어진 역할을 제대로 하지 못하거나, 낮은 성과를 내어 조직이 만족할 수 없는 상황이 초래되면 그에 대하여 상급자는 책임을 지게 된다. 조직의 불만족 상태는 바로 관리자의 불만족 상태로 연결되며, 이로 인해 관리자의 불만족은 하급자에게 경고나 위협과 같은 언어적 공격의 형태로 나타날 가능성이 크다.

외부 자극을 공격이라고 지각하는 하급자는 바로 자신을 보호하기 위한 방어기제가 작동되어 억압이나 합리화 또는 회피나 도피를 택하게 된다. 이처럼 상급자의 공격은 하급자를 직무상황에서 이탈되도록 만들며, 하급자가 직무상황에서 무가치한 존재로 인식하도록 만든다. 상급자의 공격은 하급자인 내담자가 스스로 자체 모순이나 불일치를 수용하고, 수정하지 못하게 하며, 하급자 자신의 존재가치에 대한 부정으로 하급자를 낮은 자아존중감의 상태에 이르게 한다. 직무나 기업과 관련한 낮은 자아존중감은 자신의 필요성을 인식하지 못하여 역시 낮은 성과로 연결된다.

나의 공감능력과 직면수준은 어떠한가

다음은 관리자로서 상담자 역할에서 중요한 공감과 직면의 수준을 측정하는 마정건 교수(1990)가 제시한 척도를 살펴본다.

먼저 공감적 이해 수준을 낮은 수준에서 높은 수준까지 다섯 수준으로 살펴보면, <수준 1> 의사소통자는 상대방의 언어적 · 비언어적 표현들에 주의를 기울이지 않아 명백하게 표현되는 상대방의 감정, 사고조차 정확히 지각하지 못한다. 의사소통자는 자신의 개념틀에 의해서 상대방의 감정, 사고를 왜곡하여 의사소통한다. <수준 2> 의사소통자는 명백하게 표현되는 상대방의 표면적 감정, 사고를 지각하여 반응을 보이지만 주로 자신의 개념틀에 의존하기 때문에 상대방의 감정, 사고와 일치된 의사소통을 하지 못한다. <수준 3> 의사소통자는 명백히 표현되는 상대방의 표면적 감정, 사고를 정확히 지각하여 자신의 개념틀에 의한 왜곡 없이 의사소통한다. 표면적 수준에서는 의사소통자는 상대방의 감정, 사고와 일치된 의사소통을 한다. 그러나 의사소통자는 상대방의 내면적 감정, 사고에는 반응을 보이지 않는다. <수준 4> 의사소통자는 언어적으로 명백히 표현되지 않고 있는 상대방의 내면적 감정, 사고를 지각하여 이를 자신의 개념틀에 의한 왜곡 없이 의사소통한다. 그러나 의사소통자는 상대방의 내면적 감정, 사고를 충분히 표현하지는 않는다. <수준 5> 의사소통자는 상대방의 내면적 감정, 사고를 정확히 지각하여 이를 왜곡 없이 충분히 표현하여 상대방의 깊은 수준의 자기탐색을 촉진한다. 그리고 의사소통자는 상대방의 적극적인 성장동기를 이해하여 표현한다.

다음은 공감적 이해의 예시를 들어본다. 만일 내담자가 "성과가 너무 많이 떨어졌어요. 노력은 좀 했는 데도 그래요"라고 말했을 때 다음은 상담자의 공감능력 수준의 반응이다. (1) "어느 정도 했는지 모르지만 노력이 부족해서 그런 거 아닐까?" (2) "걱정을 하는 데 막연히 걱정만 하면 되겠니? 무슨 대책을 세워야지." (3) "무척 속이 상한 모양이구나, 노력을 했는 데도 성과가 떨어졌으니…" (4) "좀더 잘하려고 애를 썼는 데도 성과가 떨어졌으니 실망이 크겠구나." (5) "노력한 만큼 성과가 잘 안 나오니 앞으로 어떻게 해야 할지 걱정이 된단 말이지? 업무 때문에 애를 많이 쓰는 구나."

다음은 직면수준에 대해서 낮은 수준에서 높은 수준까지 다섯 수준으로 알아본다. 먼저 <수준 1> 의사소통자는 상대방의 감정, 사고, 행동의 모순에 대하여 전혀 언급하지 않는다. <수준 2> 의사소통자는 상대방의 감정, 사고, 행동의 모순에 대하여 모호하게 언급한다. <수준 3> 의사소통자는 상대방의 감정, 사고, 행동의 모순을 지적 하나, 직접적이고 구체적이지 못하다. 모순점에 대하여 단순히 질문만 하고 이를 명확하게 상대방에게 지적하지는 않는다. <수준 4> 의사소통자는 상대방의 감정, 사고, 행동의 모순을 직접적이고 명확하게 상대방에게 지적한다. <수준 5> 의사소통자는 상대방의 감정, 사고, 행동의 모순을 아주 명료하게 지적하여 상대방이 깊은 수준의 자기탐색을 하도록 촉진한다.

다음은 직면의 예시를 들어본다. 만일 내담자가 "앞으로는 그 여자를 다시 안 만나고 생각도 하지 않을래요. 그저 일에만 열중하겠습니다"라고 말했을 때 다음은 상담자가 직면을 보여주는 다양한 반응수준을 나타낸다. (1) "앞으로는 업무에만 전념하겠단 말이지." (2) "좀 힘들겠지만 오직 업무에만 마음을 쓰겠단 말인가?" (3) "그래, 그거 좋은 얘기구나. 그런데 내가 볼 때 아직 마음의 정리가 덜 된 것 같애…" (4) "말은 그렇게 하지만 아직 갈등이 심한 것 같이 보이는데…" (5) "마음이 무척 편치 않은가 보구나. 어딘지 자신도 없어 보이고 … 지금도 그 여자를 몹시 생각하고 있는 것 같은 표정인데… 그래, 우리가 어떤 감정을 정리한다는 것은 결코 쉬운 일이 아니지."

위 공감과 직면의 대화에서 수준별 예시는 자신이 어느 정도 수준까지 반응을 보이는지 자기점검의 기준이 될 수 있다. 인간은 당근과 채찍이라는 보상과 처벌만으로 행동이 통제되지 않는다. 또한 제도나 시스템적 장치만으로 그 복잡한 속성이 기계처럼 척척 말을 들어주는 것도 아니다. Y이론이나 임파워먼트 리더십과 같은 인간에 대한 너무 이상적인 가정도, 제도나 보상과 같은 잘 통제된 시스템으로도 기업에서 원하는 결과를 얻어내기는 쉽지 않다. 좀더 깊이 있게 인간의 본질을 이해하고, 그에 바르게 반응해 줄 때 소망하던 바로 그 결과를 얻을 것이다. 이를 위하여 단기과정이라도 심리상담 훈련에 참여하는 것이 바람직하다.

참고문헌

김교헌(2002), 속마음 털어놓기와 노년기 건강, 2002년도 한국심리학회 연차학술발표대회 심포지엄 자료집.

마정건(1990), 촉진적 의사소통 기법, 서울대학교 사범대학 학생지도연구, 18.

박경환(2005), "상급자의 공감, 직면 그리고 공격이 하급자의 자아존중감과 능력활용에 미치는 영향,"「대한경영학회지」, 18(3).

박경환(2004), "상사의 상담접근과 부하의 심리적 기능회복에 관한 연구,"「인적자원개발연구」, 6(2).

이장호 · 금명자(2004),「상담연습교본」, 법문사.

X

팀 및 조직개발

팀 효과성: 혼돈과 로맨스를 넘어서 _ 01

팀 분산기억(transactive memory system)의 이해와 팀 효과성 _ 02

팀 창의성 _ 03

기업에서의 창의성 _ 04

성공적인 혁신을 위해 알아야 할 사항 _ 05

기업에 의한 조직개발 개입(Intervention)과 변화전략의 효과성 _ 06

조직활성화의 핵심: 업무가치 증진 _ 07

01 팀 효과성: 혼돈과 로맨스를 넘어서

최훈석
hchoi@skku.edu

현대 조직에서 팀은 조직의 생존에 필수적인 존재가 된지 오래다. 1980년대를 기점으로 북미의 사회심리 및 조직심리학자들에 의해서 주도된 이른바 팀 효과성(team effectiveness) 연구는 경영학, 사회학, 커뮤니케이션, 행정학, 정치학 등 심리학의 인접분야는 물론이고, 법학, 의학, 공학, 디자인, 스포츠 등과 같은 다양한 학문분야로 전파되어 그 동안 방대한 양의 연구가 축적되었다. 규모나 진행속도에서 큰 차이가 있기는 하지만 국내에서도 팀의 중요성에 대한 인식이 높아지면서 앞으로 팀에 대한 학문연구 및 실용적 관심이 계속 증가할 것으로 보인다.

북미에서는 1980년대 일본 기업들과의 경쟁에서 우위를 점하기 위해서 일부 기업들이 품질관리 서클(Quality Control Circle)을 위시한 일본식 팀제를 앞 다투어 도입했고 이후 다양한 형태의 팀-기반 조직이 급속도로 확산되기에 이르렀다. 우리나라의 경우도 대략 1990년대 중반부터 일부 대기업을 중심으로 팀제가 정착되기 시작하면서 현재는 기업조직은 물론 정부조직, 학교조직, 각종 민간단체에 이르기까지 거의 모든 형태의 조직에서 일종의 '팀 열병'을 앓고 있는 듯하다. 이런 이유로 필자는 종종 21세기를 '팀의 시대'라고 부른다.

오늘날 조직에서 팀이 유행하게 된 것은 '여러 개의 머리가 하나의 머리보다 낫다'는 믿음에서 그 근원을 찾을 수 있다. 무엇보다도 여러 사람이 함께 모여서 과제를 수행하면 한 사람이 수행할 때에 비해서 더 많고 다양한 지식 및 과제 관련 경험을 활용할 수 있으며, 팀 멤버들끼리 서로를 격려하고 동기화하는 과정을 통해서 개인 혼자서 일할 때보다 노력수준도 높아질 수 있다. 뿐만 아니라 소비자 욕구의 다양화, 빠른 속도의 기술혁신, 무한 경쟁, 세계화 등의 조직환경 변화는 필연적으로 조직과업의 복잡화, 전문화, 다양화로 이어졌다. 그런데 이러한 과업요구를 개인 혼자서는 감당하기 어렵기 때문에 많은 경우 조직의 주요 과제를 개인이 아닌 팀에 할당할 수밖에 없는 현실적인 이유도 있다.

그렇다면 팀이 개인보다 생산성이 높고, 좋은 의사결정을 내리며, 성공적으로 조직의 당면 문제를 해결할 수 있다는 믿음은 과연 진실인가 아니면 단지 희망사항에 불과한 것인가? 팀 효과성에 대한 일반의 믿음을 고려할 때 바보스럽게까지 느껴지는 이 질문은 사실 팀 연구자들이 던진 핵심적인 물음들 가운데 하나이다. 독자들을 실망시킬지는 모르겠으나, 팀 효과성에 관한 실증 연구들에 기초해 볼 때 현재로서 내릴 수 있는 결론은 팀은 결코 만병통치약이 아니며 경우에 따라서는 오히려 조직에 해가 될 수도 있다는 것이다. 특히 엄격한 실험 연구법을 적용한 사회심리학 분야의 연구들에서는 효율적 팀 상호작용을 방해하는 프로세스상의 손실 때문에 팀은 잠재적 생산성에 미치지 못한다는 결과가 반복해서 관찰되었다(Levine & Moreland, 1998). 이는 포드(Ford)나 지엠(GM)과 같은 회사들이 더 이상 팀제에 전면적으로 의존하지 않게 된 현실이나, "10개의 팀들 가운데 7개는 원하는 결과를 창출하지 못한다"는 현장의 비관적 관점(A. T. Kearney사의 1995년 리포트), 그리고 '팀은 왜 실패하는가?'(Why teams don't work?, Hackman, 1998)라는 제목의 학술논문이 등장한 배경과도 무관하지 않다.

필자가 보기에 현재 팀의 유용성에 관한 학계의 입장은 크게 세 가지로 집약된다. 첫 번째는 '혼돈'으로 표현될 수 있는데, 이는 팀 수행이 개인수행보다 우월하리라는 기대와 달리 개인수행과 크게 다르지 않거나 오히려 개인수행보다 열등함을 시사하는 연구 결과들에 기초한 다소 비관적인 관점이다. 두 번째는 '로맨스'로 표현되는 입장으로, 이는 팀의 유용성에 관하여 심각한 의문이 제기되고 있음에도 불구하고 조직에서 맹목적으로 팀을 짝사랑하고 있는 현실에 대한 다소 냉소적인 시각이다. 세 번째는 '조심스러운 낙관론'으로, 이는 팀이 항상 원하는 성과를 낼 수 있는 것은 아니더라도 팀의 성공에 필요한 요건들이 갖추어지기만 한다면 얼마든지 시너지효과를 기대할 수 있다는 입장이다. 따라서 이 관점에 따르면 팀이 성공적으로 기능하기 위해서 반드시 갖추어져야 할 조건들을 알아내어 그것들을 실제로 구현하는 작업이 중요하다. 그런데 문제는 팀의 성공에 필요한 요건들이 팀이 처한 조직환경, 팀이 수행하는 과업특성, 팀 구성원 특성 등에 따라서 각기 다르기 때문에 현장 실무자들이 갈망하는 '모든 팀에 곧바로 적용할 수 있는' 팀 효과성 모형을 개발하는 일이 거의 불가능하다는 데 있다.

이처럼 팀의 학문적 현주소가 다소 어두운 것은 사실이지만, 그렇다고 해서 팀이 전혀 가치가 없다거나 모든 조직이 팀제를 버리고 다시 과거의 위계적 구조로 돌아가야 한다는 것은 결코 아니다. 그보다 필자는 이 글에서 '팀의 시대'에 팀의 유용성에 대해서 조직의 리더와 실무자들이 보다 조심스럽게 따져보아야 할 시점임을 상기시키고자 한다. 아래에서는 팀의 정의적 속성(defining characteristics), 팀 효과성의 판단 준거, 그리고 팀 효과성의 주요 저해 요인인 과정 손실(process loss)에 대해서 알아보고, 끝으로 팀 효과성을 증진시키기 위해서 조직관리자와 팀 리더들이 취해야 할 핵심사항들을 선별하여 논의하기로 한다.

팀이란 무엇인가: 팀의 정의적 속성

현대 조직에서 운용되고 있는 팀들은 대체로 다음과 같은 몇 가지 속성을 지니고 있다. 첫째, 팀은 분명하게 정의된 과업과 안정된 멤버십을 바탕으로 비교적 명확한 구성 경계(boundary)를 지니고 있다. 따라서 누가 어떤 팀에 속하고 팀의 과업이 무엇인지가 명료하게 정의되어 있다. 둘째, 팀 구성원들은 팀의 과업을 완수하는 데 필요한 지식, 기술, 능력(Knowledge, Skill, Ability: KSA)을 보유하고 있어서 기능적 전문성이 높다. 셋째, 팀 구성원들이 팀의 목표를 공유하고 공동운명(common fate) 관계에 있다는 점에서 구성원간 상호의존성이 높다. 넷째, 팀은 규범, 역할체계 및 지위체계를 갖춘 하나의 통합된 시스템으로서 구조적 완결성을 지닌다. 다섯째, 팀이 구조적 완결성을 지니기는 하지만 그렇다고 해서 팀이 조직환경에서 동떨어져서 하나의 섬처럼 존재하는 것은 아니다. 팀은 조직환경 내에서 생존하며 따라서 조직의 지원과 제약하에 기능할 수밖에 없는 존재이다. 여섯째, 대부분의 경우 팀은 소규모로 운용되며 통상 10인 내외의 구성원을 보유한다.

이상과 같은 팀의 정의적 속성은 단지 하나의 정의로만 그치는 것이 아니라 팀 효과성을 분석하는 데 중요한 지침을 제공한다. 즉, 팀이 소기의 성과를 거두지 못하고 표류할 때 그 원인이 무엇인지를 알아보는 한 가지 손쉬운 방법은 우선적으로 위에서 언급한 팀의 정의적 속성을 점검해 보는 것이다. 팀에 부여된 과업의 성질이나 과업목표가 불분명하거나 팀 내외 사정으로 구성원이 수시로 바뀌는 팀에서 좋은 성과가 나기 어려운 것은 자명한 이치다. 마찬가지로 팀 구성원들이 기능적 전문성을 지니고 있지 못하면 팀의 과업을 성공적으로 수행할 수 없으며, 이때는 무엇보다도 효과적인 직무훈련이나 코칭이 필요하다. 구성원들의 기능적 전문성이 아무리 높다고 하더라도 팀의 공동목표에 대한 구성원들의 몰입수준이 낮거나 팀 프로세스가 극도로 개인화되어 있을 때는 구성원간 상호의존성이 낮을 수밖에 없고 이는 필연적으로 팀에서 동기의 손실을 초래한다. 팀 내부에 분명한 규범이 존재하지 않거나 생산성을 저해하는 방향으로 규범이 정립되어 있을 때, 팀 구성원간 역할분담 구조가 불명확할 때, 조직으로부터 권위와 책임을 부여받은 지위체계가 마련되어 있지 않거나 팀 내의 지위체계에 대한 구성원들의 수용정도가 낮으면 하나의 시스템으로서 팀이 제대로 기능할 수 없다. 앞의 모든 조건들이 갖추어져 있다고 하더라도 적절한 훈련이나 선발체계, 팀 단위 인센티브 시스템, 물리적 및 심리적 지원 등과 같은 조직차원의 지원이 없으면 팀은 성공하기 어렵다. 동시에 팀 운용과 관련된 조직차원의 적절한 제약이 없으면 '팀 따로 조직 따로' 식의 통제불능 상황도 쉽게 발생한다. 끝으로 어떤 팀은 단순히 그 규모가 너무 크거나 너무 작아서 실패하는 경우도 있다. 팀 과업을 수행하는 데 필요한 인원보다 많은 사람들이 있는 과다충원 팀(over-staffed team)에서는 내가 아니어도 된다는 식의 생각이 팽배하여 무임편승자가 나타나고 이는 필연적으로 팀 프로세스에 악영향을 미친다. 반면에 과소충원 팀(under-staffed team)에서는 구성원들이 팀 목표를 애초부터 달성할 수 없다고 여겨서 쉽게 포기해 버리거나 직무 탈진이 나타나서 장기적으로는 구성원 개인뿐만 아니라 팀 전체에도 좋지 않은 결과를 초래한다. 이처럼 단순한 원리조차 현장 조직에서는 잘 지켜지지 않는 것이 현실이다.

이제 위에서 언급한 성공적인 팀의 정의적 속성들을 염두에 두고, 어떤 팀의 '효과성이 높다' 또는 팀이 '성공적이다' 라고 했을 때 과연 무엇을 기준으로 그러한 판단을 해야 하는지 생각해 보기로 하자.

팀 효과성: 무엇에 근거한 효과성인가

아마도 대부분의 조직관리자들이 생각하는 팀의 성공준거는 팀의 목표달성 여부일 것이다. 통상 팀의 목표달성 여부는 팀 핵심 수행지표(Team Key Performance Indicator: Team KPI)와 같은 기준에 의거하여 정해진 시간 내에 양과 질의 측면에서 구체적인 수행준거를 충족시켰는지의 여부로 결정되며 여기에 예산과 자원의 사용 등을 추가로 고려한다. 팀의 목표달성 여부가 팀 효과성 판단의 가장 중요한 지표라는 점은 부인하기 어렵다. 그러나 그것이 팀의 성공을 판단하는 유일한 잣대는 아니며, 조직관리자들은 팀 효과성 판단에서 중요하지만 종종 무시되어 온 다른 몇 가지 차원들에 대해서도 신중하게 생각해 볼 필요가 있다. 팀 목표달성 이외에 중요한 팀 효과성의 준거는 크게 팀 응집성, 개인의 성장 가능성, 그리고 전체 조직에의 기여 등이다(참조: Thompson, 2000).

먼저 성공적인 팀이란 단지 팀 과제를 잘 수행할 뿐만 아니라 팀 구성원들이 함께 일하면서 응집성이나 사기, 만족 등과 같은 유의미한 심리적 경험을 공유할 수 있는 팀이다. 이는 팀의 두 가지 핵심기능이 '과업의 완수'와 '구성원의 사회 정서적 욕구충족'이라는 점에 비추어 볼 때 더욱 그러하다. 과제수행을 잘하는 팀이 응집성도 높은 측면이 없지 않지만, 비록 당장은 수행수준이 만족스럽지 못하더라도 팀 구성원간 유대가 강하고 응집성이 높으면 장기적으로 그 팀은 성공할 수 있는 토양을 갖춘 샘이다. 반면에 팀 구성원들의 만족을 증진시키고 사기를 진작시킬 수 있는 팀 차원의 노력이 결여된 팀들은 장기적으로 보았을 때 성공 가능성이 낮다.

팀 효과성의 또 다른 주요 준거는 개인의 성장가능성이다. 팀에서는 종종 팀의 성공과 개인의 성공이 별개의 것으로 인식되며 이로 인해서 전체로서의 팀은 수행을 잘하지만 개인에게는 별 의미가 없는 경우도 적잖이 발생한다. 따라서 팀의 목표를 달성하는 과정에서 구성원 개인의 기술과 전문성을 신장시킬 수 있는 기회를 함께 제공함으로써 팀의 성공이 개인에게도 중요한 성공경험을 제공하는지의 여부도 팀 효과성 판단시 고려해야 할 중요한 준거 중의 하나다. 이는 물론 조직구성원의 학습과 성장을 중시하는 전반적인 조직문화가 선행되어야만 가능한 일이며, 조직차원에서 제공하는 교육훈련 및 코칭 시스템의 가용성과 적절성 여부에 크게 의존한다.

끝으로 팀 효과성을 판단할 때 반드시 함께 고려해야 할 준거는 팀의 성공이 조직 전체의 성장 및 발전에 어느 정도나 기여하는가이다. 팀-기반 조직에서는 팀별 수행은 매우 우수하지만 팀의 성공경험을 다른 팀들과 공유하지 않음으로써 팀의 성공경험이 전체 조직에 전이되지 못하는 경우가 흔히 발생한다. 이 현상은 자기 팀의 성공만을 배타적으로 추구하는 데서 비롯되며, 장기적으로는 조직의 성장과 발전을 저해하는 요소가 된다. 마치 스타는 많은데 영화는 별 볼일 없는 경우처럼 스타 팀은 많은 데 조직은 쇠락하는 극단적인 경우도 얼마든지 발생할 수 있다. 아울러 전체 조직의 성장과 발전을 생각한다면 성공경험뿐만 아니라 팀의 실패경험을 다른 팀들과 공유하는 것 역시 매우 중요하다. 이는 '학습조직'을 추구하는 조직문화를 필연적으로 요구하며, 비전 맞추기(vision alignment)를 통해서 팀의 성공과 조직의 성공을 조화롭게 추구할 수 있어야만 가능한 일이다.

전체가 부분의 합보다 작을 수 있는 이유: 과정 손실(Process Loss)

전체가 부분의 합보다 크지 않을 수는 있어도, 어떻게 부분의 합보다 작을 수 있는가? 팀의 수행은 최소한 팀 구성원 개개인의 능력을 모두 합한 것만큼은 되어야 하지 않는가? 이 물음에 대한 답은 일찍이 Steiner(1972)가 제안하고 이후 수많은 실험연구에서 반복 검증된 과정 손실의 개념을 빌어서 설명할 수 있다. 넓은 의미에서 과정 손실이란 효율적 팀 상호작용을 방해하는 모든 요인들로 정의된다. 팀 효과성을 저해하는 과정 손실 요인들을 자세히 알아보기 전에, 먼저 왜 전체가 부분의 합보다 작을 수 있는지, 즉 왜 팀의 수행이 개인수행의 합에 미치지 못하는지에 대한 Steiner의 설명을 살펴보자.

Steiner의 주장은 AP=PP－PL로 요약할 수 있다. AP란 팀의 실제 생산성(Actual Productivity), PP는 잠재적 생산성(Potential Productivity), 그리고 PL이란 과정 손실(Process Loss)을 의미한다. PP는 팀 구성원들의 과제 관련 기술, 지식 및 능력의 함수이므로 우수한 구성원들로 팀이 이루어졌다면 팀의 잠재적 생산성은 당연히 높다. 문제는 아무리 우수한 구성원들로 팀이 만들어졌다고 하더라도 팀 구성원들이 상호작용하는 과정에서 발생하는 팀 프로세스상의 문제점으로 인해서 팀의 실제적 생산성은 결코 잠재적 생산성에 미치지 못한다. 그렇다면 팀 상호작용 과정에서 발생하는 과정 손실요인들은 무엇인가? 모든 과제장면에 일반화시키기는 어렵지만 팀에서 자주 발생하는 과정 손실요인들은 크게 동기 손실(motivational loss)과 구성원들의 노력을 조합하는 과정에서 발생하는 협응 손실(coordination loss)로 나눌 수 있다. 먼저 팀에서 동기 손실이 나타나는 배경에 대해서 알아보자.

• 동기 손실

혼자서 과제를 수행할 때에 비해서 여러 사람이 함께 과제를 수행하면 책임감이 분산되기 때문에 구성원 개인당 노력이 줄어드는 현상이 빈번하게 발생한다. 이는 사람들이 군중 속에 묻혀 있을 때는 책임감이 분산되어 남을 돕는 행동이 감소하는 것과 같은 이치이다. 팀에서 발생하는 책임감 분산 현상은 구성원 개인별 기여도를 모니터링하고 평가하는 시스템이 없을 경우 더욱 심각한 문제를 초래한다. 이러한 상황에서는 구성원 모두가 팀의 과제수행을 위해서 노력하기보다는 다른 사람의 덕을 보려는 일종의 무임편승자들이 생겨난다. 팀에서 자신의 노력에 무임편승하려는 사람들이 있음을 알게 되면, 혼자서 열심히 일해 봐야 그들에게 이용만 당한다고 생각하여 열심히 일하던 사람들까지 노력을 덜하게 되는 자기 파괴적인 현상도 빈번히 발생한다. 이와는 조금 다른 맥락에서 동기 손실은 개인의 기여가 팀의 과제수행에 필수불가결하지 않다는 생각 때문에 발생하기도 한다. 즉, 자신의 노력이 팀 수행에 별 영향을 미치지 못한다고 생각하는 사람은 팀에서 열심히 일할 이유가 없다.

동기 손실은 팀의 과업 자체에 대한 구성원들의 몰입수준이 낮은 데서도 그 원인을 찾을 수 있다. 과제수행 장면에서 작업자가 경험하는 동기는 크게 외재적 동기(extrinsic motivation)와 내재적 동기(intrinsic motivation)로 구분된다. 외재적 동기는 과제수행 자체가 아니라 과제를 수행함으로써 얻을 수 있는 금전적 보상이나 인정, 처벌의 위협 등과 같은 외적 요인 때문에 동기화되는 경우를 말한다. 반면에 내재적 동기는 과제수행의 결과로 주어지는 보상이나 처벌이 아니라 그 과제를 수행하는 것 자체에서 얻을 수 있는 재미와 보람, 만족감 때문에 동기화되는 경우를 말한다. 이 가운데 팀 과제에 대한 구성원들의 몰입에 더 큰 영향을 미치는 것은 내재적 동기인데, 특히 동일한 과제를 반복적으로 수행하는 팀 상황에서는 구성원들의 내재적 동기가 높기를 기대하는 것 자체가 무리다.

한편, 협업장면에서 사람들은 자신의 기여도를 팀 내의 다른 사람들과 비교하여 평가하는데, 이를 사회비교(social comparison)라고 한다. 이때 자신보다 높은 수준의 기여를 하는 사람과 비교하면 자기 노력의 부족분을 채우기 위해서 더 열심히 일할 수도 있겠지만, 흔히 팀에서 일어나는 사회비교는 자신보다 기여도가 큰 사람보다는 적은 사람을 대상으로 이루어진다. 이처럼 팀 구성원간에 하향 사회비교가 일어나면 그 팀의 전반적인 노력수준은 저조할 수밖에 없다.

• 협응 손실

팀에서 협응 손실이 나타나는 원인으로 자주 지적되는 요인들 가운데 하나는 계획(planning)의 부재 혹은 부적절한 계획이다. 팀에게 무한한 자원과 시간이 주어지지 않음을 고려할 때 합리적이고 구체적인 계획은 필수적이다. 그럼에도 불구하고 많은 경우 팀들은 과업수행에 요구되는 팀 프로세스를 계획하는 데 놀라우리만치 인색하다. 팀에서 누가 무엇을 언제까지 하고, 자원은 어떻게 배분/할당하고, 프로젝트 완성도는 어떤 기준을 적용하여 얼마나 자주 점검하고, 팀 내에서 프로젝트의 세부사항과 관련된 의사결정은 어떻게 하고, 다른 팀들과의 협조나 조직의 지원확보 등과 같은 외적 관리(external management)는 어떻게 할 것인지와 같은 팀 프로세스 전반에 대한 철저한 계획 없이 일단 하고보자는 식으로 과업에 임하면 필연적으로 구성원간 협응에 문제가 생긴다. 과업수행 전에 팀 프로세스를 철저히 계획하지 않으면, 이후 과업수행 동안 팀 프로세스를 너무 많이 혹은 너무 적게 수정/변경하는 잘못을 범하게 되고, 프로젝트 마감에 임박하여 급하게 모든 것을 뒤바꾸는 상황도 자주 발생한다. 그리고 애초부터 팀 프로세스를 계획하지 않았기 때문에 팀 과업을 수행하는 동안 반드시 이루어져야 할 프로세스 모니터링도 제대로 이루어지기 어렵다. 설령 프로세스 모니터링이 이루어진다고 하더라도, 말은 팀 프로세스를 분석한다고 하면서 실제로는 '구성원들의 수행평가'에 그쳐버리는 경우가 대다수다.

협응 손실을 일으키는 또 다른 요인은 부적절하거나 잘못된 팀 심성 모형(team mental model)이다. 팀 심성 모형이란 팀이 수행하는 과업의 요구, 과업수행 절차, 수행준거 등과 같은 과제-관련 사안들과 팀 구성원들의 태도나 기술, 작업방식, 선호 등에 관하여 팀 구성원들이 공유하고 있는 이해 및 지식이라고 말할 수 있다. 이러한 팀 심성 모형이 없거나, 설령 있다고 하더라도 구성원들에게 공유된 정도가 미약하다면 구성원간 협응이 원활하게 이루어지기 어렵다. 뿐만 아니라 팀 구성원들이 특정 모형을 잘 공유하고 있다고 하더라도 그것에 오류가 있으면 팀 과제를 제대로 수행하지 못한다. 팀 심성 모형의 부재는 종종 순진한 현실주의(naive realism)와 맞물려 구성원간 갈등의 소지가 되기도 한다. 순진한 현실주의란 '나의 눈은 대다수 사람들의 눈과 크게 다르지 않다. 현실은 오직 하나이므로, 나와 다른 생각을 가진 사람은 멍청이거나 게으르거나 편향된 사람임에 틀림없다'라는 식의 생각을 말한다. 그리고 적절한 팀 심성 모델이 없는 것도 문제지만 구성원들이 공유하고 있는 심성 모형을 주기적으로 점검하고 필요할 경우 이를 수정하려는 노력을 하지 않기 때문에 구성원간 협응에 문제가 발생하기도 한다. 이는 특히 팀의 과업이나 구성, 그리고 팀의 외부환경에 변화가 있을 때 특히 문제가 된다.

팀 구성원간의 의사소통 공백(communication gap) 역시 협응 손실을 일으키는 주요 원인이다. 흔히 팀 구성원들은 자신들이 주고받는 언어적 및 비언어적 메시지가 분명하게 전달되고 있다고 믿지만, 현실은 전혀 그렇지 않을 수 있다. 사실, 팀 구성원간 의사소통은 여러 가지 요인들로 인해서 투명성이 그다지 높지 않다. 무엇보다도 구성원들이 지니고 있는 참조 틀(frame of reference)이 각기 달라서 의사소통의 '공통성(commonness)'이 확보되지 못하면 거의 필연적으로 협응상의 문제가 발생한다. 예를 들어, 한 회사의 세일즈 팀장이 팀원들에게 '공격적으로 세일즈 하라'는 메시지를 보냈다고 치

자. 여기서 '공격적 세일즈'의 의미는 메시지 전송자와 수령자가 어떤 참조틀에 기초하여 해석하느냐에 따라서 전혀 다른 해석을 낳을 수 있다. 팀에서 이루어지는 의사소통은 공통성의 결여뿐만 아니라 의사소통 당사자들의 세력이나 지위차이, 팀 내 분파간 갈등, 시간압박, 의사소통 과부하, 의사소통 스타일에서의 차이 등의 다양한 요인들에 의해서 항상 투명성에 위협을 받는다.

이처럼 팀에서 발생하는 다양한 과정 손실 요인들을 감안하면 Steiner의 공식이 왜 그렇게 비관적일 수밖에 없었는지 쉽게 짐작이 간다. 그러나 조직 현장의 실무자들을 포함하여 여전히 많은 사람들은 그의 공식이 지나치게 과정 손실만을 강조하고 있는 것은 아닌가 하는 의문을 지닐 수 있다. 그리고 비록 많은 팀들이 실패한다고 하더라도 여전히 어떤 팀들은 부분의 합을 훨씬 뛰어넘는 생산성과 창의성, 문제해결 능력을 보이는 것 또한 사실이다. 이와 유사한 맥락에서 일부 연구자들과 조직 실무자들은 Steiner의 공식 끝에 시너지 이득(Synergistic Gain)을 합산하여 AP＝PP－PL＋SG가 되어야 한다고 주장하고 팀에서 시너지를 발생시킬 수 있는 조건을 탐색하기 위해서 노력하기도 한다. 이러한 노력이 분명 중요하고 가치 있는 것은 사실이다. 그러나 시너지가 아무리 크게 일어난다고 해도 과정 손실이 여전히 크면 시너지 효과는 그만큼 줄어들 수밖에 없다. 뿐만 아니라 팀에서 시너지를 창출하기 위해서 조직이 취하는 조치들은 실제로는 대부분 과정 손실을 제거하거나 최소화하는 것에 다름 아니라는 점을 유념해야 한다.

팀 효과성 증진을 위해서 우선적으로 필요한 조치들: 전형적인 팀 관리 오류의 극복

팀 효과성을 증진시키기 위해서는 어떠한 조치들이 필요한가? 이 물음에 답을 함에 있어서 조직관리자들이 반드시 알아두어야 할 점은, 팀 효과성은 팀 구성원, 팀 프로세스 및 조직환경이라는 세 가지 요인들 간의 동시적 영향과정을 통해서 결정된다는 점이다. 따라서 세 개의 요인들 가운데 어느 하나만을 수정하고 보완한다고 해서 당장 팀 효과성이 크게 증진되는 것은 아니다. 팀 과업 수행에 요구되는 구성원들의 KSA, 효율적인 팀 프로세스의 설계, 그리고 조직차원의 적절한 지원이 하나의 오케스트라처럼 조화를 이루지 않으면 기본적으로 팀이 성공할 수 있는 토대 자체가 없는 것이나 다름없다.

많은 조직에서 팀이 소기의 성과를 내지 못하고 실패하는 것은 조직관리자들 및 팀 리더들이 범하는 몇 가지 전형적인 팀 관리 오류와 밀접하게 관련되어 있다(참조: Hackman, 1998; LaFasto & Larson, 2001; Sundstrom, 1999). 첫 번째 오류는, 과업의 특성을 충분히 고려하지 않고 일종의 유행처럼 모든 과제를 팀에 할당하는 것이다. 연구개발, 문제해결, 전략적 의사결정 등처럼 복잡하고 다양하며 실시간으로 변하는 지식과 정보를 필요로 하는 과업들은 개인 혼자서 수행하는 것보다 팀을 단위로 수행하는 것이 훨씬 효과적이다. 그러나 조직 내의 다른 과업들은 수행에 요구되는 지식정보가 단순하고 다양성도 높지 않으며 대체로 고정적이어서 굳이 여러 개의 머리를 활용할 필요가 없다. 뿐만 아니라 어떤 과업은 팀으로 수행할 경우 오히려 해가 되기도 한다. 팀이 개인보다 창의적일 것이라는 일반의 기대와 달리, 대다수의 실증연구들에 따르면 팀에서 발생하는 과정 손실로 인해서 팀의 창의적 아이디어 생성능력이 오히려 개인보다 못하다. 오늘날 기업에서 유행하고 있는 소위 최고경영팀(top management team)도 마찬가지다. 성공적인 기업은 거의 항상 팀이 아니라 용감하고 재능 있는 한 사람의 리더가 움직인다.

전형적인 팀 관리오류의 두 번째는 모든 과업장면에 동일한 성격의 팀을 활용하는 것이다. 어떤 과업장면에 어떤 성격의 팀을 활용할지에 관해서 하나의 정답이 있는 것은 아니지만, 하나의 일반 원칙으로서 이 문제는 팀에 부여하는 자율과 권한의 정도와 관련지어 논의할 수 있다. [그림 X-1](Hackman, 1987)의 X축은 각기 다른 형태의 팀을 나열하고 있는데, A는 매니저-주도형(manager-led), B는 자기관리형(self-managing), C는 자기-설계형(self-designing), D는 자기-지배형(self-governing) 팀을 말한다. Y축은 팀에 부여된 자율과 권한의 수준이다. 맨 아래에는 팀에 부여된 자율과 권한의 수준이 가장 낮은 형태로서, 팀은 정해진 과업절차와 수행기준에 따라서 단순히 과업활동을 실행하기만 하면 된다. 생산라인의 부품조립 팀, 광산의 작업반과 같은 생산 팀이나 소매 세일즈 팀, HR 훈련 팀 등과 같은 서비스 팀들이 이에 해당한다. 다음 단계에서는 팀이 단순히 과업활동을 하는 것에 더해서 팀의 프로세스를 스스로 설계하고 수행과정을 관리할 수 있는 정도까지 자율과 권한이 부여된다. 품질관리 팀, 인사선발 팀, 협상 팀, 인명구조반 등을 그 예로 들 수 있다. 이보다 자율과 권한의 범위가 한 단계 확장되면 팀의 설계와 수행평가 기준 등까지 팀 스스로 결정할 수 있으며, 대체로 기업이나 공공조직의 연구개발팀이 이에 해당된다. 끝으로 최고 수준의 자율과 권한을 지닌 팀은 팀의 설계 및 관리뿐만 아니라 선발, 배치, 훈련, 보상 등을 포함하는 전체 조직환경을 설계할 수 있으며, 조직의 최고경영팀이 그 좋은 예이다. 그림에서 색깔이 채워지지 않은 영역은 팀이 아닌 경영진의 책임과 권한 영역을, 그리고 색깔이 채워진 영역은 경영진의 감시·감독으로부터 자유로운 팀의 고유한 자율과 책임영역을 말한다. 따라서 그림의 왼쪽에서 오른쪽으로 갈수록 팀에 부여된 자율과 책임의 수준이 높다. 이 그림에서 요점은 팀

[그림 X-1] 여러 가지 형태의 팀

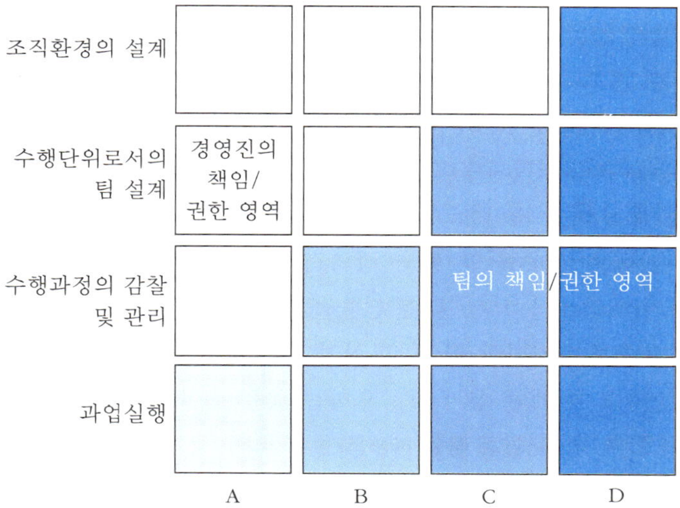

A: 매니저 주도형, B: 자기-관리형, C: 자기-설계형, D: 자기-지배형

이 자율과 권한을 필요로 하기는 하지만 모든 종류의 팀에 최고 수준의 자율과 책임을 부여해야 하는 것은 아니라는 점이다. 오히려 매니저-주도형 팀들은 매우 낮은 수준의 자율과 권한만을 부여하고 팀의 운용과 관련하여 상당정도 경영진의 감시 · 감독이 필요하다. 반면에 연구개발팀과 같은 자기-설계형 팀들은 가급적 경영진의 간섭과 감시를 줄이고 팀에 상당 수준의 자율과 권한을 보장해 주어야만 제대로 기능할 수 있다.

이와 동일한 맥락에서 자주 목격되는 팀 관리 오류는 팀-기반 조직에서 조직 관리자들이나 팀 리더들이 자신에게 부여된 합법적인 권위를 제대로 행사하지 못하거나 지나치게 많은 권한을 행사하여 권위의 균형(authority balance)이 깨져버리는 것이다. 흔히 팀-기반 조직에서는 '관리'와 '감독'은 팀제의 취지에 정면으로 위배되는 것이라 생각하여 관리자들이 자신들의 의무를 다하지 않고 팀을 방치한다. 반대로 조직관리자들이 팀의 자율권을 지나치게 침해하는 경우도 허다하다. 요점은 팀의 성격 및 팀의 과업 특성을 충분히 고려하여 팀을 설계하고 조직관리자들이나 팀 리더들이 자신들에게 부여된 정당한 권한과 책임을 적절하게 발휘할 때 비로소 팀이 제 기능을 할 수 있다는 것이다.

전형적인 팀 관리 오류의 세 번째는 팀제를 원활히 운용할 수 있는 조직환경을 갖추지 않은 채 무조건 팀제를 활용하는 것이다. 잘 알려진 대로 팀-기반 구조는 의사결정 구조가 분권화된 수평적(flat) 조직에 적합하며, 종업원의 작업 관련 활동을 정형화하기보다는 높은 수준의 유연성이 요구되는 과업장면에서 효율적으로 작동한다. 따라서 이러한 특징과 부합되기 어려운 조직에서 명목적으로 팀제를 구현한다고 해서 당장 기적이 일어나는 것은 아니다. 조직환경이 팀제의 취지와 부합하는 방향으로 재설계되지 않으면 팀의 활동을 적절하게 지원할 수 없으며 팀에 대한 조직의 합법적인 권위행사도 어려워진다. 앞서 언급한 성공적인 팀의 정의적 속성을 고려할 때, 과연 현재의 조직환경이 그러한 정의적 속성을 모두 갖춘 팀들을 어느 정도나 창출하여 운용할 수 있는지에 대해서도 철저하게 따져봐야 한다. 현실적으로 팀을 충분히 지원하지 못하는 조직환경 요소들은 덮어두고 팀에만 성과를 강요하는 것은 우물가에서 숭늉을 찾는 것과 마찬가지다. 또한 조직의 미션을 고려할 때 모든 조직이 팀제를 필요로 하는 것은 결코 아니다. 동일한 조직 내에서도 부서나 사업장 단위로 팀제가 잘 부합하는 경우도 있고 그렇지 않은 경우도 있다. 그리고 과연 팀제가 조직에 무엇을 가져다 줄 수 있는지에 대해서도 전략적 고민이 필요하다. 조직의 단기 목표가 시장 점유율을 20%에서 50%로 높이는 것이라면, 이러한 목표는 팀제를 구현한다고 해서 달성되는 것이 아니라 전략적 제휴나 조직 내 사업단위의 통폐합, 인수 · 합병 등과 같은 거시적 차원의 조치들을 필요로 한다.

많은 조직에서 공통적으로 발견되는 또 다른 팀 관리 오류는 일군의 사람들을 '팀'이라고 부르기만 하면 종업원들이 마치 마술에 걸린 것처럼 순식간에 '팀 플레이어'가 된다고 믿는 것이다. 종업원의 기능적 전문성이 얼마나 뛰어난가 하는 것과 협업장면에서 다른 사람들과 함께 조화를 이루어 효율적으로 일할 수 있느냐 하는 것은 종종 별개의 문제이다. 그럼에도 불구하고 조직관리자들은 팀워크에 필요한 기본적인 소양이나 스킬 교육은 대수롭지 않게 생각한다. 조직관리자나 팀 리더들이 지니고 있는 팀워크에 관한 잘못된 팀 심성 모형도 문제다. 흔히 훌륭한 팀 플레이어란 자기 자신을 희생하고, 다른 사람들과 경쟁하기보다는 무조건 협력하고, 팀 내에 갈등을 일으키지 않는 사람이라고 생각한다. 그러나 진정한 팀워크는 개인에게 무조건적 희생만을 강요하는 환경보다는 팀의 성공과 개인의 성공을 함께 도모할 수 있는 토양에서 싹이 트고 발전한다. 이는 팀이라는 존재 자체가 개인의 이익과 팀의 이익이라는 상충된 이해관계를 모태로 하고 있음을 생각하면 더욱 그러하다. 물론 팀 구성원들이 서로 협력하고 조화를 추구하는 것이 중요하다는 점은 인정한다. 그러나 팀의 목표에 대한 높은 수준의 몰입을 바탕으로 구성원간에 이루어지는 건강한 경쟁이나 인지적 갈등은 팀에서 발생할 수 있는 동기 손실을 줄이고 의사결정의 질을 높이며 창의적 문제해결을 가능하게 하는 등의 긍정적인 측면도 얼마든지 있다.

결론적으로, 조직에서 팀은 일종의 사치품 같은 존재이다. BMW가 좋은 차라는 것은 누구나 다 아는 사실이다. 그러나 사람들은 BMW가 왜 좋은 차인지는 잘 생각하지 않는다. BMW가 좋은 이유는 최고의 부품을 사용하고, 부품들이 조화를 이루어 최고의 성능을 낼 수 있도록 하는 작동원리가 구현되어 있고, 철저한 사후관리 시스템이 마련되어 있기 때문이다. 이처럼 최고의 차를 유지하고 관리하는 데 싸구려 차보다 몇 배의 경비와 시간이 필요한 것은 당연한 이치다. 마찬가지로 팀은 개인에 비해서 많은 공간, 많은 시간, 많은 자원, 그리고 더 많은 관리노력을 필요로 한다. 오늘날 학계는 물론이고 현장에 팽배해 있는 팀의 유용성에 대한 혼돈과 로맨스는 어찌 보면 팀이 무엇을 할 수 있고 무엇은 할 수 없는지에 대한 철저한 검증 없이 무비판적으로 팀의 덕을 보려 했던 잘못된 관행이 낳은 필연적인 결과일 수 있다. 이처럼 썩 유쾌하지 않은 상황에서 벗어나기 위해서는 학계와 조직 실무자들이 긴밀하게 협력하여 다양한 과업장면에서 팀의 성공에 필요한 구체적 조건들을 찾아내는 노력을 배가해야 한다. 이와 동시에 현장의 조직은 물론 대학에서 '팀의 시대'에 걸맞는 팀 플레이어를 교육하고 훈련하는 작업을 한시라도 늦춰서는 안 된다.

참고문헌

Hackman, J. R., "Why teams don't work," In R. S. Tindale, L. Heath, J. Edwards, E. Posavac, F. B. Bryant, Y. Suarez-Balcazar(Eds.), *Theory and research on small groups*, 245-267, New York: Plenum.

Hackman, J. R.(1987), "The design of work teams," In J. W. Lorsch(Ed.), *Handbook of Organizational Behavior*, Prentice Hall.

Levine, J. M., & Moreland, R. L.(1998), "Small groups," In D. Gilbert, S. Fiske, & G. Lindzey (Eds.), *Handbook of social psychology*(4th ed., vol. 2, 415-469), Boston: McGraw-Hill.

LaFasto, F. M. J., & Larson C. E.(2001), *When teams work best*, Thousand Oaks: Sage.

Steiner, I.(1972), *Group process and productivity*, New York: Academic Press.

Sundstrom, E. D.(1999), *Supporting work team effectiveness: Best management practices for fostering high performance*, San Francisco: Jossy-Bass.

Thompson, L. L.(2000), *Making the team*, Upper Saddle River: NJ, Prentice Hall.

02

팀 분산기억(transactive memory system)의 이해와 팀 효과성[1)]

임희정
chakra07@dreamwiz.com

최근 공직사회에서도 잇따라 팀제 도입을 발표하는 등 1990년대 이후 본격적으로 도입되기 시작한 팀제는 이미 우리 사회의 보편화된 조직형태의 하나로 자리를 잡아가고 있다. 국내 300개 기업을 대상으로 실시한 연구에 의하면 대상기업의 76%가 전사적 또는 부분적으로 팀 조직으로의 구조변경을 시도한 경험이 있는 것으로 조사되었다(LG경제연구원, 1995). 팀제가 인기를 끄는 이유는 업무의 성격이 예전에 비해 훨씬 복잡해지고 있어서 개인적으로 처리하기보다는 팀을 구성해서 업무를 수행하는 것이 더 높은 성과를 가져올 것으로 기대하기 때문이다. 하지만 이러한 양적인 확산에도 불구하고 그동안 우리나라 기업들이 시행해 온 팀제의 성적표는 썩 만족스럽지 못한 것으로 평가된다. 그렇다면 팀제 도입이 실제 팀 성과 향상으로 이어지지 못하는 이유는 무엇일까? 그 원인으로 형식에만 치우친 팀제의 도입을 들 수 있다. 기업이 구조조정과 경쟁력 제고차원에서 팀제를 무분별하게 도입하여, 무늬만 팀일 뿐 진정한 의미의 팀워크가 발휘되지 못하고 있는 게 현실이다.

1) 출처: 인크루트 경력개발연구소(2005), "팀 분산기억의 이해와 팀 효과성,"「인재경영」, 11월호, pp. 60-65에서 전재함.

팀워크의 원칙들

팀워크가 효과적으로 발휘되기 위해서는 몇 가지 원칙들이 있다. 맥인트리와 살라스(McIntyre & Salas, 1995)는 미 해군의 전략적 팀들에 관한 광범위한 연구를 수행하여 팀을 사용하는 다른 조직들에도 도움을 주는 팀워크에 관한 다섯 가지 원칙들을 제시하였다. 첫째, 팀워크는 구성원들이 서로 피드백을 주고받는 것을 내포한다. 팀워크가 효과적이기 위해서는 팀 구성원들은 거리낌없이 피드백을 주어야 한다. 즉, 집단내에서 지위나 권력의 고하에 관계없이 팀원들이 서로 피드백을 줄 수 있는 풍토가 마련되어야 한다.

둘째, 팀워크는 작업과정에서 동료 구성원들을 기꺼이 돕고자 하는 의지나 성향을 내포한다. 훌륭한 팀은 구성원들이 도움이 필요할 때 기꺼이 뛰어들고 구성원들은 이러한 도움을 자신이 나약해서 받는다고 지각하지 않는다는 점에서 형편없는 팀과 구별된다.

셋째, 팀워크는 팀 구성원들의 상호작용에 따라 집단의 성공이 좌우된다고 여기는 것을 포함한다. 효과적인 팀의 구성원들은 자신들이 하나의 팀에 속해 있다는 것을 분명히 인식하고 자신들을 고립된 사람으로 여기지 않고 다른 사람들과 함께 일하는, 서로 연결되어 있는 팀 구성원으로 여긴다.

넷째, 팀워크는 팀내 상호의존성을 증가시키는 것을 의미한다. 팀의 상호의존성을 증가시킨다는 것은 모든 구성원들이 팀의 사명을 달성하도록 하기 위해 팀원들에게 적절하고도 필수적인 가치를 부여하고 있다는 것을 의미한다.

다섯째, 팀 리더십에 의해 팀 수행에서 차이가 난다. 팀 리더가 적극적으로 팀워크를 이루기 위해 피드백을 제공하거나 받아들이고 돕는 행동을 하면 다른 팀원들도 똑같이 할 가능성이 커진다.

이러한 원칙들이 팀 수행을 개선시키는 팀워크의 요소임에는 틀림없지만 필자는 그 중에서도 세 번째 원칙인 팀원들간의 상호작용이 팀 성공을 설명하는 중요한 요소라고 본다. 이때 팀원들간의 상호작용은 단순히 커뮤니케이션의 강도나 양을 의미하는 것이 아니라 지속적이고도 긴밀한 인지적 상호작용을 말한다. 인지적 상호작용이란 결국 팀원들간의 지식이나 정보의 공유 및 교환을 의미하는데, 이러한 지식의 공유나 교환을 통한 새로운 지식의 창출은 팀의 성공뿐 아니라 나아가 기업의 경쟁력을 결정하는 핵심 요소가 될 수 있다. 오늘날과 같이 시장이 급변하고 기술이 급격히 확산되고 경쟁자가 급증하고 제품이 거의 하룻밤 사이에 낡은 제품으로 바뀌는 상황에서는 지속적으로 새로운 지식을 창출하고 창출된 지식을 조직 전체로 파급시켜 신기술과 신제품에 신속히 반영하는 기업일수록 성공의 가능성이 높다(노나카, 1998).

그렇다면 어떻게 팀원들이 다양한 지식을 획득하고 팀 내에서 공유, 확산, 통합의 과정을 거쳐 새로운 지식을 창출할 수 있을까? 이를 위해 지금까지 연구의 대다수가 조직 내 지식생성 및 공유를 위한 정보시스템의 구축이나 활용에 중점을 두었고 일부에서는 지식공유 문화를 강조하였지만, 실제로 지식을 창출하고 공유하는 활동자체에 대한 내용을 다루고 있지는 않았다. 이에 따라 필자는 이 글에서 아직까지 국내에서는 생소한 개념인 분산기억(transactive memory)을 소개하여 팀원들의 지식공유 및 창출활동을 설명하려고 한다. 아울러 팀 분산기억이 팀 효과성과 어떤 관련성이 있는지도 함께 고려하고자 한다.

팀 분산기억(transactive memory system)의 이해

분산기억(transactive memory)이라는 개념을 처음 연구한 학자는 웨그너(Wegner, 1987)로 그는 친밀한 관계에서 인지가 상호간에 어떻게 공유되는가를 나타내는 용어로 팀 분산기억을 처음 사용하였다. 분산기억은 개인의 메모리 시스템으로 불완전한 기억구조를 갖는 개인들이 자신의 메모리를 다양한 외부적 지원(컴퓨터, 도서, 친구, 공동작업자 등)에 의해 보충한다는 개념이다. 웨그너와 그의 동료들은 특히 메모리 보조 도구로서 사람을 사용하는 데 관심이 있었다. 다시 말하면 지속적인 관계에 있는 개인들은 자신의 제한되거나 신뢰하지 못할 메모리를 보완하기 위해 외부 메모리 보조도구로 다른 사람을 활용하여 정보를 입력, 저장, 재생시킬 수 있다.

이와 같이 분산기억이 형성되기 위해서는 입력(encoding), 저장(store), 재생(retrieve) 세 단계의 절차가 필요하다. 첫째, 입력 단계에서는 개인은 다른 사람의 전문 영역에 관한 정보를 얻는다. 정보가 전문 영역으로 코드화될 수 있도록 후속의 정보들에 관해 분류작업을 한다. 둘째, 저장 단계에서는 전문 영역을 가졌다고 생각되는 개인에 대한 정보를 기억한다. 셋째, 회상 단계에서는 부호화와 저장 단계를 거쳐 분류된 정보를 필요할 때 회상한다. 예를 들어, 부부인 A와 B가 있다고 하자. 남편 A는 숙모 C의 생일을 기억하지 못하지만 아내 B는 그 생일을 알고 있다. 이러한 사실을 알고 있는 A는 C의 생일을 기억할 필요가 없다. 왜냐하면 그는 항상 아내 B로부터 정보를 회상할 수 있기 때문이다. 시간이 흐르면서 A는 '생일 기억'을 B로 연결시켜 놓고 아예 가족의 생일을 학습하거나 기억하려고 하지 않는다. 즉 A는 '아내 B가 가족의 생일을 기억하고 있다'는 메모리에 대해서 기억하고 학습할 뿐이다. 이것이 A의 분산기억이다.

이러한 개념이 최근에 와서야 집단에 적용되기 시작하면서 팀 분산기억이 등장하였다. 팀 분산기억이란 두 명 이상의 사람들이 협력하여 정보를 저장, 재생하고 커뮤니케이션하기 위해 분산기억을 적극적으로 사용하는 것을 말한다. 팀 구성원들은 과업수행을 위해 다양한 정보를 필요로 하는데, 현실적으로 한 사람이 모든 정보를 기억할 수 없기 때문에 서로의 기억을 상호 지원해 주는 시스템을 개발하게 된다. 따라서 팀원들이 공동과업을 수행하기 위해 서로의 분산기억을 적극적으로 사용하여 다른 사람의 지식을 조합함으로써 팀 분산기억이 형성된다고 할 수 있다. 앞서의 예를 다시 인용하여 부부 A와 B가 숙모 C에게 생일카드를 보낸다고 하자. 그때 C의 생일은 아내 B가 기억하고 있지만 숙모의 주소는 남편 A가 알고 있다. 생일 카드를 보내는 공동과업을 수행하는 데 필요한 정보가 A와 B의 메모리 안에 각각 분배되어 있는 것이다. 이렇게 정보가 개인들의 메모리 안에 각각 분배되어 있다고 할지라도, A와 B는 서로가 필요한 정보에 접근할 수가 있다. 따라서 A와 B는 자신의 분산기억을 사용하여 필요한 정보를 기억, 회상하고 조합하여 팀 분산기억을 창출할 수 있다.

구성요소

팀 분산기억이 기능하기 위해서는 세 가지 구성요소가 필요하다. 첫 번째 요소는 전문성(specialization)으로 팀 구성원들이 고유의 지식구조를 가지고 있어야 한다. 리앵과 그의 동료들(Liang, Moreland, & Argote, 1995)은 라디오 조립 실험에서 집단 구성원들이 각각 서로 다른 측면을 기억하여 라디오를 조립하고 있음을 밝혀냈고 그것을 기억의 차별화(memory differentiation)라는 용어로 설명했다. 다시 말하면 전문성이나 기억의 차별화 모두 집단 구성원들이 소유한 전문화된 지식을 의미한다. 이와 같이 팀원들이 각자 고유의 전문지식을 갖고 있어야, 과업수행시 자신의 영역을 넘어 다른 사람의 전문지식에 쉽게 접근할 수 있다. 따라서 팀원들에게 요구되는 인지적 부담이 덜어지고 집단 내 지식 추구활동도 감소시키는 효과가 있다.

둘째, 신뢰성(credibility)으로 집단 구성원들간에 다른 구성원의 지식에 관한 믿음이 있어야 한다. 분산된 인지관점에서 신뢰는 구성원의 전문지식에 대한 신뢰를 말하며 팀 구성원이 복잡하고 미결정된 문제를 해결할 수 있을 것이라고 믿는 정도를 의미한다. 서로의 지식에 대한 높은 신뢰가 있을 때 팀원들은 과업수행시 지식을 공유할 수 있다. 따라서 팀 분산기억이 잘 형성된 집단의 구성원들은 서로의 전문지식에 대해 이의를 제기하지 않고 다른 사람의 제안을 잘 수용하고 비난하지 않는다.

마지막으로, 과업조정(task coordination) 요소가 있다. 이 요소는 다양한 지식을 조합하는 능력으로 집단 구성원들은 누가 무슨 지식을 갖고 있는지 올바르게 이해하여 빠르고 쉽게 전문지식을 조합하게 된다. 특히 신제품 개발 팀의 경우 이러한 조정능력이 중요시된다. 왜냐하면 신제품 개발과정이란 기존의 지식과 개발과정에서 획득한 지식을 결합하여 새로운 지식을 창출하고 이러한 지식을 제품으로 형성화하는 과정이기 때문이다. 따라서 다양한 지식을 조합하는 능력이 무엇보다도 중요한데, 팀 분산기억 중에서 조정의 역할이 바로 지식의 조합능력이다.

다시 말해, 팀 분산기억은 팀원들이 전문화된 지식을 개발하고 다른 사람의 전문지식을 신뢰하거나 의존하고, 서로의 지식을 통합하도록 해 준다. 결과적으로 팀 분산기억은 팀원들에게 혼자 기억할 수 있는 정보보다 더 많은 양질의 정보를 제공해 주는 효과가 있다.

집단 내에서 팀 분산기억이 어떻게 개발될 수 있는가

그렇다면 집단 내에서 팀 분산기억이 어떻게 개발되고 관리될 수 있는가? 대부분의 집단에서 팀 분산기억의 형성은 점진적인 과정이다. 영국에서 앨범 판매량이 많고 콘서트 예약률도 높은 현악 4중주단에 관한 연구를 살펴보면 단원들이 오랫동안 같이 연주해 온 것을 알 수 있었다(Murnighan & Conlon, 1991). 그런데 단지 오랫동안 같이 연주를 했다고 해서 현악 4중주단의 성공을 설명할 수 있을까? 오랫동안 같이 연주를 했다는 것은 결국 단원들간에 같이 보낸 시간이 많아서 서로의 강점과 약점을 너무나 잘 알고 있음을 의미한다. 따라서 그들은 공연시 서로의 강점은 부각하고 단점은 보완하는 방식으로 연주를 함으로써 성공할 수 있었다. 이때 서로의 강점과 약점은 팀 분산기억의 구성요소인 전문지식을 말하는 것으로 단원들이 서로의 전문지식의 영역을 이해하고 학습할 때 양질의 연주를 할 수 있다. 그런 맥락에서 오랜 기간 같이 일한 경험이 있는 팀원들은 서로의 전문지식의 영역을 학습하게 되어 팀 분산기억이 개발될 수 있다. 레빈과 모랜드(Levine & Moreland, 1999) 역시 팀 근속이 오래된 집단의 구성원들은 누가 어느 영역에서 전문가인지 알게 되고 상이한 지식영역으로부터 정보를 획득, 처리하는 데 서로 의존하는 경향이 있음을 관찰했다. 그들은 구성원간의 이러한 인지적 상호의존성을 팀 분산기억이라는 용어로 설명하고 있는데, 이러한 상호의존성은 팀 구성원들에게 특정 영역에서 깊이 있는 전문지식을 개발하도록 해 주고 다른 사람이 소유한 과업과 관련된 정보에 접근을 용이하게 해 주는 효과가 있다. 이와 같이 팀 구성원들이 일정기간 이상 근무할 때 상호작용 및 커뮤니케이션 양이 증가하고 과업에 대한 인지적 노동을 서로 분배하게 되어 팀 분산기억을 형성하기가 쉽다.

커뮤니케이션은 팀 분산기억에서 새로운 정보를 입력하고 저장하는 데 중요한 역할을 담당할 수 있다. 다른 사람의 메모리에 저장된 정보를 회상하기 위해서는 개인들간의 커뮤니케이션이 필요하다. 커뮤니케이션은 한 개인에서 다른 개인으로 정보를 전달하는 매체로 개인들은 이 시스템 안에서 다른 사람의 지식, 전문지식 및 관련 경험들을 학습할 수 있다. 홀링시드(Hollingshead, 1998)는 데이트 커플과 낯선 사람들로 구성된 쌍(dyad)을 대상으로 커뮤니케이션을 하도록 한 쌍과 그렇지 않은 쌍으로 나누어 어떤 쌍이 단어를 더 많이 기억하는지 실험하였다. 피험자들은 파트너와 함께 6개 단어로 구성된 6개 셋트를 제한된 시간 내에 학습하고 그 후에 기억하는 단어의 수를 체크하였다. 연구결과 커뮤니케이션이 이루어지지 않은 상황에서는 데이트 커플이 낯선 사람들로 구성된 쌍보다 더 많은 단어를 기억했고 커뮤니케이션이 이루어진 상황에서는 낯선 사람들로 구성된 쌍이 데이트 커플보다 더 많은 단어를 기억하는 것으로 분석되었다. 이러한 결과가 나타나는 이유는 데이트 커플의 경우 각각의 상이한 지식영역에서 누가 책임을 지고 누구에게 위임할 것인지에 관한 공유된 개념을 가지고 있기 때문에 커뮤니케이션이 없는 상황에서도 보다 많은 단어를 기억했다. 그에 반해 낯선 사람들로 구성된 쌍은 공유된 개념을 가지고 있지 않아서 데이트 커플보다 모든 영역에 걸쳐 모든 단어를 학습하려고 하기 때문에 오히려 단어를 더 기억하지 못하는 것으로 나타났다. 따라서 팀원들 서로가 커뮤니케이션을 많이 할수록 팀 분산기억 형성에 도움이 되어 팀 내에서 한 개인이 알아야 할 정보의 양은 감소되면서 집단 구성원들이 더 많은 지식에 접근할 수 있게 하는 효과가 있다.

팀 분산기억은 모든 관계에서 존재할 수 있으나 특히 개인들이 공동 책임을 지거나 공동 의사결정을 하는 친밀한 관계에서 더 잘 개발된다. 팀의 구성원들은 주어진 과업을 수행하면서 동료와의 상호의존적 관계를 발전시키게 되는데, 이러한 친밀한 관계가 다른 팀원들의 전문지식 영역에 쉽게 접근할 수 있도록 도와준다. 집단 구성원들의 사회적 관계나 상호 친숙성이 정보나 지식의 결합 및 교환을 촉진하여 팀 분산기억의 형성에 기여할 수 있다. 최근 IT 관련 소프트웨어개발 팀을 대상으로 한 국내 연구에서도 팀원들간에 적극적인 커뮤니케이션과 상호신뢰를 포함하는 사회적 유대감이 커질수록 팀 분산기억의 형성에 긍정적인 영향을 미치는 것으로 조사되었다(임희정 · 강혜련, 2005).

아울러 팀이 수행하는 과업 특성도 팀 분산기억 형성을 촉진하는 요인이 될 수 있다. 과업 상호의존성이 팀원들간에 지속적인 상호작용을 야기하고 서로 다른 영역의 지식에 대한 정보를 용이하게 하여 구성원들의 팀 분산기억 형성에 기여한다. 팀 분산기억

자체가 자신이 가진 전문지식과 팀의 동료가 가진 전문지식을 조합하는 능력이므로 과업자체가 서로 유기적으로 연결되어 있는 경우 팀의 업무수행을 위해서는 자신의 지식과 동료의 지식을 공유, 결합할 수밖에 없다. 특히 신제품 개발과정에서 과업 상호의존성은 팀원들간에 지속적인 상호작용을 야기시켜 개발과정에서 획득한 다양한 지식들을 결합하여 새로운 지식을 창출하는 데 효과적이다. 그런 의미에서 과업 상호의존성은 팀원들에게 서로 다른 영역에 대한 지식과 정보에 접근하도록 돕고 상호이질적인 지식을 조합하도록 하여 팀 분산기억 형성에 영향을 줄 수 있다.

팀 분산기억과 팀 효과성의 관계

앞에서 팀 분산기억을 구축시키는 요인에 대해 살펴보았는데, 이제는 팀 내에서 분산기억이 잘 개발되면 팀 효과성과 어떤 관련성이 있는지 주목할 필요가 있다. 지금까지 팀 분산기억에 대한 연구가 주로 실험실 연구에 집중되어서, 다양한 산업장면에서 활용되지는 못하고 있는 실정이었다. 그러나 최근에 와서야 팀 분산기억을 조직 내 팀에서 실증분석한 연구가 등장하였다(Lewis, 2003; Austin, 2003). 특히 루이스(Lewis, 2003)는 하이테크 산업의 27개 팀을 대상으로 팀 분산기억이 팀 성과에 유의한 영향을 미침을 밝혀냈다. 집단 구성원들이 집단에서 누가 전문가인지 알고 있고 서로의 지식을 신뢰하고 조합할 때 의사결정을 잘 해서 과업을 더 정확하게 완수하며 집단의 성과를 향상시키는 것으로 나타났다. 특히 팀원들이 누가 특정 분야에서 전문가인지 알고 있을 때 적재적소에 사람을 배치시킬 수 있고 문제가 발생했을 때에도 그 문제를 잘 해결할 수 있는 사람에게 문제를 제공할 수 있으므로 문제해결 및 업무성과에 효과적이다. 다시 말하면, 팀 구성원들이 과업수행에 필요한 기억을 협조적으로 상호 지원해 주면 팀 과업에 적용 가능한 지식의 양이 많아지게 되어 팀 성과를 개선시키는 것을 알 수 있다.

팀 분산기억은 단순히 정보를 저장하고 재생하는 메커니즘으로서 기능하지 않고 신제품 개발과 관련된 창의력이나 혁신행동을 촉진시킬 수 있다. 신제품 개발은 조직의 다양한 기능 영역으로부터 야기되는 다양한 유형의 전문지식을 가진 개인들의 몰입을 요구하고 신제품 개발과정에 필요한 지식이나 기술들을 획득하여 기존의 지식과 결합함으로써 이를 제품으로 구체화한다. 따라서 분산기억에 의해 야기된 다양한 지식을 조합하는 능력의 발휘가 신제품 개발과정에서 중요하다(Oliver & Argote, 1999). 또한 팀원들간에 서로 많은 것을 공유하고 신뢰하는 팀 분산기억이 팀 혁신행동에도 영향을 미친다. 혁신행동이란 새로운 기술이나 제조공정 또는 제품 아이디어를 찾고 다른 사람들의 아이디어를 자극하고 증진시키며 새로운 아이디어를 실행하는 데 필요한 적절한 계획을 수립하는 것을 말하며 이러한 혁신행동은 지식의 전파나 공유를 통해 창출될 수 있다. 왜냐하면 대부분의 혁신활동은 기술적으로 복잡한 문제에 직면하는 경우가 많기 때문에 이러한 문제를 해결하기 위해서는 한 사람의 노력보다는 다양한 경험과 지식을 가진 구성원들의 협동적인 노력이 필요하다.

한편, 팀 분산기억은 팀의 업무수행과 관련된 지식을 기억하고 협조하는 데 효과적이다. 최근의 지식경영 연구에서 지식창출과 지식공유의 핵심 단위로서 팀 내에서 발생하는 팀원들간의 인지적 과정을 강조함으로써 팀 수준에서의 학습의 중요성이 부각되고 있다. 팀 수준에서 학습이란 구성원들이 새로운 지식을 지속적으로 습득, 공유하면서 자신의 역량을 증진시켜 나가는 것으로 업무활동 과정에서 발생하는 문제나 변화요인에 대해 깊게 생각하고 그 해결을 위해 새로운 지식을 지속적으로 습득, 창출해 나가는 과정을 의미한다. 그런 맥락에서 팀 내에서 발생하는 분산기억은 일종의 집단학습의 과정으로 이해할 수 있다. 왜냐하면 팀 분산기억이란 자신이 소유하고 있는 전문지식과 동료가 가지고 있는 전문지식을 조합하여 새로운 지식을 창출하기 때문이다. 따라서 팀 분산기억은 팀 과업에 적용 가능한 팀 지식을 학습할 수 있는 기회를 제공해 준다.

조직에의 시사점

오늘날 지식기반 사회에서는 지식을 어떻게 창출하고 활용할 것인지가 기업의 경쟁력을 결정하는 핵심요소로 등장하고 있다. 이를 위해 기업은 개별적인 개인이 효율적으로 보유하기 힘든 집합적인 지식을 얻기 위해 팀을 형성하는 것이 일반적이다. 그런데 팀제 도입이 실제 팀 효과성 향상으로 이어지지 못하고 있는데, 그 이유로는 팀 구성원간에 개별적인 지식들이 공유되지 못하여 집단지식으로 전환되지 못하기 때문이다. 이러한 문제점에 접근하는 관점에서 필자는 팀원들간의 인지적 상호작용을 통한 지식공유 및 창출과 관련된 팀 분산기억이라는 개념을 소개하고 팀 효과성 차원에서 팀 분산기억이 가지는 역할도 검토하였다. 결국에는 팀원들이 다양한 명시적·암묵적인 지식들을 획득하고 팀 내에서 공유, 확산, 통합의 과정을 거쳐 새로운 지식을 창출할 때 팀 효과성이 개선되는 것을 알 수 있다. 따라서 인사관리자는 성공적인 팀 효과성을 도출하기 위해서는 팀 분산기억을 촉진시키는 방안들을 모색해야 할 것이다.

앞에서 언급했듯이 팀원들이 일정기간 이상 근무하고 친밀할수록, 커뮤니케이션이 원활할수록, 과업이 상호의존적일수록 팀 분산기억은 개발될 수 있으므로 관리자에게 중요한 시사점을 제공한다. 우선, 관리자는 팀원들의 안정적 근속을 위한 적극적인 노력과 조치를 취해야 할 것이다. 왜냐하면 이직현상은 새로운 팀원의 유입과 기존 구성원의 이탈로 인해 과업과 관련된 지식의 공유나 분배를 변화시켜 팀 분산기억의 형성에 부정적 영향을 초래할 수 있기 때문이다. 그런 맥락에서 집단 내 구성원의 이직을 최소화하려는 많은 노력이 요구된다. 예를 들어, 보상시스템의 재설계를 고려할 수 있다. 개인별 보상이 아닌 팀 단위의 보상이 주어지는 경우 팀원들은 팀 성과를 극대화하기 위해 과업과 관련된 정보나 지식을 공유하거나 교환하게 되어 팀 분산기억을 촉진시킬 수 있다.

둘째, 인사담당자는 팀원들간의 친밀감과 커뮤니케이션을 증진시키기 위해 신참자와 고참자가 서로 친숙해질 수 있는 사회화 과정을 훈련시켜야 할 것이다. 현실적으로 이직을 감소시키는 노력은 어렵기 때문에 조직 사회화를 통해 팀 분산기억이 형성될 수 있도록 노력해야 한다. 이를 위해 기업에서는 신입사원에게 팀워크나 개방적 커뮤니케이션의 중요성을 강조하는 다양한 오리엔테이션 프로그램을 개발할 필요가 있다. 왜냐하면 팀워크의 중요성을 강조하는 환경에서 구성원들은 다양한 정보나 지식을 서로 공유하거나 교환할 가능성이 커져 팀 분산기억의 형성에 기여할 수 있기 때문이다.

마지막으로, 팀에서 수행하는 과업의 특성이 팀원들간의 상호의존성을 요구하도록 설계되어야 할 것이다. 과업이 상호의존적일수록 팀원들은 팀의 공동과업을 수행하기 위해 서로가 지속적인 상호작용을 하게 되므로 자연스럽게 서로 다른 영역에 대한 지식과 정보에 접근하기가 쉬워 팀 분산기억이 촉진될 수 있다. 그러나 개인이 과업을 독립적으로 수행하고 그 과업에 대해 단독으로 책임을 지는 경우에는 팀원들간의 교류가 적어지고 서로의 전문지식에 대해 관심도 줄어들게 된다. 따라서 팀 구성원간에 과업이 상호 유기적으로 연결되도록 과업을 설계할 필요가 있겠다.

참고문헌

노나카(1998), 「지식경영」, 나상억(역), 서울: 21세기 북스.

임희정 · 강혜련(2005), "신제품 개발 팀의 효과성 모델," 한국 인사관리연구 춘계학술연구 발표 논문집, 37-52.

Austin, J. R.(2003), "Transactive memory on organizational groups: The effects of content, consensus, specialization, and accuracy on group performance," *Journal of Applied Psychology*, 88, 866-878.

Hollingshead. A. B.(1998), "Communication, learning, and retrieval in transactive memory systems," *Journal of Experimental Social Psychology*, 34, 423-442.

Levine, J. M., & Moreland, R. L.(1999), "Knowledge Transmission in work groups: Helps Newcomers to Succeed," In *Shared Cognition in Organizations: The Management of knowledge*, 267-296, Thompson L, Messick D, & Levine. J.(Eds.), Lawrence Erlbaum Associates: Hillsdale, NJ.

Lewis, K.(2003), "Measuring Transative Memory Systems in the field: Scale development and validation," *Journal of Applied Psychology*, 88(4), 587-604.

Liang, D. W., Moreland, R. L., & Argote, L.(1995), "Group versus individual training and group performance: The mediating role of transactive memory," *Personality and Social Psychology Bulletin*, 21, 384-393.

McIntyre, R. M., & Salas, E.(1995), "Measuring and managing for team performance: Lessons from complex environments," In R. A. Guzzo & E. Salas(Eds.), *Team Effectiveness and Decision Making in Organizations*, 9-45, San Francisco, CA: Jossey-Bass.

Murnighan, J. K., & Conlon, D. E.(1991), "The dynamics of intense work groups: A study of British string quartets," *Administrative Science Quarterly*, 36, 165-186.

Olivera, F., & Argote, L.(1999), "Organizational learning and new product development: CORE processes," In Thompson. L, Messick. D, Levine.(Eds.), *Shared Cognition in Organizations: The Management of knowledge*, 297-325, Lawrence Erlbaum Associates: Hillsdale, NJ.

Wegner, D. M.(1987), "Transactive Memory: A contemporary analysis of the group mind," In B. Mullen & G. R. Goethals(Eds.), *Theories of group behavior*, 185-208, New York: Springer-Verlag.

03

팀 창의성[1)]

최훈석
hchoi@skku.edu

팀 창의성: 왜 중요한가

현대 조직의 생존에 창의성과 혁신이 필수적이라는 점은 주지의 사실이다. 세계화와 무한 경쟁으로 대변되는 시장환경에서 소비자들의 다양한 욕구를 충족시킬 수 있는 새로운 제품과 서비스를 신속하게 개발하지 못하는 기업은 도태될 수밖에 없다. 정부나 학교와 같은 공공조직 역시 조직의 효율성을 높이기 위해서 끊임없이 새로운 아이디어를 개발하고 창의적 변화를 도모해야 한다. 오늘날 많은 조직들이 통제와 관리에 기반을 둔 위계적 구조에서 탈피하여 자율과 위임을 강조하는 팀 중심의 수평적 구조로 전환되고 있음은 이와 같은 시대의 요구에 부응하는 적절한 변화라고 볼 수 있다.

오늘날 조직에서 팀이 차지하는 비중은 그 어느 때보다 크며, 제품개발에서부터 경영 의사결정에 이르기까지 다양한 과업들이 팀 단위로 이루어진다. 일례로 미국의 경우 1980년대 초까지만 해도 팀을 활용하는 기업이 전체의 5%에 불과하였으나 1990년 중반에 들어서면서 54%로 급격히 증가했다. 또한 종업원 수가 100명 이상인 기업들 가운데

1) 출처: 인크루트 경력개발연구소(2005), “창의성,” 「인재경영」, 4월호, pp. 100-107에서 전재함.

팀을 활용하고 있는 기업이 82%에 이른다(Cohen & Bailey, 1997). 이처럼 팀이 현대 조직의 근간을 이룬다는 점에서 조직의 창의성 및 혁신은 팀의 창의성을 떠나서는 생각하기 어렵다. 아울러 많은 경우 조직이 당면하는 문제들은 개인 혼자서는 감당할 수 없을 정도로 복잡하며 어느 한 분야에 관한 지식만으로는 최선의 해결책을 찾기 어렵다. 따라서 다양한 전문영역들을 효과적으로 통합하여 창의적 결과물을 얻기 위해서 조직은 팀에 의존할 수밖에 없다.

팀의 창의성을 증진시키고 혁신을 도모하기 위해서는 창의적 능력을 갖춘 인재를 선발하는 일이 우선 중요하다. 그러나 창의적 인재를 선발한다고 해서 모든 문제가 해결되는 것은 아니다. 팀이 개인보다 생산적이고 좋은 결정을 내리며 창의적일 것이라는 일반의 기대와 달리, 종종 팀은 약이 아니라 오히려 독이 되는 측면도 있음이 많은 연구들을 통해서 반복해서 관찰되었다(Hackman, 1998). 이는 팀이 효율적으로 기능할 수 있는 협업환경을 고안하여 제공하고 창의성을 증진시키는 조직풍토를 가꾸는 작업이 창의적 인재를 선발하는 일만큼이나 중요함을 시사한다. 요컨대, 단순히 창의적 개인들을 모아서 팀을 구성하면 창의적 팀이 만들어질 것으로 기대한다면 이는 큰 오산이다. 이 글에서는 먼저 팀 창의성을 구성하는 핵심요소들을 살펴보고, 팀에서 발생하는 집단역학을 중심으로 팀 창의성을 저해하는 요인들을 논의한 다음, 팀 창의성을 증진하기 위해서 취할 수 있는 조치들을 간략히 소개한다.

팀 창의성이란

창의성에 관한 초기 연구들에서는 창의성을 일종의 생득적 특성이라고 보고 창의적 인간이 지니는 보편 특성을 찾아내는 노력이 주를 이루었다. 예를 들어, 창의성이 높은 사람은 지능이 높고, 끈기가 있으며, 해당 문제에 관해서 풍부한 지식과 경험을 지니고 있고, 단순한 문제보다는 복잡한 문제를 선호하며, 과제수행이나 문제해결의 동기가 높고, 자신의 능력을 확신하며, 모험을 즐기는 등의 특징을 보인다(Agrell & Gustafson, 1996). 이처럼 개인 수준에서 창의성의 결정인자를 찾아내는 일이 중요하기는 하지만, 이 접근법이 지니는 문제점은 창의성에서 상황의 역할을 과소평가한다는 점이다. 일련의 후속 연구들이 보여주는 바와 같이, 창의성이란 개인의 특성과 그 사람이 처한 상황 간의 긴밀한 상호작용에 의해서 결정된다(Amabile, 1996). 이는 팀 창의성과 관련하여 중요한 시사점을 제공한다. 그 이유는 만약 창의성이 전적으로 개인의 특성에 의해서 좌우되는 것이라면 팀 창의성이란 단순히 특정 팀을 구성하고 있는 사람들 개개인의 창

[표 X-1] 팀 창의성의 결과와 과정

	아이디어 생성	응 용
결 과	새로움(Novelty)	유용성(Usefulness)
과 정	확산적 사고 (Divergent Thinking)	수렴적 사고 (Convergent Thinking)

의성 수준을 합한 것과 다르지 않을 것이기 때문이다. 그러나 만약 창의성에서 상황의 역할이 중요하다면, 팀 창의성은 팀이 처한 상황, 구성원들간의 상호작용 양식 및 조직 환경 등을 종합적으로 고려하지 않고서는 제대로 이해하기 힘들다.

그렇다면 팀의 창의성이란 구체적으로 무엇을 말하는가? 어떤 팀을 창의적이라고 말할 때는 다음의 두 가지 측면을 모두 고려해야 한다([표 X-1] 참조). 첫째는, 아이디어의 새로움과 유용성이다. 이는 팀이 개발하는 아이디어들이 새로운 것이면서 동시에 실제로 제품이나 서비스 등에 응용되어 개인이나 조직, 또는 전체 사회에 이익이 될 수 있는 유용한 것이어야 함을 뜻한다. 둘째는, 팀 사고과정인데, 여기에는 확산적 사고와 수렴적 사고라는 두 가지 형태의 사고과정이 포함된다. 확산적 사고란 특정 문제의 해결을 위해서 다양한 대안들을 탐색하며 정해진 절차나 규칙에 얽매이지 않고 새로운 해결책을 찾아내는 사고과정이다. 수렴적 사고란 가용한 정보를 분석하고 종합하여 해당 문제에 대해서 최선의 답을 찾아내는 사고과정을 말한다. 따라서 확산적 사고는 팀이 새로운 아이디어들을 탐색하는 데 필요한 사고과정이며, 수렴적 사고는 탐색된 아이디어들 가운데 현실적 유용성이 가장 큰 아이디어를 찾아내는 데 필요한 사고과정이다. 결국 팀 창의성이란 이 두 가지 상반된 사고과정을 조화롭게 추구하여 새롭고 유용한 아이디어를 생성해 낼 수 있는 팀의 능력이라고 볼 수 있다.

팀 창의성: 무엇이 문제인가

국내에도 잘 알려진 기업인 3M은 수십 개의 프로젝트 팀들을 활용하여 매주 10여 개의 신제품을 개발하며, 개발한지 4개월이 채 안 된 신제품들로 연간 이윤의 30%를 창출한다. 월트디즈니사의 성공은 다양한 디자인 스튜디오들에서 개발된 창의적 아이디어들 없이는 상상조차 하기 어렵다. 국내의 몇몇 기업들이 가전이나 반도체 분야에서 세계적 기업으로 성장하는 데는 팀 단위로 이루어진 연구개발 노력이 결정적 공헌을 했다. 문제는 모든 팀들이 항상 이처럼 창의적 아이디어를 만들어내는 것은 아니라는 데 있다. 그렇다면 무엇이 팀의 창의성을 저해하는가? 사회심리학 분야에서 팀 창의성의 저해요인에 관한 연구는 주로 팀 구성원들이 상호작용하는 양식에 초점을 두고 이루어져 왔는데, 주요 연구결과를 요약하면 다음과 같다(Paulus, Larely, & Dzindolet, 2001 참조).

팀 창의성을 저해하는 첫 번째 요인은, 생산방해(production blocking)이다. 개인 혼자서 아이디어를 생성할 때와는 달리 팀에서 여러 사람이 함께 아이디어를 개발할 때는 어느 한 사람이 말하는 동안 다른 사람들은 자신의 차례를 기다려야 한다. 이는 마치 여러 개의 농구공이 하나의 골대를 동시에 통과할 수 없는 것과 같은 이치다. 뿐만 아니라 남이 내놓는 아이디어를 듣다보면 자신의 머릿속에 떠올랐던 아이디어를 인지적으로 정교화하지 못하게 되고, 이로 인해서 아이디어의 망각이 일어난다. 팀에서 발생하는 생산방해 현상은 팀이 개인보다 창의적일 것이라는 일반의 기대와는 달리, 팀에서는 오히려 다른 사람들이 내놓는 아이디어들을 처리하느라 개인의 인지적 처리과정에 방해가 일어남을 의미한다.

둘째 요인은, 평가우려이다. 사람들은 타인으로부터 긍정적 평가를 받기를 원하며, 이는 팀 구성원들도 마찬가지이다. 팀에서 아이디어를 개발할 때 사람들은 흔히 각자가 내놓는 아이디어들의 좋고 나쁨을 공개적으로 평가한다. 그런데 앞의 확산적 사고를 소개할 때 언급한 대로, 팀이 창의적 아이디어를 개발하기 위해서는 특정 문제 영역을 넘어서서 일단 가능한 한 많은 대안들을 탐색하는 일이 중요하다. 때때로 그 대안들 중 일부는 얼핏 보기에 해당 문제와 전혀 무관하거나 좋은 아이디어가 아닌 것처럼 보일 수도 있다. 이때 팀 구성원들이 자신이 내놓는 아이디어에 대한 타인의 평가를 두려워한다면, 새롭고 기발한 아이디어가 나올 가능성은 그만큼 줄어든다. 따라서 이 과정이 반복되면 그 팀의 확산적 사고능력은 방해받을 수밖에 없다. 이처럼 팀이 확산적 사고를 제대로 하지 못해서 다양한 대안들을 충분히 탐색해 내지 못한다면, 이후 수렴적 사고과정을 통해서 최종적으로 선택되는 아이디어의 창의성도 낮을 수밖에 없다.

셋째 요인은, 동기 손실이다. 흔히 여러 사람이 함께 과제를 수행하다 보면 자신의 노력을 증가시키기보다는 타인의 노력에 무임승차하려는 동기가 작동해서 혼자서 수행할 때보다 오히려 노력이 감소한다. 이 동기 손실은 개인의 기여도를 객관적으로 확인하기 어려운 상황에서 자주 나타나며, 특히 팀이 수행하는 과제에 대한 흥미나 내재적 동기가 낮아서 구성원들의 몰입수준이 낮을 때 자주 발생한다. 또한 동기 손실은 응집성이 낮은 팀에서 전형적으로 나타난다. 기업에서 특정 문제의 해결을 목적으로 팀을 구성하여 한시적으로 운용하는 경우를 종종 목격하는데, 이 경우에는 구성원들간 상호작용의 역사가 짧고 유대감이 약하기 때문에 동기 손실이 발생할 가능성이 크다. 높은 수준의 동기나 과제에 대한 몰입 없이 어떻게 팀이 창의적인 아이디어를 개발할 수 있겠는가?

팀 창의성을 저해하는 네 번째 요인은, 구성원들 사이에 발생하는 동조이다. 인간은 누구나 타인으로부터 배척당하는 것을 꺼리며, 이로 인해서 타인의 행동에 쉽게 동조하는 경향이 있다. 팀에서 아이디어를 생성할 때에도 창의성에 해가 되는 다양한 형태의 동조현상이 일어난다. 예를 들어, 사람들은 팀 내 다수가 내놓은 아이디어에서 과감히 탈피하여 급진적 아이디어를 좀처럼 내놓지 않는다. 또한 아이디어를 생성할 때 팀에서 가장 생산적인 사람에 대한 동조가 일어나기보다는, 오히려 팀에서 가장 비생산적인 사람의 수행을 기준점으로 삼아서 자신의 노력 정도를 조정하는 현상도 흔히 발견된다.

위에 소개한 네 가지 방해요인들은 대부분의 경우 동시에 작동하여 팀의 창의성을 떨어뜨린다. 따라서 이 방해요인들을 효과적으로 제거할 수 있는 장치가 없는 한, 팀의 창의성은 구성원 개개인의 창의성 수준의 합을 뛰어 넘기는커녕 오히려 그보다 못할 가능성이 크다. 이제 팀 창의성을 증진시키기 위해서는 어떤 조치들이 필요한지에 대해서 알아보기로 하자.

팀 창의성을 증진시키기 위해서는 어떤 조치들이 필요한가

창의적 아이디어의 개발

팀 창의성을 증진시키기 위해서 우선적으로 취해야 할 조치는 팀이 아이디어를 개발하는 단계에서 발생하는 다양한 방해기제를 제거하는 것이다. 일찍이 오스본(Osborn)은 이 점을 간파하고 팀 창의성을 증진시키는 방안으로 브레인스토밍이라는 기법을 고안했다. 그가 제안한 브레인스토밍 기법은 네 가지 원리로 집약된다: 1) 마음 속에 떠오르는 아이디어는 무엇이든 내놓을 것 2) 좋은 아이디어가 아니라 많은 아이디어를 생성하는 데 초점을 둘 것 3) 다른 사람의 아이디어를 평가하지 말 것 4) 다른 사람이 내놓은 아이디어를 수정, 보완, 확장하여 새로운 아이디어를 만들어 낼 것. 오스본(Osborn)과 초기 연구자들은 팀이 이 네 가지 원리를 충실히 따르면 구성원들의 동기가 향상되고 창의적 사고과정이 촉진되어 팀 창의성이 증진되리라 믿었다. 그러나 지난 수십 년 동안 행해진 연구들에서 브레인스토밍이 기대한 만큼의 성과를 거두었다는 증거는 찾기 어렵다(Paulus등, 2001). 이처럼 오스본(Osborn)이 제안한 전통적 브레인스토밍 기법만으로는 팀의 창의성을 증진시키지 못한다는 연구결과들이 축적되면서, 그가 제안한 브레인스토밍 기법을 보완하거나 이에 대한 대안적 절차들이 제안되었다.

먼저 전자브레인스토밍(electronic brainstorming) 기법은 집단지원 시스템을 통해서 이루어지며, 아이디어 개발을 위해서 팀 구성원들이 네트워크 컴퓨터를 이용하여 상호작용한다. 통상 개개 팀 구성원들이 자신의 단말기에 익명으로 입력한 아이디어들이 별도의 대형 스크린에 공개되며, 팀 구성원들은 이 스크린에 등장하는 아이디어들을 수정, 보완, 확장하여 새로운 아이디어를 생성하는 과정을 반복한다. 전자브레인스토밍 동안에는 다른 사람이 아이디어를 제시하는 동안 자신의 차례를 기다릴 필요가 없으므로 생산 방해현상이 최소화된다. 또한 아이디어를 익명으로 제시하므로, 평가 우려도 감소한다.

델파이 기법(Delphi technique)은 참여자들간 면대면 상호작용이 전혀 없이 사전에 정해진 한 사람(의장)이 아이디어 생성의 전 과정을 통제하는 방법이다. 팀 구성원들이 해당 문제에 대한 잠재적 해결책들을 독립적으로 탐색하여 이를 제출하면 의장은 이 아이디어들을 취합하여 전체 아이디어 리스트를 만든다. 그리고 이 리스트를 구성원들에게 되돌려 보내서 수정 및 보완을 요구하는데, 이 절차를 최종 아이디어가 선택될 때까지 반복한다. 델파이 기법은 전자브레인스토밍과 마찬가지로 생산방해를 줄일 수 있다는 장점이 있으며 팀 구성원들이 지리적으로 떨어져 있어서 직접 상호작용하기 어려울 때 자주 사용된다. 또한 의장이 아이디어 산출의 전 과정을 통제하므로 구성원들간 갈등이 많아서 효율적인 아이디어 회의가 어렵다고 판단될 경우에도 유용하게 사용할 수 있다.

전자브레인스토밍과 델파이 기법이 생산방해를 줄이기 위해서 구성원간 면대면 상호작용을 최소화하는 데 초점이 맞추어져 있다면, 명목집단 기법(nominal group technique)은 개인과 팀 상황을 번갈아가며 활용함으로써 생산방해를 줄임과 동시에 팀 상호작용의 이점을 보존하고자 하는 기법이다. 명목집단기법의 첫 번째 단계에서는 팀 구성원간 상호작용이 전혀 없이 구성원들이 개별적으로 아이디어를 생성하여 이를 기록한다. 두 번째 단계에서는 구성원들이 면대면 상호작용을 통해서 각자의 아이디어를 서로에게 설명한다. 이 단계에서 구성원들이 독립적으로 생성한 모든 아이디어들을 빠짐없이 공개하도록 해야 한다. 끝으로 세 번째 단계에서는 팀 미팅 동안 소개된 모든 아이디어들을 검토하여 가장 좋은 아이디어 순으로 순위를 매기거나 투표를 통해서 최종적으로 채택할 아이디어를 선정한다. 명목집단 기법의 핵심은 팀 상황에서는 다양한 아이디어의 생성에 요구되는 확산적 사고과정이 방해되므로 이 단계를 개인별로 수행하도록 하고, 이후 팀 토론을 거쳐서 최종적으로 아이디어를 선정하도록 함으로써 수렴적 사고과정을 촉진하는 것이다.

위에서 소개한 기법들은 아이디어 생성 단계에서 구성원들간의 상호작용 방식에 직접적인 영향을 미쳐서 팀이 효율적으로 아이디어를 개발할 수 있도록 돕는다. 이에 더해서 몇 가지 부가적인 절차들이 팀 창의성을 증진시키는 데 도움이 되는 것으로 알려져 있다. 예컨대 팀 상호작용 동안 발생할 수 있는 동기 손실을 최소화하기 위해서는 팀에게 도전적이고 구체적인 목표를 할당하는 것이 중요하다. 또한 팀 구성원들이 유대감을 느끼고 높은 수준의 응집성을 유지할 수 있도록 다양한 형태의 팀 빌딩 활동들을 정기적으로 실시하는 것이 좋다. 아울러 팀이 아이디어를 생성하는 동안 별도의 과정 촉진자(facilitator)를 배치하여 구성원간 효율적 상호작용을 방해하는 요인들이 있을 때 이를 즉석에서 제거하도록 하는 것도 도움이 된다(Paulus 등, 2001).

자율성과 다양성

팀이 창의적 아이디어를 개발할 수 있도록 하기 위해서 필요한 또 다른 조치는 팀 구성과 디자인 단계에서부터 창의성이 증진될 수 있는 여건을 조성하는 일이다. 여기에는 크게 자율성의 부여와 다양성의 확보라는 두 가지 문제가 관련된다. 팀에게 어느 정도의 자율성을 부여하는 것이 좋은가? 이 물음에 한 마디로 답하기는 어렵다. 그 이유는 각 조직이 처한 상황이 다르고 또 팀이 수행하는 과제의 성격에 따라서 조직이 감수할 수 있는 모험 정도가 각기 다르기 때문이다. 그러나 한 가지 분명한 점은 비록 팀에게 무제한의 자유를 부여하더라도 항상 팀 창의성이 높아지는 것은 아니지만, 최소한 예산과 자원의 사용 및 과제수행 절차의 수립 등의 측면에서 팀의 자율성을 최대한 보장해 주어야 한다는 점이다. 자율성은 과제에 대한 팀 구성원들의 흥미와 책임감을 높이고 결과에 대한 만족감을 고양시켜 팀 창의성에 긍정적으로 기여함에도 불구하고, 많은 경영자들은 팀에게 권리를 위임하는 것이 자신들의 세력을 약화시키는 것이라고만 생각한다.

팀의 자율성을 보장해 주는 것에 더해서 다양한 전문영역에서 선발된 사람들로 팀을 구성하여 다양성이 높은 팀을 만드는 것 또한 매우 중요하다. 최근 선풍적 인기를 끌고 있는 매킨토시 컴퓨터는 컴퓨터 엔지니어, 디자이너, 심리학자 등 다양한 전문성을 지닌 사람들이 한 팀을 이루어 개발한 것이다. 컴퓨터를 만드는 데 무슨 심리학자나 디자이너가 필요하냐고 반문할 수도 있지만, 인간과 컴퓨터의 상호작용에 관한 심리학적 지식과 창의적 디자인 없이 어떻게 현재의 매킨토시처럼 사용하기 편리하고 미적 감각이 탁월한 컴퓨터를 만들 수 있었겠는가? 세계적인 자동차 회사인 도요타에서는 디자인, 엔지니어링, 생산, 물류, 판매 및 마케팅 등을 포함한 회사의 전 부서에서 선발된 전문가들로 팀을 구성하여 신차 생산 2년 전부터 매월 신차 개발과 관련된 문제들을 논의한다. 이와 유사한 절차가 전 세계 자동차업계에서 보편적으로 시행되고 있는데, 이는 제품을 개발하는 단계에서부터 마케팅이나 판매전략을 함께 고려해야만 하고 이를 위해서는 다양한 기능영역의 전문가들로 팀을 구성하는 것이 필요함을 보여주는 좋은 예이다.

물론 다양한 기능영역에서 전문가들을 모집하여 팀을 구성한다고 해서 팀 창의성이 자동적으로 성취되는 것은 아니다. 팀의 다양성을 높이는 것에 더해서 팀 내에서 생산적 갈등(constructive conflict)이 최대한 일어날 수 있고 소수 의견이 무시되지 않는 토양을 만들어 주어야만 다양성의 이득을 최대한 활용할 수 있다. 흔히 팀에서 발생하는 갈등은 팀에 악영향을 끼치므로 가능한 한 갈등을 최소화하거나 피하는 것이 좋다고 생각한다. 그러나 모든 갈등이 팀에 해롭기만 한 것은 아니다. 팀에서 발생하는 갈등은 크게 구성원간의 성격차이나 사회적 관계상의 문제에서 비롯되는 감정적 갈등과 과제수행에 요구되는 절차나 방법에 대한 이견에서 비롯되는 인지적 갈등으로 구분된다. 이 가운데 감정적 갈등은 분명 팀의 유대감을 해치고 효율적 상호작용에 방해가 되지만, 인지적 갈등은 창의적 문제해결이나 과제수행에 긍정적으로 기여한다. 이는 우리 몸에 있는 두 가지 종류의 콜레스테롤이 작동하는 방식과 흡사하다. 팀에 도움이 되는 인지적 갈등을 도모하는 방편으로 흔히 창의적인 팀에서는 다수의 의견에 무조건 반대하는 역할을 담당하는 사람(devil's advocate)을 지정하여 다수가 추구하는 아이디어를 비판적으로 검토하는 절차를 활용한다. 또한 사람들이 한 팀에서 오랫동안 함께 상호작용하다 보면 아이디어의 참신성이 떨어지기 쉬우므로, 팀의 일부 구성원들을 새로운 구성원들로 대체하여 팀 구성에 변화를 시도하는 방법도 활용할 수 있다(Choi & Thompson, 인쇄중).

조직환경

대다수의 조직들은 최소한 공개적으로는 창의성과 혁신의 중요성을 강조한다. 그러나 경영진이 실제로 취하는 행동이나 경영전략 등은 여전히 팀의 창의성을 저해하고 있는 경우가 허다하다. 이는 조직이란 팀을 지원하는 동시에 팀에 대해서 현실적 제약을 가해야만 하는 존재라는 사실과 무관하지 않다. 팀 창의성을 증진시키기 위해서 조직이 취해야 할 조치들 가운데 무엇보다 중요한 것은 창의성을 가치 있게 여기고 이를 실질적으로 지원하는 조직문화를 개발하는 것이다. 대부분의 경영자들은 조직의 규정이나 경영전략의 일관성을 유지하고, 시행착오를 줄이며, 모험을 최소화하는 데 초점을 두고 조직을 운용한다. 바로 여기서 창의성의 딜레마가 생긴다. 창의성은 근본적으로 모험을 내포한다. 창의성은 시행착오라는 열매를 먹고 자란다. 오늘날 많은 조직들이 안고 있는 문제들은 개인이나 팀이 창의적이지 못해서가 아니라 조직에서 창의성이 인정되고 보상되지 못하기 때문일 수도 있다. 조직의 전반적인 풍토가 창의성과 혁신을 고무하고 지원하지 않는 한, 팀 구성원들이 맡은 바 직무에서 변화를 시도할 이유가 없다. 뿐만 아니라 자원의 사용, 부서간 협조, 조직 내 규정이나 절차의 변경 등의 측면에서 지속적이고 실질적인 조직차원의 지원이 없다면 팀이 아무리 창의적인 아이디어를 개발한다고 해도 이 아이디어가 실제로 제품이나 서비스에 적용되어 혁신을 창출하기 어렵다.

그렇다면 팀 창의성을 증진시킬 수 있는 조직문화란 어떤 것인가? 휴렛 팩커드(Hewlett-Packard), 아비엠(IBM), 제네럴 일렉트릭(GE), 3M, 디즈니(Disney) 등과 같은 혁신적 기업들에 관한 연구(예: Collins & Porras, 2002)에 따르면, 이 기업들이 추구하는 핵심가치가 창의성과 혁신을 중심으로 형성되어 있고, 종업원들은 다양한 형태의 교육, 훈련 및 사회화 과정을 통해서 이 핵심가치를 내면화한다. 기업의 핵심가치를 창의성과 혁신에 두는 것에 더해서, 이 기업들에서는 혁신이 실제로 일어날 수 있는 여건을 조성하기 위한 구체적 행동들도 빈번히 일어난다. 예컨대, 이 기업들에서는 획일성보다는 다양성을, 동조보다는 인지적 갈등을, 정형화된 종업원보다는 괴짜 종업원을 격려하고 지원한다. 아울러 이 기업들은 시행착오나 실패를 처벌하기보다는 장려함으로써 종업원들이 실패의 경험으로부터 학습할 수 있는 기회를 제공하며, 기존의 틀에서 급진적으로 벗어난 모험적 시도들에 대해서 보상을 제공한다. 예를 들어, 휴렛 팩커드는 기존의 직무수행 방식이나 절차를 창의적으로 개선하는 시도인 소위 '창의적 반항'(creative defiance)에 대해서 보상을 제공한다. 3M은 창의적 성과를 낸 종업원들에게 일정 기간 자유 시간을 주어서, 그 기간 동안 본인이 원하는 프로젝트는 무엇이든 할 수 있는 기회를 준다. 듀퐁(Dupont)은 회사의 경영진이 과거에 승인하지 않았던 아이디어나 실패한 프로젝트들을 재검토하는 데 막대한 자금을 투자한다. 파이저(Pfizer)는 연구개발팀들을 사내에 두지 않고 회사에서 가급적 멀리 떨어진 곳에서 일하도록 하여, 연구진에 대한 회사의 불필요한 개입을 최소화한다. 요컨대 창의성과 혁신에 대한 조직의 헌신과 실질적 지원은 종업원들이 실패를 두려워하지 않고 새로운 아이디어를 개발하여 실행에 옮길 수 있는 토양이 된다.

소수의 성공적인 조직들에서 발견되는 이와 같은 특징들과 대조되게 아직도 많은 조직에서는 종업원들의 창의성을 저해하고 혁신을 가로막는 다양한 제약들이 존재한다. 팀이 프로젝트를 선택하여 계획하고 진행하는 전 과정에서 경영진은 종종 필요 이상의 간섭과 통제를 가함으로써 팀의 자율성을 해치는 경우가 허다하다. 또한 조직이 분명한 비전과 목표를 제시하지 못함으로써 팀이 방향을 잃고 표류하는 경우도 자주 발생한다.

설령 어떤 목표를 팀에 할당하더라도 종종 그 목표가 도달할 수 없을 정도로 높거나 현실적으로 감당하기 어려운 작업량을 요한다. 이는 궁극적으로 팀 구성원들에게 악영향을 미쳐서 생산성을 저해하는 反문화를 양산하는 좋지 못한 결과를 낳기도 한다. 팀의 창의성을 보상하고 지원하는 보상시스템은 아직도 우리 조직에서는 요원한 일처럼 보인다. 그리고 팀이 시행착오를 통해서 종국적으로 창의적 성과를 올리는 일은 종종 참을성 없는 경영진에 의해서 방해받는다. 팀이 충분한 시간을 가지고 연구와 개발에 전력할 수 있는 풍토 역시 아직은 미비하기만 하다. 여러 사람이 함께 일할 때는 개인 혼자서 할 때보다 훨씬 많은 시간이 필요함에도 불구하고 팀은 충분한 시간을 갖지 못한다. 과도한 시간 압박이 팀의 창의성에 미치는 영향은 생각보다 크다. 팀이 창의적 아이디어를 개발할 수 있기 위해서는 구성원들이 지닌 다양한 의견들을 청취하여 가능한한 많은 대안들을 탐색하는 일이 중요하다. 뿐만 아니라 구성원간 상호작용을 원활하게 해 주는 절차나 규범, 역할체계 등을 수립하는 데에도 상당한 시간이 요구된다. 이 모든 과정이 과도한 시간 압박하에서는 제대로 일어나기 어려우리라는 점은 쉽게 짐작할 수 있다. 이러한 점에서 자동차회사의 대명사인 혼다의 사례는 우리에게 시사하는 바 크다. 혼다의 경우 얼핏 보기에 이 회사의 핵심사업과는 전혀 무관해 보이는 인간형 로봇의 개발에 무려 16년이라는 시간과 수백만 달러의 예산을 쏟아 부었다. 그 결과 혼다는 사람처럼 유연하게 계단을 오르내리고 악수를 하며 한 때 뉴욕 증권시장의 개시 종을 쳤던 아시모라는 로봇을 개발했으며, 이 로봇을 자동차 생산라인에 투입하여 막대한 비용절감효과를 거두기 시작했다(Taylor, 2002).

이 글을 마치면서 팀 리더의 역할에 관해서 간략히 언급하고자 한다. 일련의 연구들(예: West, 1990)에 따르면 창의적 팀의 구성원들은 팀의 목표를 명확하게 이해하고 이를 공유하며, 팀의 과제에 몰입하고, 구성원들이 혁신을 시도할 때 이를 적극적으로 지원하며, 구성원들끼리 심리적 안전감을 제공하는 등의 특징을 보인다. 물론 이와 같은 창의적 팀 풍토의 발전과 유지는 조직의 전반적 문화에 의해서 영향받기도 하지만, 팀 구성원들의 자발적 참여와 효과적인 팀 리더십 없이는 불가능하다. 표준화된 수치에서 남들보다 능력이 뛰어난 사람이 반드시 훌륭한 팀플레이어가 되는 것은 아니다. 마찬가지로 단지 자신의 전문 영역에서 탁월한 능력을 지니고 있다고 해서 그 사람이 반드시 팀을 성공으로 이끄는 팀 리더가 되는 것도 아니다. 팀 구성원들이 새로운 아이디어를 자유롭게 제안하고 시행착오를 두려워하지 않으면서 실험과 도전을 지속할 수 있는 분위기를 만드는 일은 창의성 시대의 팀 리더들이 당면한 가장 중요한 과제 중의 하나다.

참고문헌

Agrell, A., & Gustafson, R.(1996), "Innovation and creativity in work groups," In M. A. West(Ed.), *Handbook of work group psychology*, 317-343, Chichester, England: Wiley.

Amabile, T. M.(1996), *Creativity in context*, Boulder, CO: Westview Press.

Choi, H-S., & Thompson, L. T.(in press), "Membership change in groups: Implications for group creativity," In L. T. Thompson & H-S. Choi(Eds.), *Creativity and innovation in organizational groups*, Lawrence Erlbaum Associates.

Cohen, S. G., & Bailey, D. E.(1997), "What makes teams work: Group effectiveness research from the shop floor to the executive suite," *Journal of Management*, 23, 239-290.

Collins, J., & Porras, I.(2002), *Built to last: Successful habits of visionary companies*, New York: Harper Business Essentials.

Hackman, J. R.(1998), "Why teams don't work," In R. S. Tindale & L. Heath(Eds.), *Theory and research on small groups: Social psychological applications to social issues*(vol. 4, 245-267), New York: Plenum Press.

Paulus, P. D., Larey, T. S., & Dzindolet, M. T.(2001), "Creativity in groups and teams. In M. Turner(Ed.)," *Groups at work: Advances in theory and research*, 319-338, Mahwah, NJ: Lawrence Erlbaum.

Taylor, A.(2002, July), "Honda Goes Its Own Way," *Fortune*, 146-152.

West, M.(1990), "The social psychology of innovation in groups," In M. A. West & J. L. Farr(Eds.), *Innovation and creativity at work: Psychological and organizational strategies*, 309-333, Chichester, England: John Wiley and Sons.

04 기업에서의 창의성[1]

장재윤
jaeyoonc@sungshin.ac.kr

인간의 다양한 활동들 중에 창의적인 행동만큼 인류에게 중요하고 큰 기여를 한 행동도 찾기 어려울 것이다. 오늘날의 세계는 온통 창의성의 산물들로 가득 차 있으며, 그것들을 직·간접적으로 활용하지 않고는 일상생활에서 하루도 살아가기가 어렵다. 지금도 새로운 발견이나 발명은 세계 도처에 이루어지고 있다. 한 역사학자는 특허에 대한 통계수치에 근거하여 지구상에 존재하는 생명체의 다양성만큼이나 인간의 발명품들이 다양하다고 하였다. 더구나 등록된 특허 건수에 대한 통계치에는 예술작품, 서적, 그리고 과학적 이론들과 같은 창작물들은 거의 대부분 빠져 있기에 그 수치는 인류의 모든 창의적 산물들의 일부분만을 반영할 뿐이다.

이 글에서는 왜 오늘날 창의성이 기업 생존의 필수적인 역량인지, 창의성이 발현되기 위한 요소들에는 어떤 것들이 있는지 소개하였다. 그리고 기업에서 구성원들의 창의적 잠재력을 최대한 이끌어내기 위한 창의성 경영에 대해 살펴보고, 조직 내 리더들은 어떤 역할을 수행해야 하는지 제시하였다.

1) 출처: 인크루트 경력개발연구소(2005), "기업에서의 창의성,"「인재경영」, 7월호, pp. 102-111에서 전재함.

왜 창의성인가

한국전쟁 초기 심리학자 토란스(Torrance)는 美 공군으로부터 항공기 승무원들이 추락 후 적진 후방에 고립되었거나 기아와 위험의 극한적인 상황에서도 생존할 수 있는 능력을 키울 훈련 프로그램을 개발해 달라는 요청을 받았다. 이를 위해 그는 관련 문헌들을 찾아보고 2차 세계대전 당시 이미 그러한 경험을 했던 생존자들을 만나 인터뷰하였다. 그런데 그가 이 과정에서 생존에 가장 필수적인 요소로 발견한 것에 놀라지 않을 수 없었는데, 그것은 다름 아닌 창의성이었다. 당시 훈련과정에서는 가능한 모든 적대적 상황들에 어떻게 대처할 것인가에 대한 많은 정보들을 제공하였고, 생존하였거나 포로 수용소로부터 탈출한 사람들의 실제 사례들에 대해 토론하였고, 그리고 실제 모의연습까지도 하였었다. 그러나 승무원들이 아무리 많은 훈련을 받았더라도, 실제 상황에 직면하면, 그들은 거의 항상 전혀 예상치 않았던 불확실한 상황에 대처해야만 했던 것이다. 생존했던 사람들은, 훈련을 통해 배우지 않았던, 완전히 새로운 생존방법을 생각해 내기 위해 자신들의 훈련내용과 인생경험의 여러 요소들을 새롭게 조합해야만 했다. 즉 창의성은 바로 생존의 도구였던 것이다.

그런데 이러한 발견은 오늘날의 지식정보화 사회에서도 동일하게 적용된다. 오늘날과 같이 불확실성과 복잡성이 그 어느 때보다도 증폭된 비연속성(discontinuity)의 시대에서 창의성은 바로 생존의 필수요소인 것이다. 여러 미래학자들이 21세기를 창의성의 시대라고 일컫고 있는 것도 동일한 맥락에서이다. 오늘날의 기업경쟁력의 원천은 산업화 사회에서와 같은 자본이나 대규모 시설과 같은 유형의 자신이 아닌, 눈에 보이지 않는 무형자산(intangible asset)에 있다. 이러한 무형자산은 바로 기업조직 구성원들의 '창의력'에 있으며, 이것이 바로 기업의 핵심역량 중의 하나이다. 오늘날과 같은 변혁의 시대에는 새로운 조류에 적응하는 것만으로는 부족하며, 창의력을 바탕으로 기회를 선점하고 트렌드와 시장을 스스로 창출해 내는 것만이 유일한 생존의 길이다.

더구나 과거 농업사회에서는 성실한 한 사람이 열 사람을 먹여 살렸다면 산업사회에서는 유능한 한 사람이 백 사람을 먹여 살릴 수 있었다. 그러나 지식정보화 사회에서는 창의적인 한 사람이 만 명 또는 백만 명을 먹여 살릴 수 있다. 이처럼 엄청난 효과를 지닌 창의적 성과는 특정한 사람들의 전유물이 아니다. 창의성은 예술분야나 과학분야에서나 필요한 것으로 생각한다든지, 창의성은 지능이 높은 특별한 사람들에게서만 나타나는 것으로 본다든지, 또는 창의성은 정신이상과 관련이 있다는 등의 일반인들의 생각은 잘못된 것이다. 창의성은 누구에게나 발현될 수 있는 것이며 앞으로 설명할 3가지 요소를 갖추고 적절한 환경에 놓이게 되면 누구에게나 가능한 일이다.

창의성과 관련된 두 가지 신화(myth)

일반인들 사이에 널리 퍼져있는 창의성과 관련된 대표적인 신화 두 가지를 소개한다. 하나는 창의적인 사람은 다소 이상(abnormal) 성격의 소유자인 것으로 보는 점이다. 특히 예술과 창작분야에서 이러한 생각은 더욱 강력한데, 고호, 뭉크, 모차르트, 도스토예프스키 등의 사례에서와 같이 창의적인 예술가들은 자신의 생애에서 정신적 장애를 경험한 사례가 많다는 점이다. 이러한 생각은 프로이드(Freud)의 정신분석이론의 영향이 매우 크다(Winner, 1982). 그는 레오나르도 다빈치의 그림을 분석하면서, 아동기(4-5세 경)에 경험하는 것으로 알려진 오이디푸스 콤플렉스(Oedipus Complex)가 원만하게 해결되지 못했을 때, 이후 성인이 되면서 '승화(sublimation)' 라는 방어기제를 통해 자신의 억압된 무의식적 충동과 욕망이 표현된 것이 독창적인 예술작품이라고 하였다. 따라서 그는 창의적인 예술가들의 작품을 심층적으로 분석해 보면, 예술가의 왜곡되고 억압된 무의식적 욕구와 충동의 내면을 들여다 볼 수 있다고 하였다. 이러한 프로이드의 견해와 정신적 장애를 보인 많은 창의적인 인물들의 실제 사례들 때문에 적어도 20세기 중반까지 창의성은 이상 성격과 관련이 있다는 생각이 지배적이었다.

그러나 이후의 성격심리학자들은 프로이드의 견해가 지나치게 극단적이며, 예술가, 과학자, 건축가 등을 대상으로 한 경험적 연구들을 통해 창의적인 사람은 이상 성격의 소유자이거나 정신적인 문제를 안고 있는 사람들이 아니라 정신적으로 건강한 자아를 가지고 있는 사람들이라는 결론을 내렸다(Barron & Harrington, 1981).

두 번째 신화는 창의적인 산물을 도출하는 과정과 관련된 것으로 창의적인 아이디어의 생성과정에서 과학적 발견이나 시, 또는 화음 등이 갑자기 머리에 떠오르는 식의 통찰이나 무의식적 과정을 강조하는 견해이다. 실제로 과학자나 예술가들의 창조과정에서는 이처럼 무의식적 과정을 나타내는 '부화(incubation)' 효과를 보여주는 사례들이 있다(예를 들어, 케큘레가 벤젠링의 구조를 꿈 속에서 뱀이 자신의 꼬리를 물고 있는 형상을 본 후 통찰을 얻게 된 사례[2]). 그러나 이후의 연구자들은 창의적 아이디어가 모호하고 예측

2) 케큘레가 벤젠의 구조에 대한 논문을 출판한 것이 1865년이었는데, 꿈 얘기를 처음으로 한 것은 이로부터 25년이 지난 1890년이었다. 25년 동안 아무런 얘기도 없다가 갑자기 벤젠 구조 발견을 축하하는 대중 강연에서 꿈 얘기를 한 이유는 다른 데에 있었다. 케큘레는 1860년대부터 1890년에 이르기까지 벤젠의 구조 발견과 관련된 우선권 논쟁에 계속 휘말려 있었는데, 1865년에 꿈을 꾸고 영감을 얻어 논문을 썼다는 회고는 이런 우선권 논쟁을 종식시키면서 그를 유기구조화학의 아버지로 만드는 역할을 했다.

할 수 없는 어떤 무의식적 근원으로부터 샘솟는다는 가정을 비판하였다. 예를 들어, 와이스버그(Weisberg, 1993)는 에디슨의 발명품, 피카소의 그림(아비뇽의 처녀들, 게르니카), 그리고 왓슨과 크릭의 DNA구조 발견 등 여러 분야에서의 매우 창의적인 업적들의 근원을 추적하였다. 그는 그것들 모두가 어떤 신비롭고 관찰가능하지 않은 무의식적 과정을 통해서가 아니라, 이미 이전에 획득된 지식을 의도적으로 응용함으로써 가능했음을 보여 주었다.

이러한 두 가지 창의성과 관련된 잘못된 신화들은 사람들은 타고나면서부터 또는 어린 시절의 특별한 경험 때문에 다른 사람들보다 더욱 창의적이며, 창의성은 후천적으로 개발되기 어렵다는 생각을 갖게 만든다. 또한 일반인들은 단지 그런 사람들의 창의적인 산물들을 보고 감탄하는 것밖에는 할 일이 없다고 생각하게 만든다. '천재관(genius view)'이라 불리는, 이러한 극단적인 관점은 이후 연구들에서 모두 잘못된 견해이거나 지나치게 과장된 견해임이 드러났다. 결국 어떤 사람들은 거대한 창의적인 능력을 가지고 태어난다고 주장하거나 그들의 마인드는 일반적인 사람들과는 다르게 작동할 것으로 가정하는 것은 잘못된 것이며, "나는 단지 별로 창의적이지 못하다"라고 말하는 사람들은 스스로의 창의적 잠재력을 폐기하는 결과를 낳는다.

창의성의 3요소

그렇다면 일반적으로 새롭고 유용한 무엇인가를 산출해 내는 것으로 정의되는 창의성이 누구에게나 발현되기 위해서는 무엇이 필요한가? 이에 대해서 필자는 사회심리학자 어마빌레(Amabile, 1996)의 주장이 가장 적절하다고 보는데, 그녀는 다음과 같은 3가지 요소를 제안하고 있다: 1) 지식과 경험, 2) 창의적 사고, 3) 내적 동기(일에 대한 열정과 몰입)이다. 이 세 가지 요소들에 대해 살펴보자.

먼저, 창의성이 발현되기 위해서는 해당 분야에서의 '지식과 경험'이 필요하다. 양자물리학에 대한 기본 지식 없이 현대 물리학분야에서 창의적인 업적을 이룰 수는 없을 것이다. 그러나 여기서 지식이란 오랜 기간의 학교교육을 통해서 획득되는 지식만을 의미하는 것은 아니다. 이것은 해당 분야의 오랜 경험을 통해 축적된 지식과 경험을 의미하며, 따라서 누구든지 충족할 수 있는 창의성의 요소이다. 그러나 쿤(Kuhn)이 지적했듯이 특정 패러다임에 몰입되어 있을수록 그 패러다임의 지배를 벗어나기가 어려운 것처럼, 자신의 분야에서 오랜 기간 경험을 쌓다보면 그 분야를 지배하는 기존 생각과 사고의 틀을 벗어나기란 쉽지 않다. 이러한 맥락에서 두 번째 요소인 '창의적 사고'가 필요하다. 즉, 창의성이 발현되기 위해서는 우리 자신의 사고 틀을 뛰어 넘고 남과 다른 생각과 사고를 해야 한다.

기존 지식이나 사고 틀이 우리의 창의적 사고를 얼마나 제약하고 있는지를 보여준 인지심리학자 워드(Ward, 1994)의 실험 사례를 살펴보자. 그는 대학생들에게 우주 어딘가에 지구와는 전혀 다른 한 행성에 생명체가 존재한다고 상상하고, 그 생명체가 어떤 모습일지를 그려보라고 하였다. 그런데 많은 대학생들은 자신들의 그림에 지구상의 동물들의 특성을 그대로 적용하였는데, 예를 들어, 외계 생명체에다 독특하게 생긴 머리에 두 개의 눈, 또는 두 개 또는 네 개의 다리를 대칭으로 그리는 식이었다. 대학생들이 외계 생명체의 모습에 대한 보다 다양하고 독창적인 가능성을 생각해 내지 못하는 것은 다른 위성에 사는 생명체들이 왜 꼭 그렇게 생겨야 하는지에 대한 아무런 근거 없이 지구상의 동물들에 대해 알고 있는 기존 지식이 외계인에 대한 상상력을 채색해 버렸기 때문이다. 이처럼 창의성이 발현되기 위해서는 자신의 기존 지식과 상식을 넘어서는 역발상적 사고가 요구된다.

한편, 주어진 문제에 대해 기존 생각을 벗어난 새로운 시각과 사고를 가지는 것뿐만 아니라, 애초부터 남들이 보지 못한 새로운 문제나 가능성을 찾아내는 것이 진정한 창의성이라고 주장한 학자들이 있다. 시카고대학의 심리학자들이었던 게첼스와 칙센미하이(Getzels & Csikszentmihalyi, 1976)는 뉴욕의 화가 지망생들을 대상으로 독창성의 근원이 어디에 있는지를 연구한 결과, 창의성은 문제해결에 있는 것이 아니라 문제발견(problem finding)에 있다는 주장을 하였다. 그들은 화가 지망생들로 하여금 화실에 준비된 27가지의 사물들(과일, 나팔, 고서적 등) 중 몇 개를 선택·배치하여 정물화를 그리도록 하였다. 그림을 그리는 전 과정 동안 화가 지망생들의 행동은 관찰되었으며, 그림이 완성되기까지 화폭에 담긴 그림의 변화과정이 사진으로 촬영되었다. 그리고 그림이 완성된 후 전문가들로부터 그림의 독창성을 평가받았는데, 독창적인 그림을 그린 화가 지망생들과 그렇지 않은 화가 지망생들 간의 차이의 근원을, 실제 그림 그리는 동안의 행동에서 찾았다. 결과에 의하면, 독창적인 화가는 27개의 사물들 중 다른 화가들이 잘 선택하지 않는 사물을 선택하는 경향이 있었으며, 27개의 사물들을 보다 더 철저하게 탐색하였으며(오랫동안 각 사물의 특성을 여러 각도에서 보는 것과 같은), 그리고 최종 완성된 그림의 초기 형태가 보다 늦게 결정되는 경향을 보였다. 결국 무엇을 화폭에 구현할 것인가를 보다 오랫동안 고민하고 다양한 탐색적인 행동을 많이 한 화가들에서 보다 독창적인 그림이 나왔다. 그리고 연구자들은 독창적인 그림을 그린 이들의 행동들을 총칭하여 '문제발견' 행동이라고 하였다. 즉, 덜 창의적인 화가들은 무엇을 그릴 것인가라는 문제발견 측면에는 시간을 덜 소비하고 그것을 해결(즉, 그림을 기교 있게 그리는 활동)하는 데 보다 많은 시간을 투여한 반면, 창의적인 화가들은 자신의 화폭에다 무엇을 구현할 것인가라는 문제 자체에 대한 보다 지속적인 의문과 탐구를 계속하는 행동을 보인 것이다.

이처럼 주어진 문제에 대한 창의적인 해결뿐만 아니라, 문제 자체를 발견해 내는 능력은 보다 질적으로 한 단계 높은 차원의 창의성이라 볼 수 있다. 예를 들어, 특정 제품 시장에서 기존 제품의 새로운 혁신적 기능을 추가한 신제품을 개발하는 것이나 시장점유율 확대를 위한 독특한 전략을 구사하는 것과 같은 것은 주어진 문제의 창의적 해결이라 볼 수 있지만, 고객의 욕구에 바탕을 둔 기존에 없던 새로운 상품을 개발하는 것은 문제발견이라 볼 수 있다. 이러한 문제발견에 의한 창의성은 오늘날과 같이 너무나 많은 기회와 가능성들이 존재하는 지식정보화 사회에서 더욱 요구되는 것으로 보인다. 그런데 이러한 문제발견 행동이 가능하도록 하는 원동력은 다름 아닌 창의성의 마지막 세 번째 요소인 일에 대한 열정과 내적 동기이다.

인간이 어떤 행동(활동)을 하게 되는 데에는 동기가 있게 마련인데, 심리학에서는 크게 내적 동기와 외적 동기로 구분한다(장재윤 · 구자숙, 1998). 어떤 행동을 하는 데 있어 행동 그 자체로부터 즐거움이나 성취감을 얻기 때문에 하게 되면 내적 동기로 그러한 행동을 하는 것으로 본다. 예를 들어, 어떤 화가가 그림 그리는 활동 자체로부터 오는 즐거움 그리고 작품을 완성하는 데서 오는 성취감 때문에 그러한 활동에 종사하면 그는 내적 동기가 작용한 것이다. 그런데 그 화가가 자신의 작품을 통해 어떤 다른 목적을 달성하기 위해서라면(예를 들어, 돈을 벌기 위해), 그는 외적 동기로 그림 그리는 활동을 하는 것이다. 어마빌레는 창의성의 내적 동기 원리(intrinsic motivation principle of creativity)를 제안하면서 창의성이 발현되기 위해서는 내적 동기, 즉 일에 대한 열정이 필수적이라고 역설하였다. 사실 많은 기업조직에서 구성원들의 창의성을 유발하기 위한 방법으로 단순히 복장을 자유롭게 하는 것과 같은 피상적인 방법만을 강조할 뿐, 많이 간과하고 있는 측면이 다름 아닌 구성원들의 일에 대한 열정과 내적 동기 유발 측면이다.

요약하면 창의성이 발현되기 위해서는 지식과 경험, 창의적 사고, 열정(내적 동기)의 3가지 요소가 필요하며, 이 세 가지 요소가 수렴되면 누구에게나 발현될 수 있는 것이다. 그렇다면, 기업에서 구성원들이 자신들의 창의적 잠재력을 최대한 발휘하도록 하려면 어떤 방안들이 가능할까?

기업에서 창의성의 꽃이 만발하기 위해서는

과거 조직에서의 창의성과 관련하여 상당히 오래 지속되었던 고정관념 중의 하나가 '외로운 영웅적 발명가(lone heroic inventor)'라는 것인데, 이것 때문에 많은 회사들이 소위 '튀는 자의 덫(high flier trap)'에 걸리게 된다(Robinson & Stern, 1997). 즉 그러한 고정관념 때문에 기업은 일부 몇 사람(소위 '천재')에게 상당한 자원을 투자하고 많은 권한을 넘겨준다. 그러한 고정관념이 현실적으로 지속되는 이유는 앞서 설명된 창의성은 특별한 사람들에게서만 발현된다는 오해에서 비롯된 것이다. 물론 이러한 오해가 전혀 근거 없는 것은 아니다. 그것은 미국에서 발명가들의 황금기라고 불리는 시대에는 설득력이 있었고,[3] 일반인들에게 이 고정관념이 널리 퍼져 나갔던 것이다.

그러나 이러한 황금기에 생겨난 고정관념은 미국에서 기업에게 주어지는 특허의 수가 개인에게 주어지는 특허 수를 넘어선 첫 해인 1935년에 이미 종식되었다. 즉, '천재관(genius view)'에서와 같이 특정 인물에게서 창의적인 성과를 기대하던 시대는 끝이 났다. 오늘날의 기업에서는 새로운 기술이나 제품의 개발과정과 절차가 너무나 복잡할 뿐 아니라, 전문화가 더욱 확대되고 지식이 폭증함에 따라 발명과 창조는 옛날과는 전혀 다른 방식으로 이루어진다. 더구나 오늘날 기업에서의 창의적 성과는 한 개인의 아이디어나 노력이기보다는 다수의 노력에 의한 결과인 경우가 더 많다. 문제는 기업 경영자들은 이미 끝난 지 수십 년이 훨씬 지난, 황금기 시대의 성공 사례들로부터 생성된 현실에 맞지 않는 잘못된 관념을 가진다는 점이다. 결국 '튀는 자의 덫'에 걸려 있는 기업들은 자신들의 실제 가능한 창의적 잠재력을 충분히 실현시키지 못하고 있다.

이러한 맥락에서 로빈슨과 스턴(Robinson & Stern, 1997)은 非先入見의 원리(no-preconceptions principle)를 제안하였다. 이 원리는 기업에서 과연 누가 창의적인 성과를 낼지, 그것이 무엇일지, 언제 그것이 발생할지, 어떻게 그것이 발생할지를 결코 미리 예측할 수 없으며, 기업의 창의성은 어떤 직원들이 창의적이고, 그들이 무엇을 할지, 그리고 그들이 언제, 어떻게 그것을 할 것인지에 대해 선입견을 가지면 가질수록 더욱 제한받게 된다는 것이다. 그들이 이 원리를 제안한 배경은 구미와 일본의 다양한 기업들에서 찾아낸 매우 창의적인 성과의 사례들을 분석하면서 였다. 그들은 기업에 엄청난 이득과 혜택을 가져다 준 창의적인 성과의 대부분은 경영층에 의해 사전에 계획된 것이 아니었으며, 거의 대부분은 특별히 창의적인 사람으로 생각되지 않은 사람들에 의해 전혀 예

3) 이러한 황금기는 벨(Bell)이 전화를 발명하고, 에디슨이 당시 인정받던 한 천재에게 자신의 아이디어를 계속 이어나갈 수 있도록 연구소를 설립(1876년)하던 그런 시대였다.

측되지 않은 곳에서 발현되었다는 사실을 알게 되었다. 따라서 이 원리에 근거하면 기업 창의성을 증진시키기 위한 실제적인 수단은 창의적인 사람을 찾아내는 데에 있는 것이 아니라, 모든 종업원들의 창의성을 증진시키는 데에 있다고 할 수 있다. 그런 의미에서 기업에서 '창의성을 경영'한다는 것은 1) 경영자가 앞서 설명된 3가지 창의성의 요소를 가지고 있으면 모든 조직구성원들은 자신들의 창의적 잠재력을 실현할 수 있다는 신념을 가지고, 2) 그러한 3가지 요소를 모든 조직구성원들이 가질 수 있는 여건 또는 맥락만 조성해 주는 것이다. 따라서 최근 창의적인 조직분위기 또는 문화에 관심을 갖는 것은 이러한 생각이 반영된 것이라 볼 수 있다.

로빈슨과 스턴은 미국, 일본 등의 전 세계 다양한 국가들에서의 창의성의 사례들을 분석하여 기업 창의성의 본질은 '기대치 않은 것의 힘(the power of unexpected)'에 있다고 보았다. 즉, 그들은 대다수의 창의적인 아이디어가 전혀 기대되지 않은 직원들에게서 나타난 많은 사례들을 제시하였다. 따라서 기업에서 창의성을 발현시키기 위해 경영자가 해야 할 일은 단지 다음과 같은 여섯 가지 필수 요소를 갖추는 것일 뿐이라 주장하였다.

첫 번째 요소는 방향일치(alignment)로서, 이는 모든 직원들의 관심과 행동을 회사의 주요 목표에 지향하도록 하여, 모든 직원들이 잠재적으로 유용한 아이디어를 찾아내 그것에 긍정적으로 반응하도록 해야 한다는 것이다. 두 번째 요소는 자발적 활동(self-initiated activity)으로서, 대부분의 기대하지 않은 창의적 행위는 자발적 활동에서 나온다는 사실을 강조한다. 사람들은 창의적이고자 하는 선천적인 욕구를 갖고 있으므로, 조직이 해야 할 일은 이미 존재하고 있는 이러한 욕구를 발현시키는 것이다. 따라서 자발적 활동의 핵심은 직원들의 아이디어에 반응하는 효과적인 시스템을 구축하는 것이다. 세 번째 요소는 비공식 활동(unofficial activity)인데, 이는 회사의 직접적인 공식 지원 없이 단지 무엇인가 새롭고 유용한 일을 하려는 의도에서 나타나는 활동이다. 아이디어의 발생 초기단계에서는 회사의 공식적인 지원이 오히려 장애요소가 될 수 있다는 많은 사례들에서 볼 수 있듯이 회사는 직원들의 다양한 비공식적 활동을 조성해 주어야 한다. 3M의 15% 규칙은 좋은 예가 된다. 네 번째 요소는 영민한 발견(serendipity)으로서, 직원들에게 기대치 않은 상황에서의 우연한 발견에서 통찰을 얻을 수 있는 다양한 기회를 제공해야 한다. 왜냐하면 창의성은 종종 겉으로 보기에 아무런 관련이 없어 보이는 것 사이의 관련성을 재조합하거나 형성함으로써 발현되기 때문이다. 다섯 번째 요소는 다양한 자극(diverse stimuli)으로, 조직의 직원들에게 다양한 자극에 접할 기회(예: 안식년)를 제공함으로써 업무에 대해 신선한 통찰을 제공하거나 아니면 무엇인가 전혀 색다른 것을 시도하도록 할 수 있다. 마지막 요소는 사내 커뮤니케이션(within-company communication)이다. 모든 기업은 계획된 활동을 수행하며 그것을 지원하는 데 필요한 커뮤니케이션 라인을 확립해야 한다. 그러나 이러한 공식적인 채널은 기업 창의성에는 상당히 제한된 유용성을 가질 뿐이다. 예상되지 않은(즉, 매우 원활한) 사내 커뮤니케이션은 소규모 회사에서는 자연스럽게 나타나지만, 규모가 큰 회사의 경우에는 그렇지 않다. 회사 규모가 커질수록 창의적 행위에 필요한 요소가 사내에 더 많이 산재해 있을 것 같지만, 적절한 도움 없이 그것을 결합시키기는 매우 어렵다. 결국 한 회사의 창의적 잠재력은 회사의 규모와 함께 급속히 증가할 것으로 생각되지만, 다양한 정보의 기대하지 않은 교환(즉 원활한 사내 비공식적 커뮤니케이션)을 증진시키는 적절한 체제를 갖추지 못하면 이러한 잠재력은 결코 실현될 수 없다.

창의적 리더의 4역할

마지막으로 조직구성원들의 창의성을 자극하기 위해서는 리더의 역할이 특히 중요한데, 창의적인 리더(creative leader)가 되기 위해 갖추어야 할 네 가지 역할에 대해 소개한다. 앞서 오늘날 창의적인 성과는 독립적인 개인에 의한 산물이기보다는 조직 내 팀의 산물인 경우가 더 많다고 지적하였다. 실제 조직에서 창의적인 성과를 도출하는 데 중심적인 역할을 수행하는 사람들은 다름 아닌 조직 내 리더들이다. 따라서 팀이나 집단 수준에서의 리더의 역할이 매우 중요해진다. 필자는 창의적인 리더를 다음과 같이 정의한다.

> 창의적인 리더는 자신의 창의적 잠재력을 충분히 개발, 발휘할 뿐 아니라 팀원들의 창의적 잠재력까지도 자극, 실현하여 조직과 팀에 기대 이상의 성과를 도출하는 리더이다.

그렇다면 조직에서 창의적인 리더가 되기 위해 수행해야 할 역할들은 무엇일까? 창의적인 리더가 되기 위한 역할들은 다음과 같은 두 차원을 통해 자연스럽게 도출될 수 있다. 첫 번째 차원은 창의성의 구성요소차원으로 앞서 기술된 어마빌레의 3요소 중 2가지인 내적 동기(열정)와 창의적 사고기술이다. 두 번째 차원은 적용범위의 차원으로 개인수준과 팀원들과의 관계 수준이라는 두 가지로 구분된다. 따라서 2×2=4의 4가지 역할이 도출된다([그림 X-2]). 각 역할에 대해 보다 구체적으로 살펴보자.

[그림 X-2] **창의적 리더의 4역할**

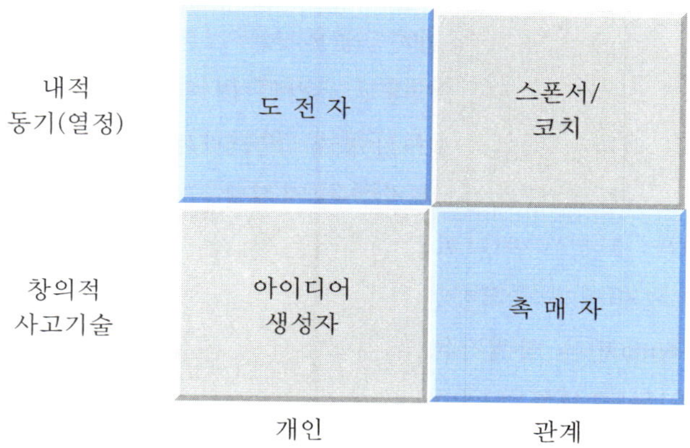

첫째, 개인수준에서 내적 동기에 의한 것은 도전자(Challenger)의 역할이다. 즉, 창의적인 리더는 자기 자신이 일에 대한 내적 동기와 열정으로 새로운 접근과 모험을 주도하는 도전자이다. 기업에서 중간관리자 이상의 리더들은 대개 40대 전후로 상당히 보수적 · 체제 유지적 · 안정 지향적인 경우가 많다. 또한 이러한 안정성 추구로부터 벗어나 자신의 업무와 관련하여 새로운 도전을 주도하는 것이 곧 창의적인 리더에게 요구되는 첫 역할인 것이다. 실제로 인생의 후반기에 새로운 도전으로 매우 창의적 업적을 남긴 사람들의 사례는 많다. 혁신과 창의성의 대명사로 불리는 3M의 '포스트-잇' 을 발명했던 프라이(Fry)는 다음과 같이 말한 적이 있다. "지난 20년 동안 나의 연구생활은 한 번도 같은 적이 없었습니다. 내가 가장 좋아하는 것은 현재 내가 진행하고 있는 연구입니다." 이 말은 그의 끊임없는 도전정신을 잘 표현해 준다. 코닥사에 엄청난 이익을 가져다 준 3차원 입체 영상 사업을 정년을 얼마 남겨두지 않은 시기에 주도했던 쉰들러(Shindler)는 오랫동안 회사의 교육훈련부서에서 근무하던 사람이었다.

둘째, 개인수준에서 창의적 사고기술에 의한 것은 아이디어 생성자(Idea Generator)의 역할이다. 창의적인 리더는 항시 새로운 사고와 역발상적인 사고가 가능한 사람이다. 즉, 확산적 사고, 수평적 사고, 우뇌적 사고를 통해 트렌드를 읽고 그 속에서 새로운 기회와 가능성을 찾을 수 있는 사고자인 것이다. 이러한 역할을 수행하기 위해서는 창의적인 아이디어 발상기법들에 대해 체득해야 할 뿐만 아니라 그러한 창의적 사고력을 바탕으로 시대변화의 흐름 속에서 새로운 가능성을 남보다 앞서 볼 수 있는 안목을 가져야 한다. 특히 오늘날과 같은 급격한 변화의 시기에는 새로운 '문제발견' 이 무엇보다 중요하며, 이러한 새로운 문제와 기회의 발견은 사물이나 세계를 이전과는 다른 각도에서 볼 뿐만 아니라 새로운 아이디어 발상을 끊임없이 함으로써 가능해질 것이다.

셋째, 팀원들과의 관계수준에서 내적 동기에 의한 것은 스폰서(Sponsor)의 역할이다. 창의적인 리더는 자신뿐만 아니라 팀원들의 내적 동기화 및 열정을 불어 넣어줄 수 있는 사람이다. 이를 위해서 리더는 팀원들에게 분명한 비전과 미션을 제시 및 공유하여야 한다. 그리고 팀원들의 목표와 행동이 한 방향을 지향할 수 있도록 해야 한다. 대개 도전감을 주는 과업을 팀원들에게 할당하기 위해서는 사람-직무 적합(person-job fit)이 이루어져야 하므로, 리더는 팀원들의 특성뿐 아니라 업무 특성에 대해서도 충분히 인식해야 한다. 더불어 개인이나 팀은 일상적 업무수행에서 높은 수준의 자율성을 가지고, 그들 자신의 일과 아이디어에 대한 주인의식과 통제감(sense of ownership and control)을 가질 때 창의성은 증가된다(Pelz & Andrews, 1966). 또한 팀원들을 신뢰하고 높은 기대를 가짐으로써 피그말리온 효과를 얻도록 하고, 또한 팀원과의 개방적 커뮤니케이션을 통해 직원들이 자신의 일에 대해 열정을 갖고 몰입하도록 지원해야 한다.

마지막으로 팀원들과의 관계 수준에서 창의적 사고기술에 의한 것은 촉매자(Catalyst)의 역할이다. 창의적인 리더는 팀원들의 창의적 사고를 자극하여 집단수준의 창의적 시너지가 일어나도록 촉진할 수 있는 리더이다. 개인수준의 아이디어 발상과는 달리 집단수준의 아이디어 발상의 장점은 구성원들간의 상호 인지적 자극주기(cognitive stimulation: 장재윤, 2000)에 있다. 이러한 자극주기, 즉 구성원들간의 시너지가 최대로 일어나도록 하는 집단 아이디어 발상 기법들에 대해 리더는 이해하고 있어야 한다. 또한 일반적으로 집단이나 팀 내에서 창의적인 아이디어를 제안하는 사람들은 소수집단일 가능성이 높은데(Nemeth, 1986), 이들의 의견을 적극적으로 경청하고 제안한 아이디어에 대한 효과적인 피드백을 제공해야 한다. 더불어 구성원들간의 상호협조적인 아이디어를 교환하고, 유사한 관심분야를 가진 사람들의 비공식적 모임을 장려해야 하며, 구성원들이 업무 외적으로 다양한 자극을 접할 수 있는 기회를 제공한다. 이는 창의적인 아이디어의 생성확률은 관련된 아이디어에 자주 노출될수록 증가한다는 가정에 기초를 둔다. 그리고 구성원들간의 정보공유 및 확산이 이루어지는 체계를 조성하여야 한다.

참고문헌

장재윤(2000), "전자 브레인스토밍: 집단 창의성 기법으로서의 허와 실," 한국심리학회지: 「사회 및 성격」, 14(3), 79-108.

장재윤 · 구자숙(1998), "보상이 내재적 동기 및 창의성에 미치는 효과: 개관 및 적용," 한국심리학회지: 「사회 및 성격」, 12(2), 39-77.

Amabile, T. M.(1996), *Creativity in context: Update to the social psychology of creativity*, Colorado: Westview Press.

Barron, F., & Harrington, D. M.(1981), "Creativity, intelligence, and personality," *Annual Review of Psychology*, 32, 439-476.

Getzels, J. W., & Csikszentmihalyi, M.(1976), *The creative vision: A longitudinal study of problem finding in art*, NY: Wiley.

Nemeth, C. J.(1986), "Differential contributions of majority and minority influence," *Psychological Review*, 93, 23-32.

Pelz, D. C., & Andrews, F. M.(1966), *Scientists in organizations*, New York: Wiley.

Robinson, A. G., & Stern, S.(1999), 「조직의 창의성」(*Corporate creativity: How innovation and improvement actually happen*, 장재윤 外 譯), 서울: 지식공작소(원전은 1997에 출판).

Ward, T. B.(1994), "Structured imagination: The role of category structure in exemplar generation," *Cognitive Psychology*, 26, 1-40.

Weisberg, R. W.(1993), *Creativity: Beyond the myth of genius*, NY: W.H. Freeman & Company.

Winner, E.(1982), *Invented worlds: The psychology of art*, Harvard University Press.

05 성공적인 혁신을 위해 알아야 할 사항[1)]

이 홍
honglee@daisy.kw.ac.kr

들어가며

기업의 수명은 얼마나 오래갈까? 많은 사람들은 막연히 기업수명은 매우 길 것이라고 생각한다. 하지만 실제를 들여다보면 그 반대 현상들을 발견하게 된다. 미국의 「포춘」 잡지는 매년 세계적 수준의 500대 기업을 선정하여 발표한다. 이들의 수명에 관심이 있었던 한 학자가 이들 중 사라져버린 기업의 평균수명을 계산해 본적이 있다. 놀랍게도 30년이 채 안 되는 것으로 나타났다. 100년을 갔던 기업들은 어떠할까? 이런 기업들도 마찬가지이다. 100년을 지속하였다고 하여도 이들이 쇠퇴로부터 자유스럽다는 보장이 절대 없다. 왜 그럴까? 답은 간단하다. 혁신하지 않는 기업은 생존할 수 없기 때문이다. 혁신이란 변화하는 것을 말한다. 경영환경이 변화하면 여기에 맞추어 자신을 변화시키는 행위가 혁신이다.

100년을 유지하였고 한 때 세상을 주름 잡았던 기업이지만 지금은 초라하게 죽어가

1) 출처: 인크루트 경력개발연구소(2005), "성공적인 혁신을 위해 알아야 할 사항," 「인재경영」, 6월호, pp. 122-129에서 전재함.

고 있는 기업 하나를 예로 들어보자. 우리가 너무도 잘 알고 있는 제록스사이다. 제록스사의 전신은 1906년 설립된 핼로이드사(Haloid Company)이다. 1959년에 제록스사는 세계 최초로 전자복사기를 개발하게 된다. 그 당시 개발된 '제록스 914'는 엄청난 인기를 끌었다. 1970년대 초 새로운 제품으로 대체될 때까지 '제록스 914'는 역사에 기록될 만큼의 베스트셀러였다. 이로 인해 제록스라는 회사이름은 '복사하다'라는 단어와 동의어로 사전에 실리게 될 정도이었다. 하지만 이제 제록스사는 생존에 의문이 제기되는 수준으로 기업이 망가지기 시작하였다. 복사기에 대한 특허시효가 만료되자 재빠르게 이 시장에 뛰어든 일본기업들은 제록스 제품을 능가하면서도 저렴한 제품을 출시하기 시작하였다. 하지만 제록스는 아무런 대처 없이 시간을 보냈다. 결과는 2000년 기준 3억 8천 4백만 달러의 손실로 이어졌다. 기업부채는 170억 달러로 증가하였다. 22,000명에 달하였던 제록스사의 식구들은 정리 해고되었다. 설상가상으로 회계부정 및 사기혐의로 증권거래위원회(SEC)로부터 1천만 달러라는 엄청난 과징금도 부과받았다.

무엇이 잘못되었을까? 제록스사의 쇠퇴는 혁신하지 못하는 기업에게서 볼 수 있는 조직몰락의 전형적 예이다. 제록스사는 결코 하룻밤 사이에 무너진 것이 아니다. 장기간에 걸친 일련의 혁신실패와 관련이 있다.

제록스사의 설립자인 조셉 윌슨(Joseph C. Wilson)은 인간중심과 혁신적인 조직문화를 강조하였다. 윌슨 회장의 직원채용 기준은 분명하였다. 그의 말을 빌려보자. "우리가 찾는 사람은 위험을 감수하고, 새로운 아이디어를 시도하며 자신만의 아이디어를 가지고 있고, 또한 자신의 업무가 내일 혹은 내년에 변한다 해도 이를 두려워하지 않으며, 새로운 사람과, 새로운 업무를 환영할 줄 아는 사람이다." 제록스사는 아직도 윌슨 회장의 이러한 말을 사용하고 있지만 이 말들이 진정으로 의미하는 바는 오래 전에 사라졌다. 그들만의 고질병이 생겼고 이를 오랜 기간 치유하지 못하였다. 이 병 이름은 뷰록스(Burox)이다. 제록스사만의 고질적 관료주의를 빗댄 말이다. 이것이 제록스의 변화와 혁신을 막아섰다.

뷰록스에 의한 위기는 1970년대 초 제록스사의 전자복사 특허가 만료되기 시작하면서 매우 분명해졌다. 캐논이나 리코와 같은 일본 경쟁업체들이 복사기 시장에 진입하면서이다. 제록스의 복사기 품질을 훨씬 능가하면서도 제록스사의 생산원가 정도에 이들은 제품을 판매하였다. 결과는 불을 보듯 명확하였다. 제록스사의 시장점유율은 95%에서 1982년에는 13%로 줄게 된다. 복사기 전쟁에서 절대절명의 위기가 발발하였지만 제록스의 반응은 매우 엉뚱하였다. 사력을 다하여 방어한 것이 아니라 도망을 치기 시작하였다. 그것도 한 번도 해 본 적이 없는 산업으로 말이다. 1990년 제록스사는 보험과 서비스업에 진출하면서 대 재앙을 맞게 된다. 이로 인해 제록스사의 대차대조표에는 수십억 달러의 부채가 기록되었다.

제록스사는 눈물을 머금고 보험과 서비스 사업에서 철수하기로 결정한다. 동시에 회사의 재기를 위해 비용절감과 신제품 도입이라는 혼합전략을 실행하였다. 제록스사는 디지털 프린터와 신개념의 초고속 디지털 복사기를 출시하면서 재기하는 듯 보였다. 하지만 디지털 시대로 진입하는 새로운 환경에 완전히 적응하지 못하면서 다시 무너지기 시작하였다. 디지털화가 되면서 제록스사의 복사기 판매는 오히려 크게 줄었다. 디지털화로 인한 문서작성과 문서공유 양은 늘어났지만, 인터넷과 이메일의 사용으로 인해 복사의 필요성은 크게 줄어든 것이다.

제록스사의 고질적인 문제를 해결하기 위하여 여러 명의 사장이 교체되었다. 하지만 이들은 문제를 해결하기보다는 정치적 알력싸움을 벌임으로 제록스사를 구렁텅이로 더욱 밀어 넣었다. 경영진들은 실패의 원인을 서로의 탓으로 돌렸다. 회사는 경영진의 정쟁으로 거의 마비상태가 되었다. 회사를 살리기 위해 혁신의 사명을 띤 최고경영자가 영입되었지만 수구세력의 저항은 상상을 초월하였다. 기득권을 방어하려는 사람들과 혁신을 지지하는 사람들 사이에는 대립만이 커져갔다. 20년에 걸친 수 차례의 구조조정과 비용절감은 구성원들의 변화에 대한 내성만을 키워갔다.

무엇이 제록스사를 쇠퇴하게 하였는가

도대체 무엇이 제록스사를 이 지경으로 몰아갔을까? 제록스사에 특유한 관료주의인 뷰록스는 왜 극복되지 못하였을까? 몇 가지 이유들을 생각해 볼 수 있다.

첫째, 과거가 제록스를 붙잡았다. 뷰록스의 시발은 아이러니컬하게도 제록스사의 고성장 경험에서 비롯된다. 제록스사의 과거성공이 제록스사의 발목을 잡은 것이다. 제록스 사람들은 회사의 지속적인 성장을 위해서는 또 다른 히트상품을 출시하거나 복사기 이외의 유관 사업으로 진출해야 함을 알고 있었다. 하지만 이것을 실천에 옮기지 못하였다. 공전의 히트를 친 '제록스 914'의 총이익률 70퍼센트에 사로잡힌 이들에게 이는 쉬운 일이 아니었다. 1970년에 설립된 제록스사는 팔로알토연구소(PARC)라는 세계적으로 명성 있는 연구소를 가지고 있었다. PC, 그래픽 사용자 인터페이스, 이더넷(Ethernet)과 레이저 프린터 등 컴퓨터 업계에서 가장 혁신적인 기술들이 사실은 이곳에서 개발되었다. 그러나 제록스사의 임원들은 그들 고유의 관료주의에 가려 자신들이 개발한 기술의 엄청난 잠재력을 알아채지 못하였다. 제록스사가 복사기만 고수하며 변화를 거부하는 동안 신생 소규모 영세업체들은 팔로알토연구소의 혁신기술을 오히려 받아들여 수익성 높은 상품과 서비스로 개발해 냈다. 제록스사는 그저 그런 정도로 주가가 유지된다면 어떤 위기가 와도 변하지 않을 기업이라고 제록스사를 퇴사한 임원들은 입을 모았다.

둘째, 비용줄이기 혁신에만 매달렸다. 기업이 어려워지면 제일 먼저 생각하는 것이 비용에 대한 생각이다. 어떻게든 비용을 줄이는 것이 중요하다는 생각이다. 제록스 역시 기업이 어려워지면서 비용줄이기 변화를 여러 차례 시도한다. 하지만 이러한 혁신 계획은 다른 혁신과 더불어 총체적으로 진행되지 못하였다. 오히려 구성원들의 불만과 변화에 대한 내성만을 키우는 결과로 나타났다. 기업의 혁신은 제품/서비스 혁신, 공정기술혁신, 전략과 구조혁신 그리고 문화혁신으로 나누어 생각해 볼 수 있다. 제품/서비스 혁신은 경쟁력과 핵심역량 회복을 위한 것으로 기업의 미래를 좌우하는 혁신이다. 제록스의 우둔함은 팔로알토연구소를 통하여 미래를 지배할 수 있는 혁신적인 제품을 개발하고도 이를 알아채지 못하였다는 데에 있다. 비용줄이기에 급급하면서 자신이 무엇을 가지고 있는지를 알지 못하였다. 70년대 일본기업의 진입으로 복사기 시장은 원가경쟁이라는 치열한 시장으로 전환되기에 이른다. 하지만 제록스는 시장환경이 어떤 성격으로 진행되는지를 알지 못하였다. 공정기술의 개발을 통하여 원가를 낮추는 정작 중요한 혁신이 아니라 관리비용과 인원구조조정이라는 비핵심적인 부문에만 관심을 가졌다. 제록스사의 또 다른 실수는 전략과 구조변화에서의 실패이다. 제록스사는 자신들이 어려워지고 있는 이유를 새로운 사업의 부재에서 찾았다. 하지만 한 번도 해 보지 않았던 사업은 제록스사에게 결코 자비롭지 않았다. 자신이 가장 잘 알고 있고 핵심역량을 집결할 수 있는 사업이 아닌 곳에서의 경쟁은 제록스사를 더욱 어렵게 만들었다. 여기에 조직구조나 보상 시스템의 혁신 또는 조직통합에 대한 인식의 중요성은 사라지고 정치적 알력만이 제록스사를 대신 채워갔다. 비용줄이기가 진행되면 구성원들의 마음은 황폐해지기 시작하였다. 충성심의 하락과 회사에 대한 분노는 커져갔다.

셋째, 상실 두려움에 빠져들었다. 세상에 변화나 혁신을 좋아하는 사람은 많지 않다. 아무리 적게 잡아도 변화는 익숙한 것들을 버리게 하는 정도의 상실감을 준다. 뿐만 아니라 가지고 있는 것의 일부를 버려야 하는 고통도 준다. 변화와 혁신을 꾀하는 기업에서는 이러한 손실쯤은 변화로 인해 얻는 이익을 위해서 감수해야 할 비용으로 생각한다. 하지만 제록스사에서는 반대의 일이 벌어졌다. 90년대 제록스사가 어려워지면서 경영자의 교체가 일어났다. 알레어 회장이 물러나고 토먼이 최고경영자의 직에 영입되었다. 토먼은 무너져 내려가는 IBM사를 건진 루이스 거스너(Louis Gerstner) 회장의 오른팔이었다. 토먼은 제록스사의 과거 영광을 재현할 것이라는 기대 속에서 혁신 CEO로 취임하였다. 그러나 취임 13개월 만에 매출과 주가의 지속 하락으로 그는 해고되기에 이른다. 왜 토먼은 아무 성과를 낼 수 없었을까? 제록스를 구성하였던 기득권층은 자신들에게 다가오는 손실이 변화로 인한 이득보다도 더 크다고 인식한 것이었다. 경영권을 둘러싸고 외부인인 토먼과 그를 지지하는 소수지지자와 과거 제록스 방식에 익숙한 알레어와 그를 지지하는 내부 세력이 대립하였다. 혁신을 주장하는 토먼은 경영지식, 사업경험, 열의 면에서 높은 평가를 받았다. 하지만, 기득권층은 변화로 인한 손실에 민감하였다. 그들은 토먼을 오만하고 접근하기 어려운 인물로 간주하며 토먼의 영향력 행사를 막아섰다. 토먼을 영입한 알레어 회장도 등을 돌렸다. 토먼은 변화로 인해 올지 모르는 기득권층의 상실 두려움을 해소하는 데에 실패하였다. 알레어는 변화로 인한 이득이 손실을 능가한다는 사실을 망각하였다.

혁신 CEO는 왜 혁신을 못하였나

90년대 혁신 CEO의 투입은 제록스 회생의 발판을 마련할 수도 있었다. 그럼에도 왜 제록스사는 변하지 못하였을까? 혁신 CEO인 토먼은 무엇을 잘못하였을까? 토먼의 실수를 몇 가지 측면에서 살펴보자.

- **확실한 위기감을 심어주지 못하였다**

토먼의 첫 번째 실수는 여기에 있었다. 토먼이 취임하기 전부터 제록스사는 20년에 걸친 수 차례의 구조조정과 비용절감 혁신을 단행했지만 달라진 것이 거의 없었다. 오히려 혁신내성이 심해졌고 상황인식능력은 더욱 떨어져 있었다. 이러한 상황에 대하여 토먼은 명확한 인식을 하지 못하였다. 단지, IBM에서의 혁신성공경험을 제록스에 옮겨 놓는 데 급급하였다. 하지만 제록스사의 사람들은 토먼의 행동을 이해하지 못하였다. 갑작스럽게 나타나 여기저기 헤집고 다니며 쓸모없는 일만 벌이는 사람으로 인식하였다. 토먼은 외부인의 시각에서 제록스가 죽어가고 있다는 사실을 명확히 전달하여야 하였음에도 이것을 하지 못하였다. 현재의 위기가 제록스의 모든 것을 빼앗아 갈 것이라는 다급함이 설득되지 못한 것이다.

변화의 시기에 혁신하는 기업들은 이 점에서부터 차이가 있다. 아메리칸 에어라인(American Airlines)은 2001년 10억 달러의 적자를 기록했다. 이 회사의 최고경영자가 먼저 한 일은 이대로 있으면 죽는다는 절박함을 구성원에게 알리는 것이었다. 우리가 10

억 달러의 적자를 기록했으니 회사의 모든 사람들도 회사가 위기라는 것을 알겠지라는 가정을 하지 않았다. 아메리칸 에어라인은 이 위기가 향후 회사를 얼마나 어렵게 할 것인가를 구성원들에게 일일이 알렸다. 그리고 대대적인 혁신 프로젝트를 진행시켰다. 아메리칸 에어라인은 살아나기 시작하였다.

• 변화를 이끌어 갈 조직구성과 우군확보에서 실패하였다

혁신이란 때로는 고통을 수반한다. 혁신의 필요성을 알면서도 혁신하지 못하는 이유는 혁신에 수반되는 고통 때문이다. 아이들이 자신의 이가 아파 치료가 필요하다는 것을 알면서도 치과에 가는 것을 두려워하는 것과 같은 이치이다. 이것을 극복하기 위해서는 조직변화와 혁신을 선도할 강력한 조직의 구성이 필요하며 이를 뒷받침하는 우군을 확보하여야 한다. 토먼은 이 점에서 실패하였다. 조직내부에서 혁신성향이 있는 사람들을 중심으로 혁신주도세력을 형성하였지만, 이들은 혁신성향만 있었지 구성원들로부터 충분히 지원을 받지 못하였다.

• 변화의 비전과 혁신전략창출에 실패하였다

회사를 성공적으로 변혁하는 리더들은 공통적으로 호소력 있는 비전과 전략을 수립하고 이를 명확하게 구성원들에게 전달한다. 또한 변화로 인해 손실을 입을지 모르는 기득권층에 대하여도 세심한 배려를 한다. 아무리 소규모의 변화라고 하여도 혁신은 불확실성을 야기한다. 혁신이 성공할지 아닐지는 아무도 모른다. 하지만 혁신으로 인한 손실은 혁신으로 인한 이득보다 쉽게 인식된다. 이것이 저항의 이유이다. 따라서 이러한 손실에 대하여 기득권층의 이해를 헤아릴 필요가 있다. 제록스사에서는 이것이 충분히 가능하였다. 하지만 토먼의 혁신전략은 반대였다. 기득권층을 혁신을 방해하는 세력으로 치부하고 무시하였다. 결과는 기득권층의 반발이었다. 한마디 상의도 없이 행해지는 혁신은 토먼의 가장 유력한 지원자인 알레어 회장조차 등을 돌리게 하였다.

• 구성원을 활용한 변화 아이디어 발굴에 실패하였다

변화와 혁신을 하기 위해서는 참신한 아이디어를 얻어야 한다. 아이디어는 외부로부터도 빌려 올 수 있지만 적정한 수준에서 내부의 아이디어에 귀를 기울일 필요가 있다. 내부로부터 얻어진 아이디어는 내부의 반발을 줄여주는 역할을 하기 때문이다. 하지만 토먼의 전략은 그렇지 못하였다. 제록스사의 위기를 초래한 내부인들에 대한 신뢰감이 떨어졌다. 그래서 그는 자신의 IBM에서의 경험에만 의존하였다. IBM식 혁신에 대하여 제록스사의 사람들은 생소했다. 또한 자신들의 목소리가 담기지 못하는 혁신 프로젝트에 대하여 불만을 표하였다. 그들은 토먼이 제록스를 살리려고 하는 것이 아니라 제록스를 자신의 아성으로 구축하려고 하는 것으로 인식하였다.

• 혁신과 변화에 대한 저항을 극복할 수 있는 계획수립에 실패하였다

토먼이 제록스사를 성공적으로 혁신시키려 했다면 치밀한 저항관리 전략이 있어야 하였다. 아무리 훌륭한 혁신 아이디어가 있어도 이것을 실행시키지 못하는 경우가 많다. 그 이유는 구성원이나 다양한 이해관계자의 저항을 예상하지 못하거나 이에 대한 준비를 하지 않았기 때문이다. 혁신으로부터 얻게 되는 성과가 아무리 커도 이로 인해 잃는 것이 있는 사람들이 있다. 이들을 어떻게 관리할 것인가에 대한 치밀하게 계산된 전략이 있어야 한다. 또한 혁신으로 인해 갈등이 발생할 수 있고 구성원들이나 이해관계자의 잠재적 손실이 발생할 수 있음을 인정해야 한다. 이런 것들이 고려된 저항관리 전략이 있어야 혁신은 성공확률이 높다. 토먼은 이것을 등한시하였다.

변화에의 저항-이런 전략으로 극복한다

토먼의 실수 가운데서 저항극복의 문제를 좀더 자세히 살펴보자. 저항을 극복하기 위해서는 적절한 전략구사가 필요한데 이는 다음 몇 가지로 요약할 수 있다.

• 구성원이나 이해관계자의 욕구에 부합하는 혁신 아이디어를 만들어 내라

저항을 극복하는 최선의 전략은 구성원들이나 이해관계자들의 욕구에 부합하는 혁신 아이디어를 개발하는 것이다. 변화와 혁신으로 인해 손해를 보는 것이 아니라 궁극적으로는 이득을 주는 방향으로 혁신 아이디어가 설정되어야 한다.

• 치밀한 의사소통전략을 구사하라

의사소통은 변화의 필요성과 변화로 인한 결과를 구성원들과 이해관계자들에게 알려주는 것을 말한다. 변화를 꾀하기 위해서는 이들과의 충분한 의사소통을 통해 소문과 오해로 인한 분노를 최소화시켜 주어야 한다. 이들이 인식하고 있는 상태에서 혁신이 전개되는 것과 전혀 알지 못하는 상태에서 혁신이 진행되는 것에는 큰 차이가 있다. 혁신이 좌절되는 이유 중의 하나는 적절하게 알리지 않음으로 인한 서운함에서 오는 구성원들이나 이해관계자들의 감정변화이다. 이것을 최소화하기 위한 전략이 수립될 필요가 있다.

• **심리적 안전감을 제공하라**

심리적 안정감은 구성원들이 조직에 있는 다른 구성원들에 의해 당황하게 되거나 거부되지 않을 것이라고 확신하는 것을 말한다. 혁신은 대체로 혁신을 주도하는 사람과 대상이 되는 사람으로 나뉘어진다. 이때 자신이 혁신의 대상이라고 생각한다면 심리적으로 불안감을 느끼게 된다. 적군과 아군이 생겨나는 순간이다. 혁신 CEO 토먼은 이 점을 이해하지 못하였다. 토먼은 쓰러져 가는 제록스는 제록스 내의 기득권층 때문이라고 생각했다. 그들을 혁신대상으로 지목하였고 이들에 혁신의 메스를 대기 시작한다. 결과는 뻔하였다. 혁신대상으로 지목된 사람들은 극도의 심리적 불안감에 빠지기 시작하였다. 토먼을 영입하였던 알레어도 그렇게 생각하였다. 심리적 안전감을 확보하지 못한 토먼이 실패의 길을 걸어간 것은 당연하였다.

• **인사시스템을 적절히 활용하라**

변화와 혁신이 항상 순조롭게 모든 사람들의 지지를 받으면서 행해지는 것은 아니다. 필요에 따라서는 강제적 방법을 동원하지 않으면 안 된다. 아무리 설득해도 안 되는 저항집단이 있다. 이들 때문에 혁신을 늦추기 어려운 경우 강제적 수단을 동원할 수 있다. 이때 인사시스템을 활용하는 것이 좋다. 혁신과 변화에 동참하지 못하면 낙오될 수밖에 없음을 시스템적으로 보여주는 것이다. 하나의 단순한 방법으로 혁신 마일리지를 설정하고 이를 인사시스템에 연계하는 것을 들 수 있다. 일정한 수준의 마일리지를 획득하지 못하면 각종 인센티브에 참여할 수 없고 인사상의 불이익이 가해지는 시스템을 고안하는 것이다. 하지만 이러한 방식을 처음부터 고안하여 사용하는 것은 그리 바람직하지 못하다. 적어도 혁신의 지지세력이 51% 정도를 넘어서는 시기에 이러한 강제적 방식이 동원되는 것이 효과적이다. 너무 이른 시기의 강제적 방식은 혁신에 대하여 막연한 불안감을 느끼는 사람들의 저항만을 증폭시킬 수 있다.

• **아이디어 챔피언을 활용하라**

혁신을 어느 한두 사람의 아이디어에 의해 하향식으로 밀어붙이는 것은 바람직하지 않다. 혁신의 시작이건 중간이건 구성원들의 지지를 받는 사람들에게서 아이디어를 얻는 것이 중요하다. 이는 아이디어를 얻는다는 점에서만 중요한 것은 아니다. 혁신의 합법성을 높이고 수용성을 높이는 목적도 있다. 기업에 따라서는 주니어보드, 청년중역회의, 변화관리담당자 등을 지정해 놓고 있다. 이들을 적극적으로 활용하면 혁신의 수용성을 높일 수 있다. 하지만 많은 기업들은 이들을 지정만 해 놓고 잘 활용할 줄 모른다. 그저 교육이나 몇 번 시켜놓고 방치하는 경우가 많다. 그래서는 안 된다. 가장 좋은 방법은 민감한 사안에 대하여 이들의 머리를 빌리는 방식이다. 혁신 의제를 주고 이들로 하여금 아이디어를 짜 내도록 하여야 한다. 이렇게 하면 최소한 한두 사람이 혁신을 주도하는 것이 아니라는 인상을 구성원들에게 심어줄 수 있다. 생각보다 훨씬 좋은 혁신 아이디어를 얻는 경우도 많다.

꼭 주니어보드, 청년중역회의, 변화관리담당자와 같은 방식이 아니어도 좋다. 전 구성원을 대상으로 아이디어를 얻는 방식도 있다. 이것을 잘 수행한 기업이 있다. 알텔(ALLTEL)이라는 회사는 혁신 프로젝트를 진행시키기 전 철저한 내부조사를 수행하였다. 팀 포커스(team focus)라고 불리는 프로그램이 실행되었다. 2주 동안에 걸쳐 실시된 20개 팀과의 미팅에서 이 회사는 2,800여 개의 혁신의견을 수집하였다. 이것을 170개의 주요 항목으로 분류하고 이를 실행함으로써 구성원들의 저항을 최소화시키며 혁신을 성공적으로 수행하게 되었다.

기업쇠퇴의 단계

혁신과 관련하여 기억하여야 할 또 한 가지 중요한 것이 있다. 혁신은 너무 늦지 않은 시기에 이루어져야 성공가능성이 높다는 점이다. 그런데 많은 기업들이 이 시기를 놓친다. 망해 가는 기업들의 공통적인 현상이다. 망해 가는 기업들이 사라져 가는 단계를 살펴보면 혁신의 시기를 가늠할 수 있다. 가능하면 초기 단계에 대응할수록 혁신은 수월해진다. 망해 가는 기업들은 대체로 5단계를 거치게 된다. 이 단계 어디서든지 혁신과 변화가 가능하다. 하지만 이 시기를 놓쳐버리고 종착역까지 가버린다. 어떤 단계를 거쳐 사라질까?

- **무지단계**(blinded stage)

망하는 첫 번째 단계는 생존을 위협하는 수준의 내부적 · 외부적 환경변화가 나타나고 있음에도 이를 알지 못하는 단계이다. 시장에서는 소비자의 불만이 높아져가고 있음에도 이러한 정보가 잘 전달되지 못하거나 매우 사소한 것으로 인식하는 경우, 조직내부적인 불만이 폭발직전임에도 불구하고 이를 눈치 채지 못하거나 설마하고 넘어가는 경우 등이 여기에 속한다. 환경변화에 민감하게 움직이지 못하고 어영부영 시간만 넘기는 시기가 이때이다. 제록스사의 초기 경우가 여기에 속한다. '제록스 914'의 성공에 도취하여 시장에서 다가오는 이상 징후에 눈뜨지 못하여 결국 호미로 막을 일을 가래로도 막지 못하는 일이 벌어진다. 무지단계를 극복하지 못한 결과이다.

• **무대응단계**(inaction stage)

기업이 망해가는 과정에는 필연적으로 강력한 쇠퇴신호가 켜지게 된다. 대체로 성과의 급속한 악화가 여기에 해당한다. 그럼에도 불구하고 망하는 기업들은 아무런 조치도 취하지 않으면서 무대응단계로 진입하게 된다. 이 단계에서의 특징은 설마이다. 당장 조금은 어려워지고 있지만 이번 고비만 넘기면 잘 될 것이라는 막연한 가정이 기업에 흐른다. 구성원들도 무언가 불안하기는 하지만 설마 망하지는 않을 것이라는 기대감을 가진다. 결국 가장 중요한 시기에 아무런 조치도 취하지 못하고 시기를 놓치는 순간이 무대응단계이다. 기업쇠퇴 가능성을 어느 누구도 인정하지 않고 또 인정하려 들지 않는 단계이다.

• **오류행동단계**(faulty action stage)

망하는 기업의 3번째 단계는 잘못된 조치를 취하는 단계이다. 기업은 심각한 문제를 겪게 되고 형편없는 성과로 인해 시장에서의 평가는 최악으로 치닫고 있지만 잘못된 일련의 조치를 강구함으로써 붕괴가 가속화되는 단계이다. 이 단계에서는 구성원들 모두가 기업이 심각한 지경에 빠져 있다는 공통인식을 가지고 있다. 강력한 조치가 필요하다는 공감대도 있다. 그럼에도 근본적인 혁신에 이르지 못하고 잘못된 행동으로 기업이 더 큰 어려움 속으로 빠지는 것이 오류행동단계이다. 제록스사는 두 가지 점에서 이 단계에서의 오류를 저지른다. 하나는 비용절감 중심의 혁신전략을 추구하였다는 점과 다른 하나는 한 번도 해 본 적이 없는 새로운 사업으로 뛰어들어 헛되이 시간과 노력 그리고 돈을 낭비하였다는 점이다. 그로 인해 제록스는 헤어날 수 없는 상황으로 더 깊이 빠져들게 된다.

• **위기단계**(crisis stage)

기업은 혼란으로 빠지고 구성원은 공황상태에 빠지면서 네 탓만이 난무하는 갈등시기가 위기단계이다. 제록스사에 토먼이 영입되는 시기가 바로 이 시기였다. 그렇다고 이 시기가 극복 불가능한 상태를 말하는 것은 아니다. 쉽지는 않겠지만 구성원들의 의지에 따라 위기극복이 가능한 시기이다. 만연하고 있는 구성원 내부에서의 갈등을 통합하고 새로운 비전과 전략으로 기업의 회생이 가능하다. 제록스사는 불행히도 이것을 실행해 내지 못하였다.

• **해체단계**(dissolution stage)

망하는 기업의 마지막은 해체되는 단계를 맞는 것이다. 이 단계에서는 기업의 회생은 거의 불가능하다. 기업은 시장과 브랜드 명성 그리고 최고의 직원들을 모두 잃게 되고 자본은 고갈상태로 이르게 된다. 유일한 희망은 좋은 가격에 파는 수밖에 없다.

이제 글의 종착역에 도착하였다. 혁신하는 방식을 설명하면서 글을 마무리로 하고자 한다. 혁신은 철저히 환경변화에 적응하기 위하여 자신을 변화시키는 과정이다. 여기에는 크게 두 가지 방식을 들 수 있다. 하나는 급진적 방식이다. 흔히 조직 전체를 변혁함으로써 조직의 준거체계 자체를 변화시키는 방식이다. 예를 들어, 조직 전체를 수직적 구조에서 수평적 구조로 전환한다든지, 마케팅, 재무, 생산 등의 기능부서로 분리되어 있었던 조직체계를 핵심 프로세스 단위로 설계한다든지 하는 것들이 여기에 속한다. 인사체계의 변화나 사업의 구조조정도 여기에 속하는 일이다. 제록스사는 이러한 방식의 혁신이 필요한 경우라고 할 수 있다. 여기에 대처하는 방식에 관하여 설명한 것이 위에서의 설명이다.

하지만 혁신이 언제나 급진적으로만 이루어지는 것은 아니다. 점진적으로도 일어날 수 있다. 점진적 혁신은 조직의 균형을 유지하기 위해 지속적으로 조금씩 자신을 변화시키는 방식이다. 기존의 체계와 프로세스를 대상으로 조금씩 변화를 일으키는 것이다. 짧은 관찰시간 동안에는 변화하는 것이 미미한 것처럼 보이지만 누적시간 동안을 두고 관찰하면 변화의 폭이 매우 큰 것이 점진적 변화의 특징이다. 이러한 혁신전략을 세계적으로 잘 구사하는 기업이 도요타이다. 도요타는 1950년 이래 지속적인 변화를 통해 세계 최강의 기업으로 변모하였다.

어떤 혁신방법을 사용할 것인가는 기업이 처한 상황에 따라 다르다. 점진적 방식은 기존의 사업영역에서 경쟁력확보를 우선으로 하고 그 사업영역이 매우 오랫동안 지속될 가능성이 높을 때 유효하다. 하지만 이 방식으로 경쟁력을 유지하기 위해서는 선결조건이 있다. 혁신을 지속화할 수 있는 능력이 몸에 체화되어 있어야 한다. 끊임없이 혁신을 한다는 것은 말처럼 쉽지 않다. 조직에 항상 긴장감이 흘러야 중단 없는 변화가 가능하다. 뿐만 아니라 혁신을 위한 정치한 방법론을 개발하거나 흡수하고 있어야 한다. 최근 유행하고 있는 6시그마 방식이 바로 점진적 혁신을 위한 좋은 방법론의 하나이다. 또한 이를 모든 구성원들이 공유하고 실행하고 있어야 한다.

점진적 혁신을 열심히 잘하였다고 하여서 영원히 기업이 경쟁력을 가질 수 있는 것은 아니다. 미래는 어떤 종류의 산업파괴적 기술이 만들어질지 모른다. 기존의 제품을 무너뜨리거나 막강한 경쟁자의 등장으로 기업은 언제든지 일순간에 어려워질 수 있다. 이 경우에는 급진적 혁신이 주요 초점이 된다. 기업을 회생시켜야 되기 때문이다. 제록스사와 같은 운명이 어느 기업에게도 있을 수 있다는 말이다. 앞에서의 길게 다룬 이야기들은 이때를 대처하기 위한 조언들이다.

참고문헌

Daft, R. L.(2004), *Organization Theory and Design*(8th ed.), (김광점 외 8인 번역), 서울: 한경사.

Beatty, C. A., & Gordon, R. M.(1988), "Barriers to the Implementation of CAD/CAM Systems," *Sloan Management Review*, 25-33.

Kotter, J. P.(1996), *Leading Change*, Boston, MA: Harvard Business School Press.

Nadler, D. A., & Tushman, M. L.(1989), "Organizational Frame Bending: Principles for Managing Reorientation," *Academy of Management Executive*, 3, 194-204.

McCann, J. E.(1991), "Design Principles for an Innovating Company," *Academy of Management Executive*, 5, 76-93.

Cross, J.(1999), "Back to the Future," *Management Review*, 50-54.

Weitzel, W., & Jonsson, E.(1991), "Reversing the Downward Spiral: Lessons from W, T. Grant and Sears Roebuck," *Academy of Management Executive*, 5, 7-21.

Weitzel, W., & Jonsson, E.(1989), "Decline in Organizations: A Literature Integration and Extension," *Administrative Science Quarterly*, 34, 91-109.

06 기업에 의한 조직개발 개입 (Intervention)과 변화전략의 효과성[1)]

김민수
kimmin@ewha.ac.kr

최근 한국기업들은 IMF 이후 구조조정이라는 말처럼 익숙한 전략이 없을 정도로 빠른 속도로 변화하고 있다. 기술의 진보로 인해 기업환경이 급변하고 새로운 기업전략이 쏟아지고 있는 현 시점에서 이에 대처하기 위해 한국기업들은 구조조정과 혁신을 화두로 삼은지 오래되었다. 그러나 대부분의 기업에서 이러한 구조조정과 혁신을 시도하고 있으나 성공한 사례로 얘기되는 기업은 많지 않다. 이런 조직혁신의 비효과성은 비단 한국기업만의 문제는 아니다. 최근 한국에서도 유행이었던 BPR(Business Process Reengineering)의 경우 미국 기업들의 약 80%가 실패한 것으로 평가되고 있다(Hammer & Champy, 1993).

많은 조직개발론(Organizational Development) 학자들은 이러한 조직에 의한 개입(Intervention)의 성과와 효과성에 대해 논하여 왔다(Cummings & Worley, 2004). 조직개발 개입은 조직의 성과 및 효과성의 향상을 위한 일련의 활동들이다. 개입설계 또는 액션 플래닝은 조직에 대한 면밀한 분석을 통해 식별된 구체적인 문제의 해결 또는 특정 조

1) 출처: 인크루트 경력개발연구소(2005), "기업에 의한 조직개발 개입과 변화전략의 효과성,"「인재경영」, 4월호, pp. 114-121에서 전재함.

직의 기능을 향상하는 것을 의미한다. 조직개발 개입은 이미 개발되어 많은 기업에서 사용되고 있는 표준화된 프로그램뿐만 아니라 특정 조직이나 부서에 맞게 설계된 상대적으로 독특한 프로그램까지 다양한 변화 시도들을 대상으로 하고 있다. 이 글에서 필자는 개입설계(intervention designing) 과정을 개관하고 그 효과적인 개입의 기준과 성공적인 개입설계를 위한 요인들을 제시하고자 한다.

효과적인 개입이란 무엇인가

개입(intervention)이란 조직의 효과성을 증가시키기 위해 계획된 일련의 활동들로, 기업의 현 상태에 대한 재고찰에서 시작된다. 즉 현재의 조직을 지금보다 더욱 효과적인 상태로 변화시키려는 기업의 의도적인 노력이 개입인 것이다. 조직개발 학자들에 의하면 효과적인 개입이란 다음의 세 가지 기준을 만족시켜야 한다. 첫째, 조직의 니즈(needs)를 어느 정도 충족시키는가, 둘째, 기업 내외 요인에 대해 구제적인 지식과 전략에 근거하여 개입이 시도되고 있는가, 셋째, 조직구성원에게 어느 정도의 변화관리 역량이 있는가.

첫 번째 기준은 조직 및 조직구성원에게 실제적으로 개입이 중요한 정도를 의미하는데, 조직 및 조직구성원에게 실제적으로 중요한 개입일수록 조직의 기능에 대한 타당한 정보에 근거하고 있고, 조직구성원에게 자유로운 의사결정 기회를 제공하며, 이들의 내재적 몰입을 이끌어 내어야 한다. 여기서 말하는 타당한 정보는 조직기능에 대한 진단의 결과로, 조직구성원의 일차적 중대사에 대해 이들이 지각하고 느끼는 것을 반영해야 한다. 자유로운 의사결정이란 조직구성원들이 자신에게 영향을 미치는 변화에 대한 의사결정에 적극적으로 관여하는 것을 말한다. 이는 또한 조직구성원들이 변화에 대한 의사결정에 불참할 수 있으며, 조직구성원에게 무조건 참석할 것을 강요하지 않는다는 것을 의미한다. 내재적 몰입이란 조직구성원들이 개입에 대한 주인의식 및 책임감을 가지는 것으로, 개입으로 의미 있는 변화를 추구하려면, 경영진, 스탭, 그 외 모든 관련자들이 개입의 실행에 몰입해야 한다.

효과적인 개입의 두 번째 기준은 결과에 관한 지식을 의미한다. 즉, 개입전략의 설계가 기존의 이론 또는 모델에 근거하여 이루어져야 한다. 개입은 특정한 결과를 의도하고 있기 때문에, 결과물이 실제로 나타날 수 있는 타당한 지식에 근거해야 한다. 그렇지 않다면 효과적인 개입을 설계해야 되는 전략적 근거가 없게 되는 것이다. 불행하게도, 의학이나 공학과 같은 응용학문과는 대조적으로 개입의 영향에 관한 지식은 초기단계이다. 평가연구들의 대다수가 변화 프로그램의 성패에 관한 인과관계를 만들기에 충분한 학문적 엄격성이 부족하다. 게다가, 상이한 조직변화 기법들간의 효과를 비교하는 연구가 거의 없다. 이러한 요인들 모두가 어떤 기법이 더욱 효과적인지 평가하기 어렵게 하고 있다. 이러한 문제점에도 불구하고, 조직개발 개입의 장단점을 체계적으로 평가하고 조직효과성에 미치는 여러 기법들의 영향을 비교연구하려는 시도들이 있어 왔다(Russ Eft & Preskill, 2001).

효과적인 개입의 세 번째 기준은 개입이 변화를 관리하는 조직의 능력을 향상시키는 정도를 의미한다. 조직개발의 기본 가치는 개입을 따를 때, 조직구성원들이 계획된 변화활동을 스스로 더 잘 수행할 수 있어야 한다는 것이다. 개입의 설계 및 실행에 적극적으로 참여하여 조직구성원들은 변화를 관리하는 데 필요한 지식 및 기술을 얻어야 한다. 오늘날과 같이, 끊임없이 기술적 · 사회적 · 경제적 · 정치적 변화가 빠르게 일어나는 시기에는 변화관리의 역량이 필수적이다.

효과적인 개입을 설계하려면

조직개발 개입의 설계는 변화하는 상황의 필요 및 역동성에 주의를 기울여야 하고, 지금까지 기술한 효과적인 개입기준과 일치해야 한다. 조직개발 개입에 관한 현재의 지식은 변화에 대한 일반적인 가이드라인만을 제공한다. 개입의 설계방법 또는 특정 결과를 달성하고자 하는 조직상황과 개입의 상호작용에 대해 정확한 정보나 연구가 부족한 상황이다. 게다가 대부분의 조직개발 개입의 실행능력은 변화담당자의 기술 및 지식에 매우 의존적이기 때문에, 개입의 설계는 실무자의 전문지식에 어느 정도는 의존적이게 된다.

개입의 성공에 영향을 미칠 수 있는 주요한 요인들로는 변화상황(situation)과 관련 있는 요인과 변화대상(target)과 관련 있는 요인을 들 수 있다(Warrick, 1995).

변화상황과 관련 있는 요인

개입의 성공에 영향을 미칠 수 있는 여러 상황 요인들이 밝혀지고 있다. 조직구성원들간의 개인차(예: 자율욕구), 조직적 요인(예: 경영스타일, 기술적 불확실성), 변화과정의 차원(예: 최고경영자의 지원 정도) 등이 여기에 해당된다. 이들 요인들이 고려되지 않으면, 개입의 설계는 조직에 거의 영향을 미치지 못하거나 더 나쁜 경우에는 부정적 결과도 가져올 수 있다. 예를 들면, 석유 정제공장에서 일하는 근로자의 동기부여 문제를 해결하기 위해서는, 동기부여 향상을 위한 개입(예: 직무충실화)이 석유 정제공장에서 일하는 근로자에게 효과적인지를 아는 것이 중요하다. 많은 경우에 이러한 상황요인에 대한 지식에 따라 해당 상황에 적합한 변화 프로그램으로 수정된다. 마찬가지로, 조직에 보상시스템 개입을 적용할 때는 기업이 개인성과 또는 팀 성과를 증대시키기 원하는 정도에 따라 변화 프로그램이 수정되어야 한다. 상황요인에 관한 지식이 여전히 초기단계이지만, 연구자들은 개입의 성공에 영향을 미칠 수 있는 여러 상황요인들이 발견되어 왔으며, 아래와 같은 상황요인은 모든 조직개발 개입에 적용되는 보다 일반적인 상황요인들이다.

- **변화에 대한 준비도**(Readiness for change)

개입의 성공은 조직이 얼마나 변화할 준비가 되어 있느냐에 따라 크게 달라진다. 변화에 대한 준비도의 지표로는 변화압력에 대한 민감도, 현 상황에 대한 불만족, 변화에 필요한 자원의 허용정도, 상당한 시간적 몰입 등이 있다. 이러한 요인들이 존재하면, 진단 단계에서 드러나는 조직이슈들을 반영하는 개입이 설계될 수 있다. 그러나 변화에 대한 준비도가 낮으면, 조직의 변화의지를 증가시키는 데 우선적으로 초점을 두어야 한다.

- **변화를 수행하는 조직구성원의 능력**(Capability to change)

변화를 관리하는 데에는 특정 지식 및 기술이 요구된다. 즉 변화를 유발하는 능력, 변화를 이끄는 능력, 정치적 지원을 조성하는 능력, 변화과정을 관리하는 능력, 변화의 여세를 유지하는 능력 등이 요구된다. 만약 조직구성원이 이러한 능력을 가지고 있지 않으면, 조직구성원들이 개입설계에 관여하기 전에 사전 훈련이 필요하다.

- **변화를 위한 조직문화**(Cultural context)

조직이 속한 국가의 문화는 조직구성원들이 변화에 어떻게 반응하느냐에 많은 영향을 미친다. 따라서 개입설계는 조직구성원의 문화적 가치 및 가정을 고려해야 한다. 특별히 특정 문화권에서 개발된 조직개발 관행이 다른 문화권에 있는 조직에 적용될 때에는 현지의 문화에 적합하도록 개입이 수정되어야 한다. 예를 들어, 미국기업의 최고경영자를 위해 설계된 팀구성 개입이 외국의 자회사에 적용될 때는 수정될 필요가 있다.

- **변화담당자의 능력**(Capabilities of the change agent)

많은 조직개발의 실패는 변화담당자가 자신의 역량을 넘어서는 개입에 관여할 때 발생한다. 개입설계시, 조직개발 실무자는 개입의 효과적 수행에 필요한 요구사항에 견주어 자신의 경력과 전문지식을 평가해야 된다. 만약 적합하지 않다면, 조직개발 실무자는 개입이 자신의 능력에 더 잘 적합하도록 조정될 수 있는지, 아니면 자신의 능력에 더욱 적합한 다른 개입이 조직의 필요를 충족시킬 수 있는지, 또는 보다 효과적으로 변화를 이끌어갈 수 있는 다른 변화담당자의 협력을 얻어야 하는지 등을 살펴보아야 한다. 조직개발 실무자에게 적용되는 윤리적 지침에 의하면, 고객에게 적용가능한 이들의 지식 및 전문능력을 모두 발휘해야 한다고 나와 있다. 따라서 조직개발 실무자는 자신의 능력을 나타내거나 또는 고객의 요구에 더욱 적합한 사람을 추천해야 되는 것이다.

변화대상과 관련 있는 요인

조직개발 개입은 조직의 특정 부분의 변화를 추구한다. 이러한 변화대상은 개입의 주된 관심대상인데, 연구자들은 개입의 성공에 영향을 미칠 수 있는, 변화대상과 관련된 중요한 요인 두 가지를 제시하였다. 개입이 해결하고자 하는 조직의 이슈와 개입이 영향을 미치리라 예상되는 조직시스템의 수준이 바로 그것이다.

• 조직의 이슈(organizational issues)

조직은 조직의 효과적인 운영을 위하여 다음의 네 가지 특정 이슈를 검토해야 한다: 전략, 기술 및 구조, 인적자원, 인간관계 과정.

우선 전략적 이슈(strategic issue)를 보자면, 조직은 어떤 제품 또는 서비스를 제공할 것인지, 어떤 시장에서 경쟁할 것인지, 환경과 어떻게 조화를 이룰 것인지, 변화하는 상황을 따라가기 위해서는 어떻게 변화할 것인지 등을 결정해야 한다. 이러한 전략적 이슈는 오늘날과 같이 매우 경쟁적인 환경에 직면하고 있는 조직에게 있어 가장 중요한 이슈이다. 이러한 이슈를 지향하는 조직개발 방법들을 전략적 개입이라고 한다. 이는 가장 최근에 조직개발에 추가된 것으로, 통합적 전략변화, 인수 및 합병, 제휴 및 네트워크 개발, 조직학습이 이에 포함된다.

다음으로 기술 및 구조 이슈(technology and structure issue)를 보자면, 조직은 일을 각 부서에 할당하는 방법과 부서간의 균형을 유지하는 방법을 결정해야 된다. 조직은 또한 제품이나 서비스를 어떻게 제공할 것인지와 사람을 과업과 어떻게 연계시킬 것인지도 결정해야 된다. 이러한 구조 및 기술이슈를 해결하는 조직개발 방법들은 기술구조적 개입이라고 하고, 조직설계, 종업원관여, 작업설계 등과 관련된 조직개발 활동들이 여기에 포함된다.

셋째로 인적자원 이슈(human resource issue)는 인재를 유인하여, 이들의 목표설정, 평가 및 보상, 경력개발 및 스트레스 관리를 해 주는 것과 관련 있다. 이러한 이슈를 목표로 삼고 있는 조직개발 기법들은 인적자원개발 개입이라고 한다.

끝으로 인간관계 과정 이슈(human process issue)는 의사소통이나 의사결정, 리더십, 집단역학과 같이 조직구성원들간에 발생하는 사회적 과정과 관련이 있다. 이러한 이슈에 초점을 두고 있는 조직개발 방법들은 인간관계 과정 개입이라고 한다. 갈등해결과 팀빌딩이 여기에 해당된다.

시스템이론에 의하면 이러한 조직의 이슈는 상호 연관되어 있고 서로 통합되어야 한다. 조직이 높은 수준의 효과성을 달성하기 위해서는 한 영역에서의 해결책이 다른 영역에서의 해결책과 조화를 이루어야 된다. 예를 들어, 경쟁우위를 얻기 위한 의사결정을 내린 경우에는 이 의사결정이 조직구조, 목표설정, 보상, 의사소통, 문제해결 등의 선택과 적합해야 된다는 것이다. 또 다른 예로 목표설정 개입은 목표달성과 임금을 연결시키는 보상시스템과 같은 개입과 통합될 필요가 있다. 이와 같이 개입의 핵심은 체계적으로 생각하는 것이다. 특정한 조직의 이슈를 겨냥한 개입은 다른 종류의 이슈에 언제나 영향을 미친다. 따라서 조직개발 개입이 다른 이슈에 어떻게 영향을 미치는지와 상이한 변화 프로그램들이 더 광범위하고 더욱 일관된 영향을 야기하기 위해 어떻게 통합되어야 하는지를 주의 깊게 생각해야 효과적인 개입이 된다.

• 조직수준(organizational levels)

조직은 상호 연관된 이슈들을 가지고 있을 뿐만 아니라 서로 다른 수준에서 기능한다. 즉 개인, 집단, 조직, 집단간이라는 상이한 수준에서 기능한다. 따라서 조직수준은 조직개발의 변화대상이다. 예를 들면, 기술구조적 개입 중 몇몇은 주로 개인과 집단에 영향을 미치나(예: 작업설계), 다른 몇몇 개입은 전체 조직에 주로 영향을 미친다(예: 구조적 설계).

조직개발 개입에 의해 일차적으로 영향을 받는 대상 수준이 정해져 있지만, 많은 조직개발 개입은 다른 수준에도 역시 이차적 영향을 미친다. 예를 들면, 구조적 설계는 주로 조직수준에 영향을 미치지만, 집단과 개인에 간접적인 효과도 가질 수 있다. 왜냐하면 구조적 설계는 작업집단과 개인의 직무를 설계하는 데 적용되는 전반적 지침을 설정하기 때문이다. 또한, 조직개발 실무자는 체계적으로 생각해야 된다. 이들은 구체적인 조직수준에 적용되는 개입을 설계해야 되고, 다른 수준에 미칠 수 있는 영향의 가능성도 언급해야 되며, 서로 다른 수준에 영향을 미치는 개입을 통합해야 된다. 예를 들면, 자율경영 작업팀을 만드는 개입은 팀작업을 장려하도록 하는 조직수준의 측정 및 보상시스템으로의 변화와 연계되어야 한다.

변화에 대한 동기부여

조직개발 개입에 따른 변화는 알려진 것으로부터 미지의 것으로의 이동이다. 미래는 불확실하고 개인의 역량, 가치, 대처능력에 해로운 영향을 미칠 수 있기 때문에, 변화에 대한 강압적인 이유가 없는 한 조직구성원은 일반적으로 변화를 지지하지 않는다. 유사하게, 조직도 현상유지를 위해 많은 투자를 하기 때문에 이를 변화시키려는 노력에 저항한다. 결과적으로, 조직개발 개입계획의 핵심이슈는 조직의 변화에 대해 어떻게 몰입을 발생시킬 것인가이다. 이를 위해서는 두 가지의 서로 연관된 과업에 대해 주의를 기울여야 한다. 즉 변화에 대해 준비하도록 하고 변화에 대한 저항을 극복하는 것이다.

변화에 대해 준비(creating readiness for change)

조직개발에서 가장 기본적인 원칙 중 하나는 '사람들이 변화에 대해 준비하도록 하는 것은 변화의 필요성을 느끼도록 하는 정도에 따라 달라진다'는 것이다. 이는 사람들이 현 상태에 대해 불만족하도록 만들어 새로운 작업과정, 기술, 행위 등을 시도하도록 동기부여하는 것을 의미한다. 이러한 불만족을 만드는 것은 금연이나 체중감량과 같은 습관적 행위를 변화시키는 것이 어려운 것처럼 어려울 수 있다. 일반적으로, 사람과 조직은 심각하게 의미 있는 변화를 수행하기 전에 깊은 수준의 고통을 경험할 필요가 있다. 예를 들면, IBM, GM, Sears는 상당한 변화 프로그램을 수행하기 전에 조직의 생존에 대한 위협을 경험하였다. 다음의 세 가지 방법이 변화를 유발하면서 충분한 불만족을 만드는 데 도움을 줄 수 있다.

- **변화에 대한 압력에 민감하게 하라**

변화에 대한 엄청난 압력은 조직에 영향을 미친다. 현대의 조직은 격렬한 국제경쟁, 급변하는 기술, 글로벌 시장의 등장 등과 같은 전례가 없는 변화에 대한 압력에 직면해 있다. 또한 새로운 리더십, 조잡한 품질의 제품, 높은 생산비용, 과도한 종업원의 결근 및 이직 등과 같은 내부적 요인들도 변화에 대한 압력으로 작용한다. 이러한 압력들이 변화의 계기로 작용하기 전에 조직은 이러한 변화에 민감해야 한다. 코닥(Kodak), 애플(Apple), 폴라로이드(Polaroid), 제니 크렉(Jenny Craig)과 같은 많은 기업들은 이러한 변화에 민감하지 못하여 비참한 결과를 경험해야 했다. 조직의 리더는 자신의 주위에 악역

(Devil's advocates)을 둠으로써, 상이한 관점을 가진 사람들로 이루어진 외부 네트워크를 형성함으로써, 새로운 아이디어를 얻고자 다른 조직을 방문함으로써, 경쟁자의 발전이나 벤치마크와 같은 외부의 성과기준을 사용함으로써 변화에 대한 압력에 보다 민감해질 수 있다. 예를 들어, North Carolina의 Greensboro에 있는 Wesley Long Community Hospital의 관리자들은 Ritz Carlton Hotel, Marconi Commerce Systems의 고관여 공장 등을 방문하여 현재의 조직에 활력을 불어넣을 수 있는 방법을 찾고자 하였다.

- **현재와 바람직한 상태간의 불일치를 알려라**

이는 변화의 공감대를 형성하고자 현재의 조직운영에 대한 정보를 수집하여 바람직한 상태와 비교한다. 바람직한 상태는 조직의 목표, 기준, 그리고 비전을 의미한다. 실제와 이상적 상황 간의 상당한 격차는 조직구성원들이 이를 바로잡고자 하는 변화를 시도하도록 동기부여할 수 있다. 조직 진단의 주요 목표는 구성원에게 현재의 조직운영에 대한 피드백을 제공하는 것이고, 그렇게 되면 바람직한 미래 상태나 목표와 비교할 수 있게 된다. 이러한 피드백은 조직을 향상시키고자 하는 행위에 활력을 줄 수 있다. 예를 들면, Waste Management, Sunbeam, Banker's Trust에서는 재무제표가 자사에 근본적인 쇄신이 필요함을 명확하게 보여주는 계기가 되었다.

- **변화가 긍정적인 결과를 가져 올 것임을 설득력 있게 알려라**

조직구성원은 언제나 조직변화의 결과에 대한 기대를 가지고 있다. 변화에 대한 긍정적 접근법에 따르면, 이러한 기대는 변화에 대한 동기부여를 일으키는 데 있어 중요한 역할을 한다. 기대는 자기 충족적 예언으로 작용할 수 있기 때문에, 구성원들은 성공할 것이라 기대되는 변화 프로그램에 에너지를 쏟아 붓게 된다. 구성원이 성공을 기대하면, 변화과정에 더 많은 몰입을 하게 되고, 변화를 실행하는 데 필요한 건설적 행위들에 더 많은 에너지를 투입하게 된다. 이러한 긍정적 효과를 얻는 데 있어 중요한 것은 조직변화에 대한 현실적이고 긍정적인 기대를 전달하는 것이다. 연구들에 의하면 변화의 필요성, 변화의 효익, 변화의 설계 및 실행에 대한 정보가 가장 유용하다고 한다. 이를 통해 조직구성원은 긍정적인 결과의 효익에 대해 학습할 수 있게 되고, 변화 프로그램에 대한 긍정적인 기대도 세울 수 있게 되기 때문이다.

변화에 대한 저항을 극복(overcoming resistance to change)

조직구성원과 조직은 변화에 대해 크게 저항할 수 있기 때문에, 조직의 향상을 이루고자 하는 것은 어렵다. 개인수준에서, 변화는 상당한 불안을 발생시킬 수 있다. 구성원들은 현재의 능력과 기업에 대한 자신의 공헌이 미래에도 여전히 가치 있을지에 대해 확신하지 못하거나 또는 새로운 상황에서 수익을 낼 수 있을지 그리고 효과적으로 기능하도록 학습할 수 있을지에 대해 의문을 던질 수 있다. 조직수준에서, 변화에 대한 저항은 세 가지 원천으로부터 발생한다. 첫 번째가 기술적 저항으로, 이는 일반적인 절차를 따르는 습관과 현재 투자된 매몰비용에 대한 고려로 인해 발생한다. 두 번째는 정치적 저항으로, 이는 조직의 변화가 최고임원이나 스탭과 같은 유력한 이해관계자를 위협하거나 또는 리더의 과거 결정에 의문을 제기할 때 발생할 수 있다. 조직변화는 자본, 훈련예산, 인재와 같이, 이미 희소한 자원을 지금과는 다르게 배분하는 것을 의미한다. 마지막은 문화적 저항이다. 이는 현상유지를 강화하는 시스템과 절차로, 현재의 가치, 규범, 가정에 동조하도록 한다.

이러한 변화에 대한 저항을 해결하는 세 가지 전략은 다음과 같다.

- **공감대와 지지(empathy and support)**

저항을 극복하는 첫 번째 단계는 조직구성원들이 변화를 어떻게 경험하는지를 아는 것이다. 이 전략은 변화를 수용하는 데 어려움을 가진 조직구성원들, 변화에 대한 저항의 본질, 이를 극복할 수 있는 가능한 방법 등을 파악할 수 있게 한다. 이 전략은 판단을 보류하고 다른 사람의 관점으로 상황을 바라보는 적극적 경청(Active listening)을 요구한다. 조직구성원들이 변화담당자가 진실로 자신들의 감정과 지각에 관심을 가지고 있다고 느끼면, 변화에 대해 덜 방어적이게 되고 자신의 두려움과 걱정을 공유하려고 한다. 이러한 개방적 관계는 저항에 대한 유용한 정보를 제공할 뿐 아니라 변화에 대한 장애물을 극복하는 데 필요한 문제해결의 기반이 될 수 있다.

- **의사소통**

조직구성원은 변화의 결과가 불확실할 때 변화에 저항한다. 적절한 정보의 부족은 소문과 불안을 만들어낸다. 변화와 그 가능한 결과에 관한 효과적인 의사소통은 이러한 추측을 줄일 수 있고 까닭 없는 두려움도 경감시킬 수 있다. 이는 조직구성원이 변화에 대해 현실적으로 대처하도록 돕는다. 그러나 의사소통은 변화를 관리하는 데 가장 어려운 부분 중 하나이기도 하다. 조직구성원은 지속적으로 현재의 조직운영과 미래계획에 관한 소식과 더불어 사람, 변화, 정책에 관한 비공식적 소문도 접하게 된다. 관리자와 조직개발 실무자는 이러한 정보흐름을 어떻게 타개할 것인지 진지하게 생각해 봐야 한다. 이에 대한 전략으로 새로운 또는 다른 의사소통 채널을 이용하여 변화정보에 대해 자세히 의사소통하는 방법이 있다. 만약 대부분의 정보가 메모나 이메일로 전달된다면,

변화정보를 회의나 발표 등을 통해 전달하는 것이다. 대규모 변화를 겪는 경우 효과적일 수 있는 다른 방법으로는 의도적으로 변화정보를 일상적인 운영정보로 대체하는 것이다. 이는 조직구성원의 활동을 변화시키는 것은 직무에 있어 중요한 것이란 메시지를 전달한다.

• **참여와 관여**

변화에 대한 저항을 극복하는 가장 효과적이고 가장 오래된 전략 중 하나가 조직구성원이 직접 변화를 계획하고 실행하도록 하는 것이다. 참여는 높은 수준의 변화를 가능케 하고 또한 이의 실행에 저항하는 것을 극복할 수 있게 한다. 조직구성원은 상황에 적절하고 효과적인 혁신을 이룰 수 있는, 다양한 정보와 아이디어를 제공할 수 있다. 이들은 또한 실행의 장애요인도 제시할 수 있다. 변화계획에의 관여는 조직구성원의 관심과 욕구가 개입에 고려될 가능성을 증가시킨다. 따라서 참여자는 변화의 실행에 몰입하게 된다. 왜냐하면 그렇게 하는 것이 자신의 욕구나 관심을 만족시키는 것이기 때문이다. 게다가 관여욕구가 강한 사람에게는 참여 그 자체가 변화를 동기부여할 수 있다.

참고문헌

Cummings, T. G., & Worley, C. G.(2004), *Organization Development and Change*(8th ed.), Mason, Ohio: South Western.

Hammer, M., & Champy, J.(1993), *Reengineering the corporation: A manifesto for business revolution*, New York: Harper Collins.

Russ Eft, D., & Preskill, H.(2001), *Evaluation in Organizations: A Systematic Approach to Enhancing Learning, Performance, and Change*, Cambridge: Perseus Books.

Warrick, D.(1995), *Action Planning, in Practicing Organization Development*(eds), W. Rothwell, R. Sullivan, and G. McClean. San Diego: Pfeiffer.

07 조직활성화의 핵심: 업무가치 증진[1)]

오동근 · 이영석
ohkoh@orgio.net

많은 기업들이 끊임없이 조직의 변화와 혁신을 위한 노력을 경주하고 있다. 기업마다 변화의 방식들에서 다소 차이는 있을 수 있으나, 그 공통적인 목적은 보다 바람직한 방향으로 구성원들의 사고와 행동을 변화시키는 것이다. 기업의 경쟁력은 사람에게 있고, 따라서 구성원 한 사람 한 사람이 자신의 분야에서 자발적으로 최선의 노력을 다할 수 있을 때 기업은 지속적 경쟁우위를 점할 수 있게 될 것이며, 영속적 기업으로서의 비전을 달성할 수 있기 때문이다. 조직 활성화란 바로 조직구성원들이 조직의 경영이념, 비전, 공동목표와 합치되게끔 보다 능동적으로 활발하게 활동하게 하는 힘을 의미한다. 이러한 의미에서 활성화된 조직이란, 구성원들 스스로가 자신의 업무에 몰입하고 자신의 역량을 최대한 발휘하며 즐겁게 일하는 조직이다. 이러한 조직의 모습이야말로 모든 기업들이 궁극적으로 바라는 조직문화의 모습이며, 그것은 구성원들 스스로가 자신의 업무가 가치 있다고 느낄 때 가능한 것이다.

그러나 많은 기업들이 구성원들의 업무가치에 대해서 이야기하면, 조직의 성과 측면

1) 출처: 인크루트 경력개발연구소(2005), "조직활성화의 핵심은 업무가치 증진,"「인재경영」, 10월호, pp. 52-59를 수정 보완함.

에서 그 업무가 갖는 중요도나 기여도 등과 같이 업무의 재무적 가치 또는 객관적 가치만을 생각할 뿐 구성원 개개인이 자신의 일을 수행하면서 느끼는 주관적 가치들에 대해서는 생각하지 않는다. 기업의 입장에서 보자면, 관리적 측면에서 개별 업무들이 갖는 재무적 가치가 업무담당자의 급여산정, 수행평가, 선발/승진결정, 조직구조 설계 등에 활용되는 중요한 요소이게 된다. 그러나 그러한 객관적 업무 가치만으로는 구성원들이 업무에서 느끼는 의미와 가치, 자발적이고 열정적인 업무수행 노력을 설명하지 못한다. 어떤 조직도 재무적으로 중요한 업무가 있고 덜 중요한 업무가 있지만, 업무의 객관적 가치가 구성원들이 느끼는 의미와 보람, 열정의 순서는 아니기 때문이다. 오히려 객관적 업무가치에 대한 지나친 강조가 개개인의 업무수행 노력을 좌절시키고, 구성원간 화합을 저해하며, 재미없고 무미건조한 일터를 만들 수 있다. 조직의 입장에서는 모든 구성원들이 자신의 업무에 최선을 다해 주기를 기대하지만, 개개인의 책임감에만 의존할 수는 없다. 모두가 중요하고 핵심적인 업무만을 수행하는 것이 불가능하다면 우리의 관심은 객관적 업무가치가 아닌 주관적인 업무가치, 즉 개개인이 자신의 업무수행을 통해 느끼는 가치에 초점을 두어야 할 것이다.

또한, 구성원의 업무가치를 인식시키는 것의 중요성에 대해서 이야기하면, 많은 기업들이 그 업무에 합당한 금전적 보상을 제공하는 것이 업무가치 증진의 최선의 방법으로 생각한다. 그러나 그러한 외적 보상의 한계는 이미 많은 심리학자들을 통해 입증되어 왔다. 성과와 효율성만을 강조하고 그에 따라 보상과 인센티브를 제공하는 경영방식과 리더십이 단기적으로는 그 기업에 성과를 가져다 줄 수 있을지 모른다. 그러나 그러한 속에서 사람들은 자신의 조직내 행동을 금전적 인센티브에만 연결짓게 되고, 결국에는 인센티브 없이는 개인의 자발적 행동을 기대할 수 없는 수동적이고 이기적인 조직문화를 형성하게 되어, 장기적으로는 기업의 성과를 저해하게 될 것이다.

그렇다면 어떻게 해야 구성원들의 업무가치 인식을 증진시킬 수 있을까? 이 질문에 대한 해답을 찾기 위해, 먼저 업무가치 인식이란 무엇이며, 업무가치 인식을 결정하는 요인들이 무엇인지를 규명하고, 그런 뒤 이들 요인을 증진시키기 위한 방법들을 제시하고자 한다.

업무가치 인식이란

업무가치 인식에 대해 이해하기 위해서는 일가치감의 개념을 이해할 필요가 있다. 일가치감은 기존의 동기이론을 토대로 개발되었다. 많은 동기이론가들과 인본주의 심리학자들은 사람들에게 자신의 삶과 자신이 하는 일이 의미 있다고 믿고 싶은 욕구가 있음을 제시해 왔다. 매슬로우(Maslow)가 제시한 존중의 욕구와 자아실현의 욕구, 알더퍼(Alderfer)가 제시한 성장의 욕구, 로저스(Rogers)가 이야기한 긍정적 자기존중(positive self-regard)의 욕구, 데시와 리안(Deci & Ryan, 1985)의 유능, 자율, 관계의 욕구 등이 그 예이다. 이러한 욕구들은 결핍욕구가 아닌 성장욕구로서 한 번 충족된 이후에도 지속적인 동기요인으로 작용하며, 외재적인 욕구가 아닌 내재적인 욕구로서 내적 만족을 통해 충족될 수 있고, 욕구들이 충족되었을 때에는 긍정적 정서를 경험하게 된다는 것이다.

이러한 동기이론들이 조직장면에서 갖는 시사점을 토대로, 일가치감(Perceived Value of Work: PVW)을 일을 통해서 경험하는 심리적 상태로서 자신이 하는 일이 가치 있고 자신이 조직 내에서 필요한 존재라는 인지적 평가 및 그에 따른 긍정적 정서반응을 포함하는 개념으로 정의하였다. 즉, 일가치감이란, 자신이 담당하고 있는 업무가 조직 내에서 중요하고 가치 있는 업무라고 느낄 때, 사람들은 자기 자신이 조직 내에서 가치 있고 필요한 존재라고 느끼게 되고, 그렇게 될 때 보람과 자부심, 즐거움과 재미를 느낄 수 있게 된다는 것이다.

일가치감의 개념을 좀더 자세히 살펴보면, 그 속에는 일관련 가치와 자기관련 가치라는 인지적 요소와 가치관련 정서라는 정서적 요소를 포함하고 있다. 먼저 인지적 요소를 살펴보면, 일관련 가치(work-related value)는 자신이 하는 일들이 가치 있고 중요하다는 개인적 평가를 의미하며, 자기관련 가치(self-related value)는 조직구성원으로서의 자신의 적합성과 가치에 대한 개인적 평가를 의미한다. 이 두 요소가 개념적으로는 구분되나, 현실적으로는 매우 깊은 관련성을 갖는다. 그것은 조직생활에 있어서 조직구성원에게 가장 중요한 것은 자신이 담당하고 있는 업무 또는 역할이기 때문에(Hackman & Oldham, 1975), 조직장면에서의 개인의 가치는 자신이 하는 업무를 떠나서 생각할 수 없기 때문이다. 즉, 조직에서의 개인의 가치는 곧 일의 가치인 것이다. 이러한 의미에서 피어스, 가드너, 쿠밍스 그리고 던햄(Pierce, Gardner, Cummings, & Dunham, 1989)은 조직에서의 개인의 자존감을 과업-의존적 자존감(task-specific self-esteem)이라 표현하였으며, 업무수행과 관련된 구체적 경험들이 조직에서의 개인의 가치에 영향을 미친다고 제안하였다. 조직과 사람은 일을 통해 연결되어 있기 때문에 자신이 하는 일이 가치 있는 일이고 자신의 조직 내 역할이 가치 있다고 지각될 때, 사람들은 한 조직의 구성원으로서의 존재가치를 경험하게 되는 것이다.

또한, 자신과 자신의 일에 대한 가치인식은 자신과 일에 대한 긍정적인 정서를 가져오게 된다. 사람들에게는 자신을 높이 평가하고 존중하며 타인으로부터 존경받기를 바라는 욕구가 있으며, 이러한 욕구가 충족되었을 때 사람들은 긍정적인 정서(자신감, 가치감, 강자라는 느낌, 적당감, 그리고 사회에서 유능하고 필요한 존재라는 느낌)를 얻게 되는 것이다(한덕웅, 2004). 이러한 정서는 업무수행과 관련된 정서와 자기 자신에 대한 정서로 구분할 수 있다. 먼저 자신이 하는 일이 가치 있다고 생각할 때 느끼게 되는 긍정적 정서로는 일 자체에 대해서 느끼는 자부심, 성공적 업무수행을 통해 느끼게 되는 성취감, 그리고 업무수행의 결과가 갖는 의미나 활용을 통해 느끼게 되는 보람 등을 들 수 있다. 즉, 자신이 가치 있는 일을 하고 있다고 느끼게 됨으로써, 개인은 자신이 그러한 일을 하고 있다는 것에 대해 자부심을 갖게 되고, 그러한 일을 수행함으로써 성취감을 느끼게 되며, 일의 수행 결과로서 보람을 느끼게 되는 것이라 할 수 있다. 두 번째로 조직 내에서 자신이 가치 있는 존재라고 생각될 때 느끼게 되는 긍정적 정서로는 유능감과 자존감을 들 수 있다. 유능감이란 자신에게 주어진 업무를 수행할 능력이 있다는 믿음(Deci, 1971)을 의미하며, 자존감이란 업무수행 상황에서의 자신에 대해 느끼는 전반적인 긍정적 정서상태(Marshall, 1989)를 의미한다. 유능감과 마찬가지로 자존감도 자신에 대한 긍정적 정서상태를 나타내지만 보다 포괄적인 의미를 갖는다. 이러한 두 가지 정서상태는 일을 통해 느끼는 자기 자신에 대한 긍정적 정서상태라 할 수 있을 것이다. 즉, 자신이 하는 일에 대해 가치를 인식하게 됨으로써, 그러한 일을 하고 있는 자신에 대해서도 가치를 느끼게 되는 것이다. 조직구성원에게 있어서 개인의 가치는 자신이 수행하고 있는 업무의 가치에 의해서 결정되므로, 자신이 하는 일에 대해 가치를 인식하게 될 때, 개인은 그러한 일을 수행하는 자신에 대해 유능감과 자존감을 느끼게 되며, 반대로 자신이 하는 일이 아무런 가치를 느끼지 못하게 될 때에는 자신에 대한 무능감과 자기비하를 느끼게 되는 것이다.

업무가치 인식 영향요인

사람들이 자신의 업무가 가치 있고 자기 자신이 가치 있다고 느끼는 데 영향을 미치는 요인들은 크게 업무 특성 차원, 업무수행 과정 차원, 업무수행 결과 차원, 개인비전 연계 차원, 사회적 평가 차원으로 구분할 수 있다(오동근 등, 2004). 이들 각각의 요인에 대해 살펴보면 다음과 같다.

첫 번째 요인인 업무특성 차원은 자신의 업무 자체가 가지고 있는 특성들과 관련된 것으로서, 이러한 특성들을 가진 업무들은 업무 자체의 특성상 사람들로 하여금 업무가치를 인식하기 쉽게 한다. 여기에는 ① 전문성이 요구되는 업무(직무를 수행하기 위해 요구되는 활동들이 보다 더 다양한 기술이나 재능을 필요로 하는 업무), ② 정체성이 있는 업무(하나의 업무가 전체 과정의 어느 한 부분만을 담당하기보다는 처음부터 끝까지 진행되는 특성을 가진 업무), ③ 창의성이 요구되는 업무(창의적인 아이디어가 요구되거나, 과거에 해 보지 않은 새로운 경험을 제공하거나, 다양한 업무들에 대한 기회가 주어지는 업무), ④ 성과가 명확히 드러나는 업무(자신이 수행한 일의 결과가 잘했는지 못했는지를 명확하게 알 수 있는 업무), ⑤ 핵심업무(그 조직의 미션과 직접적으로 연결된 업무), ⑥ 난이도가 높은 업무 등이 포함된다.

두 번째 요인인 업무수행 과정 차원은, 업무를 수행하는 과정에서 개인에게 얼마나 많은 자율성이 주어지는가와 관련된 요인이다. 특히, 이러한 과정상의 요인은 많은 경우에 상사의 업무 스타일에서 비롯되는 경우가 많다. 많은 업무들이 상사와의 상호작용을 통해 이루어지게 되므로, 상사의 업무 스타일이 지시적이고 관리적일수록 자율성은 낮아지기 때문이다. 여기에는 ① 권한과 책임: 업무를 수행하는 과정에서, 스스로(또는 참여적으로) 목표를 설정하고, 해야 할 일을 계획하고 절차를 수립하며, 과정을 스스로 통제할 수 있을 때, ② 원활한 피드백: 업무수행 과정에서 수행의 정도에 대한 피드백과 업무수행에 도움이 되는 코칭이나 조언 등이 주어질 때, ③ 불필요한 업무: 불필요한 보고 및 보고서의 작성, 비효율적인 회의, 관련 부서간의 빈번한 업무조정, 지나친 서류작성 및 과다한 관리업무, 비효율적 업무관행 등이 없을 때, ④ 원칙과 기준: 업무수행 과정에서의 서로의 역할과 책임 및 진행일정 등에 대한 원칙과 기준이 지켜질 때 등의 요인들이 포함된다. 업무과정 차원은 업무가치 인식의 가장 필수적인 요인들임에도 불구하고, 많은 조직들에서 가장 낮은 수준을 보이는 요인으로서, 가장 우선적으로 개선이 요구된다 하겠다(오동근 등, 2004)

세 번째 요인은 업무수행 결과 차원으로서, 개인의 업무수행 결과가 팀과 조직 전체에 유용한 정도와 관련된 요인이다. 만일 자신이 하는 일이 회사의 성과에 기여하지 못한다고 지각될 때, 개인은 자신이 하는 업무에 대해 가치를 느끼지 못하게 될 것이고, 스스로 죄책감과 미안함을 느끼게 될 것이며, 이러한 느낌이 오래 지속될 경우에는 조직에서 자신이 필요 없는 존재라는 무력감과 냉소적인 사고를 가지게 될 것이므로, 업무수행 결과 차원은 업무가치 인식에 매우 중요한 요소이다. 여기에는 ① 조직 영향력: 업무수행의 팀, 타인, 조직에 미치는 영향력이 크다고 생각될 때, ② 조직 기여도: 업무수행의 결과가 팀 또는 조직에 기여하는 바가 클 때, ③ 실패시 파급효과: 업무수행이 실패했을 때 미치게 될 파급효과가 큰 경우, ④ 사회적 기여: 업무수행 결과가 사회적으로 기여한다고 느낄 때 등이다.

네 번째는 개인비전 차원으로서, 현재의 업무가 개인의 장기적 비전달성에 얼마나 기여하고 있는가와 관련된다. 경영환경은 빠르게 변하고 있고, 새로운 기술과 산업의 변화로 인해 업무내용은 점점 더 복잡해져 가며, 노동시장의 유연화로 인해 정년은 점점 더 낮아져 가고 있다. 사람들은 변화하는 환경에 적응하면서도 한편으로는 끊임없이 자신의 역량을 개발하면서 미래를 대비해야 하기 때문에, 현재의 업무가 자신의 미래와 어떠한 관련성이 있는가에 깊은 관심을 가지게 된다. 이러한 이유에서 업무가치 인식에 있어서 개인비전 차원은 중요한 요소가 되는 것이다. 여기에는 ① 경력발달: 전문가로서 성장하는 데 도움이 될 때, ② 역량증진: 자신의 역량이 증진되는 일을 할 때, ③ 승진기회: 조직에서 성장(승진)하는 데 도움이 된다고 느낄 때, ④ 개인목표달성: 개인의 장기적 계획과 목표를 달성하는 데 도움이 된다고 느낄 때 등이 포함된다.

다섯 번째 요인은 사회적 평가 차원으로서, 자신의 업무와 관련한 조직 내 사회적 관계, 즉 팀 내/조직 내 동료 및 상사들로부터 얼마나 많은 인정을 받고 있는가와 관련된 요인이다. 사람들은 스스로를 높이 평가하고, 타인들로부터 인정과 존경을 받고 싶은 욕구를 가지고 있다. 칭찬과 인정은 상대방의 능력에 대한 존중과 긍정적 기대의 표현인 동시에 업무수행 결과에 대한 정적인 보상으로 작용하게 되므로, 사회적 평가 차원은 업무가치 인식에 중요한 요소로서 작용하게 된다. 여기에는 ① 상사의 인정: 상사들부터 자신의 업무와 관련하여 인정받을 때, ② 동료의 인정: 직장동료들로부터 자신의 업무와 관련하여 칭찬과 인정을 받았을 때, ③ 사회적 지위: 자신이 하는 업무내용으로 인해 남들로부터 지위를 인정받을 때 등이 포함된다.

지금까지 사람들로 하여금 업무가치를 느끼게 하는 요인들에 대해서 살펴보았다. 이들 요인 중 업무 특성 차원은 개인이나 조직이 쉽게 변화시킬 수 없는 측면이다. 이러한 특성들의 변화를 위해서는 업무재분장, 직무순환, 직무재설계 등의 방법이 사용될 수 있으나, 여전히 쉬운 일은 아니다. 더욱이, 영업직, 판매직, 기술직 등과 같이 업무특성 자체의 변화가 어려운 직무들도 많으며, 모든 구성원들에게 그들이 원하는 특성의 업무를 모두 제공할 수 있는 것도 아니다. 이러한 이유에서 업무특성의 변화를 통한 업무가치 인식의 변화를 꾀하는 데는 한계가 있으며, 따라서 업무가치 인식의 변화에 있어서 업무수행 과정 차원, 업무수행 결과 차원, 개인비전 연계 차원, 사회적 평가 차원의 요인들이 갖는 중요성이 크다 하겠다. 이들 네 가지 차원의 경우에는 어떤 객관적 기준을 갖는 것은 아니며, 많은 경우에 개인의 주관적 해석과 인식에 의해 결정된다고 할 수 있다. 그러한 의미에서, 업무가치 인식은 업무자체가 갖는 객관적 가치보다는, 개개인이 자신의 업무에 대해 지각하는 가치를 의미하는 것이며, 이러한 이유에서 동일한 업무를 수행하면서도 개개인의 업무가치 인식이 증가될 수 있는 것이다. 그렇다면 어떻게 업무가치 인식을 증진시킬 수 있을까?

어떻게 업무가치를 증진시킬 것인가

조직변화를 위한 전략은 세 가지 수준으로 나뉘어진다. 첫 번째가 개인수준의 전략으로서, 조직의 구성원 개개인에 중점을 두어 자신의 비전을 점검케 하고, 스스로의 사고와 행동을 반성함으로써 변화를 주는 방법이다. 이러한 접근은 그 효과가 조직 전체수준으로 나타나기 위해서는 시간이 오래 걸리고, 조직적인 지원과 제도적인 변화 없이 개인적인 변화에는 한계가 있을 수 있다. 주로 개개인에 대한 교육적인 개입이 이에 해당된다.

두 번째는 조직의 전체수준에 적용되는 것이다. 이는 주로 Top-down형태로 전개되며 구성원들의 실질적인 공감을 얻지 못하는 시험안으로 끝날 우려가 있다. 더욱이, 조직수준의 접근은 구성원들로 하여금 회사가 뭘 하려 하는지 지켜보도록 하는 수동적인 자세를 갖게 되며, 많은 경우 의사결정의 지연으로 인해(특히, 대기업의 경우) 효과가 절감되게 되고, 심지어는 회사에 대한 불신과 불만을 야기할 수도 있다.

세 번째는 집단수준의 접근으로서, 팀을 중심으로 이루어지는 조직변화 방식이다. 조직 내 중간 수준인 업무집단을 중심으로 조직 전체의 변화와 개인수준의 변화를 모두 유도한다는 점에서 장점을 갖는다. 또한, 실패로 인한 위험부담이 적고 집단경제성의 원리에 의해 개개인의 의식, 행동변화를 더 강력하게 일으킬 수 있다(박광량, 1994). 보다 구체적으로, 집단을 통한 조직변화는 부분적인 성공체험을 초기단계에서 끌어낼 수 있고, 이에 대한 홍보를 통한 타 집단의 자발적인 참여를 유도해 낼 수 있으며, 기존의 팀, 부단위의 업무집단을 그대로 이용하기 때문에 인력 및 재원의 확보차원에서 조직의 부가적인 부담이 적을 뿐만 아니라 기존 조직 자체 역량이 강화되어 업무과정에 바로 직결되는 효과를 얻을 수 있다는 장점을 갖는다.

그러나 무엇보다도 업무가치 인식의 증진을 위해 집단 단위의 접근이 요구되는 이유는, 개인의 업무와 상호작용이 대부분 자신이 속한 집단, 즉 팀을 중심으로 이루어지기 때문이다. 따라서, 팀 단위의 활동을 통한 변화는 개인의 업무활동에 직접적인 영향을 미치게 되고, 따라서 변화계획이 실제 업무환경에서 쉽게 전이되고 follow-up될 수 있게 된다. 더욱이, 업무가치 저하의 많은 원인들이 리더의 업무스타일이나 팀 내 업무분담 불균형, 팀 내 의사소통 방식 등에 있으므로, 이러한 문제들을 해결하기 위해서는 문제의 당사자들이 함께 참여하여 문제를 공유하고, 함께 원인과 해결책을 찾아서 변화계획을 수립하고, 그 계획을 함께 실천해 나갈 수 있어야 한다. 이러한 이유에서 업무가치증진을 위한 변화활동은 팀 단위로 수행될 때, 그 효과가 가장 극대화될 수 있게 된다.

그렇다면 팀 단위의 변화활동을 통해 무엇을 변화시켜야 할까? 업무가치의 증진은 크게 두 가지 측면에서 이루어질 수 있다. 첫 번째는 업무에 대해 가치를 부여하는 활동이고, 두 번째는 업무가치를 저해하는 요소들을 찾아 제거하는 활동이다. 전자는 자신의 업무가 갖는 가치에 대한 개인의 인식을 전환시키기 위한 활동인 반면에 후자는 업무가치를 저해하는 요소들을 찾아 변화시킴으로써 실질적인 업무변화를 가져오는 활동이다.

먼저 업무에 대해 가치를 부여하기 위해서는 각자가 하고 있는 업무들이 어떠한 가치를 갖는지에 대해서 구체적으로 생각해 볼 기회를 가져야 한다. 많은 사람들이 자신의 업무가 조직 내에서 어떠한 가치를 갖는지에 대해서 이야기해 보도록 하면 잘 대답하지 못한다. 그러한 이유는 대부분의 경우 주어진 업무들을 수행하는 데 바쁘기 때문이며, 또한 긍정적인 측면들에 비해 생각하기보다는 부정적인 측면들이 보다 더 특출하고 크게 지각되기 때문이며, 우리들의 사고가 긍정적인 측면들보다는 부정적인 측면들에 대해 생각하는 데 익숙하기 때문이다. 업무수행 결과 차원에서 자신의 업무가 타인들과 조직에 어떠한 영향을 미치며, 어떻게 활용되고 있는지 등에 대해서 생각해 보도록 하는 것, 그리고 개인비전 차원에서 현재 수행하고 있는 업무가 개인의 역량증진과 전문가로서의 성장, 조직 내에서의 성장과 발전 등에 어떠한 도움이 되는지에 대해서 생각해 보는 것도 자신의 업무가치에 대한 인식의 전환에 도움이 될 것이다. 이를 위해서는 팀과 개인의 비전과 미션을 명확히 해야 할 필요가 있다. 그렇게 함으로써, 현재의 업무가 팀의 비전과 미션달성에 어떠한 도움이 되며, 또 개인의 비전달성에는 어떠한 도움이 되는지를 보다 구체적으로 생각할 수 있게 되기 때문이다. 이러한 논의의 과정에서, 팀장과 팀원들이 그 사람의 업무가치에 대해 인정하고 공감해 주며, 또 본인이 인식하지 못하고 있는 가치가 있다면 서로가 생각하는 그 업무의 가치에 대해 이야기함으로써 업무가치 인식이 증진될 수 있을 것이다.

두 번째로 업무가치를 저해하는 요소들에 대한 제거를 위해서는 불필요한 업무를 제거하고 비효율적인 업무를 개선하는 활동이 요구된다. 업무가치를 증진시킨다고 해서, 개인이 하고 있는 모든 업무들에 대해 가치를 느낄 수 있도록 해야 하는 것은 아니며, 또 모든 업무들에 대해서 다 가치를 느낄 수 있는 것도 아니다. 많은 직장인들이 자신의 업무수행에서 일에 대한 가치를 가장 저하시키는 요인으로 불필요한 업무와 비효율적인 업무수행과정을 손꼽는다. 불필요한 보고 및 보고서의 작성, 비효율적인 회의와 관련 부서간의 빈번한 업무조정, 지나친 서류작성 및 과다한 관리업무, 업무 프로세스 개선을 통해 얼마든지 효율적인 업무수행이 가능함에도 불구하고 관행처럼 행해지는 여러 가지 업무들이 그 대표적인 예이다. 이렇듯 불필요한 업무와 비효율적인 업무수행 과정은 일을 수행하는 당사자들의 에너지를 소진시키고, 일에 대한 관심과 흥미를 저하시키며, 업무가치를 저하시키게 된다.

업무가치를 저해하는 요소들 중 빼놓을 수 없는 것이 리더의 업무스타일에 대한 변화이다. 이것은 리더십과는 다른 개념으로서, 리더가 갖추어야 할 역량이나 스킬을 의미하기보다는 리더와 부하 간의 업무적 상호작용 과정에서 보여주는 리더의 구체적인 행동들을 의미한다. 리더의 업무스타일은 크게 팀원관리, 팀운영, 의사소통, 코칭, 업무처리, 업무지시, 회의, 보고, 의사결정 등과 관련된 리더의 행동스타일로서, 이러한 행동들 중 팀원들에게 불편함을 주거나 일의 효율성을 저하시키거나, 불필요한 업무를 만들어 내는 행동들을 찾아내어 리더 스스로가 변화시켜 나가야 한다. 이를 위해서는 각각의 업무스타일에 대한 팀원들의 솔직한 피드백이 요구되며, 리더와 팀원들이 함께 마음을 터놓고 이야기할 수 있어야 한다.

업무가치를 저해하는 요소들에 대한 제거 과정에 있어서 핵심은 개인의 주관적인 인식을 중시해야 한다는 것이다. 자신의 업무가치는 개인이 인식하고 느끼는 것이지, 객관적인 가치가 정해져 있는 것은 아니라는 것이다. 복잡한 분석도구를 이용하여 개개인의 업무를 분석하고, 개개인의 업무들에 대한 가치를 계산한 뒤, 이를 토대로 일방적으로 업무에 대한 가치를 결정하고 억지로 개선안을 내놓도록 하는 식의 방법으로는 절대 업무가치 인식의 증가를 가져오지 못한다. 오히려, 그러한 활동 자체가 또 하나의 불필요한 일로 인식되어, 업무가치 인식이 더 떨어지는 계기가 될 수도 있다.

지금까지 밝힌 다섯 가지의 업무가치 결정요인들과 업무가치 증진을 위한 변화 방안들을 토대로 개발된 것이 업무가치증진(TVC: Task Value Creation) 활동이다. 지금부터는 TVC 활동이 어떠한 프로그램이며, 그 효과가 어떠한지에 대해 구체적으로 살펴보고자 한다.

업무가치 증진을 위한 TVC 활동

업무가치증진(TVC: Task Value Creation) 활동은 가치 없는 일들을 제거하고, 조직 내가치를 저해하는 요소들을 개선하며, 해야 하는 일이지만 가치를 느끼지 못하는 일들에 대해서는 가치를 부여하기 위한 팀 단위의 자율변화 활동이다. 그 기본 전제는 각자가 자신의 업무에 대해 가치를 느끼는 것이 조직문화 발전의 시작이라는 것이다. 업무에 대한 가치를 느끼게 되면 조직의 구성원으로서 자신에 대한 가치를 느끼게 되고, 이러한 가치인식은 업무수행에 대한 재미와 보람, 자부심과 성취감을 느끼게 함으로써, 궁극적으로는 일하고 싶고 일할 맛 나는 조직문화를 창출하게 될 것이기 때문이다.

TVC 활동은 3-4개월 동안의 실행을 전제로 실시된다. '사전준비'를 시작으로 1박 2일의 '여는 모임', 월 1회마다 갖는 '다지는 모임', 활동종료시점에서 갖는 '닫는 모임'의 4단계로 이루어져 있다.

첫 번째는 사전모임 단계이다. TVC 활동은 교육을 받은 각 촉진자가 자신의 팀에 돌아가 '사전모임'을 갖는 것에서부터 시작한다. '사전모임'에서는 TVC 프로그램에 대한 설명을 통해 팀장 및 팀원들로부터 TVC 활동에 대한 참가 동의를 이끌어내고, TVC 진단지(여는 모임용)를 작성하게 된다. TVC 진단지에는 팀 풍토, 팀 활성도, 업무가치 인식도 및 리더의 업무스타일에 대한 진단이 이루어지게 된다. 또한, 여는 모임에서의 활발한 논의가 가능하도록 하기 위해 사전에 준비해야 할 과제들을 설명한다.

두 번째, 여는 모임 단계에서는 사외에서 1박 2일 동안 다음과 같은 총 10단계의 활동을 실시한다.

1단계 – 들어가며: 이 단계의 목적은 참가자들의 참여동기를 높이기 위한 것으로서, 참가자들과 팀장의 기대소감을 발표하도록 한다.

2단계 – 아이스 브레이크: 이 단계에서는 팀 회합이 보다 효율적일 수 있도록 자유스러운 토론 분위기를 만들기 위하여 간단한 게임을 실시한다.

3단계 – 우리모습 보기: 이 단계의 목적은 자신들의 현재모습에 대한 이해를 높이기 위한 것으로서, 사전조사결과를 피드백한다.

4단계 – TVC 이해: 이 단계의 목적은 TVC에 대한 이해를 높이기 위한 것으로서, TVC 활동의 목적과 기본사상, TVC 활동에서 지켜야 할 원칙에 대해 설명한다.

5단계 – 우리 자신 비춰보기: 이 단계에서는 각자의 모습을 타 팀원들에게 내 보인 후 상호간에 좋은 점에 대한 칭찬과 개선점에 대한 피드백을 주고받는 시간이다. 이를 통해, 자신이 알지 못했던 자신에 대한 타인들의 생각들을 깨닫게 되고 또 상대방에 대해 알지 못했던 사실들을 새롭게 알게 됨으로써, 서로에 대한 이해의 폭을 증대시켜 현업에서 느껴보지 못한 팀원들간의 동료

애를 확인하는 시간이다.

6단계 – 나의 업무가치 찾기: 이 단계의 목적은 자신의 업무가치에 대한 인식의 변화를 가져오기 위한 단계이다. 참가자들은 부서의 미션달성과 개인의 성장목표 달성 측면에서 자신의 담당업무가 갖는 가치에 대해 발표하고, 업무수행 시 경험하는 전반적인 애로사항들에 대해서도 발표하게 된다. 다른 팀원들은 발표자가 언급한 담당업무의 가치에 대해서는 인정해 주고, 발표자가 인식 못하고 있는 가치들이 있으면 찾아주며, 애로사항에 대해서는 공감의 메시지나 도움이 될 수 있는 방안을 얘기해 준다.

7단계 – 나의 업무가치 올리기: 이 단계의 목적은 업무가치 저해 요소들을 제거하기 위한 단계로서, 각자의 업무가치를 증진시키기 위한 구체적인 개선계획을 수립하는 단계이다. 각자가 생각하는 불필요한 업무들에 대해서는 제거 가능성을 논의하고, 비효율적인 업무들에 대해서는 개선계획을 논의하며, 필요성은 인정하나 업무가치를 느끼지 못하는 업무들에 대해서는 개선방안을 이야기하고, 그 어려움을 상호 인정해 주는 시간을 갖는다.

8단계 – 리더 업무스타일 도움주기: 이 단계의 목적은 업무가치를 저해하는 리더의 업무스타일을 개선하기 위한 것이다. 리더의 업무스타일에 대한 진단결과를 발표하고, 팀원들의 피드백을 통해 팀장 스스로가 자신의 행동에 대한 변화계획을 수립하게 된다.

9단계 – 가치 없는 팀 업무 함께 풀기: 이 단계의 목적은 팀원들의 업무가치를 저해하는 팀 공통의 문제들을 개선하기 위한 단계이다. 이 마당에서는 각자 가치롭지 못한 팀 공통의 업무를 찾아 대략적인 개선방향을 발표하고, 해당 업무 관련자들끼리 분반하여 일정기준에 의거하여 우선적으로 활동의 대상으로 삼을 업무들을 선정한 후, 각 대상 업무별로 구체적인 개선방안들을 설정하여 발표하고 합의를 이룬다.

10단계 – 마무리: 이 단계의 목적은 여는 모임 동안의 변화계획들에 대해 각자의 맡은 역할과 변화계획을 구체적으로 작성하여 발표한 뒤, 참가소감과 함께 자신들이 작성한 계획에 대해 실행결의를 다지는 단계이다.

세 번째는 다지는 모임 단계이다. 매달 사내에서 2시간에서 4시간 정도의 회합을 통해, 여는 모임에서 도출된 개선방안들이 계획대로 실행되어 가고 있는지를 점검해 보고 필요시 보완작업을 토의하여 합의를 이루게 된다.

네 번째는 닫는 모임 단계이다. 닫는 모임은 여는 모임에서 업무가치증진을 위해 계획된 실행계획이 마무리되는 3개월 후에 사외에서 1박 2일 동안 진행된다. 닫는 모임 또한 여는 모임과 같이 일정하게 구조화된 절차를 가지고 있다. 우선 사전준비 단계에서 실행해 온 사항들을 점검하고 팀활성화 진단지(닫는 모임용)를 작성하게 된다. 닫는 모임은 전부 여섯 단계로 구성되어 있다.

첫 번째 단계인 과정안내는 3개월 동안의 활동에 대한 소감과 전체일정을 안내한다. 두 번째 단계는 진단 피드백 단계로서 TVC 활동시작 전과 후의 팀활성화 정도 및 업무가치 인식 정도를 비교함으로써 그 동안에 수치적으로 어떠한 변화가 있었는지를 피드백한다. 세 번째 단계는 성과 공유 단계로서, 그 동안의 실행계획에 대한 성과를 공유하는 시간이다. 팀원 각자가 그 동안의 업무가치증진을 위하여 실행한 결과인 실행방안의 성과를 정리하여 팀원들에게 밝히고 활동중에 있었던 어려웠던 일과 미진한 부분에 대한 자기반성을 하는 시간을 갖는다. 네 번째 단계는 개인비전의 수립과 보람 있는 일을 수립하는 단계이다. 팀원들이 자신의 장단기 비전을 설정하고 그 내용을 공유하는 시간을 가짐으로써, 오랜 시간을 같이 근무하는 팀원들이 어떤 목표를 가지고 생활을 하는지 공유하고 서로에 대해서 좀더 깊이 있게 이해하는 시간을 갖는다. 이러한 과정을 거치면 동료, 부하의 비전 달성을 위한 배려의 마음을 가져야겠다는 생각을 하게 되고, 평소의 행동을 이해할 수 있는 여지를 갖게 된다. 그런 뒤, 팀원들간에 팀워크를 다질 수 있는 보람 있는 일들을 계획하고 실행을 다짐하게 된다. 다섯 번째 단계는 새롭게 팀의 미션과 목표를 설정하고 공유하는 시간을 갖게 된다. 자신의 업무는 결국 팀의 미션과 목표에서부터 출발되는 것이므로 팀의 미션을 팀원들의 합의(consensus)를 통하여 명확히 설정하는 것이다. 마지막 단계는 종합정리를 하는 시간으로서 전체 활동을 리뷰하고 지속적인 업무가치 증진활동을 결의하는 시간을 갖는다.

이러한 과정을 통해 앞에서 밝힌 다섯 가지의 업무가치 증진요인들에 변화를 가져오게 되고, 이러한 변화는 개인의 업무가치 인식의 증진을 가져오게 되는 것이다. 자신의 업무 중에서 가치롭지 못한 일을 찾아 불필요한 업무는 제거하고 비효율적인 업무는 개선하여, 이를 보다 효율적이고 생산적인 일로 만듦으로써, 궁극적으로는 자신의 업무가 가치 있고 보람 있는 일이 될 수 있게 되는 것이다.

TVC 활동에 대한 평가

TVC 활동은 1993년 L 제조기업에서 조직활성화를 목적으로 실시되었다. L 기업은 주로 관납위주의 제품중심으로 생산과 영업활동을 해 옴으로써 시장경쟁에 익숙하지 않고 내부적인 질서와 안정을 선호하는 관료주의적인 조직풍토를 가진 기업이었다. 이러한 조직을 보다 활성화시키고자 조직변화를 시도하고자 하였다. 변화의 필요성을 찾기 위한 조직진단의 결과, 조직침체의 여러 원인 중에 구성원들의 활력을 떨어뜨리는 원인으로 불필요한 업무들이 많다는 지적과 가치롭지 못한 일을 하고 있다고 느끼고 있는 구성원들의 인식 등이 문제의 원인으로 나타났다. 이러한 현장적 근거를 바탕으로 구성원들이 담당하고 있는 업무를 보다 가치롭게 만드는 것이 조직에서의 자율적 변화의 출발점으로 전제하고 업무가치 증진을 중심으로 한 조직활성화를 목적으로 TVC 활동이 시작되었다. TVC 프로그램을 개발 후 Change Agent를 대상으로 TVC Facilitator 양성과정을 실시 후 전개되었다.

프로그램 전개 결과 팀 활성화와 업무가치 인식 측면에서 모두 유의미한 결과가 나타났으며, 팀 효과성의 세부적인 요인들에서도 많은 변화가 있는 것으로 나타났다. 여는 모임에 대한 구성원들의 반응은, 첫째 자신과 동료들의 담당업무에 대한 가치인식이 이루어졌으며, 둘째 불필요한 업무를 줄이고 현재보다 더 나은 방법을 찾을 수 있는 기회를 가졌으며, 셋째 평소 얘기하기 힘든 업무 관련 애로사항 등에 대해 상호 이해와 해결의 의지를 갖게 되었다는 것이었다. 전반적으로 업무에 대한 방향제시, 팀워크 증진, 갈등해소, 일체감 인식, 부서장 또는 자신에 대한 변화인식 등이 이루어졌으며, TVC여는 모임 자체에 대해서도 접근하기 힘든 내용들을 가볍게 접근할 수 있도록 하였으며 가시적인 효과가 있는 대단히 유익한 프로그램으로 평가하고 있었다. 또한, 최종적으로 닫는 모임이 끝난 이후의 평가는, 첫째 업무가치 인식의 기회가 되었으며, 둘째 작은 계획들을 하나씩 실천해 나갈 때 팀 전체의 변화를 가져온다는 것을 느낄 수 있었고, 셋째 업무중심으로 TVC 활동이 이루어졌지만 그런 속에서 팀 내 인간관계를 증진할 수 있는 기회가 되었으며, 넷째 가치롭지 못한 일을 제거하고 개선하여 업무효율성이 증진됨으로써 팀 성과가 증진되었다는 것이었다(이영석, 1995).

이 외에도 TVC 활동은 많은 기업들을 통해 그 효과를 입증해 왔다. 영업직, 사무직, 기술직, 연구직 등 다양한 직종에서 실시되어 왔다. 최근 한 보험회사의 사례는 전체 팀들을 대상으로 TVC 활동을 실시함으로써 얻어진 업무가치 증진이 조직활성화로 이어지고 이러한 결과 조직의 가시적 영업성과들로 이어짐을 보여주었으며, 또한 한 정유회사의 사례는 실험집단과 통제집단 간 비교분석을 통해 TVC 활동을 통한 팀효과성의 변화 및 업무가치 인식의 증진이 단순한 위약효과(placebo effect)가 아닌 진정한 TVC 활동의 효과임을 입증해 주었다. 이러한 결과들은 TVC 활동이 조직활성화에 기여함을 보여주는 결과라 할 수 있다.

이 글에서 우리는 업무가치 증진이 왜 중요하며, 어떠한 요인들이 업무가치 인식에 영향을 미치고, 어떻게 업무가치를 증진시킬 수 있는지에 대해 살펴보았다. 또한 업무가치 증진을 위한 구체적인 방법으로서, TVC 활동을 소개하였다. 이미 언급한 바와 같이 업무가치 인식은 구성원들의 업무만족과 직장생활의 질을 향상시키며, 나아가 업무에 대한 몰입과 동기를 증식시킴으로써 조직의 성과증진에도 기여하게 된다. 최근 많은 기업들이 조직문화의 변화에 많은 노력을 기울이고 있다. 이들이 바라는 것은 자발적이고 활기찬 조직문화, 구성원들이 즐겁게 일할 수 있는 문화이다. 이러한 목적에 있어서 업무가치의 증진을 위한 활동들이 하나의 해답이 될 수 있을 것이라 기대한다.

참고문헌

오동근 · 이영석 · 김명언 · 서용원(2004), "일가치감 및 그 결정요인의 척도개발 및 타당화," 한국심리학회지: 「산업 및 조직」, 17(2), 187-221.

오동근(2004), "일가치감이 직무효과성에 미치는 영향," 한국심리학회지: 「산업 및 조직」, 17(3), 375-399.

박광량(1994), 「조직혁신: 조직개발적 접근」, 서울: 경문사.

이영석(2000), "업무가치 창조활동이 직무특성과 집단효율성에 미치는 영향," 「2000년도 인재개발 종합대회 발표논문집」, LG 인화원.

찾아보기

[ㅈ]

인적자원관리 프론티어: 핵심역량 구축을 위한 이론과 실무

2007年 2月 20日 初版印刷
2007年 2月 28日 初版發行

共編者 이순묵 · 탁진국 · 한인수 · 황규대
發行人 安 鍾 萬
發行處 (株) 博 英 社

서울特別市 鍾路區 平洞 13-31番地
電話 (733)6771 FAX (736)4818
登錄 1959. 3. 11. 제300-1959-1호(倫)

www.pakyoungsa.co.kr e-mail: pys@pakyoungsa.co.kr

定 價 32,000원 ISBN 978-89-7189-529-0